当你摸着散发着油墨香气的经典题解时，它会带你进入习题的世界里畅游；累了、倦了想放弃时，它会化作美好的未来召唤着你！！！

中华会计网校
www.chinaacc.com
正保远程教育旗下品牌网站
美国纽交所上市公司（代码：DL）

梦想成真®
系列辅导丛书

2020年 注册会计师全国统一考试

经 济 法

经典题解 上册

■ 游文丽 主编　　■ 中华会计网校 编

感恩20年相伴　助你梦想成真

人民出版社

责任编辑：薛岸杨

特邀编辑：李　娟　刘建哲

图书在版编目（CIP）数据

经济法经典题解：上下册/游文丽主编；中华会
计网校编. —北京：人民出版社，2020.3
　ISBN 978-7-01-021838-0

Ⅰ.①经…　Ⅱ.①游…　②中…　Ⅲ.①经济法-中国
-资格考试-题解　Ⅳ.①D922.29-44

中国版本图书馆 CIP 数据核字（2020）第 020100 号

经济法经典题解　（上下册）
JINGJIFA JINGDIAN TIJIE
中华会计网校　编

人民出版社出版发行
（100706　北京市东城区隆福寺街 99 号）

三河市中晟雅豪印务有限公司印刷　新华书店经销

2020 年 3 月第 1 版　2020 年 3 月第 1 次印刷
开本：787×1092　1/16　印张：31
字数：814 千字

ISBN 978-7-01-021838-0　定价：69.00 元（全 2 册）

前　言

正保远程教育

发展：2000—2020年：感恩20年相伴，助你梦想成真

理念：学员利益至上，一切为学员服务

成果：18个不同类型的品牌网站，涵盖13个行业

奋斗目标：构建完善的"终身教育体系"和"完全教育体系"

中华会计网校

发展：正保远程教育旗下的第一品牌网站

理念：精耕细作，锲而不舍

成果：每年为我国财经领域培养数百万名专业人才

奋斗目标：成为所有会计人的"网上家园"

"梦想成真"书系

发展：正保远程教育主打的品牌系列辅导丛书

理念：你的梦想由我们来保驾护航

成果：图书品类涵盖会计职称、注册会计师、税务师、经济师、财税、实务等多个专业领域

奋斗目标：成为所有会计人实现梦想路上的启明灯

图书特色

① 命题趋势预测及应试技巧

解读考试**整体情况**，掌握解题**突破口**，

精准**预测**，提供备考**指导**。

② 核心考点精析及习题训练

考情分析

▶▶历年考情分析

　　本章作为注册会计师审计基本理论的重要内容，可能以各种题型考查考生对本章基本概念、基本理论知识的理解。近几年来，每年均考查多个客观题，同时在风险导向审计的综合题中考查审计目标理论在实务中的运用。考生应重点关注审计的保证程度、审计要素、审计目标、审计基本要求、审计风险等知识点。

- 权威**解读考试情况**，**总结规律**

核心考点及经典例题详解

考点一　审计的概念与保证程度★

[扫我 解烦恼]

📖**经典例题**

【例题 1·单选题】（2019 年）下列有关财务报表审计的说法中，错误的是（　）。
A. 审计不涉及为如何利用信息提供建议

的书面记录，但是并非对在审计过程中作出的所有职业判断均进行书面记录。

📖**考点精析**

　　审计基本要求包括遵守审计准则、遵守职业道德守则、保持职业怀疑、合理运用职业判断。此处主要讲解保持职业怀疑和合理运用职业判断两方面要求。
　　一、保持职业怀疑

- 全方位**透析考试**，**钻研考点**
- 重难点**精析**
- 以题带点，深入解读真题

本章综合练习 *建议时间55分钟*

一、单项选择题
1. 下列有关财务报表审计的说法中，错误的是（　）。
　A. 财务报表审计的目的是改善财务报表的质量或内涵
　B. 财务报表审计的基础是独立性和专业性

　A. 被审计单位的管理层
　B. 被审计单位的股东
　C. 为被审计单位提供贷款的银行
　D. 对被审计单位财务报表执行审计的注册会计师
4. 下列各项业务中，属于合理保证业务的

- 夯实基础，快速**掌握答题技巧**

③ 跨章节主观题突破

找准**致错关键**，避开设题陷阱

一、简答题
1. 本题考核知识点：**银行借款的函证、函证实施的时间、函证能够证实的认定、评价管理层不实施函证的理由、针对低风险的函证**
ABC 会计师事务所的 A 注册会计师负责审计甲公司 2019 年度财务报表。审计工作底稿中与函证相关的部分内容摘录如下：
（1）甲公司 2019 年末的一笔大额银行借款已于 2020 年初到期归还。A 注册会计师检查了还款凭证等支持性文件，结果满意，决定不实施函证程序，并在审计工作底

低估风险，因此，在询证函中未填列甲公司面余额，而是要求被询证者提供余额信息。
要求：针对上述第（1）至（5）项，逐项指出 A 注册会计师的做法是否恰当。如不恰当，简要说明理由。
2. 本题考核知识点：**审计工作底稿通常不包括的内容、审计工作底稿归档后的变动、审计工作底稿的保存期限、现金监盘、评价会计估计的合理性并确定错报**
甲公司为 ABC 会计师事务所的常年审计客户，A 注册会计师负责对甲公司 2018 年度财

④ 机考通关模拟试题演练

强化**解题能力**，速查漏补缺

一、单项选择题（本题型共 25 小题，每题 1 分，共 25 分。每题只有一个正确答案，请从每题的备选答案中选出一个你认为正确的答案）
1. 关于审计重要性，下列说法中错误的是（　）。
　A. 注册会计师在制定具体审计计划时，应当确定财务报表整体的重要性

一、单项选择题（本题型共 25 小题，每题 1 分，共 25 分。每题只有一个正确答案，请从每题的备选答案中选出一个你认为正确的答案）
1. 如果已在财务报表中披露的某事项不会导致发表非无保留意见，但未被确定为将要在审计报告中沟通的关键审计事项，但根据职业判断认为对财务报表使用者理解财

　提供充分适当的审计证据
　D. 分析程序可用于控制测试
4. 下列有关财务单元抽样的说法中，错误的是（　）。
　A. 货币单元抽样不适用于测试总体的低估
　B. 货币单元抽样适用于从大规模总体中选充分、适当的审计证据，下列说法中正确的是（　）。
　A. 注册会计师应当根据具体情况并运用职业判断，确定使用统计抽样或非统计抽样方法，以最有效地获取审计证据
　B. 审计抽样适用于控制测试和实质性程序中的所有审计程序

目　录

上　册

第一部分　命题趋势预测及应试技巧

2020 年命题趋势预测及应试技巧 　　　　　　　　　　003
　　一、考试基本情况介绍　//003
　　二、命题规律总结及趋势预测　//004
　　三、应试技巧　//004
　　四、本书特点及备考建议　//006

第二部分　核心考点精析及习题训练

第 1 章　法律基本原理 　　　　　　　　　　　　　011
　　考情分析　//011
　　核心考点及经典例题详解　//011
　　本章综合练习　//016
　　本章综合练习参考答案及详细解析　//018

第 2 章　基本民事法律制度 　　　　　　　　　　021
　　考情分析　//021
　　核心考点及经典例题详解　//021
　　本章综合练习　//033
　　本章综合练习参考答案及详细解析　//037

第 3 章　物权法律制度 　　　　　　　　　　　　041
　　考情分析　//041
　　核心考点及经典例题详解　//041
　　本章综合练习　//060
　　本章综合练习参考答案及详细解析　//069

第 4 章　合同法律制度　　　075

　　考情分析　// 075

　　核心考点及经典例题详解　// 075

　　本章综合练习　// 124

　　本章综合练习参考答案及详细解析　// 136

第 5 章　合伙企业法律制度　　　144

　　考情分析　// 144

　　核心考点及经典例题详解　// 144

　　本章综合练习　// 164

　　本章综合练习参考答案及详细解析　// 171

第 6 章　公司法律制度　　　176

　　考情分析　// 176

　　核心考点及经典例题详解　// 176

　　本章综合练习　// 215

　　本章综合练习参考答案及详细解析　// 225

下　　册

第 7 章　证券法律制度　　　233

　　考情分析　// 233

　　核心考点及经典例题详解　// 233

　　本章综合练习　// 277

　　本章综合练习参考答案及详细解析　// 286

第 8 章　企业破产法律制度　　　294

　　考情分析　// 294

　　核心考点及经典例题详解　// 294

　　本章综合练习　// 328

　　本章综合练习参考答案及详细解析　// 337

第 9 章　票据与支付结算法律制度　　　345

　　考情分析　// 345

　　核心考点及经典例题详解　// 345

　　本章综合练习　// 367

　　本章综合练习参考答案及详细解析　// 377

第 10 章　企业国有资产法律制度　　386

考情分析　// 386

核心考点及经典例题详解　// 386

本章综合练习　// 395

本章综合练习参考答案及详细解析　// 397

第 11 章　反垄断法律制度　　398

考情分析　// 398

核心考点及经典例题详解　// 398

本章综合练习　// 413

本章综合练习参考答案及详细解析　// 417

第 12 章　涉外经济法律制度　　421

考情分析　// 421

核心考点及经典例题详解　// 421

本章综合练习　// 431

本章综合练习参考答案及详细解析　// 433

第三部分　跨章节主观题突破

跨章节主观题　　437

跨章节主观题参考答案及解析　　446

第四部分　机考通关模拟试题演练

机考通关模拟试题　　455

模拟试卷（一）　// 455

模拟试卷（二）　// 463

机考通关模拟试题参考答案及解析　　471

模拟试卷（一）参考答案及详细解析　// 471

模拟试卷（二）参考答案及详细解析　// 476

正保文化官微

关注正保文化官微，

回复"勘误表"，

获取本书勘误内容。

第一部分

命题趋势预测及应试技巧

JINGDIAN TIJIE

世界上最快乐的事，莫过于为理想而奋斗。

——苏格拉底

2020年命题趋势预测及应试技巧

JINGDIAN TIJIE

一、考试基本情况介绍

1. 大纲基本结构

注册会计师"经济法"大纲分为四编共十二章，主要包括注册会计师从业所需要掌握的基本知识。

【第一编】法律概论，包括第 1 章法律基本原理。

【第二编】民事法律制度，包括第 2 章基本民事法律制度、第 3 章物权法律制度、第 4 章合同法律制度。

【第三编】商事法律制度，包括第 5 章合伙企业法律制度、第 6 章公司法律制度、第 7 章证券法律制度、第 8 章企业破产法律制度、第 9 章票据与支付结算法律制度。

【第四编】经济法律制度，包括第 10 章企业国有资产法律制度、第 11 章反垄断法律制度、第 12 章涉外经济法律制度。

2. 近年考试分值分布及各章难易度

章节	历年考试分值分布			考试题型	难度指数
	2019 年	2018 年	2017 年		
第 1 章 法律基本原理	2	2.5	2.5	单项选择题、多项选择题	★
第 2 章 基本民事法律制度	3.5	4.5	5	单项选择题、多项选择题	★★
第 3 章 物权法律制度	9.5	2.5	4	单项选择题、多项选择题	★★
第 4 章 合同法律制度	12.5	18	16	单项选择题、多项选择题、案例分析题	★★★
第 5 章 合伙企业法律制度	7	7	7	单项选择题、多项选择题	★
第 6 章 公司法律制度	11	7	11.5	单项选择题、多项选择题、案例分析题	★★
第 7 章 证券法律制度	17.5	21.5	17	单项选择题、多项选择题、案例分析题	★★★
第 8 章 企业破产法律制度	11	11	11	单项选择题、多项选择题、案例分析题	★★★
第 9 章 票据与支付结算法律制度	12.5	12.5	12.5	单项选择题、多项选择题、案例分析题	★★
第 10 章 企业国有资产法律制度	3.5	3.5	3.5	单项选择题、多项选择题	★
第 11 章 反垄断法律制度	4	4	4	单项选择题、多项选择题	★
第 12 章 涉外经济法律制度	6	6	6	单项选择题、多项选择题	★

注：数据统计来自官方历年试题汇编，特此说明。

3. 2020 年考试整体变化

第 1 章 本章无实质性变化。

第 2 章 本章无实质性变化。

第 3 章 本章无实质性变化。

第 4 章 本章无实质性变化。

第 5 章 本章变动不大。主要：(1)新增合伙企业的特征；(2)删除合伙企业法的基本原则。

第 6 章 本章变动较大。主要：(1)删除名称预先核准、股权激励对象；(2)新增《公司法司法解释五》的规定；(3)利润分配规则、股权出资内容进行调整。

第 7 章 本章变动较大。主要：(1)依据《证券法》(2019 年修订)、《首次公开发行股票并上市管理办法》(2018 年修订)、《非上市公众公司监督管理办法》(2019 年修订)、《证券发行与承销管理办法》(2018 年修订)、《上市公司重大资产重组管理办法》(2019 年修订)进行调整；(2)新增《非上市公众公司信息披露管理办法》的部分规定；(3)删除"暂停上市"。

第 8 章 本章变动较大。主要：(1)根据《民商事审判会议纪要》补充了：①破产申请的提出和受理；②管理人的责任；③重整期间，债务人财产管理。(2)根据《破产法司法解释三》补充了：①关于破产费用的规定；②破产申请受理后的借款问题；③破产涉及保证时债权申报规则；④破产债权的确认；⑤债权人会议的表决与撤销。

第 9 章 本章变动不大，主要是表述性调整。

第 10 章 本章变动较大，内容进行了大幅度删减，尤其是删除了第五节。

第 11 章 本章变动不大。根据《禁止垄断协议暂行规定》和《禁止滥用市场支配地位行为暂行规定》进行了部分表述性调整。

第 12 章 本章变动较大。主要：(1)根据《外商投资法》重新编写了原第一节；(2)调整"对外直接投资核准备案制度""外债管理"的相关表述；(3)删除"关于技术进口合同的特别规定"。

二、命题规律总结及趋势预测

1. 考试题型

自从 2009 年注册会计师考试制度改革以来，试卷分为三个部分：单项选择题(每题 1 分)；多项选择题(每题 1.5 分)；案例分析题(一般为 4 道题，题目的难度不同，分值也有所不同，其中有 1 题用英语答题可以加 5 分)。

2. 考试分值

近年考试各题型分值分配情况：

年份	单项选择题	多项选择题	案例分析题
2019	24 题 24 分	14 题 21 分	4 题 55 分
2018	24 题 24 分	14 题 21 分	4 题 55 分
2017	24 题 24 分	14 题 21 分	4 题 55 分

从分值比例来看，案例分析题所占的比重较高。近几年案例分析题分值一直保持在 50 分以上，加上英文加分，案例分析题如果全部答对，可以拿到 60 分。所以，复习时应加强案例分析题的解答训练。

3. 考试内容

从考试内容来看，对教材内容的考查更加全面，机考方式使考题更随机、更广泛地覆盖教材的知识点，因此要求考生更加全面地掌握教材内容。选择题有时以小案例的形式出现，有一定的难度，要想正确选择答案，不能单纯靠记忆，还必须进行一些分析。

三、应试技巧

1. 关于客观题

单项选择题难度相对较小，基础性强。多项选择题难度相对较大，每题有四个备选项，正确答案为 2~4 个，多选、错选、漏选均不得分。对于选择题的解答，要注意以下几点：

（1）除正确答案之外，备选项中的其他答案也可能具有不同程度的"正确性"，要注意区分。

例如，2019 年单选题：根据民事法律制度的规定，下列各项中，属于无权利能力的是（　）。

A. 刚出生的婴儿   B. 病理性醉酒的病人

C. 智能机器人   D. 植物人

【答案】C。虽然四个选项说的都是"人"，但是只有机器人不是自然人，没有民事权利能力。

（2）有时可以运用排除法。如果正确答案不能一眼看出，应首先排除明显不正确的答案。

例如，2019 年多选题：根据民事法律制度的规定，下列选项中，属于单方民事法律行为的有（　）。

A. 赠与   B. 追认

C. 撤销   D. 借贷

【答案】BC。赠与和借贷都是合同行为，双方当事人意思表示一致才能成立，是双方法律行为。对于多项选择题，排除了两个选项后，剩下的两个选项就是正确答案了。

（3）对于单纯记忆的题和实在不知道确切答案的题，不要放弃，也不要慌张，猜一下也可能得分。机考扩大了考查知识点的覆盖范围，万一遇见完全没有见过的题目，切记不要自乱阵脚，避免影响考试整体的时间分配。

2. 关于案例分析题

案例分析题的 4 个题目中，往往有两个 10 分，一个 17 分，一个 18 分，其中一题可以选择用英文答题，如果选择英文，一定要全部用英文，答对可以加 5 分。对于案例分析题的解答，注意以下几点：

（1）认真阅读案例，熟悉案情，弄清题目是一个什么样的案件，纠纷是什么，当事人有哪些，相互之间有什么关系，提出的问题是什么。也可以反过来进行，即先看清问题再带着问题阅读案情。方法因人而异，在复习过程中应明确自己适合什么样的方法。阅读过程中，对一些重要的文字、时间或数值、当事人之间的关系，可以用简单的关系图标出来。

（2）针对案例提出的问题，考生应运用已知的条件和自己掌握的相关法律知识分析问题，准确地与试题中提出的问题对号入座，得出答案。

案例分析题的提问一般有以下方式：

①标准提问。案例分析题提问的标准格式是："×××××？并说明理由。"这样的提问占 90% 以上。例如，2019 年案例分析题："甲银行拒绝向 F 公司付款的理由是否成立？并说明理由。"答题的标准格式是："……（结论）根据《××法》的规定，……"

注意此处："根据《××法》的规定"可以简写为"根据《××法》"或"根据规定"，不影响得分。

②单纯提问。例如，2019 年案例分析题："预付款押金、未消费储值金的债权人主张设立小额债权组是否成立？是否设立应由谁决定？"没有要求说明理由时，可以不写。

③统一提问。这样的提问方式通常是："×××××？×××××？分别说明理由。"或者是："按上述各点之顺序，分别指出……并说明理由。"例如，2019 年案例分析题："乙修理挖掘机是否需经甲同意？乙是否有权请求甲承担 20% 的修理费？并分别说明理由。"回答这样的问题，考生应当按照案情叙述顺序一一作答，例如，首先、其次、再次……第一、第二、第三……①、②、③……

④补充提问。这样的提问方式是："如果……"例如，2013 年案例分析题 1 第（2）问："（2）如果 E 公司有权拒绝 D 公司返还机床的请求，D 公司能否向管理人申报债权？并说明理

由。"这实际上相当于扩展了原有的案情。

⑤要求叙述。这样的提问方式一般包含"试述"和"如何"等字样。2019年案例分析题:"破产申请书应当载明哪些事项?"对此应将有关规定叙述清楚。

(3)有些问题可以脱离案情,也就是说即使没有看明白案情也可以正确解答。例如,2019年案例分析题:"福明公司以盈余公积金转增股本的做法是否符合公司法律制度的规定?并说明理由。"解答此问题时,与案情没有任何关系。因为无论哪一家公司,其公积金用途都是用于弥补公司的亏损、扩大公司生产经营或者转为增加公司资本。

(4)评分标准是解答出要点即可得分。答题与标准答案不一致,文意正确的也可以得分,例如,"不符合法律规定"和"违反了法律规定"都是正确的。考生回答问题应直截了当,不必过多展开说明,切忌画蛇添足。

(5)如果确实不会,也不要完全放弃。案例分析题是按点给分的,如果说不出理由,仅对答案判断(或猜测)正确,也可以得分。例如,2019年案例分析题:"丁公司是否有权要求取回已交付的原材料?并说明理由。"即使不会解答理由,也可以在"有权要求取回"和"无权要求取回"中选择一个,运气好也可以得1分。

(6)主观题回答问题,要注意简洁、直接、准确,避免错别字。考生应当先答出结果或处理方案,然后根据题目要求展开理由或说明根据。

四、本书特点及备考建议

作为中华会计网校倾心推出的注册会计师考试辅导丛书之一的《经济法经典题解》,围绕常见的考点,以大量的真题、例题和练习题帮助考生提高复习质量。

1. 本书特点

本书从结构上分为四个部分,即:

"第一部分 命题趋势预测及应试技巧",让考生对本科目有一个基本的了解。

"第二部分 核心考点精析及习题训练",通过真题和例题,让考生逐步进入各考点的学习。

(1)考情分析。简单分析本章概况、本章分值和考试题型,考生通过分析可以看出哪些考点出现的频率比较高,提示各章今年教材有哪些详细变化。

(2)核心考点及真题详解。该部分包括以下内容:

①经典例题。列举近几年考试真题,了解出题思路。

②考点精析。提炼本考点所需掌握的重点内容。

③阶段性测试。方便考生在学习过程中自我检查,了解自己的学习效果。

(3)本章综合练习。通过做练习题,对本章内容进行一次全面的复习。另外,本书在各章综合练习后面附有解题用时,这里标注的用时是以较高分数为依据,仅作为参考。每章最后设置"本章番外"模块,其内容不是考试要求,而是本章相关内容的拓展延伸,或历史沿革,或与日常生活相关,旨在增加本辅导书的趣味性。这部分内容有些是依据法律规定,有些是作者对相关问题的理解。鉴于作者水平有限,可能会有不完全正确或不十分准确的地方,欢迎交流。

"第三部分 跨章节主观题突破"和"第四部分 机考通关模拟试题",让考生通过做题,检查自己的学习效果。

2. 备考建议

(1)考生复习时应以大纲为线索,精读辅导教材。

（2）重点内容、重点掌握；研究历年考题的出题点，掌握出题的规律。在"经济法"的考试中，有些考点出现在考题中的次数比较多，复习时对这些内容要多加关注。一方面做一定量的练习题进行训练，另一方面要研究历年考题的出题点，掌握出题的规律，熟悉答题方法，准确把握复习的难度和侧重点。例如公司组织机构、证券交易制度、票据伪造与抗辩等，几乎每年都有考题出现。

（3）在理解的基础上灵活掌握。考生在学习时，要善于归纳比较，对知识点要融会贯通。理清各概念之间的联系和区别，在理解的基础上记忆，并加强练习。

（4）该记忆的要记忆。本科目教材中有许多列举性的规定，很多条规定排列下去，没有什么规律，但往往又是考试经常出现的内容。如果不是先天就具有过目不忘的本领，建议一方面花一些时间通过熟读教材去记忆，另一方面通过做练习题加深印象。另外，"老"考生还要注意一点，以前已经熟练掌握的某个考点可能会由于教材修改发生变化，需要重新掌握。

（5）合理安排时间。考生用于复习的时间是有限的，只看书不做题，或者只做题不看书，肯定都是不行的。所以在复习时，建议考生根据自己的学习习惯和工作情况合理安排时间。

（6）考前准备。临近考试的前几天，建议少做一些题多看看教材和辅导书，把我们学过的要点再梳理一下，以查错补缺为主。以前做题经常出错的再好好看看，不容易记住的再加深一些印象。在网校的平台上多做练习熟悉机考程序，不要因为操作等问题影响成绩。考试前一天，一定要充分休息，并提前做好准备，查好交通路线，熟悉考场；认真检查考试时所需要的身份证、准考证、文具等。考试当天，务必提前到达。答题时要沉着应对，一时答不上来的题可以先放一放。

每次考试过后，总是有人说难，有人说不难，年年如此。其实，难与不难涉及多方面的因素，包括学习方法、工作经历和复习效果等。正所谓"会者不难，难者不会"，对于基础扎实且复习充分的考生，考试中出现的个别疑难问题无关大局。因此，对于2020年的考试，建议考生为自己留出充足的学习时间和复习时间，做好适合自己的学习规划，例如几月几日之前完成第几章。千万不要将经济法放在最后1个月才开始学习，那种认为经济法在考前突击一下、冲刺一下就可以通过的想法是行不通的，特别是法律基础薄弱的考生。多年来的事实证明，这样的学习方式对于注册会计师考试来说风险巨大。因此，请广大考生尽量做到提早学习，抓紧准备。

最后，预祝参加2020年注册会计师考试的考生朋友们**梦想成真！**

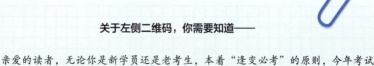

关于左侧二维码，你需要知道——

亲爱的读者，无论你是新学员还是老考生，本着"逢变必考"的原则，今年考试的变动内容你都需要重点掌握。扫描左侧二维码，网校名师为你带来2020年本科目考试变动解读，助你第一时间掌握重要考点。

2020年考试变化讲解

第二部分

核心考点精析及
习题训练

JINGDIAN TIJIE

抱着追求并从中得到最大快乐的人，才是成功者。

——梭罗

第1章 法律基本原理

JINGDIAN TIJIE

考情分析

▶ **历年考情分析**

本章内容在历年考试中主要涉及法律渊源和法律关系的有关规定，题型均为客观题，考点较少且比较简单。近几年考题主要分布在法律规范、法律渊源、法律关系主体的权利能力与行为能力和法律事实等，分值在4分左右。

▶ **本章2020年考试主要变化**

本章内容无实质性修改。

核心考点及经典例题详解

考点一 法律基本概念★★[*]

扫我解疑难

📝 **经典例题**

【例题1·单选题】（2018年**）下列各项法律规范中，属于确定性规范的是（　）。

A. 供用水、供用气、供用热力合同，参照供用电合同的有关规定

B. 法律、行政法规禁止或者限制转让的标的物，依照其规定

C. 国务院反垄断委员会的组成和工作规则由国务院规定

关于"扫我解疑难"，你需要知道——

亲爱的读者，下载并安装"中华会计网校"APP，扫描对应二维码，即可获赠知识点概述分析及知识点讲解视频（前10次试听免费），帮助夯实相关考点内容。若想获取更多的视频课程，建议选购中华会计网校辅导课程。

---

* 本书中用"★"来表示各知识点的重要程度。★一般重要；★★比较重要；★★★非常重要。

** 本书涉及真题均为考生回忆。

D. 因正当防卫造成损害的，不承担民事责任

【答案】D

【解析】本题考核法律规范的种类。确定性规范是内容已经完备明确，无须再援引或参照其他规范来确定其内容的法律规范。选项 A、B 属于准用性规范，选项 C 属于委任性规范。

【例题 2 · 多选题】（2018 年）下列关于法的规范属性的表述中，正确的有（　）。

A. 法是社会规范

B. 法是技术规范

C. 法是行为规范

D. 法是道德规范

【答案】AC

【解析】本题考核法的特征。法是调整人的行为和社会关系的行为规范，选项 C 正确。社会规范，即调整人与人之间的关系，约束人的行为，法律是调整人类社会关系的重要社会规范（选项 A），但并不是唯一的社会规范；在规范人的行为、调整社会关系方面，道德、宗教规范在不同范围和程度上发挥着十分重要的作用，法律规范不同于道德规范，故选项 D 错误。技术规范，调整人与自然、人与劳动工具之间的关系，如度量衡等，这些规范一般不属于法的范畴，故选项 B 错误。

【例题 3 · 多选题】（2018 年）下列各项中，属于我国法律渊源的有（　）。

A.《支付结算办法》

B.《最高人民法院关于适用〈中华人民共和国物权法〉若干问题的解释（一）》

C.《中华人民共和国立法法》

D.《上市公司信息披露管理办法》

【答案】ABCD

【解析】本题考核法律渊源。我国的法律渊源主要有宪法、法律、行政法规、地方性法规、规章、司法解释、国际条约和协定。选项 A 是中国人民银行发布的属于部门规章。选项 B 属于司法解释。选项 C 是全国人民代表大会发布的，属于法律。选项 D 是中国证监会发布的，属于部门规章。

【例题 4 · 单选题】（2017 年）关于法律规范与法律条文关系的表述中，正确的是（　）。

A. 法律规范等同于法律条文

B. 法律条文的内容除法律规范外，还包括法律原则等法要素

C. 法律规范是法律条文的表现形式

D. 法律规范与法律条文一一对应

【答案】B

【解析】本题考核法律规范。法律规范不同于法律条文，选项 A 错误。法律条文是法律规范的表现形式，选项 C 错误。法律规范与法律条文不是一一对应的，选项 D 错误。

【例题 5 · 单选题】（2016 年）下列关于法律渊源的表述中，正确的是（　）。

A. 全国人大常委会有权部分修改由全国人大制定的基本法律

B. 部门规章可设定减损公民、法人和其他组织权利或增加其义务的规范

C. 地方性法规是指地方人民政府就地方性事务制定的规范性法律文件的总称

D. 除最高人民法院外，其他国家机关无权解释法律

【答案】A

【解析】本题考核法律渊源。没有法律或国务院的行政法规、决定、命令的依据，部门规章不得设定减损公民、法人和其他组织权利或增加其义务的规范，选项 B 错误。地方性法规是有地方立法权的地方人民代表大会及其常委会就地方性事务以及根据本地区实际情况执行法律、行政法规的需要所制定的规范性法律文件的总称，选项 C 错误。司法解释是最高人民法院、最高人民检察院在总结司法审判经验的基础上发布的指导性文件和法律解释的总称，选项 D 错误。

📝 考点精析

【考点精析 1】法律渊源

1. 宪法

宪法是由全国人民代表大会依特别程序制定的具有最高效力的根本大法。

2. 法律

法律是由全国人民代表大会及其常委会制定和修改的规范性法律文件的总称，在地位和效力上仅次于宪法。

3. 法规

（1）行政法规。行政法规是国务院制定的规范性法律文件，其地位和效力仅次于宪法和法律。

（2）地方性法规。地方性法规是有地方立法权的地方人民代表大会及其常委会就地方性事务以及根据本地区实际情况执行法律、行政法规的需要制定的规范性法律文件的总称。

4. 规章

（1）部门规章。部门规章是国务院各部委、中国人民银行、审计署和具有行政管理职能的直属机构，就执行法律、国务院行政法规、决定、命令的事项在其职权范围内制定的规范性法律文件的总称。

（2）地方政府规章。地方政府规章指省、自治区、直辖市和设区的市、自治州的人民政府，就执行法律、行政法规、地方性法规以及本行政区域具体行政管理事项所制定的规范性法律文件的总称。

5. 司法解释

司法解释是最高人民法院、最高人民检察院在总结司法审判经验的基础上发布的指导性文件和法律解释的总称。

6. 国际条约和协定

国际条约和协定是指我国作为国际法主体同其他国家或地区缔结的双边、多边协议和其他具有条约、协定性质的文件。

【考点精析 2】 法律规范

1. 法律规范的概念

法律规范是由国家制定或者认可的，具体规定主体的权利、义务及法律后果的行为准则。法律规范是法律构成的基本单位。

一般认为，法律规范由假定（或称条件）、模式和后果三个部分构成。

2. 法律规范的种类

（1）授权性规范与义务性规范。

（2）强行性规范与任意性规范。

（3）确定性规范、非确定性规范（委任性规范与准用性规范）。

扫我解疑难

考点二　法律关系★★

📝 经典例题

【例题 1·单选题】（2019 年）根据民事法律制度的规定，下列各项中，属于无权利能力的是（　）。

A. 刚出生的婴儿

B. 病理性醉酒的病人

C. 智能机器人

D. 植物人

【答案】 C

【解析】 本题考核法律主体的民事权利能力。根据规定，自然人从出生时起到死亡时止，具有民事权利能力，依法享有民事权利，承担民事义务。机器人不是自然人，没有民事权利能力。

【例题 2·单选题】（2018 年）下列关于法律主体权利能力的表述中，正确的是（　）。

A. 权利能力是指权利主体能够通过自己的行为取得权利和承担义务的能力

B. 自然人的权利能力可分为完全权利能力、限制权利能力与无权利能力

C. 权利能力以行为能力为前提，无行为能力即无权利能力

D. 营利法人、非营利法人与特别法人均具有权利能力

【答案】 D

【解析】 本题考核法律关系主体的权利能力和行为能力。权利能力是指权利主体享有权利和承担义务的能力，它反映了权利主体取得权利和承担义务的资格；行为能力是指权利主体能够通过自己的行为取得权利和承担义务的能力，选项 A 错误。根据《民法总则》的规定，自

然人的权利能力一律平等。自然人的民事行为能力分为三种，即完全民事行为能力、限制民事行为能力和无民事行为能力，选项B错误。行为能力必须以权利能力为前提，无权利能力就谈不上行为能力，选项C错误。

【例题3·单选题】（2018年）根据民事法律制度的规定，下列主体中，具有完全民事行为能力的是( )。

A. 刚出生的甲

B. 8周岁的乙

C. 15周岁的少年天才丙

D. 18周岁的大学生丁

【答案】 D

【解析】 本题考核自然人的行为能力。18周岁以上精神正常的成年人为完全民事行为能力人，可以独立实施民事法律行为。选项D正确。选项A属于无民事行为能力人。选项BC属于限制民事行为能力人。

【例题4·多选题】（2017年）下列各项中，属于法人的有( )。

A. 北京大学

B. 中华人民共和国最高人民法院

C. 中国人民保险集团股份有限公司

D. 中国注册会计师协会

【答案】 ABCD

【解析】 本题考核法人的范围。按照《民法总则》的规定，我国法人包括营利法人、非营利法人、特别法人。机关法人(立法机关、行政机关和司法机关等)属于特别法人；事业单位法人、社会团体法人属于非营利法人；企业属于营利法人。选项A是事业单位法人，选项B是机关法人，选项C是企业法人，选项D是社会团体法人。

【例题5·多选题】（2017年）下列各项中，属于法律关系客体的有( )。

A. 建筑物

B. 自然人的不作为

C. 人格利益

D. 有价证券

【答案】 ABCD

【解析】 本题考核法律关系客体。法律关系的客体包括物、行为、人格利益、智力成果。

【例题6·多选题】（2015年）下列各项中，属于民事法律关系主体的有( )。

A. 有限责任公司分公司

B. 国家

C. 无国籍人士

D. 公立医院

【答案】 ABCD

【解析】 本题考核法律关系的主体。法律关系主体包括自然人、法人和非法人组织、国家。

【例题7·多选题】（2014年）下列情形中，能够导致一定法律关系产生、变更或消灭的有( )。

A. 人的出生

B. 自然灾害

C. 时间的经过

D. 侵权行为

【答案】 ABCD

【解析】 本题考核法律事实。法律事实分为事件和行为。选项A、B、C均属于事件，选项D属于行为，都能导致一定法律关系产生、变更或消灭。

📝 **考点精析**

【考点精析1】 法律关系的基本构成

1. 法律关系的主体

(1)法律关系主体的种类。

①自然人。自然人包括本国公民、外国公民和无国籍人。

②法人和非法人组织。《民法总则》将法人分为营利法人、非营利法人和特别法人。

③国家。

(2)法律关系主体的权利能力和行为能力(见表1-1)。

表 1-1　法律关系主体的权利能力和行为能力

主体		内容	
自然人	权利能力	在出生时产生，到死亡时消灭	
	行为能力	完全民事行为能力人	①成年人，18周岁以上的自然人为成年人。②16周岁以上，以自己的劳动收入为主要生活来源的未成年人
		限制民事行为能力人	①8周岁以上的未成年人。②不能完全辨认自己行为的成年人。不满18周岁的自然人为未成年人
		无民事行为能力人	①不满8周岁的未成年人。②不能辨认自己行为的成年人
法人	权利能力、行为能力在成立时同时产生，到终止时同时消灭		
	行为能力通过法定代表人或者其他代理人实现		

【知识点拨】 根据《民法总则》规定：民法所称的"以上""以下""以内""届满"，包括本数；所称的"不满""以外"，不包括本数。

2. 法律关系的内容

法律关系主体享有的权利和承担的义务是法律关系的内容。

3. 法律关系的客体

法律关系的客体，是指法律关系主体间权利义务所指向的对象。法律关系的客体通常包括：①物；②行为；③人格利益；④智力成果。

【考点精析2】 法律关系的变动原因——法律事实

法律事实，是指法律规范所规定的，能够引起法律后果即法律关系产生、变更和消灭的客观现象。

1. 事件

事件是指与当事人意志无关，但能够引起法律关系发生、变更和消灭的客观情况。

(1)人的出生与死亡。

(2)自然灾害与意外事件。

(3)时间的经过。

2. 行为

(1)法律行为，即以行为人的意思表示为要素的行为。例如合同行为。

(2)事实行为，即与表达法律效果、特定精神内容无关的行为。例如创作行为、侵权行为等。

考点三　全面依法治国基本方略★

扫我解疑难

📖 经典例题

【例题1·单选题】（2019年）全面推进依法治国的总目标是（　）。

A. 建设中国特色社会主义法治体系，建设社会主义法治国家

B. 坚持中国共产党的领导，坚持人民主体地位

C. 法律面前人人平等

D. 依法治国和以德治国相结合

【答案】A

【解析】本题考核全面依法治国基本方略。全面推进依法治国的总目标是建设中国特色社会主义法治体系，建设社会主义法治国家。

【例题2·单选题】作为党中央决策议事协调机构，中央全面依法治国委员会办公室设在（　）。

A. 国务院

B. 司法部

C. 国家发展和改革委员会

D. 最高人民法院

【答案】B

【解析】本题考核全面依法治国新理念新思想新战略。中央全面依法治国委员会办公室设

在司法部。

📋**考点精析**

【考点精析1】 全面依法治国新理念新思想新战略

全面推进依法治国的总目标是建设中国特色社会主义法治体系、建设社会主义法治国家。

2018年3月，中共中央组建中央全面依法治国委员会。中央全面依法治国委员会办公室设在司法部。

【考点精析2】 全面推进依法治国的基本原则

为实现全面推进依法治国的总目标，应坚持以下基本原则：

第一，坚持中国共产党的领导。

第二，坚持人民主体地位。

第三，坚持法律面前人人平等。

第四，坚持依法治国和以德治国相结合。

第五，坚持从中国实际出发。

本章综合练习 限时25分钟

一、单项选择题

1. 下列各项中，属于行政法规的是(　　)。

A. 全国人民代表大会常务委员会制定的《中华人民共和国会计法》

B. 国务院制定的《总会计师条例》

C. 北京市人大常委会制定的《北京市招标投标条例》

D. 财政部发布的《代理记账管理办法》

2. 证监会发布的《证券发行与承销管理办法》属于(　　)。

A. 法律　　　　　　B. 行政法规

C. 部门规章　　　　D. 司法解释

3. 规章包括部门规章和地方政府规章，下列关于规章的表述错误的是(　　)。

A. 中国人民银行颁发的《支付结算办法》属于部门规章

B. 没有法律或国务院的行政法规、决定、命令的依据，部门规章不得设定减损公民、法人和其他组织权利或者增加其义务的规范

C. 县级以上人民政府可以制定地方政府规章

D. 没有法律、行政法规、地方性法规的依据，地方政府规章不得设定减损公民、法人和其他组织权利或者增加其义务的规范

4. 《合伙企业法》规定"合伙人可以是自然人，也可以是法人或者其他组织"。按照法律规范的内容分类，该法律规范属于(　　)。

A. 授权性规范　　　B. 义务性规范

C. 禁止性规范　　　D. 命令性规范

5. 法律规范可以分为确定性规范和非确定性规范，根据这一分类标准，下列法律规范中，与《合同法》第184条规定："供用水、供用气、供用热力合同，参照供用电合同的有关规定"属于同一规范类型的是(　　)。

A.《劳动合同法》第19条规定："劳动合同期限三个月以上不满一年的，试用期不得超过一个月；劳动合同期限一年以上不满三年的，试用期不得超过二个月；三年以上固定期限和无固定期限的劳动合同，试用期不得超过六个月。"

B.《治安管理处罚法》第115条规定："公安机关依法实施罚款处罚，应当依照有关法律、行政法规的规定，实行罚款决定与罚款收缴分离；收缴的罚款应当全部上缴国库。"

C.《最高人民法院关于对因资不抵债无法继续办学被终止的民办学校如何组织清算问题的批复》规定："人民法院组织民办学校破产清算，参照适用《中华人民共和国企业破产法》规定的程序，并依照《中华人民共和国民办教育促进法》第五十九条规定的顺序清偿。"

D.《婚姻法》第 22 条规定："子女可以随父姓，可以随母姓。"

6. 下列规范性用语中，属于任意性规范的是(　　)。

A. 公司已发行的优先股不得超过公司普通股股份总数的 50%

B. 当事人订立合同可以采取书面形式、口头形式或其他形式

C. 十六周岁以上不满十八周岁的公民，以自己的劳动收入为主要生活来源的，视为完全民事行为能力人

D. 票据的出票日期应当使用中文大写

7. 关于法律关系，下列说法正确的是(　　)。

A. 法律关系分为绝对法律关系和相对法律关系

B. 法律关系的主体即自然人和法人

C. 法律关系的内容是指法律权利

D. 法律关系的客体不包括公民的姓名

8. 法律关系由主体、内容和客体三部分构成。下列关于主体的说法错误的是(　　)。

A. 享有权利的一方称为权利人，承担义务的一方称为义务人

B. 中国注册会计师协会属于法人主体

C. 自然人只要具有权利能力，即可自己参与法律活动

D. 各种具体权利的产生必须以主体的权利能力为前提

9. 下列选项中，不能成为经济法律关系客体的是(　　)。

A. 大气温度　　　　B. 房屋转让信息

C. 商标使用权　　　D. 竞业禁止行为

10. 下列选项中，不属于法律事实的是(　　)。

A. 某政府采购人与供货商订立了一份合同

B. 某城市三十天没有下雨，甲新买的雨伞一直未用上

C. 诉讼时效届满

D. 某公司委托运输的货物被泥石流冲毁

二、多项选择题

1. 法律的渊源指法律的存在或表现形式。对此，下列说法正确的有(　　)。

A. 法律在地位和效力上高于行政法规和地方性法规

B. 地方性法规不得与宪法、法律和行政法规相抵触

C. 部门规章不得设定减损公民、法人和其他组织权利或者增加其义务的规范

D. 最高人民法院和最高人民检察院的解释如果有原则性的分歧，以最高人民法院为准

2. 我国的法律渊源包括(　　)。

A. 部门规章

B. 地方政府规章

C. 最高人民检察院在总结司法审判经验的基础上发布的指导性文件

D. 法院判例

3. 下列选项中，不属于准用性规范的有(　　)。

A. 异地使用的支票，其提示付款的期限由中国人民银行另行规定

B. 新股中止发行后，在核准文件有效期内，经向中国证监会备案，可重新启动发行

C. 别除权人对破产人的特定财产处于最优先的清偿顺序，但法律另有规定的除外

D. 拾得漂流物、发现埋藏物或者隐藏物的，适用拾得遗失物的处理规则

4. 按照法律规范的性质和调整方式分类，下列选项中不属于确定性规范的有(　　)。

A.《证券法》规定，证券衍生品种发行、交易的管理办法，由国务院依照本法的原则规定

B.《公司法》规定，公司发行公司债券应当符合《证券法》规定的发行条件与程序

C.《中外合作经营企业法》规定，合作企业的注册资本与投资总额的比例，参照中外合资经营企业注册资本与投资总额比例的有关规定执行

D.《合伙企业法》规定，修改或者补充合伙协议，应当经全体合伙人一致同意。但是，合伙协议另有约定的除外

5. 我国《票据法》规定："票据金额、日期、

收款人名称不得更改，更改的票据无效"。该法律规范属于（   ）。

A. 强行性规范　　　B. 禁止性规范

C. 命令性规范　　　D. 授权性规范

6. 为购买货物，甲公司的会计张某签发一张汇票交给乙公司的会计李某，该票据关系的主体有（   ）。

A. 甲公司　　　　　B. 张某

C. 乙公司　　　　　D. 李某

7. 下列各项中，可以成为经济法主体的有（   ）。

A. 某市财政局　　　B. 某研究院

C. 某公司的子公司　D. 公民杨某

8. 下列选项中，属于限制行为能力人的有（   ）。

A. 小张年龄7周岁，身体健康

B. 小李年龄15周岁，身体健康

C. 小刘年龄19周岁，是尚未康复的间歇性精神病人

D. 小赵年龄25周岁，是先天性的肢体残疾人

9. 下列选项中，属于法律关系客体的有（   ）。

A. 货币　　　　　　B. 法人

C. 公民的姓名　　　D. 发明

10. 下列各项中，能够引起法律关系发生、变更和消灭的法律事实有（   ）。

A. 自然灾害　　　　B. 公民死亡

C. 签订合同　　　　D. 提起诉讼

本章综合练习参考答案及详细解析

一、单项选择题

1. B 【解析】本题考核法律渊源。行政法规是指作为国家最高行政机关的国务院制定的规范性文件。选项 A 属于"法律"；选项 C 属于"地方性法规"；选项 D 属于"部门规章"。

2. C 【解析】本题考核法律渊源。部门规章是指国务院的组成部门及其直属机构在其职权范围内制定的规范性文件。

3. C 【解析】本题考核法律渊源。省、自治区、直辖市和设区的市、自治州的人民政府有权制定地方政府规章。

4. A 【解析】本题考核法律规范的分类。授权性规范是规定人们可以作出一定行为或者要求别人作出一定行为的法律规范。

5. C 【解析】本题考核法律规范的分类。"供用水、供用气、供用热力合同，参照供用电合同的有关规定"属于"非确定性规范中的准用性规范"。准用性规则是指内容本身没有规定人们具体的行为模式，而是可以援引或参照其他相应内容规定的规则。故选项 C 正确。选项 A 属于"义务性规范"。选项 B 属于"强行性规范"，强行性规则，是指内容规定具有强制性质，不允许人们随便加以更改的法律规则。选项 D 属于"确定性规范"，确定性规则是指内容已经明确规定人们具体的行为模式，无须再援引或者参照其他规则来确定其内容的法律规则。选项 D 可直接适用，属于确定性规范。

6. B 【解析】本题考核法律规范的分类。任意性规范在法定范围内允许行为人自行确定其权利义务具体内容的法律规范。"可以"表明赋予当事人自主权，故属于任意性规范。

7. A 【解析】本题考核法律关系。根据法律关系的主体是单方确定还是双方确定，可以将法律关系分为绝对法律关系和相对法律关系，选项 A 正确；法律关系的主体包括自然人、法人和非法人组织、国家，选项 B 错误；权利与义务是法律关系的内容，选项 C 错误；法律关系的客体包括

物、行为、人格利益和智力成果。其中人格利益包括：公民和组织的姓名或名称，公民的肖像、名誉、尊严、人身、人格和身份等，选项 D 错误。

8. C 【解析】本题考核法律关系主体。法律关系主体要自己参与法律活动，必须具备相应的行为能力。

9. A 【解析】本题考核经济法律关系的客体。经济法律关系的客体包括物、行为、人格利益和智力成果。

10. B 【解析】本题考核法律事实。选项 B 不为法律规范所规定，不能引起任何法律后果。

二、多项选择题

1. ABC 【解析】本题考核法律渊源。最高人民法院和最高人民检察院的解释如果有原则性的分歧，报请全国人民代表大会常务委员会解释或决定。

2. ABC 【解析】本题考核法律渊源。我国的法律渊源主要有宪法、法律、行政法规、地方性法规、规章、司法解释、国际条约和协定，选项 A、B、C 正确。法院判例不属于法律渊源。

3. ABC 【解析】本题考核法律规范的分类。准用性规范是指内容本身没有规定人们具体的行为模式，而是可以援引或参照其他相应内容规定的法律规范。选项 A 属于委任性规范；选项 B、C 属于确定性规范。

4. ABC 【解析】本题考核法律规范的分类。

确定性规范是指内容已经完备明确，无须再援引或参照其他规范来确定其内容的法律规范。非确定性规范是指规范没有明确具体的行为模式或具体的法律后果，而需要引用其他法律规范来说明或补充的规范，具体包括委任性规范与准用性规范。选项 A 属于委任性规范；选项 B 和选项 C 属于准用性规范。

5. AB 【解析】本题考核法律规范的种类。命令性规范是指人们必须或应当作出某种行为的规范；禁止性规范是禁止人们作出一定行为的规范。

6. AC 【解析】本题考核法律关系主体。在本题的票据关系中，享有一定权利和承担一定义务的当事人是甲公司与乙公司。

7. ABCD 【解析】本题考核法律关系主体的范围。法律关系的主体包括自然人、法人和非法人组织、国家。

8. BC 【解析】本题考核自然人的民事行为能力。八周岁以上的未成年人为限制民事行为能力人。不能完全辨认自己行为的成年人是限制民事行为能力人。

9. ACD 【解析】本题考核法律关系的客体。法律关系的客体包括物、行为、人格利益和智力成果。选项 B 属于法律关系的主体。

10. ABCD 【解析】本题考核法律事实。选项 A、B 属于事件；选项 C、D 属于行为。

胎儿的民事权利

　　由于在我国民事法律领域，除了《继承法》第 28 条中通过拟制胎儿为特定情形下的继承主体外，对胎儿利益直接加以明文保护的规定几乎趋于空白，导致审判实务中对胎儿权益救济不力的情形时有发生。2017 年颁布的《民法总则》第 16 条对胎儿的民事权利予以明确规定：涉及遗产继承、接受赠与等胎儿利益保护的，胎儿视为具有民事权利能力。但是胎儿娩出时为死体的，其民事权利能力自始不存在。

　　对于《民法总则》本条规定，有关专家的解释是：

　　（1）本条为新创。主要采纳民法理论最近的立法经验，特别规定了保护胎儿的规定。

　　（2）胎儿的民事权利能力有范围限制，仅限于遗产、赠予"等"。这里的"等"主要指在某种情况下，如母亲在怀孕期间胎儿受伤害，胎儿有损害请求权。涉及胎儿权益的，可以胎儿的名义向法院起诉，不必等到出生。

　　（3）胎儿的民事权利不负担任何义务，只有权利。

　　（4）胎儿民事权利的行使，参照未成年人的监护制度。例如，监护人可以法定代理人的身份签订合同，但合同书内容要写明胎儿的权利；如起诉时还是由法定代理人起诉，起诉书中要注明是代理胎儿。

第2章 基本民事法律制度

考情分析

▶ 历年考情分析

本章主要内容有：民事法律行为，代理权，诉讼时效等。本章分值一般不高，但是有些知识点与实际应用的结合可能出现在案例分析题中，如2018年案例分析题考查代理权的取得，2017年案例分析题考查可撤销民事法律行为的撤销权，2011年案例分析题涉及诉讼时效中断。

▶ 本章2020年考试主要变化

本章内容无实质性修改。

核心考点及经典例题详解

考点一 民事法律行为制度★★★

扫我解疑难

经典例题

【例题1·单选题】(2019年)根据民事法律制度的规定，下列关于意思表示的表述中，说法正确的是(   )。

A. 要约不属于意思表示

B. 非对话的意思表示属于无相对人的意思表示

C. 继承开始后，继承人没有作出意思表示的，视为放弃继承

D. 以公告方式作出的意思表示，自公告发布时生效

【答案】D

【解析】本题考核意思表示。选项A：要约属于意思表示。选项B：有相对人的意思表示分为对话的意思表示和非对话的意思表示。选项C：继承开始后，继承人放弃继承的，应当在遗产处理前，作出放弃继承的表示；没有表示的，视为接受继承。

【例题2·多选题】(2019年)根据民事法律制度的规定，下列选项中，属于单方民事法律行为的有(   )。

A. 赠与   B. 追认

C. 撤销   D. 借贷

【答案】BC

【解析】本题考核单方法律行为。单方法律行为是根据一方当事人的意思表示而成立的民事法律行为。追认与撤销都是一方当事人意思表示即可成立，是单方法律行为。赠与和借贷都是合同行为，双方当事人意思表示一致才能成立，是双方法律行为。

【例题3·单选题】(2018年)根据民事法律制度的规定，下列各项中，属于民事法律行为中的处分行为的是(   )。

A. 租赁合同   B. 所有权转让

C. 买卖合同　　　　D. 拆除房屋

【答案】B

【解析】本题考核民事法律行为的分类。处分行为是直接导致权利发生变动的法律行为(如物权行为)。选项 B 导致所有权发生变更，是法律行为中的处分行为。负担行为是使一方相对于他方承担一定给付义务的法律行为(如合同行为)。选项 A、C 是负担行为。选项 D 拆除房屋属于事实行为，不是法律行为。

【例题 4·单选题】(2018 年)根据民事法律制度的规定，下列关于可撤销民事法律行为的表述中，正确的是(　　)。

A. 撤销权可由司法机关主动行使

B. 撤销权的行使不受时间限制

C. 行为在撤销前已经生效

D. 被撤销行为在撤销之前的效力不受影响

【答案】C

【解析】本题考核可撤销的民事法律行为。撤销权由当事人请求人民法院或者仲裁机构予以撤销，人民法院或者仲裁机构不主动适用，选项 A 错误。撤销权有存续时间，选项 B 错误。可撤销的民事法律行为在撤销前已经生效，在被撤销以前，其法律效力可以对抗除撤销权以外的任何人；可撤销的民事法律行为一经撤销，其效力溯及至行为开始，即自行为开始时无效。选项 C 正确，选项 D 错误。

【例题 5·多选题】(2018 年)根据民事法律制度的规定，下列情形中，沉默可以视为行为人的意思表示的有(　　)。

A. 当事人有约定

B. 符合当事人之间的交易习惯

C. 法律有明文规定

D. 当事人纯获利益

【答案】ABC

【解析】本题考核民事法律行为的效力。沉默只有在有法律规定、当事人约定或者符合当事人之间的交易习惯时，才可以视为意思表示。

【例题 6·单选题】(2017 年)根据民事法律制度的规定，下列关于附条件民事法律行为所

附条件的表述中，正确的是(　　)。

A. 既可以是将来事实，也可以是过去事实

B. 既可以是人的行为，也可以是自然现象

C. 既可以是确定发生的事实，也可以是不确定发生的事实

D. 既包括约定事实，也包括法定事实

【答案】B

【解析】本题考核附条件的民事法律行为。民事法律行为所附条件，既可以是自然现象、事件，也可以是人的行为(选项 B 正确)。民事法律行为所附条件的特征：(1)必须是将来发生的事实。过去的事实，不得作为条件(选项 A 错误)；(2)必须是将来不确定的事实(选项 C 错误)；(3)条件应当是双方当事人约定的(选项 D 错误)。

【例题 7·多选题】(2015 年)根据民事法律制度的规定，下列关于无效民事法律行为特征的表述中，正确的有(　　)。

A. 不能通过当事人的行为进行补正

B. 其无效须以当事人主张为前提

C. 从行为开始起就没有法律约束力

D. 其无效须经人民法院或仲裁机构确认

【答案】AC

【解析】本题考核无效民事法律行为的特征。无效民事法律行为的特征是：(1)自始无效。从行为开始时起就没有法律约束力。(2)当然无效。不论当事人是否主张，是否知道，也不论是否经过人民法院或者仲裁机构确认，该民事法律行为当然无效。(3)绝对无效。绝对不发生法律效力，不能通过当事人的行为进行补正。当事人通过一定行为消除无效原因，使之有效，这不是无效民事法律行为的补正，而是消灭旧的民事法律行为，成立新的民事法律行为。

考点精析

【考点精析 1】民事法律行为理论

1. 概念

民事法律行为，是民事主体通过意思表示设立、变更、终止民事法律关系的行为。

民事法律行为是法律关系变动的原因，是法律事实的一种。

2. 分类

（1）单方民事法律行为、双方民事法律行为和多方法律行为。

①单方法律行为是根据一方当事人的意思表示而成立的法律行为。如委托代理的撤销、债务的免除、无权代理的追认、订立遗嘱、授予代理权等。

②双方民事法律行为是指因两个当事人之间意思表示一致而成立的民事法律行为。如合同。

③多方民事法律行为是三个以上的当事人意思表示一致而成立的民事法律行为。如决议。

（2）有偿法律行为和无偿法律行为。

（3）负担行为与处分行为。

①负担行为是使一方相对于他方承担一定给付义务的法律行为。

②处分行为是直接导致权利发生变动的法律行为。物权行为是典型的处分行为。

（4）要式法律行为和非要式法律行为。

（5）主法律行为和从法律行为。

【考点精析 2】 意思表示

（1）民事法律行为以意思表示为核心。

（2）明示的意思表示与默示的意思表示。

意思表示可以明示或者默示。沉默只有在有法律规定、当事人约定或者符合当事人之间的交易习惯时，才可以视为意思表示。

（3）无相对人的意思表示与有相对人的意思表示。

①无相对人的意思表示：意思表示完成时即可产生法律效力，法律另有规定的除外。如遗嘱行为、抛弃动产等单方民事法律行为。

②有相对人的意思表示：以对话方式作出的意思表示，相对人知道其内容时生效。以非对话方式作出的意思表示，到达相对人时生效。

【知识点拨 1】 采用数据电文形式订立合同，收件人指定特定系统接收数据电文的，

该数据电文进入该特定系统的时间，视为到达时间；未指定特定系统的，相对人知道或者应当知道该数据电文进入其系统时生效；当事人对采用数据电文形式的意思表示的生效时间另有约定的，按照其约定。

【知识点拨 2】 以公告方式作出的意思表示，公告发布时生效。

（4）意思表示的解释。

①有相对人的意思表示的解释，应当按照所使用的词句，结合相关条款、行为的性质和目的、习惯以及诚信原则，确定意思表示的含义。

②无相对人的意思表示的解释，不能完全拘泥于所使用的词句，而应当结合相关条款、行为的性质和目的、习惯以及诚信原则，确定行为人的真实意思。

（5）意思表示可以撤回。撤回意思表示的通知应当在意思表示到达相对人前或者与意思表示同时到达相对人。

【考点精析 3】 民事法律行为的效力

1. 民事法律行为的成立

民事法律行为的成立必须具有当事人、意思表示、标的三个要素。

2. 民事法律行为的生效

民事法律行为自成立时生效，但是法律另有规定或者当事人另有约定的除外。

【知识点拨】 民事法律行为的成立是民事法律行为生效的前提，但成立不一定生效。

（1）民事法律行为有效的实质要件。

①行为人具有相应的民事行为能力。

②行为人的意思表示真实。

③不违反法律、行政法规的强制性规定，不违背公序良俗。

（2）民事法律行为有效的形式要件。

①口头形式。如当面交谈、电话交谈等。

②书面形式。包括电报、电传、传真、电子数据交换和电子邮件。

③推定形式。

④沉默形式。

3. 无效民事法律行为

（1）无效民事法律行为的特征有：①自始无效。②当然无效。③绝对无效。

（2）无效民事法律行为可以分为全部无效的民事行为和部分无效的民事行为。民事行为部分无效，不影响其他部分效力的，其他部分仍然有效。

（3）无效民事法律行为的种类。

①无民事行为能力人实施的民事法律行为无效。

②以虚假的意思表示实施的民事法律行为无效。

③恶意串通损害他人利益的民事法律行为无效。

④违反强制性规定或者公序良俗的民事法律行为无效。

4. 可撤销的民事法律行为

（1）可撤销民事法律行为概述。

①可撤销的民事法律行为在撤销前已经生效，在被撤销以前，其法律效果可以对抗除撤销权人以外的任何人。

②可撤销的民事法律行为的撤销，应由撤销权人以撤销行为为之，人民法院不主动干预。

③该行为一经撤销，其效力溯及至行为的开始，即自行为开始时无效。

（2）可撤销民事法律行为的种类。

①因重大误解而为的民事法律行为。

②受欺诈而为的民事法律行为。

③受胁迫而为的民事法律行为。胁迫既可以来自民事法律行为的相对人，也可以来自第三人。

④显失公平的民事法律行为：

A. 一方利用对方处于危困状态、缺乏判断能力等情形，致使民事法律行为成立时显失公平的，受损害方有权请求人民法院或者仲裁机构予以撤销。

B. 在民事法律行为成立以后发生的情势变化，导致双方利益显失公平的，不属于显失公平的民事法律行为。

（3）撤销权。

①依撤销权人的意思表示即可产生相应的法律效力，无须相对人同意。

②撤销权人撤销的意思表示应向人民法院或仲裁机构作出，由人民法院或仲裁机构确认其撤销权是否成立。

③撤销权的行使有时间限制。根据《民法总则》规定，有下列情形之一的，撤销权消灭。

A. 当事人自知道或者应当知道撤销事由之日起1年内、重大误解的当事人自知道或者应当知道撤销事由之日起3个月内没有行使撤销权，撤销权消灭；

B. 当事人受胁迫，自胁迫行为终止之日起1年内没有行使撤销权，撤销权消灭；

C. 当事人知道撤销事由后明确表示或者以自己的行为表明放弃撤销权。

当事人自民事法律行为发生之日起5年内没有行使撤销权的，撤销权消灭。

5. 效力待定的民事法律行为

效力待定的民事法律行为，是指民事法律行为成立时尚未生效，须经权利人追认才能生效的民事法律行为。追认的意思表示自到达相对人时生效。一旦追认，则民事法律行为自成立时起生效；如果权利人拒绝追认，则民事法律行为自成立时起无效。效力待定的民事法律行为主要有以下几种类型：

（1）限制民事行为能力人依法不能独立实施的民事法律行为。根据《民法总则》规定，限制民事行为能力人实施的纯获利益的民事法律行为或者与其年龄、智力、精神健康状况相适应的民事法律行为有效；实施的其他民事法律行为经法定代理人同意或者追认后有效。相对人可以催告法定代理人在一个月内予以追认。法定代理人未作表示的，视为拒绝追认。合同被追认之前，善意相对人有撤销的权利。撤销应当以通知的方式作出。

（2）无权代理人实施的民事法律行为。根据《民法总则》规定，行为人没有代理权、超越代理权或者代理权终止后，仍然实施代理行为，未经被代理人追认的，对被代理人不发生效力。相对人可以催告被代理人在一个月内予以追认。被代理人未作表示的，视为拒绝追认。被代理人已经开始履行民事法律行为中设定的义务的，视为对民事法律行为的追认。民事法律行为被追认之前，善意相对人有撤销的权利。撤销应当以通知的方式作出。

6. 民事法律行为被确认无效或被撤销的法律后果

（1）可撤销民事法律行为在成立之时具有法律效力，对当事人有约束力。一旦被撤销，其行为效果与无效民事法律行为的效果一样。民事法律行为部分无效，不影响其他部分效力的，其他部分仍然有效。

（2）民事法律行为被确认为无效后和被撤销后，从行为开始时就没有法律效力。

另外，根据《合同法》的规定，合同无效或者被撤销不影响其中独立存在的有关解决争议方法的条款的效力。例如双方当事人约定用仲裁方式解决双方争议的条款继续有效。

【考点精析4】民事法律行为的附条件和附期限

1. 附条件的民事法律行为

民事法律行为可以附条件，但是按照其性质不得附条件的除外。

（1）下列民事法律行为不得附条件：

①条件与行为性质相违背的。如《合同法》规定，法定抵销不得附条件。

②条件违背社会公共利益或社会公德的。如结婚、离婚等身份性民事法律行为，原则上不得附条件。

（2）民事法律行为所附条件，既可以是自然现象、事件，也可以是人的行为。民事法律行为所附条件应当具备下列特征：

①必须是将来发生的事实。

②必须是将来不确定的事实。

③条件应当是双方当事人约定的。

④条件必须合法。

（3）当事人为自己的利益不正当地阻止条件成就时，视为条件已成就；不正当地促成条件成就的，视为条件不成就。

2. 附期限的民事法律行为

民事法律行为可以附期限，但是按照其性质不得附期限的除外。附生效期限的民事法律行为，自期限届至时生效。附终止期限的民事法律行为，自期限届满时失效。

📝**阶段性测试**

1.【单选题】某企业推出一种新型饮料，在其宣传广告中，捏造该饮料具有强力补钙的功能，且售价比一般饮料高很多。下列情形属于受欺诈而为的民事法律行为是（　　）。

A. 消费者甲相信该企业的广告，购买了该新型饮料

B. 消费者乙相信该企业的广告，但由于误解购买了其他饮料

C. 消费者丙购买了该新型饮料后，看到了该企业的广告

D. 消费者丁根本不相信该企业的广告，为送礼购买了价格较高的该新型饮料

2.【单选题】下列法律行为中，须经双方当事人意思表示一致才能成立的是（　　）。

A. 甲免除乙对自己所负的债务

B. 甲将一枚钻石戒指赠与乙

C. 甲授权乙以甲的名义购买一套住房

D. 甲立下遗嘱，将个人所有财产遗赠给乙

3.【单选题】下列选项中，属于有效的民事法律行为的是（　　）。

A. 9岁的小明用家里的一张存折换了一辆汽车

B. 甲公司与乙公司口头达成的技术开发合同

C. 张某未经妻子同意购买了一件昂贵的古玩

D. 16岁的中学生未经家长同意用自己攒的钱买了一辆摩托车

4.【多选题】下列情形中，构成意思表示的有（　　）。

A. 老张向某同事借钱，但没有找到该同事

B. 老李向某公司发送一份应聘工作的电子邮件，但因计算机故障没有发出

C. 老刘向某法院提交一份诉状，但该法院没有受理

D. 老赵向某超市要求退货，但遭到拒绝

5.【多选题】根据民事法律制度的规定，下列关于可撤销的民事法律行为的表述中，错误的有( )。

A. 可撤销的民事法律行为一经撤销，自始无效

B. 可撤销的民事法律行为亦称"效力待定的民事法律行为"

C. 自撤销事由发生之日起1年内当事人未撤销的，撤销权消灭

D. 法官审理案件时发现民事法律行为具有可撤销事由的，可依职权撤销

6.【多选题】根据《民法总则》的规定，下列选项中，属于无效民事法律行为的有( )。

A. 无民事行为能力人实施的民事法律行为

B. 行为人与相对人以虚假的意思表示实施的民事法律行为

C. 违背公序良俗的民事法律行为

D. 行为人与相对人恶意串通，损害他人合法权益的民事法律行为

📑 **阶段性测试答案精析**

1. A 【解析】本题考核受欺诈而为的民事法律行为。选项 B 消费者没有因欺诈作出意思表示；选项 C、D 与欺诈行为之间没有因果关系。

2. B 【解析】本题考核法律行为的分类。单方民事法律行为是根据一方当事人的意思表示而成立的民事法律行为。双方民事法律行为是指因两个当事人之间意思表示一致而成立的民事法律行为，如合同行为。选项 B 赠与合同是双方民事法律行为。

3. C 【解析】本题考核民事法律行为的有效要件。选项 A 属于限制民事行为能力人依法不能独立实施的民事法律行为，效力待定；选项 B 属于形式要件不符合规定，技术开发合同应当采用书面形式；选项 D 属于限制行为能力人实施的依法不能独立实施的民事法律行为，应由其法定代理人代理，或者经其法定代理人同意、追认。未经法定代理人代理或者未经其法定代理人同意、追认，效力待定。

4. CD 【解析】本题考核意思表示。意思主要是指当事人欲使其内心意思发生法律上效力的效果意思。而表示则是指行为人将其内在的效果意思以一定方式表现于外部，为行为相对人所了解。本题中，选项 A、B 没有将其内在的效果意思以一定方式表现于外部。

5. BCD 【解析】本题考核可撤销民事法律行为的特征。选项 B，可撤销民事法律行为与效力待定民事法律行为是两种不同的民事法律行为。选项 C，根据《合同法》规定，具有撤销权的当事人自知道或者应当知道撤销事由之日起一年内没有行使撤销权，撤销权消灭。选项 D，可撤销民事法律行为的撤销，应当由撤销权人申请撤销，法院不主动干预。

6. ABCD 【解析】本题考核无效民事法律行为。

考点二　代理制度★★

扫我解疑难

📑 **经典例题**

【例题1·单选题】(2019年)根据民事法律制度的规定，下列关于传达的表述中，说法正确的是( )。

A. 传达人以自己的名义为意思表示

B. 身份行为的意思表示可以传达

C. 单方意思表示不能传达

D. 传达人需具备完全民事行为能力

【答案】B

【解析】本题考核传达。选项A：传达的任务是忠实传递委托人的意思表示，传达人自己不进行意思表示。选项B：身份行为可以借助传达人传递意思表示。选项C：单方意思表示可以传达。选项D：传达不以具有民事行为能力为条件。

【例题2·多选题】（2015年）乙公司有个塔吊，甲和乙公司签订了代理合同，甲代理乙公司将该塔吊出售，甲的下列情况中属于滥用代理权的有（ ）。

A. 以被代理人的名义把塔吊卖给自己

B. 与丁恶意串通，将塔吊低价卖给丁，损害了乙的利益

C. 以被代理人的名义卖出，甲以丙的名义买入

D. 代理权被收回后，甲仍以乙的名义把塔吊卖出

【答案】ABC

【解析】本题考核滥用代理权。选项A属于自己代理；选项B属于代理人与第三人恶意串通、损害被代理人的利益；选项C属于双方代理。选项D属于无权代理。

【例题3·单选题】（2013年）甲为乙公司业务员，负责某小区的订奶业务多年，每月月底在小区摆摊，更新订奶户并收取下月订奶款。2013年5月29日，甲从乙公司辞职。5月30日，甲仍照常前往小区摆摊收取订奶款。订奶户不知内情，照例交款，甲亦如常开出盖有乙公司公章的订奶款收据。之后甲携款离开，下落不明。根据民事法律制度的规定，下列表述中正确的是（ ）。

A. 甲的行为与乙公司无关，应由甲向订奶户承担合同履行义务

B. 甲的行为构成无权处分，应由乙公司向订

奶户承担损害赔偿责任后，再向甲追偿

C. 甲的行为构成狭义无权代理，应由甲向订奶户承担损害赔偿责任

D. 甲的行为构成表见代理，应由乙公司向订奶户承担合同履行义务

【答案】D

【解析】本题考核表见代理的规定。根据规定，行为人没有代理权、超越代理权或者代理权终止后以被代理人名义订立合同，相对人有理由相信行为人有代理权的，该代理行为有效。本题中，由于合同签订人（甲）持有被代理人（乙公司）的盖有印章的订奶款收据，使得相对人（订奶户）相信其有代理权，因此构成表见代理，应由乙公司向订奶户承担合同履行义务。

考点精析

【考点精析1】 代理的基本理论

1. 代理的概念

代理是指代理人在代理权限内，以被代理人的名义与第三人实施法律行为，由此产生的法律后果直接由被代理人承担的一种法律制度。

2. 代理的种类

（1）委托代理。委托代理是基于被代理人授权的意思表示而发生的代理。

（2）法定代理。法定代理是依据法律规定而当然发生的代理，通常为无行为能力人和限制行为能力人设立的代理方式。

【考点精析2】 委托代理

1. 委托代理中的授权行为

委托代理中的授权行为是一种单方法律行为，仅凭被代理人一方的意思表示，即可发生授权的效果。

2. 代理权的滥用（见表2-1）

表 2-1　代理权的滥用

滥用情形	内容
自己代理	代理人以被代理人的名义与自己实施民事法律行为，但是被代理人同意或者追认的除外
双方代理	代理人以被代理人的名义与自己同时代理的其他人实施民事法律行为，但是被代理人同意或者追认的除外
恶意串通	代理人和相对人恶意串通损害被代理人的利益，代理人和相对人应当承担连带责任

【知识点拨】滥用代理权的前提是行为人有代理权。

3. 无权代理

(1)无权代理的情形。

①没有代理权的代理行为。

②超越代理权的代理行为。

③代理权终止后的代理行为。

(2)无权代理的效力。

①无权代理经被代理人追认，即直接对被代理人发生法律效力，产生与有权代理相同的法律后果。《民法总则》规定，相对人可以催告被代理人自收到通知之日起 1 个月内予以追认。被代理人未作表示的，视为拒绝追认。行为人实施的行为被追认前，善意相对人有撤销的权利。撤销应当以通知的方式作出。一旦本人拒绝追认，无权代理行为就确定地转化为无效民事法律行为，由各方当事人按照各自的过错程度承担法律责任。

②相对人的保护。在被代理人追认前，相对人可以催告，请求被代理人对是否追认代理权作出明确的意思表示。善意相对人在被代理人行使追认权之前，有权撤销其对无权代理人已经作出的意思表示，此为撤销权。如果被代理人已经行使了追认权，则代理行为确定有效，此时，善意相对人无撤销权。

4. 表见代理

(1)表见代理的概念。

表见代理，指无权代理人的代理行为客观上存在使相对人主观上相信其有代理权的情况，且相对人主观上为善意，因而可以向被代理人主张代理的效力。

(2)表见代理的构成要件。

①代理人无代理权。

②相对人主观上为善意且无过失。

③客观上有使相对人相信无权代理人具有代理权的情形。

④相对人基于这种客观情形而与无权代理人成立民事法律行为。

(3)表见代理的效果。

表见代理对于本人来说，产生与有权代理一样的效果。

📋 阶段性测试

1.【单选题】下列关于代理特征的表述中，错误的是(　　)。

A. 代理是代理人独立所为的民事法律行为

B. 代理人以自己的名义从事民事法律行为

C. 代理人在代理权限内独立作出意思表示

D. 代理的法律后果直接归于被代理人

2.【单选题】刘某谎称自己是甲企业推销员，向乙推销甲企业产品，并以甲的名义与乙签订了买卖合同。则下列说法中正确的是(　　)。

A. 刘某的行为属于滥用代理权

B. 乙可以催告甲在 1 个月内予以追认，如果甲未作表示，则视为追认

C. 在甲追认后，乙不可以行使撤销权

D. 该买卖合同无效

3.【单选题】对于无权代理，在被代理人追认前，相对人可以催告被代理人在法定期限内予以追认。该法定期限是(　　)。

A. 1 个月　　　　　　B. 3 个月

C. 6 个月　　　　　　D. 1 年

4.【多选题】某律师对于客户的下列代理请求，可以接受的有(　　)。

A. 客户甲请求律师代理签订收养子女的协议

B. 客户乙请求律师代理起诉债务人

C. 客户丙请求律师代理出售房屋

D. 客户丁请求律师代理婚姻登记

5.【多选题】下列代理行为中，属于滥用代理权的有( )。

A. 超越代理权进行代理

B. 代理人与第三人恶意串通，损害被代理人利益

C. 没有代理权而进行代理

D. 代理他人与自己进行民事行为

6.【多选题】甲公司委派业务员张某到乙地采购电脑，张某发现该地的电视机畅销，所以就用盖有公司印章的空白介绍信和空白合同与乙公司签订了购买500台电视机的合同。双方约定到货付款，货到后，甲公司拒绝付款。根据法律规定，下列说法正确的有( )。

A. 张某购买电视机的行为没有代理权

B. 张某购买电视机的行为构成表见代理，产生有权代理的法律后果

C. 甲公司应接受货物并向乙公司付款

D. 若甲公司受到损失，有权向张某追偿

📝 **阶段性测试答案精析**

1. B 【解析】本题考核代理的特征。代理是指代理人在代理权限内，"以被代理人的名义"与第三人实施法律行为，由此产生的法律后果直接由被代理人承担的法律制度。

2. C 【解析】本题考核无权代理。刘某的行为构成无权代理而非滥用代理权，选项A错误。无权代理中，相对人可以催告被代理人在1个月内予以追认，被代理人未作表示的，视为拒绝追认，选项B错误。在甲追认前，乙可以行使撤销权，甲追认后，乙不可以行使撤销权，选项C正确。甲追认后，刘某与乙签订的合同是有效的，不能直接说买卖合同无效，选项D

错误。

3. A 【解析】本题考核无权代理的后果。相对人可以催告被代理人在1个月内予以追认。

4. BC 【解析】本题考核代理的适用范围。婚姻登记、收养子女等行为具有人身性质，不能代理。

5. BD 【解析】本题考核滥用代理权的情形；常见的滥用代理权的情形有：一是代理他人与自己进行民事活动；二是代理双方当事人进行同一民事行为，三是代理人与第三人恶意串通，损害被代理人利益。选项AC属于无权代理。

6. ABCD 【解析】本题考核表见代理。表见代理本属无权代理，但因被代理人与无权代理人之间的关系，具有外表授权的特征，致使相对人有理由相信行为人有代理权而与其进行民事法律行为，故使之发生与有权代理相同的法律效果。表见代理产生有权代理的法律后果，因此，被代理人应履行代理人与第三人订立的合同；但因代理人的行为而给被代理人造成损失的，被代理人有权向代理人追偿。

考点三　诉讼时效制度★★★

扫我解疑难

📝 **经典例题**

【例题1·多选题】(2019年)根据民事法律制度的规定，下列各项中，属于诉讼时效中断事由的有( )。

A. 债权人发送催收信件到达债务人

B. 债务人向债权人请求延期履行

C. 债权人申请诉前财产保全

D. 债务人向债权人承诺提供担保

【答案】ABCD

【解析】本题考核诉讼时效的中断。选项A：属于权利人向义务人提出履行请求；选项BD：债务人作出请求延期履行、提供担保等

承诺或者行为的，属于债务人同意履行义务；选项C：申请诉前财产保全与提起诉讼或者申请仲裁具有同等效力，引起诉讼时效中断。

【例题2·单选题】（2017年）根据民事法律制度的规定，下列关于诉讼时效起算的表述中，正确的是（ ）。

A. 当事人约定同一债务分期履行的，从最后一期履行期限届满之日起算

B. 国家赔偿的，自国家机关及其工作人员实施违法行为时起算

C. 请求他人不作为的，自义务人违反不作为义务时起算

D. 未成年人遭受性侵害的损害赔偿请求权的诉讼时效期间，自受害人受到侵害之日起算

【答案】 A

【解析】 本题考核诉讼时效的起算。国家赔偿的诉讼时效的起算，自知道或应当知道国家机关及其工作人员行使职权时的行为侵犯其人身权、财产权之日起计算，但被羁押等限制人身自由期间不计算在内，选项B错误。请求他人不作为的债权请求权，应当自权利人知道义务人违反不作为义务时起算，选项C错误。未成年人遭受性侵害的损害赔偿请求权的诉讼时效期间，自受害人年满18周岁之日起算，选项D错误。

【例题3·单选题】（2016年）根据民事法律制度的规定，下列各项中，属于诉讼时效中止法定事由的是（ ）。

A. 申请支付令

B. 申请仲裁

C. 申请宣告义务人死亡

D. 权利被侵害的无民事行为能力人没有法定代理人

【答案】 D

【解析】 本题考核诉讼时效的中止。中止诉讼时效的事由有两类：一是不可抗力；二是其他障碍。其他障碍包括：无民事行为能力人或者限制民事行为能力人没有法定代理人，或者法定代理人死亡、丧失民事行为能力、丧失代理权（选项D）。选项A、B、C属于诉讼时效的中断事由。

【例题4·单选题】（2011年）下列关于除斥期间的说法中，正确的是（ ）。

A. 除斥期间届满，实体权利并不消灭

B. 除斥期间为可变期间

C. 撤销权可适用除斥期间

D. 如果当事人未主张除斥期间届满，人民法院不得主动审查

【答案】 C

【解析】 本题考核除斥期间。选项A，除斥期间届满，实体权利消灭；选项B，除斥期间是不变期间，不适用诉讼时效的中断、中止和延长的规定；选项C，除斥期间一般适用于形成权，如追认权、解除权、撤销权；选项D，除斥期间无论当事人是否主张，人民法院均应当主动审查。

考点精析

【考点精析1】 诉讼时效与除斥期间

（1）诉讼时效的概念与特点。

诉讼时效是指请求权不行使超过一定期间而失去国家强制力保护的制度。诉讼时效具有以下特点：

①诉讼时效届满不消灭实体权利。

②诉讼时效期间的经过，不影响债权人提起诉讼，即不丧失起诉权。

③如果债务人主张诉讼时效的抗辩，法院在确认诉讼时效届满的情况下，应驳回其诉讼请求。

④当事人未提出诉讼时效抗辩，人民法院不应对诉讼时效问题进行释明及主动适用诉讼时效的规定进行裁判。

⑤当事人在一审期间未提出诉讼时效抗辩，在二审期间提出的，人民法院不予支持，但其基于新的证据能够证明对方当事人的请求权已过诉讼时效期间的情形除外。

⑥诉讼时效期间届满，当事人一方向对方当事人作出同意履行义务的意思表示或者自愿履行义务后，又以诉讼时效期间届满为由进行抗辩，人民法院不予支持。

⑦诉讼时效具有强制性。

（2）诉讼时效的适用对象。

下列请求权不适用诉讼时效的规定：

①请求停止侵害、排除妨碍、消除危险；

②不动产物权和登记的动产物权的权利人请求返还财产；

③请求支付抚养费、赡养费或者扶养费；

④依法不适用诉讼时效的其他请求权。

这里的"其他请求权"包括支付存款本金及利息请求权；兑付国债、金融债券以及向不特定对象发行的企业债券本息请求权；基于投资关系产生的缴付出资请求权。

（3）除斥期间是指法律规定某种权利预定存续的期间，债权人在此期间不行使权利，预定期间届满，便可发生该权利消灭的法律后果。诉讼时效期间与除斥期间的区别，如表2-2所示。

表2-2　诉讼时效期间与除斥期间的区别

区别	诉讼时效	除斥期间
适用对象	请求权	形成权（撤销权、追认权、解除权）
援用主体	由当事人主张后，法院才能审查，法院不主动援用	无论当事人是否主张，法院均应当主动审查
法律效力	诉讼时效届满，债务人取得抗辩权，实体权利不消灭	除斥期间届满，实体权利消灭

【考点精析2】诉讼时效期间的种类

（1）普通诉讼时效。

向人民法院请求保护民事权利的诉讼时效期间为3年。法律另有规定的依照其规定。诉讼时效期间自权利人知道或者应当知道权利受到损害以及义务人之日起计算。法律另有规定的依照其规定。

（2）长期诉讼时效。

涉外货物买卖合同和技术进出口合同争议提起诉讼或申请仲裁的期限为4年。

（3）最长诉讼时效。

自权利受到损害之日起超过20年的，人民法院不予保护。

【知识点拨】最长诉讼时效是从权利"被侵害"起不超过20年，即使被侵害人一直不知道诉讼对象应该是谁。

【考点精析3】诉讼时效期间的起算

诉讼时效期间自权利人知道或者应当知道权利受到损害以及义务人之日起计算。

（1）附条件的或附期限的债的请求权，从条件成就或期限届满之日起算。

（2）定有履行期限的债的请求权，从清偿期届满之日起算。当事人约定同一债务分期履行的，诉讼时效期间从最后一期履行期限届满之日起算。

（3）未定有履行期限或者履行期限不明确的债的请求权，依照《合同法》的有关规定可以确定履行期限的，诉讼时效期间从履行期限届满之日起计算；不能确定履行期限的，诉讼时效期间从债权人要求债务人履行义务的宽限期届满之日起计算，但债务人在债权人第一次向其主张权利之时明确表示不履行义务的，诉讼时效期间从债务人明确表示不履行义务之日起计算。

（4）无民事行为能力人或者限制民事行为能力人对其法定代理人的请求权的诉讼时效期间，自该法定代理终止之日起计算。

（5）未成年人遭受性侵害的损害赔偿请求权的诉讼时效期间，自受害人年满18周岁之日起计算。

（6）请求他人不作为的债权请求权，应当自权利人知道或应当知道义务人违反不作为义务时起算。

（7）国家赔偿的诉讼时效的起算自其知道或者应当知道国家机关及其工作人员行使职权时的行为侵犯其人身权、财产权之日起计算，但被羁押等限制人身自由期间不计算在内。

【考点精析4】诉讼时效中止

诉讼时效的中止，在诉讼时效期间的最

后6个月内，因下列障碍不能行使请求权的，诉讼时效中止。

（1）根据《民法总则》的规定，中止诉讼时效的事由有两类：一是不可抗力；二是其他障碍。"其他障碍"包括：①无民事行为能力人或者限制民事行为能力人没有法定代理人，或者法定代理人死亡、丧失民事行为能力、丧失代理权；②继承开始后未确定继承人或者遗产管理人；③权利人被义务人或者其他人控制；④其他导致权利人不能行使请求权的障碍。

（2）只有在诉讼时效的最后6个月内发生中止事由，才能中止诉讼时效的进行。如果在诉讼时效期间的最后6个月以前发生权利行使障碍，而到最后6个月时该障碍已经消除，则不能发生诉讼时效中止；如果该障碍在最后6个月时尚未消除，则应从最后6个月开始时起中止时效期间，直至该障碍消除。

（3）自中止时效的原因消除之日起满6个月，诉讼时效期间届满。

【考点精析5】诉讼时效中断

诉讼时效中断，指在诉讼时效进行中，因法定事由的发生致使已经进行的诉讼时效期间全部归于无效，诉讼时效期间重新计算。

（1）诉讼时效中断的法定事由包括：①权利人向义务人**提出履行请求**；②义务人**同意履行义务**；③**提起诉讼或者申请仲裁**。

（2）特殊情形。除了上述三项诉讼时效中断的事由以外，下列情形也会发生诉讼时效中断的效果：

①对于连带债权人、连带债务人中的一人发生诉讼时效中断效力的事由，应当认定对其他连带债权人、连带债务人也发生诉讼时效中断的效力。

②债权人提起代位权诉讼的，应当认定对债权人的债权和债务人的债权均发生诉讼时效中断的效力。

③债权转让的，应当认定诉讼时效从债权转让通知到达债务人之日起中断。债务承担情形下，构成原债务人对债务承认的，应当认定诉讼时效从债务承担意思表示到达债权人之日起中断。

📋 阶段性测试

1. **【单选题】** 2019年1月1日，甲公司聘用张某担任某种特定计算机程序的设计员，聘用期限为1年，同时约定：聘用期限内，张某不得为其他公司设计同类计算机程序。2019年3月1日，甲公司得知张某违反约定，在2019年2月1日为乙公司设计了同类计算机程序。对张某违约行为的诉讼时效期间起算日期是（　）。
   A. 2019年1月1日
   B. 2019年2月1日
   C. 2019年3月1日
   D. 2020年3月1日

2. **【单选题】** 下列请求权中，适用诉讼时效制度的是（　）。
   A. 请求支付抚养费、赡养费或者扶养费
   B. 请求停止侵害、排除妨碍、消除危险
   C. 身体受到伤害请求赔偿
   D. 不动产物权权利人请求返还财产

3. **【单选题】** 甲向乙借款1万元，借款到期后甲分文未还。在诉讼时效期间内发生的下列情形中，不能够产生时效中断效果的是（　）。
   A. 乙在大街上碰到甲，甲主动向乙表示将在5日内先支付约定的利息
   B. 乙以快递发送催款函件给甲，甲签收后未拆封
   C. 甲遇到车祸，变成植物人，且没有法定代理人
   D. 乙向人民法院申请支付令

4. **【多选题】** 下列关于诉讼时效起算的说法中，正确的有（　）。
   A. 定有履行期限的债务的请求权，当事人约定债务分期履行的，诉讼时效应当分期分别起算
   B. 未定有履行期限的债务的请求权，债权人第一次要求债务人履行义务时就被债务

人明确拒绝的，诉讼时效从债务人明确拒绝之日起算

C. 无民事行为能力人对其法定代理人的请求权的诉讼时效期间，自该法定代理终止之日起计算

D. 请求他人不作为的债权的请求权，诉讼时效从权利人知道或者应当知道义务人违反不作为义务时起算

5.【多选题】下列关于诉讼时效中止的表述中，正确的有( )。

A. 从中止时效的原因消除之日起满6个月，诉讼时效期间届满

B. 诉讼时效中止使已经进行的诉讼时效期间全部归于无效

C. 只有在诉讼时效期间的最后6个月内发生不可抗力的情况和其他障碍，才能中止时效的进行

D. 最长诉讼时效不适用中止

6.【多选题】2018年4月1日A企业与B银行签订一份借款合同，期限1年。如A企业在2019年4月1日借款期限届满时不能履行偿还借款，则以下可引起诉讼时效中断的事由有( )。

A. 2019年6月1日B银行对A企业提起诉讼

B. 2019年5月10日B银行向A企业提出偿还借款的要求

C. 2019年5月16日A企业同意偿还借款

D. 2019年6月5日A企业所在地发生强烈地震

📝**阶段性测试答案精析**

1. C 【解析】本题考核诉讼时效的起算。根据规定，请求他人不作为的债权的请求权，应当自权利人知道或应当知道义务人违反不作为义务时起算。

2. C 【解析】本题考核诉讼时效的适用对象。下列请求权不适用诉讼时效的规定：请求停止侵害、排除妨碍、消除危险；不动产物权和登记的动产物权的权利人请求返还财产；请求支付抚养费、赡养费或者扶养费；依法不适用诉讼时效的其他请求权。

3. C 【解析】本题考核诉讼时效中断。根据规定，诉讼时效因提起诉讼、当事人一方提出要求或者同意履行义务而中断。选项C，无民事行为能力人或者限制民事行为能力人没有法定代理人，或者法定代理人死亡、丧失民事行为能力、丧失代理权，构成诉讼时效中止的事由。

4. BCD 【解析】本题考核诉讼时效期间的起算。根据规定，当事人约定同一债务分期履行的，诉讼时效期间从最后一期履行期限届满之日起计算。因此选项A错误。

5. ACD 【解析】本题考核诉讼时效的中止。在诉讼时效期间的最后6个月内，因法定障碍，不能行使请求权的，诉讼时效中止。自中止时效的原因消除之日起满6个月，诉讼时效期间届满。

6. ABC 【解析】本题考核诉讼时效的中断。引起诉讼时效中断的事由有：(1)权利人向义务人提出履行请求；(2)义务人同意履行义务；(3)权利人提起诉讼或者申请仲裁。待时效中断的法定事由消除后，诉讼时效期间重新计算。本题中，选项D如果发生在最后6个月内，能引起诉讼时效中止而不是中断。

本章综合练习 限时35分钟

一、单项选择题

1. 下列情形中，没有构成意思表示的是( )。

A. 甲决定明天向公司提交辞职报告

B. 乙在寻物启事中称，愿向送还失物者付酬金 500 元

C. 丙签发一张支票赠与好友

D. 丁向一台自动售货机投币购买饮料

2. 根据民事法律行为的成立是否需要具备法律规定的形式而划分，民事法律行为可以划分为( )。

A. 单方的民事法律行为、双方的民事法律行为和多方的民事法律行为

B. 有偿的民事法律行为和无偿的民事法律行为

C. 要式的民事法律行为和不要式的民事法律行为

D. 主民事法律行为和从民事法律行为

3. 某国有企业总经理张某欲将一套自有住房以 200 万元出售。某报记者李某找到张某，出价 100 万元，张某拒绝。李某对张某说："我有你受贿的证据，答应我就把证据还给你；不答应我就举报你。"张某无奈签订了以 100 万元将该房卖与李某的合同。合同签订后，李某将张某在办公楼装修受贿的虚假证据交给张某，实际张某是在购买设备时有受贿行为。关于该房屋买卖合同，下列说法正确的是( )。

A. 存在欺诈行为，属可撤销合同

B. 存在胁迫行为，属可撤销合同

C. 存在乘人之危的行为，属可撤销合同

D. 存在重大误解，属可撤销合同

4. 甲欲低价购买乙收藏的一幅古画，乙不允。甲声称：若乙不售画，就公布其不雅视频。乙被迫与甲订立买卖合同。根据合同法律制度的规定，该合同的效力为( )。

A. 有效   B. 无效

C. 效力待定   D. 可撤销

5. 下列关于可撤销民事法律行为被撤销后的结果的表述中，错误的是( )。

A. 民事法律行为被撤销的，自撤销时起无效

B. 民事法律行为部分被撤销的，不影响其他部分的法律效力的，其他部分仍然有效

C. 被撤销的民事法律行为的当事人因该行为取得财产的，应当返还对方，原物灭失的，作价补偿

D. 民事法律行为被撤销后，其法律后果与无效民事行为相同

6. 甲因出国留学将他的房屋出租给乙住，双方约定，待甲留学回国，该房屋租赁关系终止。该法律行为是( )。

A. 附生效条件的民事法律行为

B. 附解除条件的民事法律行为

C. 附生效期限的民事法律行为

D. 附解除期限的民事法律行为

7. 下列各项中，属于附期限的民事法律行为的是( )。

A. 由于老张的工作表现出色，所以公司在年终时奖励给他了一台彩电

B. 老张对小王说，等老张的儿子结婚时，老张租给小王的房子要收回

C. 老张和某银行签订房屋抵押合同，双方约定在抵押物的登记完成时抵押权设立

D. 小张与其朋友约定，在寒假时将计算机送给其朋友

8. 关于代理，下列说法错误的是( )。

A. 代理是以被代理人的名义实施的

B. 代理由代理人与第三人进行法律行为

C. 代理的法律后果由代理人承担

D. 代理关系的主体包括代理人、被代理人和第三人

9. 下列行为中，不适用代理的是( )。

A. 代理合同的订立

B. 代理税款缴纳

C. 代理订立遗嘱

D. 代理专利申请

10. 下列选项中，不属于代理权滥用的是( )。

A. 代理人以被代理人的名义与自己进行民事活动的行为

B. 超越代理权的代理行为

C. 同一代理人代理双方当事人进行同一

项民事活动的行为

　　D. 代理人与第三人恶意串通，损害被代理人的利益

11. 下列情形中，构成无权代理的是(　　)。

　　A. 公民甲委托乙到某杂志社领取自己的稿酬，并出具了委托书

　　B. 某公司法定代表人甲以本公司名义为朋友乙提供担保

　　C. 大学生甲受乙之托，代替乙参加演出

　　D. 无业人员甲谎称自己是某企业推销员，向乙推销该企业产品

12. 根据规定，诉讼时效届满不消灭实体权利。对此下列说法错误的是(　　)。

　　A. 诉讼时效期间的经过，不影响债权人提起诉讼，即不丧失起诉权

　　B. 债权人起诉后，如果债务人主张诉讼时效的抗辩，法院在确认诉讼时效届满的情况下，应驳回其诉讼请求，即债权人丧失胜诉权

　　C. 当事人未提出诉讼时效抗辩，人民法院可以主动适用诉讼时效的规定进行裁判

　　D. 诉讼时效期间届满，当事人自愿履行义务后，又以诉讼时效期间届满为由进行抗辩，人民法院不予支持

13. 2016 年 12 月 1 日，甲向乙借款并签订了一份借款合同，还款期为 2017 年 12 月 1 日前。但是乙将此事忘记，直到 2018 年 12 月 1 日才想起。此诉讼时效期间的起算时间是(　　)。

　　A. 2016 年 12 月 1 日

　　B. 2017 年 12 月 1 日

　　C. 2018 年 12 月 1 日

　　D. 2019 年 12 月 1 日

14. 结合各类民事法律关系的不同特点，诉讼时效起算有不同的规定。对此，下列说法不正确的是(　　)。

　　A. 附条件的或附期限的债的请求权，从条件成就或期限届满之日起算

　　B. 定有履行期限的债的请求权，从确定

履行期限之日起算

　　C. 未成年人遭受性侵害的损害赔偿请求权的诉讼时效期间，自受害人年满 18 周岁之日起计算

　　D. 国家赔偿的诉讼时效，自其知道或者应当知道国家机关及其工作人员行使职权时的行为侵犯其人身权、财产权之日起计算

15. 下列情形中，不属于引起诉讼时效中断事由的是(　　)。

　　A. 权利人提起诉讼

　　B. 当事人一方向义务人提出请求履行义务的要求

　　C. 权利人因不可抗力无法履行权利

　　D. 当事人一方同意履行义务

16. 关于诉讼时效中断的表述，下列说法正确的是(　　)。

　　A. 甲欠乙 10 万元到期未还，乙要求甲先清偿 8 万元。乙的行为，仅导致 8 万元债务诉讼时效中断

　　B. 甲和乙对丙因共同侵权而需承担连带赔偿责任计 10 万元，丙要求甲承担 8 万元。丙的行为，导致对甲和乙的连带债务诉讼时效均中断

　　C. 乙欠甲 8 万元，丙欠乙 10 万元，甲对丙提起代位权诉讼。甲的行为，仅导致丙对乙的债务诉讼时效中断

　　D. 乙欠甲 10 万元，甲通知乙将该债权转让给丙。自甲与丙签订债权转让协议之日起，对乙的 10 万元债权诉讼时效中断

二、多项选择题

1. 下列各项中，属于民事法律行为的有(　　)。

　　A. 甲商场与某企业签订一项合同

　　B. 乙捡到一台计算机

　　C. 丙放弃一项债权

　　D. 丁完成一项发明创造

2. 根据《民法总则》的规定，有效的民事法律行为应具备的条件有(　　)。

　　A. 自然人应具有完全行为能力

　　B. 意思表示真实

C. 不违反法律、行政法规的强制性规定，不违背公序良俗

D. 必须采取书面形式

3. 以下对可撤销的民事法律行为的表述中，错误的有( )。

A. 该行为撤销前，其效力已经发生的，未经撤销，其效力不消灭

B. 如果具有撤销权的当事人未在法定期限内行使撤销权，则该行为视同有效的法律行为，对当事人具有约束力

C. 可撤销的民事法律行为一经撤销，其效力自被撤销之日起无效

D. 如果自行为成立时起超过 2 年，当事人才请求撤销的，人民法院不予保护

4. 按照法律规定，附条件的民事法律行为所附条件的要求包括( )。

A. 应该是事件，不能是行为

B. 是将来可能发生的事实

C. 不可以是法定的事实

D. 应该是合法的事实

5. 下列各项中，属于附期限的民事法律行为有( )。

A. 甲与乙约定：等到放寒假时，甲就将参考书卖给乙

B. 甲与乙约定：3 个月后即 2019 年 8 月 1 日，买卖合同生效

C. 甲与乙约定：如果三天内甲能把乙的汽车修好，就借甲使用三天

D. 甲与乙约定：如果明天不下雨，双方就去办理房屋过户手续

6. 代理是指代理人在代理权限内，以被代理人的名义与第三人实施法律行为，代理关系包括( )。

A. 被代理人与代理人之间的关系

B. 被代理人和代理人与第三人之间的关系

C. 代理人与第三人之间的关系

D. 被代理人与第三人之间的关系

7. 某书画店与著名书法家老张签了一份委托书写对联的合同。合同签订后，老张因不慎跌倒致使右臂受伤，于是老张委托他儿子小张代为书写了全部对联。但是不久书画店感到作品风格与老张不同，遂请专家鉴定，结果发现属他人作品。对此，下列说法正确的有( )。

A. 老张不能委托小张代理其创作

B. 老张可以委托小张代理其创作，但必须出具授权委托书

C. 如果因此发生纠纷，老张可以委托小张代理诉讼，但必须以老张的名义实施

D. 如果因此发生纠纷，老张可以委托小张代理诉讼，法律后果由老张承担

8. 无权代理是指没有代理权而以他人名义进行的代理行为。下列选项中属于无权代理的有( )。

A. 没有代理权而实施的代理

B. 超越代理权实施的代理

C. 代理权终止后而实施的代理

D. 代理人以被代理人的名义与自己实施的代理

9. 下列选项中，属于表见代理构成要件的有( )。

A. 代理人无代理权

B. 相对人主观上为善意

C. 客观上有使相对人相信无权代理人具有代理权的情形

D. 被代理人予以追认

10. 甲公司委托业务员张某到某地采购一批等离子电视机，张某到该地后意外发现当地乙公司的液晶电视机很畅销，就用盖有甲公司公章的空白介绍信和空白合同书与乙公司签订了购买 200 台液晶电视机的合同，并约定货到付款。货到后，甲公司拒绝付款。下列表述中，正确的有( )。

A. 甲公司有权拒绝付款

B. 甲公司应接受货物并向乙公司付款

C. 张某无权代理签订购买液晶电视机合同

D. 若甲公司对该液晶电视机买卖合同不予追认，该合同无效

11. 某公司因合同纠纷的诉讼时效问题咨询律师。该律师的下列答复正确的有（　　）。

A. 普通诉讼时效期间为 2 年，当事人不得约定延长或者缩短诉讼时效期间

B. 当事人约定同一债务分期履行的，诉讼时效期间从最后一期履行期限届满之日起计算

C. 当事人在一审期间未提出诉讼时效抗辩的，二审期间亦不能提出该抗辩

D. 诉讼时效届满，当事人一方向对方当事人作出同意履行义务意思表示的，不得再以时效届满为由进行抗辩

12. 根据规定，诉讼时效中断的法定事由之一是当事人一方提出请求。下列事项中，应当认定为"当事人一方提出要求"的有（　　）。

A. 当事人一方直接向对方当事人送交主张权利文书，该文书到达对方当事人的

B. 当事人一方以发送信件的方式主张权利，信件或者数据电文到达对方当事人的

C. 当事人一方下落不明，对方当事人在国家级的媒体上刊登具有主张权利内容的公告的

D. 当事人一方为金融机构，依照当事人约定从对方当事人账户中扣收欠款本息的

13. 甲欠乙 2 万元钱，下列情形属于诉讼时效中断的有（　　）。

A. 诉讼时效届满前一个月，乙去世且没有法定继承人

B. 还款期限届满后一个月，乙将催款的书面通知给甲，甲无论如何不要，乙放到甲手里，就气愤而走

C. 诉讼时效届满前一个月，乙通过各种方式找不到甲，遂在国家级报刊上登发公告，催甲还钱

D. 诉讼时效届满一个月后，甲在街上遇见乙，还没有来得及说话，乙说了句抱歉，就跑了

本章综合练习参考答案及详细解析

一、单项选择题

1. A　【解析】本题考核意思表示。意思主要是指当事人欲使其内心意思发生法律上效力的效果意思。而表示则是指行为人将其内在的效果意思以一定方式表现于外部，为行为相对人所了解。本题中，选项 A 没有将其内在的效果意思以一定方式表现于外部。

2. C　【解析】本题考核民事法律行为的分类。要式的民事法律行为是指法律规定必须采取一定的形式或者履行一定的程序才能成立的民事法律行为。不要式的民事法律行为是指法律不要求采取一定形式，当事人自由选择一种形式即可成立的民事法律行为。

3. B　【解析】本题考核可撤销民事法律行

为。受胁迫的特征在于：（1）胁迫一方具体实施了胁迫行为；（2）胁迫一方的主观心理状态为故意；（3）受胁迫一方在胁迫之下进行了违背其真实意愿的民事行为。受胁迫而订立的不损害国家利益的合同属于可撤销合同，选项 B 正确。欺诈和重大误解都是针对合同的内容，选项 A、D 错误。张某并未处于危难境地，选项 C 错误。

4. D　【解析】本题考核可撤销合同的情形。根据规定，一方以胁迫的手段，使对方在违背真实意思的情况下实施的民事法律行为，是可撤销的。

5. A　【解析】本题考核可撤销民事法律行为。可撤销民事法律行为一经撤销，其效力溯及于行为开始时无效。

6. B 【解析】本题考核附条件的民事法律行为。解除条件又称"消灭条件"，指法律行为中所确定的权利和义务在所附条件成就时失去法律效力。

7. D 【解析】本题考核附期限的民事法律行为。选项A所述条件为已经发生过的而不是将来有可能发生的；选项B所述为附解除条件的民事法律行为；选项C所述的合同生效条件是法定的，不是约定的；选项D所述为附期限的民事法律行为。

8. C 【解析】本题考核代理的概念。代理是指代理人在代理权限内，以被代理人的名义与第三人实施法律行为，由此产生的法律后果直接由被代理人承担的法律制度。

9. C 【解析】本题考核代理的适用范围。订立遗嘱行为具有人身性质，是不能够代理的。

10. B 【解析】本题考核代理权滥用的情形。常见的代理权滥用有：一是代理他人与自己进行民事活动；二是代理双方当事人进行同一民事行为；三是代理人与第三人恶意串通，损害被代理人的利益。代理权滥用是有代理权而非法使用，选项B属于无权代理，是指没有代理权而以他人名义进行的民事行为。

11. D 【解析】本题考核无权代理。所谓无权代理，就是没有代理权的代理。选项A中，乙是有权代理；选项B中，法定代表人从事的行为属于代表行为。选项C中的演出行为属于必须由本人亲自实施的民事法律行为，不得由代理人代理。选项B和选项C根本就不是代理，因此也就无须进一步考查"有权"还是"无权"。选项D中，从"谎称某公司推销员"可以判断出没有得到授权，其推销行为属于无权代理。因此，选项D正确。

12. C 【解析】本题考核诉讼时效的特点。当事人未提出诉讼时效抗辩，人民法院不应对诉讼时效问题进行释明及主动适用诉讼时效的规定进行裁判。

13. B 【解析】本题考核诉讼时效期间的起算。诉讼时效期间从知道或者应当知道权利被侵害以及义务人时起计算，因为有明确的还款期限的，应以还款期限作为"应当知道"的时间。

14. B 【解析】本题考核诉讼时效期间的起算。定有履行期限的债的请求权，从清偿期届满之日起算。

15. C 【解析】本题考核诉讼时效中断。引起诉讼时效中断的事由有：提起诉讼与申请仲裁；当事人一方提出请求；义务人同意履行义务。待时效中断的法定事由消除后，诉讼时效期间重新计算。本题中，选项C引起诉讼时效中止而不是中断。

16. B 【解析】本题考核诉讼时效中断。选项A错误，权利人对同一债权中的部分债权主张权利，诉讼时效中断的效力及于剩余债权，但权利人明确表示放弃剩余债权的情形除外。选项B正确，对于连带债务人中的一人发生诉讼时效中断效力的事由，应当认定对其他连带债务人也发生诉讼时效中断的效力。选项C错误，债权人提起代位权诉讼的，应当认定对债权人的债权和债务人的债权均发生诉讼时效中断的效力。选项D错误，债权转让的，应当认定诉讼时效从债权转让通知到达债务人之日起中断。

二、多项选择题

1. AC 【解析】本题考核民事法律行为。选项A、C，签订合同属于双方法律行为，债务的免除属于单方法律行为。选项B、D，均属于事实行为。

2. BC 【解析】本题考核民事法律行为的形式有效要件。选项A错误在于忽略了限制行为能力人可以进行与其能力相当的民事法律行为；选项D错误在于民事法律行为不仅限于采取书面形式，有时也可以采取口头形式或者其他形式。

3. CD 【解析】本题考核可撤销民事法律行

为的特征。选项 C 正确的表述应为"该行为一经撤销，其效力溯及于行为开始时无效"；选项 D 中的两年应为 5 年。

4. BCD 【解析】本题考核附条件的民事法律行为。法律行为中所附的条件可以是事件，也可以是行为。

5. AB 【解析】本题考核附条件和附期限的民事法律行为。选项 C、D 所述的"把汽车修好"和"不下雨"都是将来不确定发生的，属于附条件的民事法律行为。

6. ACD 【解析】本题考核代理关系。代理关系包括三种关系：一是被代理人与代理人之间的代理权关系；二是代理人与第三人之间的实施法律行为的关系；三是被代理人与第三人之间的承受代理行为法律后果的关系。

7. ACD 【解析】本题考核代理的适用范围。老张不能委托小张代理其创作，因为书法创作具有很强的人身属性，必须由本人亲自实施。

8. ABC 【解析】本题考核无权代理。选项 D 属于滥用代理权的行为。

9. ABC 【解析】本题考核表见代理的构成要件。选项 D 应当是：相对人基于这个客观情形而与无权代理人成立民事行为。

10. BC 【解析】本题考核表见代理。被代理人(甲公司)将某种有代理权的证明文件(如盖有公章的空白介绍信、空白合同文本、合同专用章等)交给他人(张某)，他人以该种文件使第三人(乙公司)相信其有代理权并与之进行法律行为为表见代理行为。在此情形下，被代理人应当承担代理的法律后果，所以选项 A 错误，选项 B 正确。无权代理是指没有代理权而以他人名义进行的民事行为。无权代理包括三种情况：一是没有代理权的代理；二是超越代理权的代理；三是代理权终止后而为的代理。所以选项 C 正确。表见代理对于本人来说，产生与有权代理一样的效果，选项 D 错误。

11. BD 【解析】本题考核诉讼时效的概念。选项 A 错误，普通诉讼时效期间为 3 年。选项 C 错误，当事人在一审期间未提出诉讼时效抗辩的，在二审期间提出的，法院不予支持，但其基于新证据能够证明对方当事人的请求权已过诉讼时效期间的情形除外。

12. ABCD 【解析】本题考核诉讼时效中断的法定事由。

13. BC 【解析】本题考核诉讼时效。选项 A 属于诉讼时效中止。选项 B、C 均属于当事人一方提出请求，债务人是否接受没有关系。选项 D 诉讼时效已经届满，不涉及是否中断。

默示的意思表示

行为人进行法律行为时，其意思表示除了书面形式和口头形式，还可以其他形式成立。法律没有列举具体的"其他形式"，但可以根据当事人的行为或者特定情形推定法律行为的成立。这种形式称为"默示"，指当事人未用语言或文字明确表示意见，而是根据当事人的行为表明其已经接受或在特定的情形下推定成立。上述的"默示"包括作为和不作为两种：

1. 作为的默示是一种积极的意识表示方式，其主张权利或接受义务的意思表示明确，可以直接根据其行为确定其意思。例如，甲向乙借钱到期未还，乙催讨时，甲出具了一纸延期还款计划。乙虽然没有用语言或文字表示同意，但收下了那张还款计划，即为默示同意甲延期还款。

2. 不作为的默示则不同，只有在法律有规定或者当事人双方有约定的情况下，才可以视为意思表示，否则，不能视为意思表示。不作为的默示包括表示积极的意思和表示消极的意思两种：

（1）法律规定的不作为默示表示积极的意思表示的有：

①《民法总则》第167条：代理人知道或者应当知道代理事项违法仍然实施代理行为，或者被代理人知道或者应当知道代理人的代理行为违法未作反对表示的，被代理人和代理人应当承担连带责任。

②《继承法》第25条第1款：继承开始后，继承人放弃继承的，应当在遗产处理前，作出放弃继承的表示。没有表示的，视为接受继承。

（2）法律规定的不作为默示表示消极的意思表示的有：

①《合同法》第47条：限制民事行为能力人订立的合同，经法定代理人追认后，该合同有效。相对人可以催告法定代理人在一个月内予以追认。法定代理人未作表示的，视为拒绝追认。

②《继承法》第25条第2款：受遗赠人应当在知道受遗赠后两个月内，作出接受或者放弃受遗赠的表示。到期没有表示的，视为放弃受遗赠。

默示合同与明示合同在法律上同样有效，但当合同出现争执时，用以举证的方法是不同的。

第3章 物权法律制度

JINGDIAN TIJIE

考 情 分 析

▶ **历年考情分析**

本章有些规定法理性较强，法律专业术语较多，理解上有一定的难度。本章在考试中各种题型都可能出现，但是分值不高，题量也不多。其中，不动产登记和抵押都曾经出现在案例分析题。

▶ **本章 2020 年考试主要变化**

本章内容无实质性修改。

核心考点及经典例题详解

考点一 物权法律制度概述 ★★★

扫我解疑难

📝 **经典例题**

【例题1·单选题】(2019年)根据物权法律制度的规定，下列各项中，属于物权法上的物的是( )。

A. 太阳
B. 星星
C. 月亮
D. 海域

【答案】D

【解析】本题考核物权法上的物。物权法上的物具有如下特点：有体性；可支配性；在人的身体之外。选项ABC因不能为人力所支配而不属于物权法上的物。

【例题2·多选题】(2019年)根据物权法律制度的规定，下列权利中，可以设定在动产之上的有( )。

A. 抵押权
B. 留置权
C. 所有权
D. 质押权

【答案】ABCD

【解析】本题考核物权的种类—动产物权。动产物权是设定在动产之上的物权，如动产所有权、动产抵押权、动产质权、留置权。

【例题3·单选题】(2018年)根据物权法律制度的规定，下列各项中，属于动产的是( )。

A. 房屋
B. 林木
C. 海域
D. 船舶

【答案】D

【解析】本题考核物的种类。选项A、B、C属于不动产。

【例题4·单选题】(2017年)根据物权法律制度的规定，下列关于物的种类的表述中，正确的是( )。

A. 海域属于不动产

B. 文物属于禁止流通物

C. 金钱属于非消耗物

D. 牛属于可分割物

【答案】A

【解析】本题考核物的种类。文物属于限制流通物，选项B错误；金钱属于消耗物，选项C错误；牛属于不可分物，选项D错误。

【例题5·单选题】（2017年）根据物权法律制度的规定，下列各项中属于独立物权的是（　　）。

A．地役权　　　　B．抵押权

C．质权　　　　　D．建设用地使用权

【答案】D

【解析】本题考核物权的种类。能够独立存在的物权为独立物权，如所有权、土地使用权等。担保物权和地役权都属于从物权，不能独立存在。

【例题6·多选题】（2015年）根据物权法律制度的规定，下列属于物权法基本原则的有（　　）。

A．物权相对原则

B．物权法定原则

C．物权公示原则

D．物权客体特定原则

【答案】BCD

【解析】本题考核物权法的基本原则。物权法的基本原则包括物权法定原则、物权客体特定原则、物权公示原则。

📝 **考点精析**

1．物的概念

物是物权的客体。《物权法》规定："本法所称物，包括不动产和动产。法律规定权利作为物权客体的，依其规定。"

2．物权的种类

（1）自物权和他物权。所有权即是自物权（亦称完全物权），系对于自己之物所享有的物权；用益物权和担保物权则属他物权（亦称限制物权），是在他人所有之物上设定的物权。

（2）用益物权与担保物权。用益物权，主要包括国有土地使用权、宅基地使用权、农村土地承包经营权等；担保物权，包括抵押权、质权和留置权等。

（3）动产物权与不动产物权。

【知识点拨】**不动产包括土地、海域以及房屋、林木等地上定着物。动产则是指不动产以外的物。**

（4）独立物权与从物权。能够独立存在的物权称为独立物权，如所有权、土地使用权。自身并无独立价值，只能从属于其他权利存在的物权为从物权，例如，担保物权从属于债权而存在。

3．物权法的基本原则

（1）**物权法定原则**。《物权法》规定："物权的种类和内容，由法律规定。"物权法定原则包括两方面的含义：一是种类法定，即不得创设民法或其他法律所不承认的物权；二是内容法定，即不得创设与物权法定内容相异的内容。

（2）**物权客体特定原则**。物权客体特定原则亦称一物一权原则。

（3）**物权公示原则**。《物权法》规定："不动产物权的设立、变更、转让和消灭，应当依照法律规定登记。动产物权的设立和转让，应当依照法律规定交付。"

考点二　物权变动★★

扫我解疑难

📝 **经典例题**

【例题1·单选题】（2017年）甲公司与乙银行签订300万元的借款合同，以甲的房屋提供债权额为300万元的抵押担保，并已办理登记。其后，借款合同的借款金额增加为400万元，仍以该房屋提供抵押担保，担保债权额相应增加为400万元。为使新增抵押生效，根据物权法律制度的规定，乙银行应向不动产登记机构申请的登记类型是（　　）。

A．更正登记　　　B．预告登记

C．变更登记　　　D．转移登记

【答案】C

【解析】本题考核物权变更登记。抵押担保的范围、主债权数额、债务履行期限、抵押权顺位发生变化的，不动产权利人可以向不动产登记机构申请变更登记。

【例题2·单选题】(2015年)根据物权法律制度的规定，下列关于更正登记与异议登记的表述中，正确的是( )。

A. 提起更正登记之前，须先提起异议登记

B. 更正登记的申请人可以是权利人，也可以是利害关系人

C. 异议登记之日起10日内申请人不起诉的，异议登记失效

D. 异议登记不当造成权利人损害的，登记机关应承担损害赔偿责任

【答案】B

【解析】本题考核不动产登记。权利人、利害关系人认为不动产登记簿记载的事项错误的，可以申请更正登记，选项B正确。不动产登记簿记载的权利人不同意更正的，利害关系人可以申请异议登记，因此是先更正登记，得不到实现的才异议登记，选项A错误。登记机构予以异议登记的，申请人在异议登记之日起15日不起诉，异议登记失效，选项C错误。异议登记不当，造成权利人损害的，权利人可以向申请人请求损害赔偿，选项D错误。

【例题3·多选题】(2014年)根据不动产物权变动的有关规定，当事人可申请预告登记的有( )。

A. 预购商品房

B. 租赁商业用房

C. 房屋所有权转让

D. 房屋抵押

【答案】ACD

【解析】本题考核预告登记的情形。具体有下列情形之一的，当事人可以申请预告登记：(1)预购商品房；(2)以预购商品房设定抵押；(3)房屋所有权转让、抵押；(4)法律、法规规定的其他情形。

📝 **考点精析**

【考点精析1】物权变动的原因

物权变动的原因可分为两大类：一是基于法律行为的物权变动；二是非基于法律行为的物权变动。

1. 基于法律行为的物权变动

法律行为即根据行为人意志发生的法律效果。可以分为债权行为、物权行为。物权行为可以直接导致物权变动。

2. 非基于法律行为的物权变动

(1)基于事实行为。《物权法》规定："因合法建造、拆除房屋等事实行为设立或者消灭物权的，自事实行为成就时发生效力。"

(2)基于法律规定。《物权法》规定："因继承或者受遗赠取得物权的，自继承或者受遗赠开始时发生效力。"

(3)基于公法行为。《物权法》规定："因人民法院、仲裁委员会的法律文书或者人民政府的征收决定等，导致物权设立、变更、转让或者消灭的，自法律文书或者人民政府的征收决定等生效时发生效力。"

【知识点拨】非基于法律行为的物权变动不必以公示为前提，但是再次处分该物权时，"依照法律规定需要办理登记的，未经登记，不发生物权效力"。

【考点精析2】物权变动的公示方式

1. 动产物权变动的公示方式——交付

(1)一般动产：交付生效。《物权法》规定："动产物权的设立和转让，自交付时发生效力，但法律另有规定的除外。"

(2)特殊动产：交付生效+登记对抗。《物权法》规定："船舶、航空器和机动车等物权的设立、变更、转让和消灭，未经登记，不得对抗善意第三人。"

(3)交付方式。交付有现实交付与交付替代两种形态。交付替代的情形如下：

①简易交付。《物权法》规定："动产物权设立和转让前，权利人已经依法占有该动产的，物权自法律行为生效时发生效力。"

②指示交付。《物权法》规定："动产物权设立和转让前，第三人依法占有该动产的，负有交付义务的人可以通过转让请求第三人返还原物的权利代替交付。"

③占有改定。所谓改定，改定的是占有人身份，《物权法》规定："动产物权转让时，双方又约定由出让人继续占有该动产的，物权自该约定生效时发生效力。"

2. 不动产物权变动的公示方式——登记

《物权法》规定："不动产物权的设立、变更、转让和消灭，经依法登记，发生效力；未经登记，不发生效力，但法律另有规定的除外。"需要登记的不动产物权包括：（1）集体土地所有权；（2）房屋等建筑物、构筑物所有权；（3）森林、林木所有权；（4）耕地、林地、草地等土地承包经营权；（5）建设用地使用权；（6）宅基地使用权；（7）海域使用权；（8）地役权；（9）抵押权；（10）法律规定需要登记的其他不动产权利。

3. 不动产登记制度

登记类型主要包括：首次登记、变更登记、转移登记、注销登记、更正登记、异议登记、预告登记与查封登记。

（1）首次登记。即不动产权利第一次登记。未办理不动产首次登记的，除法律、行政法规另有规定外，不得办理不动产其他类型登记。

（2）更正登记与异议登记。

①更正登记。

【知识点拨】 区别于变更登记，更正登记和异议登记用以应对可能发生的登记错误。

权利人、利害关系人认为不动产登记簿记载的事项有错误的，可以申请更正登记。不动产登记簿记载的权利人书面同意更正或者有证据证明登记确有错误的，登记机构应当予以更正。

②异议登记。不动产登记簿记载的权利人不同意更正，利害关系人可以申请异议登记。登记机构予以异议登记的，申请人在**异议登记之日起 15 日内不起诉，异议登记失**

效。异议登记不当，造成权利人损害的，权利人可以向申请人请求损害赔偿。

（3）预告登记。

具有下列情形之一的，当事人可以申请预告登记：①预购商品房；②以预购商品房设定抵押；③房屋所有权转让、抵押；④法律、法规规定的其他情形。

预告登记后，未经预告登记的权利人同意，转移不动产所有权，或者设定建设用地使用权、地役权、抵押权等其他物权的，不发生物权效力。

预告登记后，债权消灭或者自能够进行不动产登记之日起**3 个月内**未申请登记的，预告登记失效。

扫我解疑难

考点三 所有权★★★

📝 **经典例题**

【例题 1·多选题】（2019 年）乙拾得甲丢失的手机，以市场价 500 元卖给不知情的旧手机经销商丙。根据物权法律制度的规定，下列表述中，正确的有( )。

A. 乙拾得手机后，甲即失去手机所有权

B. 甲有权请求乙给予损害赔偿

C. 甲有权请求丙返还手机，但应向丙支付 500 元

D. 乙将手机出让给丙的行为属于无权处分

【答案】 BD

【解析】 本题考核拾得遗失物处理规则。选项 A：所有权人或者其他权利人有权追回遗失物（选项 A 错误）。选项 BC：遗失物通过转让被他人占有的，权利人有权向无处分权人请求损害赔偿（选项 B 正确），或者自知道或者应当知道受让人之日起 2 年内向受让人请求返还原物，但受让人通过拍卖或者向具有经营资格的经营者购得该遗失物的，权利人请求返还原物时应当支付受让人所付的费用（题目中，拾得人乙直接卖给丙，甲请求丙返还时

无需支付500元，选项C错误）。权利人向受让人支付所付费用后，有权向无处分权人追偿。选项D：拾得遗失物不适用善意取得，拾得人乙不享有所有权，因此属于无权处分行为（选项D正确）。

【例题2·案例分析题】（2019年）甲、乙两人是在某技校结识的朋友。2017年10月12日，二人共同出资购买一台价格为50万元的挖掘机。甲出资10万元，乙出资40万元。双方约定按照出资比例共有。

2018年7月9日，挖掘机因故障，不能正常使用。乙在未征得甲同意的情况下请丙维修，修理费3万元。乙请求甲承担20%的修理费。甲以修理未征得自己同意为由拒绝。丙请求乙支付全部修理费，乙拒绝。

乙不愿再与甲共有，欲对外转让其份额。2018年8月2日，乙发函征询丁的购买意向，同时告知甲：正在寻找份额买主，甲须在接到通知书之日起15日内决定是否行使优先购买权。甲认为，乙转让份额应征得其同意，且乙尚在寻找份额买主，在未告知任何交易条件的情况下，要求自己在接到通知之日起15日内决定是否行使优先购买权不符合法律规定，遂对乙的通知置之不理。

2018年8月3日，甲在未告知乙的情况下，将挖掘机以市价卖给不知情的戊，约定3日后交付。

2018年8月4日，丁向乙回函称，对乙所占挖掘机份额不感兴趣，想要购买整台挖掘机。由于甲对乙之前的通知置之不理，乙也不再告知甲。于8月4日将挖掘机出让给丁，并于当天交付。

2018年8月6日，戊要求甲交付挖掘机时，发现挖掘机已被乙交付给丁，遂要求丁返还挖掘机，丁拒绝。

要求：根据上述内容，回答下列问题。

（1）乙修理挖掘机是否需经甲同意？乙是否有权请求甲承担20%的修理费？并分别说明理由。

（2）乙是否有权拒绝向丙支付全部修理费用？并说明理由。

（3）乙转让其份额是否需经甲同意？并说明理由。

（4）乙在寻找份额买主时要求甲在接到通知之日起15日内决定是否行使优先购买权，是否符合法律规定？并说明理由。

（5）丁是否取得挖掘机的所有权？并说明理由。

（6）甲与戊之间买卖挖掘机的行为是否有效？并说明理由。

（7）戊是否有权要求丁返还挖掘机？请说明理由。

【答案】

（1）①乙修理挖掘机无需经甲同意。根据规定，共有人按照约定管理共有的不动产或者动产；没有约定或者约定不明确的，各共有人都有管理的权利和义务。

②乙有权请求甲承担20%的修理费。根据规定，对共有物的管理费用以及其他负担，有约定的，按照约定；没有约定或者约定不明确的，按份共有人按照其份额负担，共同共有人共同负担。题目中，甲、乙是按份共有，甲的份额是20%，应当承担20%的修理费。

（2）乙无权拒绝向丙支付全部修理费用。根据规定，因共有的不动产或者动产产生的债权债务，在对外关系上，共有人享有连带债权、承担连带债务，但法律另有规定或者第三人知道共有人不具有连带债权债务关系的除外。因此共有人甲、乙对丙承担连带责任，丙可以要求乙支付全部修理费。

（3）乙转让其份额，无需甲同意。根据规定，按份共有人可以转让其享有的共有的不动产或者动产份额，无需其他共有人同意。

（4）乙在寻找份额买主时要求甲在接到通知之日起15日内决定是否行使优先购买权，不符合规定。根据规定，优先购买权的行使期间，按份共有人之间有约定的，按照约定处理。没有约定或者约定不明的，转让人向其他按份共有人发出的包含同等条件内容的通知中载明行使期间的，以该期间为准。乙的发函中没有确定交易条件，即"没有包含同等条件内容"，因此不能以该期间为准。

（5）丁取得挖掘机的所有权。根据规定，动产物权的设立和转让，自交付时发生效力，但法律另有规定的除外。乙已经将挖掘机交付给丁，丁取得所有权。

（6）甲与戊之间买卖挖掘机的行为有效。根据规定，当事人一方以出卖人在缔约时对标的物没有处分权为由主张合同无效的，人民法院不予支持。

（7）戊无权要求丁返还挖掘机。根据规定，出卖人因未取得所有权或者处分权致使标的物所有权不能转移，买受人可以要求出卖人承担违约责任或者要求解除合同并主张损害赔偿。丁已经受领交付而取得所有权，戊不能要求丁返还，可以追究甲的违约责任。

【例题3·单选题】（2017年）朋友6人共同出资购买一辆小汽车，未约定共有形式，且每人的出资额也不能确定。部分共有人欲对外转让该车。为避免该转让成为无权处分，在没有其他约定的情况下，根据物权法律制度的规定，同意转让的共有人至少应当达到的人数是（ ）。

A. 4人 　　　　　　　B. 3人
C. 6人 　　　　　　　D. 5人

【答案】 A

【解析】 本题考核按份共有。共有人对共有的不动产或者动产没有约定为按份共有或者共同共有，或者约定不明确的，除共有人具有家庭关系等外，视为按份共有。按份共有人对共有的不动产或者动产享有的份额，可以约定；没有约定或者约定不明确的，按照出资额确定；不能确定出资额的，视为等额享有。按份共有中，处分共有的不动产或者动产，应当经占份额2/3以上的按份共有人同意，但共有人之间另有约定的除外。本题中，朋友6人等额享有该汽车，故同意转让的共有人至少应当达到的人数是6×2/3=4（人）。

【例题4·单选题】（2016年）甲、乙、丙三兄弟共同继承一幅古董字画，由甲保管。甲擅自将该画以市场价出卖于丁并已交付，丁对该画的共有权属关系并不知情。根据物权法律制度的规定，下列表述中正确的是（ ）。

A. 经乙和丙中一人追认，丁即可取得该画所有权

B. 无论乙和丙追认与否，丁均可取得该画的所有权

C. 丁取得该画的所有权，但须以乙和丙均追认为前提

D. 无论乙和丙追认与否，丁均不能取得该画的所有权

【答案】 B

【解析】 本题考核善意取得制度。丁是善意的、支付合理对价、标的物已经交付的买受人，适用善意取得制度，无论其他共有人是否追认，丁都取得所有权。

【例题5·单选题】（2012年）甲、乙系多年同窗，二人共同购买了一套住房。甲出资90万元，乙出资60万元，双方未约定共有类型。一年后，甲利用乙出差之机，请丙装修公司对房屋重新装修，并告知丙，该房屋由自己与乙共有，但装修费用由乙一人承担。乙获悉装修事宜后，表示反对，并拒绝向丙付款。后乙欲将房屋所有权转让给丁。根据物权法律制度的规定，下列表述中正确的是（ ）。

A. 甲、乙对该套房屋形成共同共有关系

B. 甲对房屋重新装修，不必征得乙的同意

C. 乙转让房屋所有权，须征得甲的同意

D. 对于丙公司的付款请求，乙有权拒绝

【答案】 C

【解析】 本题考核按份共有。根据规定，共有人对共有的不动产或者动产没有约定为按份共有或者共同共有，或者约定不明确的，除共有人具有家庭关系等外，视为按份共有，选项A错误；对共有的不动产或者动产作重大修缮的，应当经占份额2/3以上的按份共有人同意，选项B错误；因共有的不动产或者动产产生的债权债务，在对外关系上，共有人享有连带债权、承担连带债务，但法律

另有规定或者第三人知道共有人不具有连带债权债务关系的除外，选项 D 错误。

📝 **考点精析**

【考点精析 1】所有权的类型

1. 所有权的法定分类

（1）国家所有权。国有财产由国务院代表国家行使所有权；法律另有规定的，依照其规定。

（2）集体所有权。

（3）私人所有权。

2. 共有

（1）共有的形态。共有包括按份共有和共同共有。

（2）共有形态的推定。共有人对共有的不动产或者动产没有约定为按份共有或者共同共有，或者约定不明确的，除共有人具有家庭关系等外，视为按份共有。

（3）共有的一般效力。

①共有人的权利义务。共有人按照约定管理共有的不动产或者动产；没有约定或者约定不明确的，各共有人都有管理的权利和义务。

②共有物的分割方式。共有人可以协商确定分割方式。达不成协议，共有的不动产或者动产可以分割并且不会因分割减损价值的，应当对实物予以分割；难以分割或者因分割会减损价值的，应当对折价或者拍卖、变卖取得的价款予以分割。

③对外债权债务。因共有的不动产或者动产产生的债权债务，在对外关系上，共有人享有连带债权、承担连带债务，但法律另有规定或者第三人知道共有人不具有连带债权债务关系的除外。

（4）按份共有。按份共有人对共有的不动产或者动产按照其份额享有所有权。《物权法》规定："按份共有人对共有的不动产或者动产享有的份额，没有约定或者约定不明确的，按照出资额确定；不能确定出资额的，视为等额享有。"按份共有的内外部关系，如表 3-1 所示。

表 3-1　按份共有的内外部关系

按份共有	分类	内容
按份共有的内部关系	关于共有物的管理	按份共有人对共有的不动产或者动产作重大修缮的，应当经占份额 2/3 以上的按份共有人同意，但共有人之间另有约定的除外
	关于共有物的分割	共有人约定不得分割共有的不动产或者动产，以维持共有关系的，应当按照约定，但共有人有重大理由需要分割的，可以请求分割；没有约定或者约定不明确的，按份共有人可以随时请求分割，因分割对其他共有人造成损害的，应当给予赔偿
	对外债权债务的内部效力	除共有人另有约定外，按份共有人按照份额享有债权、承担债务。当对外承担债务的共有人所承担的债务超出其应当承担的份额时，有权向其他共有人追偿
按份共有的外部关系	关于共有物的处分	经占份额 2/3 以上的按份共有人同意
		未满 2/3 份额却转让共有物者，构成无权处分，可以适用善意取得制度
	关于份额之处分	按份共有人可自由转让其享有的共有的不动产或者动产份额。但当按份共有人转让其共有份额时，其他共有人在同等条件下享有优先购买的权利

（5）按份共有人的优先购买权。

①优先购买权以交易为前提。共有份额的权利主体因继承、遗赠等原因发生变化时，其他按份共有人主张优先购买的，不予支持，但按份共有人之间另有约定的除外。

②优先购买权需在同等条件下行使。

③优先购买权需在期限内行使。

按份共有人之间有约定的，按照约定处

理；没有约定或者约定不明的，按照下列情形确定：

A.转让人向其他按份共有人发出的包含同等条件内容的通知中载明行使期间的，以该期间为准；B.通知中未载明行使期间，或者载明的期间短于通知送达之日起15日的，为15日；C.转让人未通知的，为其他按份共有人知道或者应当知道最终确定的同等条件之日起15日；D.转让人未通知，且无法确定其他按份共有人知道或者应当知道最终确定的同等条件的，为共有份额权属转移之日起6个月。

④数人主张优先购买的处理。两个以上按份共有人主张优先购买且协商不成时，请求按照**转让时各自份额比例行使优先购买权的**，应予支持。

⑤优先购买权不具有排他的物权效力。优先购买权受到侵害，只能向侵害人请求债权性质的损害赔偿救济，不得要求撤销共有人与第三人的份额转让合同或主张该合同无效。

(6)共同共有。共同共有人对共有的不动产或者动产共同享有所有权。各共同共有物的所有权属于共有人全体，而非按应有部分享有所有权。家庭关系中的共有为共同共有。另外，以家庭共有财产投资的个人独资企业中的财产，亦属家庭成员共同共有。共同共有的内外部关系，如表3-2所示。

表3-2 共同共有的内外部关系

共同共有	分类	内容
共同共有的内部关系	关于共有物的管理	对共有的不动产或者动产作重大修缮的，应当经全体共同共有人同意，但共有人之间另有约定的除外
	关于共有物的分割	共有人约定不得分割共有的不动产或者动产，以维持共有关系的，应当按照约定，但共有人有重大理由需要分割的，可以请求分割
	关于对外债权债务的内部效力	在共有人内部关系上，除共有人另有约定外，共同共有人共同享有债权、承担债务
共同共有的外部关系	一般原则	须征得全体一致同意，共有人之间另有约定的，从其约定
	共有人之一未征得其他共有人同意，擅自将共有物所有权转让给第三人	一般情况下，此转让行为构成无权处分。只要有任何一位共有人拒绝追认，该无权处分行为即无效，受让人不能取得共有物的所有权；若所有其他共有人均表示追认，则转让行为有效，受让人取得共有物所有权
		在其他共有人未表示是否追认之前，无权处分行为既非有效，亦非无效，处于效力待定状态
		如果第三人构成善意，可依善意取得制度取得标的物所有权。其他共有人将因擅自转让共有物的行为而失去共有物，为了获得法律救济，其他共有人应有权向转让人请求损害赔偿

【考点精析2】善意取得制度

1.善意取得制度的内容

无处分权人将不动产或者动产转让给受让人的，所有权人有权追回。除法律另有规定外，符合下列情形的，受让人取得该不动产或者动产的所有权：

(1)受让人受让该不动产或者动产时是善意的。

(2)以合理的价格转让。

(3)转让的不动产或者动产依照法律规定应当登记的已经登记，不需要登记的已经交付给受让人。

2.善意取得制度的适用范围

(1)善意取得制度对于动产与不动产均可

适用。

（2）脱手物如遗失物、盗窃物不适用善意取得制度。

（3）《物权法》规定，限制物权的善意取得，参照所有权善意取得之规定适用。

3. 动产善意取得

（1）构成要件。

①依法律行为转让所有权。

②转让人无处分权。

③受让人为善意。所谓善意，指的是不知道转让人无处分权且对此不知无重大过失。善意判断时点则以受让该动产时为准，即受让之后若第三人得知转让人无处分权，不影响受让人善意取得。

④以合理的价格转让。

⑤物已交付。

⑥转让人基于真权利人意思合法占有标的物。

【知识点拨】转让人虽然无权转让，但是他当初占有标的物必须是合法的。因此，捡来的，偷来的，骗来的，抢来的等，都不适用善意取得。

⑦转让合同有效。

（2）法律效果。

①直接法律效果——所有权发生转移。善意受让人取得标的物所有权。

②间接法律效果——赔偿请求权。真权利人有权向无权处分之转让人请求损害赔偿。

4. 不动产善意取得

（1）特别构成要件。

①交付问题。对于不动产，则应以登记为要件。

②善意问题。对于不动产转让，具备下列情形之一时，应该认定不动产受让人知道转让人无处分权从而不构成善意：第一，登记簿上存在有效的异议登记；第二，预告登记有效期内，未经预告登记的权利人同意；第三，登记簿上已经记载司法机关或者行政机关依法裁定、决定查封或者以其他形式限制不动产权利的有关事项；

第四，受让人知道登记簿上记载的权利主体错误；第五，受让人知道他人已经依法享有不动产物权。另外，如果真权利人有证据证明不动产受让人应当知道转让人无处分权，则应当认定受让人具有重大过失，同样不构成善意。

（2）特别法律效果。善意取得不动产，不消除不动产上其他已登记之物权。

【考点精析 3】 动产所有权的特殊取得方式

1. 先占

先占人基于先占行为取得无主动产的所有权。

2. 拾得遗失物

（1）拾得遗失物后，拾得人应当及时通知权利人领取，或者送交公安等有关部门，有关部门收到遗失物，知道权利人的，应当及时通知其领取，不知道的，应当及时发布招领公告。

（2）遗失物自发布招领公告之日起 6 个月内无人认领的，归国家所有。

（3）在遗失人发出悬赏广告时，归还遗失物的拾得人还享有悬赏广告所允诺的报酬请求权。

3. 发现埋藏物

对于发现埋藏物并实施占有者，参照拾得遗失物的有关规定适用。

4. 添附

添附是附合、混合与加工的总称。原物经过添附而成新物，所有权仍为一个，因而需要确定添附之后物的所有权归属。因添附而失去所有权之人，有权请求取得添附新物所有权之人赔偿损失。

阶段性测试

1.【单选题】根据物权法律制度的规定，物可分为原物和孳息，下列选项中属于孳息的是（　　）。

A. 尚在牛体内的牛黄

B. 羊身上未剪下的羊毛

C. 母鸡生下的鸡蛋

D. 在母鹿体内即将出生的小鹿

2. 【单选题】甲公司开发写字楼一幢，于2018年5月5日将其中一层卖给乙公司，约定半年后交房，乙公司于2018年5月6日申请办理了预告登记。2018年6月2日甲公司因资金周转困难，在乙公司不知情的情况下，以该层楼向银行抵押借款并登记。现因甲公司不能清偿欠款，银行要求实现抵押权。下列表述正确的是( )。

A. 抵押合同有效，抵押权设立

B. 抵押合同无效，但抵押权设立

C. 抵押合同有效，但抵押权不设立

D. 抵押合同无效，抵押权不设立

3. 【单选题】关于共有，下列表述不正确的是( )。

A. 对于共有财产，部分共有人主张按份共有，部分共有人主张共同共有，如不能证明财产是按份共有的，应当认定为共同共有

B. 共有人对共有关系的性质约定不明，且不具有家庭关系，应当推定为按份共有

C. 按份共有人对共有不动产或者动产享有的份额，没有约定或者约定不明的，按照出资额确定；不能确定出资额的，视为等额享有

D. 对共有物的分割，当事人没有约定或者约定不明确的，按份共有人可以随时请求分割，共同共有人在共有的基础丧失或者有重大理由需要分割时可以请求分割

4. 【多选题】甲继承了一套房屋，在办理产权登记前将房屋出卖并交付给乙，办理产权登记后又将该房屋出卖给丙并办理了所有权移转登记。丙受丁胁迫将房屋出卖给丁，并完成了移转登记。丁随即将房屋出卖并移转登记于戊。关于甲、乙、丙三方的关系，下列表述正确的有( )。

A. 甲与乙之间的房屋买卖合同因未办理登记而无效

B. 乙对房屋的占有是合法占有

C. 乙可以诉请法院宣告甲与丙之间的房屋买卖合同无效

D. 丙已取得该房屋的所有权

5. 【多选题】不动产物权的设立、变更、转让和消灭，未经登记，可以发生效力的情形有( )。

A. 因人民法院的法律文书，导致物权变更的，自法律文书生效时发生效力

B. 因继承取得物权的，自继承开始时发生效力

C. 因合法建造、拆除房屋等事实行为设立和消灭物权的，自事实行为成就时发生效力

D. 因人民政府的征收决定，导致物权消灭的，自征收行为完成时发生效力

6. 【多选题】甲为乙的债权人，乙将其电动车出质于甲。现甲为了向丙借款，未经乙同意将电动车出质于丙，丙不知此车为乙所有。下列各项表述正确的有( )。

A. 丙因善意取得而享有质权

B. 因未经乙的同意丙不能取得质权

C. 甲对电动车的毁损、灭失应向乙承担赔偿责任

D. 对电动车毁损、灭失，乙可向丙索赔

阶段性测试答案精析

1. C 【解析】本题考核原物与孳息。选项C属于天然孳息。孳息是指物或者权益而产生的收益，包括天然孳息和法定孳息。天然孳息是原物根据自然规律产生的物。

2. C 【解析】本题考核预告登记、不动产抵押合同与抵押权的生效时间。本题中，甲与银行之间设立的抵押是不动产抵押，一般情况下，抵押合同自签订之日起生效，抵押权自办理抵押登记之日起设立。据此首先可以判断出甲与银行之间的抵押合同已经生效。因此，选项B、D错误。本题中，标的物在设定抵押之前已经出售给了乙公司，并办理了预告登记且没有超出规定的3个月的期限。因此，在此期限内甲

公司无权处分该不动产，即便是实际处分了，也不发生物权的效力。因此，银行不能取得写字楼的抵押权，选项A错误，选项C正确。

3. A 【解析】本题考核共有。《物权法》规定，共有人对共有的不动产或者动产没有约定为按份共有或者共同共有，或者约定不明确的，除共有人具有家庭关系等外，视为按份共有。选项A错误，选项B正确。按份共有人对共有的不动产或者动产享有的份额，没有约定或者约定不明确的，按照出资额确定；不能确定出资额的，视为等额享有，选项C正确。共有人约定不得分割共有的不动产或者动产，以维持共有关系的，应当按照约定，但共有人有重大理由需要分割的，可以请求分割；没有约定或者约定不明确的，按份共有人可以随时请求分割，共同共有人在共有的基础丧失或者有重大理由需要分割时可以请求分割。因分割对其他共有人造成损害的，应当给予赔偿。选项D正确。

4. BD 【解析】本题考核物权的变动原因。当事人之间订立有关设立、变更、转让和消灭不动产物权的合同，除法律另有规定或者合同另有约定外，自合同成立时生效；未办理物权登记的，不影响合同效力，选项A错误。乙是基于甲的意思表示而占有该房屋的，其占有是合法占有，选项B正确。一个标的物上可以同时存在几个债权债务关系，甲享有继承房屋的所有权，且已经办理了产权过户手续的情况下，甲有权与丙签订买卖合同，虽然甲存在"一房二卖"的情况，但是每个买卖合同都是有效的，选项C错误。甲是房屋的所有权人，其和丙签订合同出卖自己的房屋并办理了过户登记手续，丙因此取得房屋的所有权，选项D正确。

5. ABC 【解析】本题考核不动产的物权变动。因人民法院、仲裁委员会的法律文书，人民政府的征收决定等，导致物权设立、变更、转让或者消灭的，自法律文书生效或者人民政府的征收决定等行为生效时发生效力。

6. ACD 【解析】本题考核善意取得制度。根据《担保法解释》规定，出质人以其不具有所有权但合法占有的动产出质的，不知出质人无处分权的质权人行使质权后，因此给动产所有人造成损失的，由出质人承担赔偿责任。本题中，甲将电动车出质于丙的时候，实际上甲就是出质人，其不具有所有权但是合法占有动产，丙基于善意取得享有质权。选项A正确，选项B错误。质权人在质权存续期间，未经出质人同意转质，造成质押财产毁损、灭失，应当向出质人承担赔偿责任。选项C正确。本题中，该电动车在实际占有人丙的手里电动车毁损、灭失，可知，丙是实际侵权人，所有人乙可以向丙主张侵权责任。选项D正确。

考点四　用益物权★★★

扫我解疑难

经典例题

[例题1·单选题]（2019年）根据物权法律制度的规定，下列关于建设用地使用权的表述中，说法正确的是（　）。

A. 建设用地使用权自登记时成立

B. 建设用地使用权期间届满自动续期

C. 以划拨方式取得的建设用地使用权，最高使用年限为70年

D. 以划拨方式取得的建设用地使用权，非经国务院审批不得转让

【答案】A

【解析】本题考核建设用地使用权的取得与期限。选项B：住宅建设用地使用权届满，自动续期；其他情形依照法律规定办理。选项C：以无偿划拨方式取得的建设用地使用权，除法律、行政法规另有规定外，没有使用期

限的限制。选项 D：以划拨方式取得土地使用权的，转让房地产时，应当按照国务院规定，报有批准权的人民政府审批。

【例题 2·多选题】(2016 年)根据物权法律制度的规定，以出让方式取得土地使用权后，转让房地产时，应当符合的条件有( )。

A. 按出让合同约定投资开发，属于房屋建设工程的，完成开发投资总额的 20% 以上

B. 转让房地产时，房屋建成后，应当持有房屋所有权证书

C. 按出让合同约定投资开发，属于成片开发土地的，形成工业用地或其他建设用地条件

D. 按出让合同约定已支付全部土地使用权出让金，并取得土地使用权证书

【答案】BCD

【解析】本题考核建设用地使用权。以出让方式取得土地使用权的，转让房地产时，应当符合下列条件：(1)按照出让合同约定已经支付全部土地使用权出让金，并取得土地使用权证书；(2)按照出让合同约定进行投资开发，属于房屋建设工程的，完成开发投资总额的 25% 以上，属于成片开发土地的，形成工业用地或者其他建设用地条件；(3)转让房地产时房屋已经建成的，还应当持有房屋所有权证书。

【例题 3·单选题】(2013 年)根据物权法律制度的规定，以有偿出让方式取得居住用地的建设用地使用权，出让的最高年限是( )。

A. 30 年 　　　　　　 B. 50 年

C. 60 年 　　　　　　 D. 70 年

【答案】D

【解析】本题考核建设用地使用权的期限。根据规定，以有偿出让方式取得的建设用地使用权，出让最高年限按下列用途确定：(1)居住用地 70 年；(2)工业用地 50 年；(3)教育、科技、文化、卫生、体育用地 50 年；(4)商业、旅游、娱乐用地 40 年；(5)综合或者其他用地 50 年。

📝 考点精析

【考点精析 1】用益物权概述

以使用他人之物为目的的物权，称为用益物权。《物权法》规定的用益物权包括土地承包经营权、建设用地使用权、宅基地使用权与地役权。

【考点精析 2】建设用地使用权

1. 建设用地使用权的取得

(1)创设取得中无偿划拨与有偿出让的对比(见表 3-3)。

表 3-3　创设取得中无偿划拨与有偿出让的对比

分类	内容
无偿划拨	下列建设用地的土地使用权，确属必需的，可以由县级以上人民政府依法批准划拨：①国家机关用地和军事用地；②城市基础设施用地和公益事业用地；③国家重点扶持的能源、交通、水利等项目用地；④法律、行政法规规定的其他用地
	用于商业开发的建设用地，不得以划拨方式取得建设用地使用权
有偿出让	除上述可经划拨取得的情形外，建设单位使用国有土地，应当以出让等有偿使用方式取得
	城市规划区内的集体所有的土地，经依法征用转为国有土地后，该幅国有土地的使用权方可有偿出让
	土地使用权出让合同约定的使用年限届满，土地使用者需要继续使用土地的，应当至迟于届满前一年申请续期，除根据社会公共利益需要收回该幅土地的，应当予以批准
	住宅建设用地使用权期间届满的，自动续期

（2）移转取得方式与让与禁止的相关规定（见表3-4）。

表3-4　移转取得方式与让与禁止的相关规定

项目	内容
移转取得方式	建设用地使用权转让、互换、出资、赠与或者抵押的，当事人应当采取书面形式订立相应的合同
	使用期限由当事人约定，但不得超过建设用地使用权的剩余期限
	以出让方式取得土地使用权的，转让房地产时，应当符合下列条件：①按照出让合同约定已经支付全部土地使用权出让金，并取得土地使用权证书；②按照出让合同约定进行投资开发，属于房屋建设工程的，完成开发投资总额的25%以上，属于成片开发土地的，形成工业用地或者其他建设用地条件；③转让房地产时房屋已经建成的，还应当持有房屋所有权证书
让与禁止	下列房地产不得转让：①以出让方式取得土地使用权，但未符合《城市房地产管理法》规定的条件的；②司法机关和行政机关依法裁定、决定查封或者以其他形式限制房地产权利的；③依法收回土地使用权的；④共有房地产，未经其他共有人书面同意的；⑤权属有争议的；⑥未依法登记领取权属证书的；⑦法律、行政法规规定禁止转让的其他情形

（3）登记。设立建设用地使用权的，应当向登记机构申请建设用地使用权登记。建设用地使用权自登记时设立。

2. 建设用地使用权的期限

（1）以无偿划拨方式取得的建设用地使用权，除法律、行政法规另有规定外，没有使用期限的限制。

（2）以有偿出让方式取得的建设用地使用权，出让最高年限按下列用途确定：①居住用地70年；②工业用地50年；③教育、科技、文化、卫生、体育用地50年；④商业、旅游、娱乐用地40年；⑤综合或者其他用地50年。

考点五　抵押权 ★★★

扫我解疑难

📝 **经典例题**

【例题1·多选题】（2010年）甲公司向乙银行借款，同意以自己现有以及将有的全部生产设备、原材料、产品、半成品进行抵押。根据担保法律制度的规定，下列关于该抵押的表述中，正确的有（　）。

A. 甲公司与乙银行协商一致时，抵押权设立

B. 甲公司与乙银行协商一致，并达成书面协议时，抵押权设立

C. 该抵押权非经登记不得对抗善意第三人

D. 如第三人乙向甲公司支付了合理价款并取得抵押财产的，则抵押权不得对抗该第三人

【答案】BCD

【解析】本题考核浮动抵押。设立抵押（包括浮动抵押）必须采取"书面"形式，因此选项A错误，选项B正确。以生产设备、原材料、产品、半成品等设立浮动抵押不以登记为生效要件。但是不登记的，抵押权不能对抗善意第三人，因此选项C正确。即使浮动抵押办理了登记，该抵押权也不得对抗正常经营活动中已支付合理价款并取得抵押财产的买受人，因此选项D正确。

【例题2·单选题】（2009年）根据物权法律制度的规定，下列财产中，不可以作为抵押权客体的是（　）。

A. 工厂的半成品

B. 正在建造的船舶

C. 以招标方式取得的荒地的土地承包经营权

D. 土地所有权

【答案】D

【解析】本题考核抵押物的范围。根据规定，下列财产不得抵押：（1）土地所有权；（2）耕地、宅基地、自留地、自留山等集体所有的土地使用权，但法律规定可以抵押的除外；（3）学校、幼儿园、医院等以公益为目的的事

业单位、社会团体的教育设施、医疗卫生设施和其他社会公益设施；（4）所有权、使用权不明或者有争议的财产；（5）依法被查封、扣押、监管的财产；（6）法律、行政法规规定不得抵押的其他财产。

【考点精析1】抵押财产范围

1. 抵押财产范围的一般规定（见表3-5）

表3-5 抵押财产范围的一般规定

抵押的财产范围	禁止抵押财产
（1）建筑物和其他土地附着物；	（1）土地所有权；
（2）建设用地使用权；	（2）耕地、宅基地、自留地、自留山等集体所有的土地使用权，法律规定可以抵押的除外；
（3）以招标、拍卖、公开协商等方式取得的荒地等土地承包经营权；	（3）学校、医院教育设施、医疗卫生设施；
（4）生产设备、原材料、半成品、产品；	（4）所有权、使用权不明或有争议的财产；
（5）正在建造的建筑物、船舶、航空器；	（5）依法被查封、扣押、监管的财产；
（6）交通运输工具；	（6）法律、行政法规规定不得抵押的其他财产
（7）法律、行政法规未禁止抵押的其他财产	

2. 动产的浮动抵押

经当事人书面协议，企业、个体工商户、农业生产经营者可以**将现有的以及将有的**生产设备、原材料、半成品、产品抵押，债务人不履行到期债务或者发生当事人约定的实现抵押权的情形，债权人有权就实现抵押权时的动产优先受偿。由于设定此类抵押时抵押财产的范围尚未确定，而处于浮动之中，故称浮动抵押。浮动抵押的抵押财产自下列情形之一发生时确定：

（1）债务履行期届满，债权未实现。

（2）抵押人被宣告破产或者被撤销。

（3）当事人约定的实现抵押权的情形。

（4）严重影响债权实现的其他情形。

浮动抵押之抵押权自抵押合同生效时设立，未经登记，不得对抗善意第三人。并且，浮动抵押即使已经登记，也不得对抗正常经营活动中已支付合理价款并取得抵押财产的买受人。

3. 房地一体原则

（1）以建筑物抵押的，该建筑物占用范围内的建设用地使用权一并抵押；以建设用地使用权抵押的，该土地上的建筑物一并抵押。

（2）乡镇、村企业的建设用地使用权不得单独抵押，以乡镇、村企业的厂房等建筑物

抵押的，其占用范围内的建设用地使用权一并抵押。

【考点精析2】抵押权的设定

1. 抵押权设定行为

（1）设立抵押权，当事人应当采取**书面形式**订立抵押合同。

（2）当事人之间订立有关设立、变更、转让和消灭不动产物权的合同，除法律另有规定或者合同另有约定外，自合同成立时生效；未办理物权登记的，不影响合同效力。

2. 登记

（1）登记生效。以建筑物和其他土地附着物、建设用地使用权，以招标、拍卖、公开协商等方式取得的荒地等土地承包经营权以及正在建造的建筑物抵押的，抵押权自登记时设立。

（2）登记对抗。以生产设备、原材料、半成品、产品、交通运输工具以及正在建造的船舶、航空器抵押的，抵押权自抵押合同生效时设立，未经登记，不得对抗善意第三人。

【考点精析3】抵押担保的范围

1. 抵押担保的债权范围

担保物权的担保范围包括主债权及其利息、违约金、损害赔偿金和实现担保物权的费用。当事人另有约定的，按照约定。

2. 抵押物的物上代位

（1）担保期间，担保财产毁损、灭失或者被征收等，担保物权人可以就获得的保险金、赔偿金或者补偿金等优先受偿。被担保债权的履行期未届满的，也可以提存该保险金、赔偿金或者补偿金等。

（2）抵押物因附合、混合或者加工使抵押物的所有权为第三人所有的，抵押权的效力及于补偿金。

【考点精析4】抵押权人的优先受偿权

（1）债务人不履行到期债务或者发生当事人约定的实现抵押权的情形，抵押权人可以与抵押人协议以抵押财产折价或者以拍卖、变卖该抵押财产所得的价款优先受偿。

（2）流押合同之禁止。当事人在抵押合同中约定，债务履行期届满抵押权人未受清偿时，抵押物的所有权转移为债权人所有的内容无效。该内容的无效不影响抵押合同其他部分内容的效力。

（3）土地出让金优先于抵押权。拍卖划拨的国有土地使用权所得的价款，应先依法缴纳相当于应缴纳的土地使用权出让金的款额，抵押权人可主张剩余价款的优先受偿权。

【考点精析5】抵押物转让限制

（1）抵押期间，抵押人经抵押权人同意转让抵押财产的，应当将转让所得的价款向抵押权人提前清偿债务或者提存。转让的价款超过债权数额的部分归抵押人所有，不足部分由债务人清偿。

（2）抵押期间，抵押人未经抵押权人同意，不得转让抵押财产，但受让人代为清偿债务消灭抵押权的除外。

【考点精析6】抵押权人的孳息收取权

债务人不履行到期债务或者发生当事人约定的实现抵押权的情形，致使抵押财产被人民法院依法扣押的，自扣押之日起抵押权人有权收取该抵押财产的天然孳息或者法定孳息，但抵押权人未通知应当清偿法定孳息的义务人的除外。抵押权人所收取的孳息应当先充抵收取孳息的费用。

【考点精析7】抵押与租赁

（1）先出租后抵押的，"抵押不破租赁"，即原租赁关系不受该抵押权的影响，抵押权实现后，租赁合同在有效期内对抵押物的受让人继续有效。

（2）先抵押后出租的，该租赁关系不得对抗已登记的抵押权，抵押权实现后，租赁合同对受让人不具有约束力。抵押人将已抵押的财产出租时：

①如果抵押人未书面告知承租人该财产已抵押，抵押人对由此给承租人造成的损失承担赔偿责任；

②如果抵押人已书面告知承租人该财产已抵押，抵押权实现造成承租人的损失，由承租人自己承担。

【考点精析8】抵押权的实现

（1）一般情况下，抵押财产折价或者拍卖、变卖后，直接以所得价款清偿债务，价款若超过债权数额，剩余部分归抵押人所有，若不足债权数额，债务人负有继续清偿义务，只不过剩余债权不再享有优先受偿权。

（2）以抵押物所得价款清偿债务时，须首先支付实现抵押权的费用，其次支付主债权的利息，最后支付主债权。

（3）同一抵押财产为数项债权设定抵押：

①抵押权已登记的，按照登记的先后顺序清偿；顺序相同的，按照债权比例清偿。

【知识点拨】当事人同一天在不同的法定登记部门办理抵押物登记的，视为顺序相同。

②抵押权已登记的先于未登记的受偿。

③抵押权均未登记的，按照债权比例清偿。

④顺位在后的抵押权所担保的债权先到期的，抵押权人只能就抵押物价值超出顺位在先的抵押担保债权的部分受偿。

⑤顺位在先的抵押权所担保的债权先到期的，抵押权实现后的剩余价款应予提存，留待清偿顺位在后的抵押担保债权。

⑥抵押权人可以放弃抵押权、抵押权的顺位或者变更抵押权顺位、被担保的债权数额

等，但抵押权的变更，未经其他抵押权人书面同意，不得对其他抵押权人产生不利影响。

⑦若债务人以自己的财产设定抵押，抵押权人放弃该抵押权、抵押权顺位或者变更抵押权的，其他担保人在抵押权人丧失优先受偿权益的范围内免除担保责任。

【考点精析9】 最高额抵押

1. 最高额抵押权的从属性与不可分性

最高额抵押担保的债权确定前，部分债权转让的，最高额抵押权不得转让，但当事人另有约定的除外。

2. 债权之确定

有下列情形之一的，抵押权人的债权确定：

(1) 约定的债权确定期间届满；

(2) 没有约定债权确定期间或者约定不明确，抵押权人或者抵押人自最高额抵押权设立之日起满2年后请求确定债权；

(3) 新的债权不可能发生；

(4) 抵押财产被查封、扣押；

(5) 债务人、抵押人被宣告破产或者被撤销；

(6) 法律规定债权确定的其他情形。

另外，最高额抵押权设立前已经存在的债权，经当事人同意，可以转入最高额抵押担保的债权范围。

考点六　质权★★★

扫我解疑难

📝 **经典例题**

【例题1·多选题】 (2018年)根据物权法律制度的规定，下列各项中，可以出质的有( )。

A. 存款单　　　　　B. 仓单

C. 支票　　　　　　D. 股权

【答案】 ABCD

【解析】 本题考核权利质押。债务人或者第三人有权处分的下列权利可以出质：(1) 汇票、支票、本票；(2) 债券、存款单；(3) 仓单、提

单；(4) 可以转让的基金份额、股权；(5) 可以转让的注册商标专用权、专利权、著作权等知识产权中的财产权；(6) 应收账款；(7) 法律、行政法规规定可以出质的其他财产权利。

【例题2·单选题】 (2014年)根据物权法律制度的规定，以下列权利出质时，质权自权利凭证交付时设立的是( )。

A. 仓单　　　　　　B. 基金份额

C. 应收账款　　　　D. 股权

【答案】 A

【解析】 本题考核质权的设立。以汇票、支票、本票、债券、存款单、仓单、提单出质的，当事人应当订立书面合同。质权自权利凭证交付质权人时设立；没有权利凭证的，质权自有关部门办理出质登记时设立。

【例题3·单选题】 (2013年)甲向乙借款，为担保债务履行，将一辆汽车出质给乙。乙不慎将汽车损坏。根据物权及合同法律制度的规定，下列表述中正确的是( )。

A. 甲有权要求乙立即赔偿损失，或在借款到期时在损失赔偿额范围内相应抵销其对乙所负的债务

B. 甲有权拒绝归还借款并要求乙赔偿损失

C. 甲有权要求解除质押合同

D. 甲有权要求延期还款

【答案】 A

【解析】 本题考核动产质押的相关规定。根据规定，质权人负有妥善保管质押财产的义务，保管不善致使质押财产毁损、灭失的，应当承担赔偿责任。依据《合同法》的规定，当事人互负到期债务，该债务的标的物种类、品质相同的，任何一方可以将自己的债务与对方的债务抵销，但依照法律规定或者按照合同性质不得抵销的除外。本题中，由于是乙的过失造成质押汽车损坏，因此应由乙承担赔偿责任，或者甲也可以要求抵销。

📝 **考点精析**

【考点精析1】 抵押与质押的区别(见表3-6)

表 3-6 抵押与质押的区别

抵押	质押
动产或不动产	动产或权利
不要求移转抵押物的占有	动产必须移转占有
抵押人可以继续对抵押物占有、使用、收益	质押人享有对标的物的所有权，但不能直接对质押物进行占有、使用、收益

【考点精析 2】质权的客体

质权不能存在于不动产之上。能够成为质权客体的，只能是动产或者权利。

1. 动产质权

除法律、行政法规禁止转让的动产外，原则上，所有动产均可出质。

2. 权利质权

债务人或者第三人有权处分的下列权利可以出质：

(1)汇票、支票、本票。

(2)债券、存款单。

(3)仓单、提单。

(4)可以转让的基金份额、股权。

(5)可以转让的注册商标专用权、专利权、著作权等知识产权中的财产权。

(6)应收账款。

应收账款具体包括下列权利：①销售产生的债权，包括销售货物，供应水、电、气、暖，知识产权的许可使用等；②出租产生的债权，包括出租动产或不动产；③提供服务产生的债权；④公路、桥梁、隧道、渡口等不动产收费权；⑤提供贷款或其他信用产生的债权。

(7)法律、行政法规规定可以出质的其他财产权利。

【考点精析 3】质权的设定

设立质权，当事人应当采取书面形式订立质权合同。

(1)动产质押。质权自出质人交付质押财产时设立。若当事人约定出质人代质权人占有质物，则质权不生效。

(2)权利质押(见表 3-7)。

表 3-7 权利质押

权利种类		质权生效(设立)
汇票、支票、本票、债券、存款单；仓单、提单	有权利凭证	交付生效
	没有权利凭证	登记生效
基金份额、股权	以基金份额、证券登记结算机构登记的股权出质	证券登记结算机构办理登记时设立
	以其他股权出质	市场监督管理部门办理登记时设立
知识产权(商标权、专利权、著作权)中的财产权	自有关主管部门办理出质登记	
应收账款	自信贷征信机构办理出质登记	

【考点精析 4】质权的效力与实现

1. 质押担保的范围

(1)所担保的债权范围。质权的担保范围包括主债权及其利息、违约金、损害赔偿金、保管担保财产和实现质权的费用。当事人另有约定的，从其约定。

(2)出质物的范围。动产质权的效力及于质物的从物。但是，从物未随同质物移交质权人占有的，质权的效力不及于从物。另外，以依法可以转让的股份、股票出质的，质权的效力及于股份、股票的法定孳息。

（3）出质物的物上代位。担保期间，质押财产毁损、灭失或者被征收等，质权人可以就获得的保险金、赔偿金或者补偿金等优先受偿。被担保债权的履行期未届满的，也可以提存该保险金、赔偿金或者补偿金等。

2. 质权人的优先受偿权

债务人不履行到期债务或者发生当事人约定的实现质权的情形，质权人可以与出质人协议以质押财产折价，也可以就拍卖、变卖质押财产所得的价款优先受偿。质权人在债务履行期届满前，不得与出质人约定债务人不履行到期债务时质押财产归债权人所有。

3. 质权人的孳息收取权

质权人有权收取质押财产的孳息，但合同另有约定的除外。所收取的孳息应当先充抵收取孳息的费用。

4. 质权的实现

质押财产折价或者拍卖、变卖后，其价款超过债权数额的部分归出质人所有，不足部分由债务人清偿。

📋 **阶段性测试**

1.【单选题】根据担保法律制度的规定，下列各项财产中，不得用于抵押的是（　　）。

A. 抵押人所有的房屋和其他地上定着物

B. 抵押人所有的交通工具

C. 土地所有权

D. 抵押人依法有权处分的国有土地使用权

2.【单选题】张某向甲借款100万元，以自有房产作为抵押，未办理登记，后张某又向乙借款100万元，未提供任何担保，张某欠乙的借款先到期，张某无力清偿，乙向法院申请了强制执行程序，拍卖房产所得价款是120万元，下列做法正确的是（　　）。

A. 将拍卖房产所得价款100万元予以提存，剩余的20万元清偿乙

B. 拍卖房产所得价款100万元清偿乙，剩余的20万元予以提存

C. 拍卖房产所得价款100万元清偿乙，剩余的20万元归还于张某

D. 将拍卖房产所得价款120万元全部提存，待张某欠甲的借款到期时再行清偿

3.【单选题】根据物权法律制度的规定，以专利权设定质押时，该质权设立的时间是（　　）。

A. 质押合同签订之日

B. 在有关主管部门办理出质登记之日

C. 交付专利权权属证明之日

D. 在工商行政管理部门办理出质登记之日

4.【多选题】甲公司与银行签订借款合同，约定甲公司以自有的一宗建设用地使用权作为抵押。双方办理抵押手续后，银行发放了贷款。现甲公司在该地块上新建一幢办公大楼。当甲公司不按期还款时，下列说法正确的有（　　）。

A. 银行有权将办公大楼单独拍卖，并就所得价款优先受偿

B. 甲公司新建的办公大楼不是抵押财产

C. 银行可以将建设用地使用权和办公大楼一同拍卖，但不能就办公大楼拍卖所得的价款优先受偿

D. 银行可以将建设用地使用权和办公大楼一同拍卖，以拍卖所得的全部价款优先受偿

5.【多选题】张某为筹款经商，以自有的价值20万元的设备为抵押，向甲银行贷款5万元，1个月后又以该设备为抵押，向乙银行贷款10万元，均未办理抵押物登记。如果张某到期不能还款，该设备拍卖所得为12万元，下列说法错误的有（　　）。

A. 拍卖所得先偿还甲银行的贷款，剩余偿还乙银行的贷款

B. 由于未办理抵押物登记，两项抵押均无效

C. 第二次抵押无效

D. 偿还甲银行4万元，偿还乙银行8万元

6.【多选题】甲公司与乙银行签订了借款 500 万元的合同，甲公司以自己的办公楼提供抵押担保。下列表述不符合物权法律制度规定的有（ ）。

A. 该抵押如果未办理登记手续，虽然抵押权设立，但不得对抗善意第三人

B. 抵押期间，甲公司如果将该办公楼的一部分出租，租金归甲公司所有

C. 抵押合同未到期时，如果该办公楼被洪水损毁，保险公司支付的保险金归甲公司所有，抵押权人不能优先受偿

D. 如果借款合同届满时甲公司不能偿还借款，而办公楼拍卖仅得 400 万元，甲公司对不足清偿的 100 万元及利息不再承担责任

📝阶段性测试答案精析

1. C　**【解析】**本题考核抵押的财产范围。土地所有权属于国家，不得用于抵押。

2. C　**【解析】**本题考核不动产抵押。不动产抵押权的设立以登记为生效条件，未办理登记的，抵押权未设立，故甲对拍卖厂房所得价款没有优先受偿权，拍卖厂房所得价款应先直接清偿乙，剩余的价款应归房产所有人张某所有。

3. B　**【解析】**本题考核权利质押。以专利权出质的，质权自有关主管部门办理出质登记时设立。

4. BC　**【解析】**本题考核抵押权的实现。城市房地产抵押合同签订后，土地上新增的房屋不属于抵押物。需要拍卖该抵押的房地产时，可以依法将该土地上新增的房屋与抵押物一同拍卖，但对拍卖新增房屋所得，抵押权人无权优先受偿。

5. ABC　**【解析】**本题考核抵押的清偿顺序。同一动产向两个以上债权人抵押的，当事人未办理抵押物登记，实现抵押权时，各抵押权人按照债权比例受偿。

6. ACD　**【解析】**本题考核抵押的效力。以建筑物设定抵押的，应当办理抵押物登记，抵押权自登记之日起设立，选项 A 错误。抵押权设定以后，由于抵押物仍然归抵押人占有，因此抵押人有权将抵押物出租，选项 B 正确。在抵押物灭失、毁损或者被征用的情况下，抵押权人可以就该抵押物的保险金、赔偿金或者补偿金优先受偿；如抵押权所担保的债权未届清偿期，抵押权人可以请求人民法院对其采取保全措施，选项 C 错误。抵押物折价或者拍卖、变卖该抵押物的价款不足清偿债权的，不足清偿的部分由债务人按普通债权清偿，选项 D 错误。

考点七　留置权★★

扫我解疑难

📝经典例题

【例题 1·单选题】（2011 年）根据担保法律制度的规定，下列情形中，甲享有留置权的是（ ）。

A. 甲为乙修理汽车，乙拒付修理费，待乙前来提车时，甲将该汽车扣留

B. 甲为了迫使丙偿还欠款，强行将丙的一辆汽车拉走

C. 甲为丁有偿保管某物，保管期满，丁取走保管物却未付保管费。于是，甲谎称丁取走的保管物有误，要求丁送回调换。待丁送回该物，甲即予以扣留，要求丁支付保管费

D. 甲为了确保对戊的一项未到期债权能够顺利实现，扣留戊交其保管的某物不还

【答案】A

【解析】本题考核留置权。留置权的成立条件为：（1）债权人合法占有债务人的动产；（2）债权人留置的动产，应当与债权属于同一法律关系，但企业之间留置的除外；（3）债务已届清偿期且债务人未按规定期限履行义务。在选项 B、C 中，债权人对债务人动产的占有不合法；在选项 D 中，债务未届清偿期。

【例题 2·多选题】甲运输公司与乙汽车修理

厂签订了长期修理保养汽车的合同，合同约定按月结算维修费。后来，甲又将一批货物放在乙汽车修理厂的库房，委托乙汽车修理厂保管。如果甲运输公司未能按期结算维修费，则下列说法正确的有( )。

A. 乙汽车修理厂不具备留置权成立的条件

B. 乙汽车修理厂可以留置甲运输公司6月份送修的汽车，向甲运输公司索要5月份欠付的维修费

C. 如果甲运输公司的汽车已经设立抵押，乙汽车修理厂即使合法留置，也不能优先于抵押权人受偿

D. 乙汽车修理厂可以留置该批货物，向甲运输公司索要欠付的维修费

【答案】BD

【解析】本题考核留置权。乙汽车修理厂具备留置权成立的条件，选项A错误。同一财产抵押权与留置权并存时，留置权人优先于抵押权人受偿，选项C错误。

📝 考点精析

1. 留置权的性质

留置权属于法定担保物权，不必有当事人之间的担保合同，只要具备法定要件，即可成立。不过，当事人可以特约排除留置权。

2. 留置权的成立

(1)债权人合法占有债务人的动产。

(2)债权已届清偿期。

(3)动产之占有与债权属同一法律关系，但是企业之间留置不受同一法律关系的限制。

3. 留置权的效力

(1)留置担保的范围。

①所担保债权的范围。留置担保的范围包括主债权及利息、违约金、损害赔偿金、留置物保管费用和实现留置权的费用。

②留置物的范围。留置财产为可分物的，留置财产的价值应当相当于债务的金额。留置物为不可分物的，留置权人可以就其留置物的全部行使留置权。

(2)留置权人的孳息收取权。留置权人有权收取留置财产的孳息。所收取的孳息应当先充抵收取孳息的费用。

(3)抵押权、质权与留置权的效力等级。同一动产上已设立抵押权或者质权，该动产又被留置的，留置权人优先受偿；同一财产法定登记的抵押权与质权并存时，抵押权人优先于质权人受偿；质权与未登记抵押权并存时，质权人优先于抵押权人受偿。

4. 留置权的实现

(1)债权人留置财产后，应与债务人约定留置财产后的债务履行期间；没有约定或者约定不明确的，留置权人应当给债务人2个月以上履行债务的期间，但鲜活易腐等不易保管的动产除外。

(2)债务人逾期未履行的，留置权人可以与债务人协议以留置财产折价，也可以就拍卖、变卖留置财产所得的价款优先受偿。留置财产折价或者变卖的，应当参照市场价格。

本章综合练习 限时100分钟

一、单项选择题

1. 下列关于物的说法中，错误的是( )。

   A. 物权法上的物指的是有体物

   B. 不能为人力所支配的物不属于物权法上的物

   C. 人体器官如脱离人的身体可成为物

   D. 权利不能作为物权的客体

2. 下列关于物权的表述中，符合物权法律制度规定的是( )。

   A. 物权仅指物的所有权

   B. 物权的权利主体是特定的，义务主体也是特定的

   C. 物权的内容是直接支配一定的物，并排斥他人干涉

D. 物权的标的是物以及与该物有关的行为

3. 关于"一物一权"原则，下列说法正确的是（　　）。
   A. 一物之上只能设立一个物权
   B. 一物之上只能设立一个用益物权
   C. 一物之上只能存在一个担保物权
   D. 一物之上只能存在一个所有权

4. 不动产物权的设立、变更、转让和消灭需要依法进行登记，但是法律另有规定的除外。下列选项中属于可以不登记即生效的情形是（　　）。
   A. 张某继承其父亲的房产
   B. A 房地产开发企业转让商品房
   C. 丙将自己的成片林木抵押给丁
   D. 甲公司通过拍卖方式转让建设用地使用权

5. 甲将自己所有的汽车出租给乙使用，租期未满时，甲又将该汽车卖给丙，甲将其享有的对乙的出租期满后的返还汽车请求权让与丙。此种交付方式属于（　　）。
   A. 现实交付　　　　B. 简易交付
   C. 指示交付　　　　D. 占有改定

6. 甲将自己的一间私房作价 200 万元转让给乙，乙略加修缮，居住一年后以 400 万元的价格转让给丙，丙居住一年后以 500 万元的价格转让给丁。以上几次转让都签订了买卖合同，但均未办理过户登记手续。在丁居住期间，该房屋价格涨至 1 000 万元，甲、乙、丙、丁就房屋所有权发生争议。该房屋所有权应属于（　　）。
   A. 甲　　　　　　　B. 乙
   C. 丙　　　　　　　D. 丁

7. 异议登记是利害关系人对不动产登记簿记载的权利提出异议并记入登记簿的行为，法律要求异议登记申请人的起诉期限是（　　）。
   A. 异议登记之日起 5 日内
   B. 异议登记之日起 10 日内
   C. 异议登记之日起 15 日内
   D. 异议登记之日起 30 日内

8. 不动产预告登记后，在法定期限内未申请登记的，预告登记失效。该法定期限是（　　）。
   A. 自能够进行不动产登记之日起 1 个月内
   B. 自能够进行不动产登记之日起 2 个月内
   C. 自能够进行不动产登记之日起 3 个月内
   D. 自能够进行不动产登记之日起 6 个月内

9. 下列财产中，只能属于国家所有权客体范围的是（　　）。
   A. 土地　　　　　　B. 房屋
   C. 森林　　　　　　D. 矿藏

10. 甲、乙、丙、丁共有一辆货车，甲占该车 70% 的份额，乙、丙、丁各占 10% 的份额。现甲欲将该车作抵押向某银行贷款 10 万元。如果各共有人事先对此未作约定，则下列说法中正确的是（　　）。
    A. 甲将共有货车抵押应经过乙、丙、丁一致同意
    B. 甲将共有货车抵押须乙、丙、丁中的一个同意
    C. 甲将共有货车抵押无须经其他人同意
    D. 甲将共有货车抵押属于无权处分

11. 甲、乙、丙三人各出资 20 万元买了一辆汽车共同经营货运业务。一年后，甲欲投资开商店，想转让自己的份额。甲通知乙和丙后，乙表示愿出 15 万元买下甲的份额，丁知道后愿以 20 万元买下，丙知道后，也表示愿以 20 万元买下。根据法律的规定，甲的下列做法正确的是（　　）。
    A. 将其份额卖给乙
    B. 将其份额卖给丁
    C. 将其份额卖给丙
    D. 将其份额卖给丁或丙都可以

12. 下列各项中，属于所有权取得方式中先占的是（　　）。
    A. 小李送给小明一辆自行车
    B. 小张继承哥哥的一处房子
    C. 小王在山中采到一株灵芝

D. 小赵借到同学的一台计算机

13. 某失物招领处将一块已经超过招领期限的手表以拍卖方式卖给甲，乙盗得该表并赠与丙，丙将该表丢失，被人拾起又送到招领处。经查，该手表原为丁所有，该手表的所有权属于( )。

A. 甲所有

B. 丙所有

C. 丁所有

D. 甲、丙、丁三人共有

14. 有关部门收到遗失物后，法定期限内无人认领的，遗失物归国家所有。该法定期限是( )。

A. 自发出招领公告之日起 1 个月内

B. 自发出招领公告之日起 2 个月内

C. 自发出招领公告之日起 3 个月内

D. 自发出招领公告之日起 6 个月内

15. 甲不慎将一件内藏 5 000 元人民币现金的旧大衣扔到垃圾堆，后被拾荒人乙拾取，并发现了此钱。对此，下列说法正确的是( )。

A. 甲已抛弃了衣服和钱

B. 乙依据先占原则得到了衣服和钱

C. 该钱为隐藏物，乙因发现而取得

D. 乙应将钱返还给甲，仅仅保有旧大衣

16. 甲将计算机借给乙，乙不小心遗失，丙拾得后卖给丁。对此，下列表述符合物权法律制度规定的是( )。

A. 甲已经将该计算机的所有权转移给乙

B. 丙拾得计算机时便取得了计算机的所有权

C. 计算机的所有权未发生变动

D. 丁因善意取得而拥有该计算机的所有权

17. 下列以有偿出让方式取得的建设用地使用权，出让最高年限为 40 年的是( )。

A. 居民居住用地　　B. 工业用地

C. 商业用地　　D. 教育用地

18. 根据担保法律制度的规定，可以用于抵押的财产是( )。

A. 土地所有权

B. 企业所有的机器

C. 学校的教育设施

D. 依法被扣押查封的财产

19. 某航空公司以正在建造中的大型客机设定抵押向银行贷款，但未办理抵押登记。下列说法符合物权法律制度的规定的是( )。

A. 建造中的大型客机不得设定抵押

B. 因未办理抵押登记，该抵押无效

C. 因未办理抵押登记，主合同无效

D. 因未办理抵押登记，银行不得对抗善意第三人

20. 甲向乙借款，约定以自己的奔驰车抵押与乙。双方为此签订了抵押合同，但在抵押登记时，登记为甲的宝马车抵押给乙。因甲未能及时还款，乙欲行使抵押权。下列表述正确的是( )。

A. 乙只能对甲的奔驰车行使抵押权

B. 乙只能对甲的宝马车行使抵押权

C. 乙是对奔驰车还是对宝马车行使抵押权，由甲决定

D. 乙是对奔驰车还是对宝马车行使抵押权，由乙自己决定

21. 个体户刘某为解决资金周转问题，将厂房作为抵押物向当地商业银行申请借款，双方依法签订了合同，并办理了抵押物登记手续。按照规定，下列情形中，商业银行有权要求处分该抵押厂房的是( )。

A. 刘某被宣告死亡，无人代其偿还到期的银行借款

B. 刘某经商业银行同意，将抵押厂房出租给李某使用

C. 刘某到期没有偿还借款，但是与商业银行达成延期还款的协议

D. 刘某因违法经营，被工商机关处以罚款

22. 甲向乙借款并将自己的电动自行车抵押给乙。双方在抵押合同中约定：乙的债

权在期满后未受清偿时，该电动自行车的所有权为乙所有。下列表述正确的是(　　)。

A. 抵押合同全部无效

B. 抵押合同全部有效

C. 抵押合同有效，但电动自行车所有权为乙所有的条款无效

D. 抵押合同为可撤销的合同

23. 甲将房屋一间作抵押向乙借款 20 万元。抵押期间，知情人丙向甲表示愿以 30 万元购买甲的房屋。对此，下列表述正确的是(　　)。

A. 甲可以将该房屋出卖，但须通知抵押权人乙

B. 甲有权将该房屋出卖，不必征得抵押权人乙的同意

C. 甲可以将该房屋出卖，但丙应当先代替甲清偿债务

D. 甲无权将该房屋出卖，因为房屋上已设置了抵押权

24. 甲为向乙借款将其拥有的空置房屋设定抵押，并办理抵押登记，后又将该房屋出租给丙居住。借款期限届满，甲未归还借款和利息，经拍卖丁取得该房屋的所有权。下列说法符合规定的是(　　)。

A. 甲不得将已设定抵押并办理登记的房屋出租

B. 甲将已设定抵押并办理登记的房屋出租，应经乙同意

C. 丁取得房屋所有权后，原租赁合同仍然有效

D. 丁取得房屋所有权后，有权解除租赁合同

25. 某公司以其房屋作抵押，先后向甲银行借款 100 万元，乙银行借款 300 万元，丙银行借款 500 万元，并依次办理了抵押登记。后丙银行为了其他利益与甲银行商定交换各自抵押权的顺位，并办理了变更登记，但乙银行并不知情。因该公司无力偿还三家银行的到期债务，银行拍

卖其房屋，仅得价款 600 万元。关于三家银行对该价款的分配，下列选项正确的是(　　)。

A. 甲银行 100 万元，乙银行 300 万元，丙银行 200 万元

B. 甲银行得不到清偿，乙银行 100 万元，丙银行 500 万元

C. 甲银行得不到清偿，乙银行 300 万元，丙银行 300 万元

D. 甲银行 100 万元，乙银行 200 万元，丙银行 300 万元

26. 抵押物拍卖的价款，当事人没有约定的，其清偿顺序是(　　)。

A. 主债权、实现抵押权的费用、主债权的利息

B. 主债权的利息、主债权、实现抵押权的费用

C. 实现抵押权的费用、主债权的利息、主债权

D. 实现抵押权的费用、主债权、主债权的利息

27. 同一财产向两人以上债权人抵押的，拍卖、变卖抵押财产所得价款应当依照有关担保法律制度的规定清偿。下列各项中，不符合物权法律制度规定的是(　　)。

A. 抵押权已登记的，按照登记的先后顺序清偿

B. 抵押权已登记且登记顺序相同的，按照债权比例清偿

C. 抵押权已登记的先于未登记的受偿

D. 抵押权未登记的，按抵押合同生效时间的先后顺序清偿

28. 甲从乙银行贷款 200 万元，双方于 8 月 1 日签订贷款合同，丙以保证人身份在贷款合同上签字，因担心丙的资信状况，乙银行又要求甲提供担保，为此双方于 8 月 3 日签订书面质押合同，质物为甲的一辆轿车，但甲未将轿车交付给乙银行。甲到期无力偿还贷款。根据担保法律制度的规定，下列乙银行主张担保权利的

表述中，正确的是（　　）。

A. 乙银行只能主张保证债权，因为甲未将该轿车交付给乙银行，质权未设立

B. 乙银行只能主张质权，因为丙与乙银行未签订保证合同，保证债权不成立

C. 乙银行应先主张保证债权，因为保证债权先于质权成立

D. 乙银行应先主张质权，因为质权担保是债务人甲自己提供的

29. 陈某向甲银行申请贷款，以其一项专利权质押。6月1日，陈某与甲银行签订质押合同。6月2日，陈某与甲银行办理出质登记。6月3日，陈某将专利权证书交付甲银行。6月4日，甲银行向陈某发放贷款。质权设立的时间是（　　）。

A. 6月1日　　　　B. 6月2日

C. 6月3日　　　　D. 6月4日

30. 下列关于担保制度的表述中，正确的是（　　）。

A. 建设用地使用权抵押后，该土地上新增的建筑物视同抵押财产

B. 以有限责任公司的股份出质的，质押合同自在市场监督管理部门登记之日起生效

C. 债权人留置财产后，可以与债务人约定2个月的宽限期履行合同

D. 预付款是一种适用于以金钱履行义务为特征的合同的担保方式

31. 王某向赵某借款10万元，以其卡车抵押并办理了抵押登记。后因发生交通事故，王某将该卡车送到甲修理厂修理。修理完毕，因王某无力支付1万元维修费，该卡车被甲修理厂留置。后王某欠赵某的借款到期，赵某要求对该卡车行使抵押权，甲修理厂以王某欠修理费为由拒绝，双方发生争议。根据合同法律制度的规定，下列关于如何处理该争议的表述中，正确的是（　　）。

A. 甲修理厂应同意赵某对该卡车行使抵押权，所欠修理费只能向王某要求清偿

B. 赵某应向甲修理厂支付修理费，之后甲修理厂向赵某交付该卡车

C. 如果经甲修理厂催告，王某两个月后仍不支付修理费，甲修理厂有权行使留置权，所得价款偿付修理费后，剩余部分赵某有优先受偿权

D. 甲修理厂应将该卡车交给赵某先行使抵押权，所得价款偿付借款后，剩余部分甲修理厂有优先受偿权

二、多项选择题

1. 根据物权法律制度的规定，物包括不动产和动产。关于不动产，下列说法符合规定的有（　　）。

A. 不动产均为禁止流通物

B. 不动产物权的变动，以向国家行政主管机关登记为要件

C. 因不动产发生的纠纷由不动产所在地的人民法院管辖

D. 不动产是指不可移动或如移动将损害其价值的物

2. 根据物的分类标准，下列物中属于主物与从物关系的有（　　）。

A. 锁与钥匙

B. 上衣与裤子

C. 电视机与遥控器

D. 鞋与鞋带

3. 根据物权法律制度的规定，与债权行为相比较，下列选项中属于物权行为特点的有（　　）。

A. 物权行为不会直接导致行为人积极财产的减少

B. 物权对于同一物可以实施两次处分行为

C. 物权行为直接导致行为人积极财产的减少

D. 物权行为使得物权发生变动，故出让人需要对标的物具有处分权

4. 根据物权法律制度的规定，下列行为属于非基于法律行为的物权变动的有（　　）。

A. 甲继承房屋一套

B. 乙在宅基地上自建房屋一套

C. 丙、丁发生房产纠纷，法院判决房屋归丙所有

D. 丁从开发商处购得商品房一套

5. 张某与甲公司签订了商品房预售合同，预购商品房一套，并向登记机关申请办理了预告登记，随后甲公司擅自将张某选购的该套商品房以更高价格出售给不知情的李某。对此，下列表述中正确的有（　　）。

A. 甲公司与李某签订的合同无效，因为已经进行了预告登记

B. 甲公司与李某签订的合同无效，但李某可依善意取得制度取得所有权

C. 甲公司与李某签订的合同有效，但李某不能取得所有权

D. 甲公司未经张某同意出售房屋的行为，不发生物权变动的效力

6. 甲、乙、丙按不同的比例共有一间房屋，约定轮流使用。在甲居住期间，房檐一角脱落砸伤行人丁。下列说法正确的有（　　）。

A. 甲、乙、丙应对丁承担连带赔偿责任

B. 丁有权请求甲单独承担赔偿责任

C. 如甲承担了赔偿责任，则乙、丙应按各自的份额分担

D. 乙、丙不承担任何责任

7. 甲、乙、丙三人各出资2万元买一艘船，约定各占1/3的份额。下列说法正确的有（　　）。

A. 如果甲病故，甲的法定继承人继承甲的份额

B. 如果将该船出租，甲、乙、丙三人各获得1/3的租金

C. 如果该船需要修理，甲、乙、丙三人各承担1/3的费用

D. 如果乙欲转让自己的份额，丙和张某都愿意以2万元买下，由甲决定卖给谁

8. 关于共有制度，下列表述正确的有（　　）。

A. 对于共有财产，部分共有人主张按份共有，部分共有人主张共同共有，如不能证明财产是按份共有的，应当认定为共同共有

B. 按份共有人对共有不动产或者动产享有的份额，没有约定或者约定不明确的，按照出资额确定；不能确定出资额的，视为等额享有

C. 按份共有人转让其共有份额时，其他共有人在同等条件下享有优先购买的权利

D. 对共有物的分割，当事人没有约定或者约定不明确的，按份共有人可以随时请求分割，共同共有人在共有的基础丧失或者有重大理由需要分割时可以请求分割

9. 下列情形中，不能适用动产善意取得制度的有（　　）。

A. 甲将他人委托保管的一部照相机无偿赠送给不知情的乙

B. 甲将偷来的一部照相机按市场价卖给不知情的乙

C. 甲将捡来的一部照相机无偿赠送给不知情的乙

D. 甲将与他人共有的一部照相机按市场价卖给不知情的乙

10. 甲和乙是夫妻，二人居住的房屋登记在甲名下。2017年3月1日，甲和乙离婚，法院判决房屋归乙所有，其他财产归甲所有，二人均表示接受并不再上诉。同年4月1日，乙在未办理房屋所有权变更登记的情况下，将该房屋出卖给丙，丙基于对判决书的信赖支付了50万元价款，并入住了该房屋。同年5月1日，甲又就该房屋和丁签订了买卖合同，丁在查阅了房屋登记簿确认房屋仍归甲所有后，支付了50万元价款，并于同年6月1日办理了所有权变更登记手续。下列表述中，符合法律规定的有（　　）。

A. 6月1日前，甲是房屋所有权人

B. 3月1日至6月1日，乙是房屋所有权人

C. 4月1日至6月1日，丙是房屋所有权人

D. 6月1日后，丁是房屋所有权人

11. 甲不慎将自己的手机丢失，被乙捡到卖

给了丙，下列说法正确的有（　　）。

A. 丙基于善意取得制度对手机享有所有权，甲无权索要

B. 甲有权自知道或者应当知道受让人丙之日起 2 年内要求丙返还手机

C. 如果丙从具有经营资格的商店购得该手机，其有权要求甲支付自己购买手机时所支付的费用

D. 甲有权向乙要求损害赔偿

12. 某房地产开发公司取得一处建设用地的使用权后，对于该使用权可以行使的权利有（　　）。

A. 对外转让

B. 与其他公司互换

C. 用于抵押贷款

D. 作为入股出资

13. 关于建设用地使用权，下列说法符合法律规定的有（　　）。

A. 确属必需的城市基础设施用地，可以由县级以上人民政府依法批准划拨

B. 城市规划区内的集体所有的土地，经依法征用转为国有土地后，该幅国有土地的使用权方可有偿出让

C. 共有的房地产不得转让

D. 商业用地的出让最高年限为 50 年

14. 甲、乙为一间房屋的按份共有人，甲享有 70% 的份额，乙享有 30% 的份额。该房屋因与丙的财产发生附合而形成附合物，该附合物为甲、乙、丙共有。甲曾就其 70% 份额向丁借款设置抵押，并办理了相关手续，因甲无力还丁的借款而引起纠纷。下列表述正确的有（　　）。

A. 甲与丁之间的抵押无效

B. 甲与丁之间的抵押有效

C. 丁的抵押权的效力及于该附合物全部

D. 丁的抵押权的效力只及于该附合物中甲之份额

15. 根据《担保法》的规定，债务人可以用于抵押担保的财产有（　　）。

A. 招标方式取得的荒地使用权

B. 依法被监管的财产

C. 股份有限公司依转让方式获得的土地使用权

D. 正在建造的建筑物

16. 甲因向乙借款而将自己的一辆汽车抵押给乙，双方签订了抵押合同，但未办理登记手续。后甲又将该汽车转让给不知情的丙，并办理了过户手续。如果甲逾期不能偿还乙的借款，下列说法正确的有（　　）。

A. 因没有办理登记手续，造成该汽车的抵押权没有设立

B. 该汽车的抵押权自抵押合同生效时设立

C. 因为丙属于善意第三人，乙无权要求丙退还该汽车

D. 乙有权要求丙退还该汽车，以实现抵押权

17. 关于浮动抵押，下列说法正确的有（　　）。

A. 浮动抵押的客体只能是动产

B. 浮动抵押的设立以合同的生效为条件，不以登记为要件

C. 浮动抵押的抵押权不能对抗善意第三人

D. 浮动抵押确定之前，即使浮动抵押办理了登记，该抵押权也不得对抗正常经营活动中已支付合理价款并取得抵押财产的买受人

18. 公民甲以自己所有的一套住房作抵押，向银行贷款 10 万元，并到有关部门办理了登记手续。在向银行贷款之前，公民甲已经向公民乙借款 10 万元，并以同一套住房与公民乙签订了抵押借款合同，但是一直没有办理登记手续。如果公民乙及银行的还款期限均到，但甲无能力还款，下列说法正确的有（　　）。

A. 银行可以公民甲的住房折价或变卖受偿

B. 因为公民甲的住房已经抵押，银行的抵押权无效

C. 公民乙的抵押权无效

D. 公民乙的抵押权在先、银行的抵押权在后，故公民乙应先于银行受偿

19. 陈某用自己的轿车作抵押向银行借款 40 万元，并办理抵押登记手续。陈某驾驶该车出行时，不慎发生交通事故。经鉴定，该车的价值损失了 30%。保险公司赔偿了该车损失。下列关于该抵押担保的表述中，正确的有( )。

A. 该轿车不再担保银行债权

B. 该轿车仍然应担保银行债权

C. 保险赔款不应担保银行债权

D. 保险赔款应担保银行债权

20. 下列有关最高额抵押的说法中，正确的有( )。

A. 最高额抵押权设立前已经存在的债权，不能转入最高额抵押担保的债权范围

B. 抵押权人实现最高额抵押权时，如果实际发生的债权余额高于最高限额，以最高限额为限，超过部分不具有优先受偿的效力

C. 最高额抵押担保的债权确定前，部分债权转让的，最高额抵押权一律不得转让

D. 抵押财产被查封、扣押时抵押权人的最高额抵押对应债权确定

21. 抵押权和质押权都是担保物权，两者有一定的区别，对此表述正确的有( )。

A. 抵押的标的物既可以是动产也可以是不动产；质押的标的物则不包括不动产

B. 抵押权的设定不要求移转抵押物的占有；动产质权的设定必须移转占有

C. 抵押人可以继续对抵押物占有、使用、收益；质押人不能直接对质押物进行占有、使用、收益

D. 抵押权设立需要办理登记；质押权设立不需要办理登记

22. 甲向乙借款 20 万元做生意，由丙提供价值 15 万元的房屋抵押，并订立了抵押合同，但未办理登记手续。甲又以自己的一辆价值 6 万元的汽车质押给乙，双方订立了质押合同。乙认为将车放在自家附近不安全，决定仍放在甲处。对此，下列说法错误的有( )。

A. 抵押、质押均有效

B. 抵押、质押均无效

C. 抵押有效、质押无效

D. 质押有效、抵押无效

23. 根据物权法律制度的规定，债务人有权处分的下列权利中，可以设定权利质押的有( )。

A. 建设用地使用权

B. 可以转让的基金份额

C. 房屋所有权

D. 应收账款

24. 权利质押是指债务人或者第三人以其财产权利出质作为债权的担保。下列关于质押设立的表述正确的有( )。

A. 以证券登记结算机构登记的股权出质的，质权自证券登记结算机构办理出质登记时设立

B. 以非在证券登记结算机构登记的股权出质的，质权自股份交付时设立

C. 以知识产权中的人身权设定质押无效

D. 以应收账款出质的，质权自达成偿债协议之日起生效

25. 甲向乙借款，将自己所有的奥迪车出质于乙，乙又擅自将该车转质于丙，丙因违章驾驶该车造成该车灭失，为此引起纠纷。下列表述正确的有( )。

A. 乙无权将该车转质

B. 乙有权将该车转质

C. 对该车的损失应由乙承担

D. 对该车的损失应由乙、丙负连带责任

26. 在下列情形中，债权人可以行使留置权的有( )。

A. 甲仓库为乙工厂保管一台设备，乙工厂拒绝支付保管费

B. 甲公司运输乙工厂的一台设备，乙工

厂拒绝支付运输费

    C. 甲工厂租用乙工厂的一台设备，甲工厂拒绝支付租赁费

    D. 甲企业为乙工厂加工一台设备，乙工厂拒绝支付加工费

27. 下列各项中，属于留置担保范围的有( )。

    A. 主债权的利息

    B. 违约金

    C. 留置物保管费用

    D. 实现留置权的费用

28. 甲向乙借款 5 万元，并以一台机器作抵押，办理了抵押登记。随后，甲又将该机器质押给丙。丙在占有该机器期间，将其交给丁修理，因拖欠修理费而被丁留置。下列说法正确的有( )。

    A. 乙优先于丙受偿

    B. 丙优先于丁受偿

    C. 丁优先于乙受偿

    D. 丙优先于乙受偿

29. 关于留置权的效力，下列说法正确的有( )。

    A. 留置权的效力及于从物，但不及于孳息

    B. 留置物为不可分物的，留置权人可以就其留置物的全部行使留置权

    C. 同一动产上已设立抵押权或者质权，该动产又被留置的，留置权人优先受偿

    D. 债务人超过规定的期限仍不履行其债务时，留置权人可依法以留置物折价或拍卖、变卖所得价款优先受偿

三、案例分析题

1. 甲公司于 2019 年 10 月 10 日通过拍卖方式拍得位于北京郊区的一块工业建设用地；同年 10 月 15 日，甲公司与北京市土地管理部门签订《建设用地使用权出让合同》；同年 10 月 21 日，甲公司缴纳全部土地出让金；同年 11 月 5 日，甲公司办理完毕建设用地使用权登记，并获得建设用地使用权证。

2020 年 1 月 28 日，甲公司以取得的上述建设用地使用权作抵押，向丙银行借款 5 000 万元，借款期限 3 年。该抵押权办理了登记手续。此后，甲公司依法办理了各项立项、规划、建筑许可、施工许可等手续之后开工建设厂房。

2020 年 5 月，因城市修改道路规划，政府提前收回甲公司取得的尚未建设厂房的部分土地，用于市政公路建设。甲公司因该原因办理建设用地使用权变更登记手续时，发现登记机构登记簿上记载的建设用地使用权面积与土地使用权证上的记载不尽一致。

要求：根据上述内容，分别回答下列问题。

(1)甲公司于何时取得建设用地使用权？并说明理由。

(2)甲公司在建造的厂房已经完工，未办理房屋所有权证的情况下，是否取得该房屋所有权？并说明理由。

(3)甲公司建造的厂房是否属于丙银行抵押权涉及的抵押物范围？并说明理由。丙银行如何实现自己的抵押权？

(4)在政府提前收回甲公司部分建设用地使用权的情况下，丙银行能否就甲公司获得的补偿金主张权利？并说明理由。

(5)在登记簿上的记载与土地使用权证上的记载不一致的情况下，以何为准？

2. 2019 年 10 月，甲企业接到一份服装加工的订单，由于资金不足，甲企业与提供原材料的乙公司签订合同，以本企业所有的一辆奔驰轿车(价值 80 万元)作抵押，为应付的 50 万元原材料货款提供担保。由于双方是多年合作关系，签订抵押合同后没有办理抵押登记。

2019 年 11 月，甲企业为购买加工设备，又以该奔驰轿车做质押，为设备款向丙公司提供担保，双方签订了质押合同并移交了该奔驰车。在质押期间，丙公司的工作人员开着质押的奔驰车办理公务时与他人相撞，汽车受损被送到丁修理厂修理，共

花费修理费 3 000 元。汽车修好后，丙公司派人拿着 3 000 元去提车。丁修理厂收钱以后，要求丙公司把以前的所欠的 1 万元汽车维修费还清遭到拒绝，于是丁修理厂就以行使留置权为名拒绝交车。

要求：根据上述内容，分别回答下列问题。

(1)甲企业与乙公司签订的抵押合同没有办理抵押登记，抵押合同是否有效？说明理由。

(2)如果质押有效，奔驰车的修理费应由谁承担？说明理由。

(3)丁修理厂是否可以行使留置权？说明理由。

(4)如果奔驰车的抵押权、质押权和留置权都有效，应按什么顺序清偿？说明理由。

本章综合练习参考答案及详细解析

一、单项选择题

1. D 【解析】本题考核物的概念。权利在特殊情况下经法律规定也可以成为物权的客体。如以股权、票据权利等出质的权利质权。

2. C 【解析】本题考核物权的概念和特征。物权包括所有权、用益物权和担保物权，选项 A 错误。物权的义务主体是不特定的，选项 B 错误。物权的标的是物而不是行为，选项 D 错误。

3. D 【解析】本题考核物权客体特定原则。所有权实行一物一权，不能在同一物上有两个所有权，选项 D 正确。一物之上可以存在多个除所有权之外的其他物权，包括数个担保物权和数个用益物权，选项 A、选项 B、选项 C 错误。

4. A 【解析】本题考核不动产物权变动。根据规定，因继承或者受遗赠取得物权的，自继承或者受遗赠开始时发生效力。这属于非基于法律行为的物权变动，不进行登记的，该物权变动也生效。

5. C 【解析】本题考核指示交付。所谓指示交付，又称返还请求权的让与，是指让与动产物权的时候，如果让与人的动产由第三人占有，让与人可以将其享有的对第三人的返还请求权让与给受让人，以代替现实交付。本题中，如果甲将汽车出租给乙

后，租期未满时，甲又将该汽车卖给乙，则属于简易交付。

6. A 【解析】本题考核不动产的物权变动。房屋所有权的转移以登记为生效要件。本题中的几次转让均未办理过户手续，所以房屋所有权并未发生转移。

7. C 【解析】本题考核异议登记。异议登记申请人在异议登记之日起 15 日内起诉，不起诉的，异议登记失效。

8. C 【解析】本题考核预告登记。预告登记后，债权消灭或者自能够进行不动产登记之日起 3 个月内未申请登记的，预告登记失效。

9. D 【解析】本题考核国家所有权。土地和森林可以是集体所有，房屋可以是个人所有。矿藏一定是国家所有。

10. C 【解析】本题考核共有物的处分。处分共有的不动产或者动产，应当经占份额 2/3 以上的按份共有人或者全体共同共有人同意，但共有人之间另有约定的除外。本题中为按份共有，甲占的份额超过 2/3。

11. C 【解析】本题考核按份共有。共有人将份额出让给共有人以外的第三人时，其他共有人在同等条件下，有优先购买的权利。甲应当将自己的份额卖给丙。

12. C 【解析】本题考核所有权取得。选项

C 属于先占，是原始取得的一种情形。

13. A 【解析】本题考核遗失物和善意取得。自有关部门发出招领公告之日起6个月内无人认领的，遗失物归国家所有。甲以合法（拍卖）方式得到该表，取得所有权。

14. D 【解析】本题考核拾得遗失物。自有关部门发出招领公告之日起6个月内无人认领的，遗失物归国家所有。

15. D 【解析】本题考核遗失物的处理规则。甲仅仅抛弃衣服非钱，选项A错误。乙只能先占无主物（衣服），不能先占有主物（钱），选项B错误。发现隐藏物，能证明是他人的，应归还，选项C错误。旧大衣属于抛弃物，乙可以先占取得。

16. C 【解析】本题考核所有权和遗失物的规定。甲将计算机借给乙，所有权没有转移，选项A错误。所有权人有权追回遗失物。该遗失物通过转让被他人占有的，权利人有权向无处分权人请求损害赔偿，或者自知道或者应当知道受让人之日起二年内向受让人请求返还原物，但受让人通过拍卖或者向具有经营资格的经营者购得该遗失物的，权利人请求返还原物时应当支付受让人所付的费用。故该计算机的所有权并未发生转移，选项C正确，选项B、D错误。

17. C 【解析】本题考核建设用地使用权的期限。商业、旅游、娱乐用地40年。

18. B 【解析】本题考核抵押的财产范围。土地所有权，学校、幼儿园、医院等以公益为目的的事业单位、社会团体的教育设施、医疗卫生设施和其他社会公益设施与依法被查封扣押的财产不得用于抵押。

19. D 【解析】本题考核抵押权的登记。正在建造中的航空器属于动产，可以设定抵押，但抵押物未经登记的，抵押权不得对抗善意第三人。

20. B 【解析】本题考核抵押登记。抵押物登记记载的内容与抵押合同约定的内容

不一致的，以登记记载的内容为准。

21. A 【解析】本题考核抵押权的实现。债务人不履行到期债务或者发生当事人约定的实现抵押权的情形，抵押权人可以与抵押人协议以抵押财产折价或者以拍卖、变卖该抵押财产所得的价款优先受偿。

22. C 【解析】本题考核流押条款。根据规定，流押条款的无效不影响抵押合同其他条款的效力。

23. C 【解析】本题考核抵押的效力。抵押期间，抵押人未经抵押权人同意，不得转让抵押财产，但受让人代为清偿债务消灭抵押权的除外。

24. D 【解析】本题考核抵押权的效力。根据规定，抵押权设立后抵押财产出租的，该租赁关系不得对抗已登记的抵押权。本题抵押权设定在先，出租在后，抵押权实现后，租赁合同对受让人不具有约束力。

25. C 【解析】本题考核抵押权的实现。本题中，拍卖房屋得到600万元，如果甲和丙没有调换顺序，甲先得到100万元，乙的300万元可以得到全部清偿，丙得到其余200万元。甲和丙调换顺序后，丙的500万元先清偿，这样乙只能得100万元，不符合"不得对其他抵押权人产生不利影响"的规定。所以，调换顺序后，乙的300万元首先要保证完全清偿，丙在乙的后面受偿剩下300万元，甲得不到清偿。

26. C 【解析】本题考核抵押权的实现。抵押物折价或者拍卖、变卖所得的价款，当事人没有约定的，清偿顺序如下：（1）实现抵押权的费用；（2）主债权的利息；（3）主债权。

27. D 【解析】本题考核抵押权的实现。抵押权未登记的，按照债权比例清偿。

28. A 【解析】本题考核保证、动产质押。（1）主合同中虽然没有保证条款，但是，

保证人在主合同上以保证人的身份签字或者盖章的，保证合同成立，本题中保证合同已经成立，有权主张保证债权；（2）以动产质押，质押合同自成立时生效，质权自出质人交付质押财产时设立。本题中，并未交付轿车，故质权未设立，不能主张质权。

29. B 【解析】本题考核权利质押。以专利权出质的，质权自有关主管部门办理出质登记时设立。

30. C 【解析】本题考核担保的相关规定。建设用地使用权抵押后，该土地上新增的建筑物不属于抵押财产，选项A错误。质押合同原则上由双方当事人协商一致时成立，选项B错误。预付款没有担保的作用，选项D错误。

31. C 【解析】本题考核留置权。选项A、D，同一动产上已设立抵押权或者质权，该动产又被留置的，留置权人优先受偿；选项B，法律未规定抵押权人应当代债务人清偿留置权人的债权，因此，赵某可以（而不是应当）通过向甲修理厂支付修理费取回抵押物，就抵押物行使优先受偿权。

二、多项选择题

1. BCD 【解析】本题考核物的种类。不动产中的房屋属于流通物。

2. ACD 【解析】本题考核物的种类。上衣与裤子没有附属关系，都可以独立存在。

3. CD 【解析】本题考核物权行为。根据规定，物权行为直接导致行为人积极财产的减少，选项A错误。物权只能被转让一次，出让人在实施转让物权的行为后，即失去所转让的物权，故对于同一物不能实施两次处分行为，选项B错误。

4. ABC 【解析】本题考核物权变动的原因。非基于法律行为的物权变动主要包括依据法律文书、继承、受遗赠以及事实行为产生的物权变动。选项A属于继承取得，选项B属于事实行为取得，选项C属于依据法律文书取得，均是非基于法律行为的物

权变动。选项D是买卖取得，属于典型的基于法律行为的物权变动。

5. CD 【解析】本题考核不动产物权的预告登记。《物权法》规定："当事人签订买卖房屋或者其他不动产物权的协议，为保障将来实现物权，按照约定可以向登记机关申请预告登记。预告登记后，未经预告登记权利人的同意，处分该不动产的，不发生物权的效力。"选项C、D正确。

6. ABC 【解析】本题考核共有的对外关系。因共有的不动产或者动产产生的债权债务，在对外关系上，共有人享有连带债权、承担连带债务，但法律另有规定或者第三人知道共有人不具有连带债权债务关系的除外。偿还债务超过自己应当承担份额的按份共有人，有权向其他共有人追偿。

7. ABC 【解析】本题考核按份共有。共有人将份额出让给共有人以外的第三人时，其他共有人在同等条件下，有优先购买的权利。

8. BCD 【解析】本题考核共有制度。选项A错误，共有人对共有的不动产或者动产没有约定为按份共有或者共同共有，或者约定不明确的，除共有人具有家庭关系等外，视为按份共有。

9. ABC 【解析】本题考核善意取得。选项A，不是以合理的价格转让。选项B、C，转让人不是基于真权利人意思合法占有标的物。

10. BD 【解析】本题考核物权变动和善意取得。（1）选项A错误，选项B正确。根据规定，因人民法院、仲裁委员会的法律文书或者人民政府的征收决定等，导致物权设立、变更、转让或者消灭的，自法律文书或者人民政府的征收决定等生效时发生效力。本题中，法院将房屋判归乙所有，因此，乙自法院的判决书生效之日起享有该房屋的所有权。（2）选项C错误，选项D正确。根据规定，不动产物权的设立、变更、转让和消灭，应当

依照法律规定登记。本题中，房屋是不动产，除法律另有规定外，其所有权变动必须办理登记。丙虽然支付了购房款，但是其没有办理产权过户登记，对房屋不享有所有权。丁是善意第三人，且办理了房屋过户手续，对房屋享有所有权。

11. BCD 【解析】本题考核遗失物的处理规则。遗失物不适用善意取得制度，因此选项 A 错误。

12. ABCD 【解析】本题考核建设用地使用权的流转。权利人取得建设用地的使用权后，除法律另有规定的以外，有权将建设用地使用权转让、互换、出资、赠与或者抵押。

13. AB 【解析】本题考核建设用地使用权。选项 C 错误，共有房地产，未经其他共有人书面同意的，不得转让。选项 D 错误，商业用地的出让最高年限为 40 年。

14. BD 【解析】本题考核抵押物。在按份共有的情况下，按份共有人可以其份额所有权设置抵押，该抵押具有法律效力。抵押物因附合、混合、加工而成为附合物的一部分时，该抵押权的效力及于抵押人对共有物享有的份额。

15. ACD 【解析】本题考核抵押的财产范围。依法被查封、扣押、监管的财产不得抵押。

16. BC 【解析】本题考核抵押登记。当事人以交通运输工具设定抵押，抵押权自抵押合同生效时设立。如果没有登记，不能对抗善意第三人。

17. ABD 【解析】本题考核浮动抵押。浮动抵押不登记的，抵押权不能对抗善意第三人。

18. AC 【解析】本题考核抵押合同的效力。根据《物权法》的规定，如果以建筑物和其他土地附着物，建设用地使用权，以招标、拍卖、公开协商等方式取得的荒地等土地承包经营权，正在建造的建筑物这四种财产设定抵押的，应当办理抵

押物登记。未经登记，抵押权不能设立。因此，公民乙的抵押权无效，银行可以公民甲的住房折价或变卖受偿。

19. BD 【解析】本题考核抵押权的实现。(1)在所担保的债权未受全部清偿前，担保权人可就担保物的全部行使权利，担保物部分灭失，残存部分仍担保债权全部，选项 B 正确。(2)在抵押物灭失、毁损或者被征用的情况下，抵押权人可以就该抵押物的保险金、赔偿金或者补偿金优先受偿，选项 D 正确。

20. BD 【解析】本题考核最高额抵押。最高额抵押权设立前已经存在的债权，经当事人同意，可以转入最高额抵押担保的债权范围；最高额抵押担保的债权确定前，部分债权转让的，最高额抵押权不得转让，但当事人另有约定的除外。

21. ABC 【解析】本题考核抵押权和质押权的区别。对于特定的标的物，抵押权和质押权的设立都需要办理登记。

22. ACD 【解析】本题考核抵押与质押的生效。(1)以建筑物抵押的，应当办理抵押登记，抵押权自登记之日起设立。(2)质押权自质物移交于质权人占有时设立。

23. BD 【解析】本题考核权利质押。根据《物权法》的规定，债务人或者第三人有权处分的下列权利可以出质：(1)汇票、支票、本票；(2)债券、存款单；(3)仓单、提单；(4)可以转让的基金份额、股权；(5)可以转让的注册商标专用权、专利权、著作权等知识产权中的财产权；(6)应收账款；(7)法律、行政法规规定可以出质的其他财产权利。选项 A、C 可以抵押。

24. AC 【解析】本题考核权利质押。根据规定，以非在证券登记结算机构登记的股权出质的，质权自市场监督管理部门办理出质登记时设立，选项 B 错误；以应收账款出质的，质权自信贷征信机构办理出质登记时设立，选项 D 错误。

25. AC 【解析】本题考核对质权人的限制。质权人在质权存续期间，未经出质人同意，擅自使用、处分质押财产，给出质人造成损害的，应当承担赔偿责任。质权人在质权存续期间，未经出质人同意转质，造成质押财产毁损、灭失的，应当向出质人承担赔偿责任。

26. ABD 【解析】本题考核留置权的概念。留置权是指债权人合法占有债务人的动产，在债务人不履行到期债务时，债权人有权依法留置该财产，并有权就该财产优先受偿的权利。选项 C 不是"债权人合法占有债务人的动产"，甲工厂不是债权人。

27. ABCD 【解析】本题考核留置担保的范围。

28. AC 【解析】本题考核担保债权实现的顺序。同一财产法定登记的抵押权与质权并存时，抵押权人优先于质权人受偿。同一财产抵押权与留置权并存时，留置权人优先于抵押权人受偿。

29. BCD 【解析】本题考核留置权的效力。留置权人在占有留置物期间内，除了留置物本身以外，留置权的效力还及于从物、孳息和代位物，选项 A 错误。

三、案例分析题

1.【答案】

(1) 甲公司于 2019 年 11 月 5 日取得建设用地使用权。根据规定，建设用地使用权的取得必须向登记机构办理登记，登记是建设用地使用权生效的条件。本题中，甲公司于 2019 年 11 月 5 日办理了建设用地使用权的登记，因此，甲公司于 2019 年 11 月 5 日取得建设用地使用权。

(2) 甲公司已经取得该房屋的所有权。根据规定，因合法建造等事实行为设立物权的，自事实行为成就时发生效力。本题中，由于甲公司建造的房屋已经完工，即使未办理房屋所有权证书，但甲公司自合法建造完成之日起就取得了所有权。

(3) 厂房不属于抵押物的范围。根据规定，

建设用地使用权抵押后，该土地上新增的建筑物不属于抵押财产。该建设用地使用权的抵押权人丙银行实现抵押权时，应当将该土地上新增的建筑物与建设用地使用权一并处分，但新增建筑物所得的价款，抵押权人丙银行无权优先受偿。

(4) 丙银行可以就补偿金主张权利。根据规定，担保期间，担保财产毁损、灭失或者被征收等，担保物权人可以就获得的保险金、赔偿金或者补偿金等优先受偿。

(5) 在登记簿上的记载与土地使用权证上的记载不一致的情况下，除有证据证明不动产登记簿确有错误外，以登记簿为准。

2.【答案】

(1) 甲企业与乙公司签订的抵押合同有效。根据规定，当事人以《物权法》规定的生产设备、原材料、半成品、产品，正在建造的船舶、航空器，交通运输工具设定抵押，抵押权自抵押合同生效时设立。未经登记，不得对抗善意第三人。因此对这些财产是否进行抵押登记，完全由当事人决定。

(2) 修理费应由丙公司承担。根据规定，质权人负有妥善保管质押财产的义务；因保管不善致使质押财产毁损、灭失的，应当承担赔偿责任。

(3) 丁修理厂可以行使留置权。根据规定，留置权的成立条件是：①债权人占有债务人的动产。②债权人留置的动产，应当与债权属于同一法律关系，但企业之间留置的除外。③债权已届清偿期且债务人未按规定期限履行义务。

(4) 如果奔驰车的抵押权、质押权和留置权都有效，清偿顺序是：①留置权；②质押权；③抵押权。同一动产上已设立抵押权或者质权，该动产又被留置的，留置权人优先受偿；同一财产法定登记的抵押权与质权并存时，抵押权人优先于质权人受偿；质权与未登记抵押权并存时，质权人优先于抵押权人受偿。

（1）股权质押，股票质押和股份质押。

根据《物权法》规定，债务人或者第三人有权处分的股权可以出质。这里的"股权"应当包括"股票"的权利和"股份"的权利。根据《担保法》规定，以依法可以转让的股票出质的，出质人与质权人应当订立书面合同，并向证券登记机构办理出质登记。质押合同自登记之日起生效。以有限责任公司的股份出质的，适用《公司法》股份转让的有关规定。

（2）股权质押的效力。

一般观点认为，以股权为质权标的时，质权的效力并不及于股东的全部权利，即股权质押不影响表决权，而只及于其中的财产权利，但处置行为（例如转让）会受到限制。根据《物权法》和《担保法》规定：股权（股票）出质后，不得转让，但经出质人与质权人协商同意的除外。出质的股权（股票）财产权（例如分红权）应当归质权人，根据《物权法》和《担保法》规定：质权人有权收取质押财产的孳息，但合同另有约定的除外。

（3）股权质押质权人一般是券商和银行等，质权人首先要保证自己的资金安全。根据《证券公司参与股票质押式回购交易风险管理指引》，股权质押的比率不能超过60%，在实际操作中，一般只有40%-50%，也就是1个亿市值的股票大概只能借出5 000万股左右。

（4）根据《证券法》规定，任一个股东所持公司5%以上股份被质押属于重大事件，应当发布临时报告。例如华谊兄弟于2019年9月26日发布公告：近日接到股东王中磊先生的通知，获悉王中磊先生将所持有的公司部分股份质押。本次质押自2019年9月25日起，质押股数18 000 000，本次质押占其所持股份比例为10.72%。截至本公告日，王中磊先生共持有公司股份167 929 969股，占公司总股本的6.01%。王中磊先生所持有的公司股份累计被质押共计167 379 984股，占公司总股本的5.99%。

第4章 合同法律制度

考情分析

▶▶历年考情分析

本章内容主要涉及合同法律制度与担保法律制度的规定，有一定的难度。在历年考试中，本章所占分值较高，几乎每年都有案例分析题。本章讲解了十一种有名合同，对应的内容都应当掌握，特别是买卖合同、借款合同、租赁合同、融资租赁合同和建设工程合同，案例分析题经常会涉及其中一种。

▶▶本章2020年考试主要变化

本章关于承担违约责任有局部修改。

核心考点及经典例题详解

考点一 合同的基本理论 ★★

扫我解疑难

📝经典例题

【例题·多选题】下列协议中，可以适用《中华人民共和国合同法》的有( )。

A. 监护协议

B. 政府采购协议

C. 专利转让协议

D. 股权转让协议

【答案】BCD

【解析】本题考核《合同法》的适用范围。平等主体之间有关民事权利义务关系设立、变更、终止的协议均在《合同法》的调整范围，但婚姻、收养、监护等有关身份关系的协议，不适用《合同法》的调整。

📝考点精析

1.《合同法》的适用范围

(1)平等主体之间有关民事权利义务关系设立、变更、终止的协议均在《合同法》的调整范围，但婚姻、收养、监护等有关身份关系的协议，不适用《合同法》。

(2)在中华人民共和国境内履行的中外合资经营企业合同、中外合作经营企业合同、中外合作勘探开发自然资源合同，只能适用中华人民共和国法律。

2. 合同的相对性(见表4-1)

表4-1 合同的相对性

项目	内容
主体的相对性	指合同关系只能发生在特定的主体之间,只有合同当事人一方能够向合同的另一方当事人基于合同提出请求或提起诉讼
内容的相对性	除法律、合同另有规定以外,只有合同当事人才能享有某个合同所规定的权利,并承担该合同规定的义务,任何第三人不能主张合同上的权利
责任的相对性	指合同责任只能在特定的当事人之间即合同关系的当事人之间发生,合同关系以外的人不负违约责任

【知识点拨】合同的相对性有例外情形,例如,债的保全、买卖不破租赁等。

考点二 合同的订立★★

扫我解疑难

📝经典例题

【例题1·单选题】(2018年)根据合同法律制度的规定,下列各项中,应当承担缔约过失责任的是( )。

A. 丙未按时履行支付租金的义务

B. 丁驾驶机动车违反交通规则撞伤行人

C. 甲假借订立合同,恶意与乙进行磋商

D. 戊辞职后违反竞业禁止约定从事同业竞争

【答案】C

【解析】本题考核缔约过失责任。当事人在订立合同过程中有下列情形之一,给对方造成损失的,应当承担损害赔偿责任:(1)假借订立合同,恶意进行磋商(选项C当选);(2)故意隐瞒与订立合同有关的重要事实或者提供虚假情况;(3)当事人泄露或不正当使用在订立合同过程中知悉的商业秘密;(4)有其他违背诚实信用原则的行为。选项A、D承担违约责任;选项B承担侵权责任。

【例题2·单选题】(2016年)根据合同法律制度的规定,下列关于缔约过失责任的表述中,正确的是( )。

A. 一方当事人假借订立合同恶意进行磋商,给他人造成损失的,可成立缔约过失责任

B. 缔约过失责任仅在合同成立时适用

C. 缔约过失责任赔偿的是可期待利益损失

D. 缔约过失责任的赔偿额通常大于违约责任

【答案】A

【解析】本题考核缔约过失责任。缔约过失责任,是指合同当事人在订立合同过程中,因故意或过失致使合同未成立、未生效、被撤销或无效,给他人造成损失而应承担的损害赔偿责任,选项B错误。缔约过失赔偿的是信赖利益的损失,而违约责任赔偿的是可期待利益的损失。可期待利益的损失要大于或者等于信赖利益的损失,选项C、D错误。

【例题3·单选题】(2012年)2011年4月24日,甲向乙发出函件称:"本人欲以每吨5000元的价格出售螺纹钢100吨。如欲购买,请于5月10日前让本人知悉。"乙于4月27日收到甲的函件,并于次日回函表示愿意购买。但由于投递错误,乙的回函于5月11日方到达甲处。因已超过5月10日的最后期限,甲未再理会乙,而将钢材径售他人。乙要求甲履行钢材买卖合同。根据合同法律制度的规定,下列表述中正确的是( )。

A. 甲、乙之间的合同未成立,甲对乙不承担任何责任

B. 甲、乙之间的合同未成立,但乙有权要求甲赔偿信赖利益损失

C. 甲、乙之间的合同成立但未生效,甲有权以承诺迟到为由撤销要约

D. 甲、乙之间的合同成立且已生效,乙有权

要求甲履行合同

【答案】D

【解析】本题考核合同的成立。根据规定，受要约人在承诺期限内发出承诺，按照通常情形能够及时到达要约人，但因其他原因使承诺到达要约人时超过承诺期限的，为迟到承诺。除要约人及时通知受要约人因承诺超过期限不接受该承诺的以外，迟到的承诺为有效承诺。

【例题 4·多选题】 根据合同法律制度的规定，下列要约中不得撤销的有(　　)。

A. 要约人确定了承诺期限的要约

B. 要约人明示不可撤销的要约

C. 已经到达受要约人但受要约人尚未承诺的要约

D. 受要约人有理由认为不可撤销，且已为履约做了准备的要约

【答案】ABD

【解析】本题考核要约撤销。下列情形要约不得撤销：(1)要约人确定了承诺期限或者以其他形式明示要约不可撤销；(2)受要约人有理由认为要约是不可撤销的，并已经为履行合同作了准备工作。

📝 **考点精析**

【考点精析 1】 合同订立程序——要约与承诺

1. 要约

要约是指希望和他人订立合同的意思表示。

(1)要约邀请。要约邀请是希望他人向自己发出要约的意思表示。

寄送的价目表、拍卖公告、招标公告、招股说明书、商业广告等，性质为要约邀请。但若商业广告的内容符合要约的规定，如悬赏广告，则视为要约。

(2)要约的生效时间。

①要约到达受要约人时生效。

②采用数据电文形式订立合同，收件人指定特定系统接收数据电文的，该数据电文进入该特定系统的时间，视为到达时间；未指定特定系统的，相对人知道或者应当知道该数据电文进入其系统时生效。

(3)要约的撤回与撤销。

①撤回要约的通知应当在要约到达受要约人之前或者与要约同时到达受要约人。

②撤销要约的通知应当在受要约人发出承诺通知之前到达受要约人。但有下列情形之一的，要约不得撤销：

第一，要约人确定了承诺期限的；

第二，要约人以其他形式明示要约不可撤销；

第三，受要约人有理由认为要约是不可撤销的，并已经为履行合同做了准备工作。

(4)要约的失效。有下列情形之一的，要约失效：

①拒绝要约的通知到达要约人；

②要约人依法撤销要约；

③承诺期限届满，受要约人未作出承诺；

④受要约人对要约的内容作出实质性变更。

2. 承诺

承诺是受要约人同意要约的意思表示。

(1)承诺期限。要约确定的期限称为承诺期限。

①要约以信件或者电报作出的，承诺期限自信件载明的日期或者电报交发之日开始计算。信件未载明日期的，自投寄该信件的邮戳日期开始计算。

②要约以电话、传真等快速通信方式作出的，承诺期限自要约到达受要约人时开始计算。

(2)承诺的生效时间。承诺自通知到达要约人时生效。承诺生效时合同成立。

(3)承诺的撤回。撤回承诺的通知应当在承诺通知到达要约人之前或者与承诺通知同时到达要约人，即在承诺生效前到达要约人。

(4)迟延承诺与迟到承诺的对比(见表4-2)。

表4-2　迟延承诺与迟到承诺的对比

分类	概念	效力
迟延承诺	受要约人**超过承诺期限**发出的承诺	视为新要约(除要约人及时通知受要约人该承诺有效的以外)
迟到承诺	受要约人**在承诺期限内**发出承诺,按照通常情形能够及时到达要约人,但因其他原因使承诺到达要约人时超过承诺期限	承诺有效(除要约人及时通知受要约人因承诺超越期限不接受该承诺的以外)

(5)承诺的内容。承诺的内容应当与要约的内容一致。

①受要约人对要约的内容作出**实质性变更的**,为新要约。有关合同的标的、数量、质量、价款或者报酬、履行期限、履行地点和方式、违约责任和解决争议的方法等内容的变更,是对要约内容的实质性变更。

②承诺对要约的内容作出**非实质性变更的**,除要约人及时表示反对或者要约表明承诺不得对要约的内容作出任何变更的以外,该承诺有效,合同的内容以承诺的内容为准。

【知识点拨】所谓"非实质性变更"是指主要条款以外的内容。例如,把"根据《合同法》的规定……",更改为:"根据《中华人民共和国合同法》的规定……",即为非实质性变更。

【考点精析2】合同成立的时间与地点

1. 合同成立的时间

(1)承诺生效时合同成立。

(2)当事人采用合同书形式订立合同的,自双方当事人签字或者盖章时合同成立。如双方当事人未同时在合同书上签字或盖章,则以当事人中最后一方签字或盖章的时间为合同的成立时间。

(3)当事人采用信件、数据电文等形式订立合同的,可以要求在合同成立之前签订确认书。合同在签订确认书时成立。

【知识点拨】对于第(2)、(3)种情况要注意:如果当事人未采用法律、行政法规规定或者当事人约定的书面形式、合同书形式订立合同,在签字或者盖章之前,当事人一

方已经履行主要义务,对方接受的,合同仍然成立。

2. 合同成立的地点

(1)承诺生效的地点为合同成立的地点。

(2)采用数据电文形式订立合同的,收件人的主营业地为合同成立的地点;没有主营业地的,其经常居住地为合同成立的地点。当事人另有约定的,按照其约定。

(3)当事人采用合同书形式订立合同的,双方当事人签字或者盖章的地点为合同成立的地点。如双方当事人未在同一地点签字或盖章,则以当事人中最后一方签字或盖章的地点为合同成立的地点。

(4)采用书面形式订立合同,合同约定的签订地与实际签字或者盖章地点不符的,约定的签订地为合同签订地;合同没有约定签订地,双方当事人签字或者盖章不在同一地点的,最后签字或者盖章的地点为合同签订地。

【考点精析3】格式条款与免责条款

(1)采用格式条款订立合同的,提供格式条款的一方应当遵循公平原则确定当事人之间的权利和义务,并采取合理的方式提请对方注意免除或者限制其责任的条款,按照对方的要求,对该条款予以说明。提供格式条款一方对已尽合理提示及说明义务承担举证责任。

(2)格式条款具有《合同法》规定的合同无效和免责条款无效的情形,或者提供格式条款一方**免除其责任、加重对方责任、排除对方主要权利的**,该条款无效。

（3）对格式条款的理解发生争议的，应当按照**通常理解**予以解释。对格式条款有两种以上解释的，应当作出**不利于提供格式条款一方**的解释。格式条款和非格式条款不一致的，应当采用**非格式条款**。

（4）免责条款。合同中的下列免责条款无效：

①造成对方人身伤害的；

②因故意或者重大过失造成对方财产损失的。

【考点精析4】缔约过失责任

（1）当事人在订立合同过程中有下列情形之一，给对方造成损失的，应当承担损害赔偿责任：

①假借订立合同，恶意进行磋商；

②故意隐瞒与订立合同有关的重要事实或者提供虚假情况；

③当事人泄露或不正当使用在订立合同过程中知悉的商业秘密；

④有其他违背诚实信用原则的行为。

（2）缔约过失责任与违约责任的区别（见表4-3）。

表4-3　缔约过失责任与违约责任的区别

	缔约过失责任	违约责任
产生时间不同	缔约过失责任发生在合同成立之前	违约责任产生于合同生效之后
适用范围不同	适用于合同未成立、未生效、合同无效等情况	适用于生效合同
赔偿范围不同	赔偿的是信赖利益损失	赔偿的是可期待利益损失
	【知识点拨】可期待利益的损失要大于或者等于信赖利益的损失	

📝 **阶段性测试**

1. 【单选题】甲公司拟用招标方式采购一成套设备，向包括乙在内的十余家厂商发出其制作的包含设备性能、规格、品质、交货日期等内容的招标书。乙公司在接到标书后制作了投标书。甲公司在接到乙公司及其他公司的投标书后，通过决标，最后确定乙公司中标，并向乙公司发出了中标通知书。下面行为属于要约的是（　　）。

　A. 甲向乙发出招标书

　B. 乙向甲发出投标书

　C. 甲对所有标书进行决标

　D. 甲向乙发出中标通知书

2. 【单选题】要约人发出要约后，可以撤销要约，撤销要约的通知到达受要约人的时间是（　　）。

　A. 要约到达受要约人之前

　B. 要约到达受要约人的同时

　C. 受要约人发出承诺通知之前

　D. 受要约人发出承诺通知之时

3. 【单选题】张某和李某在甲地拟定一份买卖合同的主要条款，张某于乙地在合同上签字，李某于丙地在合同上摁了手印，合同约定的履行地为丁地。根据《合同法》的规定，该合同成立的地点是（　　）。

　A. 甲地　　　　　　B. 乙地

　C. 丙地　　　　　　D. 丁地

4. 【多选题】根据《合同法》的规定，下列各项中，属于要约失效的情形有（　　）。

　A. 要约人依法撤回要约

　B. 要约人依法撤销要约

　C. 承诺期限届满，受要约人未作出承诺

　D. 受要约人对要约内容作出实质性变更

5. 【多选题】刘某提前两周以600元订购了某航空公司全价1 000元的六折机票，后因临时改变行程，刘某于航班起飞前一小时前往售票处办理退票手续，航空公司规定"起飞前两小时内退票按机票价格收取30%手续费"。根据合同法律制度的规定，下列表述不正确的有（　　）。

　A. 退票手续费的规定是无效格式条款

　B. 刘某应当支付300元的退票手续费

　C. 刘某应当支付180元的退票手续费

D. 航空公司只能收取退票的成本费而不能收取手续费

6.【多选题】甲、乙同为儿童玩具生产商。六一儿童节前夕，丙与甲商谈进货事宜。乙知道后向丙提出更优惠条件，并指使丁假借订货与甲接洽，报价高于丙以阻止甲与丙签约。丙经比较与乙签约，丁随即终止与甲的谈判，甲因此遭受损失。根据合同法律制度的规定，下列表述不正确的有（　　）。

A. 乙应对甲承担缔约过失责任

B. 丙应对甲承担缔约过失责任

C. 丁应对甲承担缔约过失责任

D. 乙、丙、丁无须对甲承担缔约过失责任

📝 阶段性测试答案精析

1. B 【解析】本题考核合同的订立程序。本题中，选项A属于要约邀请。要约邀请是希望他人向自己发出要约的意思表示，不属于订立合同的行为；选项B属于合同要约，是希望和甲订立合同的意思表示；选项C属于甲的内部事务；选项D属于承诺，是甲同意要约的意思表示。

2. C 【解析】本题考核要约撤销。撤销要约的通知应当在受要约人发出承诺通知之前到达受要约人。

3. C 【解析】本题考核合同成立的地点。当事人采用合同书形式订立合同的，双方当事人签字或者盖章的地点为合同成立的地点。如果双方当事人未同时在合同书上签字或盖章，则以当事人中最后一方签字或盖章的地点为合同成立的地点。

4. BCD 【解析】本题考核要约失效的情形。选项A，要约人依法撤回要约的，要约本身并未生效，谈不上失效。

5. ABD 【解析】本题考核合同的格式条款。本题中，航空公司关于"起飞前2小时内退票按机票价格收取30%手续费"的规定属于格式条款，但该格式条款本身并不存在《合同法》规定的无效情形。飞机起飞前

2小时内办理退票手续，很可能导致该机票无法售出，造成航空公司的损失，收取手续费是让退票者分担损失的措施，并未违背公平的原则，该格式条款是有效的。选项A、D错误。对格式条款的理解发生争议的，应当按照通常理解予以解释。对格式条款有两种以上解释的，应当作出不利于提供格式条款一方的解释。本题中的"机票价格"可以按照机票票面价格解释，也可以按照机票折后价格解释，即对该格式条款存在两种以上的解释，所以应当作出不利于格式条款提供者航空公司的解释，即刘某应当按照购买机票的折后价格支付退票手续费，即180元。选项B错误，选项C正确。

6. ABD 【解析】本题考核缔约过失责任。当事人在订立合同中有假借订立合同，恶意进行磋商的情况，给对方造成损失，该当事人应当承担损害赔偿责任。据此可知，只有合同一方当事人在订立合同过程中的行为导致另一方的损失的，该方当事人承担损害赔偿责任。本题中，乙不是与甲签订合同的当事人，不承担缔约过失责任。"丙经比较与乙签约"属于正常的商业行为。丁受他人指使，假借订货与甲接洽，报价高于丙以阻止甲与丙签约，即属于假借订立合同，恶意进行磋商的情形，丁应当对甲承担缔约过失责任。

考点三　合同的效力 ★★★

扫我解疑难

📝 经典例题

【例题1·单选题】小张15岁上高中时，其父为他买了一辆价值1万元的高级山地车。小张因迷上网络游戏，私自将山地车以5 000元的价格卖给网吧老板刘某。小张与刘某之间的山地车买卖合同为（　　）。

A. 有效合同　　　　　B. 无效合同

C. 可撤销合同　　　D. 效力待定的合同

D. 附解除期限的合同

【答案】D

【答案】A

【解析】本题考核效力待定合同。限制民事行为能力人订立的合同，如果其法定代理人追认，该合同有效。

【例题2·单选题】张某欲购买李某的一辆二手的小汽车，但对该车的车况不放心。于是二人在买卖该车的合同中约定，如果在该车能顺利通过下一年度年检，张某就购买该车。该约定是（　　）。

A. 附生效条件的合同

B. 附失效条件的合同

C. 附生效期限的合同

【解析】本题考核合同的生效。附条件的合同是指当事人在合同中约定某种事实状态，并以其将来发生或者不发生作为合同生效或者不生效的限制条件。本题中"该车能顺利通过下一年度年检"即为生效条件。

📋 **考点精析**

1. 合同生效时间

不同类型的合同的生效时间如表4-4所示。

表4-4　不同类型的合同的生效时间对比

项目	内容
一般情况	依法成立的合同，自成立时生效
国家规定需办理相关手续的	依照法律、行政法规规定办理批准、登记等手续后生效
附条件	民事法律行为可以附条件，但是按照其性质不得附条件的除外。附生效（或解除）条件的合同，自条件成就时生效（或失效）。当事人为自己的利益不正当地阻止（或促成）条件成就的，视为条件已成就（或不成就）
附期限	民事法律行为可以附期限，但是按照其性质不得附期限的除外。附生效（或终止）期限的合同，自期限届至时生效（或失效）

2. 效力待定合同

效力待定合同，是指合同订立后尚未生效，须经权利人追认才能生效的合同。

【知识点拨】效力待定合同，不属于无效合同，也不是可撤销合同，是指某些方面不符合合同生效的要件，其效力处于一种不确定的状态，可以采取一定的措施加以补救。

考点四　合同的履行★★★

扫我解疑难

📋 **经典例题**

【例题1·单选题】（2017年）甲、乙双方签订买卖合同，约定甲支付货款一周后乙交付货物。甲未在约定日期付款，却请求乙交货。根据合同法律制度的规定，对于甲的请求，

乙可行使的抗辩权是（　　）。

A. 不安抗辩权　　　B. 先诉抗辩权

C. 不履行抗辩权　　D. 先履行抗辩权

【答案】D

【解析】本题考核先履行抗辩权。先履行抗辩权，是指双务合同的当事人互负债务，有先后履行顺序，先履行（甲）一方未履行的，后履行（乙）一方有权拒绝其履行要求。先履行一方履行债务不符合约定的，后履行一方有权拒绝其相应的履行要求。

【例题2·单选题】（2014年）甲、乙两公司的住所地分别位于北京和海口，甲向乙购买一批海南产香蕉，3个月后交货，但合同对于履行地以及价款均无明确约定，双方也未能就有关内容达成补充协议，依据合同其他条款及交易习惯也无法确定。根据合同法律制度的规定，下列关于合同履行价格中的表述中

正确的是（ ）。

A. 按合同订立时海口的市场价格履行

B. 按合同履行时海口的市场价格履行

C. 按合同履行时北京的市场价格履行

D. 按合同订立时北京的市场价格履行

【答案】A

【解析】本题考核合同的履行。合同生效后，当事人就质量、价款或者报酬、履行地点等内容没有约定或者约定不明确的，可以协议补充；不能达成补充协议的，按照合同有关条款或者交易习惯确定。仍不能确定的：价款或者报酬不明确的，按照订立合同时履行地的市场价格履行。履行地点不明确，给付货币的，在接受货币一方所在地履行；交付不动产的，在不动产所在地履行；其他标的，在履行义务一方所在地履行。针对交付香蕉，履行义务一方是出卖人乙，所以履行地是海口。那么，价格就是按照订立合同时海口的市场价格履行。

【例题 3 · 单选题】（2012 年）甲、乙双方签订一份煤炭买卖合同，约定甲向乙购买煤炭 1 000 吨，甲于 4 月 1 日向乙支付全部煤款，乙于收到煤款半个月后装车发煤。3 月 31 日，甲调查发现，乙的煤炭经营许可证将于 4 月 15 日到期，目前煤炭库存仅剩 700 余吨，且正加紧将库存煤炭发往别处。甲遂决定暂不向乙付款，并于 4 月 1 日将暂不付款的决定及理由通知了乙。根据合同法律制度的规定，下列表述中正确的是（ ）。

A. 甲无权暂不付款，因为在乙的履行期届至之前，无法确定乙将来是否会违约

B. 甲无权暂不付款，因为甲若怀疑乙届时不能履行合同义务，应先通知乙提供担保，只有在乙不能提供担保时，甲方可中止履行乙方义务

C. 甲有权暂不付款，因为甲享有先履行抗辩权

D. 甲有权暂不付款，因为甲享有不安抗辩权

【答案】D

【解析】本题考核不安抗辩权。应当先履行债务的当事人，有确切证据证明对方有下列情形之一的，可以中止履行：经营状况严重恶化；转移财产、抽逃资金，以逃避债务；丧失商业信誉；有丧失或者可能丧失履行债务能力的其他情形。因为乙的煤炭经营许可证将于 4 月 15 日到期，有可能丧失履行债务的能力，因此甲可以行使不安抗辩权。

【例题 4 · 单选题】（2011 年）甲公司与乙公司订立货物买卖合同，约定出卖人甲公司将货物送至丙公司，经丙公司验收合格后，乙公司应付清货款。甲公司在送货前发现丙公司已濒于破产，遂未按时送货。根据合同法律制度的规定，下列各项中正确的是（ ）。

A. 甲公司应向乙公司承担违约责任

B. 甲公司应向丙公司承担违约责任

C. 甲公司应向乙公司、丙公司分别承担违约责任

D. 甲公司不承担违约责任

【答案】A

【解析】本题考核合同的履行。当事人约定由债务人向第三人履行债务的，债务人未向第三人履行债务或者履行债务不符合约定，债务人应当向债权人承担违约责任。在本题中，濒于破产的是丙公司，而不是买受人乙公司。甲公司不享有不安抗辩权，其未按时送货的行为构成违约，应当向乙公司（买卖合同相对人）承担违约责任，而不是向丙公司承担违约责任。

📋 考点精析

【考点精析 1】合同的履行原则

1. 约定不明时合同内容的确定规则

合同生效后，当事人就质量、价款或者报酬、履行地点等内容没有约定或者约定不明确的，可以协议补充；不能达成补充协议的，按照合同有关条款或者交易习惯确定。依照上述履行原则仍不能确定的，适用《合同法》的下列规定，如表 4-5 所示。

表 4-5 约定不明时合同内容的确定规则

项目	内容
质量要求不明确的	按照国家标准、行业标准履行；没有国家标准、行业标准的，按照通常标准或者符合合同目的的特定标准履行
价款或者报酬不明确的	按照订立合同时履行地的市场价格履行；依法应当执行政府定价或者政府指导价的，按照规定履行
履行地点不明确的	给付货币的，在接受货币一方所在地履行；交付不动产的，在不动产所在地履行；其他标的，在履行义务一方所在地履行
履行期限不明确的	债务人可以随时履行，债权人也可以随时要求履行，但应当给对方必要的准备时间
履行方式不明确的	按照有利于实现合同目的的方式履行
履行费用负担不明确的	由履行义务一方负担

2. 向第三人履行和由第三人履行

(1)向第三人履行。当事人约定由债务人向第三人履行债务的，债务人未向第三人履行债务或者履行债务不符合约定，应当由债务人向债权人承担违约责任。

(2)由第三人履行。当事人约定由第三人向债权人履行债务的，第三人不履行债务或者履行债务有瑕疵的，应当由债务人向债权人承担违约责任。

【知识点拨】无论是由第三人履行，还是向第三人履行，第三人都不是合同当事人，是债务人向债权人承担违约责任。

【考点精析2】抗辩权的对比(见表4-6)

表 4-6 同时履行抗辩权、先履行抗辩权、不安抗辩权的对比

项目	内容
同时履行抗辩权	当事人互负债务，没有先后履行顺序的，应当同时履行。一方在对方履行之前有权拒绝其履行要求。一方在对方履行债务不符合约定时，有权拒绝其相应的履行要求
先履行抗辩权	当事人互负债务，有先后履行顺序，先履行一方未履行的，后履行一方有权拒绝其履行要求。先履行一方履行债务不符合约定的，后履行一方有权拒绝其相应的履行要求
不安抗辩权	应当先履行债务的当事人，有确切证据证明对方有下列情形之一的，可以中止履行：①经营状况严重恶化；②转移财产、抽逃资金，以逃避债务；③丧失商业信誉；④有丧失或者可能丧失履行债务能力的其他情形 当事人行使不安抗辩权中止履行的，应当及时通知对方。对方提供适当担保时，应当恢复履行。中止履行后，对方在合理期限内未恢复履行能力并且未提供适当担保的，中止履行的一方可以解除合同

【考点精析3】债权人代位权

债权人代位权，是指债务人怠于行使其对第三人(次债务人)享有的到期债权，危及债权人债权实现时，债权人为保障自己的债权，可以自己的名义代位行使债务人对次债务人的债权的权利。

1. 代位权行使的条件

(1)债权人对债务人的债权合法。

(2)债务人怠于行使其到期债权，对债权人造成损害。

(3)债务人的债权已到期。

(4)债务人的债权不是专属于债务人自身的债权。

【知识点拨】所谓"专属于债务人自身的债权"，是指基于扶养关系、抚养关系、赡养关系、继承关系产生的给付请求权和劳动报酬、退休金、养老金、抚恤金、安置费、人寿保险、人身伤害赔偿请求权等权利。

2. 代位权诉讼中的主体及管辖

（1）在代位权诉讼中，债权人是原告，次债务人是被告，债务人为诉讼上的第三人。

（2）在代位权诉讼中，债权人胜诉的，**由次债务人承担诉讼费用**，且从实现的债权中优先支付。其他必要费用则由债务人承担。

（3）代位权诉讼由被告住所地人民法院管辖。

3. 代位权行使的法律效果

债权人向次债务人提起的代位权诉讼经人民法院审理后认定代位权成立的，由次债务人向债权人履行清偿义务，债权人与债务人、债务人与次债务人之间相应的债权债务关系消灭。

【考点精析4】债权人撤销权

债权人撤销权，是指债务人实施了减少财产行为，危及债权人债权实现时，债权人为保障自己的债权请求人民法院撤销债务人处分行为的权利。

1. 撤销权的成立要件

（1）债权人须以自己的名义行使撤销权。

（2）债权人对债务人存在有效债权。债权人对债务人的债权可以到期，也可以不到期。

（3）债务人实施了减少财产的处分行为。其中债务人减少财产的处分行为有：

①放弃债权、放弃债权担保或恶意延长到期债权的履行期，对债权人造成损害。

②无偿转让财产，对债权人造成损害。

③以明显不合理的低价转让财产，对债权人造成损害，并且受让人知道该情形。

【知识点拨】对于"明显不合理"价格的判断标准，一般认为，转让价格达不到交易时交易地的指导价或者市场交易价70%的，可以视为明显不合理的低价；对转让价格高于当地指导价或者市场交易价30%的，可以视为明显不合理的高价。

（4）债务人的处分行为有害于债权人债权的实现。撤销权的行使范围以债权人的债权为限。

2. 撤销权的行使期限

撤销权自债权人知道或者应当知道撤销事由之日起1年内行使。自债务人的行为发生之日起5年内没有行使撤销权的，该撤销权消灭。上述规定中的"5年"期间为除斥期间，不适用诉讼时效中止、中断或者延长的规定。

3. 行使撤销权的法律效果

一旦人民法院确认债权人的撤销权成立，债务人的处分行为即归于无效。

4. 撤销权诉讼中的主体与管辖

（1）撤销权必须通过诉讼程序行使。在诉讼中，债权人为原告，债务人为被告，受益人或者受让人为诉讼上的第三人。

（2）撤销权诉讼由被告住所地人民法院管辖。

📝 **阶段性测试**

1. 【单选题】2019年3月8日，甲向乙借用计算机一台。3月15日，乙向甲借用名牌手表一块。5月10日，甲要求乙返还手表，乙以甲尚未归还计算机为由，拒绝返还手表。根据合同法律制度的规定，下列表述中，正确的是（　　）。

A. 乙是在行使同时履行抗辩权，可以暂不返还手表

B. 乙是在行使不安抗辩权，可以暂不返还手表

C. 乙是在行使留置权，可以暂不返还手表

D. 乙应当返还手表

2. 【单选题】甲公司与乙饮料厂签订一份买卖纯净水的合同，约定提货时付款。甲公司提货时称公司出纳员突发急病，支票一时拿不出来，要求先提货，过两天再把货款送来，乙饮料厂拒绝了甲公司的要求。乙饮料厂行使的这种权利在法律上称为（　　）。

A. 不安抗辩权　　　B. 先履行抗辩权

C. 后履行抗辩权　　D. 同时履行抗辩权

3. 【单选题】甲欠乙1万元到期借款，经乙催讨后一直未还。下列情形中，乙可以向人民法院提出请求行使代位权的是（　　）。

A. 甲有1万元到期存款，甲一直不去取

B. 甲有一次性补发的1万元退休费，甲一

直不去领取

C. 丙欠甲 1 万元到期借款，甲一直不去催讨

D. 甲将价值 1 万元的一架钢琴无偿赠与亲戚丁

4.【多选题】X 市甲厂因购买 Y 市乙公司的一批木材与乙公司签订了一份买卖合同，但合同中未约定交货地与付款地，双方就此未达成补充协议，按照合同有关条款或者交易习惯也不能确定。根据合同法律制度的规定，下列关于交货地及付款地的表述中，正确的有( )。

A. X 市为交货地　　B. Y 市为交货地

C. X 市为付款地　　D. Y 市为付款地

5.【多选题】根据合同法律制度的规定，债务人的下列行为中，债权人认为对自己造成损害的，可以请求人民法院予以撤销的有( )。

A. 债务人放弃到期债权

B. 债务人无偿转让财产

C. 债务人拍卖优良资产

D. 债务人以明显不合理的低价转让财产，且受让人知道该情形

6.【多选题】根据《合同法》的规定，代位权行使的条件之一是，债务人的债权不是专属于债务人自身的债权。所谓专属于债务人自身的债权包括( )。

A. 退休金　　B. 抚恤金

C. 保险赔偿金　　D. 养老金

📝 阶段性测试答案精析

1. D 【解析】本题考核双务合同的抗辩权。同时履行抗辩权与不安抗辩权，都是在"同一双务合同"中，而本题中是"两个合同"，所以选项 A、B 的表述不正确；债权人留置的动产，应当与债权属于同一法律关系，但企业之间留置的除外。本题中当事人是两个自然人，所以受"同一法律关系"的限制，所以不能行使留置权。

2. D 【解析】本题考核同时履行抗辩权。同时履行抗辩权，是指当事人互负债务，没

有先后履行顺序的，应当同时履行；一方在对方履行之前有权拒绝其履行要求，一方在对方履行债务不符合约定时，有权拒绝其相应的履行要求。

3. C 【解析】本题考核合同保全。选项 A 债务人不是对第三人享有到期债权，不符合行使代位权的条件。选项 B 是专属于债务人自身的权利，不允许行使代位权。选项 D 是行使撤销权的情形。选项 C 可以行使代位权。

4. BD 【解析】本题考核合同履行的规则。合同履行地点不明确，给付货币的，在接受货币一方所在地履行；交付不动产的，在不动产所在地履行；其他标的在履行义务一方所在地履行。

5. ABD 【解析】本题考核撤销权的行使。依据《合同法》规定，因债务人放弃其到期债权或者无偿转让财产，对债权人造成损害的，债权人可以请求人民法院撤销债务人的行为。债务人以明显不合理的低价转让财产，对债权人造成损害，并且受让人知道该情形的，债权人也可以请求人民法院撤销债务人的行为。

6. ABD 【解析】本题考核代位权的行使。保险赔偿金中，只有基于人身的部分是专属于债务人自身的。

考点五　合同担保的基本理论★

扫我解疑难

📝 经典例题

【例题 1·单选题】根据担保法律制度的规定，担保合同被确认无效时，债务人、担保人、债权人有过错的，应当根据其过错各自承担相应的民事责任。下列有关承担民事责任的表述中，正确的是( )。

A. 主合同有效而担保合同无效，债权人无过错的，债务人对主合同债权人的经济损失承担赔偿责任，担保人则不承担赔偿责任

B. 主合同有效而担保合同无效，债权人、担保人有过错的，担保人承担民事责任的部分，不应超过债务人不能清偿部分的 1/3

C. 主合同无效而导致担保合同无效，担保人无过错则不承担民事责任

D. 主合同无效而导致担保合同无效，担保人有过错的，应承担的民事责任不超过债务人不能清偿部分的 1/2

【答案】C

【解析】 本题考核无效担保合同的责任。(1)主合同有效而担保合同无效，债权人无过错的，担保人与债务人对主合同债权人的经济损失，承担连带赔偿责任；债权人、担保人有过错的，担保人承担民事责任的部分，不应超过债务人不能清偿部分的 1/2。(2)主合同无效而导致担保合同无效，担保人无过错的，担保人不承担民事责任；担保人有过错的，担保人承担民事责任的部分，不应超过债务人不能清偿部分的 1/3。

【例题 2·多选题】下列项目中，属于我国《担保法》规定的合同担保方式的有(   )。

A. 支付定金　　　　B. 冻结债务人账户

C. 保证人保证　　　　D. 提供反担保

【答案】ACD

【解析】 本题考核合同担保的形式。担保方式包括保证、抵押、质押、留置和定金。

考点精析

1. 合同的担保方式

合同的担保方式一般有五种：保证、抵押、质押、留置和定金。

2. 反担保

(1)反担保方式可以是债务人提供的抵押或者质押，也可以是其他人提供的保证、抵押或者质押。

(2)留置和定金不能作为反担保方式。

(3)债务人亲自向原担保人提供反担保的，保证不得作为反担保方式。

3. 担保合同的无效

(1)国家机关和以公益为目的的事业单位、社会团体违法提供担保的，担保合同无效。

(2)以法律、法规禁止流通的财产或者不可转让的财产设定担保的，担保合同无效。

4. 担保合同无效的法律责任(见表 4-7)

表 4-7　担保合同无效的法律责任

担保合同无效情形		责任承担
主合同有效而担保合同无效	债权人无过错	担保人与债务人承担连带赔偿责任
	债权人、担保人有过错	不应超过债务人不能清偿部分的 1/2
主合同无效导致担保合同无效	担保人有过错	不超过债务人不能清偿部分的 1/3
	担保人无过错	担保人不承担责任

担保人因无效担保合同向债权人承担赔偿责任后，可以向债务人追偿，或者在承担赔偿责任的范围内，要求有过错的反担保人承担赔偿责任。

考点六　保证★★

扫我解疑难

经典例题

【例题 1·单选题】(2019 年)甲向乙借款 200 万元，丙作为保证人，借款期间为 2017 年 1 月 1 日起至 2019 年 12 月 31 日止。2019 年年初，甲向乙追加借款 100 万元，双方约定全部借款于 2020 年 12 月 31 日清偿。丙对甲向乙追加借款与首期借款期限延长之事不知情。根据合同法律制度的规定，下列关于丙的保证责任的表述中，正确的是(   )。

A. 保证责任范围是 200 万元，期限至 2020 年 12 月 31 日

B. 保证责任范围是 200 万元，期限至 2019 年 12 月 31 日

C. 保证责任范围是 300 万元, 期限至 2019 年 12 月 31 日

D. 保证责任范围是 300 万元, 期限至 2020 年 12 月 31 日

【答案】B

【解析】本题考核主合同变更与保证责任承担。根据规定, 未经保证人书面同意, 加重债务人的债务的, 保证人对加重的部分不承担保证责任; 变更主合同履行期限的, 保证期间为原合同约定的或者法律规定的期间。

【例题 2 · 多选题】(2017 年)保证合同是保证人与债权人订立的主债务人不履行其债务时, 由保证人按约定履行或者承担责任的协议。根据合同法律制度的规定, 下列关于保证合同性质的表述中, 正确的有( )。

A. 单务合同   B. 要式合同
C. 诺成合同   D. 有偿合同

【答案】ABC

【解析】本题考核保证合同。保证合同中, 只有保证人承担债务, 债权人不负对待给付义务, 故为单务合同。保证合同中, 保证人对债权人承担保证债务, 债权人对此不提供相应对价, 故为无偿合同。保证合同因保证人和债权人协商一致而成立, 不需另行交付标的物, 故为诺成合同。保证合同必须采用书面形式, 故保证合同为要式合同。

【例题 3 · 单选题】(2012 年)甲、乙两公司签订一份买卖合同, 约定甲公司向乙公司购买机床一台, 价格为 300 万元。同时, 丙公司向乙公司出具一份内容为"丙公司愿为甲公司应付乙公司 300 万元机床货款承担保证责任"的保函, 并加盖了公司公章。之后, 由于市场变化, 甲、乙双方协商同意将机床价格变更为 350 万元, 但未通知丙。乙公司向甲公司交付机床后, 甲公司无力按期支付货款, 乙公司遂要求丙公司代为清偿。根据合同法律制度的规定, 下列表述中正确的是( )。

A. 丙公司出具保函是其单方行为, 因此保证不成立

B. 丙公司应在 300 万元范围内承担保证责任

C. 在乙公司未就甲公司财产依法强制执行用于清偿债务之前, 丙公司有权拒绝乙公司代为清偿的要求

D. 丙公司应承担保证责任, 保证期间适用 6 个月的短期诉讼时效期间, 自主债务履行期届满之日起计算

【答案】B

【解析】本题考核保证合同。第三人单方以书面形式向债权人出具担保书, 债权人接受且未提出异议的, 保证合同成立, 选项 A 错误。如果当事人在保证合同中对保证方式没有约定或者约定不明确的, 按照连带责任保证承担保证责任, 连带责任保证人没有先诉抗辩权, 选项 C 错误。保证期间与诉讼时效期间是不同的概念, 选项 D 错误。保证期间, 债权人与债务人协议变更主合同的, 应当取得保证人书面同意。未经保证人同意的主合同变更, 加重债务人的债务的, 保证人对加重的部分不承担保证责任, 选项 B 正确。

考点精析

【考点精析 1】保证合同

(1)保证合同必须采用书面形式。

(2)实践中要注意的问题。

①保证人在债权人与被保证人签订的订有保证条款的主合同上, 以保证人身份签字或者盖章的, 保证合同成立。

②第三人单方以书面形式向债权人出具担保书, 债权人接受且未提出异议的, 保证合同成立。

③主合同中虽然没有保证条款, 但保证人在主合同上以保证人的身份签字或者盖章的, 保证合同成立。但是当事人在借据、收据、欠条等债权凭证或者借款合同上签字或者盖章, 但未表明其保证人身份或者承担保证责任, 或者通过其他事实不能推定其为保证人的, 出借人不能要求当事人承担保证责任。

【考点精析 2】保证人

1. 保证合同当事人

保证合同当事人为保证人和债权人。自

然人、法人或者其他组织均可以为保证人，保证人也可以为两人以上。

2. 法律对保证人的限制

（1）主债务人不得同时为保证人。

（2）**国家机关**原则上不得为保证人（经国务院批准除外）。

（3）**以公益为目的的事业单位、社会团体**不得作保证人（从事经营活动的除外）。

（4）企业法人的**职能部门**不得担任保证人。

（5）企业法人的**分支机构**原则上不得担任保证人，但企业法人的分支机构有法人书面授权的，可以在授权范围内提供保证。

（6）保证人必须有代为清偿债务的能力。但不具有完全代偿能力的主体，只要以保证人身份订立保证合同后，就应当承担保证责任。

【知识点拨】不具有"完全"代偿能力，就是还有一定的代偿能力，所以还是要承担责任。

【考点精析3】保证方式

1. 一般保证和连带责任保证

（1）一般保证，是指当事人在保证合同中约定，债务人不能履行债务时，由保证人承担保证责任的保证。

（2）连带责任保证，是指当事人在保证合同中约定保证人与债务人对债务承担连带责任的保证。

【知识点拨】对保证方式没有约定或者约定不明确的，按照连带责任保证承担保证责任。

（3）两种保证之间最大的区别在于保证人是否享有先诉抗辩权，**一般保证的保证人享有先诉抗辩权**，连带责任保证的保证人则不享有。

所谓先诉抗辩权，是指在主合同纠纷未经审判或仲裁，并就债务人财产依法强制执行用于清偿债务前，对债权人可拒绝承担保证责任。但**有下列情形之一的，保证人不得行使先诉抗辩权：**

①债务人住所变更，致使债权人要求其履行债务发生重大困难的，如债务人下落不明，移居境外，且无财产可供执行；

②人民法院受理债务人破产案件，中止执行程序的；

③保证人以书面形式放弃先诉抗辩权的。

（4）一般保证的保证人在主债权履行期间届满后，向债权人提供了债务人可供执行财产的真实情况的，债权人放弃或怠于行使权利致使该财产不能被执行，保证人可以请求法院在其提供可供执行财产的实际价值范围内免除保证责任。

2. 单独保证和共同保证

从保证人的数量划分，保证可以分为单独保证和共同保证。共同保证按照保证人是否约定各自承担的担保份额，可以将共同保证分为按份共同保证和连带共同保证。

（1）按份共同保证。

按份共同保证是"保证人与债权人"约定按份额对主债务承担保证义务。

（2）连带共同保证（而非连带责任保证）。

连带共同保证是各保证人约定均对全部主债务承担保证义务或"保证人与债权人"之间没有约定所承担的保证份额。

（3）保证人的追偿。连带共同保证的债务人在主合同规定的债务履行期届满没有履行债务的，债权人可以要求债务人履行债务，也可以要求任何一个保证人承担全部保证责任。连带共同保证的保证人已经承担保证责任的，向债务人不能追偿的部分，由各连带保证人按内部约定的比例分担。没有约定的，平均分担。

【考点精析4】保证责任

1. 保证责任的范围

保证责任的范围包括主债权及利息、违约金、损害赔偿金和实现债权的费用。保证合同对责任范围另有约定的，按照约定执行。当事人对保证担保的范围没有约定或者约定不明确的，保证人应当对全部债务承担责任。

2. 主合同变更与保证责任承担

（1）保证期间，债权人依法将主债权转让给第三人，保证债权同时转让，保证人在原保证担保的范围内对受让人承担保证责任。但是保证人与债权人事先约定仅对特定的债权人承担保证责任或者禁止债权转让的，保证人不再承担保证责任。

（2）保证期间，债权人许可债务人转让债务的，应当取得保证人书面同意，保证人对未经其同意转让的债务部分，不再承担保证责任。

（3）保证期间，债权人与债务人协议变更主合同的，应当取得保证人书面同意。未经保证人同意的主合同变更的情形如下：

①减轻债务人的债务的，保证人仍应当对变更后的合同承担保证责任。

②加重债务人的债务的，保证人对加重的部分不承担保证责任。

③债权人与债务人对主合同履行期限作了变动，未经保证人书面同意的，保证期间为原合同约定的或者法律规定的期间。

④债权人与债务人协议变动主合同内容，但并未实际履行的，保证人仍应当承担保证责任。

（4）主合同当事人双方协议以新贷偿还旧贷，除保证人知道或者应当知道者外，保证人不承担民事责任，但是新贷与旧贷系同一保证人的除外。

3. 保证期间与保证的诉讼时效

（1）保证期间。

①保证期间性质上属于除斥期间，不发生诉讼时效的中止、中断和延长。债权人没有在保证期间主张权利的，保证人免除保证责任。"主张权利"的方式在一般保证中表现为对债务人提起诉讼或者申请仲裁，在连带责任保证中表现为向保证人要求承担保证责任。

②当事人可以在合同中约定保证期间。如果没有约定的，保证期间为6个月。

③保证合同约定的保证期间早于或者等于主债务履行期限的，视为没有约定。保证合同约定保证人承担保证责任，直至主债务本息还清时为止等类似内容的，视为约定不明，保证期间为主债务履行期届满之日起2年。

（2）保证的诉讼时效。一般保证和连带责任保证的对比如表4-8所示。

表4-8　一般保证和连带责任保证的对比

保证方式	内容			
一般保证	3年	自债权人对债务人提起诉讼或者申请仲裁的判决或者仲裁裁决生效之日起计算	主债务诉讼时效中断，保证债务诉讼时效中断	主债务诉讼时效中止的，保证债务的诉讼时效同时中止
连带责任保证		债权人主张权利的，保证责任确定；从确定保证责任时起，计算保证的诉讼时效	主债务诉讼时效中断，保证债务诉讼时效不中断	

4. 保证人的抗辩权

（1）保证人享有债务人的抗辩权。如债务人放弃对债务的抗辩权，保证人仍有权抗辩，因其保证责任并未免除。

（2）保证人对已经超过诉讼时效期间的债务承担保证责任或者提供保证的，不得又以超过诉讼时效为由提出抗辩。

5. 共同担保下的保证责任

在同一债权上既有保证又有物的担保的，属于共同担保。物的担保和保证并存时，如果债务人不履行债务，则根据下列规则确定当事人的担保责任承担，如表4-9所示。

表 4-9　共同担保下的保证责任

项目	内容
有约定	根据当事人的约定确定承担责任的顺序
没有约定或者约定不明	如果保证与"债务人"提供的物的担保并存，则债权人先就债务人的物的担保求偿。保证在物的担保不足清偿时承担补充清偿责任
	如果保证与"第三人"提供的物的担保并存，保证与物的担保居于同一清偿顺序，债权人既可以要求保证人承担保证责任，也可以对担保物行使担保物权

【知识点拨】在连带共同保证情形，保证人之一承担责任后，先向债务人追偿；向债务人不能追偿的部分，有权要求另外的担保人承担应当承担的份额。

【考点精析 5】保证人的追偿权

1. 一般情形

保证人对债务人行使追偿权的诉讼时效，自保证人向债权人承担责任之日起计算。保证人自行履行保证责任时，其实际清偿额大于主债权范围的，保证人只能在主债权范围内对债务人行使追偿权。

2. 债务人被申请破产的情形

（1）保证期间，人民法院受理债务人破产案件的，债权人既可以向人民法院申报债权，也可以向保证人主张权利。债权人不申报债权的，应通知保证人。保证人在承担保证责任前，可以预先申报破产债权行使追偿权（各连带共同保证的保证人应当作为一个主体申报债权），参加破产财产分配。

（2）债权人知道或者应当知道债务人破产，既未申报债权也未通知保证人，致使保证人不能预先行使追偿权的，保证人在该债权在破产程序中可能受偿的范围内免除保证责任。

考点七　定金★★

扫我解疑难

📝经典例题

【例题 1·单选题】（2015 年）根据合同法律制度的规定，下列关于定金的表述中，正确的

是（　　）。

A. 收受定金一方不履行合同义务时，应当三倍返还定金

B. 收受定金一方履行合同义务时，定金所有权发生移转

C. 定金数额不得超过主合同标的额的 20%

D. 既约定定金又约定违约金的，一方违约时，当事人有权要求同时适用

【答案】C

【解析】本题考核定金的规定。收受定金的一方不履行约定的债务的，应当双倍返还定金，选项 A 错误。定金一旦交付，定金所有权发生转移，选项 B 错误。当事人既约定违约金，又约定定金的，一方违约时，对方可以选择适用违约金或者定金条款，选项 D 错误。

【例题 2·单选题】（2012 年）甲餐厅承接乙的婚宴。双方约定：婚宴共办酒席 20 桌，每桌 2 000 元；乙先行向甲餐厅支付定金 1 万元；任何一方违约，均应向对方支付违约金 5 000 元。合同订立后，乙未依约向甲餐厅支付定金。婚宴前一天，乙因故通知甲餐厅取消婚宴。甲餐厅要求乙依约支付 1 万元定金与 5 000 元违约金。根据合同法律制度的规定，下列表述中正确的是（　　）。

A. 甲餐厅应在 1 万元定金与 5 000 元违约金之间择一向乙主张，因为定金与违约金不能同时适用

B. 甲餐厅仅有权请求乙支付 8 000 元定金，因为定金不得超过合同标的额的 20%

C. 甲餐厅无权请求乙支付定金，因为乙未实际交付定金，定金条款尚未生效

D. 甲餐厅无权请求乙支付定金，因为定金超

过合同标的额的 20%，定金条款无效

【答案】 C

【解析】 本题考核定金的规定。定金合同从实际交付定金之日起生效，本题中由于未支付定金，因此双方的定金合同未生效。

考点精析

1. 定金的约定

定金应当以书面形式约定。当事人在定金合同中应当约定交付定金的期限。定金合同从实际交付定金之日起生效。

【知识点拨】注意"定金"与"订金"不同，合同中不能写错。"订金"相当于预付款，没有担保作用。

2. 定金的效力

定金的效力表现为以下几个方面：

（1）定金一旦交付，定金所有权发生移转。

（2）给付定金一方不履行约定的债务的，无权要求返还定金；收受定金的一方不履行约定的债务的，应当双倍返还定金。当事人一方不完全履行合同的，应当按照未履行部分所占合同约定内容的比例，适用定金罚则。

（3）在迟延履行或者有其他违约行为时，并不能当然适用定金罚则。只有因当事人一方迟延履行或者其他违约行为，致使合同目的不能实现，才可以适用定金罚则。法律另有规定或者当事人另有约定的除外。

（4）当事人约定的定金数额不得超过主合同标的额的 20%。如果超过 20% 的，超过部分不适用定金规则。

（5）因不可抗力、意外事件致使主合同不能履行的，不适用定金罚则。因合同关系以外第三人的过错，致使主合同不能履行的，适用定金罚则。受定金处罚的一方当事人，可以依法向第三人追偿。

（6）在同一合同中，当事人既约定违约金又约定定金的，一方违约时，当事人可以选择适用违约金条款或者定金条款，二者不能同时适用。

阶段性测试

1. **【单选题】** 甲企业向乙银行申请贷款，约定还款日期为 2018 年 12 月 30 日。丙企业为该债务提供了保证担保，但未约定保证方式和保证期间。后甲企业申请展期，与乙银行就还款期限作了变更，还款期限延至 2019 年 12 月 30 日，但未征得丙企业的书面同意。展期到期，甲企业无力还款，乙银行遂要求丙企业承担保证责任。根据担保法律制度的规定，下列关于丙企业是否承担保证责任的表述中，正确的是（　　）。

A. 不承担，因为保证期间已过

B. 应承担，因为保证合同有效

C. 应承担，因为丙企业为连带责任保证人

D. 不承担，因为丙企业的保证责任因还款期限的变更而消灭

2. **【单选题】** 甲公司与乙公司签订一买卖合同，合同约定，甲公司须在 1 个月内向乙公司提供 200 台电视机，总价款 100 万元。合同签订后，乙公司按约定向甲公司交付了定金 20 万元。甲公司依约分两批发运电视机，不料，第一批 100 台电视机在运输过程中遭遇泥石流，致使电视机全部毁损；第二批 100 台电视机在运输过程中被甲公司的债权人丙强行扣押、变卖，最终，乙公司未能收到电视机，欲向甲公司主张定金责任。下列表述中正确的是（　　）。

A. 甲公司无须承担定金责任，因为没有交付电视机是不可抗力和第三人原因导致的，甲公司没有过错

B. 甲公司须承担全部定金责任，因为甲公司违反合同约定，未将电视机交付给乙公司

C. 甲公司只须承担一半定金责任，因为不可抗力导致的第一批 100 台电视机未能交付，不适用定金罚则

D. 甲公司只须承担一半定金责任，因为第三人原因造成的第二批 100 台电视机未能交付，不适用定金罚则

3. **【单选题】** 下列关于担保的表述中，正确

的是( )。

A. 债权人留置财产后，可以与债务人约定2个月的宽限期履行合同

B. 预付款是一种适用于以金钱履行义务为特征的合同的担保方式

C. 以有限责任公司的股权出质的，质押合同自在市场监督管理部门登记之日起生效

D. 因抵押物灭失所得的赔偿金，抵押权人无权优先受偿

4. 【多选题】甲公司与乙银行签订借款合同，由甲公司控股的丙公司作为保证人。后甲公司逾期未归还借款，被乙银行诉至人民法院。人民法院确认借款合同有效，但担保合同无效。根据规定，下列选项中正确的有( )。

A. 乙银行无过错的，由甲公司对乙银行的经济损失承担责任，丙公司的担保责任免除

B. 乙银行无过错的，由甲公司和丙公司对乙银行的经济损失承担连带责任

C. 乙银行、丙公司有过错的，丙公司承担民事责任的部分，不应超过甲公司不能清偿债务部分的1/3

D. 乙银行、丙公司有过错的，丙公司承担民事责任的部分，不应超过甲公司不能清偿债务部分的1/2

5. 【多选题】根据担保法律制度的规定，下列属于无效保证合同的有( )。

A. 甲公立大学与乙银行签订保证合同，为丙企业的借款提供保证

B. 公民陈某与债权人李某签订的未约定保证担保范围的保证合同

C. 甲行政机关与乙银行签订保证合同，为丙公司的借款提供保证

D. 甲公司的部门经理以该部门的名义与债权人签订的保证合同

6. 【多选题】根据《担保法》的有关规定，关于定金的下列表述中正确的有( )。

A. 定金是主合同成立的条件

B. 定金一旦交付，定金所有权发生移转

C. 定金可以口头方式约定

D. 定金合同于实际交付之日起生效

阶段性测试答案精析

1. A 【解析】本题考核保证责任与保证期间。(1)债权人与债务人对主合同履行期限作了变更，未经保证人书面同意，保证期间为原合同约定的或者法律规定的期间；(2)当事人未约定保证期间的，保证期间为主债务履行期届满之日起6个月。本题中，丙企业按照原合同约定的期间承担保证责任。保证期间为2018年12月30日至2019年6月30日。乙银行请求丙企业承担保证责任时已经超过保证期间，故丙企业不承担保证责任。

2. C 【解析】本题考核定金罚则。因不可抗力、意外事件致使主合同不能履行的，不适用定金罚则。因合同关系以外第三人的过错，致使主合同不能履行的，适用定金罚则。本题中，第一批电视机因不可抗力导致未能交付，不适用定金罚则；第二批电视机因为第三人的原因导致未能交付，适用定金罚则。

3. A 【解析】本题考核担保的相关规定。预付款没有担保的作用，选项B错误。质押合同原则上由双方当事人协商一致时成立，不需经过登记，选项C错误。担保期间，担保财产毁损、灭失或者被征收等，担保物权人可以就获得的保险金、赔偿金或者补偿金等优先受偿，选项D错误。

4. BD 【解析】本题考核担保合同无效的法律责任。主合同有效而担保合同无效，债权人无过错的，担保人与债务人对主合同债权人的经济损失，承担连带赔偿责任；债权人、担保人有过错的，担保人承担民事责任的部分，不应超过债务人不能清偿部分的1/2。

5. ACD 【解析】本题考核保证合同的效力。学校、幼儿园、医院等以公益为目的的事业单位、社会团体不得为保证人，选项A

当选。国家机关不得为保证人，但经国务院批准为使用外国政府或者国际经济组织贷款进行转贷的除外，选项C当选。企业法人的职能部门不得为保证人，选项D当选。当事人对保证担保的范围没有约定或者约定不明确的，保证人应当对全部债务承担责任，选项B合同有效，不选。

6. BD 【解析】本题考核定金的有关规定。定金是当事人一方在合同订立前后，合同履行前预先交付于另一方的金钱或其他代替物，选项A错误；定金应当以书面形式约定，选项C错误。

考点八 合同的变更与转让 ★★★

扫我解疑难

经典例题

【例题1·多选题】(2019年)根据合同法律制度的规定，下列关于债权转让的表述中，正确的有( )。

A. 债权转让无需债务人同意
B. 债务人可与债权人约定债权不得转让
C. 债权转让应当通知债务人
D. 债权转让后，受让人不能取得债权的从权利

【答案】ABC

【解析】本题考核债权转让。选项AC：债权人转让权利，不需要经债务人同意，但应当通知债务人。未经通知，该转让对债务人不发生效力。选项B：债务人可与债权人约定债权不得转让。选项D：债权人转让权利的，受让人同时取得与主债权有关的从权利，但该从权利专属于债权人自身的除外，因此选项D错误。

【例题2·单选题】(2011年)甲公司欠乙公司500万元贷款未付。丙公司是甲公司的母公司。甲公司与丙公司订立协议，约定将甲公司欠乙公司的该笔债务转移给丙公司承担。下列关于甲公司和丙公司之间债务承担协议

效力的表述中，正确的是( )。

A. 经乙公司同意才能生效
B. 通知乙公司即可生效
C. 直接生效
D. 直接生效，且甲公司和丙公司对乙公司承担连带清偿责任

【答案】A

【解析】本题考核债务承担。债务人将合同义务的全部或者部分转移给第三人的，应当经债权人同意。

考点精析

1. 合同的变更

(1)经当事人协商一致，可以变更合同。当事人对合同变更的内容约定不明确的，推定为未变更。

(2)合同的变更，仅对变更后未履行的部分有效，对已履行的部分无溯及力。

2. 债权转让

(1)债权转让的条件。债权人转让权利的，无须债务人同意，但应当通知债务人。未经通知，该转让对债务人不发生效力。

(2)禁止债权转让的情形。

①根据合同性质不得转让。主要指基于当事人特定身份而订立的合同，如出版合同、赠与合同、委托合同、雇用合同等。

②按照当事人约定不得转让。

③依照法律规定不得转让。

3. 债务承担

(1)债务人将合同义务的全部或者部分转移给第三人的，应当经债权人同意。

(2)债务人转移义务的，新债务人可以主张原债务人对债权人的抗辩。

(3)新债务人应当承担与主债务有关的从债务，但该从债务专属于原债务人自身的除外。

4. 合同债权债务的概括移转

(1)当事人订立合同后合并的，由合并后的法人或者其他组织行使合同权利，履行合同义务。

（2）当事人订立合同后分立的，除债权人和债务人另有约定的以外，<u>由分立的法人或者其他组织</u>对合同的权利和义务<u>享有连带债权，承担连带债务</u>。

考点九　合同的终止 ★★

扫我解疑难

📋 **经典例题**

【例题1·单选题】（2017年）根据合同法律制度的规定，下列关于抵销的表述中，正确的是（　　）。

A. 抵销通知为要式

B. 抵销可附条件或期限

C. 抵销的效果自通知发出时生效

D. 抵销的意思表示溯及于得为抵销之时

【答案】D

【解析】本题考核合同的抵销。当事人主张抵销的，应当通知对方，通知为非要式；选项A错误。抵销不得附条件或者附期限；选项B错误。抵销的效果自通知到达对方时生效；选项C错误。抵销的意思表示溯及于得为抵销之时；选项D正确。

【例题2·单选题】（2017年）根据合同法律制度的规定，下列关于法定抵销权性质的表述中，正确的是（　　）。

A. 支配权　　　　B. 请求权

C. 抗辩权　　　　D. 形成权

【答案】D

【解析】本题考核合同的法定抵销。形成权，指权利人依单方意思表示就能使民事法律关系发生、变更与消灭的权利。即形成权的行使不需要相对人的同意，只取决于权利人的单方意志。抵销的效果自通知到达对方时生效，无须对方同意。因此法定抵销中的抵销权在性质上属于形成权。

【例题3·单选题】（2014年）根据合同法律制度的规定，下列关于提存的法律效果的表述中，正确的是（　　）。

A. 标的物提存后，毁损、灭失的风险由债务人承担

B. 提存费用由债权人负担

C. 债权人提取对提存物的权利，自提存之日起两年内不行使则消灭

D. 提存期间，标的物的孳息归债务人所有

【答案】B

【解析】本题考核提存。标的物提存后，毁损、灭失的风险由债权人承担。提存期间，标的物的孳息归债权人所有。提存费用由债权人负担。债权人领取提存物的权利，自提存之日起五年内不行使而消灭，提存物扣除提存费用后归国家所有。

【例题4·多选题】（2014年）根据合同法律制度的规定，买受人可取得合同解除权的情形包括（　　）。

A. 因不可抗力导致标的物在交付前灭失

B. 因出卖人过错导致标的物在交付前灭失

C. 出卖人在履行期限届满前明确表示拒绝交付标的物

D. 出卖人在履行期限届满后明确表示拒绝交付标的物

【答案】ABCD

【解析】本题考核合同的法定解除权。根据规定，因不可抗力不能实现合同目的，双方当事人均可以行使解除权，选项A当选；当事人一方迟延履行债务或者有其他违约行为致使不能实现合同目的，另外一方当事人可以解除合同，选项B、D当选；在履行期限届满之前，当事人一方明确表示或者以自己的行为表明不履行主要债务的，另外一方当事人可以解除合同，选项C当选。

📋 **考点精析**

1. 清偿（履行）

2. 解除

（1）合意解除。根据当事人事先约定的情况或经当事人协商一致而解除合同。

（2）法定解除。有下列情形之一的，当事人可以解除合同：

①因不可抗力致使不能实现合同目的；

②在履行期限届满之前，当事人一方明确表示或者以自己的行为表明不履行主要债务；

③当事人一方迟延履行主要债务，经催告后在合理期限内仍未履行；

④当事人一方迟延履行债务或者有其他违约行为致使不能实现合同目的；

⑤法律规定的其他情形。

3. 抵销

（1）法定抵销。当事人互负到期债务，该债务的标的物种类、品质相同的，任何一方可以将自己的债务与对方的债务抵销，但依照法律规定或者按照合同性质不得抵销的除外。

（2）约定抵销。当事人互负债务，标的物种类、品质不相同的，经双方协商一致，也可以抵销。

4. 提存

（1）提存的原因。

①债权人无正当理由拒绝受领；

②债权人下落不明；

③债权人死亡未确定继承人或者丧失民事行为能力未确定监护人；

④法律规定的其他情形。

（2）提存的法律效果。

①标的物提存后，毁损、灭失的风险由债权人承担。提存期间，标的物的孳息归债权人所有。提存费用由债权人负担。

②提存成立的，视为债务人在其提存范围内已经履行债务。除债权人下落不明的以外，债务人应当及时通知债权人或者债权人的继承人、监护人。

③债权人领取提存物的权利，**自提存之日起5年内不行使则消灭，提存物扣除提存费用后归国家所有**。此处规定的"5年"时效为不变期间，不适用诉讼时效中止、中断或者延长的规定。

5. 免除与混同

（1）债权人免除债务人部分或者全部债务

的，合同的权利义务部分或者全部终止。

（2）债权和债务同归于一人，即债权债务混同时，合同的权利义务终止，但涉及第三人利益的除外。

考点十　违约责任★★★

扫我解疑难

📝 经典例题

【例题1·单选题】甲拟移民国外，遂与乙订立合同出售其房屋，并约定乙应当在房屋所有权变更登记手续办理完毕后支付价款。后甲取消了移民计划，并向乙表示不再办理房屋所有权变更登记。下列表述中正确的是（　　）。

A. 合同尚未生效

B. 合同生效，但是甲有权解除合同

C. 合同生效，乙有权要求甲办理所有权变更登记并承担其他违约责任

D. 合同生效，但乙只能请求甲赔偿损失

【答案】C

【解析】本题考核违约责任。根据规定，依法成立的合同自成立时生效。本题中当事人意思表示一致签订合同，则合同生效；当事人应当按照约定全面履行自己的义务。本题中，甲拒绝办理变更登记，是违约行为，应当承担违约责任。并且乙可以要求甲继续履行合同，即办理变更登记。

【例题2·单选题】甲、乙订立买卖合同约定：甲向乙交付200吨铜材，货款为200万元；乙向甲支付定金20万元；如任何一方不履行合同应支付违约金30万元。甲因将铜材卖给丙而无法向乙交付。在乙向法院起诉时，既能最大限度保护自己的利益，又能获得法院支持的诉讼请求是（　　）。

A. 请求甲双倍返还定金40万元

B. 请求甲支付违约金30万元

C. 请求甲支付违约金30万元，同时请求甲双倍返还定金40万元

D. 请求甲支付违约金30万元，同时请求返还定金20万元

【答案】D

【解析】本题考核定金和承担违约责任的方式。合同中同时规定违约金条款与定金条款时，只能单独适用某一条款，二者不得并用。

【例题3·案例分析题】（2017年）2016年4月4日，甲公司从乙银行借款80万元，用于购置A型号自行车1 000辆，借款期限自2016年4月4日至2016年6月4日，并以价值90万元的自有房屋一套为乙银行设定抵押，同时，乙银行与丙公司签订书面保证合同，约定丙公司为甲公司的借款承担连带保证责任。

因自行车价格上调，甲公司于4月5日，又向乙银行追加借款20万元，借款期限自2016年4月5日至2016年6月4日。

4月7日，甲公司与自行车生产商丁公司正式签署买卖合同。合同约定："丁公司为甲公司提供A型号自行车1 000辆，总价100万元，甲公司应于4月9日、4月20日分别支付价款50万元，丁公司应于4月16日、4月27日分别交付A型号自行车500辆。"双方未就自行车质量问题作出约定。

4月9日，甲公司向丁公司支付第一期自行车价款50万元。4月16日，丁公司交付A型号自行车500辆。甲公司在验货时发现该批自行车存在严重质量瑕疵，非经维修无法符合使用要求。4月18日，甲公司表示同意收货，但要求丁公司减少价款，被丁公司拒绝。理由是：第一，双方未就自行车的质量要求作出约定；第二，即使自行车存在质量问题，甲公司也只能就质量问题导致的损失要求赔偿。

4月20日，丁公司请求甲公司支付第二期自行车价款50万元，甲公司调查发现，丁公司经营状况严重恶化，可能没有能力履行合同，遂告知丁公司暂不履行合同并要求丁公司在15天内提供具有足够履约能力的保证，丁公司未予理会。

5月6日，丁公司发函告知甲公司：如果再不

付款，将向人民法院起诉甲公司违约。甲公司收到函件后，了解到丁公司经营状况继续恶化，便通知丁公司解除未交付的500辆自行车买卖合同。

5月20日，甲公司隐瞒已受领的500辆自行车的质量瑕疵，将该批自行车以30万元卖与戊公司，约定6月30日付款交货。5月25日，庚公司告知甲公司，愿以35万元购买上述500辆自行车。5月30日，甲公司以自己隐瞒质量瑕疵为由，主张撤销与戊公司之间的买卖合同。

6月4日，甲公司无力偿还乙银行两笔贷款，乙银行考虑到拍卖抵押房屋比较烦琐，遂直接要求丙公司还贷，被丙公司拒绝。

要求：根据上述内容，分别回答下列问题。

（1）甲公司是否取得已受领自行车的所有权？并说明理由。

（2）甲公司是否有权要求减少价款？并说明理由。

（3）甲公司中止履行向丁公司支付第二期自行车价款的义务，是否构成违约？并说明理由。

（4）甲公司是否有权就未交付的自行车解除合同？并说明理由。

（5）甲公司是否有权撤销与戊公司的买卖合同？并说明理由。

（6）乙银行是否有权要求丙公司偿还第一笔贷款？并说明理由。

（7）乙银行是否有权要求丙公司偿还第二笔贷款？并说明理由。

【答案】

（1）甲公司已经取得已受领自行车的所有权。根据规定，动产物权的设立和转让，自交付时发生效力，但法律另有规定的除外。本题中，丁公司将自行车交付与甲公司，甲公司受领，双方具有转移所有权的合意，所以甲公司已经取得已受领自行车的所有权。

（2）甲公司有权要求减少价款。根据规定，当事人履行合同义务，质量不符合约定的，应当按照当事人的约定承担违约责任。对违约责任没有约定或者约定不明确，受损害方根

据标的的性质以及损失的大小，可以合理选择要求对方承担修理、更换、重作、退货、减少价款或者报酬等违约责任。本题中，自行车存在严重质量瑕疵，非经维修无法符合使用要求，因此甲公司可以要求减少价款。

（3）甲公司中止履行向丁公司支付第二期自行车价款的义务不构成违约。《合同法》规定，应当先履行债务的当事人，有确切证据证明对方有经营状况严重恶化情形的，可以中止履行合同，即享有不安抗辩权。本题中，甲公司经过调查，有确切证据证明丁公司经营状况严重恶化，可以中止履行，并不构成违约。

（4）甲公司有权就未交付的自行车解除合同。根据规定，当事人行使不安抗辩权中止履行的，应当及时通知对方。对方提供适当担保时，应当恢复履行。中止履行后，对方在合理期限内未恢复履行能力并且未提供适当担保的，中止履行的一方可以解除合同。本题中，甲公司告知丁公司暂不履行合同并要求丁公司在15日内提供具有足够履约能力的保证后，丁公司未予理会且经营状况继续恶化，故甲公司有权解除合同。

（5）甲公司无权撤销与戊公司的买卖合同。根据规定，一方以欺诈、胁迫的手段或者乘人之危，使对方在违背真实意思的情况下订立的合同，只有受损害方才有权撤销。本题中，甲公司是实施欺诈的一方，没有撤销权。

（6）乙银行无权要求丙公司偿还第一笔贷款。根据规定，被担保的债权既有物的担保又有人的担保的，债务人不履行到期债务或者发生当事人约定的实现担保物权的情形，债权人应当按照约定实现债权；没有约定或者约定不明确，债务人自己提供物的担保的，债权人应当先就该物的担保实现债权。本题中，甲以房屋为乙银行设定抵押，属于债务人自己提供物的担保的情形，债权人应当先就该物的担保实现债权。

（7）乙银行无权要求丙公司偿还第二笔贷款。保证期间，债权人与债务人协议变更主合同的，应当取得保证人书面同意。未经保证人

同意的主合同变更，减轻债务人的债务的，保证人仍应当对变更后的合同承担保证责任；加重债务人的债务的，保证人对加重的部分不承担保证责任。本题中，甲公司追加借款，加重了债务人的债务，并没有经过保证人的同意，保证人对第二笔贷款不承担保证责任。

📝 **考点精析**

1. 承担违约责任的方式

（1）继续履行。当事人一方未支付价款或者报酬的，对方可以要求其支付价款或者报酬。

（2）补救措施。当事人履行合同义务，质量不符合约定的，应当按照当事人的约定承担违约责任。对违约责任没有约定或者约定不明确，受损害方根据标的的性质以及损失的大小，可以合理选择要求对方承担修理、更换、重作、退货、减少价款或者报酬等违约责任。

（3）损害赔偿。

①赔偿损失。

A. 损失赔偿额应当相当于因违约所造成的损失，**包括合同履行后可以获得的利益**，但不得超过违反合同一方订立合同时预见到或者应当预见到的因违反合同可能造成的损失。

B. 买卖合同当事人一方违约造成对方损失，对方对损失的发生也有过错，违约方主张扣减相应的损失赔偿额的，人民法院应予支持。买卖合同当事人一方因对方违约而获有利益，违约方主张从损失赔偿额中扣除该部分利益的，人民法院应予支持。

C. 经营者提供商品或者服务有欺诈行为的，应当按照消费者的要求增加赔偿其受到的损失，增加赔偿的金额为消费者购买商品的价款或者接受服务的费用的3倍；增加赔偿的金额不足500元的，为500元。法律另有规定的，依照其规定。

②支付违约金。

A. 约定的违约金低于造成的损失的，当事人可以请求人民法院或者仲裁机构予以增加；约定的违约金**过分高于**造成的损失的，当事人可以请求人民法院或者仲裁机构予以适当减少。

B. 当事人以约定的违约金过高为由请求减少的，应当**以违约金超过造成的损失30%为标准适当减少**；当事人以约定的违约金低于造成的损失为由请求增加的，应当以违约造成的损失确定违约金数额。当事人就迟延履行约定违约金的，违约方支付违约金后，还应当履行债务。

③适用定金罚则。当事人在合同中既约定违约金，又约定定金的，一方违约时，对方可以选择适用违约金或者定金条款，但两者不可同时并用。但买卖合同约定的定金不足以弥补一方违约造成的损失，对方请求赔偿超过定金部分的损失的，人民法院可以并处，但定金和损失赔偿的数额总和不应高于因违约造成的损失。

2. 免责事由

（1）不可抗力。

①自然灾害。如地震、台风、洪水、海啸等。

②政府行为。如运输合同订立后，由于政府颁布禁运的法律，使合同不能履行。

③社会异常现象。一些偶发的事件阻碍合同的履行，如罢工、骚乱等。

当事人迟延履行后发生不可抗力的，不能免除责任。

（2）情势变更。在合同成立以后，如果客观情况发生了当事人在订立合同时无法预见的、非不可抗力造成的不属于商业风险的重大变化，继续履行合同对于一方当事人明显不公平或者不能实现合同目的，当事人请求人民法院变更或者解除合同的，人民法院应当根据公平原则，并结合案件的实际情况确定是否变更或者解除。

📋**阶段性测试**

1.【单选题】甲公司向乙公司订购车床一台，价款50万元。甲公司与丙公司约定，由丙公司承担甲公司对乙公司的50万元的债务，乙公司表示同意。丙公司未清偿50万元欠款，下列关于乙公司主张债权的表述中正确的是（　　）。

A. 乙公司可以要求甲公司和丙公司共同偿还50万元价款

B. 乙公司可以选择向甲公司或者丙公司主张清偿50万元价款

C. 乙公司应当向丙公司主张清偿50万元价款

D. 乙公司应当向甲公司主张清偿50万元价款

2.【单选题】下列各项中，不属于法定解除合同情形的是（　　）。

A. 当事人一方迟延履行主要债务，经催告后在合理期限内仍未履行

B. 约定的解除合同的条件已经成就

C. 当事人一方明确表示不履行主要债务

D. 因不可抗力致使不能实现合同目的

3.【单选题】甲公司因业务发展需要分立为乙公司和丙公司，分立时乙公司和丙公司约定甲公司分立之前的债务由乙公司承担。甲公司分立前欠丁银行贷款100万元，贷款到期丁银行要求偿还。根据合同法律制度的规定，下列表述正确的是（　　）。

A. 由乙公司承担

B. 由丙公司承担

C. 由乙公司、丙公司平均承担

D. 由乙公司、丙公司承担连带责任

4.【多选题】甲、乙双方签订一份合同，约定甲向乙购买水泥10吨。乙按约定日期向甲交货，但甲因躲避他人债务不知去向。乙无奈，将水泥提存。提存当晚，突降特大暴雨，库房坍塌，水泥被水浸泡，全部毁损。1个月后，甲躲债归来，请求乙交

付水泥。乙拒绝，并要求甲支付水泥价款和提存费用。根据合同法律制度的规定，下列表述中，正确的有（ ）。

A. 乙的合同义务已履行完毕，有权拒绝甲交付水泥的请求

B. 水泥毁损的损失应由甲承担

C. 乙有权要求甲支付水泥价款

D. 乙无权要求甲支付提存费用

5. 【多选题】合同当事人发生的下列情形中，允许当事人解除合同的有（ ）。

A. 甲、乙双方经协商同意，并且不因此损害国家利益和社会公共利益

B. 当事人一方迟延履行主要债务，经催告后在合理期限内仍未履行

C. 甲方由于不可抗力致使合同的全部义务不能履行

D. 当事人一方迟延履行债务或者有其他违约行为致使不能实现合同目的

6. 【多选题】下列各项中，属于合同权利义务终止情形的有（ ）。

A. 债务已按约定履行

B. 合同的权利义务已一并转让

C. 合同双方当事人的债务相互抵销

D. 合同债权债务同归一人

📝**阶段性测试答案精析**

1. C 【解析】本题考核合同义务转移。甲公司将自己对乙公司的付款义务转移给丙公司，且经过了债权人乙公司的同意，故新债务人（丙公司）成为合同一方当事人，如不履行或不适当履行合同义务，债权人可以向其（丙公司）请求履行债务或承担违约责任。因此，债权人乙公司应当向新债务人丙公司主张清偿50万元价款。

2. B 【解析】本题考核合同的解除。选项B属于合意解除。

3. D 【解析】本题考核债权债务的概括转移。当事人订立合同后分立的，除债权人和债务人另有约定外，由分立的法人对合同的权利和义务享有连带债权，承担连带债务。本题中，"甲公司分立之前的债务由乙公司承担"并非"债权人和债务人的约定"，而是债务人之间的内部约定，不得对抗债权人。

4. ABC 【解析】本题考核标的物提存的规定。标的物提存后，毁损、灭失的风险由债权人承担。提存费用由债权人负担；选项D错误。

5. ABCD 【解析】本题考核合同的解除。合同的解除，分为合意解除与法定解除两种情况。本题中选项A属于合意解除，选项B、C、D属于法定解除。

6. ACD 【解析】本题考核合同权利义务终止的情况。本题中，选项B属于合同权利义务的转让而非终止。

考点十一　买卖合同★★★

扫我解疑难

📝**经典例题**

【例题1·多选题】（2013年）根据合同法律制度的规定，下列情形中，买受人应当承担标的物灭失风险的有（ ）。

A. 出卖人依约为买受人代办托运，货交第一承运人后意外灭失

B. 买卖双方未约定交付地点，出卖人将标的物交由承运人运输，货物在运输途中意外灭失

C. 约定在出卖人营业地交货，买受人未按约定时间前往提货，后货物在地震中灭失

D. 买受人下落不明，出卖人将标的物提存后意外灭失

【答案】ABCD

【解析】本题考核买卖合同中标的物风险的承担。当事人没有约定交付地点或者约定不明确，标的物需要运输的，出卖人将标的物交付给第一承运人后，标的物毁损、灭失的风险由买受人承担，选项A、B正确；出卖人按照约定将标的物置于交付地点，买受人违反

约定没有收取的，标的物毁损、灭失的风险自违反约定之日起由买受人承担，选项C正确；标的物提存后，风险由债权人承担，选项D正确。

【例题2·多选题】（2010年）甲房地产开发公司在预售某住宅小区的广告中，宣称其"容积率不高于1.2""绿地面积超过50%"，引起购房者的热烈关注，所预售的商品房一售而空，价格也比周边小区高出20%。但是，该小区商品房的预售合同中未对容积和公共绿地面积问题作约定。甲公司交房时，购房者乙却发现小区的容积率超过2.0，绿地面积只有20%，并且在调查后得知，甲公司报经批准的规划就是如此。下列关于甲公司和乙之间的房屋预售合同的表述中，正确的有（　　）。

A. 合同无效

B. 乙有权请求人民法院或仲裁机构撤销合同并请求甲公司赔偿损失

C. 乙有权请求甲公司承担违约责任

D. 乙有权请求甲公司支付不超过已付房款一倍的惩罚性赔偿金

【答案】BC

【解析】本题考核商品房买卖合同。因欺诈而订立的合同，不损害国家利益的，属于可撤销合同。因此选项A错误，选项B正确。商品房出卖人就商品房开发规划范围内的房屋及相关设施所作的说明和允诺具体确定，并对商品房买卖合同的订立以及房屋价格的确定有重大影响的，应当视为要约。该说明和允诺即使未载入商品房买卖合同，亦应当视为合同内容，当事人违反的，应当承担违约责任，因此选项C正确。本题的情形不适用惩罚性赔偿金的规定，因此选项D错误。

【例题3·单选题】甲、乙签订一买卖合同，甲向乙购买机器5台及附带的维修工具，机器编号分别为E、F、G、X、Y，拟分别用于不同厂区。乙向甲如期交付5台机器及附带的维修工具。经验收，E机器存在重大质量瑕疵而无法使用，F机器附带的维修工具亦属不合格品，其他机器及维修工具不存在质量问题。根据《合同法》的规定，下列关于甲如何解除合同的表述中，正确的是（　　）。

A. 甲可以解除5台机器及维修工具的买卖合同

B. 甲只能就买卖合同中E机器的部分解除

C. 甲可以就买卖合同中E机器与F机器的部分解除

D. 甲可以就买卖合同中F机器的维修工具与E机器的部分解除

【答案】D

【解析】本题考核买卖合同解除的效力。根据规定，标的物为数物，其中一物不符合约定的，买受人可以就该物解除，但该物与他物分离使标的物的价值显受损害的，当事人可以就数物解除合同。本题中，由于标的物是数物，E机器存在重大质量瑕疵而无法使用，且分离不影响其他机器的价值，可以解除E机器的买卖合同；根据规定，因标的物的从物不符合约定被解除的，解除的效力不及于主物。本题中，因F机器附带的维修工具亦属不合格品，维修工具属于从物，仅可以解除维修工具的合同。

考点精析

【考点精析1】双方当事人的权利义务

1. 交付标的物

（1）标的物在订立合同之前已被买受人占有的，合同生效的时间为交付时间。

（2）出卖人应当按照约定的地点交付标的物，当事人没有约定交付地点或者约定不明确，依照《合同法》有关规定仍不能确定的适用下列规定：

①标的物需要运输的，出卖人应当将标的物交付给第一承运人以运交给买受人。

②标的物不需要运输，出卖人和买受人订立合同时知道标的物在某一地点的，出卖人应当在该地点交付标的物；不知道标的物在某一地点的，应当在出卖人订立合同时的营业地交付标的物。

（3）出卖人应当按照约定或者交易习惯向

第4章 合同法律制度

买受人交付提取标的物单证以外的有关单证和资料。

2. 转移标的物的所有权

(1)标的物的所有权自标的物交付时起转移，但法律另有规定的除外。

(2)出卖具有知识产权的计算机软件等标的物的，除法律另有规定或者当事人另有约定的以外，该标的物的知识产权不属于买受人。

(3)在普通动产方面，如果出卖人就同一标的物订立多重买卖合同，在买卖合同均有效的情况下，买受人均要求实际履行合同的，应当按照以下情形分别处理：

①先行受领交付的买受人请求确认所有权已经转移的，人民法院应予支持；

②均未受领交付，先行支付价款的买受人请求出卖人履行交付标的物等合同义务的，人民法院应予支持；

③均未受领交付，也未支付价款，依法成立在先合同的买受人请求出卖人履行交付标的物等合同义务的，人民法院应予支持。

(4)在船舶、航空器、机动车等特殊动产方面，如果出卖人就同一标的物订立多重买卖合同，在买卖合同均有效的情况下，买受人均要求实际履行合同的，应当按照以下情形分别处理：

①先行受领交付的买受人请求出卖人履行办理所有权转移登记手续等合同义务的，人民法院应予支持；

②均未受领交付，先行办理所有权转移登记手续的买受人请求出卖人履行交付标的物等合同义务的，人民法院应予支持；

③均未受领交付，也未办理所有权转移登记手续，依法成立在先合同的买受人请求出卖人履行交付标的物和办理所有权转移登记手续等合同义务的，人民法院应予支持；

④出卖人将标的物交付给买受人之一，又为其他买受人办理所有权转移登记，已受领交付的买受人请求将标的物所有权登记在自己名下的，人民法院应予支持。

3. 标的物的风险承担

(1)标的物毁损、灭失的风险，在标的物交付之前由出卖人承担，交付之后由买受人承担，但法律另有规定或者当事人另有约定的除外。

(2)因买受人的原因致使标的物不能按照约定的期限交付的，买受人应当自违反约定之日起承担标的物毁损、灭失的风险。

(3)出卖人出卖交由承运人运输的在途标的物，除当事人另有约定的以外，毁损、灭失的风险自合同成立时起由买受人承担。但如果出卖人出卖交由承运人运输的在途标的物，在合同成立时知道或者应当知道标的物已经毁损、灭失却未告知买受人，买受人主张出卖人负担标的物毁损、灭失的风险的，人民法院应予以支持。

(4)当事人没有约定交付地点或者约定不明确，标的物需要运输的，出卖人将标的物交付给第一承运人后，标的物毁损、灭失的风险由买受人承担。

(5)出卖人按照约定或者依照《合同法》有关规定将标的物置于交付地点，买受人违反约定没有收取的，标的物毁损、灭失的风险自违反约定之日起由买受人承担。

(6)出卖人未按照约定交付有关标的物的单证和资料的，不影响标的物毁损、灭失风险的转移。

(7)因标的物不符合质量要求，致使不能实现合同目的的，买受人可以拒绝接受标的物或者解除合同。买受人拒绝接受标的物或者解除合同的，标的物毁损、灭失的风险由出卖人承担。

(8)标的物毁损、灭失的风险由买受人承担的，不影响因出卖人履行债务不符合约定，买受人要求其承担违约责任的权利。

4. 标的物的检验

(1)买受人收到标的物时应当在约定的检验期间内检验。买受人应当在检验期间内将标的物的数量或者质量不符合约定的情形通知出卖人。买受人怠于通知的，视为标的物的数量或者质量符合约定。

（2）买受人在合理期间内未通知或者自标的物收到之日起两年内未通知出卖人的，视为标的物的数量或者质量符合约定。但对标的物有质量保证期的，适用质量保证期，不适用该两年的规定。出卖人知道或者应当知道提供的标的物不符合约定的，买受人不受上述通知时间的限制。

5. 买卖合同的特别解除规则

（1）因标的物的主物不符合约定而解除合同的，解除合同的效力及于从物。标的物的从物因不符合约定被解除的，解除的效力不及于主物，即从物有瑕疵的，买受人仅可解除与从物有关的合同部分。

（2）标的物为数物，其中一物不符合约定的，买受人可以就该物解除，但该物与他物分离使标的物的价值显受损害的，当事人可以就数物解除合同。

（3）出卖人分批交付标的物的。

①出卖人对其中一批标的物不交付或者交付不符合约定，致使该批标的物不能实现合同目的的，买受人可以就该批标的物解除合同。

②出卖人不交付其中一批标的物或者交付不符合约定，致使今后其他各批标的物的交付不能实现合同目的的，买受人可以就该批以及今后其他各批标的物解除合同。

③买受人如果就其中一批标的物解除合同，该批标的物与其他各批标的物相互依存的，可以就已经交付和未交付的各批标的物解除合同。

【考点精析2】特种买卖合同

1. 分期付款买卖合同

分期付款的买受人未支付到期价款的金额达到全部价款的1/5的，出卖人可以要求买受人一并支付到期与未到期的全部价款或者解除合同。分期付款要求买受人将应付的总价款在一定期间内至少分三次向出卖人支付。

2. 试用买卖合同

试用买卖的当事人可以约定标的物的试用期间。试用期间届满，买受人对是否购买标的物未作表示的，视为购买。试用期间届满，买受人对标的物实施了出卖、出租、设定担保物权等非试用行为的，应视为同意购买。买卖合同存在下列约定内容之一的，不属于试用买卖：

①约定标的物经过试用或者检验符合一定要求时，买受人应当购买标的物；

②约定第三人经试验对标的物认可时，买受人应当购买标的物；

③约定买受人在一定期间内可以调换标的物；

④约定买受人在一定期间内可以退还标的物。

3. 招标投标合同

招标公告在性质上属于要约邀请。投标人投标为要约，投标时投标人应当根据招标公告的要求作出意思表示。招标投标买卖的中标人在接到中标通知后，在指定的期间与地点与招标人签订书面合同，买卖合同正式成立。

4. 商品房买卖合同

（1）销售广告的性质认定。

①有关商品房的销售广告和宣传资料为要约邀请，对出卖人无合同上的约束力。

②就商品房开发规划范围内的房屋及相关设施所作的说明和允诺具体确定，并对合同的订立以及房屋价格的确定有重大影响的，视为要约。

③第②点的内容即使未订入合同，仍属于合同的组成部分，当事人违反这些内容的，承担违约责任。

（2）商品房预售合同的效力。出卖人未取得预售许可而与买受人订立预售合同的，合同无效，但是在起诉前取得预售许可的，合同有效。商品房预售合同应当办理登记备案手续，但该登记备案手续并非合同生效条件，当事人另有约定的除外。

（3）被拆迁人的优先权。拆迁人与被拆迁人按照所有权调换形式订立拆迁补偿安置协议，明确约定拆迁人以位置、用途特定的房屋对被拆迁人予以补偿安置，如果拆迁人将该补偿安置房屋另行出卖给第三人，被拆迁人请求优先取得补偿安置房屋的，应予支持。

（4）商品房买卖中法定解除权的行使。

①因房屋主体结构质量不合格不能交付使用，或者房屋交付使用后，房屋主体结构质量经核验确属不合格的；

②因房屋质量问题严重影响正常居住使用的；

③房屋套内建筑面积或者建筑面积与合同约定的面积误差比绝对值超过3%的；

④出卖人迟延交付房屋或者买受人迟延支付购房款，经催告后在3个月的合理期限内仍未履行的；

⑤约定或者法定的办理房屋所有权登记的期限届满后超过一年，因出卖人的原因导致买受人无法办理房屋所有权登记的。

（5）可以适用惩罚性赔偿金的情形。在下列情形下，由于出卖人行为构成了欺诈，因此买受人可以在解除合同并赔偿损失的前提下，要求出卖人承担不超过已付房款1倍的惩罚性赔偿金：

①商品房买卖合同订立后，出卖人未告知买受人又将该房屋抵押给第三人；

②商品房买卖合同订立后，出卖人又将该房屋出卖给第三人；

③故意隐瞒没有取得商品房预售许可证明的事实或者提供虚假商品房预售许可证明；

④故意隐瞒所售房屋已经抵押的事实；

⑤故意隐瞒所售房屋已经出卖给第三人或者为拆迁补偿安置房屋的事实。

📝阶段性测试

1.【单选题】在下列情形中，出卖人应承担标的物毁损、灭失风险的是（　）。

A. 出卖人出卖交由承运人运输的在途标的物，买卖双方未就标的物损毁、灭失的风险做特别约定

B. 买受人下落不明，出卖人将标的物提存

C. 标的物已运抵交付地点，买受人因标的物质量不合格而拒收货物

D. 合同约定在标的物所在地交货，约定时间已过，买受人仍未前往提货

2.【单选题】甲公司向乙企业订购一批车辆，同时订购了随车维修工具。下列说法正确的是（　）。

A. 如果因车辆不符合约定而解除合同，甲公司可以同时解除购买维修工具的合同

B. 如果因维修工具不符合约定而解除合同，甲公司可以同时解除购买车辆的合同

C. 如果某一辆车不符合约定，甲公司可以解除购买全部车辆的合同

D. 如果第二批交付车辆不符合约定，甲公司可以解除购买全部车辆的合同

3.【单选题】关于商品房预售合同，下列说法正确的是（　）。

A. 出卖人未取得预售许可而与买受人订立预售合同的，合同一律无效

B. 出卖人未取得预售许可而与买受人订立预售合同的，但是在起诉前取得预售许可的，合同有效

C. 商品房预售合同无须办理登记备案手续

D. 办理登记备案手续是合同生效的条件

4.【多选题】甲公司向乙公司购买一台大型设备，由于疏忽未在合同中约定检验期。该设备运回后，甲公司即组织人员进行检验，未发现质量问题，于是投入使用。至第3年，发现该设备关键部位存在隐蔽瑕疵。该设备说明书标明质量保证期为4年。根据《合同法》的规定，下列关于乙公司是否承担责任的表述中，不正确的有（　）。

A. 乙公司在合理期限内，未收到甲公司有关设备质量不合格的通知，故该设备质量应视为合格，乙公司不承担责任

B. 乙公司在两年内未收到甲公司有关设备存在瑕疵的通知，故该设备质量应视为合

格，乙公司不承担责任

C. 该设备说明书标明质量保证期为 4 年，故乙公司应承担责任

D. 甲公司与乙公司双方未约定质量检验期间，都存在过错，应分担责任

5. **【多选题】** 张某在 4S 店购买轿车一辆，总价款 20 万元，约定分 10 次付清。张某按期支付 6 次共计 12 万元后，因该款汽车大幅降价，张某遂停止付款。下列表述正确的有(   )。

A. 4S 店有权要求张某一次性付清余下的 8 万元价款

B. 4S 店有权通知张某解除合同

C. 4S 店有权收回汽车，并且收取张某汽车使用费

D. 4S 店有权收回汽车，且不退还张某已经支付的 12 万元价款

6. **【多选题】** 下列有关商品房买卖合同的说法，符合法律规定的有(   )。

A. 有关商品房的销售广告和宣传资料为要约邀请，对出卖人无合同上的约束力

B. 出卖人未取得预售许可而与买受人订立预售合同的，该合同效力待定

C. 房屋套内建筑面积或者建筑面积与合同约定的面积误差比绝对值超过 3% 的，可以解除合同

D. 出卖人故意隐瞒所售房屋已经抵押的事实，买受人可以在解除合同并赔偿损失的前提下，还可以要求出卖人承担不超过已付房款一倍的惩罚性赔偿金

📝 **阶段性测试答案精析**

1. C 【解析】本题考核买卖合同标的物风险的承担。(1)出卖人出卖交由承运人运输的在途标的物，除当事人另有约定的以外，毁损、灭失的风险自合同成立时起由买受人承担。选项 A 中，出卖人不承担风险。(2)标的物提存后，毁损、灭失的风险由债权人承担。选项 B 中，出卖人不承担风险。(3)因标的物质量不符合要求，

致使不能实现合同目的的，买受人可以拒绝接受标的物或者解除合同。买受人拒绝接受标的物或者解除合同的，标的物毁损、灭失的风险由出卖人承担。选项 C 中，出卖人承担风险。(4)因买受人的原因致使标的物不能按照约定的期限交付的，买受人应当自违反约定之日起承担标的物毁损、灭失的风险。选项 D 中，出卖人不承担风险。

2. A 【解析】本题考核买卖合同解除的效力。因标的物的主物不符合约定而解除合同的，解除合同的效力及于从物，选项 A 正确。

3. B 【解析】本题考核商品房预售合同。根据规定，出卖人未取得预售许可而与买受人订立预售合同的，合同无效，但是在起诉前取得预售许可的，合同有效，选项 A 错误。商品房预售合同应当办理登记备案手续，但该登记备案手续并非合同生效条件，当事人另有约定的除外，选项 C、D 错误。

4. ABD 【解析】本题考核买卖合同标的物的检验。出卖人交付标的物后，买受人应当对收到的标的物及时进行检验，买受人在合理期间内未通知或者自标的物收到之日起两年内未通知出卖人的，视为标的物的数量或者质量符合约定。但对标的物有质量保证期的，适用质量保证期，不适用该两年的规定。在本题中，该设备说明书明确标明质量保证期为 4 年。

5. ABC 【解析】本题考核分期付款买卖合同。分期付款的买受人未支付到期价款的金额达到全部价款的 1/5 的，出卖人可以要求买受人一并支付到期与未到期的全部价款或者解除合同。因此，选项 A、B 正确。出卖人解除合同的，双方应互相返还财产，出卖人可以向买受人要求支付该标的物的使用费。因此，选项 C 正确，选项 D 错误。

6. ACD 【解析】本题考核商品房买卖合同。

出卖人未取得预售许可而与买受人订立预售合同的，合同无效，但是在起诉前取得预售许可的，合同有效。选项 B 错误。

考点十二 赠与合同★★

扫我解疑难

📝 经典例题

【例题 1·多选题】（2017 年）赠与合同履行后，受赠人有特定忘恩行为时，赠与人有权撤销赠与合同。根据合同法律制度的规定，下列各项中，属于此类忘恩行为的有（　　）。

A. 受赠人严重侵害赠与人亲属

B. 受赠人严重侵害赠与人

C. 受赠人不履行赠与合同约定的义务

D. 受赠人对赠与人有扶养义务而不履行

【答案】 BCD

【解析】 本题考核赠与撤销。受赠人有下列情形之一的，赠与人可以行使撤销权：（1）严重侵害赠与人或者赠与人的近亲属；（2）对赠与人有扶养义务而不履行；（3）不履行赠与合同约定的义务。

【例题 2·单选题】（2012 年）2011 年 10 月 8 日，甲提出将其正在使用的轿车赠送给乙，乙欣然接受。10 月 21 日，甲将车交付给乙，但未办理过户登记。交车时，乙向甲询问车况，甲称"一切正常，放心使用"。事实上，该车三天前曾出现刹车失灵，故障原因尚未查明。乙驾车回家途中，刹车再度失灵，车毁人伤。根据合同法律制度的规定，下列表述中正确的是（　　）。

A. 甲、乙赠与合同的成立时间是 2011 年 10 月 8 日

B. 双方没有办理过户登记，因此轿车所有权尚未转移

C. 甲未如实向乙告知车况，构成欺诈，因此赠与合同无效

D. 赠与合同是无偿合同，因此乙无权就车毁人伤的损失要求甲赔偿

【答案】 A

【解析】 本题考核赠与合同。赠与合同是诺成合同，选项 A 正确。轿车是动产，所有权是自交付时转移，选项 B 错误。赠与人故意不告知瑕疵或者保证无瑕疵，造成受赠人损失的，应当承担损害赔偿责任，选项 C、D 错误。

📝 考点精析

1. 赠与合同的性质

赠与合同是单务、无偿、诺成合同。

2. 赠与人的责任

（1）赠与可以附义务。赠与附义务的，受赠人应当按照约定履行义务。

（2）因赠与人**故意或者重大过失**致使赠与的财产毁损、灭失的，赠与人应当承担损害赔偿责任。

（3）赠与的财产有瑕疵的，赠与人不承担责任。附义务的赠与，赠与的财产有瑕疵的，赠与人在附义务的限度内承担与出卖人相同的责任。

（4）赠与人**故意不告**知瑕疵或者保证无瑕疵，造成受赠人损失的，应当承担损害赔偿责任。

3. 赠与合同的撤销

（1）任意撤销。赠与人在赠与财产的权利转移之前可以撤销赠与。但具有救灾、扶贫等社会公益、道德义务性质的赠与合同或者经过公证的赠与合同，不得撤销赠与。

（2）法定撤销。

①当受赠人有下列情形之一的，赠与人可以行使撤销权：

A. 严重侵害赠与人或者赠与人的近亲属；

B. 对赠与人有扶养义务而不履行；

C. 不履行赠与合同约定的义务。

②赠与人的撤销权自**知道或者应当知道撤销原因之日起 1 年内**行使。

③因受赠人的违法行为致使赠与人死亡或者丧失民事行为能力的，赠与人的继承人

第 4 章 合同法律制度

或者法定代理人可以撤销赠与。赠与人的继承人或者法定代理人的撤销权，自知道或者应当知道撤销原因之日起**6个月内**行使。

考点十三　借款合同★★

扫我解疑难

📝 **经典例题**

【例题1·案例分析题】（2017年）2016年3月，甲公司因业务需要分别向乙公司和丙公司购买绒布面料和丝质面料。为筹措面料采购资金，甲公司与丁银行签订合同，约定：借款50万元，借期为自放款日起1个月，月利率4%。借款合同签订当日，丁银行预先扣除相应利息后发放贷款48万元。戊公司为甲公司借款提供保证，双方未约定保证方式属于一般保证还是连带责任保证。

甲公司和乙公司绒布面料买卖合同约定：面料总价40万元，乙公司交付绒布面料3日内一次付清；合同签订次日，甲公司给付定金10万元。合同签订后，甲公司如数给付定金。后因绒布面料价格上涨，乙公司要求加价，被甲公司拒绝。最终，乙公司比约定交货日期延迟10日才向甲公司交货。此时，甲公司因无原料投产，不能向买方按时交货，订单已被原买方取消。甲公司为此遭受损失19万元。鉴于乙公司的履行已无意义，甲公司拒绝接受乙公司履行，通知乙公司解除合同，要求适用定金罚则由乙公司双倍返还定金共20万元，并赔偿全部损失19万元。乙公司不同意解除合同，拒绝赔偿19万元损失，要求甲公司收货并支付货款。

甲公司和丙公司丝质面料买卖合同约定：甲公司向丙公司购买丝质面料100匹；甲公司应在收货后10日内检验面料质量并通知丙公司；甲公司于质量检验后3日内支付价款。甲公司收货后，由于业务繁忙，至收货后的第12日才开箱验货，发现面料质量存在问题，不能正常使用，遂通知丙公司解除合同，丙公司拒绝。验货次日，甲公司所在地山洪暴发，丝质面料全部毁损。

甲公司未能按期偿还丁银行借款。丁银行要求戊公司承担保证责任，为甲公司还本付息。戊公司拒绝，理由是：（1）4%的月利率不合法；（2）丁银行应先就甲公司财产强制执行。

要求：根据上述内容，分别回答下列问题。

（1）甲公司是否有权解除与乙公司的绒布面料买卖合同？并说明理由。

（2）根据定金罚则，甲公司是否有权要求乙返还20万元？并说明理由。

（3）适用定金罚则后，甲公司能否要求乙公司赔偿全部损失19万元？并说明理由。

（4）甲公司是否有权解除与丙公司的丝质面料买卖合同？并说明理由。

（5）丝质面料遭山洪毁损的损失由谁承担？并说明理由。

（6）甲公司与丁银行借款合同约定的4%月利率是否合法？借款到期后，甲公司应向丁银行支付多少利息？并分别说明理由。

（7）戊公司关于"丁银行应先就甲公司财产强制执行"的理由是否成立？并说明理由。

【答案】

（1）甲公司有权解除与乙公司的绒布面料买卖合同。根据规定，当事人一方迟延履行债务或者有其他违约行为致使不能实现合同目的的，守约方可以解除合同。因乙公司迟延履行，导致甲公司不能实现合同目的，因此甲公司可以主张解除合同。

（2）根据定金罚则，甲公司无权要求乙返还20万元。根据规定，定金的数额由当事人约定，但不得超过主合同标的额的20%；超过部分无效。本题中货款40万元，定金为8（40×20%）万元，2万元相当于预付款。适用定金罚则，甲公司可以要求乙返还18万元（双倍返还定金16万元，多出的2万元原数返还）。

（3）适用定金罚则后，甲公司不能要求乙公司赔偿全部损失19万元。根据规定，买卖合同约定的定金不足以弥补一方违约造成的损失，对方请求赔偿超过定金部分的损失的，人民法院可以并处，但定金和损失赔偿的数额总和不应高于因违约造成的损失。本题中，适用定金罚则可以弥补8万元损失，可以再要求乙公司赔偿损失11(19-8)万元。

(4)甲公司无权解除与丙公司的丝质面料买卖合同。根据规定，当事人约定检验期间的，买受人应当在检验期间内将标的物的数量或者质量不符合约定的情形通知出卖人。买受人怠于通知的，视为标的物的数量或者质量符合约定。本题中甲公司超过约定的检验期间，视为质量符合规定，不能主张解除合同。

(5)丝质面料遭山洪毁损的损失由甲公司承担。根据规定，标的物毁损、灭失的风险，在标的物交付之前由出卖人承担，交付之后由买受人承担，但法律另有规定或者当事人另有约定的除外。本题中货物已经交付给甲公司，因此是甲公司承担风险。

(6)第一，甲公司与丁银行借款合同约定4%月利率合法。根据规定，自2013年7月20日起，我国全面放开金融机构贷款利率管制，除个人住房贷款利率浮动区间暂不调整外，金融机构其他贷款利率不再设上下限。因此利率符合规定。

第二，借款到期后，甲公司应向丁银行支付的利息为1.92(48×4%)万元。根据规定，在借款合同中，借款的利息不得预先在本金中扣除。利息预先在本金中扣除的，应当按照实际借款数额返还借款并计算利息。

(7)戊公司的理由不成立。根据规定，当事人对保证方式没有约定或者约定不明确的，按照连带责任保证承担保证责任。本题中没有约定保证方式，视为连带责任保证。连带责任保证人没有先诉抗辩权，因此戊公司的理由不成立。

【例题2·单选题】(2016年)甲公司通过乙互联网借贷平台向丙公司借款30万元，用于生产经营，年利率28%。乙互联网借贷平台在主页上标明"通过本平台签订的借款合同，本公司保障出借人的本金安全"字样。根据合同法律制度的规定，下列表述中正确的是(　　)。

A. 借款利率高于法定最高利率，借款合同无效
B. 乙互联网借贷平台应当对借款本金承担担保责任
C. 甲、丙公司属法人间借贷，借款合同无效
D. 借款利率高于24%的法定最高利率，超出部分利息约定无效

【答案】B

【解析】本题考核借款合同。借贷双方约定的利率超过年利率36%，超过部分的利息约定无效，选项A、D错误。民间借贷，是指自然人、法人、其他组织之间及其相互之间进行资金融通的行为，法律是允许的，选项C错误。

📝 考点精析

【考点精析1】借款合同概述

金融机构贷款或者其他主体贷款的借款合同是诺成合同，自双方意思表示一致时成立。自然人之间的借款合同是实践合同，自贷款人提供借款时生效。

【考点精析2】双方当事人权利义务

(1)贷款人未按照约定的日期、数额提供借款，造成借款人损失的，应当赔偿损失。借款人未按照约定的日期、数额收取借款的，应当按照约定的日期、数额支付利息。

(2)借款人未按照约定的借款用途使用借款的，贷款人可以停止发放借款、提前收回借款或者解除合同。

(3)借款的利息不得预先在本金中扣除，利息预先在本金中扣除的，应当按照实际借款数额返还借款并计算利息。

(4)借款人应当按照约定的期限支付利息。对支付利息的期限没有约定或者约定不明确，依照《合同法》有关规定仍不能确定的，借款期间不满一年的，应当在返还借款时一并支付；借款期间一年以上的，应当在每届满一年时支付，剩余期间不满一年的，应当在返还借款时一并支付。

（5）借款人应当按照约定的期限返还借款。借款人**提前偿还借款的**，除当事人另有约定的以外，应当**按照实际借款的期间计算利息**。

【考点精析3】民间借贷合同

1. 民间借贷的范围

民间借贷指自然人、法人、其他组织之间及其相互之间进行资金融通的行为。

【知识点拨】经金融监管部门批准设立的从事贷款业务的金融机构及其分支机构，发放贷款等相关金融业务不属于民间借贷。

2. 民间借贷合同的效力（见表4-10）

表4-10　民间借贷合同的效力

合同的效力	情形
有效	（1）企业间借贷合同，指法人之间、其他组织之间以及它们相互之间为生产、经营需要订立的民间借贷合同； （2）企业内部集资合同，指法人或者其他组织在本单位内部通过借款形式向职工筹集资金，用于本单位生产、经营签订的民间借贷合同； （3）涉嫌犯罪的民间借贷合同，指借款人或者出借人的借贷行为涉嫌犯罪，或者已经生效的判决认定构成犯罪，当事人提起民事诉讼的，民间借贷合同并不当然无效
无效	（1）存在《合同法》第52条规定的无效情形； （2）套取金融机构信贷资金又"高利转贷"给借款人，且借款人"事先知道或应当知道的"； （3）以向"其他企业"借贷或者向"本单位职工集资"取得的资金又转贷给借款人牟利，且借款人"事先知道或应当知道的"； （4）出借人"事先知道或者应当知道"借款人借款用于违法犯罪活动仍然提供借款的； （5）违背社会公序良俗的； （6）其他违反法律、行政法规效力性强制性规定的

3. 互联网借贷平台的法律责任

（1）借贷双方通过网络贷款平台形成借贷关系，网络贷款平台的提供者**仅提供媒介服务，不承担担保责任**。

（2）网络贷款平台的提供者通过网页、广告或者其他媒介**明示或者有其他证据证明其为借贷提供担保的**，网络贷款平台的提供者**应当承担担保责任**。

4. 法定代表人在民间借贷合同中的责任（见表4-11）

表4-11　法定代表人在民间借贷合同中的责任

项目	内容
以企业名义借用于个人	出借人可以要求将企业法定代表人或负责人列为共同被告或者第三人
以个人名义借用于企业	企业法定代表人或负责人以个人名义与出借人签订民间借贷合同，所借款项用于企业生产经营，出借人可以请求企业与个人共同承担责任

5. 民间借贷与买卖合同混合时的处理规则

（1）合同性质：按照民间借贷合同处理。当事人以签订买卖合同作为民间借贷合同的担保，借款到期后借款人不能还款，出借人请求履行买卖合同的，人民法院**应当按照民间借贷法律关系审理**，并向当事人释明变更诉讼请求。当事人拒绝变更的，人民法院裁定驳回起诉。

（2）后续处理：作为担保物处理。借款人不履行生效判决确定的金钱债务，出借人可以申请拍卖买卖合同标的物，以偿还债务。就拍卖所得的价款与应偿还借款本息之间的差额，借款人或者出借人有权主张返还或补偿。

6. 民间借贷的利息与利率

(1) 关于借期内利息。

①借贷双方没有约定利息，出借人主张支付借期内利息的，人民法院不予支持。

②自然人之间借贷对利息约定不明，出借人主张支付利息的，人民法院不予支持。

③除自然人之间借贷的外，借贷双方对借贷利息约定不明，出借人主张利息的，人民法院应当结合民间借贷合同的内容，并根据当地或者当事人的交易方式、交易习惯、市场利率等因素确定利息。

(2) 关于借期内利率。

①借贷双方约定的利率未超过年利率24%（小于等于24%），出借人请求借款人按照约定的利率支付利息的，人民法院应予支持。

②借贷双方约定的利率超过年利率36%（大于36%），超过部分的利息约定无效。借款人请求出借人返还已支付的超过年利率36%部分的利息的，人民法院应予支持。

③关于利滚利本金及利息的处理（见表4-12）。

表4-12　利滚利本金及利息的处理

项目		内容
本金的处理	约定的利率≤年利率24%	重新出具的债权凭证载明的金额可认定为后期借款本金
	约定的利率>年利率24%	当事人主张超过部分的利息不能计入后期借款本金的，人民法院应予支持
本息和的处理		借款人在借款期间届满后应当支付的本息之和，不能超过最初借款本金与以最初借款本金为基数、以年利率24%计算的整个借款期间的利息之和。出借人请求借款人支付超过部分的，人民法院不予支持

(3) 关于逾期利息的处理。

①逾期利率的确定（见表4-13）。

表4-13　逾期利率的确定

项目		内容
有约定		从其约定，但以不超过年利率24%为限
没有约定或约定不明	既未约定借款内利率，又未约定逾期利率	出借人主张借款人自逾期还款之日起按照年利率6%支付资金占用期间利息的，人民法院应予支持
	约定了借期内利率但未约定逾期利率	出借人主张借款人自逾期还款之日起按照借期内的利率支付资金占用期间利息的，人民法院应予支持

【知识点拨】 自然人之间的借款合同有约定偿还期限而借款人不按期偿还，或者未约定偿还期限但经出借人催告后，借款人仍不偿还的，出借人可以要求借款人偿付逾期利息。

②逾期利息与违约责任。出借人与借款人既约定了逾期利率，又约定了违约金或者其他费用，出借人可以选择主张逾期利息、违约金或者其他费用，也可以一并主张，但总计超过年利率24%的部分，人民法院不予支持。

【考点精析4】 自然人之间的借款合同

(1) 自然人之间的借款合同为实践合同，自出借人提供借款时生效。

(2) 自然人之间借款合同中，认定构成出借人提供借款的情形：

①以现金支付的，自借款人收到借款时；

②以银行转账、网上电子汇款或者通过网络贷款平台等形式支付的，自资金到达借款人账户时；

③以票据交付的，自借款人依法取得票

据权利时；

④出借人将特定资金账户支配权授权给借款人的，自借款人取得对该账户实际支配权时。

（3）自然人之间的借款合同对支付利息没有约定或者约定不明确的，视为不支付利息。

考点十四　租赁合同★★

扫我解疑难

📋 **经典例题**

【例题1·案例分析题】（2019年）2018年6月18日，甲向乙借款70万元，借期一年，约定到期本息一年偿还100万元。同时，甲以其市价100万元的挖掘机作为抵押，并约定：借款到期若甲不能偿还，挖掘机归乙所有。双方签订抵押合同，但未作登记。

7月17日，甲、丙口头约定甲将挖掘机出租于丙，租期7个月，双方对租赁物的维修义务未作约定。9月20日，挖掘机出现故障，无法正常工作。丙要求甲维修，甲拒绝。丙遂自行维修，花去维修费3万元。丙要求甲支付该笔维修费，未果。

11月2日，甲电话通知丙解除租赁合同，要求丙在15日内返还挖掘机，但未给出任何理由。丙拒绝。

11月5日，丙将挖掘机售于丁，丁不知丙并非挖掘机所有人。同日，丁向丙支付100万元，双方约定11月16日交付挖掘机。

11月15日，丁得知挖掘机的所有权人是甲，并且甲不知自己与丙的交易。当晚，丁在未通知甲、丙的情况下，自行将挖掘机开走。

11月16日，丁将挖掘机以110万元售于戊，当日戊依约付款，丁依约交付挖掘机，戊不了解挖掘机之前的交易情况，亦不知道丁并非挖掘机所有权人。

11月17日，甲要求丙返还挖掘机，发现挖掘机已辗转至戊手，甲遂请求戊返还挖掘机。甲向乙的借款到期后，甲不能偿还借款本息，

乙诉至法院，请求判令甲按双方合同约定偿还借款本息100万元。甲辩称，该借款合同利率超过法律规定的最高利率，合同无效。

要求：根据上述内容，分别回答下列问题。

（1）甲、乙借款合同约定的100万元本息中，多少金额的约定是无效的？并说明理由。

（2）乙向甲主张偿还的100万元本息中，法院应支持多少金额？并说明理由。

（3）乙对挖掘机的抵押权是否已有效设立？并说明理由。

（4）甲和乙之间"借款到期，若甲不能偿还，挖掘机归乙所有"的约定是否有效？并说明理由。

（5）丙是否有权要求甲支付维修费？并说明理由。

（6）甲、丙之间的租赁合同是否因甲的解约通知而解除？并说明理由。

（7）甲是否有权请求戊返还挖掘机？并说明理由。

【答案】

（1）甲、乙借款合同约定的100万元本息中，4.8万元的利息无效。根据规定，借贷双方约定的利率超过年利率36%，超过部分的利息约定无效。题目中，本金70万元，约定一年本息100万元，即一年的利息为30万元，其中按照36%计算利息=70×36%=25.2（万元），那么超过的部分为30-25.2=4.8（万元），是无效的。

（2）乙向甲主张偿还的100万元本息中，法院应支持86.8万元的本息。根据规定，借贷双方约定的利率未超过年利率24%，出借人请求借款人按照约定的利率支付利息的，人民法院应予支持。借贷双方约定的利率超过24%未超过36%的，由债务人自愿履行，如果债务人拒绝支付，出借人不能请求支付。人民法院支持的仅是未超过年利率24%的部分，即70×24%=16.8（万元）。

（3）乙对挖掘机的抵押权已经有效设立。根据规定，以生产设备、原材料、半成品、产品抵押的，抵押权自抵押合同生效时设立；未

经登记，不得对抗善意第三人。题目中，签订了抵押合同，抵押权设立。

（4）甲和乙抵押合同中的约定无效。根据规定，抵押权人在债务履行期届满前，不得与抵押人约定债务人不履行到期债务时抵押财产归债权人所有。

（5）丙有权要求甲支付维修费。根据规定，出租人应当履行租赁物的维修义务，但当事人另有约定的除外。承租人在租赁物需要维修时可以要求出租人在合理期限内维修。出租人未履行维修义务的，承租人可以自行维修，维修费用由出租人负担。

（6）甲、丙之间的租赁合同因甲的解除通知而解除。根据规定，租赁期限6个月以上的，应当采用书面形式。当事人未采用书面形式的，视为不定期租赁。不定期租赁合同中当事人可以随时解除合同，但出租人解除合同应当在合理期限之前通知承租人。

（7）甲无权请求戊返还挖掘机。根据规定，无处分权人将不动产或者动产转让给受让人的，所有权人有权追回；除法律另有规定外，符合下列情形的，受让人取得该不动产或者动产的所有权：①受让人受让该不动产或者动产时是善意的；②以合理的价格转让；③转让的不动产或者动产依照法律规定应当登记的已经登记，不需要登记的已经交付给受让人。题目中，承租人丙将挖掘机卖给丁，丁在"受让动产时"知道丙是无权处分，不是善意第三人，不构成善意取得。丁再将挖掘机卖给戊，仍是无权处分，但戊善意、价格合理、已经交付，构成善意取得制度而取得挖掘机所有权，因此甲无权请求戊返还挖掘机。

【例题2·案例分析题】（2018年）2016年6月6日，甲与乙签订委托合同，委托乙出租自有房屋一套并代收租金，委托期间为2016年6月6日至2018年7月31日。2016年7月4日，甲为乙出具了授权委托书，载明乙有权代理甲处理房屋出租及租金收取事宜，代理权期间为2016年7月4日至2018年7月31日。

2016年8月1日，乙以甲名义与丙签订书面房屋租赁合同，租期为2016年8月1日至2018年7月31日，租金每月2万元。2017年6月，该房屋卫生间管道严重漏水，丙请求甲维修，甲以租赁合同中未约定由其承担维修义务为由拒绝，丙自行维修，花费2 000元。2018年2月，甲欲出售该房屋，遂通知丙解除租赁合同，丙以甲无权任意解除合同为由拒绝。2018年3月5日，甲在未告知丙的情况下，与丁签订买卖合同，以800万元的价格将房屋出售于丁。为支付房款，2018年3月11日，丁与戊、庚签订借款合同，分别自戊、庚处借款500万元和300万元，借款期限均为3个月。同时，丁还分别与戊、庚约定以房屋作为借款抵押。次日，丁向甲支付了房款。2018年3月20日，甲和丁办理了房屋过户登记。随后，丁为戊、庚办理了顺位相同的房屋抵押登记。

2018年4月2日，丁以其为房屋所有权人为由，要求丙搬离，丙拒绝，并以承租人享有优先购买权为由，主张甲与丁的买卖合同无效。

因丁无力偿还戊、庚的借款，2018年7月12日，戊、庚主张实现抵押权。房屋拍卖所得价款为720万元，戊、庚均要求就拍卖所得价款全额实现自己的债权。

要求：根据上述内容，分别回答下列问题。

（1）甲与乙的委托合同何时生效？乙何时取得代理权？并分别说明理由。

（2）卫生间管道的维修费用2 000元应当由谁承担？并说明理由。

（3）甲是否有权解除与丙的租赁合同？并说明理由。

（4）丁是否有权要求丙搬离？并说明理由。

（5）丙是否有权主张甲与丁的买卖合同无效？并说明理由。

（6）戊和庚应如何就房屋拍卖所得价款实现各自的抵押权？并说明理由。

【答案】

（1）①甲与乙的委托合同于2016年6月6日

生效。委托合同属于诺成合同，依法成立的合同，原则上自成立时生效。本题中，甲、乙对委托合同的生效时间未进行特殊约定，故该委托合同自6月6日签订时生效。

②乙于2016年7月4日取得代理权。委托代理中的授权行为是一种单方民事法律行为，仅凭被代理人一方的意思表示，即可发生授权的效果。

（2）卫生间管道的维修费用应当由甲承担。根据规定，出租人应当履行租赁物的维修义务，但当事人另有约定的除外。承租人在租赁物需要维修时可以要求出租人在合理期限内维修；出租人未履行维修义务的，承租人可以自行维修，维修费用由出租人负担。

（3）甲无权解除租赁合同。双方当事人书面约定租赁期间为2016年8月1日至2018年7月31日，该约定有效；租赁期限内，甲、乙没有达成一致，也没有法定解除的情形，所以甲无权解除合同。

（4）丁无权要求丙搬离。根据"买卖不破租赁"，租赁物在租赁期间发生所有权变动的，不影响租赁合同的效力。因此，丁无权要求丙搬离，丙在租赁期限内，可以继续租住该房屋。

（5）丙无权主张甲与丁的买卖合同无效。根据规定，出租人出卖租赁房屋未在合理期限内通知承租人或者存在其他侵害承租人优先购买权的情形，承租人可以请求出租人承担赔偿责任，但不得主张出租人与第三人签订的房屋买卖合同无效。

（6）戊和庚就房屋拍卖所得价款应按债权比例清偿。根据规定，抵押权已登记的，按照登记的先后顺序清偿；顺序相同的，按照债权比例清偿。房屋拍卖价款720万元，戊的债权500万元、庚的债权300万元，即戊得到5/8即450万元，庚得到3/8即270万元。

【例题3·单选题】（2016年）乙承租甲的房屋，约定租赁期间为2015年1月1日至2016年12月31日。经甲同意，乙将该房屋转租给丙，租赁期间为2015年6月1日至2016年

5月31日。根据合同法律制度的规定，下列表述中正确的是（ ）。

A. 甲有权直接向丙收取租金

B. 若丙对房屋造成损害，甲有权向乙主张赔偿

C. 甲有权解除乙和丙之间的转租合同

D. 甲和乙之间的租赁合同在转租期内失效

【答案】B

【解析】本题考核租赁合同。根据合同的相对性，合同关系只能发生在特定主体之间，只有合同当事人一方能够向合同的另一方当事人基于合同提出请求，选项A错误。承租人未经出租人同意转租的，出租人可以解除合同。本题中，承租人乙转租房屋经出租人甲同意，选项C错误。承租人转租的，承租人与出租人之间的租赁合同继续有效，第三人对租赁物造成损失的，承租人应当赔偿损失，选项B正确，选项D错误。

【例题4·多选题】（2011年）甲承租乙的住房，租期未满，乙有意将该住房出售。根据合同法律制度的规定，下列表述中正确的有（ ）。

A. 乙应在出售之前的合理期限内通知甲，甲在同等条件下享有优先购买权

B. 如果乙对甲隐瞒情况，将房屋出售给丙，甲可以主张乙、丙之间的房屋买卖合同无效

C. 如果甲放弃优先购买权，当丙购得该住房成为新所有人后，即使租期未满，也有权要求甲立即迁出该住房

D. 如果乙的哥哥丁想要购买该住房，则甲不得主张优先购买权

【答案】AD

【解析】本题考核租赁合同。选项B，出租人出卖租赁房屋未在合理期限内通知承租人或者存在其他侵害承租人优先购买权情形，承租人可以请求出租人承担赔偿责任的，但不得主张出租人与第三人签订的房屋买卖合同无效。选项C，租赁物在租赁期间发生所有权变动的，不影响租赁合同的效力。

【考点精析1】 租赁合同概述

（1）租赁期限不得超过20年。超过20年的，超过部分无效。租赁期间届满，当事人可以续订租赁合同，但约定的租赁期限自续订之日起仍不得超过20年。

（2）不定期租赁包括：

①租赁期限6个月以上的，合同应当采用书面形式。当事人未采用书面形式的，视为不定期租赁。

②当事人对租赁期限没有约定或者约定不明确，依照《合同法》有关规定仍不能确定的，视为不定期租赁。

③租赁期届满，承租人继续使用租赁物，出租人没有提出异议的，原租赁合同继续有效，但租赁期限为不定期。

对于不定期租赁，双方当事人均可以随时解除合同，但出租人解除合同应当在合理期限之前通知承租人。

（3）租金支付期限。

承租人应当按照约定的期限支付租金。未约定或约定不明，依照合同法有关规定仍不能确定的：

①租赁期间不满1年的，应当在租赁期间届满时支付；

②租赁期间1年以上的，应当在**每届满1年时**支付，剩余期间不满1年的，应当在租赁期间届满时支付。

【考点精析2】 双方当事人的权利义务

（1）**出租人应当履行租赁物的维修义务**，但当事人另有约定的除外。出租人未履行维修义务的，承租人可以自行维修，维修费用由出租人负担。因维修租赁物影响承租人使用的，应当相应减少租金或者延长租期。

（2）承租人经出租人同意，可以对租赁物进行改善或者增设他物。承租人未经出租人同意，对租赁物进行改善或者增设他物的，出租人可以要求承租人恢复原状或者赔偿损失。

（3）承租人经出租人同意，可以将租赁物转租给第三人。承租人转租的，承租人与出租人之间的租赁合同继续有效，第三人对租赁物造成损失的，承租人应当赔偿损失。承租人**未经出租人同意转租的，出租人可以解除合同**。

（4）在租赁期间因占有、使用租赁物获得的收益，归承租人所有，但当事人另有约定的除外。

（5）租赁物在租赁期间发生所有权变动的，不影响租赁合同的效力，即"买卖不破租赁"。

【知识点拨】 所有的所有权让与均"不破租赁"，并非局限于买卖。

【考点精析3】 房屋租赁合同

1. 房屋租赁的无效与处理

（1）出租人就未取得建设工程规划许可证或者未按照建设工程规划许可证的规定建设的房屋，与承租人订立的租赁合同无效。但在一审法庭辩论终结前取得建设工程规划许可证或者经主管部门批准建设的，法院应当认定有效。

（2）出租人就未经批准或者未按照批准内容建设的临时建筑，与承租人订立的租赁合同无效。在一审法庭辩论终结前经主管部门批准建设的，法院应当认定有效。

（3）租赁期限超过临时建筑的使用期限，超过部分无效。但在一审法庭辩论终结前经主管部门批准延长使用期限的，法院应当认定延长使用期限内的租赁期间有效。

2. 房屋租赁中承租人的优先权

（1）出租人出卖租赁房屋的，应当在出卖之前的合理期限内通知承租人，承租人享有以同等条件优先购买的权利。其他标的物租赁并不适用优先购买权。

①出租人委托拍卖人拍卖租赁房屋，应当在拍卖5日前通知承租人。承租人未参加拍卖的，人民法院应当认定承租人放弃优先购买权。

②出租人出卖租赁房屋未在合理期限内

通知承租人或者存在其他侵害承租人优先购买权的情形，承租人请求<u>出租人承担赔偿责任</u>的，人民法院应予支持；但请求确认出租人与第三人签订的房屋买卖合同无效的，人民法院不予支持。

（2）承租人不享有优先权的情形。

具有下列情形之一，承租人主张优先购买房屋的，人民法院不予支持：

①房屋共有人行使优先购买权的；

②出租人将房屋出卖给近亲属，包括配偶、父母、子女、兄弟姐妹、祖父母、外祖父母、孙子女、外孙子女的；

③出租人履行通知义务后，承租人在15日内未明确表示购买的；

④第三人善意购买租赁房屋并已经办理登记手续的。

3. 房屋租赁中同住人的权利

承租人在房屋租赁期间死亡的，与其生前共同居住的人可以按照原租赁合同租赁该房屋。

考点十五　融资租赁合同★★

扫我解疑难

📝 **经典例题**

【例题1·多选题】（2011年）甲公司欲购乙公司生产的塔吊，因缺乏资金，遂由丙公司提供融资租赁。由于塔吊存在质量问题，吊装的物品坠落并砸伤行人丁，甲公司被迫停产修理。根据合同法律制度的规定，下列各项中正确的有（　）。

A. 甲公司无权请求丙公司赔偿修理塔吊的费用

B. 甲公司不得以塔吊存在质量问题并发生事故为由，延付或拒付租金

C. 丙公司应当对甲公司承担违约责任

D. 丁可以请求丙公司赔偿损失

【答案】AB

【解析】本题考核融资租赁合同。选项A，融资租赁期间，维修义务由承租人承担；选项B、C，租赁物不符合租赁合同约定或者不符合使用目的的，出租人不承担责任，但承租人依赖出租人的技能确定租赁物或者出租人干预选择租赁物的除外；选项D，承租人占有租赁物期间，租赁物造成第三人的人身伤害或者财产损害的，出租人不承担责任。

【思路点拨】本题实际是强调"出租人"即"丙公司"不承担责任。那么到底谁承担责任？根据规定，甲公司可以向"出卖人"即"乙公司"索赔，但必须事先有约定。否则，甲公司自己承担损失。

【例题2·单选题】关于融资租赁合同，下列表述不正确的是（　）。

A. 出卖人违反合同约定的向承租人交付标的物的义务，租赁物严重不符合约定，承租人可以拒绝受领租赁物

B. 承租人无正当理由拒绝受领租赁物，造成出租人损失，出租人可以要求承租人赔偿损失

C. 出卖人交付的标的物质量有瑕疵导致承租人损失，承租人可以向出卖人索赔，且承租人可以此为由拒绝向出租人交付租金

D. 承租人占有租赁物期间，租赁物毁损、灭失的风险由承租人承担，出租人可以要求承租人继续支付租金；但当事人另有约定或者法律另有规定的除外

【答案】C

【解析】本题考核融资租赁合同。承租人对出卖人行使索赔权，不影响其履行融资租赁合同项下支付租金的义务，但承租人以依赖出租人的技能确定租赁物或者出租人干预选择租赁物为由，主张减轻或者免除相应租金支付义务的除外。

📝 **考点精析**

1. 融资租赁合同概述

（1）融资租赁合同应当采用书面形式。典型的融资租赁关系涉及三方当事人，即出租人、承租人和出卖人，内容涉及租赁和买卖

两个方面。

（2）融资租赁合同标的物的行政许可、风险承担的处理规则：

如果承租人对于租赁物的经营使用应当取得行政许可，出租人未取得行政许可的，不得以此为理由认定融资租赁合同无效。

（3）租赁期间风险承担。承租人占有租赁物期间，租赁物毁损、灭失的风险由承租人承担，出租人要求承租人继续支付租金的，人民法院应予支持。但当事人另有约定或者法律另有规定的除外。

（4）出卖人违反合同约定的向承租人交付标的物的义务，存在下列情形之一的，承租人可以拒绝受领租赁物：

①租赁物严重不符合约定的；

②出卖人未在约定的交付期间或者合理期间内交付租赁物，经承租人或者出租人催告，在催告期满后仍未交付的。

（5）出租人、出卖人、承租人可以约定，出卖人不履行买卖合同义务的，由承租人行使索赔的权利。承租人行使索赔权利的，出租人应当予以协助。

（6）出租人享有租赁物的所有权。承租人破产的，租赁物不属于破产财产。

（7）有下列情形之一，出租人可以要求解除融资租赁合同：

①承租人未经出租人同意，将租赁物转让、转租、抵押、质押、投资入股或者以其他方式处分租赁物的；

②承租人未按照合同约定的期限和数额支付租金，符合合同约定的解除条件，经出租人催告后在合理期限内仍不支付的；

③合同对于欠付租金解除合同的情形没有明确约定，但承租人欠付租金达到两期以上，或者数额达到全部租金15%以上，经出租人催告后在合理期限内仍不支付的；

④承租人违反合同约定，致使合同目的不能实现的其他情形。

2. 双方当事人的权利义务

（1）租赁物不符合租赁合同约定或者不符合使用目的的，出租人不承担责任，但承租人依赖出租人的技能确定租赁物或者出租人干预选择租赁物的除外。

（2）承租人应当履行占有租赁物期间的维修义务。

（3）承租人占有租赁物期间，租赁物造成第三人的人身伤害或者财产损害的，出租人不承担责任。

（4）承租人应当按照约定支付租金。承租人经催告后在合理期限内仍不支付租金的，出租人可以要求支付全部租金，也可以解除合同，收回租赁物。

（5）出租人和承租人可以约定租赁期间届满租赁物的归属。对租赁物的归属没有约定或者约定不明确，依照《合同法》有关规定仍不能确定的，租赁物的所有权归出租人。

（6）当事人约定租赁期间届满租赁物归承租人所有，承租人已经支付大部分租金，但无力支付剩余租金，出租人因此解除合同收回租赁物的，收回的租赁物的价值超过承租人欠付的租金以及其他费用的，承租人可以要求部分返还。

考点十六　承揽合同★

扫我解疑难

📝 经典例题

【例题 1·单选题】（2013 年）甲、乙订立承揽合同，甲提供木料，乙为其加工家具。在乙已完成加工工作的 50% 时，甲通知乙解除合同。根据合同法律制度的规定，下列表述中正确的是（　　）。

A. 甲有权解除合同，但应赔偿乙的损失

B. 甲有权解除合同，但应按约定金额向乙支付报酬

C. 甲有权解除合同，且无须赔偿乙的损失

D. 甲无权解除合同，并应依约向乙支付报酬

【答案】A

【解析】本题考核加工承揽合同的随时解除。

根据规定，加工承揽合同中的定作人可以随时解除承揽合同，这是承揽合同的一个特点。但定作人因此造成承揽人损失的，应当赔偿损失。

【例题 2·单选题】 甲公司承揽了乙单位家属楼的电梯维修工作。因为工期紧，经乙单位同意，甲公司将主要维修任务委托丙公司来完成。由于丙公司雇用的部分新员工缺乏经验，维修后的电梯房屋出现质量问题。根据《合同法》的规定，对该质量问题承担责任的是（　　）。

A. 丙公司
B. 甲公司
C. 甲公司和丙公司
D. 甲公司、丙公司和乙单位

【答案】 B

【解析】 本题考核承揽合同当事人的权利义务。承揽人将其承揽的主要工作交由第三人完成的，应当就该第三人完成的工作成果向定作人负责。

📝考点精析

（1）承揽人可为多人，除当事人另有约定，共同承揽人对定作人承担连带责任。承揽包括加工、定作、修理、复制、测试、检验等工作。

（2）承揽人应当以自己的设备、技术和劳力，完成主要工作，但当事人另有约定的除外。

①承揽人将其承揽的**主要工作交由第三人完成**的，应当就该第三人完成的工作成果向定作人负责；未经定作人同意的，定作人也可以解除合同。

②承揽人可以将其承揽的**辅助工作交由第三人完成**，并就该第三人完成的工作成果向定作人负责。

（3）合同约定由承揽人提供材料的，承揽人应当按照约定选用材料，并接受定作人检验。合同约定由定作人提供材料的，定作人应当按照约定提供材料。承揽人对定作人提供的材料，应当及时检验，发现不符合约定时，应当及时通知定作人更换、补齐或者采取其他补救措施。承揽人不得擅自更换定作人提供的材料，不得更换不需要修理的零部件。

（4）**定作人可以随时解除承揽合同**。但定作人因此造成承揽人损失的，应当赔偿损失。

考点十七　建设工程合同★

扫我解疑难

📝经典例题

【例题 1·案例分析题】 （2018 年）2015 年 4 月，甲公司与乙建筑公司签订写字楼建筑工程总承包合同，约定：工程造价 4 000 万元，工期 1 年。合同签订后，甲公司依约先行支付 2 000 万元工程款，剩余 2 000 万元拟在工程竣工验收合格后一次付清。

2015 年 5 月，乙公司从丙融资租赁公司租赁塔吊一台。双方约定：租金共计 48 万元，从当年 6 月开始，按月分 12 期支付，每期 4 万元。双方未就乙公司拖欠租金时如何处理以及塔吊在租赁期满后的归属作出约定。

2015 年 8 月，因遭受强台风袭击，塔吊损坏。乙公司为修复塔吊花去维修费 3 万元。乙公司要求丙公司承担维修费，丙公司拒绝。为此，乙公司从 2015 年 9 月开始停止支付租金。

2016 年 1 月，丙公司通知乙公司：由于欠交 4 个月租金，乙公司须在 2016 年 2 月的租金支付日支付全部剩余租金，否则解除合同。乙公司无奈，在 2016 年 2 月将剩余租金一次性全部交清。

租赁期满后，丙公司要求乙公司返还塔吊，乙公司拒绝。

2015 年 10 月，甲公司以在建写字楼抵押向 A 银行借款 3 亿元，借期 1 年。双方办理了抵押登记。2016 年 4 月，甲公司从丁公司借款 5 000 万元，月利率 3%。甲公司仍以在建写字楼为抵押，并为丁公司办理第二顺位抵押登记。

2016年4月，乙公司如期完成工程建设，要求甲公司验收，并要求支付剩余2 000万元工程款。甲公司验收合格，但拒绝支付剩余工程款，理由是：根据相关规定，承包该工程需具备一级承包资质，但乙公司在签订建设工程总承包合同时仅有二级资质，一级资质直到2016年1月才取得，故合同无效。

2016年6月，甲公司无力偿还丁公司借款，丁公司诉至人民法院，请求拍卖甲公司写字楼，偿还所欠其借款本金5 000万元及利息150万元。2016年6月，写字楼拍卖价款3.5亿元。乙公司要求首先清偿其工程款债权2 000万元。A银行要求提存3亿元及利息以确保其债权到期后能获清偿。

要求：根据上述内容，分别回答下列问题。

(1)甲公司关于乙公司签订建设工程总承包合同时仅有二级资质，合同因而无效的主张是否成立？并说明理由。

(2)丙公司是否有权拒绝承担塔吊的维修费用？并说明理由。

(3)丙公司是否有权要求乙公司在2016年2月支付全部剩余租金？并说明理由。

(4)租赁到期后，塔吊应归属于谁？并说明理由。

(5)对于丁公司向甲公司主张的150万元利息，人民法院应支持多少金额？并说明理由。

(6)乙公司关于写字楼拍得价款首先清偿其工程款债权的主张是否成立？并说明理由。

(7)A银行要求提存3亿元及利息以确保其债权到期后能获清偿的主张是否成立？并说明理由。

【答案】

(1)甲公司与乙公司的建设工程合同无效的主张不成立。根据规定，承包人超越资质等级许可的业务范围签订建设工程施工合同，在建设工程竣工前取得相应资质等级，不按照无效合同处理。

(2)丙公司有权拒绝承担塔吊的维修费用。根据规定，融资租赁合同中，承租人应当履行占有租赁物期间的维修义务。本题中，塔吊

的维修费用应由承租人乙公司承担，而不是由出租人丙公司承担，因此丙公司有权拒绝承担维修费用。

(3)丙公司无权要求乙公司在2016年2月支付全部剩余租金。根据规定，承租人应当按照约定支付租金，承租人经催告后在合理期限内仍不支付租金的，出租人可以要求支付全部租金；也可以解除合同，收回租赁物。本题中，丙公司在要求乙公司支付全部剩余租金前应先对乙公司进行催告，而无权不经催告而直接要求乙公司支付全部剩余租金。

(或答：根据规定，融资租赁合同对于欠付租金解除合同的情形没有明确约定，但承租人欠付租金达到2期以上，或者数额达到全部租金15%以上，经出租人催告后在合理期限内仍不支付的，出租人可以要求解除融资租赁合同，但无权请求承租人提前支付未到期的租金。)

(4)租赁到期后塔吊的所有权归丙公司所有。根据规定，融资租赁合同的出租人和承租人可以约定租赁期间届满租赁物的归属。对租赁物的归属没有约定或者约定不明确，依照《合同法》相关规定仍不能确定的，租赁物的所有权归出租人(丙公司)。

(5)人民法院应支持100万元利息。根据规定，借贷双方约定的利率超过年利率24%的，出借人请求借款人支付未超过年利率24%部分的，人民法院应予支持；出借人请求支付超过24%部分的，人民法院不予支持。本题中，甲公司从丁公司借款5 000万元，双方约定月利率3%，故年利率为36%，超过法定年利率24%，超过部分人民法院不予支持，故应按24%计算利息，应支付的利息 = 5 000 × 24% ÷ 12 = 100(万元)。

(6)乙公司先清偿工程款的主张成立。根据规定，发包人未按照约定支付价款的，承包人可以催告发包人在合理期限内支付价款。发包人逾期不支付的，除按照建设工程的性质不宜折价、拍卖的以外，承包人可以与发包人协议将该工程折价，也可以申请人民法院

将该工程依法拍卖。建设工程的价款就该工程折价或者拍卖的价款优先受偿。根据《最高人民法院关于建设工程价款优先受偿权问题的批复》的规定，建筑工程的承包人的上述优先受偿权优于抵押权和其他债权。建设工程承包人行使优先权的期限为6个月，自发包人应当给付建设工程价款之日起计算。本题中，乙公司的工程款债权优于A银行与丁公司的抵押权受偿，且该优先权未过期。所以，乙公司关于写字楼拍得价款首先清偿其工程款债权的主张成立。

(7) A银行要求提存3亿元及利息的主张成立。根据规定，同一财产向两个以上债权人抵押的，顺序在后的抵押权所担保的债权先到期的，抵押权人只能就抵押物价值超出顺序在先的抵押担保债权的部分受偿。这一规则旨在维护顺位在先抵押权人的利益。若顺位在后的抵押权所担保的债权先到期，该抵押权人自有权主张实现抵押权，从而变卖或拍卖抵押物。但抵押物拍卖或变卖后，必须在所得价款中剔除顺位在先抵押权所担保的债权额，予以提存，剩余部分方可供顺位在后的抵押权优先受偿。本题中，A银行的抵押权顺序在先，丁公司的抵押权顺序在后但先到期，应将顺序在先的A银行的3亿元及利息提存，剩余部分再向丁公司清偿，所以A银行的主张成立。

【例题2·单选题】(2016年)根据合同法律制度的规定，建设工程合同当事人对工程实际竣工日期有争议时，下列处理规则中，正确的是( )。

A. 承包人已提交竣工验收报告，发包人拖延验收的，以承包人提交验收报告之日为竣工日期

B. 工程未经竣工验收，发包人擅自使用的，以工程封顶之日为竣工日期

C. 工程竣工验收合格的，以工程转移占有之日为竣工日期

D. 工程未经竣工验收，发包人擅自使用的，以开始使用之日为竣工日期

【答案】A

【解析】本题考核建设工程的竣工。当事人对建设工程实际竣工日期有争议的，按照以下情形分别处理：(1)建设工程经竣工验收合格的，以竣工验收合格之日为竣工日期；(2)承包人已经提交竣工验收报告，发包人拖延验收的，以承包人提交验收报告之日为竣工日期；(3)建设工程未经竣工验收，发包人擅自使用的，以转移占有建设工程之日为竣工日期。

【例题3·单选题】(2014年)建设工程监理是指工程监理人代表发包人对承包人的工程建设情况进行监督，发包人与监理人之间的权利、义务以及法律责任，应当依照特定类型的有名合同处理，该有名合同是( )。

A. 技术服务合同

B. 建设工程合同

C. 承揽合同

D. 委托合同

【答案】D

【解析】本题考核委托监理合同。发包人与监理人的权利和义务以及法律责任，应当依照《合同法》关于委托合同的规定以及其他有关法律、行政法规的规定执行。

【例题4·单选题】(2013年)甲公司与乙公司签订建设工程施工合同，由乙公司承建甲公司的办公楼，但乙公司并无相应的建筑施工企业资质。工程竣工后，经验收合格。根据合同法律制度的规定，下列表述中正确的是( )。

A. 合同无效，乙公司无权请求甲公司付款

B. 合同无效，但乙公司有权请求甲公司参照合同约定的工程价款数额付款

C. 合同有效，乙公司有权请求甲公司按照合同约定的数额支付工程价款

D. 合同有效，但甲公司有权撤销合同并拒付工程价款

【答案】B

【解析】本题考核建设工程合同无效的相关规定。根据规定，承包人未取得建筑施工企业

资质或者超越资质等级签订建设工程合同的，属于无效合同。建设工程施工合同无效，但建设工程经竣工验收合格，承包人可以请求参照合同约定支付工程价款。

考点精析

【考点精析1】建设工程合同概述

1. 建设工程合同的特点

(1)建设工程合同应当采用书面形式。

(2)采用招标方式订立合同的，当事人就同一建设工程另行订立的建设工程施工合同与经过备案的中标合同实质性内容不一致的，应当以备案的中标合同作为结算工程价款的根据。

《司法解释》(二)：但发包人与承包人因客观情况发生了在招标投标时难以预见的变化而另行订立建设工程施工合同的除外。

2. 建设工程合同的无效

(1)建设工程合同无效的情形。建设工程合同具有下列情形之一的，属于无效合同：

①承包人未取得建筑施工企业资质或者超越资质等级的；

②没有资质的实际施工人借用有资质的建筑施工企业名义的；

③建设工程必须进行招标而未招标或者中标无效的。

《司法解释》(二)：招标人和中标人另行签订的建设工程施工合同约定的工程范围、建设工期、工程质量、工程价款等实质性内容，与中标合同不一致，一方当事人请求按照中标合同确定权利义务的，人民法院应予支持。

招标人和中标人在中标合同之外就明显高于市场价格购买承建房产、无偿建设住房配套设施、让利、向建设单位捐赠财物等另行签订合同，变相降低工程价款，一方当事人以该合同背离中标合同实质性内容为由请求确认无效的，人民法院应予支持。

【知识点拨】承包人超越资质等级许可的业务范围签订建设工程施工合同，在建设工程竣工前取得相应资质等级，不按照无效合同处理。

(2)建设工程合同无效的处理(见表4-14)。

表4-14　建设工程合同无效的处理

项目	内容	
验收合格	承包人可以请求参照合同约定支付工程价款	
验收不合格	可以修复	修复后验收合格	发包人可以请求承包人承担修复费用
		修复后验收不合格	承包人无权请求支付工程价款

《司法解释》(二)：第三条　建设工程施工合同无效，一方当事人请求对方赔偿损失的，应当就对方过错、损失大小、过错与损失之间的因果关系承担举证责任。

损失大小无法确定，一方当事人请求参照合同约定的质量标准、建设工期、工程价款支付时间等内容确定损失大小的，人民法院可以结合双方过错程度、过错与损失之间的因果关系等因素作出裁判。

第四条　缺乏资质的单位或者个人借用有资质的建筑施工企业名义签订建设工程施工合同，发包人请求出借方与借用方对建设工程质量不合格等因出借资质造成的损失承担连带赔偿责任的，人民法院应予支持。

第七条　发包人在承包人提起的建设工程施工合同纠纷案件中，以建设工程质量不符合合同约定或者法律规定为由，就承包人支付违约金或者赔偿修理、返工、改建的合理费用等损失提出反诉的，人民法院可以合并审理。

3. 建设工程合同的分包

(1)发包人可以与总承包人订立建设工程合同，也可以分别与勘察人、设计人、施工人订立勘察、设计、施工承包合同。发包人不得将应当由一个承包人完成的建设工程肢解成若干部分发包给几个承包人。

（2）总承包人或者勘察、设计、施工承包人经发包人同意，可以将自己承包的部分工作交由第三人完成。第三人就其完成的工作成果与总承包人或者勘察、设计、施工承包人向发包人承担连带责任。

（3）承包人不得将其承包的全部建设工程转包给第三人或者将其承包的全部建设工程肢解以后以分包的名义分别转包给第三人。禁止承包人将工程分包给不具备相应资质条件的单位。

（4）禁止分包单位将其承包的工程再分包。

（5）建设工程主体结构的施工必须由承包人自行完成。

4. 承包人垫资

（1）当事人对垫资和垫资利息有约定，承包人可以请求按照约定返还垫资及其利息，但是约定的利息计算标准高于中国人民银行发布的同期同类贷款利率的部分除外。

（2）当事人对垫资没有约定，按照工程欠款处理。

（3）当事人对垫资利息没有约定，承包人无权请求支付利息。

【考点精析2】双方当事人的权利义务

1. 建设工程合同的竣工

建设工程竣工经验收合格后，方可交付使用；未经验收或者验收不合格的，不得交付使用。

2. 工程价款的结算

（1）承包人的优先受偿权。发包人未按照约定支付价款的，承包人可以催告发包人在合理期限内支付价款。发包人逾期不支付的，除按照建设工程的性质不宜折价、拍卖的以外，承包人可以与发包人协议将该工程折价，也可以申请人民法院将该工程依法拍卖。建设工程的价款就该工程折价或者拍卖的价款优先受偿。

①上述优先受偿权优于抵押权和其他

债权。

②消费者交付购买商品房的全部或者大部分款项后，承包人就该商品房享有的工程价款优先受偿权不得对抗买受人。

③承包人行使建设工程价款优先受偿权的期限为六个月，自发包人应当给付建设工程价款之日起算。

④当事人对欠付工程价款利息计付标准有约定的，按照约定处理；没有约定的，按照中国人民银行发布的同期同类贷款利率计息。利息从应付工程价款之日计付。

（2）建筑工程价款包括承包人为建设工程应当支付的工作人员报酬、材料款等实际支出的费用，不包括承包人因发包人违约所造成的损失。

（3）发包人与承包人约定放弃或者限制建设工程价款优先受偿权，损害建筑工人利益，发包人根据该约定主张承包人不享有建设工程价款优先受偿权的，人民法院不予支持。

（4）当事人对付款时间没有约定或者约定不明的，下列时间视为应付款时间：

①建设工程已实际交付的，为交付之日；

②建设工程没有交付的，为提交竣工结算文件之日；

③建设工程未交付，工程价款也未结算的，为当事人起诉之日。

阶段性测试

1. **【单选题】** 根据合同法律制度的规定，关于民间借贷，下列情形不能得到人民法院支持的是（　　）。

A. 借贷双方约定的利率未超过年利率24%，出借人请求借款人按照约定的利率支付利息的

B. 借贷双方约定的利率超过年利率36%，借款人请求出借人返还已支付的超过年利率36%部分的利息的

C. 约定的利率超过年利率24%，当事人主张超过部分的利息不能计入后期借款本金的

D. 出借人与借款人既约定了逾期利率，又约定了违约金或者其他费用，出借人一并主张，但总计超过年利率24%的

2. 【单选题】根据《合同法》的规定，下列租赁合同中，属于定期租赁合同的是( )。

A. 甲将一台机器租赁给乙，双方订有书面合同，租赁期限约定为20年

B. 甲、乙签订一租赁合同，未约定租赁期限，且不能通过补充协议或根据合同条款、交易习惯确定租赁期限

C. 甲、乙订立一口头租赁合同，租赁期限为1年

D. 甲将一私房出租给乙，租赁期限为3年，现租期已届满，甲未收回房屋，乙继续居住并交纳房租

3. 【单选题】某工程的总承包人乙公司经发包人甲公司同意，将自己承包的部分建设工程分包给丙公司。丙公司完成的工程质量出现问题，给甲公司造成一定的经济损失。根据合同法律制度的规定，下列选项中正确的是( )。

A. 由丙公司承担赔偿责任

B. 由乙公司承担赔偿责任

C. 首先由丙公司承担赔偿责任，不足部分由乙公司承担

D. 由乙公司和丙公司承担连带赔偿责任

4. 【多选题】甲公司向乙银行借款1 000万元，甲公司未按约定的借款用途使用借款。根据合同法律制度的规定，乙银行可以采取的措施有( )。

A. 停止发放借款

B. 提前收回借款

C. 解除借款合同

D. 按已确定的借款利息双倍收取罚息

5. 【多选题】下列选项中，赠与成立且赠与人不得主张任意撤销的有( )。

A. 某7周岁的小学生放学途经某单位为地震灾区捐款的现场，将积攒的100元压岁钱交给现场的工作人员

B. 某作家与地震灾区一所学校约定捐款50万元，用于学校重建，但实际仅支付了1万元

C. 某乞丐向某慈善机构在地震灾区设立的捐款箱内投入100元，后听说该机构工作人员挪用善款用于个人消费

D. 某企业家携带50万元现款赴地震灾区直接发放给地震灾区的受灾村民

6. 【多选题】关于融资租赁合同当事人的权利义务，下列说法正确的有( )。

A. 租赁物不符合约定或者不符合使用目的的，出租人一般不承担责任

B. 承租人占有租赁物期间，租赁物造成第三人的人身伤害或者财产损害的，出租人不承担责任

C. 承租人破产的，租赁物不属于破产财产

D. 对租赁物的归属没有约定或者约定不明确，租赁物的所有权归承租人

📝 阶段性测试答案精析

1. D 【解析】本题考核民间借贷合同。出借人与借款人既约定了逾期利率，又约定了违约金或者其他费用，出借人可以选择主张逾期利息、违约金或者其他费用，也可以一并主张，但总计超过年利率24%的部分，人民法院不予支持。

2. A 【解析】本题考核租赁合同的相关规定。按照规定，当事人未采用书面形式，视为不定期租赁。租赁期限不得超过20年。超过20年的，超过部分无效。选项A，订有书面合同，租赁期限也有明确的约定，因此属于定期租赁合同。

3. D 【解析】本题考核建筑工程合同中分包的规定。经发包人同意，总承包人可以将自己承包的部分工作交由第三人完成。第三人就其完成的工作成果与总承包人向发包人承担连带责任。

4. ABC 【解析】本题考核借款合同贷款人的权利。根据规定，借款人未按照约定的借款用途使用借款的，贷款人可以停止发放借款、提前收回借款或者解除

合同。

5. BCD 【解析】本题考核赠与合同的概念。赠与合同属诺成合同,当事人意思表示一致,合同即告成立。具有救灾、扶贫等社会公益、道德义务性质的赠与合同或者经过公证的赠与合同,不得任意撤销赠与。无民事行为能力人独立实施的民事行为,因主体不合格而无效,选项 A 赠与不成立。

6. ABC 【解析】本题考核融资租赁合同。对租赁物的归属没有约定或者约定不明确,可以协议补充,不能达成补充协议的,按照合同有关条款或者交易习惯确定。仍不能确定的,租赁物的所有权归出租人。

考点十八 其他有名合同★

扫我解疑难

📝 经典例题

【例题1·单选题】(2015年)根据合同法律制度的规定,下列关于委托合同的表述中,正确的是( )。

A. 无偿的委托合同,因受托人一般过失给委托人造成损失的,委托人可以要求赔偿损失

B. 原则上受托人有权转委托,不必征得委托人同意

C. 有偿的委托合同,因不可归责于受托人的事由,委托事务不能完成的,委托人有权拒绝支付报酬

D. 两个以上的受托人共同处理委托事务的,对委托人承担连带责任

【答案】D

【解析】本题考核委托合同。选项 A,无偿的委托合同,因受托人的故意或者重大过失给委托人造成损失的,委托人可以要求赔偿损失。选项 B,经委托人同意,受托人可以转委托。选项 C,因不可归责于受托人的事由,委托合同解除或者委托事务不能完成的,委

托人应当向受托人支付相应的报酬。当事人另有约定的,按照其约定。

【例题2·多选题】甲、乙合作开发完成一项发明,但双方未就专利申请权相关事项作任何约定。根据《合同法》的规定,下列关于该项发明的专利申请权的表述中,正确的有( )。

A. 对该项发明申请专利的权利属于甲、乙共有

B. 如果甲放弃其专利申请权,乙可以单独申请

C. 如果甲不同意申请专利,乙可以自行申请

D. 如果甲准备转让其专利申请权,乙在同等条件下有优先受让的权利

【答案】ABD

【解析】本题考核技术开发合同技术成果的权利归属。选项 A,合作开发完成的发明创造,除当事人另有约定外,申请专利的权利属于合作开发的当事人共有;选项 B,合作开发当事人一方声明放弃其共有的专利申请权的,可以由另一方单独申请或者由其他各方共同申请;选项 C,合作开发的当事人一方不同意申请专利的,另一方或者其他各方不得申请专利;选项 D,合作开发的当事人一方转让其共有的专利申请权的,其他各方享有以同等条件优先受让的权利。

📝 考点精析

【考点精析1】委托合同

1. 委托事务的处理

受托人应当亲自处理委托事务。经委托人同意,受托人可以转委托。

【知识点拨】转委托未经同意的,受托人应当对转委托的第三人的行为承担责任,但在紧急情况下受托人为维护委托人的利益需要转委托的除外。

2. 委托合同的费用与报酬

(1)受托人完成委托事务的,委托人应当向其支付报酬。

(2)因不可归责于受托人的事由,委托合

同解除或者委托事务不能完成的，委托人应当向受托人支付相应的报酬。当事人另有约定的，按照其约定。

3. 委托合同项下的损失赔偿

（1）有偿的委托合同，因受托人的过错给委托人造成损失的，委托人可以要求赔偿损失。

（2）无偿的委托合同，因受托人的故意或者重大过失给委托人造成损失的，委托人可以要求赔偿损失。受托人超越权限给委托人造成损失的，应当赔偿损失。

（3）两个以上的受托人共同处理委托事务的，对委托人承担连带责任。

【考点精析2】运输合同

1. 客运合同

客运合同自承运人向旅客交付客票时成立，但当事人另有约定或者另有交易习惯的除外。

（1）旅客应当持有效客票乘运。旅客不交付票款的，承运人可以拒绝运输。

（2）承运人应当按照客票载明的时间和班次运输旅客。承运人迟延运输的，应当根据旅客的要求安排改乘其他班次或者退票。

（3）在运输过程中旅客自带物品毁损、灭失，承运人有过错的，应当承担损害赔偿责任。

2. 货运合同

（1）在承运人将货物交付收货人之前，托运人可以要求承运人中止运输、返还货物、变更到达地或者将货物交给其他收货人，但应当赔偿承运人因此受到的损失。

（2）承运人对运输过程中货物的毁损、灭失承担损害赔偿责任，但承运人证明货物的毁损、灭失是因不可抗力、货物本身的自然性质或者合理损耗以及托运人、收货人的过错造成的，不承担损害赔偿责任。货物在运输过程中因不可抗力灭失，未收取运费的，承运人不得要求支付运费；已收取运费的，托运人可以要求返还。

（3）两个以上承运人以同一运输方式联运的，与托运人订立合同的承运人应当对全程运输承担责任。损失发生在某一运输区段的，与托运人订立合同的承运人和该区段的承运人承担连带责任。

（4）收货人不明或者收货人无正当理由拒绝受领货物的，承运人可以依法提存货物。

【考点精析3】行纪合同

行纪合同是行纪人以自己的名义为委托人从事贸易活动，委托人支付报酬的合同。

（1）行纪人处理委托事务产生的费用，由行纪人负担。行纪人占有委托物的，应当妥善保管委托物。

（2）行纪人完成或者部分完成委托事务的，委托人应当向其支付相应的报酬。委托人逾期不支付报酬的，行纪人对委托物享有留置权，但当事人另有约定的除外。

（3）行纪人在行纪中低于委托人指定的价格卖出或者高于委托人指定的价格买入的，应当经委托人同意。未经委托人同意，行纪人补偿其差额的，该买卖对委托人发生效力。

（4）行纪人高于委托人指定的价格卖出或者低于委托人指定的价格买入的，可以按照约定增加报酬。没有约定或者约定不明确，依照《合同法》有关规定仍不能确定的，该利益属于委托人。委托人对价格有特别指示的，行纪人不得违背该指示卖出或者买入。

（5）行纪人与第三人订立合同的，行纪人对该合同直接享有权利、承担义务。第三人不履行义务致使委托人受到损害的，行纪人应当承担损害赔偿责任，但行纪人与委托人另有约定的除外。

【考点精析4】技术合同

1. 职务技术成果

（1）职务技术成果是执行法人或者其他组织的工作任务，或者主要是利用法人或者其他组织的物质技术条件所完成的技术成果。

"执行法人或者其他组织的工作任务"包括：①履行法人或者其他组织的岗位职责或者承担其交付的其他技术开发任务；②离职

后一年内继续从事与其原所在法人或者其他组织的岗位职责或者交付的任务有关的技术开发工作，但法律、行政法规另有规定的除外。

（2）职务技术成果的使用权、转让权属于法人或者其他组织的，法人或者其他组织可以就该项职务技术成果订立技术合同。法人或者其他组织订立技术合同转让职务技术成果时，职务技术成果的完成人享有以同等条件优先受让的权利。

2. 技术开发合同

技术开发合同应当采用书面形式。委托开发、合作开发完成的发明创造的对比如表4-15所示。

表4-15　委托开发、合作开发完成的发明创造的对比

项目	内容
委托开发完成的发明创造	除当事人另有约定的以外，**申请专利的权利属于研究开发人**。研究开发人取得专利权的，委托人可以免费实施该专利。研究开发人转让专利申请权的，委托人有以同等条件优先受让的权利
合作开发完成的发明创造	除当事人另有约定的以外，**申请专利的权利属于合作开发的当事人共有**。当事人一方转让其共有的专利申请权的，其他各方享有以同等条件优先受让的权利
	当事人一方声明放弃其共有的专利申请权的，可以由另一方单独申请或者由其他各方共同申请。申请人取得专利权的，放弃专利申请权的一方可以免费实施该专利。**合作开发的当事人一方不同意申请专利的，另一方或者其他各方不得申请专利**

3. 技术转让合同

（1）当事人以技术入股方式订立联营合同，但技术入股人不参与联营体的经营管理，并且以保底条款形式约定联营体或者联营对方支付其技术价款或者使用费的，视为技术转让合同。

（2）当事人可以按照互利的原则，在技术转让合同中约定实施专利、使用技术秘密后续改进的技术成果的分享办法。没有约定或者约定不明确，依照《合同法》有关规定仍不能确定的，一方后续改进的技术成果，其他各方无权分享。

本章综合练习 限时120分钟

一、单项选择题

1. 要约邀请是希望他人向自己发出要约的意思表示。根据《合同法》的规定，下列情形中，不属于发出要约邀请的是（　　）。
   A. 甲公司向数家贸易公司寄送价目表
   B. 乙公司通过报刊发布招标公告
   C. 丙公司在其运营中的咖啡自动售货机上载明"每杯一元"
   D. 丁公司向社会公众发布招股说明书

2. 采用数据电文形式订立合同，收件人指定计算机系统接收数据电文的，视为要约到达受要约人的时间是（　　）。
   A. 该数据电文进入该特定系统的时间
   B. 该数据电文为收件人第一次阅读的时间
   C. 该数据电文被发件人发送完毕的时间
   D. 该数据电文为收件人接收的首次时间

3. 甲公司于7月1日向乙公司发出要约，出售一批原材料，要求乙公司在1个月内做出答复。该要约于7月2日到达乙公司。当月，因市场行情变化，该种原材料市场价格大幅上升，甲公司拟撤销该要约。根据《合同法》的规定，下列关于甲公司能否撤销要约的表述中，正确的是（　　）。
   A. 不可以撤销该要约，因该要约确定了承诺期限
   B. 可以撤销该要约，撤销通知在乙公司发

出承诺通知之前到达乙公司即可

C. 可以撤销该要约，撤销通知在承诺期限届满前到达乙公司即可

D. 可以撤销该要约，撤销通知在乙公司发出承诺通知之前发出即可

4. 甲厂向乙大学发函表示："我厂生产的 X 型电教室耳机，每副 30 元。如果贵校需要，请与我厂联系。"乙大学回函："我校愿向贵厂订购 X 型耳机 1 000 副，每副单价 30 元，但需在耳机上附加一个音量调节器。"2 个月后，乙大学收到甲厂发来的 1 000 副耳机，但这批耳机上没有音量调节器，于是拒收。对此，下列说法正确的是（　　）。

A. 乙大学违约，因其表示同意购买，合同即已成立

B. 甲厂违约，因为乙大学同意购买的是附有音量调节器的耳机

C. 双方当事人均违约，因为双方均未履行合同

D. 双方当事人均未违约，因为合同还未成立

5. 甲向售货员乙询问货架上某商品的价格，乙反问："你愿意出多少钱?"，乙向甲作出的是（　　）。

A. 要约　　　　　　B. 要约邀请

C. 新要约　　　　　D. 承诺

6. 根据合同法律制度的规定，下列关于合同成立地点的表述错误的是（　　）。

A. 承诺生效的地点为合同成立的地点

B. 采用合同书形式订立合同的，双方当事人签字盖章的地点为合同成立的地点

C. 采用数据电文形式订立合同的，发件人的主营业地为合同成立的地点

D. 合同当事人对合同成立地点有特别约定的，其约定的地点为合同成立的地点

7. 甲公司应乙公司之邀赴京洽谈签约，后因双方对合同价款无法达成一致协议而未能如愿签订合同。对甲公司赴京发生的差旅费应由（　　）。

A. 乙公司承担缔约过失责任

B. 乙公司承担违约责任

C. 乙公司承担损害赔偿责任

D. 甲公司自行承担

8. 甲、乙双方订立买卖合同，甲为出卖人，乙为买受人，约定收货后 10 日内付款。甲在交货前有确切证据证明乙经营状况严重恶化，甲可采取的措施是（　　）。

A. 行使同时履行抗辩权

B. 行使先履行抗辩权

C. 行使不安抗辩权

D. 行使撤销权

9. 甲欠乙 10 000 元借款，甲到期无法清偿。乙打听到丙欠甲 15 000 元钱。甲一直没有向丙催要，乙准备要求丙清偿甲的欠款。乙的下列行为中符合代位权行使的有关法律规定的是（　　）。

A. 乙以自己的名义向法院起诉要求丙偿还债务

B. 乙要求丙将 15 000 元钱全部偿还

C. 在丙的债务未到期的情况下，乙要求丙提前偿还

D. 乙向丙许诺，只要丙偿还 10 000 元钱就可免除其余 5 000 元债务

10. 甲、乙双方在签订合同时，乙方应甲方要求，由丙方对乙方履行合同提供保证担保，并另行签订保证合同。该保证合同的当事人是（　　）。

A. 甲方与乙方

B. 甲方与丙方

C. 乙方与丙方

D. 甲方、乙方和丙方

11. 甲于 2018 年 3 月 5 日向乙借款 10 万元，由丙作为连带责任保证人。三方约定：甲应于 2019 年 3 月 5 日之前偿还该借款。若本案中的当事人约定，保证期间截止于 2019 年 2 月 1 日，则丙承担保证责任期间应截止于（　　）。

A. 2019 年 2 月 1 日

B. 2019 年 3 月 5 日

C. 2019年6月5日

D. 2019年9月5日

12. 2018年1月，甲食品厂与乙超市签订一份长期供货合同，丙公司为乙超市的货款提供保证担保。合同约定了最高担保金额，但没有约定清偿债务期限。2018年4月30日，甲食品厂收到丙公司送来的终止保证合同的书面通知。丙公司的保证期间是（ ）。

A. 2018年1月1日至2019年5月1日

B. 2018年1月1日至2018年11月1日

C. 2018年5月1日至2019年11月1日

D. 2018年5月1日至2018年11月1日

13. 甲与乙签订了一份借款合同，甲为借款人，借款数额为30万元。甲以自有的一部价值10万元的汽车作为抵押担保，甲又请求丙为该借款合同提供保证担保。合同到期后，甲无力偿还。如果两项担保对担保责任约定不明确，下列说法正确的是（ ）。

A. 乙应当先要求甲以抵押承担保证责任

B. 乙应当先要求丙以保证承担保证责任

C. 乙既可以先要求甲承担保证责任，也可以先要求丙承担保证责任

D. 因为没有约定，丙不承担保证责任

14. 甲公司与乙银行签订借款合同，丙公司以其机器设备为甲公司提供抵押担保并办理登记，丁公司为甲公司提供保证并与乙银行签订保证合同，各方并未约定实现债权的顺序。借款到期后，甲公司无力偿还借款。下列表述中，符合规定的是（ ）。

A. 乙银行应先向丙公司实现债权，再向丁公司实现债权

B. 乙银行应先向丁公司实现债权，再向丙公司实现债权

C. 乙银行可以向丁公司实现债权，也可以向丙公司实现债权，丙公司承担担保责任后，有权向甲公司追偿

D. 乙银行可以向丙公司实现债权，也可

以向丁公司实现债权，丙公司承担担保责任后，有权向甲公司和丁公司追偿

15. 甲企业与乙银行签订借款合同，借款金额为100万元人民币，借款期限为1年，由丙企业作为借款保证人。合同签订3个月后，甲企业因扩大生产规模急需追加资金，遂与乙银行协商，将贷款金额增加到150万元。后甲企业到期不能偿还债务，下列关于丙企业保证责任的说法正确的是（ ）。

A. 丙企业不再承担保证责任，因为甲与乙变更合同条款未得到丙的同意

B. 丙企业对100万元应承担保证责任，增加的50万元不承担保证责任

C. 丙企业应承担150万元的保证责任，因为保证合同是从合同

D. 丙企业不再承担保证责任，因为保证合同因甲、乙变更了合同的数额条款而致保证合同无效

16. 甲企业向乙企业购买货物，丙公司为甲企业200万元货款提供保证担保。当甲企业收到货物尚未支付货款时，被人民法院宣告破产。丙公司有证据证明乙企业知道甲企业破产，但乙企业既未申报债权又未通知丙公司。事后得知，如果能及时申报债权，可以得到50万元的破产财产，则丙公司承担的担保责任最多为（ ）万元。

A. 50 　　　　　 B. 150

C. 200 　　　　　 D. 250

17. 陈某向王某购买货物，价款为10万元。合同订立后，陈某向王某支付了2万元作为定金。交货期限届满后，因为第三方供货迟延，致使王某只向陈某交付了一半的货物。陈某因此主张适用定金罚则，要求王某承担定金责任，王某不同意。下列关于是否适用定金罚则的表述中，符合担保法律制度规定的是（ ）。

A. 不适用定金罚则，因为是第三人的原因致使合同不能完全履行

B. 适用定金罚则，因为王某未完全履行合同，应双倍返还定金 4 万元

C. 不适用定金罚则，因为王某已经履行了部分债务

D. 适用定金罚则，因为王某未完全履行合同，应当按照未履行部分占合同约定内容的比例，承担定金责任 2 万元

18. 陈某向李某购买一批水泥，价款为 10 万元。合同履行前，李某未经陈某的同意，将价款债权转让给王某，并通知陈某直接向王某付款。陈某与李某未约定合同权利不得转让。下列关于李某的转让行为效力的表述中，符合合同法律制度规定的是(   )。

A. 李某的转让行为无效，陈某仍应向李某付款

B. 李某的转让行为有效，但如陈某仍向李某付款，可发生清偿效力

C. 李某的转让行为有效，陈某应向王某付款

D. 李某的转让行为效力待定，取决于陈某是否表示同意

19. 债权人甲下落不明，致使债务人乙难以履行债务，乙依法将标的物提存。提存期间，该标的物发生意外毁损。根据《合同法》的规定，下列关于对该标的物损失承担的表述中，正确的是(   )。

A. 应由甲承担

B. 应由乙承担

C. 应由甲、乙共同承担

D. 应由提存机关承担

20. 2019 年 3 月，甲科研所与乙企业签订一份设备改造的技术服务合同，约定自2019 年 7 月 1 日至 12 月 1 日，甲科研所负责对乙企业的自动生产线进行技术改造。合同签订后，乙企业为履行合同做了相关准备工作。5 月，甲科研所通知乙企业，因负责该项目的技术人员辞职，不能履行合同。根据合同法律制度的规定，下列关于乙企业权利的表述中，正确的是(   )。

A. 乙企业有权解除合同，并要求甲科研所赔偿损失

B. 乙企业有权主张合同无效，并要求甲科研所承担缔约过失责任

C. 乙企业有权撤销合同，并要求甲科研所承担缔约过失责任

D. 乙企业至 7 月 1 日方有权要求甲科研所承担违约责任

21. 甲、乙两公司签订一份价值 100 万元的购销合同，双方在合同中约定违约金为总价款的 15%。后因甲公司违约，乙公司虽及时采取措施，但仍发生 20 万元的实际损失。甲公司除应支付乙公司违约金外，还应支付给乙公司赔偿金(   )万元。

A. 5   B. 15

C. 20   D. 0

22. 某年 3 月，甲、乙双方签订了一份购销合同。合同约定：甲方在 6 月 30 日前将货物运至乙方，乙方验货付款。甲方于 6 月 15 日将一半货物通过火车发运给乙方，乙方验货后支付了一半货款。其余货物虽经乙方多次催促，但迟至 7 月 20 日仍未交付货物，给乙方造成一定的损失。乙方要求甲方赔偿损失，甲方辩称，7 月10 日本地洪水暴发，致使自己无法履行合同义务，应该免除违约责任。对此，下列说法错误的是(   )。

A. 由于不可抗力，甲方的违约责任可以免除

B. 甲方的违约责任不可以免除

C. 甲方应承担违约责任

D. 如果在 6 月 30 日前发洪水，甲方及时通知乙方，能免除部分违约责任

23. 甲公司出卖一批钢材给乙公司，订立合同的日期是 2019 年 3 月 1 日，并在合同中注明"钢材所有权在乙公司支付全部货款时转移"。乙公司在 2019 年 3 月 5 日支付第一笔货款，甲公司按照合同的约定于 3 月 10 日将钢材运至乙公司，乙公司

验收并接受钢材，并于 3 月 15 日付清剩余的货款。这批钢材的所有权转移时间是（　　）。

A. 3 月 1 日　　　　B. 3 月 5 日

C. 3 月 10 日　　　D. 3 月 15 日

24. 甲、乙企业于 6 月 1 日签订一份买卖合同，合同中约定，乙企业应于 6 月 15 日前到甲企业仓库提货，乙企业拖延至 6 月 25 日才来提货。6 月 20 日甲企业仓库被洪水淹没，致使部分货物受损。依照合同法的规定，货物毁损的风险由（　　）。

A. 甲企业承担

B. 乙企业承担

C. 甲企业与乙企业平均承担

D. 甲企业与乙企业共同承担

25. 某商场为促销健身器材，贴出告示，跑步机试用一个月，满意再付款。王某遂选定一款跑步机试用。试用期满退回时，该商场要求王某支付使用费 200 元。下列关于王某应否支付使用费的表述中，符合合同法律制度规定的是（　　）。

A. 王某应当支付部分使用费，因为跑步机的磨损应当由王某和商场共同承担

B. 王某应当支付使用费，因其行为构成不当得利

C. 王某应当支付使用费，因其使用跑步机造成磨损

D. 王某不应当支付使用费，因为双方对此未作约定

26. 李某购买了某小区的一套房屋，其与开发商签订了商品房买卖合同，合同中约定 2019 年 5 月 6 日前办理房屋所有权登记，下列情形中，李某不可以要求解除合同的是（　　）。

A. 开发商迟延交付房屋，经催告后在 3 个月内仍未履行

B. 房屋套内建筑面积与合同约定的面积误差比绝对值为 5%

C. 房屋套内建筑面积与合同约定的面积误差比绝对值为 2%

D. 因开发商的证照不齐全，导致李某在 2020 年 6 月 5 日仍无法办理房屋所有权登记

27. 在赠与合同中，赠与人撤销权的行使期限是（　　）。

A. 自知道撤销原因之日起 6 个月内

B. 自知道撤销原因之日起 1 年内

C. 自承诺赠与之日起 2 年内

D. 自承诺赠与之日起 5 年内

28. 甲因买车急需用钱，2 月 4 日向邻居乙提出借钱，并承诺支付一定的利息。2 月 5 日乙答复同意，2 月 6 日双方立下字据，2 月 7 日乙将钱交给甲。此借款合同生效日为（　　）。

A. 2 月 4 日　　　　B. 2 月 5 日

C. 2 月 6 日　　　　D. 2 月 7 日

29. 甲向乙借款 5 万元，双方约定年利率为 10%，借期 1 年，乙预先扣下 0.5 万元利息。借款期满后，甲应返还乙的本息数额是（　　）万元。

A. 4.95　　　　　　B. 4.5

C. 5　　　　　　　　D. 5.5

30. 刘某和信用社签订了期限为 30 个月的借款合同。如果双方对利息支付的期限没有约定，又不能达成补充协议时，按照《合同法》的规定，刘某支付利息的方式应当是（　　）。

A. 每 6 个月支付一次

B. 每 10 个月支付一次

C. 每 12 个月支付一次，剩余期间不满 12 个月的，在返还借款时一并支付

D. 借款期限届满时一次性支付

31. 王某为做生意向其朋友张某借款 10 000 元，当时未约定利息。王某还款时，张某索要利息，王某以没有约定为由拒绝。根据《合同法》的规定，下列关于王某是否支付利息的表述中正确的是（　　）。

A. 王某不必支付利息

B. 王某应按当地民间习惯支付利息

C. 王某应按同期银行贷款利率支付利息

D. 王某应在不超过同期银行贷款利率 3 倍的范围内支付利息

32. 根据《合同法》的规定，租赁合同租赁期限不得超过一定期限，否则超过部分无效，该期限是(　　)年。
    A. 10　　　　　　　　B. 15
    C. 20　　　　　　　　D. 30

33. 张某承租李某家的房屋做生意。因屋顶漏雨影响生产，张某要求李某维修，李某以"没时间维修"为由拖延修缮，张某只好自己雇人修缮，并造成了一定的经营损失。根据《合同法》的规定，下列说法中正确的是(　　)。
    A. 修缮费用和张某的经营损失均由李某承担
    B. 修缮费用由张某和李某共同承担，张某的经营损失自己承担
    C. 修缮费用和张某的经营损失均由张某和李某共同承担
    D. 修缮费用由李某承担，张某的经营损失可通过要求李某减少房租来弥补

34. 甲租赁乙的汽车一辆，约定租期为 8 个月。下列表述不正确的是(　　)。
    A. 该租赁合同应采用书面形式，未采用书面形式，视为不定期租赁
    B. 在租赁期内，该汽车被当地政府有偿征用，补偿金归乙所有
    C. 在租赁期内，该汽车发生非人为的故障，维修费用由乙承担
    D. 在租赁期内，如果甲准备将该汽车转租给丙，必须经乙同意

35. 甲公司和乙公司双方签订一份合同，其要点为：甲方按照乙方指定的型号和技术要求向丙公司购进一套设备；甲方将设备交付乙方租赁使用，设备所有权属于甲方；乙方按期交纳租金。按照我国《合同法》，甲、乙双方的合同属于(　　)。
    A. 融资租赁合同
    B. 财产租赁合同
    C. 买卖合同

D. 居间合同

36. 甲企业与乙公司订立了一份融资租赁合同。合同约定由乙公司向境外某国的丙公司购入一套设备租给甲企业，在合同履行过程中，应承担该套设备维修义务的是(　　)。
    A. 甲企业
    B. 乙公司
    C. 丙公司
    D. 丙公司在我国的分支机构

37. 在履行承揽合同时，承揽人的下列行为中，构成违约的是(　　)。
    A. 承揽人发现定作人提供的图纸不合理，立即停止工作并通知定作人，因等待定作人答复，未能如期完成工作
    B. 承揽人认为定作人提供的材料不合格，即自行更换为自己确认合格的材料
    C. 承揽人未征得定作人同意，将其承揽的辅助工作交由第三人完成
    D. 承揽人拒绝交付工作成果，原因是定作人未按期支付报酬

38. 根据合同法律制度的规定，下列情形中，不属于无效建设工程施工合同的是(　　)。
    A. 承包人未取得建筑施工企业资质或者超越资质等级的
    B. 没有资质的实际施工人借用有资质的建筑施工企业名义的
    C. 建设工程必须进行招标而未招标或者中标无效的
    D. 承包人超越资质等级，在建设工程竣工前取得相应资质等级的

39. 甲公司承建乙公司的一栋商品楼，施工期间甲公司的下列行为不符合法律规定的是(　　)。
    A. 乙公司未按照约定的时间和要求提供场地，甲公司要求顺延工程日期
    B. 经乙公司同意，甲公司将自己承包的部分工作交由第三人完成
    C. 甲公司允许分包单位将其承包的工程再分包

D. 因发包人变更计划，甲公司要求增付返工费用

40. 甲委托乙购买一套机械设备，但要求以乙的名义签订合同，乙同意，遂与丙签订了设备购买合同。后由于甲的原因，乙不能按时向丙支付设备款。在乙向丙说明了自己是受甲委托向丙购买机械设备后，关于丙的权利，下列选项正确的是( )。
   A. 只能要求甲支付
   B. 只能要求乙支付
   C. 可选择要求甲或乙支付
   D. 可要求甲和乙承担连带责任

41. A公司委托运输公司将10吨液体化学制品由甲地运往乙地。运输公司按合同约定的方式将化学制品运到乙地后，A公司发现化学制品已不足10吨，经查是由于化学制品蒸发所致，A公司要求运输公司赔偿损失。运输公司正确的做法是( )。
   A. 应当赔偿短少部分的损失
   B. 不应赔偿，因为短少是由不可抗力造成的
   C. 不应赔偿，因为短少是由货物本身的自然性质造成的
   D. 应当与A公司分担损失，因为A公司对损失的发生也有过错

42. 下列各项中，关于行纪合同与委托合同区别的表述错误的是( )。
   A. 行纪合同和委托合同的适用范围是相同的
   B. 行纪人应以自己的名义与第三人订立合同，而受托人可以委托人或自己的名义订立合同，如以自己的名义订立合同，则负有披露义务
   C. 行纪合同为有偿合同，而委托合同可以是有偿的，也可以是无偿的
   D. 行纪人处理委托事务支出的费用，除当事人另有约定，应自行负担，而委托合同的受托人的费用由委托人承担

二、多项选择题

1. 下列合同中，不适用我国《合同法》的有( )。
   A. 甲收养乙的协议
   B. 农贸市场上的买卖协议
   C. 甲赠与乙一台计算机的协议
   D. 甲与乙签订的婚姻协议

2. 合同法律关系具有相对性特征。对此，下列说法正确的有( )。
   A. 只有合同当事人一方能够向合同的另一方当事人基于合同提出请求
   B. 除法律、合同另有规定以外，只有合同当事人才能享有某个合同所规定的权利，并承担该合同规定的义务
   C. 合同责任只能在特定的当事人之间即合同关系的当事人之间发生
   D. 合同关系的相对性不因任何原因被破坏

3. 甲向乙发出要约，要求7日内给予答复。下列情形中，不属于承诺的有( )。
   A. 乙一直没有答复
   B. 乙将此事告诉了丙，丙得知后表示可以接受甲的条件
   C. 乙考虑后向丙表示可以接受甲的条件
   D. 乙在第10日收到了要约并立即作出接受的答复

4. 甲厂向乙厂发出函件，表示愿以1万元出让设备一台。乙厂回复：需该设备，但价格应为8 000元；甲厂又回函：价格可为9 000元，复函即供货。乙厂经办人因工作不负责任，接甲厂的复函后，未予处理。后甲厂将设备发送到乙厂，乙厂才发现对甲厂原函未处理，下列选项中表述错误的有( )。
   A. 甲、乙之间的合同不成立
   B. 甲厂未经乙厂同意发货违约
   C. 乙厂未及时通知甲发货违约
   D. 双方之间有误解，可撤销合同

5. 甲公司拟购买乙企业的加工设备，双方约定采用合同书形式订立买卖合同。下列说

法正确的有( )。

A. 该合同自双方约定一致时成立

B. 该合同自双方当事人签字或者盖章时成立

C. 在签字、盖章之前，乙企业将货物送到，甲公司接收了货物，该合同成立

D. 在签字、盖章之前，乙企业将货物送到，无论甲公司是否接收货物，该合同成立

6. 根据《合同法》的规定，下列选项中，免责条款无效的有( )。

A. 造成对方人身伤害的

B. 因过失造成对方财产损失的

C. 因重大过失造成对方财产损失的

D. 因故意造成对方财产损失的

7. 根据《合同法》的规定，当事人在订立合同过程中实施的下列行为，属于缔约过失的有( )。

A. 假借订立合同，恶意进行磋商

B. 明知对方为限制行为能力人而与其订立买卖合同

C. 故意隐瞒与订立合同有关的重要事实

D. 提供与订立合同有关的虚假信息

8. 甲、乙双方签订了买卖合同，在合同履行过程中，发现该合同某些条款约定不明确。甲、乙双方不能达成补充协议，且按照合同有关条款或者交易习惯仍不能确定。下列说法符合规定的有( )。

A. 质量要求不明确的，按照国家标准、行业标准履行

B. 价款不明确的，按照卖方所在地的市场价格履行

C. 履行地点不明确，给付货币的，在接受货币一方所在地履行

D. 履行期限不明确的，债务人可以随时履行

9. 根据我国《合同法》的规定，因债务人的下列行为给债权人造成损害，债权人可以请求人民法院撤销债务人行为的有( )。

A. 债务人放弃其到期债权

B. 债务人无偿转让其财产

C. 债务人以明显不合理的低价转让其财产，受让人知道该情形

D. 债务人以明显不合理的低价转让其财产，受让人不知道该情形

10. 甲公司欠乙公司 30 万元，一直无力偿付，现乙公司查明丙公司欠甲公司 50 万元，已到期，但甲公司明示放弃对丙的债权。对甲公司的这一行为，下列说法正确的有( )。

A. 乙公司可以请求人民法院撤销甲放弃债权的行为

B. 乙公司应当通知丙公司撤销甲放弃债权的行为

C. 乙公司行使撤销权所支付的费用由甲公司负担

D. 乙公司应当自行支付行使撤销权的费用

11. 依法律规定，下列不得为保证人的有( )。

A. 某公立中学

B. 某公司经理

C. 某公司财务部

D. 有法人书面授权的分公司

12. 一般保证的保证人在主合同纠纷未经审判或者仲裁，并就债务人财产依法强制执行仍不能履行债务前，对债权人可以拒绝承担保证责任。下列情形中，一般保证的保证人不得行使上述权利的有( )。

A. 债务人被宣告失踪，且无可供执行的财产

B. 债务人移居国外，但国内有其购买现由亲属居住的住宅

C. 债务人被宣告破产，中止执行程序的

D. 债务人听说保证人曾表示放弃权利

13. 甲向乙借款 10 万元，丙和丁为保证人，但均未约定保证方式。丙、丁与债权人也没有约定保证份额。借款期限届满，甲无力偿还债务。下列说法中正确的有( )。

A. 乙必须先要求甲偿还债务

B. 乙有权直接要求丙或丁偿还债务

C. 丙和丁各承担 5 万元的保证责任

D. 丙和丁对 10 万元的保证债务承担连带责任

14. 关于保证合同的诉讼时效，下列说法正确的有（　　）。

A. 一般保证中，主债务诉讼时效中断，保证债务诉讼时效中断

B. 连带责任保证中，主债务诉讼时效中断，保证债务诉讼时效不中断

C. 一般保证中，主债务诉讼时效中止的，保证债务的诉讼时效同时中止

D. 连带责任保证中，主债务诉讼时效中止的，保证债务的诉讼时效不中止

15. 根据《担保法》的规定，下列情形中，保证人不承担民事责任的有（　　）。

A. 主合同当事人双方串通，骗取保证人提供保证的

B. 合同债权人采取欺诈手段，使保证人在违背真实意思的情况下提供保证的

C. 主合同债权人采取胁迫手段，使保证人在违背真实意思的情况下提供保证的，债权人知道或者应当知道胁迫事实的

D. 保证合同订立后，主合同基于的市场情形发生重大变化的

16. 甲公司与乙公司签订总额为 50 万元的购销合同，约定违约金依货款总额的 40% 计算。同时，购货方甲公司向乙公司交付定金 1 万元。后来甲公司违约，并致乙公司损失 4 万元。甲、乙双方的下列做法中，符合合同法律制度规定的有（　　）。

A. 乙公司有权拒绝返还甲公司交付的 1 万元定金，并要求甲公司赔偿 3 万元损失

B. 乙公司有权拒绝返还甲公司交付的 1 万元定金，并要求甲公司赔偿 4 万元损失

C. 甲公司有权要求将合同中约定的违约金减少到 4 万元，但甲公司只需再交付 3 万元，另外 1 万元以甲公司先行交付的 1

万元定金折抵

D. 乙公司有权拒绝返还甲公司交付的 1 万元定金，并要求甲公司在承担 2 万元违约金后，再承担 1 万元的损害赔偿

17. 根据《合同法》的规定，当事人一方因不可抗力的原因不能履行合同规定的义务时，若主张免责事由，其应履行的义务有（　　）。

A. 及时向对方通报不能履行的理由

B. 经对方当事人同意

C. 经上级主管机关批准

D. 在合理期限内提供证明

18. 在买卖合同中，当事人没有约定交付地点或者约定不明确，依照《合同法》有关规定仍不能确定时，下列说法正确的有（　　）。

A. 标的物需要运输的，出卖人应当将标的物直接交付给买受人

B. 标的物需要运输的，出卖人应当将标的物交付给第一承运人以运交给买受人

C. 标的物不需要运输，出卖人和买受人订立合同时知道标的物在某一地点的，出卖人应当在该地点交付标的物

D. 标的物不需要运输，出卖人和买受人订立合同时不知道标的物在某一地点的，应当在出卖人订立合同时的营业地交付标的物

19. 张某与王某依法签订合同，张某将自己所有的一辆别克汽车卖给王某，价款 20 万元，汽车已办理所有权转移登记手续但尚未交付；后李某表示愿以 22 万元的价格购买该汽车，张某同意，李某交付全款并提走汽车。下列说法正确的有（　　）。

A. 李某请求将所有权登记在自己名下，人民法院应予支持

B. 王某请求张某交付汽车的，人民法院应予支持

C. 张某应承担不能交付王某汽车的责任

D. 张某应承担不能为李某办理所有权转

移的责任

20. 甲委托乙运输一批货物到目的港，9 月 1 日启程，9 月 10 日到达目的地，甲在 9 月 3 日与丙签订了买卖合同，乙在停靠目的港过程中遭遇强风暴，致使货物部分毁损。下列说法正确的有（　　）。

A. 甲、丙的货物买卖合同于 9 月 3 日生效

B. 甲、丙的货物买卖合同于 9 月 10 日生效

C. 货物的损失由甲承担

D. 货物的损失由丙承担

21. 下列情形中，由于出卖人行为构成了欺诈，因此买受人可以在解除合同并赔偿损失的前提下，还可以要求出卖人承担不超过已付房款一倍的惩罚性赔偿金的有（　　）。

A. 商品房买卖合同订立后，出卖人未告知买受人又将该房屋抵押给第三人的

B. 商品房买卖合同订立后，出卖人无正当理由解除合同的

C. 故意隐瞒没有取得商品房预售许可证明的事实或者提供虚假商品房预售许可证明的

D. 故意隐瞒所售房屋已经抵押的事实的

22. 甲公司员工王某在公司年会抽奖活动中中奖，依据活动规则，公司资助中奖员工子女次年的教育费用，如员工离职，则资助失效。根据合同法律制度的规定，下列表述正确的有（　　）。

A. 甲公司与王某成立附条件赠与

B. 甲公司与王某成立附义务赠与

C. 如王某次年离职，甲公司无给付义务

D. 如王某次年未离职，甲公司在给付前可撤销资助

23. 在赠与合同中，受赠人有下列行为，赠与人可以撤销赠与的有（　　）。

A. 严重侵害赠与人或者赠与人的近亲属的

B. 对赠与人有抚养义务而不履行的

C. 不履行赠与合同约定的义务的

D. 受赠人丧失民事行为能力的

24. 关于民间借贷的利息与利率，下列表述中正确的有（　　）。

A. 借贷双方没有约定利息，出借人不得主张支付借期内利息

B. 借贷双方约定的利率为年利率 20%，出借人请求借款人按照约定的利率支付利息的，人民法院应予支持

C. 借贷双方约定的利率为年利率 30%，利息不能计入后期借款本金

D. 借贷双方约定的利率为年利率 40%，该约定无效

25. 租赁合同中，承租人应当妥善保管租赁物，如果没有特殊约定，在租赁物需要维修时，正确的做法有（　　）。

A. 承租人要求出租人在合理期限内维修

B. 承租人自行维修

C. 因维修租赁物影响承租人使用的，应当相应减少租金

D. 因维修租赁物影响承租人使用的，应当相应延长租期

26. 按《合同法》的有关规定，承租人如果将租赁物转租给第三人，下列表述正确的有（　　）。

A. 须经出租人同意

B. 原租赁合同继续有效

C. 第三人对租赁物造成损失的，承租人应当赔偿损失

D. 未经出租人同意转租的，出租人可以解除合同

27. 房屋租赁合同存在下列情形时，属于合同无效的有（　　）。

A. 出租人就未取得建设工程规划许可证或者未按照建设工程规划许可证的规定建设的房屋，与承租人订立的租赁合同

B. 出租人就未经批准或者未按照批准内容建设的临时建筑，与承租人订立的租赁合同

C. 租赁期限超过临时建筑的使用期限，与承租人订立的租赁合同

D. 未按照法律、行政法规规定办理登记

备案手续，与承租人订立的租赁合同

28. 甲合伙企业合伙人与乙融资租赁公司签订融资租赁合同，租赁淀粉加工设备一台，约定租赁期限届满后设备归承租人所有。合同签订后，出租人按照承租人的选择和要求向设备生产商丁公司支付了价款。如租赁期间因设备自身原因停机，造成承租人损失。下列说法正确的有（　　）。
    A. 出租人应减少租金
    B. 应由丁公司修理并赔偿损失
    C. 承租人向丁公司请求承担责任时，出租人有协助义务
    D. 出租人与丁公司承担连带责任

29. 承揽合同的承揽人经检验，发现定作人提供的材料不符合约定时，正确的做法有（　　）。
    A. 应当及时通知定作人更换
    B. 应当及时通知定作人采取其他补救措施
    C. 承揽人不得擅自更换定作人提供的材料
    D. 承揽人可以更换不需要修理的零部件

30. 如果建设工程合同当事人对支付工程款时间约定不明，符合规定的应付款时间有（　　）。
    A. 建设工程已实际交付的，为竣工之日
    B. 建设工程没有交付的，为提交竣工结算文件之日
    C. 建设工程已实际交付的，为交付之日
    D. 建设工程没有交付的，为竣工之日

31. 在建设工程合同中，因发包人的原因造成的下列情形中，说法正确的有（　　）。
    A. 致使工程中途停建的，发包人应当赔偿承包人因此造成的损失
    B. 未按照约定的时间和要求提供原材料的，承包人可以顺延工程日期
    C. 没有及时检查隐蔽工程的，承包人可以顺延工程日期
    D. 未按照约定支付价款的，承包人可以

催告发包人在合理期限内支付价款

32. 根据《合同法》的规定，客运合同的承运人应当履行的义务有（　　）。
    A. 承运人应当在约定期间或者合理期间内将旅客安全运输到约定地点
    B. 承运人迟延运输的，应当根据旅客的要求安排改乘其他班次或者退票
    C. 承运人擅自变更运输工具而降低服务标准的，应当根据旅客的要求退票或者减收票款
    D. 在运输过程中旅客自带物品灭失，承运人均应承担损害赔偿责任

33. 在货运合同中，如果货物在运输过程中因不可抗力灭失，下列说法正确的有（　　）。
    A. 未收取运费的，承运人可以要求支付运费
    B. 未收取运费的，承运人不得要求支付运费
    C. 已收取运费的，托运人可以要求返还
    D. 已收取运费的，托运人不得要求返还

34. 甲公司委托乙公司开发一项科研项目，同时产生一项发明，在双方事先没有约定的情况下，下列说法正确的有（　　）。
    A. 申请专利的权利属于甲公司
    B. 申请专利的权利属于乙公司
    C. 申请专利的权利属于甲、乙两公司共有
    D. 如果研究开发人取得专利权的，委托人可以免费实施该专利

35. 下列有关当事人之间就申请专利的技术成果所订立的许可使用合同的说法中，正确的有（　　）。
    A. 专利申请公开以前，适用技术秘密转让合同的有关规定
    B. 专利申请公开以后、授权以前，参照适用专利实施许可合同的有关规定
    C. 授权以后，原合同即为专利实施许可合同，适用专利实施许可合同的有关规定

D. 当事人可以以专利实施许可合同的标的是已经申请专利但尚未授权的技术为由主张合同无效

三、案例分析题

1. 甲塑料制品公司（以下简称"甲公司"）与乙化工机械制造公司（以下简称"乙公司"），于2018年5月18日签订了一份买卖注塑设备合同，甲公司为买方，乙公司为卖方。双方在合同中约定：

(1) 由乙公司于10月30日前分两批向甲公司提供注塑设备10套，每套价格为15万元，价款总计为150万元；

(2) 甲公司应向乙公司给付定金25万元；

(3) 如一方迟延履行，应向另一方支付违约金20万元；

(4) 因甲公司必须在2018年年底前全面开工投产，为保证该合同的按时履行，由丙生物医药公司（以下简称"丙公司"）作为乙公司的保证人，在乙公司不能履行债务时，丙公司方承担保证责任。

该买卖合同依法生效后，甲公司因故未实际向乙公司给付定金。7月1日，乙公司向甲公司交付了3套注塑设备，甲公司按合同规定支付了45万元货款。9月，该种注塑设备的市场价格因受供求关系的影响而大幅上涨，乙公司便向甲公司提出变更合同的主张，要求将剩余的7套注塑设备价格提高到每套20万元，甲公司不同意乙公司提出的涨价要求，随后乙公司于10月4日通知甲公司解除合同。2018年11月1日，甲公司仍未收到剩余的7套注塑设备，从而严重影响了其正常的生产，并因此遭受了50万元的经济损失。于是甲公司诉至法院，要求乙公司增加违约金数额并继续履行合同，同时要求丙公司对乙公司不履行合同的行为承担连带责任保证。

要求：根据上述内容，分别回答下列问题。

(1) 合同约定甲公司向乙公司给付25万元定金是否合法？并说明理由。

(2) 乙公司通知甲公司解除合同是否合法？并说明理由。

(3) 甲公司要求增加违约金数额依法能否成立？并说明理由。

(4) 甲公司要求乙公司继续履行合同依法能否成立？并说明理由。

(5) 丙公司是否应对乙公司不履行合同的行为承担连带责任保证？并说明理由。

2. 甲公司向乙宾馆发出一封电子邮件称：现有一批电器，其中电视机80台，每台售价3 400元；电冰箱100台，每台售价2 800元，总销售优惠价52万元。如有意购买，请告知。

乙宾馆接到该电子邮件后，遂向甲公司回复称：只欲购买甲公司50台电视机，每台电视机付款3 200元；60台电冰箱，每台电冰箱付款2 500元，共计支付总货款31万元，货到付款。

甲公司接到乙宾馆的电子邮件后，决定接受乙宾馆的要求。甲、乙签订了买卖合同，约定交货地点为乙宾馆。

甲公司同时与丙运输公司（以下简称"丙公司"）签订了合同，约定由丙公司将货物运至乙宾馆。丙公司在运输货物途中遭遇洪水，致使部分货物毁损。丙公司将剩余的未遭损失的货物运至乙宾馆，乙宾馆要求甲公司将货物补齐后一并付款。

甲公司迅速补齐了货物，但乙宾馆以资金周转困难为由，表示不能立即支付货款，甲公司同意乙宾馆推迟1个月付款。1个月后经甲公司催告，乙宾馆仍未付款。于是，甲公司通知乙宾馆解除合同，乙宾馆不同意解除合同。甲公司拟向法院起诉，要求解除合同，并要求乙宾馆赔偿损失。

要求：根据上述内容，分别回答下列问题。

(1) 甲公司向乙宾馆发出的电子邮件是要约还是要约邀请？并说明理由。

(2)乙宾馆的回复是承诺还是新的要约？并说明理由。

(3)丙公司是否应对运货途中的货物毁损承担损害赔偿责任？并说明理由。

(4)甲公司能否解除与乙宾馆的买卖合同？并说明理由。

本章综合练习参考答案及详细解析

一、单项选择题

1. C 【解析】本题考核要约邀请。《合同法》规定，寄送的价目表、拍卖公告、招标公告、招股说明书等都属于要约邀请。

2. A 【解析】本题考核要约到达。采用数据电文形式订立合同，收件人指定特定系统接收数据电文的，该数据电文进入该特定系统的时间，视为到达时间；未指定特定系统的，相对人知道或者应当知道该数据电文进入其系统时生效。

3. A 【解析】本题考核要约撤销。要约人确定了承诺期限的要约不可撤销，选项 A 正确。

4. D 【解析】本题考核新要约。受要约人对要约的内容作出实质性变更的，为新要约。本题中，乙大学的回函对甲厂的要约作出实质性变更，即附加一个音量调节器，是一种新要约而非承诺。

5. B 【解析】本题考核要约邀请。要约邀请是一方作出的希望对方向自己发出要约的意思表示。

6. C 【解析】本题考核合同成立的地点。采用数据电文形式订立合同的，收件人的主营业地为合同成立的地点；没有主营业地的，其经常居住地为合同成立的地点。

7. D 【解析】本题考核缔约过失责任。当事人承担缔约过失责任的前提是违反国家法律规定、违背诚实信用原则，致使合同未能成立，并给对方造成损失。当事人承担违约责任的前提是合同已经成立。本题乙公司并未违反国家法律规定、违背诚实信用原则，且合同未成立，无

须承担责任。

8. C 【解析】本题考核不安抗辩权。根据规定，应当先履行合同义务的当事人，有确切证据证明对方当事人经营状况严重恶化、丧失商业信誉的，可以行使不安抗辩权，中止履行合同。

9. A 【解析】本题考核债权人代位权。债务人怠于行使其到期债权，损害债权人利益的，债权人可向法院请求以自己的名义代位行使债务人的债权。代位权行使的范围以债权人享有的债权为限，选项 B、D 错误。代位权行使的条件是债务人债权已到期，选项 C 错误。

10. B 【解析】本题考核合同的保证人。保证合同的当事人为债权人与保证人。

11. D 【解析】本题考核保证期间。根据规定，保证合同约定的保证期间早于或者等于主债务履行期限的，视为没有约定，保证期间为主债务履行期届满之日起 6 个月。

12. D 【解析】本题考核保证期间。对于最高额担保，没有约定清偿债务期限的，保证期间为自债权人收到保证人终止保证合同的书面通知之日起 6 个月。

13. A 【解析】本题考核保证责任。没有约定或者约定不明的，如果保证与债务人提供的物的担保并存，则债权人先就债务人的物的担保求偿。

14. C 【解析】本题考核共同担保。根据规定，第三人提供物的担保的，债权人可以就物的担保实现债权，也可以要求保证人承担保证责任。提供担保的第三人

承担担保责任后，有权向债务人追偿。本题中，丙公司和丁公司居于同一清偿顺序，但丙公司承担担保责任后，只能向作为债务人的甲公司追偿，不能向另一个担保人丁公司追偿。

15. B 【解析】本题考核保证责任。未经保证人同意的主合同变更，加重债务人的债务的，保证人对加重的部分(增加的50万元)不承担保证责任。

16. B 【解析】本题考核保证责任。债权人(乙企业)知道或者应当知道债务人(甲企业)破产，既未申报债权也未通知保证人(丙公司)，致使保证人不能预先行使追偿权的，保证人在该债权在破产程序中可能受偿的范围内(50万元)免除保证责任。

17. D 【解析】本题考核定金。因当事人一方迟延履行或者其他违约行为，致使合同目的不能实现，可以适用定金罚则，但法律另有规定或者当事人另有约定的除外。当事人一方不完全履行合同的，应当按照未履行部分所占合同约定内容的比例，适用定金罚则。

18. C 【解析】本题考核合同的转让。债权人转让权利的，应当通知债务人。未经通知，该转让对债务人不发生效力。这里无须债务人同意。

19. A 【解析】本题考核标的物提存的规定。标的物提存后，毁损、灭失的风险由债权人(甲)承担。

20. A 【解析】本题考核合同的生效与解除及缔约过失责任。在履行期限届满之前，当事人一方明确表示或者以自己的行为表明不履行主要债务，另一方有权解除合同并请求赔偿损失。在本题中，甲科研所与乙企业的技术服务合同，在2019年3月签订时生效，甲企业在5月份明确表示不能履行合同，乙有权解除合同并要求甲科研所赔偿损失。

21. A 【解析】本题考核承担违约责任的方

式。约定的违约金低于造成的损失的，当事人可以请求予以增加；约定的违约金过分高于造成的损失的，当事人可以请求予以适当减少。在本题中，由于当事人甲违约，给乙造成的实际损失为20万元，高于双方约定的违约金，因此乙可以请求人民法院或者仲裁机构要求甲再支付5万元。

22. A 【解析】本题考核免责事由。(1)因不可抗力不能履行合同的，根据不可抗力的影响，部分或者全部免除责任。(2)当事人迟延履行后发生不可抗力的，不能免除责任。

23. D 【解析】本题考核买卖合同所有权的转移。在买卖合同中，除法律另有规定或当事人另有约定外，标的物的所有权转移时间为标的物交付时。本题当事人双方约定转移的时间是"钢材所有权在乙公司支付完货款时"，即3月15日。

24. B 【解析】本题考核买卖合同的有关规定。因买受人的原因致使标的物不能按照约定的期限交付的，买受人应当自违反约定之日起承担标的物毁损、灭失的风险。

25. D 【解析】本题考核试用买卖合同。试用买卖的当事人没有约定使用费或者约定不明确，出卖人主张买受人支付使用费的，人民法院不予支持。

26. C 【解析】本题考核商品房买卖合同。根据规定，房屋套内建筑面积或建筑面积与合同约定的面积误差比绝对值超过3%的，买受人可以请求解除合同。

27. B 【解析】本题考核赠与的撤销。赠与人的撤销权，自知道或者应当知道撤销原因之日起1年内行使。赠与人的继承人或者法定代理人的撤销权，自知道或者应当知道撤销原因之日起6个月内行使。

28. D 【解析】本题考核借款合同的生效。

自然人之间的借款合同为实践合同，自贷款人提供借款时生效。

29. A 【解析】本题考核借款的利息。借款的利息不得预先在本金中扣除，利息预先在本金中扣除的，应当按照实际借款数额返还借款并计算利息。实际借款额为 4.5 万元，利息为 0.45 万元，甲应返还乙 4.95 万元。

30. C 【解析】本题考核借款的利息。对支付利息的期限没有约定或者约定不明确，依照《合同法》有关规定仍不能确定的，借款期间一年以上的，应当在每届满一年时支付，剩余期间不满一年的，应当在返还借款时一并支付。

31. A 【解析】本题考核借款的利息。自然人之间的借款合同对支付利息没有约定或者约定不明确的，视为不支付利息。

32. C 【解析】本题考核租赁合同的期限。租赁期限不得超过 20 年。超过 20 年的，超过部分无效。

33. D 【解析】本题考核租赁合同当事人双方权利义务。承租人在租赁物需要维修时可以要求出租人在合理期限内维修。出租人未履行维修义务的，承租人可以自行维修，维修费用由出租人负担。因维修租赁物影响承租人使用的，应当相应减少租金或者延长租期。

34. B 【解析】本题考核租赁合同当事人双方权利义务。在租赁期间因占有、使用租赁物获得的收益，归承租人所有，但当事人另有约定的除外。

35. A 【解析】本题考核融资租赁合同。融资租赁合同是出租人根据承租人对出卖人、租赁物的选择，向出卖人购买租赁物，提供给承租人使用，承租人支付租金的合同。

36. A 【解析】本题考核融资租赁合同当事人双方权利义务。融资租赁合同中，承租人应当承担租赁期间租赁物的维修

义务。

37. B 【解析】本题考核承揽合同。承揽人不得擅自更换定作人提供的材料，不得更换不需要修理的零部件。

38. D 【解析】本题考核无效建设工程施工合同。承包人超越资质等级许可的业务范围签订建设工程施工合同，在建设工程竣工前取得相应资质等级，不按无效合同处理。

39. C 【解析】本题考核建筑工程合同。禁止分包单位将其承包的工程再分包。

40. C 【解析】本题考核委托合同。《合同法》规定：受托人因委托人的原因对第三人不履行义务，受托人应当向第三人披露委托人，第三人因此可以选择受托人或者委托人作为相对人主张其权利，但第三人不得变更选定的相对人。由此本题选项 C 正确。

41. C 【解析】本题考核货运合同当事人的权利义务。根据规定，承运人对运输过程中货物的毁损、灭失承担损害赔偿责任，但承运人证明货物的毁损、灭失是因不可抗力、货物本身的自然性质或者合理损耗以及托运人、收货人的过错造成的，不承担损害赔偿责任。

42. A 【解析】本题考核行纪合同与委托合同的特征。行纪合同的适用范围仅为贸易活动，而委托合同的受托人为委托人提供服务的适用范围广泛，包括各种可以委托的事项。

二、多项选择题

1. AD 【解析】本题考核《合同法》调整范围。《合同法》主要调整法人、其他组织之间的经济贸易合同关系，同时还包括自然人之间的买卖、租赁、借贷、赠与等合同关系。有关婚姻、收养、监护等身份关系的协议，不适用《合同法》的规定，由其他法律调整。

2. ABC 【解析】本题考核合同的相对性。虽然合同关系具有相对性，但可能因为

"物权化"或者保障债权实现，这种相对性在一定条件也会被打破。

3. ABCD 【解析】本题考核承诺。承诺是受要约人同意要约的意思表示，所以选项 A 不属于承诺。承诺应当由受要约人向要约人作出，所以选项 B、C 不属于承诺。承诺未能在要约确定的期限内到达要约人，所以选项 D 不属于承诺。

4. BCD 【解析】本题考核合同的订立程序。根据《合同法》的规定，承诺的法律效力表现为承诺生效时合同成立。本题中，甲厂和乙厂均未向对方作出承诺。

5. BC 【解析】本题考核合同的成立。当事人采用合同书形式订立合同的，自双方当事人签字或者盖章时合同成立，在签字或者盖章之前，当事人一方已经履行主要义务并且对方接受的，该合同成立。

6. ACD 【解析】本题考核合同中的免责条款。《合同法》规定，合同中约定对下列情况免责的条款无效：（1）造成对方人身伤害的；（2）因故意或者重大过失造成对方财产损失的。

7. ACD 【解析】本题考核缔约过失的情形。本题选项 B 情形订立的合同为效力待定合同。

8. ACD 【解析】本题考核合同履行的规则。价款或者报酬不明确的，按照订立合同时履行地的市场价格履行。

9. ABC 【解析】本题考核债权人撤销权。债务人的有偿行为（以明显不合理的低价转让财产），以第三人的恶意取得为要件，如果第三人主观上无恶意，则不能撤销。

10. AC 【解析】本题考核债权人撤销权。因债务人放弃其到期债权对债权人造成损害的，债权人可以请求人民法院撤销债务人的行为。债权人自行通知相对人撤销放弃债权的行为，不具有法律效力。债权人行使撤销权的必要费用，由债务人负担。

11. AC 【解析】本题考核担任保证人的资格。选项 A 是以公益为目的的事业单位，不能作保证人。选项 B 是自然人，可以作保证人。选项 C 是公司的职能部门，不能作保证人。选项 D 分支机构经书面授权的，可以作为保证人。

12. AC 【解析】本题考核一般保证人的权利。有下列情形之一的，保证人不得行使抗辩权：（1）债务人住所变更，致使债权人要求其履行债务发生重大困难的；（2）人民法院受理债务人破产案件，中止执行程序的；（3）保证人以书面形式放弃规定的权利的。

13. BD 【解析】本题考核连带责任保证。当事人对保证方式没有约定或者约定不明确的，按照连带责任保证承担保证责任。连带责任保证的债务人在主合同规定的债务履行期届满没有履行债务的，债权人可以要求债务人履行债务，也可以要求保证人在其保证范围内承担保证责任。同一债务有两个以上保证人的，没有约定保证份额的，保证人承担连带责任，债权人可以要求任何一个保证人承担全部保证责任，保证人都负有担保全部债权实现的义务。

14. ABC 【解析】本题考核保证合同的诉讼时效。一般保证和连带责任保证中，主债务诉讼时效中止的，保证债务的诉讼时效同时中止。

15. ABC 【解析】本题考核保证人不承担责任的情形。选项 D 不影响保证人承担民事责任。

16. AC 【解析】本题考核承担违约责任的方式。甲、乙双方既约定违约金，又约定定金，甲公司违约并致乙公司财产损失，乙公司可选择适用违约金或定金条款。（1）如乙公司选择适用定金，甲公司无权要求返还定金 1 万元，但乙的损失为 4 万元，余下 3 万元损失，乙公司可要求甲公司赔偿。因为，买卖合同约定的定金不足以弥补一方违约造成的损失，对方请求赔偿超过定金部分的损失的，人民法院可以并处。（2）如乙公司选择适用违约金，甲公司可以要求减少到4万元。乙公司不能同时并用违约金和定金条款，且定金和损失赔偿的数额总和不应高于因违约造成的损失。

17. AD 【解析】本题考核免责事由。《合同法》规定的一般免责事由为不可抗力，当事人一方因不可抗力不能履行合同的，应当及时通知对方，以减轻可能给对方造成的损失，并应当在合理期限内提供证明。

18. BCD 【解析】本题考核买卖合同标的物的交付。标的物需要运输的，出卖人应当将标的物交付给第一承运人以运交给买受人。

19. AC 【解析】本题考核特殊动产多重买卖合同的处理。根据规定，出卖人就同一船舶、航空器、机动车等特殊动产订立多重买卖合同，在买卖合同均有效的情况下，出卖人将标的物交付给买受人之一，又为其他买受人办理所有权转移登记，已受领交付的买受人请求将标的物所有权登记在自己名下的，人民法院应予支持。所以，李某可以请求将汽车所有权登记在其名下，而张某应承担不能交付王某汽车的责任。

20. AD 【解析】本题考核买卖合同中标的物的风险承担。出卖人出卖交由承运人运输的在途标的物，除当事人另有约定的外，毁损、灭失的风险自合同成立时起由买受人承担。9月3日签订合同后，风险即转移给丙。

21. ACD 【解析】本题考核商品房买卖合同中可以适用惩罚性赔偿金的情形。选项B不适用惩罚性赔偿金的规定。

22. AC 【解析】本题考核附条件的赠与合同。附条件赠与，是指当事人对赠与行为设定一定的条件，把条件的成就与否

作为赠与行为的效力发生或消灭的前提。附义务赠与，是指在赠与合同中赠与人对其赠与附加一定的条件，使受赠人负担一定的给付义务。在附条件的赠与中，条件的成就与否关系到赠与合同的效力。而在附义务的赠与中，所附的义务与赠与合同的法律效力无关，不能因为附义务而延缓或解除赠与的效力。本题中，公司资助王某子女次年教育经费，以王某继续在公司工作为条件，因此为附条件的赠与合同，即王某次年不离职，甲公司有给付义务；若王某次年离职，甲公司无给付义务。选项A、C正确，选项B错误。赠与人在赠与财产的权利转移之前可以撤销赠与。具有救灾、扶贫等社会公益、道德义务性质的赠与合同或者经过公证的赠与合同，不适用前款规定。本题中，甲公司与王某之间的赠与合同具有社会公益性，因此，甲公司在给付之前不能撤销资助。选项D错误。

23. ABC 【解析】本题考核赠与的撤销。受赠人有下列法定情形之一的，赠与人均可以撤销赠与：（1）严重侵害赠与人或者赠与人的近亲属；（2）对赠与人有扶养义务而不履行；（3）不履行赠与合同约定的义务。

24. AB 【解析】本题考核民间借贷的利息与利率。（1）约定的利率超过年利率24%，当事人主张超过部分的利息不能计入后期借款本金的，人民法院应予支持。选项C错误。（2）借贷双方约定的利率超过年利率36%，超过部分的利息约定无效。选项D错误。

25. ACD 【解析】本题考核租赁合同当事人双方权利义务。选项B，只有当出租人未履行维修义务时，承租人可以自行维修，维修费用由出租人负担。

26. ABCD 【解析】本题考核租赁合同当事人双方权利义务。承租人经出租人同

意，可以将租赁物转租给第三人。承租人转租的，承租人与出租人之间的租赁合同继续有效，第三人对租赁物造成损失的，承租人应当赔偿损失。承租人未经出租人同意转租的，出租人可以解除合同。

27. AB 【解析】本题考核房屋租赁合同。租赁期限超过临时建筑的使用期限，超过部分无效。选项 C 错误。当事人以房屋租赁合同未按照法律、行政法规规定办理登记备案手续为由，请求确认合同无效的，人民法院不予支持。选项 D 错误。

28. BC 【解析】本题考核融资租赁合同。租赁物不符合约定或者不符合使用目的的，出租人不承担责任，但承租人依赖出租人的技能确定租赁物或者出租人干预选择租赁物的除外。据此可知，因设备自身原因停机而给承租人造成的损失，出资人不承担责任。选项 A、D 错误。《合同法》规定，质量不符合约定的，应当按照当事人的约定承担违约责任。对违约责任没有约定或者约定不明确，依照《合同法》规定仍不能确定的，受损害方根据标的的性质以及损失的大小，可以合理选择要求对方承担修理、更换、重作、退货、减少价款或者报酬等违约责任。该法第 112 条规定，当事人一方不履行合同义务或者履行合同义务不符合约定的，在履行义务或者采取补救措施后，对方还有其他损失的，应当赔偿损失。据此可知，若丁公司提供的设备质量不符合约定的，应由其履行修理义务，并赔偿损失。选项 B 正确。出租人、出卖人、承租人可以约定，出卖人不履行买卖合同义务的，由承租人行使索赔的权利。承租人行使索赔权利的，出租人应当协助。选项 C 正确。

29. ABC 【解析】本题考核承揽合同当事人的权利义务。承揽人对定作人提供的材料，应当及时检验，发现不符合约定时，应当及时通知定作人更换、补齐或者采取其他补救措施。承揽人不得擅自更换定作人提供的材料，不得更换不需要修理的零部件。

30. BC 【解析】本题考核支付工程款时间。当事人对付款时间没有约定或者约定不明的，下列时间视为应付款时间：(1)建设工程已实际交付的，为交付之日；(2)建设工程没有交付的，为提交竣工结算文件之日。

31. ABCD 【解析】本题考核建设工程合同中当事人的权利义务。

32. ABC 【解析】本题考核承运人的权利义务。在运输过程中旅客自带物品毁损、灭失，承运人有过错的，应当承担损害赔偿责任。

33. BC 【解析】本题考核货运合同当事人的权利义务。货物在运输过程中因不可抗力灭失，未收取运费的，承运人不得要求支付运费；已收取运费的，托运人可以要求返还。

34. BD 【解析】本题考核技术开发合同技术成果的权利归属。委托开发完成的发明创造，除当事人另有约定的以外，申请专利的权利属于研究开发人。研究开发人取得专利权的，委托人可以免费实施该专利。

35. ABC 【解析】本题考核技术转让合同。当事人不得以专利实施许可合同的标的是已经申请专利但尚未授权的技术为由主张合同无效。

三、案例分析题

1. 【答案】

(1)合同约定甲公司向乙公司给付 25 万元定金合法。根据规定，当事人可以在合同中约定定金条款，定金数额由当事人约定，但不得超过主合同标的额的 20%。本题中，甲、乙双方约定的数额 25 万元，为主合同标的额的 16.67%，未超过主合同标的额的 20%。但由于定金合同从实际交付定金之日起生效，甲公司因故未向乙公司实际给付定金。因此，合同约定甲公司向乙公司给付 25 万元定金虽然合法，但该定金合同未生效。

【解析】定金合同、自然人之间的借款合同、保管合同是实践合同。如果没有交付定金，定金合同不生效。

（2）乙公司通知甲公司解除合同不合法。根据规定，依法订立的合同成立后，即具有法律约束力，任何一方当事人都不得擅自变更或解除合同，当事人协商一致可以解除合同。当事人一方主张解除合同时，对方有异议的，应当请求人民法院或仲裁机构确认解除合同的效力。本案甲、乙双方并未在合同中约定解除权，并且未协商一致。因此，乙公司通知甲公司解除合同是没有法律依据的。

（3）甲公司要求增加违约金数额依法能够成立。根据规定，当事人双方约定的违约金低于造成的损失的，当事人可以请求人民法院或仲裁机构予以增加。本案甲、乙双方约定的违约金为 20 万元，而甲公司因此造成的损失达 50 万元，已超过了约定的违约金数额。因此，甲公司可以请求人民法院予以增加。

（4）甲公司要求乙公司继续履行合同成立。根据规定，当事人一方不履行非金钱债务或者履行非金钱债务不符合约定的，对方当事人可以要求履行，违约方应当承担继续履行的违约责任。

（5）丙公司不应对乙公司不履行合同的行为承担连带责任保证，而是承担一般保证责任。根据规定，当事人在合同中约定债务人不能履行债务时，才由保证人承担保证责任的，为一般保证。一般保证的保证人享有先诉抗辩权，即在主合同纠纷未经审判或者仲裁，并就债务人财产依法强制执行仍不能履行债务前，对债权人可以拒绝承担保证责任。本案双方当事人在合同中约定的保证方式为一般保证，则丙公司应当履行一般保证责任，不应对乙公司不履行合同的行为承担连带责任保证。

2.**【答案】**

（1）甲公司向乙宾馆发出的电子邮件是要约。甲公司向乙宾馆发出的电子邮件内容具体确定，表达出订立合同的意思，并包括一经承诺合同即足以成立的各项基本条款，表明经受要约人承诺，要约人即受该意思表示约束。

（2）乙宾馆的回复是新的要约。《合同法》规定，受要约人对要约的内容作出实质性变更的，为新要约。本题中，乙宾馆对原要约的关键条款作了修改，属于实质性的变更。

（3）丙公司不应承担损害赔偿责任。根据《合同法》的规定，承运人对运输过程中货物的毁损、灭失承担损害赔偿责任，但承运人证明货物的毁损、灭失是因不可抗力、货物本身的自然性质或者合理损耗以及托运人、收货人的过错造成的，不承担损害赔偿责任。本题中，丙公司在运输途中遭遇洪水，属于因不可抗力造成的货物损失，因此不承担损害赔偿责任。

（4）甲公司能够解除与乙宾馆的买卖合同。根据《合同法》的规定，当事人一方迟延履行主要债务，经催告后在合理期限内仍未履行的，当事人可以解除合同。

隐名代理

本教材第2章代理制度讲到，代理的法律特征之一是：代理人以"被代理人"的名义。同时提到隐名代理，即代理人以"自己"的名义，被代理人"隐名"。在第4章合同法律制度中，关于委托合同部分专门介绍了"隐名代理"的规定，下面试图通过一些举例加以了解。

(1)受托人以自己的名义(不是以被代理人的名义)，在委托人的授权范围内(超越范围不算)与第三人订立的合同，第三人在订立合同时知道受托人与委托人之间的代理关系的(事后知道不算)，该合同直接约束委托人和第三人(法律后果同一般代理)，但有确切证据证明该合同只约束受托人和第三人的除外。

【举例】甲委托乙购买某种货物，为此乙与丙订立购买该货物的合同，丙"事先知道"乙是受甲委托。虽然甲没有出面，是"幕后"委托人，该合同的法律后果也是由甲承担。但是，如果丙曾经明确表示不与甲发生任何交易"除外"。

(2)受托人以自己的名义与第三人订立合同时，第三人不知道受托人与委托人之间的代理关系的：

①受托人因第三人的原因对委托人不履行义务，受托人应当向委托人披露第三人，委托人因此可以行使受托人对第三人的权利(委托人露面)，但第三人如果知道该委托人存在，就不会与受托人订立合同的除外(例如从来不喜欢与委托人打交道)。

【举例】甲委托乙购买某种货物，为此乙与丙订立购买该货物的合同，丙"事先不知道"乙不是为自己订立合同。如果因丙违约，致使乙无法向甲交付货物，乙应当告知甲供货人是丙，甲可以向丙追究责任。但是，如果丙曾经明确表示如果乙是受甲委托，就不会与乙订立合同的"除外"。

②受托人因委托人的原因对第三人不履行义务，受托人应当向第三人披露委托人，第三人因此可以选择受托人或者委托人作为相对人主张其权利，但第三人不得变更选定的相对人。

【举例】甲委托乙购买某种货物，为此乙与丙订立购买该货物的合同，丙"事先不知道"乙不是为自己订立合同。如果由于甲的原因造成乙违约，乙应当告知丙委托人是甲，丙可以"选择"向甲或乙追究责任。但是，一旦选定不得变更。

(3)委托人行使受托人对第三人的权利的，第三人可以向委托人主张其对受托人的抗辩(针对上述第①种情形。如果是因为乙违约在先，丙可以以此为理由对甲提出抗辩)。第三人选定委托人作为其相对人的，委托人可以向第三人主张其对受托人的抗辩以及受托人对第三人的抗辩(针对上述第②种情形。例如，乙订立的合同超越权限，甲可以以此为理由对丙提出抗辩)。

第5章 合伙企业法律制度

JINGDIAN TIJIE

考情分析

➡ **历年考情分析**

　　本章内容比较简单，以前曾经多次出现案例分析题，近几年本章主要以客观题形式考核，一般不涉及主观题，分值一般在 10 分左右。学习本章主要关注以下考点：合伙企业的设立、合伙企业财产、合伙事务执行、合伙企业与第三人的关系、入伙与退伙、特殊的普通合伙企业和有限合伙企业的特殊规定。

➡ **本章 2020 年考试主要变化**

　　本章内容无实质性修改。

核心考点及经典例题详解

　　【说明】合伙企业分为普通合伙企业和有限合伙企业。在法律适用中，凡是《合伙企业法》中对有限合伙企业有特殊规定的，应当适用该特殊规定；无特殊规定的，适用有关普通合伙企业及其合伙人的一般规定。为便于对照学习，在核心考点及真题详解部分，本章将普通合伙企业和有限合伙企业相同的规定放在一起讲解。

考点一　合伙企业的设立 ★★

扫我解疑难

📝 **经典例题**

【例题 1·单选题】(2019 年)根据合伙企业法律制度的规定，合伙人以劳务出资的，确定评估办法的主体应当是(　　)。

A. 全体合伙人

B. 合伙企业事务执行人

C. 法定评估机构

D. 合伙企业登记机关

【答案】A

【解析】本题考核合伙人的出资。合伙人以劳务出资的，其评估办法由全体合伙人协商确定，并在合伙协议中载明。

【例题 2·单选题】(2018 年)根据合伙企业法律制度的规定，下列关于有限合伙企业的表述中，错误的是(　　)。

A. 除法律另有规定外，有限合伙人人数不得超过 200 人

B. 国有独资公司及公益性的事业单位，不得担任普通合伙人

C. 法人及其他组织均可依照法律规定设立有限合伙企业

D. 有限合伙企业仅剩普通合伙人的，应当转为普通合伙企业

【答案】A

【解析】本题考核有限合伙企业设立的特别规定。有限合伙企业由2个以上50个以下合伙人设立；但是，法律另有规定的除外。选项A错误。自然人、法人和其他组织可以依照法律规定设立有限合伙企业，但国有独资公司、国有企业、上市公司以及公益性的事业单位、社会团体不得成为有限合伙企业的普通合伙人。选项B、C正确。有限合伙企业仅剩有限合伙人的，应当解散；有限合伙企业仅剩普通合伙人的，应当转为普通合伙企业。选项D正确。

【例题3·单选题】(2017年)境外甲私募基金与境内乙有限责任公司拟合作设立丙有限合伙企业，在境内经营共享充电宝项目。其中，甲为有限合伙人，乙为普通合伙人。根据合伙企业法律制度的规定，下列关于设立丙有限合伙企业须遵守的相关规定的表述中，正确的是( )。

A. 应当由乙负责办理审批手续

B. 甲出资的货币应当是人民币

C. 应当领取《外商投资合伙企业营业执照》

D. 应当向商务主管部门申请设立登记

【答案】 C

【解析】 本题考核外国企业或者个人在中国境内设立合伙企业。外国企业或者个人在中国境内设立合伙企业，应当由全体合伙人指定的代表或者共同委托的代理人向国务院市场监督管理部门授权的地方市场监督管理部门申请设立登记，领取《外商投资合伙企业营业执照》后，方可从事经营活动，即无须办理审批手续，选项A、D错误，选项C正确。外国企业或者个人用于出资的货币应当是可自由兑换的外币，也可以是依法获得的人民币，选项B错误。

【例题4·单选题】(2017年)根据合伙企业法律制度的规定，下列关于普通合伙企业合伙人的表述中，正确的是( )。

A. 非法人组织不能成为合伙人

B. 国有企业不能成为合伙人

C. 限制民事行为能力的自然人可以成为合伙人

D. 公益性社会团体可以成为合伙人

【答案】 B

【解析】 本题考核普通合伙人。合伙人可以是自然人，也可以是法人或者其他组织，选项A错误。合伙人为自然人的，应当具有完全民事行为能力。无民事行为能力人和限制民事行为能力人不得成为普通合伙人，选项C错误。国有独资公司、国有企业、上市公司以及公益性的事业单位、社会团体不得成为普通合伙人，选项B正确，选项D错误。

【例题5·单选题】(2016年)甲、乙、丙、丁拟共同投资设立一有限合伙企业，甲、乙为普通合伙人，丙、丁为有限合伙人。四人草拟了一份合伙协议。该合伙协议的下列内容中，符合合伙企业法律制度的是( )。

A. 合伙企业名称为"环宇商贸有限公司"

B. 丙、丁可以将其在合伙企业中的财产份额出质

C. 丙任执行事务合伙人

D. 甲以房屋作价30万元出资，乙以专利技术作价15万元出资，丙以劳务作价20万元出资，丁以现金50万元出资

【答案】 B

【解析】 本题考核有限合伙企业的设立。合伙企业名称中不能有"公司"字样，选项A错误。有限合伙人不执行合伙事务，不得对外代表有限合伙企业，选项C错误。有限合伙人不得以劳务出资，选项D错误。

【例题6·多选题】(2015年)根据合伙企业法律制度的规定，合伙企业的下列事项中，应当在工商行政管理机关登记的有( )。

A. 执行事务合伙人 　B. 主要经营场所

C. 合伙人的住所 　　D. 合伙人的家庭状况

【答案】 ABC

【解析】 本题考核合伙企业的设立登记事项。根据规定，合伙企业的登记事项应当包括：(1)名称；(2)主要经营场所；(3)执行事务合伙人；(4)经营范围；(5)合伙企业类型；(6)合伙人姓名或者名称及住所、承担责任方式、认缴或者实际缴付的出资数额、缴付期

限、出资方式和评估方式。合伙协议约定合伙期限的，登记事项还应当包括合伙期限。执行事务合伙人是法人或者其他组织的，登记事项还应当包括法人或者其他组织委派的代表。

📖 考点精析

1. 合伙人

（1）普通合伙企业有**2个以上合伙人**。

①合伙人可以是自然人，也可以是法人或者其他组织。

②**合伙人为自然人的，应当具有完全民事行为能力**。无民事行为能力人和限制民事行为能力人不得成为普通合伙企业的合伙人。

（2）有限合伙企业由**2个以上50个以下合伙人**设立，有限合伙企业至少应当有1个普通合伙人。

（3）**国有独资公司、国有企业、上市公司以及公益性的事业单位、社会团体不得成为普通合伙人，但可以成为有限合伙人。**

2. 合伙协议

（1）合伙协议经全体合伙人签名、盖章后生效。

（2）**修改或者补充合伙协议，应当经全体合伙人一致同意**。但是，合伙协议另有约定的除外。

3. 出资形式

（1）合伙人可以用货币、实物、知识产权、土地使用权或者其他财产权利认缴或者实际缴付出资。

（2）普通合伙企业的合伙人和有限合伙企业中的普通合伙人可以用劳务出资。

【知识点拨】 合伙人以劳务出资的，其评估办法由全体合伙人协商确定，并在合伙协议中载明。

4. 企业名称

（1）普通合伙企业名称中应当标明"普通合伙"字样。

（2）特殊的普通合伙企业名称中应当标明"特殊普通合伙"字样。

（3）有限合伙企业名称中应当标明"有限合伙"字样。

5. 合伙企业的设立登记

（1）申请设立合伙企业，应当由全体合伙人指定的代表或者共同委托的代理人向企业登记机关提交有关文件。

（2）合伙企业设立分支机构的，应当向分支机构所在地的企业登记机关申请设立、登记。

（3）**合伙企业的营业执照签发日期，为合伙企业成立日期。**

（4）合伙企业登记事项发生变更的，执行合伙事务的合伙人应当自作出变更决定或者发生变更事由之日起15日内，向企业登记机关申请办理变更登记。

6. 外国企业或者个人在中国境内设立合伙企业，应当由全体合伙人指定的代表或者共同委托的代理人向国务院工商行政管理部门授权的地方工商行政管理部门（2018年以后改为市场监督管理部门，下同）申请设立登记，领取《外商投资合伙企业营业执照》后，方可从事经营活动。

考点二　合伙企业的财产★★★

扫我解疑难

📖 经典例题

【例题1·单选题】（2017年）某普通合伙企业合伙人甲因个人借款，拟将其合伙财产份额质押给债权人乙。根据合伙企业法律制度的规定，为使该质押行为有效，同意质押的合伙人人数应当是（　）。

A. 超过全体合伙人的2/3

B. 超过全体合伙人的1/2

C. 全体合伙人

D. 超过全体合伙人的3/4

【答案】 C

【解析】 本题考核普通合伙人的财产份额出质。普通合伙人以其在合伙企业中的财产份额出质的，须经其他合伙人一致同意。

【例题2·单选题】（2014年）某普通合伙企业

合伙人甲，在未告知其他合伙人的情况下，以其在合伙企业中的财产份额出质，其他合伙人知悉后表示反对。根据合伙企业法律制度的规定，下列关于该出质行为效力的表述中，正确的是( )。

A. 有效
B. 可撤销
C. 效力待定
D. 无效

【答案】D

【解析】本题考核普通合伙人的财产份额出质。根据规定，合伙人以其在合伙企业中的财产份额出质的，须经其他合伙人一致同意；未经其他合伙人一致同意，其行为无效，由此给善意第三人造成损失的，由行为人依法承担赔偿责任。

【例题3·多选题】(2014年)下列选项中，属于合伙企业财产的有( )。

A. 合伙人缴纳的实物出资
B. 合伙企业借用某合伙人的计算机
C. 合伙企业对某公司的债权
D. 合伙企业合法接受的赠与财产

【答案】ACD

【解析】本题考核合伙企业财产的范围。合伙企业财产主要有合伙人的出资、以合伙企业名义取得的收益、依法取得的其他财产三部分构成。选项A属于合伙人的出资；选项B属于借用的财产，合伙企业并没有所有权，因此不属于合伙企业财产；选项C属于以合伙企业名义取得的收益；选项D属于依法取得的其他财产。

📝 **考点精析**

1. 合伙企业财产的构成

合伙人的出资(以认缴的数额为准)、以合伙企业名义取得的收益和依法取得的其他财产，均为合伙企业的财产。

2. 合伙企业财产的性质

(1)独立性。合伙企业的财产独立于合伙人，合伙人出资以后，一般来说，便丧失了对其作为出资部分的财产的所有权或者持有权、占有权。合伙企业的财产权主体是合伙企业，而不是单独的每一个合伙人。

(2)完整性。合伙企业的财产作为一个完整的统一体而存在，合伙人对合伙企业财产权益的表现形式，仅是依照合伙协议所确定的财产收益份额或比例。

(3)合伙人在合伙企业清算前，不得请求分割合伙企业的财产。但是，法律另有规定的除外(这里另有规定一般是指合伙人退伙)。

(4)合伙人在合伙企业清算前私自转移或者处分合伙企业财产的，合伙企业不得以此对抗善意第三人。善意相对人取得合伙企业财产，合伙企业损失只能向合伙人进行追索，而不能向善意第三人追索。

3. 合伙人财产份额的转让(见表5-1)

表5-1　合伙人财产份额的转让

情形	内容
内部转让	合伙人之间转让在合伙企业中的全部或者部分财产份额时，应当通知其他合伙人
对外转让	(1)除合伙协议另有约定外，普通合伙人向合伙人以外的人转让其在合伙企业中的全部或者部分财产份额时，须经其他合伙人一致同意。在同等条件下，其他合伙人有优先购买权。但是，合伙协议另有约定的除外 (2)有限合伙人可以按照合伙协议的约定向合伙人以外的人转让其在有限合伙企业中的财产份额，但应当提前30日通知其他合伙人

4. 出质

(1)普通合伙人以其在合伙企业中的财产份额出质的，须经其他合伙人一致同意；未经其他合伙人一致同意，其行为无效，由此给善意第三人造成损失的，由行为人依法承担赔偿责任。

【知识点拨】因为普通合伙人以财产份额出质(质押担保)，可能导致该财产份额发生权利转移，这种情形相当于向合伙人以外的人转让财产份额。由于私自出质造成损失的，其他合伙人不承担连带责任。

（2）有限合伙人可以将其在有限合伙企业中的财产份额出质。但是，合伙协议另有约定的除外。

📝 阶段性测试

1. **【单选题】** 根据《合伙企业法》的规定，关于合伙人，下列表述正确的是( )。

    A. 有限责任公司不能成为普通合伙人

    B. 个人丧失偿债能力的，不能成为普通合伙人

    C. 无民事行为能力人或者限制民事行为能力人，可以成为普通合伙人

    D. 夫妻不能在同一个合伙企业中同时作为普通合伙人

2. **【单选题】** 某有限合伙企业合伙协议的下列约定中，符合合伙企业法律制度规定的是( )。

    A. 普通合伙人以现金出资，有限合伙人以劳务出资

    B. 合伙企业成立后前三年的利润全部分配给普通合伙人

    C. 有限合伙人甲对外代表本合伙企业，执行合伙事务

    D. 合伙企业由普通合伙人1人、有限合伙人99人组成

3. **【单选题】** 下列关于普通合伙企业合伙人转让其在合伙企业中的财产份额的表述，不符合合伙企业法律制度规定的是( )。

    A. 合伙人向合伙人以外的人转让其在合伙企业中的财产份额的，除非合伙协议另有约定，同等条件下，其他合伙人有优先购买权

    B. 合伙人向合伙人以外的人转让其在合伙企业中的财产份额，其他合伙人既不同意转让也不行使优先购买权的，视为同意

    C. 合伙人向合伙人以外的人转让其在合伙企业中的财产份额的，除非合伙协议另有约定，须经其他合伙人一致同意

    D. 合伙人之间转让其在合伙企业中的财产份额的，应当通知其他合伙人

4. **【多选题】** 大华投资是一家有限合伙企业，专门从事生物医药领域的风险投资。甲公司是大华投资的有限合伙人，乙和丙是普通合伙人。关于合伙协议的约定，下列表述正确的有( )。

    A. 甲公司派驻大华投资的员工不领取报酬，其劳务折抵10%的出资

    B. 甲公司不得与其他公司合作从事生物医药领域的风险投资

    C. 甲公司不得将自己在大华投资中的份额设定质权

    D. 甲公司不得将自己在大华投资中的份额转让给他人

5. **【多选题】** 根据《合伙企业法》的规定，普通合伙企业合伙人的出资方式有( )。

    A. 货币　　　　　　　B. 劳务

    C. 土地使用权　　　　D. 专利权

6. **【多选题】** 下列对普通合伙企业财产的表述中，正确的有( )。

    A. 合伙企业存续期间，所有以合伙企业名义取得的收益均属于合伙企业财产

    B. 合伙人在合伙企业清算前私自转移或者处分合伙企业财产的，合伙企业不得以此对抗善意第三人

    C. 合伙人依法转让其财产份额时，在同等条件下，其他合伙人有优先受让的权利

    D. 合伙人之间转让合伙企业中的全部财产份额时，须经其他合伙人一致同意

📝 阶段性测试答案精析

1. B **【解析】** 本题考核合伙人的资格。国有独资公司、国有企业、上市公司以及公益性的事业单位、社会团体不得成为普通合伙人。因此有限责任公司可以成为普通合伙人。选项A表述错误。个人丧失偿债能力的，当然退伙。即个人丧失偿债能力的，不能成为普通合伙人。选项B表述正确。无民事行为能力人或者限制民事行为

能力人，可以成为有限合伙人，但不能成为普通合伙人。选项C表述错误。《合伙企业法》对夫妻在同一个合伙企业中同时作为普通合伙人并没有作出限制规定。选项D表述错误。

2. B 【解析】本题考核有限合伙企业。选项A，有限合伙人不得以劳务出资；选项B，有限合伙企业不得将全部利润分配给部分合伙人，但合伙协议另有约定的除外；选项C，有限合伙企业由普通合伙人执行合伙事务，有限合伙人不执行合伙企业事务，不得对外代表有限合伙企业；选项D，有限合伙企业由2个以上50个以下合伙人设立。

3. B 【解析】本题考核合伙企业财产份额的转让。合伙人向合伙人以外的人转让其在合伙企业中的财产份额，其他合伙人既不同意转让也不行使优先购买权的，不得转让。选项B"视为同意"错误。

4. BC 【解析】本题考核有限合伙企业设立的特殊规定。有限合伙人不得以劳务出资。甲公司是有限合伙人，不得以劳务出资。选项A错误。有限合伙人可以自营或者同他人合作经营与本有限合伙企业相竞争的业务；但是，合伙协议另有约定的除外。据此可知，合伙协议可以约定禁止甲公司与其他公司合作从事生物医药领域的风险投资。选项B正确。有限合伙人可以将其在有限合伙企业中的财产份额出质；但是，合伙协议另有约定的除外。据此可知，合伙协议可以约定禁止甲公司将其在大华投资中的份额出质。选项C正确。有限合伙人可以按照合伙协议的约定向合伙人以外的人转让其在有限合伙企业中的财产份额，但应当提前30日通知其他合伙人。据此可知，合伙协议不能禁止有限合伙人对外转让自己的份额。选项D错误。

5. ABCD 【解析】本题考核合伙企业的设立。根据《合伙企业法》的规定，合伙人可以用货币、实物、知识产权、土地使用权或者其他财产权利出资，普通合伙人也可以用劳务出资。

6. ABC 【解析】本题考核合伙企业财产。合伙人之间转让合伙企业中的全部或者部分财产份额时，应当通知其他合伙人。

扫我解疑难

考点三 合伙企业事务执行★

📝 **经典例题**

【例题1·单选题】（2019年）普通合伙人甲、乙、丙、丁共同设立一家合伙企业，持有合伙企业的财产份额分别为18%、20%、27%和35%。合伙协议约定：合伙人对外转让份额，应当经持有3/5以上合伙财产份额的合伙人同意。甲拟将其持有的10%份额转给非合伙人戊，并拟将其持有的剩余8%的财产份额转让给合伙人丙。根据合伙企业法律制度的规定，下列表述中，正确的是（ ）。

A. 未经乙、丙、丁一致同意，甲不得将其财产份额转让给戊

B. 未经丁同意，甲不得将其财产份额转让给丙

C. 经丙、丁同意，甲即可将其财产份额转让给戊

D. 未经乙同意，甲不得将其财产份额转让给丙

【答案】C

【解析】本题考核合伙企业财产份额的转让。除合伙协议另有约定外，合伙人向合伙人以外的人转让其在合伙企业中的全部或者部分财产份额时，须经其他合伙人一致同意；题目中是合伙协议另有约定，从其约定，选项C正确、选项A错误。合伙人之间转让在合伙企业中的全部或者部分财产份额时，应当通知其他合伙人；选项BD错误。

【例题2·单选题】（2019年）某普通合伙企业有甲、乙、丙、丁四位合伙人，合伙协议约定，合伙企业债务由合伙人平均承担。现该

合伙企业无力清偿到期债务 12 万元，甲向债权人清偿了 9 万元，乙向债权人清偿了 3 万元。根据合伙企业法律制度的规定，下列关于合伙企业债务内部追偿的表述中，正确的是（　　）。

A. 甲无权向丙或丁追偿 3 万元

B. 甲可以向乙追偿 3 万元

C. 甲可以向丁追偿 3 万元

D. 甲可以向丙追偿 6 万元

【答案】C

【解析】本题考核合伙企业的损益分配。合伙企业的利润分配、亏损分担，按照合伙协议的约定办理；合伙协议未约定或者约定不明确的，由合伙人协商决定；协商不成的，由合伙人按照实缴出资比例分配、分担；无法确定出资比例的，由合伙人平均分配、分担。题目中，合伙协议约定"平均承担"合伙企业债务，那么甲可以向丙、丁各追偿 3 万元。

【例题 3·多选题】（2019 年）根据合伙企业法律制度的规定，下列事项中，除合伙协议另有约定外，应当经全体合伙人一致同意方能通过的有（　　）。

A. 合伙人向合伙人以外的人转让其合伙份额

B. 合伙企业分配利润

C. 合伙企业处分其不动产

D. 合伙企业聘任合伙人以外的人担任企业的经营管理人员

【答案】ACD

【解析】本题考核合伙企业事务执行的形式。除合伙协议另有约定外，合伙企业的下列事项应当经全体合伙人一致同意：（1）改变合伙企业的名称；（2）改变合伙企业的经营范围、主要经营场所的地点；（3）处分合伙企业的不动产；（4）转让或者处分合伙企业的知识产权和其他财产权利；（5）以合伙企业名义为他人提供担保；（6）聘任合伙人以外的人担任合伙企业的经营管理人员。除合伙协议另有约定外，普通合伙人向合伙人以外的人转让其在合伙企业中的全部或者部分财产份额时，须经其他合伙人一致同意。

【例题 4·单选题】（2018 年）甲为某普通合伙企业的执行合伙事务的合伙人。甲为清偿其对合伙企业以外的第三人乙的 20 万元个人债务，私自将合伙企业的一台工程机械以 25 万元的市价卖给善意第三人丙并交付。甲用所获取价款中的 20 万元清偿了对乙的债务，将剩下的 5 万元挥霍一空。根据合伙企业法律制度的规定，下列表述中，正确的是（　　）。

A. 乙应将 20 万元款项直接返还合伙企业

B. 甲与丙的工程机械买卖合同不成立

C. 合伙企业有权从给丙处取回工程机械

D. 合伙企业有权就企业所受损失向甲追偿

【答案】D

【解析】本题考核合伙企业财产的性质。货币转移占有即转移所有权，因为乙接受甲的清偿债务行为有效，故不得要求乙返还款项。故选项 A 错误。根据《最高人民法院关于审理买卖合同纠纷案件适用法律问题的解释》的规定，因无权处分订立的买卖合同，若无其他效力瑕疵（如行为能力、意思表示真实等瑕疵），该买卖合同有效。无权处分不影响买卖合同的效力。故选项 B 错误。合伙人在合伙企业清算前私自转移或者处分合伙企业财产的，合伙企业不得以此对抗善意第三人。在确认善意取得的情况下，合伙企业的损失只能向合伙人进行追索，而不能向善意第三人追索。故选项 C 错误，选项 D 正确。

【例题 5·多选题】（2017 年）根据合伙企业法律制度的规定，下列有限合伙人的行为中，视为执行合伙企业事务的有（　　）。

A. 参与决定普通合伙人退伙

B. 参与决定合伙企业为第三人提供担保

C. 为合伙企业提供担保

D. 参与决定出售合伙企业房产

【答案】BD

【解析】本题考核有限合伙企业的事务执行。有限合伙人的下列行为，不视为执行合伙事务：（1）参与决定普通合伙人入伙、退伙；（2）对企业的经营管理提出建议；（3）参与选择承办有限合伙企业审计业务的会计师事务所；(4)获取经审计的有限合伙企业财务会计报告；(5)对涉及自身利益的情况，查阅有限合伙企业财务会计账簿等财务资料；(6)在有限合伙企业中的利益受到侵害时，向有责任的合伙人主张权利或者提起诉讼；(7)执行事务合伙人怠于行使权利时，督促其行使权利或者为了本企业的利益以自己的名义提起诉讼；(8)依法为本企业提供担保。

考点精析

【考点精析1】 合伙事务执行的形式

1. 普通合伙企业事务执行

(1)合伙企业的事务执行可以由全体合伙人共同执行合伙事务。

(2)合伙企业的事务执行可以委托一个或者数个合伙人对外代表合伙企业。作为合伙人的法人、其他组织执行合伙事务的，由其委派的代表执行。

(3)除合伙协议另有约定外，合伙企业的下列事项应当经全体合伙人一致同意：

①改变合伙企业的名称；

②改变合伙企业的经营范围、主要经营场所的地点；

③处分合伙企业的不动产；

④转让或者处分合伙企业的知识产权和其他财产权利；

⑤以合伙企业名义为他人提供担保；

⑥聘任合伙人以外的人担任合伙企业的经营管理人员。

2. 有限合伙企业事务执行

(1)有限合伙企业由普通合伙人执行合伙事务。有限合伙人不执行合伙事务，不得对外代表有限合伙企业。

(2)有限合伙人的下列行为，不视为执行合伙事务：

①参与决定普通合伙人入伙、退伙；

②对企业的经营管理提出建议；

③参与选择承办有限合伙企业审计业务的会计师事务所；

④获取经审计的有限合伙企业财务会计报告；

⑤对涉及自身利益的情况，查阅有限合伙企业财务会计账簿等财务资料；

⑥在有限合伙企业中的利益受到侵害时，向有责任的合伙人主张权利或者提起诉讼；

⑦执行事务合伙人怠于行使权利时，督促其行使权利或者为了本企业的利益以自己的名义提起诉讼；

⑧依法为本企业提供担保。

(3)第三人有理由相信有限合伙人为普通合伙人并与其交易的，该有限合伙人对该笔交易承担与普通合伙人同样的责任。有限合伙人未经授权以有限合伙企业名义与他人进行交易，给有限合伙企业或者其他合伙人造成损失的，该有限合伙人应当承担赔偿责任。

【考点精析2】 合伙人在执行合伙事务中的权利和义务

1. 合伙人在执行合伙事务中的权利

(1)对外代表权。合伙人对执行合伙事务享有同等的权利。执行合伙事务的合伙人对外代表合伙企业，其他合伙人不得对外代表合伙企业。

(2)监督权。委托一个或者数个合伙人执行合伙事务的，其他合伙人不再执行合伙事务。不执行合伙事务的合伙人有权监督执行事务合伙人执行合伙事务的情况。

(3)查阅会计账簿权。

(4)提出异议权与撤销委托权。普通合伙人分别执行合伙事务的，执行事务合伙人可以对其他合伙人执行的事务提出异议。提出异议时，应当暂停该项事务的执行；如果发生争议，依照合伙企业法律制度规定的决议办法作出决定。受委托执行合伙事务的合伙人不按照合伙协议或者全体合伙人的决定执行事务的，其他合伙人可以决定撤销该委托。

2. 合伙人在执行合伙事务中的义务

(1)普通合伙人不得自营或者同他人合作经营与本合伙企业相竞争的业务。有限合伙人可以自营或者同他人合作经营与本有限合伙企业相竞争的业务。但是，合伙协议另有约定的除外。

（2）除合伙协议另有约定或者经全体合伙人一致同意外，普通合伙人不得同本合伙企业进行交易。有限合伙人可以同本有限合伙企业进行交易，但是合伙协议另有约定的除外。

【考点精析3】合伙企业决议

【考点精析4】合伙企业的损益分配方式（见表5-2）

合伙人对合伙企业有关事项作出决议，按照合伙协议约定的表决办法办理。合伙协议未约定或者约定不明确的，实行合伙人一人一票并经全体合伙人过半数通过的表决办法。

表5-2 合伙企业的损益分配方式

情形	内容
合伙协议有约定	按约定的比例分配和分担
合伙协议未约定	首先由合伙人协商决定
	协商不成的，由合伙人按照实缴出资比例分配、分担
	无法确定出资比例的，由合伙人平均分配、分担

普通合伙企业中，合伙协议不得约定将全部利润分配给部分合伙人或者由部分合伙人承担全部亏损。有限合伙企业不得将全部利润分配给部分合伙人；但是，合伙协议另有约定的除外。

📝阶段性测试

1.【单选题】张某、王某、李某、赵某四人设立了一家"AAA"酒吧，性质为普通合伙企业。由于经营一直不理想，全体合伙人开会，协商对策。按照《合伙企业法》的规定，下列事项的表决属于有效表决的是（　　）。

A. 张某认为"AAA"没有吸引力，提议改为"QQQ"。王某、赵某同意，但李某反对

B. 王某提议暂停营业1个月，装修整顿。张某、赵某同意，但李某反对

C. 赵某提议提升咖啡品质，愿意将自己的一台高级咖啡机卖给酒吧。张某、王某同意，但李某反对

D. 李某提议聘任其友汪某为合伙经营管理人。张某、王某同意，但赵某反对

2.【单选题】甲、乙、丙、丁四人共同出资设立普通合伙企业，委托合伙人丁单独执行企业事务。下列表述中，不符合《合伙企业法》规定的是（　　）。

A. 其他合伙人不再执行合伙事务

B. 丁对外代表该合伙企业

C. 丁向甲转让丁在该合伙企业中的部分财产份额时，应当通知乙、丙二人

D. 甲、乙、丙无权检查丁执行该合伙企业事务的情况

3.【单选题】A有限合伙企业有三个合伙人，其中甲和乙为有限合伙人，丙为普通合伙人，由丙执行合伙企业事务。某日，甲未经丙同意，代表A有限合伙企业与B公司签订一份合同，B公司有理由相信甲为普通合伙人。如果该合同给A有限合伙企业造成巨大损失，下列说法正确的是（　　）。

A. 该损失由合伙企业承担

B. 该损失由普通合伙人承担责任

C. 该损失由甲以其对合伙企业的出资额承担有限责任

D. 该损失由甲承担赔偿责任

4.【多选题】下列关于普通合伙企业事务执行的表述中，符合《合伙企业法》规定的有（　　）。

A. 除合伙协议另有约定外，处分合伙企业的不动产须经全体合伙人一致同意

B. 除合伙协议另有约定外，合伙人不得自营与本企业相竞争的业务

C. 除合伙协议另有约定外，改变合伙企业的名称须经全体合伙人一致同意

D. 除合伙协议另有约定或全体合伙人一

致同意外，合伙人不得同本企业进行交易

5. 【多选题】甲、乙、丙三人共同投资设立一普通合伙企业，合伙企业在存续期间，甲擅自以合伙企业的名义与丁公司签订了代销合同。乙和丙获知后，认为该合同不符合合伙企业利益，即向丁公司表示对该合同不予承认，因为该合伙企业内部规定，任何合伙人不得单独与第三人签订代销合同。对此，下列说法正确的有（　　）。

A. 如果丁公司不知道该合伙企业的内部规定，该合同无效

B. 如果丁公司不知道该合伙企业的内部规定，该合同有效

C. 如果丁公司知道该合伙企业的内部规定，该合伙企业应承担因不执行合同给丁公司造成的损失

D. 如果丁公司知道该合伙企业的内部规定，该合伙企业不应承担因不执行合同给丁公司造成的损失

6. 【多选题】如果某有限合伙企业的合伙协议没有约定，该有限合伙企业的下列做法不违反法律规定的有（　　）。

A. 限制有限合伙人以劳务出资

B. 同意有限合伙人作为合伙企业事务执行人

C. 将全部利润分配给部分合伙人

D. 允许有限合伙人经营与本企业相竞争的业务

阶段性测试答案精析

1. B 【解析】本题考核合伙事务的执行。选项 A 无效。根据规定，除合伙协议另有约定外，改变合伙企业的名称，应当经全体合伙人一致同意。选项 A 中，合伙人李某不同意，该决议未通过。选项 B 有效。根据规定，合伙人对合伙企业有关事项作出决议，按照合伙协议约定的表决办法办理。合伙协议未约定或者约定不明确的，实行合伙人一人一票并经全体合伙人过半数通过的表决办法。选项 B 中，停业装修

整顿不属于必须经全体合伙人一致同意的事项。选项 C 无效。根据规定，除合伙协议另有约定或者经全体合伙人一致同意外，合伙人不得同本合伙企业进行交易。选项 D 无效。根据规定，除合伙协议另有约定外，聘任合伙人以外的人担任合伙企业的经营管理人员，应当经全体合伙人一致同意。选项 D 中，合伙人赵某不同意，该决议未通过。

2. D 【解析】本题考核普通合伙企业事务执行。不执行合伙事务的合伙人有权监督执行事务合伙人执行合伙事务的情况。

3. D 【解析】本题考核有限合伙企业。有限合伙人未经授权以有限合伙企业名义与他人进行交易，给有限合伙企业或者其他合伙人造成损失的，该有限合伙人应当承担赔偿责任。

4. ACD 【解析】本题考核普通合伙企业事务执行。选项 B，普通合伙人不得自营或者同他人合作经营与本合伙企业相竞争的业务。这一规定是法律的强制性规定，不得由合伙协议约定除外。

5. BD 【解析】本题考核合伙企业对外代表权的限制。(1) 合伙人执行合伙事务的内部限制必须以第三人知道这一情况为条件，否则，该内部限制不对该第三人发生抗辩力。(2) 当执行合伙事务的合伙人给善意第三人造成损失时，合伙企业不能因为有对合伙人执行合伙事务以及对外代表合伙企业权利的限制，就不对善意第三人承担责任。

6. AD 【解析】本题考核有限合伙人权利。有限合伙人不执行合伙事务，不得对外代表有限合伙企业。有限合伙企业不得将全部利润分配给部分合伙人；但是，合伙协议另有约定的除外。

考点四　合伙企业与第三人的关系★★

扫我解疑难

经典例题

【例题1·单选题】（2017年）某普通合伙企业合伙人甲享有合伙财产份额价值为10万元，因个人车辆修理而欠乙修理费5万元，到期无力清偿。同时乙欠合伙企业5万元未清偿；合伙企业未向甲支付上一年度应分配利润10万元。债权人乙提出的下列主张中，符合合伙企业法律制度规定的是( )。

A. 以甲欠乙的修理费抵销乙欠合伙企业的货款

B. 请求人民法院强制执行甲在合伙企业中的财产份额以清偿修理费

C. 代位行使甲对合伙企业上一年度全部可分配利润的请求权

D. 直接取得甲在合伙企业中价值5万元的财产份额

【答案】 B

【解析】 本题考核合伙人的债务清偿与合伙企业的关系。(1)合伙人发生与合伙企业无关的债务，相关债权人不得以其债权抵销其对合伙企业的债务，也不得代位行使合伙人在合伙企业中的权利，选项A、C错误。(2)合伙人的自有财产不足清偿其与合伙企业无关的债务的，该合伙人可以以其从合伙企业中分取的收益用于清偿；债权人也可以依法请求人民法院强制执行该合伙人在合伙企业中的财产份额用于清偿。选项B正确，选项D错误。

【例题2·单选题】 某合伙企业由于经营不善，无力偿还对外所欠的应付货款。下列有关债务清偿的说法中，不符合法律规定的是( )。

A. 首先以合伙企业的财产优先清偿，不足的部分，由各合伙人以其自有财产来清偿

B. 合伙人由于承担连带责任，所清偿数额超过其应分担的比例时，有权向其他合伙人追偿

C. 合伙企业的债权人对合伙企业所负债务，可以向任何一个合伙人主张

D. 合伙人分担合伙债务的比例，由合伙人平均分担

【答案】 D

【解析】 本题考核合伙企业的债务清偿。合伙企业的亏损分担，按照合伙协议的约定办理；合伙协议未约定或者约定不明确的，由合伙人协商决定；协商不成的，由合伙人按照实缴出资比例分担；无法确定出资比例的，由合伙人平均分担。

【例题3·多选题】（2018年）甲为某普通合伙企业合伙人，因个人原因欠合伙企业以外的第三人乙10万元。乙欠合伙企业货款15万元。现甲无力以个人财产清偿债务，乙的下列主张中，符合合伙企业法律制度规定的有( )。

A. 以其对甲的债权部分抵销其欠合伙企业的债务

B. 以甲从合伙企业中分得的利润偿付债务

C. 代位行使甲在合伙企业中的各项权利

D. 以甲在合伙企业中的财产份额偿付债务

【答案】 BD

【解析】 本题考核合伙人的债务清偿与合伙企业的关系。合伙人发生与合伙企业无关的债务，相关债权人不得以其债权抵销其对合伙企业的债务，也不得代位行使合伙人在合伙企业中的权利，选项A、C错误。合伙人的自有财产不足清偿其与合伙企业无关的债务的，该合伙人可以以其从合伙企业中分取的收益用于清偿，选项B正确；债权人也可以依法请求人民法院强制执行该合伙人在合伙企业中的财产份额用于清偿，选项D正确。

考点精析

1. 合伙企业对外代表权

(1)合伙事务执行中的对外代表权。普通合伙人的代表行为，其执行合伙事务所产生的收益归合伙企业，所产生的费用和亏损由

合伙企业承担。

（2）合伙企业对外代表权的限制。无论合伙企业如何约定，合伙企业对普通合伙人执行合伙事务以及对外代表合伙企业权利的限制，不得对抗善意第三人。

2. 合伙企业的债务清偿

（1）合伙企业的债务清偿顺序。

①合伙企业对其债务，应<u>先以其全部财产进行清偿</u>。

②合伙企业不能清偿到期债务的，<u>普通合伙人承担无限连带责任</u>。

【知识点拨】合伙企业债务的承担分为两个层次：第一顺序的债务承担人是合伙企业，第二顺序的债务承担人是全体合伙人。所谓连带责任是指合伙人在第二顺序的责任承担中相互之间所负的连带责任，而非合伙人与和合伙企业之间的连带责任。

（2）合伙人之间的债务分担和追偿。

①<u>合伙人之间的债务分担比例对债权人没有约束力</u>。债权人可以根据自己的清偿利益，请求全体合伙人中的一人或数人承担全部清偿责任，也可以按照自己确定的比例向各合伙人分别追索。

②普通合伙人由于承担无限连带责任，清偿数额超过规定的其亏损分担比例的，有权向其他合伙人追偿。

③合伙企业的亏损分担，按照合伙协议的约定办理；合伙协议未约定或者约定不明确的，由合伙人协商决定；协商不成的，由合伙人按照实缴出资比例分担；无法确定出资比例的，由合伙人平均分担。

3. 普通合伙人（个人）的债务清偿

（1）债权人的权利限制。合伙人发生与合伙企业无关的债务，相关债权人不得以其债权抵销其对合伙企业的债务，也不得代位行使合伙人在合伙企业中的权利。

（2）清偿顺序。普通合伙人的自有财产不足清偿其与合伙企业无关的债务的，该合伙人可以以其从合伙企业中分取的收益用于清偿。债权人也可以依法请求人民法院强制执行该合伙人在合伙企业中的财产份额用于清偿。人民法院强制执行合伙人的财产份额时，应当通知全体合伙人，其他合伙人有优先购买权；其他合伙人未购买，又不同意将该财产份额转让给他人的，依照《合伙企业法》的规定为该合伙人办理退伙结算，或者办理削减该合伙人相应财产份额的结算。

4. 有限合伙人债务清偿的特殊规定

有限合伙人清偿其债务时，首先应当以自有财产进行清偿，只有自有财产不足清偿时，有限合伙人才可以使用其在有限合伙企业中分取的收益进行清偿，也只有在有限合伙人的自有财产不足清偿其与合伙企业无关的债务的，人民法院才可以应债权人请求强制执行该合伙人在有限合伙企业中的财产份额用于清偿。

考点五　合伙人入伙与退伙
★★★

扫我解疑难

经典例题

【例题1·多选题】（2019年）根据合伙企业法律制度的规定，合伙企业存续期间出现特定情形时，合伙人可以退伙。这些情况有（　　）。

A. 发生合伙协议约定的退伙事由
B. 发生合伙人难以继续参加合伙的事由
C. 其他合伙人严重违反合伙协议约定的义务
D. 全体合伙人一致同意

【答案】ABCD

【解析】本题考核协议退伙。合伙协议约定合伙期限的，在合伙企业存续期间，有下列情形之一的，合伙人可以退伙：（1）合伙协议约定的退伙事由出现；（2）经全体合伙人一致同意；（3）发生合伙人难以继续参加合伙的事由；（4）其他合伙人严重违反合伙协议约定的义务。

【例题2·单选题】（2018年）根据合伙企业法律制度的规定，合伙协议未约定合伙期限的，在不给合伙企业事务执行造成不利影响的情况下，合伙人可以退伙，但应当提前一定期限通知其他合伙人。该期限是( )。

A. 10 日　　　　B. 15 日

C. 7 日　　　　D. 30 日

【答案】D

【解析】本题考核合伙人的退伙中的通知退伙。合伙协议未约定合伙期限的，合伙人在不给合伙企业事务执行造成不利影响的情况下，可以退伙，但应当提前 30 日通知其他合伙人。

【例题 3·多选题】(2018 年)根据合伙企业法律制度的规定，下列各项中，属于普通合伙企业合伙人当然退伙的情形有( )。

A. 法人合伙人被吊销营业执照

B. 因重大过失给合伙企业造成损失

C. 自然人合伙人被宣告死亡

D. 未履行出资义务

【答案】AC

【解析】本题考核普通合伙人当然退伙的情形。合伙人有下列情形之一的，当然退伙：(1)作为合伙人的自然人死亡或者被依法宣告死亡(选项 C)；(2)个人丧失偿债能力；(3)作为合伙人的法人或者其他组织依法被吊销营业执照、责令关闭、撤销或者被宣告破产(选项 A)；(4)法律规定或者合伙协议约定合伙人必须具有相关资格而丧失该资格；(5)合伙人在合伙企业中的全部财产份额被人民法院强制执行。选项 B、D 属于除名情形。

【例题 4·单选题】(2017 年)根据合伙企业法律制度的规定，构成有限合伙人当然退伙情形的是( )。

A. 作为有限合伙人的法人被宣告破产

B. 作为有限合伙人的自然人丧失民事行为能力

C. 作为有限合伙人的自然人失踪

D. 作为有限合伙人的自然人故意给合伙企业造成损失

【答案】A

【解析】本题考核有限合伙人当然退伙。有限合伙人有下列情形之一的，当然退伙：(1)作为合伙人的自然人死亡或者被依法宣告死亡(因此失踪并不导致当然退伙，选项 C 不选)；(2)作为合伙人的法人或者其他组织依法被吊销营业执照、责令关闭撤销，或者被宣告破产；(3)法律规定或者合伙协议约定合伙人必须具有相关资格而丧失该资格；(4)合伙人在合伙企业中的全部财产份额被人民法院强制执行。作为有限合伙人的自然人在有限合伙企业存续期间丧失民事行为能力的，其他合伙人不得因此要求其退伙；选项 B 不选。选项 D 是属于"除名"的情形，不选。

【例题 5·单选题】(2017 年)某普通合伙企业合伙人甲死亡，其未成年子女乙、丙是其全部合法继承人。根据合伙企业法律制度的规定，下列表述中正确的是( )。

A. 乙、丙可以继承甲的财产份额，但不能成为合伙人

B. 乙、丙因继承甲的财产份额自动取得合伙人资格

C. 经全体合伙人一致同意，乙、丙可以成为有限合伙人

D. 应解散合伙企业，清算后向乙、丙退还甲的财产份额

【答案】C

【解析】本题考核退伙的效果。普通合伙人死亡或者被依法宣告死亡的，对该合伙人在合伙企业中的财产份额享有合法继承权的继承人，按照合伙协议的约定或者经全体合伙人一致同意，从继承开始之日起，取得该合伙企业的合伙人资格，选项 B 错误。普通合伙人的继承人为无民事行为能力人或者限制民事行为能力人的，经全体合伙人一致同意，可以依法成为有限合伙人，普通合伙企业依法转为有限合伙企业，选项 A 错误、选项 C 正确。全体合伙人未能一致同意的，合伙企业应当将被继承合伙人的财产份额退还该继承人，选项 D 错误。

【例题 6·多选题】(2017 年)甲、乙和丙设立某普通合伙企业，从事餐饮服务，2017 年 6 月 5 日，甲退伙；6 月 10 日，丁入伙。6 月 9 日，合伙企业经营的餐厅发生卡式燃气炉灼

伤顾客戏的事件，需要支付医疗费用等共计45万元。经查，该批燃气炉系当年4月合伙人共同决定购买的，其质量不符合相关国家标准。该合伙企业支付30万元赔偿后已无赔偿能力。现戏请求合伙人承担其余15万元赔偿责任。根据合伙企业法律制度的规定，应承担赔偿责任的合伙人有( )。

A. 乙   B. 甲

C. 丁   D. 丙

【答案】ABCD

【解析】本题考核合伙企业债务的连带责任。(1)选项A、D，合伙企业不能清偿到期债务的，普通合伙人承担无限连带责任。本题中，乙、丙作为普通合伙人，应当对合伙企业不能清偿的债务承担无限连带责任。(2)选项B，退伙人对基于其退伙前的原因发生的合伙企业债务，承担无限连带责任。本题中，发生事故的燃气炉系当年4月合伙人共同决定购买的，其质量不符合相关国家标准，此时，甲依然是普通合伙人，应当对此承担无限连带责任。(3)选项C，新合伙人对入伙前合伙企业的债务承担无限连带责任。

【例题7·多选题】(2016年)根据合伙企业法律制度的规定，在合伙协议无特别约定的情况下，合伙人发生的下列情形中，属于经其他合伙人一致同意即可除名的有( )。

A. 未履行出资义务

B. 因故意或者重大过失给合伙企业造成损失

C. 执行合伙事务时有不正当行为

D. 被依法宣告死亡

【答案】ABC

【解析】本题考核普通合伙企业除名的规定。合伙人有下列情形之一的，经其他合伙人一致同意，可以决议将其除名：(1)未履行出资义务；(2)因故意或者重大过失给合伙企业造成损失；(3)执行合伙事务时有不正当行为。选项D属于当然退伙的情形。

考点精析

【考点精析1】入伙

新合伙人入伙，除合伙协议另有约定外，应当经全体合伙人同意，并依法订立书面入伙协议。订立入伙协议时，原合伙人应当向新合伙人告知原合伙企业经营状况和财务状况。

(1)新入伙的普通合伙人对入伙前合伙企业的债务承担连带责任。

(2)新入伙的有限合伙人对入伙前有限合伙企业的债务，以其认缴的出资额为限承担责任。

【考点精析2】退伙

1. 自愿退伙、强制退伙的对比(见表5-3)

表5-3 自愿退伙、强制退伙的对比

种类		内容
自愿退伙	协议退伙 合伙协议约定了合伙期限	(1)合伙协议约定的退伙事由出现；(2)经全体合伙人一致同意；(3)发生合伙人难以继续参加合伙的事由；(4)其他合伙人严重违反合伙协议约定的义务
	通知退伙 合伙协议未约定合伙期限	合伙人在不给合伙企业事务执行造成不利影响的情况下，可以退伙，但应当提前30日通知其他合伙人

种类		内容
强制退伙	当然退伙	(1)自然人死亡或者被依法宣告死亡； (2)**个人丧失偿债能力**(有限合伙人当然退伙中无此情形)； 【知识点拨】作为有限合伙人的自然人在有限合伙企业存续期间丧失民事行为能力的，其他合伙人不得因此要求其退伙。 (3)法人或者其他组织依法被吊销营业执照、责令关闭、撤销，或者被宣告破产； (4)必须具有相关资格而丧失该资格； (5)合伙人的全部财产份额被强制执行
	除名	(1)未履行出资义务； (2)因故意或者重大过失给合伙企业造成损失； (3)执行合伙事务时有不正当行为； (4)发生合伙协议约定的事由

【知识点拨】有限合伙人当然退伙的情形比普通合伙人少一项，即合伙人丧失偿债能力。因为有限合伙人只承担有限责任，不存在丧失偿债能力的问题。

2. 退伙的效果

(1)财产继承。

①普通合伙人死亡或者被依法宣告死亡的，对该合伙人在合伙企业中的财产份额享有合法继承权的继承人，按照合伙协议的约定或者经全体合伙人一致同意，从继承开始之日起，取得该合伙企业的合伙人资格。

【知识点拨1】有下列情形之一的，合伙企业应当向合伙人的继承人退还被继承合伙人的财产份额：第一，继承人不愿意成为合伙人；第二，法律规定或者合伙协议约定合伙人必须具有相关资格，而该继承人未取得该资格；第三，合伙协议约定不能成为合伙人的其他情形。

【知识点拨2】普通合伙人的继承人为无民事行为能力人或者限制民事行为能力人的，经全体合伙人一致同意，可以依法成为有限合伙人，普通合伙企业依法转为有限合伙企业；全体合伙人未能一致同意的，合伙企业应当将被继承合伙人的财产份额退还该继承人。

②作为有限合伙人的自然人死亡、被依法宣告死亡或者作为有限合伙人的法人及其他组织终止时，其继承人或权利承受人可以依法取得该有限合伙人在有限合伙企业中的资格。

(2)退伙结算。

①合伙人退伙，其他合伙人应当与该退伙人按照退伙时的合伙企业财产状况进行结算，退还退伙人的财产份额。

②普通合伙人退伙后，对基于其退伙前的原因发生的合伙企业债务，承担无限连带责任。

③有限合伙人退伙后，对基于其退伙前的原因发生的有限合伙企业债务，以其退伙时从有限合伙企业中取回的财产承担责任。

📝 **阶段性测试**

1. 【单选题】甲为普通合伙企业的合伙人，乙为甲个人债务的债权人，当甲的个人财产不足以清偿乙的债务时，根据合伙企业法律制度的规定，乙可以行使的权利是( )。

A. 代位行使甲在合伙企业中的权利

B. 依法请求人民法院强制执行甲在合伙企业中的财产份额用于清偿

C. 自行接管甲在合伙企业中的财产份额

D. 以对甲的债权抵销其对合伙企业的债务

2. 【单选题】下列关于有限合伙企业中有限合伙人入伙与退伙的表述中，符合《合伙企业法》规定的是( )。

A. 新入伙的有限合伙人对入伙前有限合伙企业的债务，以其实缴的出资额为限承担责任

B. 作为有限合伙人的自然人，有限合伙企业存续期间丧失民事行为能力的，该有限合伙人当然退伙

C. 退伙后的有限合伙人对基于其退伙前的原因发生的有限合伙企业的债务，以其退伙时从有限合伙企业中取回的财产为限承担责任

D. 退伙后的有限合伙人对基于其退伙前的原因发生的有限合伙企业的债务，以其认缴的出资额为限承担责任

3. 【单选题】 王某是一有限合伙企业的有限合伙人。下列说法错误的是( )。

A. 若王某被法院判决认定为无民事行为能力人，其他合伙人可以因此要求其退伙

B. 若王某死亡，其继承人可以取得王某在有限合伙企业中的资格

C. 若王某转为普通合伙人，其必须对其作为有限合伙人期间企业发生的债务承担无限连带责任

D. 如果合伙协议没有限制，王某可以不经过其他合伙人同意而将其在合伙企业中的财产份额出质

4. 【多选题】 根据合伙企业法律制度的规定，下列各项中，属于普通合伙企业的合伙人当然退伙情形的有( )。

A. 个人丧失偿债能力

B. 经全体合伙人一致同意

C. 合伙人在合伙企业中的全部财产份额被人民法院强制执行

D. 发生合伙人难以继续参加合伙的事由

5. 【多选题】 某普通合伙企业有甲、乙、丙三个合伙人。甲因欠丁的借款无力偿还，人民法院按照丁的请求，强制执行甲在合伙企业中的财产份额用于清偿丁的债务。乙和丙不愿意购买甲的财产份额，又不同意将该财产份额对外转让。对此，下列说法正确的有( )。

A. 该合伙企业应当解散

B. 应当为甲办理退伙结算

C. 应当削减甲的财产份额

D. 该强制执行应当停止

6. 【多选题】 甲、乙、丙三人共同商定出资设立一家普通合伙企业，其中约定乙以其所有房屋的使用权出资，企业的财务由甲负责。2019 年 4 月，该合伙企业亏损巨大。5 月，见股市大涨，在丙不知情的情况下，甲与乙直接将企业账户中的 400 万元资金，以企业名义委托给某投资机构来进行股市投资。同时，乙自己也将上述房屋以 600 万元变卖并过户给丁，房款全部用来炒股。至 6 月下旬，投入股市资金所剩无几。丙得知情况后突发脑出血死亡。假设丙有继承人戊，则就戊的权利，下列说法错误的有( )。

A. 自丙死亡之时起，戊即取得该合伙企业的合伙人资格

B. 因合伙企业账面上已处于亏损状态，戊可要求解散合伙企业并进行清算

C. 就甲委托投资股市而失败的行为，戊可直接向甲主张赔偿

D. 就乙出卖房屋而给企业造成的损失，戊可直接向乙主张赔偿

阶段性测试答案精析

1. B 【解析】 本题考核合伙人的债务清偿与合伙企业的关系。合伙人个人财产不足清偿其个人所负债务的，该合伙人可以其从合伙企业中分取的收益用于清偿；债权人也可依法请求人民法院强制执行该合伙人在合伙企业中的财产份额用于清偿。

2. C 【解析】 本题考核有限合伙人入伙与退伙。有限合伙人以其认缴的出资额为限对合伙企业债务承担责任，选项 A 错误。作为有限合伙人的自然人在有限合伙企业存续期间丧失民事行为能力的，其他合伙人不得因此要求其退伙，选项 B 错误。有限合伙人退伙后，对基于其退伙前的原因发

生的有限合伙企业债务，以其退伙时从有限合伙企业中取回的财产承担责任，选项D错误。

3. A 【解析】本题考核有限合伙人财产份额出质及退伙。作为有限合伙人的自然人在有限合伙企业存续期间丧失民事行为能力的，其他合伙人不得因此要求其退伙。选项A错误。作为有限合伙人的自然人死亡、被依法宣告死亡或者作为有限合伙人的法人及其他组织终止时，其继承人或者权利承受人可以依法取得该有限合伙人在有限合伙企业中的资格。选项B正确。有限合伙人转变为普通合伙人的，对其作为有限合伙人期间有限合伙企业发生的债务承担无限连带责任。选项C正确。有限合伙人可以将其在有限合伙企业中的财产份额出质；但是，合伙协议另有约定的除外。选项D正确。

4. AC 【解析】本题考核普通合伙人的退伙。根据规定，合伙人有下列情形之一的，当然退伙：(1)作为合伙人的自然人死亡或者被依法宣告死亡；(2)个人丧失偿债能力；(3)作为合伙人的法人或者其他组织依法被吊销营业执照、责令关闭、撤销或者被宣告破产；(4)法律规定或者合伙协议约定合伙人必须具有相关资格而丧失该资格；(5)合伙人在合伙企业中的全部财产份额被人民法院强制执行。选项B、D属于协议退伙的情形。

5. BC 【解析】本题考核合伙人的债务清偿。人民法院强制执行合伙人的财产份额时，应当通知全体合伙人，其他合伙人有优先购买权；其他合伙人未购买，又不同意将该财产份额转让给他人的，依照《合伙企业法》的规定为该合伙人办理退伙结算，或者办理削减该合伙人相应财产份额的结算。

6. ABCD 【解析】本题考核合伙人的退伙与继承。合伙人死亡或者被依法宣告死亡的，对该合伙人在合伙企业中的财产份额享有合法继承权的继承人，按照合伙协议

的约定或者经全体合伙人一致同意，从继承开始之日起，取得该合伙企业的合伙人资格。据此可知，戊取得该合伙企业的合伙人资格，须合伙协议有约定或须经全体合伙人一致同意。选项A说法错误。合伙企业有下列情形之一的，应当解散：(1)合伙期限届满，合伙人决定不再经营；(2)合伙协议约定的解散事由出现；(3)全体合伙人决定解散；(4)合伙人已不具备法定人数满30日；(5)合伙协议约定的合伙目的已经实现或者无法实现；(6)依法被吊销营业执照、责令关闭或者被撤销；(7)法律、行政法规规定的其他原因。据此可知，亏损不是解散合伙企业的法定事由，戊不可以此为由要求解散合伙企业。选项B说法错误。戊不能当然取得该合伙企业的合伙人资格，也就无权直接向甲或乙主张赔偿责任。选项C、D说法错误。

考点六　特殊的普通合伙企业★★

扫我解疑难

📝 **经典例题**

【例题1·单选题】(2013年)注册会计师甲、乙、丙共同出资设立一特殊的普通合伙制会计师事务所。因甲、乙在某次审计业务中故意出具不实审计报告，人民法院判决会计师事务所赔偿当事人50万元。根据合伙企业法律制度的规定，下列关于该赔偿责任承担的表述中，正确的是(　　)。

A. 以该会计师事务所的全部财产为限承担责任

B. 甲、乙、丙均承担无限连带责任

C. 甲、乙、丙均以其在会计师事务所中的财产份额为限承担责任

D. 甲、乙承担无限连带责任，丙以其在会计师事务所中的财产份额为限承担责任

【答案】D

【解析】本题考核特殊普通合伙企业的责任承担。根据规定，一个合伙人或者数个合伙人

在执业活动中因故意或者重大过失造成合伙企业债务的，应当承担无限责任或者无限连带责任，其他合伙人以其在合伙企业中的财产份额为限承担责任。本题中，由于甲和乙是因故意造成合伙企业债务，那么应由甲和乙承担无限连带责任，丙承担有限责任。

【例题2·多选题】（2016年）根据合伙企业法律制度的规定，下列关于特殊的普通合伙企业执业风险防范措施的表述中，正确的有( )。

A. 企业应当从其经营收益中提取相应比例资金作为执业风险基金

B. 执业风险基金应当单独立户管理

C. 执业风险基金用于偿付合伙人执业活动造成的债务

D. 企业可以选择建立执业风险基金或办理职业保险

【答案】 ABC

【解析】 本题考核特殊普通合伙企业的执业风险防范。特殊的普通合伙企业从其经营收益中提取相应比例的资金留存收益或者根据相关规定上缴至指定机构形成执业风险基金，选项A正确。执业风险基金应当单独立户管理。执业风险基金用于偿付合伙人执业活动造成的债务，选项B、C正确。特殊的普通合伙企业应当建立执业风险基金、办理职业保险，选项D错误。

📝**考点精析**

特殊的普通合伙企业，属于广义普通合伙企业中的一种，一般是以专业知识和专门技能为客户提供有偿服务的专业服务机构，如会计师事务所、律师事务所。

（1）一个合伙人或者数个合伙人在执业活动中因故意或者重大过失造成合伙企业债务的，应当承担**无限责任或者无限连带责任**，其他合伙人以其在合伙企业中的**财产份额为限承担责任**。

（2）合伙人执业活动中因故意或者重大过失造成的合伙企业债务，以合伙企业财产对

外承担责任后，该合伙人应当按照合伙协议的约定对**给合伙企业造成的损失承担赔偿责任**。

（3）对合伙人在执业活动中非因故意或者重大过失造成的合伙企业债务以及合伙企业的其他债务，全体合伙人承担无限连带责任。

（4）执业风险防范。特殊的普通合伙企业应当建立执业风险基金、办理职业保险。

考点七　合伙人性质转变的特殊规定★

扫我解疑难

📝**经典例题**

【例题1·单选题】（2013年）甲、乙、丙、丁设立一有限合伙企业，其中甲、乙为普通合伙人，丙、丁为有限合伙人。1年后，甲转为有限合伙人，同时丙转为普通合伙人。合伙企业设立之初，企业欠银行50万元，该债务直至合伙企业被宣告破产仍未偿还。下列关于该50万元债务清偿责任的表述中，符合合伙企业法律制度规定的是( )。

A. 甲、乙承担无限连带责任，丙、丁以其出资额为限承担责任

B. 乙、丙承担无限连带责任，甲、丁以其出资额为限承担责任

C. 甲、乙、丙承担无限连带责任，丁以其出资额为限承担责任

D. 乙承担无限责任，甲、丙、丁以其出资额为限承担责任

【答案】 C

【解析】 本题考核合伙人身份转换的责任承担。根据规定，有限合伙人转变为普通合伙人的，对其作为有限合伙人期间有限合伙企业发生的债务承担无限连带责任。普通合伙人转变为有限合伙人的，对其作为普通合伙人期间合伙企业发生的债务承担无限连带责任。本题中，甲应对其作为普通合伙企业期间的债务承担无限连带责任，丙应对其作为

有限合伙人期间的债务承担无限连带责任。

【例题2·多选题】（2014年）甲、乙分别为某有限合伙企业的普通合伙人和有限合伙人。后来，甲变更为有限合伙人，乙变更为普通合伙人，那么，关于甲、乙对其合伙人性质互换前的企业债务承担，下列说法正确的有( )。

A. 甲对其作为普通合伙人期间的企业债务承担有限责任

B. 甲对其作为普通合伙人期间的企业债务承担无限连带责任

C. 乙对其作为有限合伙人期间的企业债务承担无限连带责任

D. 乙对其作为有限合伙人期间的企业债务承担有限责任

【答案】 BC

【解析】 本题考核合伙人身份转换的责任承担。有限合伙人转变为普通合伙人的，对其作为有限合伙人期间有限合伙企业发生的债务承担无限连带责任。普通合伙人转变为有限合伙人的，对其作为普通合伙人期间合伙企业发生的债务承担无限连带责任。

考点精析

除合伙协议另有约定外，合伙人性质的转变，应当经全体合伙人一致同意。

(1)有限合伙人转变为普通合伙人的，对其作为有限合伙人期间有限合伙企业发生的债务承担无限连带责任。

(2)普通合伙人转变为有限合伙人的，对其作为普通合伙人期间合伙企业发生的债务承担无限连带责任。

考点八　合伙企业的解散和清算★★

扫我解疑难

经典例题

【例题1·单选题】（2019年）根据合伙企业法律制度的规定，合伙企业在清算时，企业财产在支付清算费用后，应当优先清偿( )。

A. 法定补偿金

B. 职工工资

C. 所欠税款

D. 社会保险费用

【答案】 B

【解析】 本题考核合伙企业清算。合伙企业财产在支付清算费用和职工工资、社会保险费用、法定补偿金以及缴纳所欠税款、清偿债务后的剩余财产，依照《合伙企业法》的规定进行分配。

【例题2·多选题】 某合伙企业解散时，在如何确定清算人的问题上，合伙人甲、乙、丙、丁各执一词。下列各合伙人的主张中，不符合合伙企业法律制度规定的有( )。

A. 甲：由我们4人共同担任清算人

B. 乙：我是大家一致同意的企业事务执行人，只能由我担任清算人

C. 丙：建议从我们4人中推出一个担任清算人

D. 丁：合伙企业清算不允许由合伙人担任，因此建议请一名注册会计师来担任清算人

【答案】 BD

【解析】 本题考核合伙企业清算。根据规定，清算人由全体合伙人担任；经全体合伙人过半数同意，可以自合伙企业解散事由出现后15日内指定一个或者数个合伙人，或者委托第三人，担任清算人。

考点精析

1. 合伙企业解散的情形

(1)合伙期限届满，合伙人决定不再经营；

(2)合伙协议约定的解散事由出现；

(3)全体合伙人决定解散；

(4)合伙人已不具备法定人数满30天；

(5)合伙协议约定的合伙目的已经实现或者无法实现；

(6)依法被吊销营业执照、责令关闭或者被撤销；

(7)法律、行政法规规定的其他原因。

2. 合伙企业的清算

(1)自行清算。

①清算人由全体合伙人担任。

②经全体合伙人"过半数"同意，可以自合伙企业解散事由出现后15日内指定一个或者数个合伙人，或者委托第三人，担任清算人。

(2)指定清算。自合伙企业解散事由出现之日起15日内未确定清算人的，"合伙人或者其他利害关系人"可以申请人民法院指定清算人。

(3)通知与公告债权人。清算人自被确定之日起10日内将合伙企业解散事项通知债权人，并于60日内在报纸上公告。债权人应当自接到通知书之日起30日内，未接到通知书的自公告之日起45日内，向清算人申报债权。

(4)合伙企业注销后，原普通合伙人对合伙企业存续期间的债务仍应承担无限连带责任。

(5)合伙企业不能清偿到期债务的，债权人可以依法向人民法院提出破产清算申请，也可以要求普通合伙人清偿。合伙企业依法被宣告破产的，普通合伙人对合伙企业债务仍应承担无限连带责任。

📝 阶段性测试

1. 【单选题】关于特殊的普通合伙企业，下列表述不正确的是(　　)。

A. 适用于以专业知识和专门技能为客户提供有偿服务的专业服务机构

B. 一个合伙人在执业活动中造成合伙企业债务的，其他合伙人承担有限责任

C. 企业名称中应当标明"特殊普通合伙"字样

D. 应当建立执业风险基金

2. 【单选题】甲是某合伙企业中的有限合伙人，在该合伙企业经营过程中，甲共取得分配的利润5万元。后来，甲因故退伙，退伙清算时甲从该合伙企业分得财产价值2万元。甲对基于其退伙前的原因发生的合伙企业债务，承担清偿责任的数额是(　　)万元。

A. 0　　　　　　　　B. 2

C. 5　　　　　　　　D. 7

3. 【单选题】根据《合伙企业法》的规定，下列各项中，合伙企业应当解散的情形是(　　)。

A. 合伙企业的财产不足以偿还所欠的债务

B. 2/3 的合伙人提出退伙

C. 合伙期限届满，合伙人决定不再经营

D. 合伙企业对外负债超过自有资产

4. 【多选题】甲、乙、丙三人成立一特殊普通合伙制会计师事务所。甲在为一客户提供审计业务服务过程中，因重大过失给客户造成损失200万元。下列关于对该损失承担责任的表述中，符合《合伙企业法》规定的有(　　)。

A. 甲、乙、丙对此损失承担无限连带责任

B. 甲对此损失承担无限责任

C. 乙、丙对此损失不承担责任

D. 乙、丙以其在会计师事务所中的财产份额为限承担责任

5. 【多选题】2015 年 5 月，赵某、钱某、孙某共同出资设立甲有限合伙企业(下称甲企业)，赵某为普通合伙人，出资20万元，钱某、孙某为有限合伙人，各出资15万元。2017 年，甲企业向银行借款50万元，该借款于2019年到期。2018年，经全体合伙人同意赵某转变为有限合伙人，孙某转变为普通合伙人。2019 年，甲企业无力偿还50万元到期借款，合伙人就如何偿还该借款发生争议。下列关于赵某、钱某、孙某承担偿还50万元借款责任的表述中，符合合伙企业法律制度规定的有(　　)。

A. 赵某、孙某应承担无限连带责任

B. 孙某以 15 万元为限承担有限责任

C. 赵某以 20 万元为限承担有限责任

D. 钱某以 15 万元为限承担有限责任

6. 【多选题】合伙企业解散，应当由清算人进行清算。下列关于清算人产生的说法正确的有( )。

A. 可以由全体合伙人担任清算人

B. 可以指定一个或者数个合伙人担任清算人

C. 可以委托第三人担任清算人

D. 可以申请人民法院指定清算人

📝 阶段性测试答案精析

1. B 【解析】本题考核特殊的普通合伙企业。特殊的普通合伙企业中一个合伙人或者数个合伙人在执业活动中因故意或者重大过失造成合伙企业债务的，应当承担无限责任或者无限连带责任，其他合伙人以其在合伙企业中的财产份额为限承担责任。

2. B 【解析】本题考核有限合伙企业的退伙。对基于其退伙前的原因发生的有限合伙企业债务，以其退伙时从有限合伙企业中取回的财产(2 万元)承担责任。

3. C 【解析】本题考核合伙企业解散。合伙企业有下列情形之一的，应当解散：(1)合伙期限届满，合伙人决定不再经营；(2)合伙协议约定的解散事由出现；(3)全体合伙人决定解散；(4)合伙人已不具备

法定人数满 30 天；(5)合伙协议约定的合伙目的已经实现或者无法实现；(6)依法被吊销营业执照、责令关闭或者被撤销；(7)法律、行政法规规定的其他原因。

4. BD 【解析】本题考核特殊的普通合伙企业的债务承担。特殊的普通合伙企业中，一个合伙人或者数个合伙人在执业活动中因故意或者重大过失造成合伙企业债务的，应当承担无限责任或者无限连带责任(选项 B 正确)，其他合伙人以其在合伙企业中的财产份额为限承担责任(选项 D 正确)。

5. AD 【解析】本题考核合伙人性质转变的规定。有限合伙人转变为普通合伙人的，对其作为有限合伙人期间有限合伙企业发生的债务承担无限连带责任。普通合伙人转变为有限合伙人的，对其作为普通合伙人期间合伙企业发生的债务承担无限连带责任。

6. ABCD 【解析】本题考核合伙企业清算。合伙企业解散，应当由清算人进行清算。清算人由全体合伙人担任；经全体合伙人过半数同意，可以自合伙企业解散事由出现后 15 日内指定一个或者数个合伙人，或者委托第三人，担任清算人。自合伙企业解散事由出现之日起 15 日内未确定清算人的，合伙人或者其他利害关系人可以申请人民法院指定清算人。

本章综合练习 限时70分钟

一、单项选择题

1. 关于设立普通合伙企业应当具备的条件，下列说法正确的是( )。

A. 合伙人均为自然人

B. 不得以劳务出资

C. 名称中应标明"普通合伙"

D. 允许国有企业作为合伙人

2. 甲、乙、丙设立了一家普通合伙企业。经

营期间，外国人丁提出加入该合伙企业。下列说法正确的是( )。

A. 丁不能以劳务出资

B. 丁可以以依法获得的人民币出资

C. 丁入伙后，不能执行企业事务

D. 丁入伙后，该合伙企业应当变更为有限合伙企业

3. 根据合伙企业法律制度的规定，下列各项

中，不属于合伙企业财产的是( )。

A. 合伙人的出资

B. 合伙企业取得的专利权

C. 合伙企业接受的捐赠

D. 合伙企业承租的设备

4. 根据合伙企业法律制度的规定，关于普通合伙企业的出资，下列说法错误的是( )。

A. 合伙人可以分期缴付出资

B. 合伙人首次缴付的出资不得低于认缴数额的20%

C. 合伙人以劳务出资的，其评估办法由全体合伙人协商确定

D. 合伙人可以用土地使用权出资

5. 甲、乙、丙开办一家普通合伙企业，后甲与丁约定将合伙企业中甲的财产份额全部转让给丁。下列说法正确的是( )。

A. 丁自然取得合伙企业中甲的财产份额

B. 如乙、丙同意，丁依法取得合伙人的地位

C. 如乙、丙不同意丁入伙，必须购买甲的财产份额

D. 合伙企业应清算，丁分得甲应得财产份额

6. 甲、乙、丙三人分别出资2 000元买了一台洗涤设备，设立了普通合伙企业。后来，甲想把自己所占份额的50%按1 000元转让。甲通知乙、丙后，乙表示愿意以800元买下，丙未表态。丁知道后，表示愿以1 000元买下甲转让的份额。丙见丁想买，随即向甲表示愿以1 000元买下甲转让的份额。如果合伙企业对此没有约定，正确的做法是( )。

A. 甲应将其份额转让给乙

B. 甲应将其份额转让给丁

C. 甲应将其份额转让给丙

D. 甲不能转让

7. 甲、乙、丙共同出资设立一家普通合伙企业，在合伙企业存续期间，甲拟以其在合伙企业中的财产份额出质借款为自己购买住宅。根据合伙企业法律制度的规定，下

列表述中错误的是( )。

A. 无须经乙、丙同意，甲可以出质

B. 经乙、丙同意，甲可以出质

C. 未经乙、丙同意，甲私自出质的，其行为无效

D. 未经乙、丙同意，甲私自出质的，给善意第三人造成的损失，甲应承担赔偿责任

8. 除合伙协议另有约定外，普通合伙企业存续期间，下列行为中，不必经全体合伙人一致同意的是( )。

A. 合伙人之间转让其在合伙企业中的财产份额

B. 以合伙企业名义为他人提供担保

C. 聘任合伙人以外的人担任合伙企业的经营管理人员

D. 处分合伙企业的不动产

9. 某年3月，甲、乙、丙三人分别出资2万元、2万元、1万元设立A普通合伙企业，并约定按出资比例分配和分担损益。12月底，甲提出退伙要求，乙、丙同意。经结算，A合伙企业净资产为3万元。根据《合伙企业法》的规定，应退还甲的财产数额是( )万元。

A. 2   B. 1.2

C. 1   D. 0.8

10. 关于合伙事务执行中的对外代表权，下列说法错误的是( )。

A. 由全体合伙人共同执行合伙企业事务的，全体合伙人都有权对外代表合伙企业

B. 由部分合伙人执行合伙企业事务的，不参加执行合伙企业事务的合伙人则不具有对外代表合伙企业的权利

C. 特别授权在单项合伙事务上有执行权的合伙人，依照授权范围可以对外代表合伙企业

D. 取得合伙企业对外代表权的合伙人执行合伙事务所产生的亏损由该合伙人承担

11. 某普通合伙企业的合伙人甲不能偿还合伙人以外的乙的到期债务 10 万元，乙的下列行为中符合法律规定的是( )。

    A. 以对甲的债权 10 万元抵销乙对该合伙企业的债务

    B. 代位行使甲在该合伙企业中的权利

    C. 自行接管甲在该合伙企业中的财产份额

    D. 依法请求人民法院强制执行甲在合伙企业中的财产份额用于清偿

12. 某普通合伙企业于 2017 年成立，张某于 2019 年提出入伙，如果原合伙协议没有相关的约定，下列表述不正确的是( )。

    A. 张某入伙应当经全体合伙人一致同意

    B. 张某应当与原合伙人享有同等权利

    C. 张某应当订立书面入伙协议

    D. 张某对其入伙前合伙企业的债务不承担责任

13. 根据《合伙企业法》的规定，合伙人可以采取通知退伙的方式退伙。以下关于通知退伙的条件中，不属于法定条件的是( )。

    A. 必须是合伙协议未约定合伙企业的经营期限

    B. 必须是合伙人的退伙不给合伙企业事务执行造成不利影响

    C. 必须提前 30 日通知其他合伙人

    D. 必须经全体合伙人一致同意

14. 根据《合伙企业法》的规定，下列选项中，属于普通合伙企业合伙人当然退伙的情形是( )。

    A. 未履行出资义务

    B. 作为个人的合伙人丧失偿债能力

    C. 作为合伙人的法人被申请破产

    D. 执行合伙企业事务时有不正当行为

15. 甲、乙、丙为一普通合伙企业的合伙人，后甲退伙，丁同时入伙。对于甲退伙时合伙财产不足以清偿的债务，下列说法正确的是( )。

    A. 甲、乙、丙承担连带责任，丁不承担责任

    B. 乙、丙承担连带责任，甲、丁不承担责任

    C. 乙、丙、丁承担连带责任，甲不承担责任

    D. 甲、乙、丙、丁承担连带责任

16. 下列有关有限合伙企业设立条件的表述中，不符合《合伙企业法》规定的是( )。

    A. 有限合伙企业至少应当有一个普通合伙人

    B. 有限合伙企业中的合伙人一律不得以劳务作为出资

    C. 有限合伙人可以用知识产权作价出资

    D. 有限合伙企业登记事项中应载明有限合伙人的姓名或名称

17. 甲是某有限合伙企业的有限合伙人，在合伙协议无特别约定的情况下，甲在合伙期间未经其他合伙人同意实施的下列行为中，不符合法律规定的是( )。

    A. 将自购的机器设备出租给合伙企业使用

    B. 以合伙企业的名义购买汽车一辆归合伙企业使用

    C. 以自己在合伙企业中的财产份额向银行提供质押担保

    D. 提前 30 日通知其他合伙人将其部分合伙份额转让给合伙人以外的人

18. 根据《合伙企业法》的规定，有限合伙人在出现一定情形时当然退伙。下列各项中，不属于当然退伙情形的是( )。

    A. 作为有限合伙人的自然人被依法宣告死亡

    B. 有限合伙人在合伙企业中的全部财产份额被人民法院强制执行

    C. 作为有限合伙人的自然人丧失民事行为能力

    D. 作为有限合伙人的法人被责令关闭

19. 2016 年 3 月，甲、乙、丙、丁成立一家有限合伙企业，甲为普通合伙人，乙、丙、丁为有限合伙人。2017 年 3 月丙转

为普通合伙人，2016年8月该合伙企业欠银行30万元，直至2018年3月合伙企业被宣告破产仍未偿还。下列关于甲、乙、丙、丁对30万元银行债务承担责任的表述中，符合《合伙企业法》规定的是（　　）。

A. 乙、丁应以其认缴的出资额为限对30万元债务承担清偿责任，甲、丙承担无限连带责任

B. 乙、丙、丁应以其认缴的出资额为限对30万元债务承担清偿责任，甲承担无限责任

C. 乙、丁应以其实缴的出资额为限对30万元债务承担清偿责任，甲、丙承担无限连带责任

D. 乙、丙、丁应以实缴的出资额为限对30万元债务承担清偿责任，甲承担无限责任

20. 合伙企业解散，应当由清算人进行清算。清算人应当将合伙企业解散事项通知债权人，并在报纸上公告，公告的期限是（　　）日内。

A. 10 　　　　　　B. 15

C. 30 　　　　　　D. 60

二、多项选择题

1. 根据合伙企业法律制度的规定，下列关于合伙企业及合伙人，说法正确的有（　　）。

A. 普通合伙企业由普通合伙人组成

B. 普通合伙企业的合伙人对合伙企业债务承担无限连带责任

C. 有限合伙企业由有限合伙人组成

D. 有限合伙人以其认缴的出资额为限对合伙企业债务承担责任

2. 外国企业或者个人在中国境内设立合伙企业，应当遵守的规定有（　　）。

A. 符合有关外商投资的产业政策

B. 只能以外币出资

C. 领取《外商投资合伙企业营业执照》后，方可从事经营活动

D. 外商投资合伙企业解散的，应当依照

《合伙企业法》的规定进行清算

3. 关于合伙企业的设立登记，下列说法正确的有（　　）。

A. 设立合伙企业，应当由全体合伙人指定的代表或者共同委托的代理人向企业登记机关申请设立登记

B. 申请人提交的登记申请材料齐全、符合法定形式，企业登记机关能够当场登记的，应予当场登记

C. 对经财政部门依《注册会计师法》批准设立的合伙制会计师事务所的合伙人提出的设立特殊的普通合伙企业的申请，应当受理

D. 合伙企业的全体合伙人足额缴纳出资之日，为合伙企业成立日期

4. 根据合伙企业法律制度的规定，合伙企业登记事项发生变更的，应在规定的期限内向企业登记机关申请办理变更登记，下列期限符合规定的有（　　）。

A. 自作出变更决定之日起10日内

B. 自作出变更决定之日起15日内

C. 自发生变更事由之日起10日内

D. 自发生变更事由之日起15日内

5. 某普通合伙企业事务执行的下列方案中，符合法律规定的有（　　）。

A. 由全体合伙人共同执行合伙企业事务

B. 由一名合伙人执行合伙企业事务

C. 由数名合伙人执行合伙企业事务

D. 由外聘的非合伙人执行合伙企业事务

6. 甲、乙、丙为某普通合伙企业的合伙人。除合伙协议另有约定外，该合伙企业发生的下列事项中，需要经全体合伙人一致同意的有（　　）。

A. 甲向乙转让50%的财产份额

B. 丙向张某转让10%的财产份额

C. 甲以个人名义为李某提供担保

D. 丙以合伙企业名义为王某提供担保

7. 甲、乙、丙、丁四人共同出资设立普通合伙企业，委托合伙人丁单独执行企业事务。下列表述中，符合《合伙企业法》规定

的有( )。

A. 该合伙企业在设立申请时，应当向企业登记机关提交委托丁执行企业事务的委托书

B. 丁对外代表该合伙企业

C. 丁向甲转让丁在该合伙企业中的部分财产份额时，应当通知乙、丙二人

D. 甲、乙、丙无权检查丁执行该合伙企业事务的情况

8. 经其他合伙人一致同意，普通合伙企业可以决议将某合伙人除名的情形有( )。

A. 未履行出资义务

B. 因轻微过失给合伙企业造成损失

C. 执行合伙企业事务时有不正当行为

D. 发生合伙协议约定的事由

9. 甲、乙、丙、丁四位律师共同出资设立合伙制的律师事务所属于特殊的普通合伙企业，在执业过程中，甲因重大过失给事务所造成债务17万元，乙、丙2人非因故意给事务所造成债务20万元，则以上债务的责任承担符合法律规定的有( )。

A. 甲造成的债务甲个人承担无限责任，乙、丙、丁不承担责任

B. 甲造成的债务甲个人承担无限责任，乙、丙、丁以其在合伙企业中的财产份额为限承担有限责任

C. 乙、丙2人造成的债务由全体合伙人承担无限连带责任

D. 乙、丙2人造成的债务由此2人承担全部责任

10. 某普通合伙企业的合伙协议中约定的下列事项中，符合法律规定的有( )。

A. 经两名以上的合伙人一致同意，无民事行为能力人可以入伙

B. 合伙人向合伙人以外的人转让其在合伙企业中的部分财产份额时，须经两名以上的合伙人同意

C. 由两名合伙人共同执行合伙企业事务

D. 当合伙企业仅剩两名合伙人时，自动转为有限合伙企业

11. 国有企业甲、合伙企业乙、自然人丙拟共同投资设立一家有限合伙企业。三方关于该合伙企业的下列约定中，符合法律规定的有( )。

A. 合伙企业名称为"甲有限发展中心"

B. 由乙派代表人执行合伙企业事务

C. 丙可以不以货币出资

D. 三方可以自行决定是作为有限合伙人还是作为普通合伙人

12. 某社会团体与某私立学校共同出资依法设立一合伙企业，经营文具用品。2年后，因经营亏损，该合伙企业财产不足以清偿全部债务。下列关于各合伙人承担责任的表述中，符合《合伙企业法》规定的有( )。

A. 该社会团体以其认缴的出资额为限对合伙企业债务承担责任

B. 该私立学校以其认缴的出资额为限对合伙企业债务承担责任

C. 该社会团体对合伙企业债务承担无限责任

D. 该私立学校对合伙企业债务承担无限责任

13. 根据合伙企业法律制度的规定，有限合伙企业的合伙协议应当载明的事项有( )。

A. 有限合伙人以劳务出资的评估办法

B. 有限合伙人入伙、退伙的条件

C. 有限合伙人执行事务的权限

D. 有限合伙人和普通合伙人相互转变程序

14. 有限合伙人的下列行为中，不视为执行合伙事务的有( )。

A. 参与决定普通合伙人入伙

B. 参与决定普通合伙人退伙

C. 参与企业的经营管理

D. 参与选择承办有限合伙企业审计业务的会计师事务所

15. 如果合伙协议没有约定，有限合伙人的下列行为中，符合法律规定的有( )。

A. 以劳务出资

B. 对合伙企业债务拒绝承担连带责任

C. 将其在合伙企业中的财产份额出质

D. 向合伙人以外的人转让其在有限合伙企业中的财产份额

16. 《合伙企业法》对有限合伙人债务清偿有特殊的规定，下列说法正确的有( )。

A. 有限合伙人对其与合伙企业无关的债务承担有限责任

B. 有限合伙人的自有财产不足以清偿其与合伙企业无关的债务的，该合伙人可以以其从有限合伙企业中分取的收益用于清偿

C. 有限合伙人的债权人可以依法请求人民法院强制执行该合伙人在有限合伙企业中的财产份额用于清偿

D. 人民法院强制执行有限合伙人的财产份额时，应当通知全体合伙人

17. 下列各项内容中，符合有限合伙人退伙规定的有( )。

A. 作为有限合伙人的自然人在合伙期间丧失民事行为能力的，属于当然退伙

B. 若有限合伙人自然死亡，其继承人可以依法取得该有限合伙人在有限合伙企业中的资格

C. 有限合伙人退伙后，对其退伙前合伙企业发生的债务，以其退伙时取回的财产承担责任

D. 作为有限合伙人的法人依法被吊销营业执照的，当然退伙

18. 有限合伙企业中的合伙人身份可能发生变化，对此下列说法正确的有( )。

A. 有限合伙企业仅剩有限合伙人的，应当转为有限公司

B. 有限合伙企业仅剩普通合伙人的，应当转为普通合伙企业

C. 除合伙协议另有约定外，普通合伙人转变为有限合伙人，应当经全体合伙人一致同意

D. 除合伙协议另有约定外，有限合伙人

转变为普通合伙人，应当经全体合伙人一致同意

19. 根据合伙企业法律制度的规定，下列各项中，可以导致合伙企业解散的情形有( )。

A. 2/3 合伙人决定解散

B. 合伙人已不具备法定人数满 30 天

C. 合伙企业被依法吊销营业执照

D. 合伙协议约定的合伙目的无法实现

20. 合伙企业解散，应当由清算人进行清算。下列选项属于清算人在清算期间执行的事务有( )。

A. 清理合伙企业财产

B. 清缴所欠税款

C. 清理债权、债务

D. 代表合伙企业参加诉讼

三、案例分析题

1. 2018 年 9 月，A、B、C、D 协商设立普通合伙企业。其中，A、B、D 系辞职职工，C 系一法人型集体企业。其拟定的合伙协议约定：A 以劳务出资，而 B、D 以实物出资，对企业债务承担无限责任，并由 A、B 负责企业事务；C 以货币出资，对企业债务以其出资额承担有限责任，但不参与企业的经营管理。经过纠正有关问题后，合伙企业得以成立。开业不久，D 发现 A、B 的经营不符合自己的要求，随即提出退伙。在该年 11 月下旬 D 撤资退伙的同时，合伙企业又接纳 E 入伙。该年 11 月底，在企业财产不足以清偿的情况下，合伙企业的债权人甲就 11 月前发生的债务要求现在的合伙人及退伙人共同承担连带清偿责任。对此，D 认为其已退伙，对合伙企业的债务不再承担责任；入伙人 E 则认为自己对入伙前发生的债务也不承担任何责任。

2018 年 12 月，E 向丙公司借款时，在仅征得 A 的同意后，将其合伙企业中的财产份额出质给丙公司。

要求：根据上述内容，分别回答下列

问题。

(1)C 是否可以成为普通合伙企业的合伙人，并说明理由。

(2)在合伙企业的设立中，请指出不合规定之处，并说明理由。

(3)对债权人甲的请求，合伙人应当如何承担责任？并说明理由。

(4)假设合伙协议约定只有 A 和 D 有权执行合伙事务，B 和 C 无权执行合伙事务，而 B 与乙公司签订一份合同，乙公司并不知道合伙协议对 B 的职权限制，A、D 知悉后认为该合同不符合企业的利益，并明确地向乙公司表示对该合同不予承认，那么，该合同的效力如何确认？并说明理由。

(5)E 的出质行为是否有效？并说明理由。

2. 2018 年元月，甲、乙、丙、丁共同出资设立一家从事餐饮业务的有限合伙企业。合伙协议约定：丙为普通合伙人，甲、乙和丁均为有限合伙人，甲和丁以现金出资，乙以房屋出资，丙以劳务出资；各合伙人平均分配盈利、分担亏损，由丙执行合伙企业事务，甲、乙、丁不执行事务，也不对外代表合伙企业。此外，合伙人丙还设立了一家从事贸易的个人独资企业。

2018 年的经营期内，合伙企业发生了下列业务：

(1)2017 年 5 月，甲以合伙企业普通合伙人的身份与银行签订了借款合同。经查，银行有充分理由认为甲为该合伙企业的普通合伙人。

(2)执行合伙事务的合伙人丙为了改善企业经营管理，于 2017 年 9 月独自决定聘任合伙人以外的 A 担任该合伙企业的经营管

理人员，并以合伙企业名义为 B 公司提供担保。经查，合伙协议中并未对聘任经营管理人员和担保的事项作出约定。

(3)2018 年 10 月，丙与合伙企业签订了一份买卖合同，由丙设立的个人独资企业向合伙企业提供食品。该交易甲、乙和丁均表示同意。

(4)2019 年 1 月 1 日，丙企业设立的个人独资企业不能支付到期的戊的债务，丙决定解散该企业。丙在合伙企业中出资 6 万元，占 50% 的出资额，该合伙企业每年可向其分配利润。丙个人没有其他可执行财产。2019 年 3 月，戊向人民法院申请强制执行丙在合伙企业中的财产份额用于清偿个人独资企业的剩余债务，合伙人丙被人民法院强制执行其在合伙企业中的全部财产份额后，甲、乙、丁决定以现有状况继续经营。

要求：根据上述内容，分别回答下列问题。

(1)丙在合伙企业以劳务出资的形式是否合法？

(2)合伙协议中约定甲、乙、丁不执行事务是否符合规定？并说明理由。

(3)甲以普通合伙人身份与银行签订的借款合同，甲对此业务承担的责任应如何确定？

(4)丙聘任 A 担任合伙企业的经营管理人员及为 B 公司提供担保的行为是否合法？并说明理由。

(5)丙与合伙企业签订了买卖合同的行为是否合法？并说明理由。

(6)甲、乙、丁决定以现有状况继续经营是否正确？并说明理由。

本章综合练习参考答案及详细解析

一、单项选择题

1. C 【解析】本题考核合伙企业的设立条件。普通合伙企业的合伙人可以是除国有独资公司、国有企业、上市公司以及公益性的事业单位、社会团体之外的法人和具有完全民事行为能力的自然人，所以选项A、D错误。普通合伙企业允许以劳务出资，所以选项B错误。

2. B 【解析】本题考核外国企业或者个人在中国境内设立合伙企业。外国企业或者个人用于出资的货币应当是可自由兑换的外币，也可以是依法获得的人民币。

3. D 【解析】本题考核合伙企业的财产。(1)合伙企业财产的构成：①合伙人的出资(选项A)；②以合伙企业名义取得的收益，主要包括合伙企业的公共积累资金、未分配的盈余、合伙企业债权、合伙企业取得的工业产权和非专利技术等财产权利(选项B)；③依法取得的其他财产，合伙企业根据法律、行政法规的规定合法取得的其他财产，如合法接受的赠与财产等(选项C)；(2)选项D，合伙企业承租的设备因未取得所有权，不属于合伙企业财产。

4. B 【解析】本题考核合伙人的出资。合伙人应当按照合伙协议约定的出资方式、数额和缴付期限，履行出资义务。对首次缴付的出资额，没有法定限制。

5. B 【解析】本题考核合伙企业的有关规定。合伙企业存续期间，除合伙协议另有约定外，合伙人向合伙人以外的人(本题中的丁)转让其在合伙企业中的全部或者部分财产份额时，须经其他合伙人一致同意。新合伙人入伙时，除合伙协议另有约定的，应当经全体合伙人同意。如乙、丙不同意丁入伙，亦不购买甲财产份额的，为甲办理退伙结算。选项C、D错误。

6. C 【解析】本题考核合伙企业财产的转让。合伙人向合伙人以外的人转让其在合伙企业中的财产份额的，在同等条件下，其他合伙人有优先购买权；但是，合伙协议另有约定的除外。

7. A 【解析】本题考核合伙人以其在合伙企业中的财产份额出质。合伙人以其在合伙企业中的财产份额出质的，须经其他合伙人一致同意。未经其他合伙人一致同意，合伙人以其在合伙企业中的财产份额出质的，其行为无效；由此给善意第三人造成损失的，由行为人依法承担赔偿责任。

8. A 【解析】本题考核普通合伙企业事务执行。合伙人之间转让在合伙企业中的财产份额不需要全体合伙人一致同意。

9. B 【解析】本题考核合伙损益分配原则。本题甲、乙、丙三人约定按出资比例(2∶2∶1)分配和分担损益，则应退还甲的财产数额是 2÷5×3 = 1.2(万元)。

10. D 【解析】本题考核合伙企业对外代表权的效力。合伙人的代表行为，对全体合伙人发生法律效力，即其执行合伙事务所产生的收益归合伙企业，所产生的费用和亏损由合伙企业承担。

11. D 【解析】本题考核合伙人的债务清偿。合伙企业中某一合伙人的债权人，不得以该债权抵销其对合伙企业的债务，因此，选项A不正确；合伙人个人负有债务，其债权人不得代位行使该合伙人在合伙企业中的权利，因此，选项B不正确；在以合伙人的财产份额清偿其个人债务的情况下，必须通过民事诉讼法规定的强制执行程序进行，债权人不得自行接管债务人在合伙企业中的财产份额，因此，选项C不正确；合伙人个人财产不足以清偿其个人所负债务的，该合伙人可以其从合伙企业中分取的收益用于清偿，债权人也可依法请求人民法院强制执行该合伙人在合伙企业中的财产份额用于清偿，因此，选项D符合规定。

12. D 【解析】本题考核合伙企业入伙。新合伙人对入伙前合伙企业的债务承担无限连带责任。

13. D 【解析】本题考核合伙企业的退伙。通知退伙有以下三项条件：（1）必须是合伙协议未约定合伙企业的经营期限；（2）必须是合伙人的退伙不给合伙企业事务执行造成不利影响；（3）必须提前30日通知其他合伙人。这三项条件必须同时具备，缺一不可。合伙人违反上述规定退伙的，应当赔偿由此给合伙企业造成的损失。

14. B 【解析】本题考核合伙企业的退伙。根据规定，合伙人有下列情形之一的，当然退伙：（1）作为合伙人的自然人死亡或者被依法宣告死亡；（2）个人丧失偿债能力；（3）作为合伙人的法人或者其他组织依法被吊销营业执照、责令关闭、撤销，或者被宣告破产；（4）法律规定或者合伙协议约定合伙人必须具有相关资格而丧失该资格；（5）合伙人在合伙企业中的全部财产份额被人民法院强制执行。

15. D 【解析】本题考核合伙人的对外责任。新合伙人对入伙前合伙企业的债务承担无限连带责任。选项A、B错误。退伙人对基于其退伙前的原因发生的合伙企业债务，承担无限连带责任。选项C错误。

16. B 【解析】本题考核有限合伙企业的设立。根据规定，有限合伙企业中的普通合伙人可以劳务作为出资。

17. B 【解析】本题考核禁止有限合伙人执行合伙事务。（1）有限合伙人可以同本有限合伙企业进行交易。但是，合伙协议另有约定的除外。故选项A不违反规定。（2）有限合伙人不执行合伙事务，不得对外代表有限合伙企业。因此，选项B违反《合伙企业法》的规定。（3）有限合伙人

可以将其在有限合伙企业中的财产份额出质。但是，合伙协议另有约定的除外。故选项C不违反规定。（4）有限合伙人可以按照合伙协议的约定向合伙人以外的人转让其在有限合伙企业中的财产份额，但应当提前30日通知其他合伙人。故选项D不违反规定。

18. C 【解析】本题考核合伙人退伙。选项C，有限合伙人对有限合伙企业只进行投资，而不负责事务执行，因此，作为有限合伙人的自然人在有限合伙企业存续期间丧失行为能力的，其他合伙人不得因此要求其退伙。

19. A 【解析】本题考核有限合伙人。（1）有限合伙人对有限合伙企业的债务，以其"认缴"的出资额为限承担责任，所以选项C、D错误。（2）有限合伙人转变为普通合伙人的，对其作为有限合伙人期间有限合伙企业发生的债务承担无限连带责任。丙由有限合伙人转为普通合伙人，对其转变性质前发生的合伙企业欠银行的30万元债务应与普通合伙人甲一起承担无限连带责任。所以选项B错误。

20. D 【解析】本题考核合伙企业解散和清算。根据规定，清算人自被确定之日起10日内将合伙企业解散事项通知债权人，并于60日内在报纸上公告。

二、多项选择题

1. ABD 【解析】本题考核合伙企业的概念。有限合伙企业由普通合伙人和有限合伙人组成。

2. ACD 【解析】本题考核外国企业或者个人在中国境内设立合伙企业。外国企业或者个人用于出资的货币应当是可自由兑换的外币，也可以是依法获得的人民币。

3. ABC 【解析】本题考核合伙企业的设立登记。合伙企业的营业执照签发日期，为合伙企业成立日期。

4. BD 【解析】本题考核合伙企业的登记。

合伙企业登记事项发生变更的，执行合伙事务的合伙人应当自作出变更决定或者发生变更事由之日起15日内，向企业登记机关申请办理变更登记。

5. ABC 【解析】本题考核合伙事务执行。按照合伙协议的约定或者经全体合伙人决定，可以委托一个或者数个合伙人对外代表合伙企业，执行合伙事务。非合伙人不能执行合伙事务。

6. BD 【解析】本题考核财产份额的转让和事务执行。除合伙协议另有约定外，合伙人向合伙人以外的人转让其在合伙企业中的全部或者部分财产份额时，须经其他合伙人一致同意；以合伙企业名义为他人提供担保，须经其他合伙人一致同意。

7. ABC 【解析】本题考核合伙事务执行。根据规定，不执行企业合伙事务的合伙人，有权监督执行事务合伙人的事务执行情况，选项D错误。

8. ACD 【解析】本题考核合伙企业的除名。因轻微过失给合伙企业造成损失不是除名的事由。

9. BC 【解析】本题考核特殊的普通合伙企业。特殊的普通合伙企业中一个合伙人或者数个合伙人在执业活动中因故意或者重大过失造成合伙企业债务的，应当承担无限责任或者无限连带责任，其他合伙人以其在合伙企业中的财产份额为限承担责任。合伙人在执业活动中非因故意或者重大过失造成的合伙企业债务以及合伙企业的其他债务，由全体合伙人承担无限连带责任。

10. BC 【解析】本题考核合伙企业的有关规定。无民事行为能力人和限制民事行为能力人不得成为合伙企业的合伙人。选项A错误。有限合伙企业，是指由有限合伙人和普通合伙人共同组成，普通合伙企业只有出现有限合伙人时，才可以转为有限合伙企业。选项D错误。

11. BC 【解析】本题考核合伙企业的有关规

定。有限合伙企业名称中应当标明"有限合伙"字样，选项A错误。国有企业不能成为普通合伙人，选项D错误。

12. AD 【解析】本题考核合伙企业。(1)因为"某社会团体"只能作为有限合伙人，所以该合伙企业为有限合伙企业。(2)有限合伙企业应当至少有一名普通合伙人。在本题中，该有限合伙企业只有两个合伙人，"某私立学校"只能作为普通合伙人。(3)该社会团体作为有限合伙人，以其认缴的出资额为限对合伙企业债务承担责任。该私立学校作为普通合伙人，对合伙企业债务承担无限责任。

13. BD 【解析】本题考核有限合伙企业。有限合伙人不得以劳务出资，不得执行合伙企业事务。

14. ABD 【解析】本题考核有限合伙企业的事务执行。有限合伙人可以对企业的经营管理提出建议，不参与企业的经营管理。

15. BCD 【解析】本题考核有限合伙企业。有限合伙人不得以劳务出资。

16. BCD 【解析】本题考核有限合伙人债务清偿的特殊规定。与合伙企业无关的债务由该合伙人承担责任。

17. BCD 【解析】本题考核有限合伙人退伙的特殊规定。作为有限合伙人的自然人在有限合伙企业存续期间丧失民事行为能力的，其他合伙人不得因此要求其退伙。

18. BCD 【解析】本题考核有限合伙企业。(1)有限合伙企业仅剩有限合伙人的，应当解散；有限合伙企业仅剩普通合伙人的，转为普通合伙企业。(2)除合伙协议另有约定外，普通合伙人转变为有限合伙人，或者有限合伙人转变为普通合伙人，应当经全体合伙人一致同意。

19. BCD 【解析】本题考核合伙企业解散。合伙企业解散的事由之一是全体合伙人决定解散。选项A错误。

20. ABCD 【解析】本题考核合伙企业解散和清算。

三、案例分析题

1.【答案】

(1)C可以成为该普通合伙企业中的合伙人。根据规定，国有独资公司、国有企业、上市公司以及公益性的事业单位、社会团体不得成为普通合伙人。C不属于上述主体，因此可以成为普通合伙企业中的合伙人。

(2)在该合伙企业的设立中，合伙人的责任约定有误。根据规定，普通合伙企业由普通合伙人组成，合伙人对合伙企业债务承担无限连带责任。因此，合伙协议中约定C对企业债务承担有限责任是不符合规定的。

(3)根据规定，退伙人对其退伙前已发生的合伙企业债务，与其他合伙人承担连带责任，入伙人对其入伙前合伙企业的债务也承担连带责任，故债权人甲公司有权向A、B、C、D、E要求偿还其债务。

(4)该合同应该认定为有效。根据规定，合伙企业对合伙人执行合伙企业事务以及对外代表合伙企业权利的限制，不得对抗不知情的善意第三人。乙公司不知道B是权利被限制的合伙人而与之签约，因此该合同是有效的。

(5)E的出质行为是无效的。根据规定，普通合伙人以其在合伙企业中的财产份额出质的，须经其他合伙人一致同意；未经其他合伙人一致同意，其行为无效，由此给善意第三人造成损失的，由行为人依法承担赔偿责任。在本案中，E只征得了A的同意，没有同时获得B、C的同意，因此，E的出质行为无效。

2.【答案】

(1)丙在合伙企业中以劳务出资的形式合法。普通合伙人可以劳务出资。

(2)合伙协议中约定甲、乙、丁不执行事务是符合规定的。根据规定，有限合伙人不执行合伙事务，不得对外代表有限合伙企业。

(3)甲以普通合伙人身份与银行签订的借款合同，甲对此业务所产生的债务应承担无限连带责任。根据规定，第三人有理由相信有限合伙人为普通合伙人并与其交易的，该有限合伙人对该笔交易承担与普通合伙人同样的责任。

(4)丙聘任A担任合伙企业的经营管理人员及为B公司提供担保的行为不符合规定。根据《合伙企业法》的规定，除合伙协议另有约定外，合伙企业聘任合伙人以外的人担任合伙企业的经营管理人员和以合伙企业名义为他人提供担保的事项应当经全体合伙人一致同意。由于该合伙企业的合伙协议中并未对聘任经营管理人员和担保的事项作出约定，丙独自决定的这两项事项是不符合规定的。

(5)丙与合伙企业签订了买卖合同的行为是符合规定的。根据规定，除合伙协议另有约定或者经全体合伙人同意外，合伙人不得同本合伙企业进行交易。由于该交易甲、乙和丁均表示同意，因此是合法的。

(6)甲、乙、丁决定以现有状况继续经营是不符合规定的。根据规定，有限合伙企业仅剩有限合伙人的，应当解散。丙被人民法院强制执行其在合伙企业中的全部财产份额后为当然退伙，此时，该有限合伙企业仅剩有限合伙人，因此应当解散，不应该继续经营。

特殊普通合伙企业的优点

会计师事务所为什么采用特殊普通合伙企业？主要原因如下：

（1）有限责任制的决策机制不适应注册会计师行业的"人合"特性。在有限责任制下，通常以股权这一资本杠杆机制为基础分配决策权，易于形成拥有大量股权的少数股东主导企业发展的局面。换言之，有限责任制强调"资合"，以资本、股权决定决策权，这种组织形式更适合于以资本为纽带的传统行业。但对于会计师事务所而言，"人"是最核心的资产，"人合"远胜于"资合"，以资本、股权决定决策权与会计师事务所的专业服务特性相悖，不利于会计师事务所的健康发展。

（2）有限责任制对股东人数的限制不利于会计师事务所做大做强。《公司法》规定有限责任公司的股东人数不得超过 50 人，按注册会计师行业的内在规律推算，当一家会计师事务所的专业服务人员在 500 人以下时，矛盾尚不突出；但是，一旦会计师事务所的专业服务人员超过 500 人甚至达到数千人时，对股东人数 50 人的高额限制无疑与事务所的发展要求严重脱节。在行业当前实践中，这一限制导致一些事务所往往采取"暗股"等形式绕过对股东人数的法律规定，这一合理但不合法的操作手法存在较大法律风险，不利于事务所的长期稳定和规范发展。在财政部会计司组织的调查问卷中，有 42% 的事务所反映有限责任公司对股东人数的限制，已成为影响其做大做强的主要因素之一。

（3）有限责任制不利于会计师事务所提升质量控制。与"合伙制"相比，"有限责任制"以其股东在会计师事务所中的出资额为限承担执业责任，淡化了股东的风险约束和赔偿责任，导致少数会计师事务所及其注册会计师忽视执业风险，弱化质量控制，片面追求经济效益。调查问卷结果显示，"有限责任制"对会计师事务所股东责任追究失于轻微和宽松，助长了"小马拉大车""批发"业务报告、低价恶性竞争等不良现象，是部分会计师事务所审计失败的重要原因。

（4）有限责任制"双重纳税"不利于会计师事务所加大投入加快发展。在有限责任制下，股东既要缴纳个人所得税，又在实质上承担企业所得税，税收负担相对较重。《企业所得税法》规定个人独资企业和合伙企业不缴纳企业所得税，《合伙企业法》规定，合伙企业的生产经营所得和其他所得，按照国家有关税收规定，由合伙人分别缴纳所得税。这就可以在一定程度上缓解合伙人（股东）的税收负担，有利于激励合伙人加大事务所发展投入，不断提高会计师事务所的专业服务能力和综合实力。

第6章 公司法律制度

JINGDIAN TIJIE

考 情 分 析

▸ 历年考情分析

    本章是非常重要的一章，内容比较多，但难以理解的地方不多。历年考试各种题型都会出现，基本每年都有案例题出现，分值比较高。本章涉及案例分析题的考点主要有：公司设立制度、股东出资制度、股份公司组织机构、股份公司股份转让制度，公司法律制度的案例分析题往往与证券法结合考查。

▸ 本章 2020 年考试主要变化

    本章变动较大。主要：（1）删除名称预先核准、股权激励对象；（2）新增《公司法司法解释五》的规定；（3）利润分配规则、股权出资内容进行调整。

核心考点及经典例题详解

考点一　公司法基本概念与制度★★★

扫我解疑难

📋 **经典例题**

【例题 1·单选题】（2019 年）甲、乙拟共同投资设立丙公司，约定由乙担任法定代表人，在公司设立过程中，甲以丙公司名义与丁公司签订房屋租赁合同作为丙公司的办公场地，租金 20 万元，后丙公司设立失败，租金未付。下列关于该租金清偿责任的表述正确的是（　）。

A. 由甲承担全部责任

B. 由甲、乙承担连带责任

C. 由乙承担全部责任

D. 由甲、乙依出资比例按份承担责任

【答案】B

【解析】本题考核公司设立阶段的合同之债。根据规定，发起人以公司名义为设立公司之目的与他人签订合同，公司设立失败，发起人为数人的，承担连带债务。

【例题 2·单选题】（2019 年）根据公司法律制度的规定，确认公司董事会决议效力无效，应当以（　）为被告。

A. 公司

B. 出席会议的董事

C. 董事会

D. 对该决议投赞成票的董事

【答案】A

【解析】本题考核公司决议无效之诉。原告请求确认股东会或者股东大会、董事会决议不成立、无效或者撤销决议的案件，应当列公司为被告。

【例题 3·多选题】（2019 年）甲公司股东吴某

抽逃出资。根据公司法律制度的规定，下列各项中，有资格对吴某提起向公司返还出资本息之诉的有(   )。

A. 甲公司   B. 甲公司其他股东

C. 甲公司董事会   D. 甲公司监事会

【答案】 AB

【解析】 本题考核股东抽逃出资。股东抽逃出资，公司或者其他股东请求其向公司返还出资本息，协助抽逃出资的其他股东、董事、高级管理人员或者实际控制人对此承担连带责任的，人民法院应予支持。

【例题4·多选题】 (2019年)根据公司法律制度的规定，下列各项中，股份有限公司的所有股东均有权查阅的有(   )。

A. 董事会会议记录   B. 监事会会议记录

C. 股东名册   D. 股东大会会议记录

【答案】 CD

【解析】 本题考核查阅权。股份有限公司的股东有权查阅公司章程、股东名册、公司债券存根、股东大会会议记录、董事会会议决议、监事会会议决议、财务会计报告，对公司的经营提出建议或者质询。

【例题5·多选题】 (2019年)根据公司法律制度的规定，下列情形中，人民法院应当确认董事会决议不成立的有(   )。

A. 公司未召开董事会会议作出该决议

B. 董事会会议表决结果未达到公司法或公司章程规定的通过比例

C. 公司召开了董事会会议，但未表决该决议事项

D. 公司召开董事会会议时，到会董事人数不符合公司法或公司章程规定

【答案】 ABCD

【解析】 本题考核公司决议不成立之诉。股东(大)会、董事会决议存在下列情形之一，当事人主张决议不成立的，人民法院应当予以支持：(1)公司未召开会议的，但依据公司法或者公司章程规定可以不召开股东会或者股东大会而直接作出决定，并由全体股东在决定文件上签名、盖章的除外(选项A)；(2)会

议未对决议事项进行表决的(选项C)；(3)出席会议的人数或者股东所持表决权不符合公司法或者公司章程规定的(选项D)(4)会议的表决结果未达到公司法或者公司章程规定的通过比例的(选项B)；(5)导致决议不成立的其他情形。

【例题6·单选题】 (2018年)根据公司法律制度的规定，在股东起诉请求公司分配利润的案件中，应当列为被告的是(   )。

A. 反对分配利润的董事

B. 反对分配利润的股东

C. 公司

D. 公司及反对分配利润的股东

【答案】 C

【解析】 本题考核股东权利。股东起诉请求公司分配利润的案件，应当列公司为被告。

【例题7·单选题】 (2018年)根据公司法律制度的规定，下列各项中，不得作为出资的是(   )。

A. 债权   B. 特许经营权

C. 知识产权   D. 股权

【答案】 B

【解析】 本题考核股东出资制度中的出资方式。股东不得以劳务、信用、自然人姓名、商誉、特许经营权或者设定担保的财产等作价出资。

【例题8·单选题】 (2018年)某有限责任公司股东甲、乙、丙的持股比例分别为9%、9%和82%。公司未设监事会，乙任监事；丙任执行董事，甲发现丙将公司资产擅自低于市价转让给丙妻，严重损害公司利益。遂书面请求乙对丙提起诉讼。乙碍于情面，未提起诉讼。甲的下列行为中，符合公司法律制度规定的是(   )。

A. 以自己的名义对丙提起诉讼，要求其赔偿公司损失

B. 提议召开临时股东会，要求丙对相关事项作出说明

C. 请求公司以合理的价格收购其股权，从而退出公司

D. 以公司监督机构失灵、公司和股东利益受到严重损害为由，请求人民法院解散公司

【答案】A

【解析】本题考核股东代表诉讼。公司董事、高级管理人员执行公司职务时违反法律、行政法规或公司章程的规定，给公司造成损失，有限责任公司的股东可以书面请求监事会或者不设监事会的有限责任公司的监事向人民法院提起诉讼。监事收到上述股东的书面请求后拒绝提起诉讼，或者自收到请求之日起30日内未提起诉讼，或者情况紧急、不立即提起诉讼将会使公司利益受到难以弥补的损害的，有限责任公司的股东有权为了公司的利益以自己的名义直接向人民法院提起诉讼。选项A正确。代表1/10以上表决权的股东、1/3以上的董事、监事会或者不设监事会的公司的监事可以提议召开临时股东会议。本题中股东甲持股比例9%，不符合提议召开临时股东会的条件，选项B错误。异议股东股份回购请求权，指股东(大)会"作出"对股东权益产生重大和实质性影响的"决议"时，对该"决议有异议"的股东，有权要求公司以公平价格回购其所持出资额或者股份，从而退出公司。选项C错误。公司经营管理发生严重困难，继续存续会使股东利益受到重大损失，通过其他途径不能解决的，持有公司全部股东表决权10%以上的股东，可以请求人民法院解散公司，选项D错误。

【例题9·多选题】(2018年)根据公司法律制度的规定，下列各项中，属于有限责任公司股东义务的有( )。

A. 经营管理公司的义务

B. 善意行使股权的义务

C. 出资义务

D. 公司出现解散事由后，组织清算的义务

【答案】BCD

【解析】本题考核股东义务。股东义务主要有以下三个方面：(1)出资义务，即按照法律和公司章程的规定，向公司按期足额缴纳出资(选项C)；(2)善意行使股权的义务(选项

B)；(3)公司出现解散事由后，股东有组织清算的义务(选项D)。

【例题10·单选题】(2017年)甲有限责任公司成立于2017年1月5日。公司章程规定，股东乙以其名下的一套房产出资。乙于1月7日将房产交付公司，但未办理权属变更手续。5月9日，股东丙诉至人民法院，要求乙履行出资义务。5月31日，人民法院责令乙于10日内办理权属变更手续。6月6日，乙完成办理权属变更手续。根据公司法律制度的规定，乙享有股东权利的起始日期是( )。

A. 1月7日   B. 1月5日

C. 6月6日   D. 5月31日

【答案】A

【解析】本题考核股东的出资义务。出资人以房屋、土地使用权或者需要办理权属登记的知识产权等财产出资，已经交付公司使用但未办理权属变更手续的，当公司、其他股东或者公司债权人主张认定出资人未履行出资义务的，人民法院应当责令当事人在指定的合理期间内办理权属变更手续；在前述期间内办理了权属变更手续的，人民法院应当认定其已经履行了出资义务；出资人主张自其实际交付财产给公司使用时享有相应的股东权利的，人民法院应予支持。

【例题11·单选题】(2017年)甲盗用乙的身份证，以乙的名义向丙公司出资。乙被记载于丙公司股东名册，并进行了登记，但直至出资期限届满仍未履行出资义务。根据公司法律制度的规定，下列关于出资责任承担的表述中，正确的是( )。

A. 乙承担出资责任

B. 甲承担出资责任

C. 乙首先承担出资责任，不足部分再由甲补足

D. 甲、乙对出资承担连带责任

【答案】B

【解析】本题考核股东的出资。冒用他人名义出资并将该他人作为股东在公司登记机关登记的，冒名登记行为人应当承担相应责任；

公司、其他股东或者公司债权人以未履行出资义务为由，请求被冒名登记的股东承担补足出资责任或者对公司债务不能清偿部分的赔偿责任的，人民法院不予支持。

📝 **考点精析**

【考点精析 1】公司法人资格与股东有限责任

1. 公司法人资格

公司拥有独立于股东的法律人格(法人资格)，有其权利能力和行为能力，有独立的法人财产，公司以其全部财产对公司的债务承担责任。

2. 公司法人权利能力限制(见表6-1)

表6-1 公司法人权利能力限制

项目	内容
对外投资的限制	公司可以向其他企业投资。但是，除法律另有规定外，不得成为对所投资企业的债务承担连带责任的出资人
	公司向其他企业投资，按照公司章程的规定由董事会或者股东会、股东大会决议
	公司章程对投资的总额及单项投资的数额有限额规定的，不得超过规定的限额
担保的限制	公司为他人提供担保，按照公司章程的规定由董事会或者股东会、股东大会决议；公司章程对担保的总额或者单项担保的数额有限额规定的，不得超过规定的限额
	公司为公司股东或者实际控制人提供担保的，必须经股东会或者股东大会决议。接受担保的股东或者受实际控制人支配的股东不得参加表决。该项表决由出席会议的其他股东所持表决权的过半数通过
借款的限制	一般情况下，违反公司章程的规定，未经股东会(股东大会)或董事会的同意，公司董事、经理不得擅自将公司资金借贷给他人
	(股份有限)公司不得直接或者通过子公司向董事、监事、高级管理人员提供借款

3. 滥用法人独立地位和有限责任及其法律后果

(1)有限责任：有限责任公司的股东以其认缴的出资额为限对公司承担责任；股份有限公司的股东以其认购的股份为限对公司承担责任。

(2)有限责任的例外：公司股东滥用公司法人独立地位和股东有限责任，逃避债务，严重损害公司债权人利益的，应当对公司债务承担连带责任。

【考点精析 2】公司设立制度

1. 设立登记

(1)公司的登记事项包括：①名称；②住所；③法定代表人姓名；④注册资本；⑤公司类型；⑥经营范围；⑦营业期限；⑧有限责任公司股东或者股份有限公司发起人的姓名或者名称。

(2)设立有限责任公司，应当由全体股东指定的代表或者共同委托的代理人向公司登记机关申请设立登记。

(3)设立股份有限公司，应当由董事会向公司登记机关申请设立登记。以募集方式设立股份有限公司的，应当于创立大会结束后30日内向公司登记机关申请设立登记。

(4)公司营业执照签发日期为公司成立日期。

2. 设立阶段的债务

(1)合同之债。

①以发起人名义订立的合同。发起人为设立公司以自己名义订立的合同，合同相对人有权选择请求该发起人或者成立后的公司承担合同义务。

②以设立中公司名义订立的合同。发起人为设立法人从事的民事活动，其法律后果由法人承受；法人未成立的，其法律后果由发起人承受，发起人为 2 人以上的，享有连带债权，承担连带债务。

(2)公司设立失败时，发起人应承担的

责任。

①外部责任。公司不能成立时，对设立行为所产生的债务和费用，由**发起人承担连带责任**。对认股人已缴纳的股款，发起人负返还股款并加算银行同期存款利息的连带责任。

②发起人内部的责任。如果部分发起人承担责任后，请求其他发起人分担的，人民法院应当判令其他发起人按照约定的责任承担比例分担责任；没有约定责任承担比例的，按照约定的出资比例分担责任；没有约定出资比例的，按照均等份额分担责任。因部分发起人的过错导致公司未成立，其他发起人主张其承担设立行为所产生的费用和债务的，人民法院应当根据过错情况，确定过错一方的责任范围。

（3）侵权之债。发起人如因设立公司而对他人造成损害的，公司成立后应自动承受该侵权责任；公司未成立的，受害人有权请求全体发起人承担连带赔偿责任；**公司或者无过错的发起人承担赔偿责任后，可以向有过错的发起人追偿。**

【考点精析3】股东出资制度

1. 出资方式

（1）一般规定。

①股东可以用货币出资，也可以用实物、知识产权、土地使用权等可以用货币估价并可以依法转让的非货币财产作价出资。但是，法律、行政法规规定不得作为出资的财产除外。

【知识点拨】出资人以其他公司股权出资的，应符合下列条件：A. 出资的股权由出资人合法持有并依法可以转让；B. 出资的股权无权利瑕疵或者权利负担；C. 出资人已履行关于股权转让的法定手续；D. 出资的股权已依法进行了价值评估。股权出资如果不符合前三项规定，公司、其他股东或者公司债权人请求认定出资人未履行出资义务的，人民法院应当责令该出资人在指定的合理期间内采取补正措施，以符合上述条件；逾期未补正的，人民法院应当认定其未依法全面履行出资义务。

②**股东不得以劳务、信用、自然人姓名、商誉、特许经营权或者设定担保的财产等作价出资。**

（2）非货币财产的评估作价。

①对作为出资的非货币财产应当评估作价，核实财产，不得高估或者低估作价。法律、行政法规对评估作价有规定的，从其规定。

②出资人以非货币财产出资，未依法评估作价，**公司、其他股东或者公司债权人**请求认定出资人未履行出资义务的，人民法院应当委托具有合法资格的评估机构对该财产评估作价。

③评估确定的价额显著低于公司章程所定价额的，人民法院应当认定出资人未依法全面履行出资义务。

④出资人以符合法定条件的非货币财产出资后，因市场变化或者其他客观因素导致出资财产贬值，公司、其他股东或者公司债权人则无权请求该出资人承担补足出资责任。当事人另有约定的除外。

2. 履行出资义务（见表6-2）

表6-2 履行出资义务

项目	内容
一般规定	货币应当足额存入公司银行账户；非货币财产，如动产、土地使用权、知识产权、股权、债权等，应当依法办理财产权的移转手续
出资人以房屋、土地使用权或者需要办理权属登记的知识产权等财产出资，已经交付公司使用但未办理权属变更手续	公司、其他股东或者公司债权人主张认定出资人未履行出资义务的，人民法院应当责令当事人在指定的合理期间内办理权属变更手续；在前述期间内办理了权属变更手续的，人民法院应当认定其已经履行了出资义务；出资人主张自其实际交付财产给公司使用时享有相应股东权利的，人民法院应予支持

项目	内容
出资人以房屋、土地使用权或者需要办理权属登记的知识产权等财产出资，已经办理权属变更手续但未交付给公司使用	公司或者其他股东主张其向公司交付并在实际交付之前不享有相应股东权利的，人民法院应予支持
出资人以划拨土地使用权出资，或者以设定权利负担的土地使用权出资	公司、其他股东或者公司债权人主张认定出资人未履行出资义务的，人民法院应当责令当事人在指定的合理期间内办理土地变更手续或者解除权利负担；逾期未办理或者未解除的，人民法院应当认定出资人未依法全面履行出资义务
出资人以不享有处分权的财产出资	公司只要符合善意取得条件，即可取得该财产的所有权。公司如果不符合善意取得条件，原所有权人则有权取回该财产，视为出资人未履行出资义务
以贪污、受贿、侵占、挪用等违法犯罪所得的货币出资后取得股权的	司法机关对违法犯罪行为予以追究、处罚时，应当采取拍卖或者变卖的方式处置其股权

3. 违反出资义务的责任

股东违反出资义务的行为，包括未履行或未能全面履行出资义务的行为。

（1）公司设立阶段出资违约的。

①对公司：股东未履行或者未全面履行出资义务，公司或者其他股东请求其向公司依法全面履行出资义务的，人民法院应予支持。

除该股东有责任补足差额外，公司设立时的其他股东（或发起人）还应承担连带责任。

②对其他股东：股东未按章程规定缴纳出资，除应当向公司足额缴纳外，还应当向已按期足额缴纳出资的股东承担违约责任。

③对债权人：公司债权人请求未履行或者未全面履行出资义务的股东在未出资本息范围内对公司债务不能清偿的部分承担补充赔偿责任的，人民法院应予支持；未履行或者未全面履行出资义务的股东已经承担上述责任，其他债权人提出相同请求的，人民法院不予支持。

（2）公司设立阶段出资评估不实的。公司成立后，发现作为设立公司出资的非货币财产的实际价额显著低于公司章程所定价额的，应当由交付该出资的股东补足其差额；公司

设立时的其他股东承担连带责任。

（3）股东在公司增资时未出资或者未全面履行出资义务的，公司、其他股东或者公司债权人请求未尽忠实、勤勉义务而使出资未缴足的董事、高级管理人员承担相应责任的，人民法院应予支持；董事、高级管理人员承担责任后，可以向被告股东追偿。

（4）有限责任公司的股东未履行或者未全面履行出资义务即转让股权，受让人对此知道或者应当知道，公司请求该股东履行出资义务、受让人对此承担连带责任的，人民法院应予支持；公司债权人依照上述③规定向该股东提起诉讼，同时请求前述受让人对此承担连带责任的，人民法院应予支持。受让人根据前款规定承担责任后，向该未履行或者未全面履行出资义务的股东追偿的，人民法院应予支持。但是，当事人另有约定的除外。

4. 名义股东与实际出资人

（1）代持股协议的效力。

①实际出资人与名义出资人订立合同，如无《合同法》第52条规定的无效情形，人民法院应当认定该合同有效，实际出资人可依照合同约定向名义股东主张相关权益。

②实际出资人以其实际履行了出资义务为由向名义股东主张权利的，人民法院应予

支持。名义股东以公司股东名册记载、公司登记机关登记为由否认实际出资人权利的，人民法院不予支持。

③实际出资人未经公司其他股东半数以上同意，请求公司变更股东、签发出资证明书、记载于股东名册、公司章程并办理公司登记机关登记的，人民法院不予支持。

④名义股东将登记于其名下的股权转让、质押或者以其他方式处分，实际出资人以其对于股权享有实际权利为由，请求认定处分股权行为无效的，第三人有权依法主张善意取得该股权。名义股东处分股权造成实际出资人损失，实际出资人请求名义股东承担赔偿责任的，人民法院应予支持。

(2)名义股东不得对抗公司债权人。公司债权人以登记于公司登记机关的股东未履行出资义务为由，请求其对公司债务不能清偿的部分在未出资本息范围内承担补充赔偿责任，股东以其仅为名义股东而非实际出资人为由进行抗辩的，人民法院不予支持。但是，名义股东在承担相应的赔偿责任后，向实际出资人追偿的，人民法院应予支持。

(3)冒名股东。冒用他人名义出资并将该他人作为股东在公司登记机关登记的，被冒名人并非上述"名义股东"，冒名登记行为人应当承担相应责任；公司、其他股东或者公司债权人以未履行出资义务为由，请求被冒名登记为股东的承担补足出资责任或者对公司债务不能清偿部分的赔偿责任的，人民法院不予支持。

5. 抽逃出资的责任

(1)抽逃出资责任的界定。在公司成立后，存在下列情形且损害公司权益的，可以被认定为该股东抽逃出资：

①通过虚构债权债务关系将其出资转出；

②制作虚假财务会计报表虚增利润进行分配；

③利用关联交易将出资转出；

④其他未经法定程序将出资抽回的行为。

(2)对抽逃出资的股东，公司或者其他股东可请求其向公司返还出资本息，还可要求协助抽逃出资的其他股东、董事、高级管理人员或者实际控制人对此承担连带责任。

(3)公司债权人也可请求抽逃出资的股东在抽逃出资本息范围内对公司债务不能清偿的部分承担补充赔偿责任，并要求协助抽逃出资的其他股东、董事、高级管理人员或者实际控制人对此承担连带责任。抽逃出资的股东已经在抽逃出资本息范围内承担上述责任后，其他债权人提出相同请求的，人民法院不再予以支持。

6. 对违反出资义务股东的处理

(1)限制股东权利。股东未履行或者未全面履行出资义务或者抽逃出资，公司根据公司章程或者股东会决议对其利润分配请求权、新股优先认购权、剩余财产分配请求权等股东权利作出相应的合理限制，该股东请求认定该限制无效的，人民法院不予支持。

(2)解除股东资格。有限责任公司的股东"未履行"出资义务或者抽逃"全部"出资，经公司催告缴纳或者返还，其在合理期间内仍未缴纳或者返还出资，公司以"股东会"决议解除该股东的股东资格，该股东请求确认该解除行为无效的，人民法院不予支持。

(3)不适用诉讼时效抗辩。

①公司股东未履行或者未全面履行出资义务或者抽逃出资，公司或者其他股东请求其向公司全面履行出资义务或者返还出资，被告股东不得以诉讼时效为由进行抗辩。

②公司债权人的债权未过诉讼时效期间，其请求未履行或者未全面履行出资义务或者抽逃出资的股东承担赔偿责任，被告股东也不得以出资义务或者返还出资义务超过诉讼时效期间为由进行抗辩。

【考点精析4】股东权利和义务

1. 股东权利的内容

(1)表决权。股东行使表决权，一般是按照一股一票或者按照出资比例行使表决权。

(2)选举权和被选举权。

(3)依法转让股权或者股份的权利。

（4）查阅权（知情权）。

①股东知情权的内容。

A. 有限责任公司"股东有权查阅、复制公司章程、股东会会议记录、董事会会议决议、监事会会议决议和财务会计报告。股东可以要求查阅公司会计账簿"。

B. 股份有限公司"股东有权查阅公司章程、股东名册、公司债券存根、股东大会会议记录、董事会会议决议、监事会会议决议、财务会计报告"。

②（有限责任公司）股东查阅公司会计账簿。

A. 应当向公司提出**书面请求，并说明目的**。

B. 公司有合理根据认为股东查阅会计账簿有**不正当目的**，可能损害公司合法利益的，可以拒绝提供查阅。并应当自股东提出书面请求之日起 15 日内书面答复股东并说明理由。

C. 公司拒绝提供查阅，股东可以请求人民法院要求公司提供查阅。

【知识点拨】有证据证明股东存在下列情形之一的，人民法院应当认定股东有**不正当目的**：

（1）股东自营或者为他人经营与公司主营业务有实质性**竞争关系**业务的，但公司章程另有规定或者全体股东另有约定的除外；

（2）股东为了向他人通报有关信息查阅公司会计账簿，可能**损害公司合法利益**的；

（3）股东在向公司**提出查阅请求之日前的3 年内**，曾通过查阅公司会计账簿，向他人通报有关信息损害公司合法利益的；

（4）股东有不正当目的的其他情形。

③行使知情权应具备股东身份。

A. 股东起诉请求查阅或者复制公司特定文件材料的，人民法院应当依法予以受理。

B. 公司有证据证明原告在起诉时不具有公司股东资格的，人民法院应当驳回起诉，但原告有初步证据证明在持股期间其合法权益受到损害，请求依法查阅或者复制其持股期间的公司特定文件材料的除外。

C. 公司章程、股东之间的协议等实质性剥夺股东依法查阅或者复制公司文件材料的权利，公司以此为由拒绝股东查阅或者复制的，人民法院不予支持。

④知情权的行使。

人民法院审理股东请求查阅或者复制公司特定文件材料的案件，对原告诉讼请求予以支持的，应当在判决中明确查阅或者复制公司特定文件材料的时间、地点和特定文件材料的名录。

股东依据人民法院生效判决查阅公司文件材料的，在该股东在场的情况下，可以由会计师、律师等依法或者依据执业行为规范负有保密义务的中介机构执业人员辅助进行。

股东行使知情权后泄露公司商业秘密导致公司合法利益受到损害，公司请求该股东赔偿相关损失的，人民法院应当予以支持。辅助股东查阅公司文件材料的会计师、律师等泄露公司商业秘密导致公司合法利益受到损害，公司请求其赔偿相关损失的，人民法院应当予以支持。

（5）建议和质询权。

（6）增资优先认缴权。

①有限责任公司新增资本时，股东有权优先于股东以外的人，按照实缴的出资比例认缴出资；但全体股东约定不按照出资比例优先认缴出资的除外。

②股份有限公司发行新股，股东大会应当对"向原有股东发行新股的种类及数额"作出决议。

（7）股利分配请求权。

①有限责任公司的股东按照实缴的出资比例分取红利，但全体股东约定不按照出资比例分取红利的除外。

②股份有限公司分配利润，按照股东持有的股份比例分配。但股份公司章程规定不按照持股比例分配的除外。

③股利分配诉讼的相关规定。

A. 股东请求公司分配利润案件，应当列公司为被告。一审法庭辩论终结前，其他股东基于同一分配方案请求分配利润并申请参加诉讼的，应当列为共同原告。

B. 股东提交载明具体分配方案的股东会或者股东大会的有效决议，请求公司分配利润，公司拒绝分配利润且其关于无法执行决议的抗辩理由不成立的，人民法院应当判决公司按照决议载明的具体分配方案向股东分配利润。

C. 股东未提交载明具体分配方案的股东会或者股东大会决议，请求公司分配利润的，人民法院应当驳回其诉讼请求，但违反法律规定滥用股东权利导致公司不分配利润，给其他股东造成损失的除外。

D. 根据《公司法司法解释五》规定：分配利润的股东会或者股东大会决议作出后，公司应当在决议载明的时间内完成利润分配。决议没有载明时间的，以公司章程规定的时间为准。决议、章程中均未规定时间或者时间超过一年的，公司应当自决议作出之日起一年内完成利润分配。决议中载明的利润分配完成时间如果超过公司章程规定的时间，股东可以依据《公司法》请求人民法院撤销决议中关于该时间的规定。

(8) 提议召开临时股东(大)会和自行召集的权利。

(9) 临时提案权。

(10) 异议股东股份回购请求权。有限责任公司的股东在出现以下情形之一时，对股东会决议投反对票的股东，可以请求公司按合理价格收购其股权：

① 公司连续 5 年不向股东分配利润，而公司连续 5 年盈利，并符合《公司法》规定的分配利润条件的；

② 公司合并、分立、转让主要财产的；

③ 公司章程规定的营业期限届满或者章程规定的其他解散事由出现，股东会会议通过决议修改章程使公司存续的。

股份有限公司异议股东股份收买请求权只是限于对股东大会作出的公司合并、分立决议持异议的情形。

(11) 申请法院解散公司的权利。

(12) 公司剩余财产的分配请求权。

2. 股东诉讼

(1) 股东代表诉讼(见表 6-3)。

表 6-3　股东代表诉讼

项目	内容
含义	股东代表诉讼，也称股东代位诉讼、股东间接诉讼，是指当董事、监事、高级管理人员或者他人的违反法律、行政法规或者公司章程的行为给公司造成损失，公司拒绝或者怠于向该违法行为人请求损害赔偿时，具备法定资格的股东有权代表其他股东，代替公司提起诉讼，请求违法行为人赔偿公司损失的行为
目的	保护公司利益和股东的共同利益
诉讼当事人	①提起代位诉讼人：股东。 有限责任公司：任一股东； 股份有限公司：连续 180 日以上单独或合计持有公司 1% 以上股份的股东。 ②起诉时列公司为原告。 ③股东以自己的名义直接对董事、监事、高级管理人员或者他人提起诉讼的，应当列公司为第三人参加诉讼。其他股东以相同的诉讼请求申请参加诉讼的，应当列为共同原告
诉讼请求规则	①"董事、高级管理人员"侵犯公司利益。股东可以书面请求监事会或不设监事会的有限责任公司的监事向人民法院提起诉讼。如果监事会收到股东的书面请求后拒绝提起诉讼，或者自收到请求之日起 30 日内未提起诉讼，或者情况紧急、不立即提起诉讼将会使公司利益受到难以弥补的损害的，股东有权为了公司的利益以自己的名义直接向人民法院提起诉讼。

项目	内容
诉讼请求规则	②"监事"侵犯公司利益。股东可以书面请求董事会或不设董事会的有限责任公司的执行董事向人民法院提起诉讼。如果董事会收到股东的书面请求后拒绝提起诉讼，或者自收到请求之日起 30 日内未提起诉讼，或者情况紧急、不立即提起诉讼将会使公司利益受到难以弥补的损害的，股东有权为了公司的利益以自己的名义直接向人民法院提起诉讼。 ③公司以外的他人侵犯公司利益。股东可以书面请求董事会或者监事会向人民法院提起诉讼。如果董事会、监事会收到股东的书面请求后拒绝提起诉讼，或者自收到请求之日起 30 日内未提起诉讼，或者情况紧急、不立即提起诉讼将会使公司利益受到难以弥补的损害的，股东有权为了公司的利益以自己的名义直接向人民法院提起诉讼
胜诉处置	①股东依据公司法规定直接提起诉讼的案件，胜诉利益归属于公司。股东请求被告直接向其承担民事责任的，人民法院不予支持。 ②股东依据公司法规定直接提起诉讼的案件，其诉讼请求部分或者全部得到人民法院支持的，公司应当承担股东因参加诉讼支付的合理费用

（2）股东直接诉讼。公司董事、高级管理人员违反法律、行政法规或者公司章程的规定，损害"股东"利益的，"股东"可以依法向人民法院提起诉讼。

3. 股东义务

（1）出资义务，即按照法律和公司章程的规定，向公司按期足额缴纳出资。

（2）善意行使股权的义务。股东不得滥用其权利，公司股东滥用股东权利给公司或者其他股东造成损失的，应当依法承担赔偿责任。

根据《公司法司法解释五》，如果公司的控股股东、实际控制人、董事、监事、高级管理人员通过关联交易损害公司利益，原告公司依据《公司法》请求控股股东、实际控制人、董事、监事、高级管理人员赔偿所造成的损失，被告仅以该交易已经履行了信息披露、经股东会或者股东大会同意等法律、行政法规或者公司章程规定的程序为由抗辩的，人民法院不予支持。如果公司怠于提起上述损害赔偿之诉，股东有权依法提起代表诉讼。

（3）公司出现解散事由后，股东有组织清算的义务。

【考点精析 5】公司董事、监事、高级管理人员制度

高级管理人员，是指公司的经理、副总经理、财务负责人、上市公司董事会秘书、公司章程规定的其他人员。

1. 公司董事、监事、高级管理人员的任职资格

有下列情形之一的，不得担任公司的董事、监事、高级管理人员：

（1）无民事行为能力或者限制民事行为能力；

（2）因贪污、贿赂、侵占财产、挪用财产或者破坏社会主义市场经济秩序，被判处刑罚，执行期满未逾 5 年，或者因犯罪被剥夺政治权利，执行期满未逾 5 年；

（3）担任破产清算的公司、企业的董事或者厂长、经理，对该公司、企业的破产负有个人责任的，自该公司、企业破产清算完结之日起未逾 3 年；

（4）担任因违法被吊销营业执照、责令关闭的公司、企业的法定代表人，并负有个人责任的，自该公司、企业被吊销营业执照之日起未逾 3 年；

（5）个人所负数额较大的债务到期未清偿。

2. 公司董事、监事、高级管理人员的法定义务

（1）忠实义务。公司董事、高级管理人员不得有下列行为：

①挪用公司资金；

②将公司资金以其个人名义或者以其他个人名义开立账户存储；

③违反公司章程的规定，未经股东会、

股东大会或者董事会同意，将公司资金借贷给他人或者以公司财产为他人提供担保；

④违反公司章程的规定或者未经股东会、股东大会同意，与本公司订立合同或者进行交易；

⑤未经股东会或者股东大会同意，利用职务便利为自己或者他人谋取属于公司的商业机会，自营或者为他人经营与所任职公司同类的业务；

⑥接受他人与公司交易的佣金归为己有；

⑦擅自披露公司秘密；

⑧违反对公司忠实义务的其他行为。

公司董事、高级管理人员违反上述规定所得的收入应当归公司所有。

（2）勤勉义务。

①公司董事、监事、高级管理人员执行公司职务时违反法律、行政法规或者公司章程的规定，给公司造成损失的，应当承担赔偿责任。

②公司股东会或股东大会要求董事、监事、高管人员列席会议的，董事、监事、高管人员应当列席会议并接受股东的质询。

【考点精析6】股东会、股东大会和董事会决议制度

1. 决议的法律特征

决议由决议机构成员按一定程序作出的意思表示构成。决议对参与作出决议的人、决议机构成员或公司的全体股东具有约束力。决议调整公司内部关系，而不是公司与第三人之间的关系。

2. 决议不成立之诉

（1）情形。股东会或者股东大会、董事会决议存在下列情形之一，当事人主张决议不成立的，人民法院应当予以支持：

①公司未召开会议的，但依据公司法或者公司章程规定可以不召开股东会或者股东大会而直接作出决定，并由全体股东在决定文件上签名、盖章的除外；

②会议未对决议事项进行表决的；

③出席会议的人数或者股东所持表决权

不符合公司法或者公司章程规定的；

④会议的表决结果未达到公司法或者公司章程规定的通过比例的；

⑤导致决议不成立的其他情形。

（2）原告。有资格提起决议不成立之诉的人包括公司股东、董事、监事等。

3. 决议无效之诉

（1）情形。公司股东会或者股东大会、董事会的决议内容违反法律、行政法规的无效。

（2）原告。公司股东、董事、监事等有资格提起决议无效之诉。

【知识点拨】 根据《民事诉讼法》规定，原告应与诉讼争议"有直接利害关系"。因此，除股东、董事、监事外，公司高级管理人员、员工甚至公司债权人，如能证明其与所诉决议"有直接利害关系"，则也应当承认他们具有提起公司决议无效之诉的资格。

4. 决议撤销之诉

（1）情形。股东会或者股东大会、董事会的会议召集程序、表决方式违反法律、行政法规或者公司章程，或者决议内容违反公司章程的，股东可以自决议作出之日起60日内，请求人民法院撤销。

【知识点拨1】 会议召集程序或者表决方式仅有轻微瑕疵，且对决议未产生实质影响的，人民法院不予支持。

【知识点拨2】 股东依照前款规定提起诉讼的，人民法院可以应公司的请求，要求股东提供相应担保。

（2）原告。依据公司法规定请求撤销股东会或者股东大会、董事会决议的原告，应当在起诉时具有公司股东资格。一审法庭辩论终结前，其他有原告资格的人以相同的诉讼请求申请参加前款规定诉讼的，可以列为共同原告。

5. 诉讼当事人

原告请求确认股东会或者股东大会、董事会决议不成立、无效或者撤销决议的案件，应当列公司为被告。对决议涉及的其他利害关系人，可以依法列为第三人。

1. 【单选题】（2015年）李某为甲股份公司的董事长，赵某为乙股份公司的董事长。甲公司持有乙公司60%的股份。甲、乙公司的下列行为中，公司法不予禁止的是（　）。

A. 甲公司通过乙公司向李某提供200万元购房借款

B. 甲公司向赵某提供200万元购房借款

C. 甲公司向李某提供200万元购房借款

D. 乙公司向赵某提供200万元购房借款

2. 【单选题】关于股东代表诉讼，下列说法不符合《公司法》规定的是（　）。

A. 公司高级管理人员执行公司职务时违反法律规定，给公司造成损失的，公司股东可以书面请求监事会向人民法院提起诉讼

B. 监事执行公司职务时违反法律规定，给公司造成损失的，公司股东可以书面请求董事会向人民法院提起诉讼

C. 股份有限公司的股东请求监事会提起诉讼，需要连续180日以上单独或者合计持有公司1%以上股份的股东书面请求

D. 有限责任公司的股东请求董事会提起诉讼，需要连续180日以上单独或者合计持有公司1%以上表决权的股东书面请求

3. 【单选题】甲向乙借用一台机床。借用期间，未经乙同意，甲以所有权人名义，以该机床作为出资，与他人共同设立有限责任公司丙。公司其他股东对甲并非机床所有人的事实并不知情。乙发现上述情况后，要求返还机床。根据公司法律制度和物权法律制度的规定，下列表述中正确的是（　）。

A. 甲出资无效，不能取得股东资格，乙有权要求返还机床

B. 甲出资无效，应以其他方式补足出资，乙有权要求返还机床

C. 甲出资有效，乙无权要求返还机床，但甲应向乙承担赔偿责任

D. 甲出资有效，乙无权要求返还机床，但丙公司应向乙承担赔偿责任

4. 【多选题】根据公司法律制度的规定，下列关于股东出资义务的说法中，符合规定的有（　）。

A. 实际出资人张某与名义股东李某约定，由李某出面行使股权，由张某享受投资收益，只要张某构成善意取得，可以取得该收益

B. 名义股东张某将登记于其名下的股权转让给李某，只要李某构成善意取得，可以取得该股权

C. 出资人张某以不享有处分权的财产出资，只要公司取得该财产构成善意取得，可以取得该财产

D. 股东张某将自己拥有的股权转让给李某，尚未办理变更登记时，又将该股权转让给王某且办理了变更登记手续，只要王某构成善意取得，可以取得该股权

5. 【多选题】根据公司法律制度的规定，有限责任公司发生的下列事项中，属于公司股东可以依法请求人民法院予以撤销的有（　）。

A. 股东会的决议内容违反法律的

B. 股东会的决议内容违反公司章程的

C. 股东会的会议召集程序违反法律的

D. 股东会的会议表决方式违反公司章程的

6. 【多选题】根据公司法律制度的规定，下列表述符合不得担任公司董事、监事、高级管理人员情形的有（　）。

A. 无民事行为能力者

B. 因犯有挪用财产罪，被判处刑罚，执行期满未逾5年者

C. 个人所负数额较大的债务到期未清偿者

D. 本公司的股东

📝 **阶段性测试答案精析**

1. B 【解析】本题考核公司借款的限制。股份公司不得直接或者通过子公司向董事、监事、高级管理人员提供借款。

2. D 【解析】本题考核股东诉讼。有限责任

公司的股东请求监事会或董事会提起诉讼没有表决权的要求，任一股东均可。

3. C 【解析】本题考核股东出资的规定。出资人以不享有处分权的财产出资，当事人之间对于出资行为效力产生争议的，应当按照无权处分的规则进行处理，即该出资行为并非一概无效，公司只要符合善意取得条件，即可取得该财产的所有权。此时，公司取得财产所有权，原所有权人只能要求无权处分的出资人赔偿损失。

4. BCD 【解析】本题考核股东出资义务。实际出资人与名义股东约定，由名义股东出面行使股权，但由实际出资人享受投资收益时，这属于双方间的自由约定，根据缔约自由的精神，如无其他违法情形，该约定应当有效，实际出资人可依照合同约定向名义股东主张相关权益，无须善意取得。选项A错误。

5. BCD 【解析】本题考核股东（大）会、董事会决议制度。选项A，决议内容违反法律、行政法规的，无效；选项B，决议内容违反公司章程的，可撤销；选项C、D，会议召集程序、表决方式不管违反的是"法律、行政法规"还是"公司章程"，都可以撤销。

6. ABC 【解析】本题考核公司的董事、监事、高级管理人员任职资格。本公司股东可以担任公司董事、监事、高级管理人员。

考点二　股份有限公司的设立★★

扫我解疑难

经典例题

【例题1·单选题】根据公司法律制度的规定，关于股份有限公司的发起人，下列说法不正确的是（　）。
A. 发起人既可以是自然人也可以是法人

B. 发起人既可以是中国公民也可以是外国公民
C. 发起人须有过半数为中国公民
D. 发起人须有半数以上在中国境内有住所
【答案】C
【解析】本题考核股份有限公司的设立。设立股份有限公司，发起人既可以是自然人，也可以是法人；既可以是中国公民，也可以是外国公民。其中须有半数以上的发起人在中国境内有住所。

【例题2·多选题】（2014年）认股人缴纳出资后，有权要求返还出资的情形有（　）。
A. 公司未按期募足股份
B. 发起人未按期召开创立大会
C. 创立大会决议不设立公司
D. 发起人抽逃出资，情节严重
【答案】ABC
【解析】本题考核股份有限公司的设立。根据《公司法》的规定，公司成立后，股东不得抽逃出资。发行人、认股人缴纳股款或者交付抵作股款的出资后，除未按期募足股份、发起人未按期召开创立大会或者创立大会决议不设公司的情形外，不得抽回其股本。

考点精析

1. 设立条件

（1）发起人条件。发起人为2人以上200人以下，其中须有半数以上的发起人在中国境内有住所。

（2）财产条件。

①股份有限公司采取募集方式设立的，注册资本为在公司登记机关登记的实收股本总额，发起人认购的股份不得少于公司股份总数的35%。但是，法律、行政法规另有规定的，从其规定。

②股份有限公司采取发起方式设立的，注册资本为在公司登记机关登记的全体发起人认购的股本总额。在发起人认购的股份缴足前，不得向他人募集股份。

（3）组织条件。股份有限公司的设立需要有相应的名称、住所，必须在名称中标明"股份有限公司"或者"股份公司"字样。同时，需要建立相应的组织机构。股份有限公司的发起人应当制订公司章程，采用募集方式设立的须经创立大会通过。

2. 设立方式

股份有限公司可以采取发起设立或者募集设立方式设立。

3. 创立大会

【知识点拨】创立大会属于股份有限公司的过渡机构，仅存在于设立阶段。

（1）召开时间。募集设立方式设立公司，发起人应当在足额缴纳股款、验资证明出具之日后30日内召开公司创立大会。

（2）出席条件。创立大会应有代表**股份总数过半数**的发起人、认股人出席，方可举行。

（3）决议方式。创立大会作出的相关决议必须经**出席会议的认股人**所持表决权**过半数**通过。

4. 申请设立登记

董事会应于创立大会结束后30日内，依法向公司登记机关申请设立登记。

考点三　股份有限公司的组织机构 ★★★

扫我解疑难

📝 **经典例题**

【例题1·单选题】（2019年）根据公司法律制度的规定，下列各项中有权制订公司年度财务预算、决算方案的是（　　）。

A. 总经理　　　　　　B. 股东大会

C. 董事会　　　　　　D. 监事会

【答案】C

【解析】本题考核董事会的职权。董事会是制订公司的年度财务预算方案、决算方案；股东会是审议批准公司的年度财务预算方案、决算方案。

【例题2·单选题】（2019年）根据公司法律制度的规定，上市公司在一年内出售重大资产超过公司资产总额一定比例的，应当由股东大会作出决议，并经出席会议的股东所持表决权的2/3以上通过。该比例是（　　）。

A. 30%　　　　　　B. 70%

C. 50%　　　　　　D. 60%

【答案】A

【解析】本题考核上市公司组织机构特别规定。上市公司在一年内购买、出售重大资产或者担保金额超过公司资产总额30%的，应当由股东大会作出决议，并经出席会议的股东所持表决权的2/3以上通过。

【例题3·多选题】（2018年）根据公司法律制度的规定，下列各项中，应当由上市公司股东大会作出决议的有（　　）。

A. 公司对外担保总额超过最近一期经审计总资产的30%以后提供的担保

B. 为资产负债率超过70%的非关联方提供的担保

C. 公司对外担保总额达到最近一期经审计净资产的50%以后的提供的担保

D. 为公司实际控制人及其关联方提供的担保

【答案】ABCD

【解析】本题考核上市公司的对外担保限制。上市公司股东大会审议批准下列对外担保行为：（1）本公司及本公司控股子公司的对外担保总额，达到或超过最近一期经审计净资产的50%以后提供的任何担保（选项C）；（2）公司的对外担保总额，达到或超过最近一期经审计总资产的30%以后提供的任何担保（选项A）；（3）为资产负债率超过70%的担保对象提供的担保（选项B）；（4）单笔担保额超过最近一期经审计净资产10%的担保；（5）对股东、实际控制人及其关联方提供的担保（选项D）。

【例题4·单选题】（2016年改）某股份有限公司董事会有9名董事。该公司开董事会会议，甲、乙、丙、丁、戊5名董事出席，其余4名董事缺席。会议表决前，丁因故提前退席，亦未委托他人代为表决。会议最终由4名董事一致作出一项决议。根据公司法律制度的规定，下列关于该决议法律效力的表述中，正确的是（　　）。

A. 有效 　　　　　B. 不成立

C. 可撤销 　　　　D. 未生效

【答案】B

【解析】本题考核董事会决议制度。股份有限公司董事会会议应有过半数的董事出席方可举行。董事会作出决议须经全体董事的过半数通过。根据规定，股东会或者股东大会、董事会决议，会议的表决结果未达到公司法或者公司章程规定的通过比例，当事人主张决议不成立的，人民法院应当予以支持。

【例题5·多选题】(2015年)根据公司法律制度的规定，下列各项中，有权提议召开临时股东大会的有(　　)。

A. 持有公司 1/10 股份的股东

B. 董事长

C. 1/3 的董事

D. 监事会

【答案】AD

【解析】本题考核临时股东大会的召开。有下列情形之一，应当在两个月内召开临时股东大会：(1)董事人数不足《公司法》规定人数或者公司章程所定人数的 2/3 时；(2)公司未弥补的亏损达实收股本总额 1/3 时；(3)单独或者合计持有公司 10% 以上股份的股东请求时；(4)董事会认为必要时；(5)监事会提议召开时；(6)公司章程规定的其他情形。

📝 考点精析

【考点精析 1】股东大会

1. 职权

股份有限公司股东大会由全体股东组成。股东大会是公司的权力机构。股东大会的职权如表 6-4 所示。

表 6-4　股东大会的职权

公司类型	职权
非上市公司	(1)决定公司的经营方针和投资计划； (2)选举和更换非由职工代表担任的董事、监事，决定有关董事、监事的报酬事项； (3)审议批准董事会的报告； (4)审议批准监事会的报告； (5)审议批准公司的年度财务预算方案、决算方案； (6)审议批准公司的利润分配方案和弥补亏损方案； (7)对公司增加或者减少注册资本作出决议； (8)对发行公司债券作出决议； (9)对公司合并、分立、变更公司形式、解散和清算等事项作出决议； (10)修改公司章程； (11)公司章程规定的其他职权
上市公司	除非上市公司股东大会职权外，还包括对公司聘用、解聘会计师事务所作出决议；审议公司在一年内购买、出售重大资产超过公司最近一期经审计总资产 30% 的事项；审议批准变更募集资金用途事项；审议股权激励计划；审议批准下列对外担保行为： (1)本公司及本公司控股子公司的对外担保总额，达到或超过最近一期经审计净资产的 50% 以后提供的任何担保； (2)公司的对外担保总额，达到或超过最近一期经审计总资产的 30% 以后提供的任何担保； (3)为资产负债率超过 70% 的担保对象提供的担保； (4)单笔担保额超过最近一期经审计净资产 10% 的担保； (5)对股东、实际控制人及其关联方提供的担保

2. 股东大会会议制度(见表6-5)

表6-5 股东大会会议制度

项目		内容
年会		(1)股东大会年会应当每年召开一次。 (2)上市公司的年度股东大会应当于上一会计年度结束后的6个月内召开
临时股东大会	召开情形	有下列情形之一的,应当在2个月内召开临时股东大会: (1)董事人数不足《公司法》规定人数(5~19人)或者公司章程所定人数的2/3时; (2)公司未弥补的亏损达实收股本总额的1/3时; (3)单独或者合计持有公司10%以上股份(不计表决权未恢复的优先股)的股东请求时; (4)董事会认为必要时; (5)监事会提议召开时; (6)公司章程规定的其他情形
	会议通知	临时股东大会应于会议召开15日前通知各股东
会议召集与主持		股东大会会议由董事会召集,董事长主持;董事长不能或者不履行职务的,由副董事长主持;副董事长不能或者不履行职务的,由半数以上董事共同推举一名董事主持。董事会不能或者不履行召集股东大会会议职责的,监事会应当及时召集和主持;监事会不召集和主持的,连续90日以上单独或者合计持有公司10%以上股份的股东可以自行召集和主持
临时提案权		单独或者合计持有公司3%以上股份(不计表决权未恢复的优先股)的股东,可以在股东大会召开10日前提出临时提案并书面提交董事会;董事会应当在收到提案后2日内通知其他股东,并将该临时提案提交股东大会审议
决议制度	表决权	股东出席股东大会会议,所持每一股份有一表决权 【知识点拨1】公司持有的本公司股份没有表决权。 【知识点拨2】优先股股东通常不出席股东大会,不享有股东大会的表决权
	决议事项	普通决议: 股东大会对普通事项作出决议,必须经出席会议的股东所持表决权过半数(>1/2)通过
		特别决议:必须经出席会议的股东所持表决权2/3以上(≥2/3)通过。采用特别决议通过的事项包括: (1)修改公司章程; (2)增加或减少注册资本; (3)公司合并、分立、解散; (4)变更公司形式
累积投票制		控股股东控股比例在30%以上的上市公司,应当采用累积投票制
会议记录		股东大会应当将所议事项的决定做成会议记录,主持人、出席会议的董事应当在会议记录上签名

【考点精析2】董事会

1. 董事会成员的组成

(1)股份有限公司董事会的成员为5至19人。

(2)董事由股东大会选举产生。董事会成员中可以有公司职工代表。董事会中的职工代表由公司职工通过职工代表大会、职工大会或者其他形式民主选举产生。

2. 董事任期与解任

董事任期由章程规定,但每届任期不得超过3年。董事任期届满,连选可以连任。董事任期届满未及时改选,或者董事在任期内辞职导致董事会成员低于法定人数的,在改选出的董事就任前,原董事仍应当依照法律、行政法规和公司章程的规定，履行董事职务。

根据《公司法司法解释五》的规定，董事任期届满前被股东会或者股东大会以有效决议解除职务的，该董事如向人民法院起诉主张解除不发生法律效力，则人民法院不予支持。

3. 董事会职权

（1）召集股东大会会议，并向股东大会报告工作。

（2）执行股东大会的决议。

（3）决定公司的经营计划和投资方案。

（4）制订公司的年度财务预算方案、决算方案。

（5）制订公司的利润分配方案和弥补亏损方案。

（6）制订公司增加或者减少注册资本以及发行公司债券的方案。

（7）制订公司合并、分立、变更公司形式、解散的方案。

（8）决定公司内部管理机构的设置。

（9）决定聘任或者解聘公司经理及其报酬事项，并根据经理的提名决定聘任或者解聘公司副经理、财务负责人及其报酬事项。

（10）制定公司的基本管理制度。

（11）公司章程规定的其他职权。

【知识点拨】对照股东大会职权，（4）~（7）项都需要由股东大会批准。

4. 董事会机构设置

（1）董事会设董事长一人，可以设副董事长。董事长和副董事长由董事会以全体董事的过半数选举产生。董事长召集和主持董事会会议，检查董事会决议的实施情况。副董事长协助董事长工作，董事长不能或者不履行职务的，由副董事长履行职务；副董事长不能或者不履行职务的，由半数以上董事共同推举一名董事履行职务。

（2）上市公司董事会可以按照股东大会的有关决议，设立战略、审计、提名、薪酬与考核等专门委员会。专门委员会成员全部由董事组成，其中审计委员会、提名委员会、薪酬与考核委员会中独立董事应占多数并担任召集人，审计委员会中至少应有一名独立董事是会计专业人士。

5. 董事会会议的召开

（1）董事会**每年度至少召开两次会议**，每次会议应当于**会议召开10日前通知全体董事和监事**。

（2）代表1/10以上表决权的股东、1/3以上董事或者监事会，可以提议召开董事会临时会议。董事长应当自接到提议后10日内，召集和主持董事会会议。董事会召开临时会议，可以另定召集董事会的通知方式和通知时限。

（3）董事会会议**有过半数的董事出席方可举行**。董事会**作出决议必须经全体董事的过半数通过**。董事会决议的表决实行一人一票。董事会会议应由董事本人出席，董事因故不能出席，可以书面委托其他董事代为出席，委托书中应载明授权范围。

【知识点拨】"书面委托其他董事"的含义是：①委托人必须出具书面委托书；②被委托人必须是本公司的董事。

6. 记录

董事会应当对会议所议事项的决定做成会议记录，出席会议的董事应当在会议记录上签名。董事应当对董事会的决议承担责任。董事会的决议违反法律、行政法规或者公司章程、股东大会决议，致使公司遭受严重损失的，参与决议的董事对公司负赔偿责任。但经证明在表决时曾表明异议并记载于会议记录的，该董事可以免除责任。

【考点精析3】经营管理机关

股份有限公司设经理，由董事会决定聘任或者解聘，公司董事会可以决定由董事会成员兼任经理。

【考点精析4】监事会

1. 监事会成员的组成

（1）股份有限公司监事会的成员**不得少于3人**。

（2）监事会应当包括股东代表和**适当比例的公司职工代表**，其中**职工代表的比例不得**

低于 1/3，具体比例由公司章程规定。监事会中的职工代表由公司职工通过职工代表大会、职工大会或者其他形式民主选举产生。

（3）**董事、高级管理人员不得兼任监事。**

2. 监事会机构设置

（1）监事会设主席一人，可以设副主席。监事会主席和副主席由全体监事过半数选举产生。

（2）监事会主席召集和主持监事会会议；监事会主席不能或者不履行职务的，由监事会副主席召集和主持监事会会议；监事会副主席不能或者不履行职务的，由半数以上监事共同推举一名监事召集和主持监事会会议。

3. 监事会职权和监事任期

（1）监事的任期每届为 3 年。监事任期届满，连选可以连任。

（2）监事会行使下列职权：

①检查公司财务；

②对董事、高级管理人员执行公司职务的行为进行监督，对违反法律、行政法规、公司章程或者股东会决议的董事、高级管理人员提出罢免的建议；

③当董事、高级管理人员的行为损害公司的利益时，要求董事、高级管理人员予以纠正；

④提议召开临时股东会会议，在董事会不履行法律规定的召集和主持股东会会议职责时召集和主持股东会会议；

⑤向股东会会议提出提案；

⑥依照《公司法》的规定，对董事、高级管理人员提起诉讼；

⑦公司章程规定的其他职权。

（3）监事可以列席董事会会议，并对董事会决议事项提出质询或者建议。

（4）监事会行使职权所必需的费用，由公司承担。

（5）监事会发现公司经营情况异常，可以进行调查；必要时，可以聘请会计师事务所等协助其工作，费用由公司承担。

4. 监事会会议的召开

（1）股份有限公司监事会**每 6 个月至少召开一次会议。**

（2）监事可以提议召开临时监事会会议。

（3）监事会的议事方式和表决程序，除法律有规定的外，由公司章程规定。

（4）监事会应当对所议事项的决定作成会议记录，出席会议的监事应当在会议记录上签名。

【考点精析 5】 上市公司组织机构的特别规定

1. 增加股东大会特别决议事项

上市公司在一年内购买、出售重大资产或者担保金额超过公司资产总额 30% 的，应当由股东大会作出决议，并经出席会议的股东所持表决权的 2/3 以上通过。

2. 增设关联关系董事的表决权排除制度

（1）上市公司董事与董事会会议决议事项所涉及的企业有关联关系的，不得对该项决议行使表决权，也不得代理其他董事行使表决权。

（2）该董事会会议由过半数的无关联关系董事出席即可举行，董事会会议所作决议须经无关联关系董事过半数通过。

（3）出席董事会的无关联关系董事人数不足 3 人的，应将该事项提交上市公司股东大会审议。

📝 **阶段性测试**

1. 【单选题】下列关于发起设立股份有限公司的说法中，正确的是（ ）。

A. 股份有限公司的发起人为 2~200 人，且有半数以上的发起人在中国境内有住所

B. 发起人缴清认缴出资后，应当选举董事会和监事会，由董事会向公司登记机关报送相关文件申请设立登记

C. 发起设立股份有限公司的，发起人首次出资额不得低于注册资本的 20%

D. 公司不能成立时，对设立行为所产生的债务和费用，发起人按出资比例承担责任

2. 【单选题】根据《公司法》的规定，股份有限公司中有权决议发行公司债券的机构是（ ）。

A. 董事会　　　　B. 职工代表大会

C. 股东大会　　　D. 监事会

3.【单选题】某上市公司董事会成员共9名，监事会成员共3名。下列关于该公司董事会召开的情形中，符合公司法律制度规定的是（　　）。

A. 经2名董事提议可召开董事会临时会议

B. 公司董事长、副董事长不能履行职务时，可由4名董事共同推举1名董事履行职务

C. 经2名监事提议可召开董事会临时会议

D. 董事会每年召开2次会议，并在会议召开10日前通知全体董事和监事

4.【多选题】根据《公司法》的规定，下列各项中，属于股份有限公司股东大会职权的有（　　）。

A. 聘任或者解聘公司经理

B. 审议批准公司的利润分配方案

C. 审议批准公司的年度财务预算方案

D. 对股东向股东以外的人转让出资作出决议

5.【多选题】某股份有限公司当年实收股本总额为5 000万元，公司章程规定董事会有11名成员。下列情形中，该公司应在2个月内召开临时股东大会的有（　　）。

A. 董事会人数减至6人时

B. 未弥补亏损达1 000万元时

C. 监事会提议召开时

D. 持有该公司10%股份的股东请求时

阶段性测试答案精析

1. A 【解析】本题考核股份有限公司的设立。根据规定，发起人首次缴纳出资后，应当选举董事会和监事会，由董事会向公司登记机关报送相关文件申请设立登记；发起人首次出资额没有限制；公司不能成立时，发起人对债务和费用承担连带责任。选项B、C、D不符合法律规定。

2. C 【解析】本题考核股份有限公司股东大会的职权。股份有限公司发行公司债券，应由公司董事会制订方案，由股东大会作出决议。

3. D 【解析】本题考核股份有限公司的董事会。选项A，代表1/10以上表决权的股东、1/3以上的董事或者监事会，可以提议召开董事会临时会议，在本题中，2名董事不足以提议召开临时董事会；选项B，董事长、副董事长不能履行职务或者不履行职务的，由半数以上董事共同推举1名董事主持股东大会会议，在本题中，4名董事不足董事会人数的半数；选项C，股份有限公司的监事会有权提议召开临时董事会，在本题中仅2名监事提议。

4. BC 【解析】本题考核股份有限公司股东大会的职权。选项A属于董事会的职权；股份有限公司股东可以自由向股东以外的人转让股份，无须经股东大会审议通过。

5. ACD 【解析】本题考核股份有限公司临时股东大会。我国《公司法》规定了召开股东大会临时会议的情形：（1）董事人数不足《公司法》规定人数或者公司章程所定人数的2/3时，如选项A。（2）监事会提议召开时，如选项C。（3）单独或者合计持有公司10%以上股份的股东请求时，如选项D。（4）公司未弥补亏损达实收股本总额1/3时，选项B不到1/3故不选。

考点四　上市公司独立董事制度★★

扫我解疑难

经典例题

【例题1·单选题】（2018年）根据公司法律制度的规定，下列主体中，有资格提出上市公司独立董事候选人的是（　　）。

A. 持有上市公司已发行股份1%以上的股东

B. 上市公司的董事长

C. 上市公司的职工代表大会

D. 上市公司的监事会主席

【答案】A

【解析】本题考核上市公司独立董事制度中的独立董事的提名。上市公司董事会、监事会、单独或者合并持有上市公司已发行股份1%以上的股东可以提出独立董事候选人，并经股

东大会选举决定。

【例题2·单选题】(2014年)某上市公司拟聘任独立董事1名。甲为该公司人力资源总监的大学同学；乙为在该公司中持股7%的某国有企业的负责人；丙曾任该公司财务部经理，半年前离职；丁为某大学法学院教授，兼职担任该公司法律顾问。根据公司法律制度的规定，可以担任该公司独立董事的是( )。

A. 甲　　　　　　　　B. 丙
C. 丁　　　　　　　　D. 乙

【答案】A

【解析】本题考核独立董事的任职资格。下列人员不得担任独立董事：(1)在上市公司或者其附属企业任职的人员及其直系亲属、主要社会关系；(2)直接或间接持有上市公司已发行股份1%以上或者是上市公司前十名股东中的自然人股东及其直系亲属；(3)在直接或间接持有上市公司已发行股份5%以上的股东单位或者在上市公司前五名股东单位任职的人员及其直系亲属(题目中乙)；(4)最近一年内曾经具有前三项所列举情形的人员(题目中丙)；(5)为上市公司或者其附属企业提供财务、法律、咨询等服务的人员(题目中丁)；(6)公司章程规定的其他人员；(7)中国证监会认定的其他人员。

考点精析

1. 独立董事的概念

独立董事是指不在公司担任除董事之外的其他职务，并与其所受聘的上市公司及其主要股东不存在可能妨碍其进行独立客观判断的关系的董事。

《公司法》要求上市公司设独立董事，中国证监会具体要求上市公司董事会成员中应当至少1/3为独立董事。

2. 独立董事的任职条件

(1)担任独立董事应当符合的基本条件。

①根据法律、行政法规及其他有关规定，具备担任上市公司董事的资格。

②具有立法与有关规定要求的独立性。

③具备上市公司运作的基本知识，熟悉相关法律、行政法规、规章及规则。

④具有5年以上法律、经济或者其他履行独立董事职责所必需的工作经验。

⑤公司章程规定的其他条件。

(2)下列人员不得担任独立董事。

①在上市公司或者其附属企业任职的人员及其直系亲属、主要社会关系(直系亲属是指配偶、父母、子女等；主要社会关系是指兄弟姐妹、岳父母、儿媳女婿、兄弟姐妹的配偶、配偶的兄弟姐妹等)。

②直接或间接持有上市公司已发行股份1%以上或者是上市公司前十名股东中的自然人股东及其直系亲属。

③在直接或间接持有上市公司已发行股份5%以上的股东单位或者在上市公司前五名股东单位任职的人员及其直系亲属。

④最近一年内曾经具有前三项所列举情形的人员。

⑤为上市公司或者其附属企业提供财务、法律、咨询等服务的人员。

⑥公司章程规定的其他人员。

⑦中国证监会认定的其他人员。

(3)上市公司董事会、监事会、单独或者合并持有上市公司已发行股份1%以上的股东可以提出独立董事候选人，并经股东大会选举决定。

(4)独立董事任期与该上市公司其他董事任期相同，任期届满，连选可以连任，但是连任时间不得超过6年。

3. 独立董事的特别职权

(1)独立董事除应具有董事的职权外，还应当行使以下特别职权：

①重大关联交易(上市公司拟与关联人达成的总额高于300万元或高于上市公司最近经审计净资产值的5%的关联交易)应由独立董事认可后，提交董事会讨论；独立董事作出判断前，可以聘请中介机构出具独立财务顾问报告，作为其判断的依据。

②向董事会提议聘用或解聘会计师事务所。

③向董事会提请召开临时股东大会。

④提议召开董事会。

⑤独立聘请外部审计机构和咨询机构。

⑥可以在股东大会召开前公开向股东征集投票权。

独立董事行使上述职权应当取得全体独立董事的 1/2 以上同意。如上述提议未被采纳或上述职权不能正常行使，上市公司应将有关情况予以披露。上市公司董事会下设薪酬、审计、提名等委员会的，独立董事应当在委员会成员中占有 1/2 以上的比例。

（2）除行使上述特别职权外，独立董事应当对上市公司的以下重大事项向董事会或股东大会发表独立意见：

①提名、任免董事。

②聘任或解聘高级管理人员。

③公司董事、高级管理人员的薪酬。

④上市公司的股东、实际控制人及其关联企业对上市公司现有或新发生的总额高于 300 万元或高于上市公司最近经审计净资产值的 5% 的借款或其他资金往来，以及公司是否采取有效措施回收欠款。

⑤独立董事认为可能损害中小股东权益的事项。

⑥公司章程规定的其他事项。

考点五　股份有限公司的股份发行和转让 ★★★

扫我解疑难

📒 经典例题

【例题 1 · 多选题】（2019 年）根据公司法律制度的规定，在公司章程没有特别规定时，优先股股东可以出席股东大会会议并参与表决的事项有（　　）。

A. 公司合并

B. 变更公司形式

C. 累计减少公司注册资本超过 10%

D. 公司解散

【答案】ABCD

【解析】本题考核优先股。除以下情况外，优先股股东不出席股东大会会议，所持股份没有表决权：（1）修改公司章程中与优先股相关的内容；（2）一次或累计减少公司注册资本超过 10%；（3）公司合并、分立、解散或变更公司形式；（4）发行优先股；（5）公司章程规定的其他情形。

【例题 2 · 单选题】（2018 年）根据公司法律制度的规定，股份有限公司发起人持有的本公司股份，自公司成立之日起一定期限内不得转让。该期限是（　　）。

A. 1 年　　　　　　　　B. 2 年

C. 6 个月　　　　　　　D. 3 年

【答案】A

【解析】本题考核股份转让的限制。发起人持有的本公司股份，自公司成立之日起 1 年内不得转让。

【例题 3 · 单选题】（2016 年）某股份有限公司于 2016 年 3 月 7 日首次公开发行股份并在上海证券交易所上市交易。2016 年 4 月 8 日，该公司召开股东大会，拟审议的有关董事、高级管理人员（简称"高管"）持股事项的议案中包含下列内容。其中，符合公司法律制度规定的是（　　）。

A. 董事、高管离职后半年内，不得转让其所持有的本公司股份

B. 董事、高管在任职期间，每年转让的股份不得超过其所持本公司股份总数的 50%

C. 董事、高管持有的本公司股份，自决议通过之日起 3 个月后可以内部自由转让

D. 董事、高管持有的本公司股份，自决议通过之日起 6 个月后可以对外自由转让

【答案】A

【解析】本题考核股份转让的限制。根据规定，公司的董事、监事、高管人员应当向公司申报所持有的本公司的股份及其变动情况，在任职期间每年转让的股份不得超过其所持有本公司股份总数的 25%；所持本公司股份自公司股票上市交易之日起 1 年内不得转让，选项 B、C、D 错误。

【考点精析 1】 股份的概念和特征

股票是(股份)公司签发的证明股东所持股份的凭证。股份依据不同的分类方法,可分为不同的种类:

1. 普通股和优先股

依股东的权利、义务不同,股份可分为普通股和优先股。普通股就是代表一般股权的股份,每一股有一个投票权,按持股比例分享收益。优先股则是相对普通股而言享有优先权的股份。

(1)在试点阶段,只有上市公司和非上市公众公司可以发行优先股,其中只有上市公司可以公开发行优先股。

(2)公司已发行的优先股不得超过公司普通股股份总数的 50%,且筹资金额不得超过发行前净资产的 50%。

(3)优先股股东的权利主要是优先分配利润和剩余财产。

(4)当公司因解散、破产等原因进行清算时,公司财产在按照公司法和破产法有关规定进行清偿后的剩余财产,应当优先向优先股股东支付未派发的股息和公司章程约定的清算金额,不足以支付的按照优先股股东持股比例分配。

(5)除以下情况外,优先股股东不能出席股东大会会议,所持股份没有表决权:①修改公司章程中与优先股相关的内容;②一次或累计减少公司注册资本超过 10%;③公司合并、分立、解散或变更公司形式;④发行优先股;⑤公司章程规定的其他情形。上述事项的决议,除须经出席会议的普通股股东(含表决权恢复的优先股股东)所持表决权的 2/3 以上通过之外,还需经出席会议的优先股股东(不含表决权恢复的优先股股东)所持表决权的 2/3 以上通过。

(6)公司累计 3 个会计年度或连续 2 个会计年度未按约定支付优先股股息的,优先股股东有权出席股东大会,每股优先股股份享有公司章程规定的表决权。

2. 记名股票和无记名股票

按票面上是否记载股东的姓名或名称,股票可分为记名股票和无记名股票。公司向发起人、国家授权投资的机构、法人发行的股票,应当为记名股票;境外上市的外资股也应采取记名股票的形式;公司向社会公众发行的股票可以记名,也可以不记名。

【考点精析 2】 股份发行

(1)股份的发行,应当实行公平、公正的原则,同种类的每一股份应当具有同等权利。同次发行的同种类股份,每股的发行条件和价格应当相同。

(2)公司发行新股,依照公司章程的规定由股东大会或者董事会对下列事项作出决议:①新股种类及数额;②新股发行价格;③新股发行的起止日期;④向原有股东发行新股的种类及数额。

【考点精析 3】 股份转让的限制(见表 6-6)

股份有限公司的股份以自由转让为原则,以法律限制为例外。

表 6-6 股份转让的限制

项目	内容
转让场所的限制	在依法设立的证券交易场所进行或者按照国务院规定的其他方式进行
发起人转让股份的限制	发起人持有的本公司股份,自公司成立之日起 1 年内不得转让。因司法强制执行、继承、遗赠、依法分割财产等导致股份变动的除外
非公开发行股份转让的限制	公司公开发行股票前已发行的股份,自公司股票在证券交易所上市交易之日起 1 年内不得转让。因司法强制执行、继承、遗赠、依法分割财产等导致股份变动的除外

项目	内容
董事、监事、高级管理人员转让股份的限制	公司董事、监事、高级管理人员在任职期间每年转让的股份不得超过其所持有本公司股份总数的25%；所持本公司股份自公司股票上市交易之日起1年内不得转让；离职后半年内，不得转让其所持有的本公司股份；但是因司法强制执行、继承、遗赠、依法分割财产等导致股份变动的除外
	上市公司董事、监事和高级管理人员所持股份不超过1 000股的，可一次全部转让，不受上述转让比例的限制
	上市公司董事、监事和高级管理人员在下列期间不得买卖本公司股票：①上市公司定期报告公告前30日内；②上市公司业绩预告、业绩快报公告前10日内；③自可能对本公司股票交易价格产生重大影响的重大事项发生之日或在决策过程中，至依法披露后2个交易日内；④证券交易所规定的其他期间
公司回购自身股份的限制	公司不得收购本公司股份，但是，有下列情形之一的除外： (1)减少公司注册资本； (2)与持有本公司股份的其他公司合并； (3)将股份用于员工持股计划或者股权激励； (4)股东因对股东大会作出的公司合并、分立决议持异议，要求公司收购其股份； (5)将股份用于转换上市公司发行的可转换为股票的公司债券； (6)上市公司为维护公司价值及股东权益所必需
	公司因前款第(1)项、第(2)项规定的情形收购本公司股份的，应当经股东大会决议；公司因前款第(3)项、第(5)项、第(6)项规定的情形收购本公司股份的，可以依照公司章程的规定或者股东大会的授权，经2/3以上董事出席的董事会会议决议
	公司收购本公司股份后，属于第(1)项情形的，应当自收购之日起10日内注销；属于第(2)项、第(4)项情形的，应当在6个月内转让或者注销；属于第(3)项、第(5)项、第(6)项情形的，公司合计持有的本公司股份数不得超过本公司已发行股份总额的10%，并应当在3年内转让或者注销
	上市公司收购本公司股份的，应当依照《中华人民共和国证券法》的规定履行信息披露义务。上市公司因第(3)项、第(5)项、第(6)项规定的情形收购本公司股份的，应当通过公开的集中交易方式进行
股权质押的限制	公司不得接受本公司的股票作为质押权的标的

📋 阶段性测试

1. 【单选题】甲上市公司拟聘请独立董事。根据公司法律制度的规定，下列人员中，不受担任该上市公司独立董事限制的是（ ）。

   A. 张某，甲上市公司的分公司的经理

   B. 李某，甲上市公司董事会秘书配偶的弟弟

   C. 王某，持有甲上市公司已发行股份5%的股东赵某的女朋友

   D. 刘某，持有甲上市公司已发行股份10%的乙公司的某董事的配偶

2. 【单选题】（2011年改）甲股份有限公司于2018年7月21日在上海证券交易所挂牌上市。2018年12月20日，公司发布公告说明的下列事项中，符合公司法律制度规定的是（ ）。

   A. 公司董事在首次公开发行股份前持有的本公司股份自2018年12月21日起可以转让，但每年不得超过其所持股份总数的25%

B. 公司发起人在公司成立时持有的本公司股份自 2018 年 12 月 21 日起可以对外转让

C. 经股东大会授权 2/3 以上董事出席的董事会决议，同意公司视股价情况收购本公司已发行股份的 5%，在未来 3 年内用于员工持股计划

D. 股东大会通过决议，同意接受债务人乙以其持有的本公司股份作为担保其债务履行的质押权标的

3. 【单选题】某股份有限公司现有已发行股份总额 8 000 万股，该公司决议于 2018 年 5 月收购本公司部分股份用于奖励公司职工。对此，下列表述中符合《公司法》规定的是(   )。

A. 收购方案须经股东大会决议

B. 收购的股份不得超过 400 万股

C. 收购应通过公开的集中交易方式进行

D. 收购的股份应在 2019 年 5 月之前转让给职工

4. 【多选题】根据中国证监会的有关规定，上市公司的下列事项中，独立董事应当发表独立意见的有(   )。

A. 公司董事的提名

B. 公司监事的任免

C. 公司高级管理人员的薪酬

D. 公司内部管理机构的设置

5. 【多选题】根据《公司法》的规定，下列关于股份有限公司股份发行的表述中，正确的有(   )。

A. 股份有限公司向法人发行的股票，只能是记名股票

B. 股份有限公司向社会公众发行的股票，只能是无记名股票

C. 股份有限公司的股票发行价格不得低于票面金额

D. 股份有限公司同次发行的同种类股票必须同股同价

6. 【多选题】下列关于我国优先股试点阶段政策的说法中，正确的有(   )。

A. 优先股股东按照约定的票面股息率，优先于普通股股东分配公司利润

B. 优先股每一股有一个投票权，按持股比例分享收益

C. 优先股股东在享受优先权的同时，参与公司决策管理的权利受到限制

D. 只有上市公司和非上市公众公司可以公开发行优先股

📋 阶段性测试答案精析

1. C 【解析】本题考核独立董事的任职资格。下列人员不得担任独立董事：(1) 在上市公司或者其附属企业任职的人员及其直系亲属、主要社会关系。因此选项 A、B 不得担任上市公司独立董事。(2) 直接或间接持有上市公司已发行股份 1% 以上或者是上市公司前十名股东中的自然人股东及其直系亲属。选项 C 中，"女朋友"不是"直系亲属"，因此不构成障碍，可以担任独立董事。(3) 在直接或间接持有上市公司已发行股份 5% 以上的股东单位或者在上市公司前五名股东单位任职的人员及其直系亲属。因此选项 D 不得担任上市公司独立董事。

2. C 【解析】本题考核股份有限公司股份转让。选项 A，公司董事、监事、高级管理人员所持本公司股份自公司股票上市交易之日起 1 年内不得转让；选项 B，发起人持有的本公司股份，自公司成立之日起 1 年内不得转让，公司公开发行股份前已发行的股份，自公司股票在证券交易所上市交易之日起 1 年内不得转让；选项 C，公司因将股份用于员工持股计划或者股权激励的，公司合计持有本公司股份不得超过本公司已发行股份总额的 10%，所收购的股份应当在 3 年内转让或注销；选项 D，公司不得接受本公司的股票作为质押权的标的。

3. C 【解析】本题考核股份有限公司股份转让的特殊规定。选项 A，公司因将股份用于员工持股计划或者股权激励收购本公司

股份的，可以依照公司章程的规定或者股东大会的授权，经2/3以上董事出席的董事会会议决议。故选项A错误。选项B，公司因将股份用于员工持股计划或者股权激励收购本公司股份的，公司收购的本公司股份不得超过本公司已发行股份总额的10%。故选项B错误。选项C，公司因将股份用于员工持股计划或者股权激励收购本公司股份的，应当通过公开的集中交易方式进行。故选项C正确。选项D，公司因将股份用于员工持股计划或者股权激励收购本公司股份的，应当在3年内转让或注销。故选项D错误。

4. AC 【解析】本题考核独立董事的职责。独立董事应当就上市公司重大事项发表独立意见。这些事项包括：提名、任免董事；公司董事、高级管理人员的薪酬等。

5. ACD 【解析】本题考核股份有限公司的股份发行。对社会公众发行的股票，可以为记名股票，也可以为无记名股票。

6. AC 【解析】本题考核优先股的相关规定。根据规定，优先股在公司经营管理上一般不享有表决权，选项B错误；在试点阶段，只有上市公司和非上市公众公司可以发行优先股，其中只有上市公司可以公开发行优先股，选项D错误。

考点六 有限责任公司的设立及组织机构★★★

扫我解疑难

📖 经典例题

【例题1·多选题】(2017年)甲有限责任公司未设董事会，股东乙为执行董事。根据公司法律制度的规定，在公司章程无特别规定的情形下，乙可以行使的职权有( )。

A. 决定公司的投资计划

B. 召集股东会会议

C. 决定公司的利润分配方案

D. 决定聘任公司经理

【答案】BD

【解析】本题考核有限责任公司董事会职权。(1)决定公司的"经营计划"和"投资方案"属于董事会的职权，决定公司的"经营方针"和"投资计划"属于股东会的职权，选项A错误；(2)审议批准公司的利润分配方案属于股东会的职权，选项C错误。

【例题2·多选题】(2016年)根据公司法律制度的规定，有限责任公司股东会会议的下列决议中，须经代表2/3以上表决权的股东通过的有( )。

A. 增加注册资本

B. 对外提供担保

C. 决定利润分配方案

D. 修改公司章程

【答案】AD

【解析】本题考核股东会决议制度。有限责任公司特别决议事项有：修改公司章程、增加或者减少注册资本以及公司合并、分立、解散、变更公司形式。

【例题3·单选题】(2015年)某有限公司共有股东3人。根据公司法律制度的规定，下列各项中，该公司必须设置的是( )。

A. 董事会   B. 股东会

C. 监事会   D. 经理

【答案】B

【解析】本题考核有限责任公司的组织机构。股东人数较少或者规模较小的有限责任公司，可以设一名执行董事，不设董事会。股东人数较少或者规模较小的有限责任公司，可以设一至二名监事，不设监事会。有限责任公司可以设经理。题目中不是一人有限责任公司，所以股东会是必设的。

📖 考点精析

【考点精析1】设立条件

1. 股东条件

我国《公司法》规定有限责任公司由50个以下股东出资设立，允许设立一人公司。

2. 财产条件

（1）有限责任公司的注册资本为在公司登记机关登记的全体股东认缴的出资额。

（2）《公司法》对有限责任公司出资形式和缴纳方式的要求与股份有限公司相同。

【考点精析2】股东会

1. 股东会的职权

（1）有限责任公司股东会由全体股东组成，股东会是公司的权力机构。有限责任公司股东会的职权与股份有限公司股东大会的一般职权相同。

（2）有限责任公司股东会对于职权范围内的事项，股东以书面形式一致表示同意的，可以不召开股东会会议，直接作出决定，并由全体股东在决定文件上签名、盖章。

2. 股东会会议

股东会会议分为定期会议和临时会议。

（1）定期会议，即依据法律和公司章程的规定。

（2）临时会议。代表1/10以上表决权的股东、1/3以上的董事、监事会或者不设监事会的公司的监事提议召开临时会议的，应当召开临时股东会议。

3. 股东会的召集

（1）会议召集与主持。首次股东会会议：由出资最多的股东召集和主持，依法行使职权。

以后的股东会会议：①公司设立董事会的，由董事会召集，董事长主持；董事长不能或者不履行职务的，由副董事长主持；副董事长不能或者不履行职务的，由半数以上董事共同推举一名董事主持。

②公司不设董事会的，股东会会议由执行董事召集和主持。

③董事会或者执行董事不能或者不履行召集股东会会议职责的，由监事会或者不设监事会的公司的监事召集和主持。

④监事会或者监事不召集和主持的，代表1/10以上表决权的股东可以自行召集和主持。

（2）会议通知时间。召开股东会会议，应当于会议召开15日以前通知全体股东，但公司章程另有规定或者全体股东另有约定的除外。

（3）会议记录。股东会应当将所议事项的决定作成会议记录，出席会议的股东应当在会议记录上签名。

4. 股东会决议

（1）股东会会议由股东按照出资比例行使表决权，但公司章程另有规定的除外。股东会的议事方式和表决程序，除《公司法》有规定的外，由公司章程规定。

（2）股东会会议作出修改公司章程、增加或者减少注册资本的决议以及公司合并、分立、解散或者变更公司形式的决议，必须经代表2/3以上表决权的股东通过。

（3）与股份公司不同的是，有限公司股东会的表决权计算是以公司全部股权为基数计算通过的表决权，而不是以出席股东会的股东所持表决权为基数。

【考点精析3】董事会

1. 董事会的组成

（1）有限责任公司董事会的成员为3至13人。

（2）股东人数较少或者规模较小的有限责任公司，可以设一名执行董事，不设立董事会，执行董事的职权与董事会相当。

（3）两个以上的国有企业或者其他两个以上的国有投资主体投资设立的有限责任公司，其董事会成员中应当有公司职工代表；其他有限责任公司董事会成员中也可以有公司职工代表。董事会中的职工代表由公司职工通过职工代表大会、职工大会或者其他形式民主选举产生。

（4）董事会设董事长一人，可以设副董事长。董事长、副董事长的产生办法由公司章程规定。

2. 董事任期和董事会职权

有限责任公司董事的任期和董事会职权

与股份有限公司相同。

3. 董事会的召集

董事会会议由董事长召集和主持；董事长不能或者不履行职务的，由副董事长召集和主持；副董事长不能或者不履行职务的，由半数以上董事共同推举一名董事召集和主持。

4. 董事会的议事方式和表决程序

除《公司法》有规定的外，董事会的议事方式和表决程序由公司章程规定。董事会决议的表决，实行一人一票。董事会应当将所议事项的决定作成会议记录，出席会议的董事应当在会议记录上签名。

【考点精析4】 监事会

1. 监事会的组成

(1)有限责任公司设立监事会，其成员不得少于3人。股东人数较少或者规模较小的有限责任公司，可以设一至两名监事，不设立监事会。

(2)监事会应当包括股东代表和适当比例的公司职工代表，其中职工代表的比例不得低于1/3，具体比例由公司章程规定。监事会的职工代表由公司职工通过职工代表大会、职工大会或者其他形式民主选举产生。

(3)监事会设主席一人，由全体监事过半数选举产生。董事、高级管理人员不得兼任监事。

2. 监事的任期和监事会的职权

有限责任公司监事的任期和监事会的职权与股份有限公司相同。

3. 监事会的召集和决议

(1)监事会主席召集和主持监事会会议；监事会主席不能或者不履行职务的，由半数以上监事共同推举一名监事召集和主持监事会会议。

(2)监事会每年度至少召开一次会议，监事可以提议召开临时监事会会议。

(3)监事会的议事方式和表决程序，除《公司法》有规定的外，由公司章程规定。监事会决议应当经半数以上监事通过。

(4)监事会应当将所议事项的决定作成会议记录，出席会议的监事应当在会议记录上签名。

【考点精析5】 经理

有限责任公司可以设经理，由董事会决定聘任或者解聘。

考点七 一人有限责任公司的特别规定★★★

扫我解疑难

经典例题

【例题1·单选题】(2016年)根据公司法律制度的规定，下列关于一人有限责任公司(简称"一人公司")的表述中，正确的是(   )。

A. 一个自然人只能投资设立一个一人公司，但该一人公司可以再投资设立新的一人公司

B. 一人公司的股东应当对公司债务承担连带清偿责任

C. 一人公司设立时，股东应当一次缴足公司章程规定的出资额

D. 一人公司应当在公司登记中注明自然人独资或者法人独资

【答案】 D

【解析】 本题考核一人有限责任公司的特殊规定。一个自然人只能投资设立一个一人有限责任公司，且该一人有限责任公司不能投资设立新的一人有限责任公司，选项A错误。一人有限责任公司的股东不能证明公司财产独立于股东自己的财产的，应当对公司债务承担连带责任，选项B错误。公司法取消了公司注册资本实缴出资的限制，选项C错误。

【例题2·单选题】(2012年)根据公司法律制度的规定，下列关于一人有限责任公司的表述中，正确的是(   )。

A. 一人有限责任公司应设股东会

B. 一人有限责任公司应在每一会计年度终了时编制财务会计报告，但不必经会计师事务所审计

C. 一人有限责任公司的股东可以是自然人，

也可以是法人

D. 公司债权人要求股东对公司债务承担连带责任的，有义务证明该公司的财产不独立于股东自己的财产

【答案】C

【解析】本题考核一人有限责任公司的相关规定。一人有限责任公司不设股东会；选项A错误。一人有限责任公司应当在每一会计年度终了时编制财务会计报告，并经会计师事务所审计，选项B错误。一人有限责任公司的股东不能证明公司财产独立于股东自己财产的，应当对公司债务承担连带责任，而非"债权人证明"，选项D错误。

考点精析

1. 股东的特别规定

（1）一个自然人只能投资设立一个一人有限责任公司，禁止其设立多个一人有限责任公司，而且该一人有限责任公司不能投资设立新的一人有限责任公司。

【知识点拨】此规定仅针对自然人。如果是法人设立的一人有限责任公司，可以再设立新的一人有限责任公司。

（2）一人有限责任公司应当在公司登记中注明自然人独资或者法人独资，并在公司营业执照中载明。

2. 组织机构的特别规定

一人有限责任公司不设股东会。法律规定的股东会职权由股东行使，当股东行使相应职权作出决定时，应当采用书面形式，并由股东签字后置备于公司。

3. 审计的特别规定

一人有限责任公司应当在每一会计年度终了时编制财务会计报告，并经会计师事务所审计。

4. 有限责任的特别规定

一人有限责任公司的股东不能证明公司财产独立于股东自己财产的，应当对公司债务承担连带责任。

考点八 国有独资公司的特别规定 ★★

扫我解疑难

经典例题

【例题·单选题】（2011年）下列关于国有独资公司的表述中，符合公司法律制度规定的是（　）。

A. 国有独资公司不设股东会，由国有资产监督管理机构行使股东会职权

B. 国有独资公司的董事会获得国有资产监督管理机构授权，可以决定公司合并事项

C. 国有独资公司监事会的职工代表由国有资产监督管理机构委派

D. 国有独资公司的董事会成员全部由国有资产监督管理机构委派

【答案】A

【解析】本题考核国有独资公司的特别规定。选项B，国有独资公司的合并、分立、解散、增减注册资本和发行公司债券，必须由国有资产监督管理机构决定；选项C，国有独资公司监事会中的职工代表由公司职工代表大会选举产生；选项D，国有独资公司董事会成员由国有资产监督管理机构委派，但是，董事会成员中的职工代表由公司职工代表大会选举产生。

考点精析

1. 章程制定的特别规定

国有独资公司章程由国有资产监督管理机构制定，或者由董事会制订报国有资产监督管理机构批准。

2. 组织机构的特别规定

（1）国有独资公司不设股东会，由国有资产监督管理机构行使股东会职权。

①国有资产监督管理机构可以授权公司董事会行使股东会的部分职权，决定公司的重大事项，但公司的合并、分立、解散、增减注册资本和发行公司债券，必须由国有资

产监督管理机构决定。

②国务院有关规定确定的重要国有独资公司的合并、分立、解散、申请破产，应当由国有资产监督管理机构审核后，报本级人民政府批准。

（2）国有独资公司董事会的特别规定。

①国有独资公司设立董事会，依照法律规定的有限责任公司董事会的职权和国有资产监督管理机构的授权行使职权。

②董事每届任期不得超过3年。

③董事会成员中应当有公司职工代表。董事会成员由国有资产监督管理机构委派。但是，董事会成员中的职工代表由公司职工代表大会选举产生。

④董事会设董事长1人，可以设副董事长。董事长、副董事长由国有资产监督管理机构从董事会成员中指定。

（3）经营管理机关的特别规定。国有独资公司设经理，由董事会聘任或者解聘。经国有资产监督管理机构同意，董事会成员可以兼任经理。

（4）国有独资公司的董事长、副董事长、董事、高级管理人员任职的特别规定。国有独资公司的上述人员，未经国有资产监督管理机构同意，不得在其他有限责任公司、股份有限公司或者其他经济组织兼职。

（5）国有独资公司监事会的特别规定。

①国有独资公司监事会成员不得少于5人，其中职工代表的比例不得低于1/3，具体比例由公司章程规定。

②监事会成员由国有资产监督管理机构委派。但是，监事会中的职工代表由公司职工代表大会选举产生。监事会主席由国有资产监督管理机构从监事会成员中指定。

阶段性测试

1. 【单选题】下列关于一人有限责任公司的表述中，不符合《公司法》对其所作特别规定的是（　　）。

A. 一个有限责任公司的注册资本最低限额为人民币10万元

B. 一人有限责任公司的股东可以分期缴纳公司章程规定的出资额

C. 一个自然人只能投资设立一个一人有限责任公司

D. 一人有限责任公司的股东不能证明公司财产独立于股东自己财产的，应当对公司债务承担连带责任

2. 【单选题】下列关于国有独资公司董事会的表述中，正确的是（　　）。

A. 董事长由董事会选举产生

B. 董事会有权决定包括增加公司注册资本在内的重大事项

C. 董事会成员中应当有公司职工代表

D. 董事每届的任期为4年

3. 【多选题】甲有限责任公司注册资本为120万元，股东人数为9人，董事会成员为5人，监事会成员为5人。股东一次缴清出资，该公司章程对股东表决权行使事项未作特别规定。根据《公司法》的规定，该公司出现的下列情形中，属于应当召开临时股东会的有（　　）。

A. 出资20万元的某股东提议召开

B. 公司未弥补的亏损达到40万元

C. 2名董事提议召开

D. 2名监事提议召开

4. 【多选题】甲、乙、丙三人共同出资设立了某有限责任公司，公司成立后，召开了第一次股东会会议。有关这次会议的下列情形中，符合我国《公司法》规定的有（　　）。

A. 会议决定一年后发行股票

B. 会议决定不设董事会，由甲任执行董事，甲为公司法定代表人

C. 会议决定设1名监事，由乙担任

D. 会议决定了公司的经营方针和投资计划

5. 【多选题】根据《公司法》的规定，某国有独资公司董事会作出的下列决议中，不符合法律规定的有（　　）。

A. 聘任张某为公司经理

B. 选举王某为公司董事长

C. 批准董事李某兼任该国有独资公司的子公司的经理

D. 解聘职工董事李某

阶段性测试答案精析

1. A 【解析】本题考核一人有限责任公司的有关规定。《公司法》对注册资本没有最低限额的要求。

2. C 【解析】本题考核国有独资公司董事会的规定。根据规定，国有独资公司董事会中应有职工代表，选项C正确；国有独资公司的董事长和副董事长，由国有资产监督管理机构从董事会成员中指定，选项A错误；增加公司注册资本的决议需要经过国有资产监督管理机构的决定，选项B错误；董事每届任期不得超过3年，选项D错误。

3. AC 【解析】本题考核有限责任公司的组织机构。代表1/10以上表决权的股东（选项A大于1/10，正确）、1/3以上的董事（选项C大于1/3，正确）、监事会或者不设监事会的公司监事（选项D，设有监事会应由监事会提议，不能由监事提议，错误），有权提议召开临时股东会会议。选项B，股份有限公司未弥补的亏损达实收股本总额1/3时应当召开临时股东大会，但是有限责任公司没有该规定。

4. BCD 【解析】本题考核有限责任公司股东会的职权。股票的发行主体只限于股份有限公司，选项A错误；股东人数较少或者规模较小的有限责任公司，可以设1名执行董事，不设董事会，选项B正确；股东人数较少或者规模较小的有限责任公司，可以设1名至2名监事，选项C正确；有限责任公司股东会的职权之一是"决定公司的经营方针和投资计划"，选项D正确。

5. BCD 【解析】本题考核国有独资公司的组织机构。根据规定，国有独资公司设经理，由董事会聘任或者解聘，选项A符合规定；董事长、副董事长由国有资产监督管理机构从董事会成员中指定，选项B不符合规定；国有独资公司的董事长、副董事长、董事、高级管理人员，未经国有资产监督管理机构同意，不得在其他企业兼职，选项C不符合规定；董事会成员中的职工代表应由公司职工代表大会选举产生，选项D不符合规定。

考点九　有限责任公司的股权移转★★

扫我解疑难

经典例题

【例题1·单选题】（2019年）甲有限公司章程规定，股东优先购买权的行使期间是收到书面转让通知之日起60日。股东赵某拟对外转让股权并书面通知其他股东：欲行使优先购买权者，请自收到通知之日起20日内提出。根据公司法律制度的规定，其他股东优先购买权的行使期间是（　　）。

A. 自收到赵某书面通知之日起20日内

B. 自收到赵某书面通知之日起80日内

C. 自收到赵某书面通知之日起30日内

D. 自收到赵某书面通知之日起60日内

【答案】D

【解析】本题考核有限公司股权转让的优先购买权。根据规定，有限责任公司的股东主张优先购买转让股权的，应当在收到通知后，在公司章程规定的行使期间内提出购买请求。公司章程没有规定行使期间或者规定不明确的，以通知确定的期间为准，通知确定的期间短于30日或者未明确行使期间的，行使期间为30日。题目中"公司章程规定的行使期间是60日"，则按照公司章程规定确定行使期间。

【例题2·单选题】（2018年）某有限责任公司的自然人股东甲死亡。公司章程对于股权继承无特别规定。根据公司法律制度的规定，甲的合法继承人享有的权利是（   ）。

A. 继承甲的股东资格，并享有全部股东权利

B. 继承甲的股东资格，但表决权受一定限制

C. 继承甲所持股权的财产利益，但不得继承股东资格

D. 继承甲所持股权的财产利益，但继承股东资格须经其他股东过半数通过

【答案】A

【解析】本题考核有限责任公司股权转移中的股权继承规则。自然人股东死亡后，其合法继承人可以直接继承股东资格；但是，公司章程另有规定的除外。

【例题 3·单选题】（2014 年）某有限责任公司共有甲、乙、丙三名股东。因甲无法偿还个人到期债务，人民法院拟依法强制执行程序变卖其股权偿债。根据公司法律制度的规定，下列表述中正确的是（   ）。

A. 人民法院应当征得乙、丙同意，乙、丙在同等条件下有优先购买权

B. 人民法院应当通知乙、丙，乙、丙在同等条件下有优先购买权

C. 人民法院应当通知公司及全体股东，乙、丙在同等条件下有优先购买权

D. 人民法院应当征得公司及乙、丙同意，乙、丙在同等条件下有优先购买权

【答案】C

【解析】本题考核有限责任公司的股权转让。人民法院依照法律规定的强制执行程序转让股东的股权时，应当通知公司及全体股东，其他股东在同等条件下有优先购买权。其他股东自人民法院通知之日起满二十日不行使优先购买权的，视为放弃优先购买权。

📝**考点精析**

1. 有限责任公司的股权移转

（1）"主动"转让股权。

①对内转让：有限责任公司的股东之间可以相互转让其全部或者部分股权。

②对外转让：股东向股东以外的人转让股权，应当经其他股东过半数同意。

【知识点拨】公司章程对股权转让另有规定的，从其规定。

A. 股东应就其股权转让事项**书面通知其他股东征求同意**，其他股东自接到书面通知之日起满 30 日未答复的，视为同意转让。其他股东半数以上不同意转让的，不同意的股东应当购买该转让的股权；不购买的，视为同意转让。

【知识点拨】股东应就其股权转让事项以书面或者其他能够确认收悉的合理方式通知其他股东征求同意。

B. 经股东同意转让的股权，在同等条件下，其他股东有优先购买权。

【知识点拨】"同等条件"，应当考虑转让股权的数量、价格、支付方式及期限等因素。

a. 有限责任公司的股东主张优先购买转让股权的，应当在收到通知后，在公司章程规定的行使期间内提出购买请求。公司章程没有规定行使期间或者规定不明确的，以通知确定的期间为准，通知确定的期间短于 30 日或者未明确行使期间的，行使期间为 30 日。

b. 有限责任公司的转让股东，在其他股东主张优先购买后又不同意转让股权的，对其他股东优先购买的主张，人民法院不予支持，但公司章程另有规定或者全体股东另有约定的除外。其他股东主张转让股东赔偿其损失合理的，人民法院应当予以支持。

c. 两个以上股东主张行使优先购买权的，协商确定各自的购买比例；协商不成的，按照转让时各自的出资比例行使优先购买权。

d. 有限责任公司的股东向股东以外的人转让股权，未就其股权转让事项征求其他股东意见，或者以欺诈、恶意串通等手段，损害其他股东优先购买权，其他股东主张按照同等条件购买该转让股权的，人民法院应当予以支持，但其他股东自知道或者应当知道

行使优先购买权的同等条件之日起 30 日内没有主张，或者自股权变更登记之日起超过 1 年的除外。

e. 股东以外的股权受让人，因股东行使优先购买权而不能实现合同目的的，可以依法请求转让股东承担相应民事责任。

（2）人民法院强制执行的股权转让。人民法院依照法律规定的强制执行程序转让股东股权的，应当通知公司及全体股东，其他股东在同等条件下有优先购买权。其他股东自人民法院通知之日起满 20 日不行使优先购买权的，视为放弃优先购买权。

（3）股权继承转让。在公司章程没有另外规定的情况下，自然人股东死亡后，其合法继承人可以直接继承股东资格。

2. "一股二卖" 的处理规则

股权转让后，公司可能没有立即向公司登记机关办理变更登记，如果原股东将仍登记于其名下的股权转让、质押或者以其他方式处分给第三人，受让股东可以主张处分股权行为无效；但第三方构成善意取得的，可以取得股权。

原股东处分股权造成受让股东损失，受让股东请求原股东承担赔偿责任，请求对未及时办理变更登记有过错的董事、高级管理人员或者实际控制人承担相应责任的，人民法院应予支持。

考点十　有限责任公司与股份有限公司的组织形态变更 ★

扫我 解疑难

📋 **经典例题**

【例题·多选题】甲有限责任公司拟变更为乙股份有限公司，下列说法中正确的有（　　）。
A. 甲公司应当召开股东会，并获全体股东一致同意
B. 甲公司在变更为乙公司时，不得增加注册资本
C. 甲公司变更为乙公司时，折合的股本总

额不得高于公司净资产额
D. 乙公司必须承担甲公司的所有债权债务

【答案】CD

【解析】本题考核有限责任公司与股份有限公司组织形态变更。根据《公司法》的规定，股东会会议作出变更公司形式的决议，必须经代表 2/3 以上表决权的股东通过，因此选项 A 错误。有限责任公司变更为股份有限公司时，折合的实收股本总额不得高于公司净资产额。有限责任公司变更为股份有限公司，为增加资本公开发行股份时，应当依法办理。因此选项 B 错误，选项 C 正确。有限责任公司变更为股份有限公司的，或者股份有限公司变更为有限责任公司的，公司变更前的债权、债务由变更后的公司承继，因此选项 D 正确。

📋 **考点精析**

（1）有限公司和股份有限公司之间可以相互转化形态，但应当符合《公司法》规定的条件。

（2）公司变更前的债权、债务由变更后的公司承继。

（3）中国证监会要求公开发行股票的股份公司必须设立并持续经营 3 年以上，但明确规定："有限责任公司按原账面净资产值折股整体变更为股份有限公司的，持续经营时间可以从有限责任公司成立之日起计算。"

（4）对于有限责任公司变更为股份有限公司，《公司法》只要求折合的实收股本总额不得高于公司净资产额，对于变更程序则并无明确规定，一般认为应当适用股份有限公司设立程序。

考点十一　公司的财务会计 ★★

扫我 解疑难

📋 **经典例题**

【例题 1·单选题】（2017 年）根据公司法律制度的规定，股份有限公司以超过股票票面金

额的价格发行股份所得的溢价款，应当列为（　）。

A. 盈余公积金　　　　B. 未分配利润

C. 法定公益金　　　　D. 资本公积金

【答案】D

【解析】本题考核公积金。资本公积金是直接由资本原因形成的公积金，股份有限公司以超过股票票面金额的发行价格发行股份所得的溢价款以及国务院财政部门规定列入资本公积金的其他收入，应当列为公司资本公积金。

【例题2·单选题】（2016年）甲公司注册资本为700万元，公司当年税后利润为300万元，法定公积金累计额为310万元。公司无亏损。根据公司法律制度的规定，甲公司当年应提取的法定公积金金额是（　）万元。

A. 40　　　　　　　　B. 30

C. 50　　　　　　　　D. 60

【答案】B

【解析】本题考核公积金。法定公积金按照公司税后利润的10%提取，当公司法定公积金累计额为公司注册资本的50%以上时可以不再提取。本案中甲公司注册资本700万元，50%为350万元，所以当年应按照税后利润10%提取法定公积金即300×10%＝30（万元）。

【例题3·单选题】（2015年）股份有限公司召开股东大会年会时应当提前将财务会计报告置备于公司。根据公司法律制度的规定，该提前的日期是（　）日。

A. 20　　　　　　　　B. 10

C. 30　　　　　　　　D. 50

【答案】A

【解析】本题考核公司的财务会计。股份有限公司的财务会计报告应当在召开股东大会年会的20日前置备于本公司，供股东查阅。

【例题4·多选题】（2015年）根据公司法律制度的规定，下列各项中，应当在提取法定公积金之前实施的有（　）。

A. 向股东分配利润

B. 缴纳企业所得税

C. 提取任意公积金

D. 弥补以前年度亏损

【答案】BD

【解析】本题考核公司的利润分配顺序。根据《公司法》的规定，公司应当按照下列顺序进行利润分配：（1）弥补以前年度的亏损，但不得超过税法规定的弥补期限；（2）缴纳所得税；（3）弥补在税前利润弥补亏损之后仍存在的亏损；（4）提取法定公积金；（5）提取任意公积金；（6）向股东分配利润。

📝 考点精析

【考点精析1】 财务会计报告

（1）公司除法定的会计账簿外，不得另立会计账簿。对公司资产，不得以任何个人名义开立账户存储。

（2）公司聘用、解聘承办公司审计业务的会计师事务所，依照公司章程的规定，由股东会、股东大会或者董事会决定。

（3）有限责任公司应当按照公司章程规定的期限将财务会计报告提交股东。股份有限公司的财务会计报告应当在召开股东大会年会的20日前置备于本公司，供股东查阅；公开发行股票的股份有限公司必须公告其财务会计报告。

【考点精析2】 利润分配

公司利润是指公司在一定会计期间的经营成果，包括营业利润、投资净收益和营业外收支净额等。公司应当按照如下顺序进行利润分配：

（1）弥补以前年度的亏损（但不得超过税法规定的弥补期限）。

（2）缴纳所得税。

（3）弥补在税前利润弥补亏损之后仍存在的亏损。

（4）提取法定公积金。

（5）提取任意公积金。

（6）向股东分配利润。

【知识点拨1】 公司弥补亏损和提取公积金后所余税后利润，有限责任公司按照股东实缴的出资比例分配，但全体股东约定不按照出资比例分配的除外；股份有限公司按照股东持有的股份比例分配，但股份有限公司章程规定不按持股比例分配的除外。

【知识点拨2】 公司未按规定分配利润可能承担的法律责任：①股东承担违规分配利润的返还责任。股东在弥补亏损和提列法定公积金之前分配利润，接受分红的股东负有向公司返还违规分配之利润的责任。②董事承担对公司的损害赔偿责任。赞同违规分配的董事会成员或者执行董事，可能因其违法行为给公司造成损失而承担赔偿责任。③股东如果借利润分配之名"抽回出资"，则构成"抽逃出资"，需承担相应的责任。④公司可能因未提列法定公积金而遭行政处罚。"县级以上人民政府财政部门"可以责令公司补提法定公积金，并对公司课处不超过20万元的行政罚款。

【考点精析3】 公积金

1. 公积金的类型与来源

（1）盈余公积金。

①盈余公积金是从公司税后利润中提取的公积金，分为法定公积金和任意公积金两种。

②法定公积金按照公司税后利润的10%提取，当公司法定公积金累计额为公司注册资本的50%以上时可以不再提取。公司的法定公积金不足以弥补以前年度亏损的，在依照规定提取法定公积金之前，应当先用当年利润弥补亏损。

③任意公积金按照公司股东会或者股东大会决议，从公司税后利润中提取。

（2）资本公积金。资本公积金是直接由资本原因形成的公积金，股份有限公司以超过股票票面金额的发行价格发行股份所得的溢价款以及国务院财政部门规定列入资本公积金的其他收入，应当列为公司资本公积金。

2. 公积金的用途

（1）弥补公司亏损。资本公积金不得用于弥补公司的亏损。

（2）扩大公司生产经营。

（3）转增公司资本。对用任意公积金转增

资本的，法律没有限制。但用法定公积金转增资本时，转增后所留存的该项公积金不得少于转增前公司注册资本的25%。

扫我解疑难

考点十二　公司重大变更 ★

📖 经典例题

【例题1·单选题】 （2019年）甲公司分立为乙公司和丙公司，根据分立协议，乙公司承继甲公司20%的净资产，丙公司承继甲公司80%的净资产及全部负债。甲公司的到期债权人丁公司接到分立通知后，要求上述相关公司立即清偿债务。下列关于丁公司债务清偿请求的表述中，符合公司法律制度规定的是（　　）。

A. 丁公司仅能请求乙公司对该债务承担20%的责任

B. 丁公司仅能请求丙公司对该债务承担责任，不能请求乙公司对该债务

C. 丁公司可请求乙、丙公司对该债务承担连带责任

D. 丁公司仅能请求丙公司对该债务承担80%的责任

【答案】 C

【解析】 本题考核公司分立的责任承担。公司分立前的债务由分立后的公司承担连带责任。但是，公司在分立前与债权人就债务清偿达成的书面协议另有约定的除外。

【例题2·多选题】 （2018年）根据公司法律制度的规定，下列各项中，属于公司减少注册资本可以采取的方式有（　　）。

A. 减免股东的出资或购股义务

B. 股东对外转让股权

C. 向股东返还出资或股款

D. 缩减股权或股份

【答案】 ACD

【解析】 本题考核公司注册资本的减少。公司可采取以下方式实施减资：（1）返还出资或股

款。(2)减免出资或购股义务。(3)缩减股权或股份。

📝 **考点精析**

【考点精析1】公司合并

1. 公司合并的形式

公司合并是指两个以上的公司依照法定程序，不需要经过清算程序，直接合并为一个公司的行为。

公司合并的形式有两种：一是吸收合并，即指一个公司吸收其他公司加入本公司，被吸收的公司解散；二是新设合并，即指两个以上公司合并设立一个新的公司，合并各方解散。

2. 公司合并的程序

公司应当自作出合并决议之日起10日内通知债权人，并于30日内在报纸上公告。债权人自接到通知书之日起30日内，未接到通知书的自公告之日起45日内，可以要求公司清偿债务或者提供相应的担保。

3. 公司合并各方的债权、债务的承接

(1)公司合并时，合并各方的债权、债务，应当由合并后存续的公司或者新设的公司承继。

(2)企业进行吸收合并时，公告通知了债权人，企业吸收合并后，债权人就被合并企业原资产管理人(出资人)隐瞒或者遗漏的企业债务起诉合并方的，如债权人在公告期内申报过该笔债权，则合并方应当承担责任，合并方在承担民事责任后，可再行向被合并企业原资产管理人(出资人)追偿；如债权人在公告期间内未申报过该笔债权，则合并方不承担民事责任，债权人只能另行起诉被合并企业原资产管理人(出资人)。

(3)企业吸收合并或新设合并后，被合并企业应当办理而未办理注销登记，债权人起诉被合并企业的，人民法院应当根据企业合并后的具体情况，告知债权人追加责任主体(合并后的存续公司或者新设公司)，并判令责任主体承担民事责任。

4. 公司合并中的股东权保护

(1)公司合并或者分立构成重大事项，必须经过股东(大)会的特别多数决，即有限公司必须经代表2/3以上表决权的股东通过；股份公司必须经出席会议的股东所持表决权的2/3以上通过。

(2)异议股东股份收买请求权。

①在有限公司中，股东如果在股东会对合并或者分立决议时投反对票，可以请求公司按照合理的价格收购其股权，自股东会会议决议通过之日起60日内，股东与公司不能达成股权收购协议的，股东可以自股东会会议决议通过之日起90日内向人民法院提起诉讼。

②在股份公司中，股东因对股东大会作出的公司合并或者分立决议持异议，可以要求公司收购其股份，公司在收购其股份后，应当在6个月内转让或者注销。

【考点精析2】公司分立

1. 公司分立的形式

公司分立是指一个公司依法分为两个以上的公司。

公司分立的形式有两种：一是派生分立，即公司以其部分财产另设一个或数个新的公司，原公司存续；二是新设分立，即公司以其全部财产分别归入两个以上的新设公司，原公司解散。

2. 公司分立的程序

在公司分立的情况下，公司应当自作出分立决议之日起10日内通知债权人，并于30日内在报纸上公告，没有赋予债权人请求公司清偿债务或者提供相应担保的权利。

3. 公司分立中债权人保护

(1)公司分立前的债务由分立后的公司承担连带责任。但是，公司在分立前与债权人就债务清偿达成的书面协议另有约定的除外。

(2)债权人向分立后的企业主张债权，企业分立时对原企业的债务承担有约定，并经债权人认可的，按照当事人的约定处理；企业分立时对原企业债务承担没有约定或者约定不明，或者虽然有约定但债权人不予认可的，分立后的企业应当承担连带责任。但是，分立的企业在承担连带责任后，各分立的企业间对原企业债务承担有约定的，按照约定处理；没有约定或者约定不明的，根据企业分立时的资产比例分担。

（3）公司分立中的股东权保护与公司合并相同。

【考点精析3】公司减资

1. 减资方式

（1）返还出资或股款。

（2）减免出资或购股义务。

（3）缩减股权或股份。

2. 减资程序

公司减少注册资本时，应当自作出减少注册资本决议之日起10日内通知债权人，并于30日内在报纸上公告。债权人自接到通知书之日起30日内，未接到通知书的自公告之日起45日内，有权要求公司清偿债务或者提供相应的担保。

阶段性测试

1.【单选题】甲公司是股份有限公司，注册资本2亿元，累计提取法定公积金余额5 000万元。2018年度税后利润为3 000万元，该公司当年应当提取的法定公积金数额是（　）万元。

A. 150　　　　　B. 200

C. 300　　　　　D. 500

2.【单选题】下列关于公司利润分配的表述中，不符合公司法律制度规定的是（　）。

A. 公司持有的本公司股份不得分配利润

B. 公司发生重大亏损，税后利润不足弥补的，可用公司的资本公积弥补

C. 公司的任意公积金可转增为公司资本

D. 公司章程可以规定股东对公司可分配利润的分配比例

3.【单选题】甲公司欠乙公司货款100万元、丙公司货款50万元。甲公司与丁公司达成

意向，拟由丁公司兼并甲公司。乙公司原欠丁公司租金80万元。下列表述错误的是（　）。

A. 甲公司与丁公司合并后，丁公司的法人主体资格继续存在

B. 甲公司与丁公司合并后，丁公司可以向乙公司主张债务抵销

C. 甲公司与丁公司合并时，丙公司可以要求甲公司或丁公司提供履行债务的担保

D. 甲公司与丁公司合并时，应当分别由甲公司和丁公司的董事会作出合并决议

4.【多选题】甲有限责任公司决定变更为股份有限公司，下列说法正确的有（　）。

A. 公司变更前的债权、债务由变更后的公司承继

B. 变更5年以后才可以公开发行股票

C. 折合的实收股本总额不得高于公司净资产额

D. 必须经股东会一致同意方可实施

5.【多选题】汪某为甲公司的股东，持股34%。2019年5月，汪某因不能偿还乙公司的货款，乙公司向法院申请强制执行汪某在甲公司的股权。根据公司法律制度的规定，下列表述错误的有（　）。

A. 乙公司在申请强制执行汪某的股权时，应通知甲公司的其他股东

B. 甲公司的其他股东自通知之日起1个月内，可主张行使优先购买权

C. 甲公司的其他股东自通知之日起20日内，可主张行使优先购买权

D. 如在股权强制拍卖中由丁某拍定，则丁某取得汪某股权的时间为变更登记办理完毕时

6.【多选题】甲公司分立为乙公司与丙公司时，在对原债权人张某的关系上，下列说法正确的有（　）。

A. 甲公司应在作出分立决议之日起10日内通知张某

B. 张某在接到分立通知书后30日内，可要求甲公司清偿债务或提供相应的担保

C. 张某可向分立后的乙公司与丙公司主张连带清偿责任

D. 甲公司在分立前可与张某就债务偿还问题签订书面协议

📋 阶段性测试答案精析

1. C 【解析】本题考核公积金提取的规定。根据规定，法定公积金按照公司税后利润的10%提取，当公司法定公积金累计额为公司注册资本的50%以上时可以不再提取。甲公司累计提取法定公积金不足注册资本50%，2018年利润3 000万元，按10%提取即300万元。

2. B 【解析】本题考核公司利润的分配。选项B，资本公积金不得用于弥补公司的亏损。

3. D 【解析】本题考核公司的合并。公司吸收合并，被吸收的公司解散。本题中"丁公司兼并甲公司"采用的是吸收合并的方式，被吸收的甲公司解散，而吸收者即丁公司依然存在，选项A正确。公司合并时，合并各方的债权、债务，应当由合并后存续的公司或者新设的公司承继。本题中，原来甲公司的债务由丁公司继承，乙公司可以向丁公司主张原来对甲公司的债权100万元，因乙公司欠丁公司租金80万元，丁公司可以向乙公司主张债务抵销，选项B正确。公司合并，应当通知债权人并公告。债权人可以要求公司清偿债务或者提供相应的担保。本案中，丙公司是甲公司的债权人，甲、丁公司合并时，丙公司有权要求甲公司或丁公司提供履行债务的担保，选项C正确。公司的合并、分立决议是股东(大)会的职权，董事会无权作出，选项D错误。

4. AC 【解析】本题考核公司组织形态变更。(1)选项B错误。公开发行股票的股份公司必须设立并持续经营3年以上，有限责任公司按原账面净资产值折股整体变更为股份有限公司的，持续经营时间可以从有限责任公司成立之日起计算；(2)选项D错误。股东

会会议作出变更公司形式的决议，必须经代表2/3以上表决权的股东通过。

5. ABD 【解析】本题考核股权强制执行中的股东优先购买权。《公司法》规定，人民法院依照法律规定的强制执行程序转让股东的股权时，应当通知公司及全体股东，其他股东在同等条件下有优先购买权。其他股东自人民法院通知之日起满20日不行使优先购买权的，视为放弃优先购买权。应当由人民法院通知甲公司及全体股东，而非由乙公司通知。选项A错误。甲公司的其他股东自人民法院通知之日起20日内，有权在同等条件下主张行使优先购买权。选项B错误，选项C正确。对于通过强制执行程序购买股权的新股东，公司和其他股东不得否认其效力，公司应当注销原股东的出资证明书，并向新股东签发出资证明书，修改公司章程和股东名册中有关股东及其出资额的记载。据此可知，股东名册变更丁某即取得汪某的股权。选项D错误。

6. ACD 【解析】本题考核公司的分立。公司分立，应当编制资产负债表及财产清单。公司应当自作出分立决议之日起10日内通知债权人，并于30日内在报纸上公告。选项A说法正确。公司在合并、减资的情况下，应当自作出合并、减资决议之日起10日内通知债权人，并于30日内在报纸上公告。债权人自接到通知书之日起30日内，未接到通知书的自公告之日起45日内，可以要求公司清偿债务或者提供相应的担保。注意的是，这里说的是公司"合并、减资"的情况，对公司分立没有规定"债权人自接到通知书之日起30日内，未接到通知书的自公告之日起45日内，可以要求公司清偿债务或者提供相应的担保"。选项B说法错误。公司分立前的债务由分立后的公司承担连带责任。但是，公司在分立前与债权人就债务清偿达成的书面协议另有约定的除外。选项C、D说法正确。

考点十三　公司解散和清算 ★

扫我解疑难

📖 经典例题

【例题1·多选题】(2017年)根据公司法律制度的规定，清算组在清算期间可以行使的职权有( )。

A. 清理公司财产，分别编制资产负债表和财产清单

B. 处理公司清偿债务后的剩余财产

C. 代表公司参与民事诉讼

D. 通知、公告债权人

【答案】ABCD

【解析】本题考核清算组的职权。根据《公司法》的规定，清算组在清算期间行使下列职权：(1)清理公司财产，分别编制资产负债表和财产清单；(2)通知、公告债权人；(3)处理与清算有关的公司未了结的业务；(4)清缴所欠税款以及清算过程中产生的税款；(5)清理债权、债务；(6)处理公司清偿债务后的剩余财产；(7)代表公司参与民事诉讼活动。

【例题2·单选题】(2011年)根据公司法律制度的规定，当公司出现特定情形，继续存续会使股东利益受到重大损失，通过其他途径不能解决，持有公司全部股东表决权10%以上的股东提起解散公司诉讼的，人民法院应当受理。下列各项中，属于此类特定情形的是( )。

A. 甲公司连续2年严重亏损，已濒临破产

B. 乙公司由大股东控制，连续4年不分配利润

C. 丙公司股东之间发生矛盾，持续3年无法召开股东会，经营管理发生严重困难

D. 丁公司2年来一直拒绝小股东查询公司会计账簿的请求

【答案】C

【解析】本题考核公司解散的情形。(1)股东以知情权(选项D)、利润分配请求权(选项

B)等权益受到损害，或者公司亏损、财产不足以偿还全部债务(选项A)等为由提起解散公司诉讼的，人民法院不予受理；(2)选项C，公司持续2年以上无法召开股东会或者股东大会，公司经营管理发生严重困难的，单独或者合计持有公司全部表决权10%以上的股东可以向人民法院提起解散公司诉讼。

📖 考点精析

【考点精析1】公司的解散

1. 公司解散的原因

(1)根据《公司法》的规定，公司解散的原因有以下5种情形：

①公司章程规定的营业期限届满或者公司章程规定的其他解散事由出现。

②股东会或者股东大会决议解散。

③因公司合并或者分立需要解散。

④依法被吊销营业执照、责令关闭或者被撤销。

⑤人民法院依法予以解散。

(2)公司有上述第①项情形的，可以通过修改公司章程而存续。公司依照规定修改公司章程的，有限责任公司须经持有2/3以上表决权的股东通过，股份有限公司须经出席股东大会会议的股东所持表决权的2/3以上通过。

2. 司法解散

《公司法》规定："公司经营管理发生严重困难，继续存续会使股东利益受到重大损失，通过其他途径不能解决的，持有公司全部股东表决权10%以上的股东，可以请求人民法院解散公司。"

(1)司法解散公司的条件。有下列事由之一，公司继续存续会使股东利益受到重大损失，通过其他途径不能解决，提起解散公司诉讼，人民法院应予受理：

①公司持续2年以上无法召开股东会或者股东大会，公司经营管理发生严重困难的。

②股东表决时无法达到法定或者公司章程规定的比例，持续2年以上不能作出有效

的股东会或者股东大会决议，公司经营管理发生严重困难的。

③公司董事长期冲突，且无法通过股东会或者股东大会解决，公司经营管理发生严重困难的。

④经营管理发生其他严重困难，公司继续存续会使股东利益受到重大损失的情形。

（2）人民法院不予受理的情形。

①股东不得以知情权、利润分配请求权等权益受到损害，或者公司亏损、财产不足以偿还全部债务，以及公司被吊销企业法人营业执照未进行清算等为由，提起解散公司诉讼。

②股东提起解散公司诉讼，同时又申请人民法院对公司进行清算的，人民法院对其提出的清算申请不予受理。人民法院可以告知原告，在人民法院判决解散公司后，依法自行组织清算或者另行申请人民法院对公司进行清算。

（3）司法解散诉讼程序。

①原告提起解散公司诉讼应当告知其他股东，或者由人民法院通知其参加诉讼。其他股东或者有关利害关系人申请以共同原告或者第三人身份参加诉讼的，人民法院应予准许。

②经人民法院调解公司收购原告股份的，公司应当自调解书生效之日起 6 个月内将股份转让或者注销。股份转让或者注销之前，原告不得以公司收购其股份为由对抗公司债权人。

③根据《公司法司法解释二》《公司法司法解释五》的规定，当事人协商一致以下列方式解决分歧，且不违反法律、行政法规的强制性规定的，人民法院应予支持：公司回购部分股东股份；其他股东受让部分股东股份；他人受让部分股东股份；公司减资；公司分立；其他能够解决分歧，恢复公司正常经营，避免公司解散的方式。当事人不能协商一致使公司存续的，人民法院应当及时判决。

④人民法院关于解散公司诉讼作出的判决，对公司全体股东具有法律约束力。

⑤人民法院判决驳回解散公司诉讼请求后，提起该诉讼的股东或者其他股东又以同一事实和理由提起解散公司诉讼的，人民法院不予受理。

【考点精析 2】公司的清算

1. 公司清算义务人

（1）有限公司的股东、股份公司的董事和控股股东有及时清算的义务。

（2）公司未经清算即办理注销登记，导致公司无法进行清算，债权人有权要求有限责任公司的股东、股份有限公司的董事和控股股东，以及公司的实际控制人对公司债务承担清偿责任。

（3）公司未经依法清算即办理注销登记，股东或者第三人在公司登记机关办理注销登记时承诺对公司债务承担责任，债权人可要求其对公司债务承担相应民事责任。有限责任公司的股东、股份有限公司的董事和控股股东，以及公司的实际控制人为二人以上的，其中一人或者数人承担民事责任后，可主张其他人员按照过错大小分担责任。

（4）有限责任公司股东、股份有限公司董事的上述清算义务并不因不是公司实际控制人或从未参与公司经营而有所减弱。

2. 公司在清算期间的行为限制

（1）清算期间，公司不再从事新的经营活动，仅局限于清理公司已经发生但尚未了结的事务，包括清偿债务、实现债权以及处理公司内部事务等。

（2）清算期间，公司的代表机构为清算组。清算组负责处理未了事务，代表公司对外进行诉讼。

（3）清算期间，公司财产在未按照法定程序清偿前，不得分配给股东。

3. 清算组及其组成

（1）公司应当在解散事由出现之日起 15 日内成立清算组，开始清算。

①有限责任公司的清算组由股东组成，股份有限公司的清算组由董事或者股东大会

确定的人员组成。

②逾期不成立清算组进行清算的，债权人可以申请人民法院指定有关人员组成清算组进行清算。人民法院应当受理该申请，并及时组织清算组进行清算。

（2）人民法院受理公司清算案件，应当及时指定有关人员组成清算组。

（3）人民法院指定的清算组成员有下列情形之一的，人民法院可以根据债权人、股东的申请，或者依职权更换清算组成员：

①有违反法律或者行政法规的行为；

②丧失执业能力或者民事行为能力；

③有严重损害公司或者债权人利益的行为。

4. 清算程序

（1）通知债权人。清算组应当自成立之日起 10 日内将公司解散清算事宜书面通知全体已知债权人，并根据公司规模和营业地域范围，于 60 日内在全国或者公司注册登记地省级有影响的报纸上进行公告。

（2）债权申报和登记。债权人应当自接到通知书之日起 30 日内，未接到通知书的自公告之日起 45 日内，向清算组申报其债权。债权人申报债权，应当说明债权的有关事项，并提供证明材料。清算组应当对债权进行核定登记。在申报债权期间，清算组不得对债权人进行清偿。

（3）清理公司财产，制订清算方案。

（4）清偿债务。公司财产在分别支付清算费用、职工的工资、社会保险费用和法定补偿金，缴纳所欠税款，清偿公司债务后的剩余财产，有限责任公司按照股东的出资比例分配，股份有限公司按照股东持有的股份比例分配。清算期间，公司存续，但不得开展与清算无关的经营活动。

（5）公告公司终止。人民法院组织清算的，清算组应当自成立之日起 6 个月内清算完毕。因特殊情况无法在 6 个月内完成清算的，清算组应当向人民法院申请延长。

本章综合练习 限时120分钟

一、单项选择题

1. 甲公司的股东乙公司准备购买一套生产设备，乙公司请求甲公司为自己提供担保。当甲公司股东会审议此请求时，下列情形可以通过的是（　）。

   A. 全体股东过半数通过

   B. 出席会议的全体股东过半数通过

   C. 除乙公司外，出席会议的其他股东过半数通过

   D. 除乙公司外，出席会议的其他股东所持表决权的过半数通过

2. 在乙有限责任公司设立过程中，出资人甲以乙公司名义与他人签订一份房屋租赁合同，所租房屋供筹建乙公司之用。乙公司成立后，将该房屋作为公司办公用房，但始终未确认该房屋租赁合同。下列关于房屋租赁合同责任承担的表述中，符合公司法律制度规定的是（　）。

   A. 甲承担

   B. 乙承担

   C. 甲、乙连带承担

   D. 先由甲承担，乙承担补充责任

3. 关于股份有限公司发起设立的发起人，下列说法不正确的是（　）。

   A. 发起人承担公司筹办事务

   B. 发起人未按照公司章程的规定缴足出资的，应当补缴；其他发起人承担连带责任

   C. 发起人因履行公司设立职责造成他人损害，公司成立后由公司承担侵权赔偿责任

   D. 发起人认缴股份后，即可将剩余股份向社会公开募集或者向特定对象募集

4. 甲将一台设备寄存在乙处，乙未经甲同

215

意，以该设备作为出资加入丙公司，丙公司不知情，为乙办理了股东登记。此后甲与丙公司对该设备的所有权发生争议，下列说法正确的是(　　)。

A. 甲有权取回设备，无须经丙公司同意

B. 甲有权取回设备，但应当经丙公司同意

C. 甲无权取回设备，可以向乙主张损害赔偿

D. 甲无权取回设备，可以向丙主张损害赔偿

5. 甲、乙、丙共同出资设立一有限责任公司。其中，丙以房产出资 30 万元。公司成立后又吸收丁入股。后经评估，丙作为出资的房产仅值 20 万元，丙现有可执行的个人财产 6 万元。下列处理方式中，符合公司法律制度规定的是(　　)。

A. 丙以现有可执行财产补交差额，不足部分由丙从公司分得的利润予以补足

B. 丙以现有可执行财产补交差额，不足部分由甲、乙补足

C. 丙以现有可执行财产补交差额，不足部分由甲、乙、丁补足

D. 丙无须补交差额，甲、乙、丁都不承担补足出资的连带责任

6. 甲与乙协商约定，乙为实际出资人，甲为名义股东。后甲没有与乙商量，私自将其名下股权低价转让于丙，下列说法错误的是(　　)。

A. 丙可以取得股权的所有权

B. 甲的该行为造成乙的损失，乙有权向甲要求赔偿

C. 乙可以依法请求人民法院确认甲的该处分股权行为无效

D. 丙不可以适用善意取得制度取得该股权

7. 甲股份有限公司(简称“甲公司”)于 2016 年 1 月成立，张某作为发起人之一，在甲公司成立后持有甲公司股票 4 000 股，并一直担任甲公司董事职务。对此，下列说法正确的是(　　)。

A. 在 2017 年全年，张某只可以买进其他发起人转让的甲公司股份，不能卖出自己持有的甲公司股份

B. 张某无论买进还是卖出甲公司的股票，均应经董事会批准

C. 张某准备在担任甲公司董事的同时，从 2018 年开始减持自己持有的 4 000 股甲公司股票且不再买进，若甲公司已上市，最早可以在 2023 年全部卖出

D. 如果甲公司的股票于 2019 年 5 月在证券交易所上市，张某所持的甲公司股份在 2020 年全年不能卖出

8. 以公司股东权行使的目的是为股东个人利益还是涉及全体股东共同利益为标准，分为共益权和自益权。下列选项中，不属于公司股东共益权的是(　　)。

A. 股东会或股东大会提案权

B. 股份转让权

C. 查阅公司账簿权

D. 累积投票权

9. 某有限责任公司股东甲将其所持全部股权转让给该公司股东乙。乙受让该股权时，知悉甲尚有 70% 出资款未按期缴付。下列关于甲不按规定出资责任的表述中，符合公司法律制度规定的是(　　)。

A. 甲继续向公司承担足额缴纳出资的义务，乙对此不承担责任

B. 甲继续向公司承担足额缴纳出资的义务，乙对此承担连带责任

C. 乙代替甲向公司承担足额缴纳出资的义务，甲对此不再承担责任

D. 乙代替甲向公司承担足额缴纳出资的义务，甲对此承担补充清偿责任

10. 某股份公司的经理在执行职务时，违反法律规定，给公司造成巨大损失，该公司的甲、乙、丙三位股东分别连续 180 日以上持有公司 1.1%、0.7%、0.5% 的股份。对该经理提起诉讼的方式，符合法律规定的是(　　)。

A. 甲股东以自己的名义直接提起诉讼

B. 乙股东通过董事会提出诉讼

C. 丙股东通过监事会提起诉讼

D. 乙、丙两位股东联合书面请求监事会提起诉讼

11. 2018 年 5 月，某有限责任公司召开股东会，选举公司的监事。下列人员中可以担任公司监事的是(　　)。

A. 在某国家机关任处长的张某

B. 因挪用公款罪被判处有期徒刑，于 2013 年 2 月刑满释放的李某

C. 曾担任某公司法定代表人的赵某，该公司于 2015 年 7 月被申请破产，且赵某负有个人责任

D. 本公司的董事王某

12. 甲公司主要经营服装销售业务，方某系该公司的董事兼总经理。任职期间，方某利用职务便利代理乙公司与丙公司签订服装销售合同，将乙公司的一批服装卖给丙公司，方某从中获得一笔报酬。甲公司得知后提出异议。对此，下列表述正确的是(　　)。

A. 与甲公司无关，甲公司无权提出异议

B. 违反法定义务，其代理乙公司与丙公司签订的销售合同无效，该批服装应由甲公司优先购买

C. 违反法定义务，方某获得的报酬应当归甲公司所有

D. 违反法定义务，甲公司可依法定程序罢免方某，但方某获得的报酬归自己所有

13. 根据公司法律制度的规定，下列属于股份有限公司的发起人和认股人不能抽回其出资的情形是(　　)。

A. 缴付出资之后

B. 法定验资机构对出资进行验资并出具验资报告之后

C. 创立大会决议设立公司之后

D. 发起人签订协议之后

14. 下列关于上市公司对外担保的表述中，不符合法律规定的是(　　)。

A. 公司的对外担保总额，达到或超过最近一期经审计总资产的 30% 以后提供的任何担保，须经股东大会审议

B. 单笔担保额超过最近一期经审计净资产 10% 的担保，可由董事会审议

C. 为资产负债率超过 70% 的担保对象提供的担保，须经股东大会审议

D. 股东大会在审议为实际控制人提供的担保议案时，受该实际控制人支配的股东不得参与表决

15. 某上市公司原有尚未履行的担保额为 3 000 万元，该公司最近一期经审计净资产为 1 亿元。若当前该公司再对外提供担保，须经股东大会审批的最少担保额是(　　)。

A. 3 000 万元　　　B. 5 000 万元

C. 8 000 万元　　　D. 1 亿元

16. 根据《公司法》的规定，股份有限公司董事会作出决议，符合规定的是(　　)。

A. 出席会议的董事过半数通过

B. 出席会议的董事 2/3 以上通过

C. 全体董事的过半数通过

D. 全体董事的 2/3 以上通过

17. 甲股份有限公司的董事张某因故不能出席董事会，下列人员中，可以接受张某书面委托代为出席董事会的是(　　)。

A. 甲股份有限公司的董事李某

B. 甲股份有限公司的经理赵某

C. 乙股份有限公司的监事王某

D. 乙股份有限公司的董事刘某

18. 某股份有限公司共有甲、乙、丙、丁、戊、己、庚七位董事。某次董事会会议，董事甲、乙、丙、丁、戊、己参加，庚因故未能出席，也未书面委托其他董事代为出席。该次会议通过一项违反法律规定的决议，给公司造成严重损失。该次会议的会议记录记载，董事戊在该项决议表决时表明了异议。根据《公司法》的规定，应对公司负赔偿责任的董事是(　　)。

A. 董事甲、乙、丙、丁、戊、己、庚

B. 董事甲、乙、丙、丁、戊、己

C. 董事甲、乙、丙、丁、己、庚

D. 董事甲、乙、丙、丁、己

19. 下列有关股份有限公司监事会组成的表述中，符合公司法律制度规定的是( )。

A. 监事会成员必须全部由股东大会选举产生

B. 监事会中必须有职工代表

C. 未担任公司行政管理职务的公司董事可以兼任监事

D. 监事会成员任期为 3 年，不得连选连任

20. A 公司是一家上市公司，B 公司是 A 公司的关联企业。当 A 公司讨论为 B 公司提供担保事项时，下列说法不符合《公司法》规定的是( )。

A. 有关联关系的董事不可以参加会议

B. 董事会会议由过半数的无关联关系董事出席方可举行

C. 有关联关系的董事不得代理其他董事行使表决权

D. 出席董事会的无关联关系董事人数不足 3 人的，应将该事项提交上市公司股东大会审议

21. 根据公司法律制度的规定，下列表述中，不属于独立董事的特别职权的是( )。

A. 独立聘请会计师事务所

B. 可以在股东大会召开前公开向股东征集投票权

C. 向董事会提请召开临时股东大会

D. 提议召开董事会

22. 下列说法中，符合《国务院关于开展优先股试点的指导意见》规定的是( )。

A. 优先股的发行主体只能是上市公司

B. 优先股股东按照约定的票面股息率，优先于普通股股东分配公司利润

C. 优先股股东不能出席股东大会会议

D. 优先股不能转换为普通股

23. 对于股东大会的下列决议，优先股股东可以出席会议并参加表决的是( )。

A. 增加注册资本

B. 选举董事长

C. 与其他公司合并

D. 为其他公司担保

24. 甲上市公司为奖励本公司职工，拟收购本公司部分股份。如果甲上市公司已发行的股份总额为 2.5 亿股，则该公司可以收购的股份数额最多为( )万股。

A. 250   B. 500

C. 1 250   D. 2 500

25. 根据《公司法》的规定，下列选项中，属于有限责任公司股东会职权的是( )。

A. 决定公司的经营计划和投资方案

B. 审议批准董事会的报告

C. 要求董事和经理纠正损害公司利益的行为

D. 监督董事在执行职务时违法的行为

26. 某有限责任公司股东甲、乙、丙、丁分别持有公司 5%、20%、35% 和 40% 的股权，该公司章程未对股东行使表决权及股东会决议方式作出规定。下列关于该公司股东会会议召开及决议作出的表述中，符合《公司法》规定的是( )。

A. 甲可以提议召开股东会临时会议

B. 只有丁可以提议召开股东会临时会议

C. 只要丙和丁表示同意，股东会即可作出增加公司注册资本的决议

D. 只要乙和丁表示同意，股东会即可作出变更公司形式的决议

27. 根据公司法律制度的规定，下列事项中，必须经有限责任公司股东会决议并经代表 2/3 以上表决权的股东通过的是( )。

A. 修改公司财务管理制度

B. 选举董事

C. 增加公司注册资本

D. 公司利润分配方案

28. 甲、乙两个国有企业出资设立丙有限责任公司。下列关于丙有限公司组织机构的表述中，不符合公司法律制度规定的

是( )。

A. 丙公司监事会成员中应当有公司股东代表

B. 丙公司董事会成员中应当有公司职工代表

C. 丙公司董事长须由国有监督管理机构从董事会成员中指定

D. 丙公司监事会主席由全体监事过半选举产生

29. 下列各项中，不属于有限责任公司董事会行使的职权的是( )。

A. 决定公司内部管理机构的设置

B. 对发行公司债券作出决议

C. 聘任或者解聘公司经理

D. 制定公司的基本管理制度

30. 根据公司法律制度的规定，关于一人有限责任公司，下列表述错误的是( )。

A. 一个自然人股东或者一个法人股东都可以设立一人有限责任公司

B. 一人有限责任公司应当在公司登记中注明自然人独资或者法人独资，并在公司营业执照中载明

C. 一人有限责任公司不设股东会

D. 一人有限责任公司无须编制财务会计报告

31. 下列有关国有独资公司的表述中，不符合法律规定的是( )。

A. 国有独资公司的高级管理人员未经国有资产监督管理机构同意，不得在其他经济组织兼职

B. 国有独资公司董事会成员全部由国有资产监督管理机构委派

C. 国有独资公司不设股东会，由国有资产监督管理机构行使股东会职权

D. 国有独资公司监事会成员不得少于5人，其中职工代表的比例不得低于1/3

32. 根据《公司法》的规定，国有独资公司的设立和组织机构适用特别规定，没有特别规定的，适用有限责任公司的相关规定。下列各项中，符合国有独资公司特别规定的是( )。

A. 国有独资公司的章程可由董事会制订并报国有资产监督管理机构批准

B. 国有独资公司合并事项由董事会决定

C. 董事会成员中可以有公司职工代表

D. 监事会主席由全体监事过半数选举产生

33. 下列公司组织机构中关于公司职工代表的表述中，不符合《公司法》规定的是( )。

A. 股份有限公司董事会成员中应当包括公司职工代表

B. 股份有限公司监事会成员中应当包括公司职工代表

C. 国有独资公司董事会成员中应当包括公司职工代表

D. 国有独资公司监事会成员中应当包括公司职工代表

34. 某股份有限公司注册资本为4 800万元。公司现有法定公积金1 800万元，任意公积金800万元。公司以下转增注册资本的方案中，符合《公司法》规定的是( )。

A. 将法定公积金1 800万元、任意公积金800万元转为公司资本

B. 将法定公积金1 200万元、任意公积金600万元转为公司资本

C. 将法定公积金800万元、任意公积金400万元转为公司资本

D. 将法定公积金600万元、任意公积金200万元转为公司资本

35. 甲公司分立为乙、丙两公司，同时约定：乙公司承担甲公司全部债务的清偿责任；丙公司继受甲公司全部债权。关于该协议的效力，下列选项正确的是( )。

A. 该协议仅对乙、丙两公司具有约束力，对甲公司的债权人并非当然有效

B. 均应当由乙、丙两公司对甲公司的债务承担连带清偿责任

C. 甲公司的债权人只能请求乙公司对甲公司的债务承担清偿责任

D. 该协议效力待定，应当由甲公司的债权人选择分立后的公司清偿债务

36. 某有限责任公司股东会决定解散该公司，该公司下列行为符合法律规定的是（　　）。

A. 股东会选派股东甲、股东乙和股东丙组成清算组，未采纳股东丁提出吸收一名律师参加清算组的建议

B. 清算组成立 15 日后，将公司解散一事通知了全体债权人

C. 在清理公司财产过程中，清算组发现公司财产仅够清偿 80% 的债务，遂通知债权人不再清偿

D. 清算组决定清偿债务前将公司办公家具分给股东

二、多项选择题

1. 甲、乙双方订立协议，由甲作为名义股东，代为持有乙在丙有限责任公司的股权，但投资收益由实际投资人乙享有。协议并无其他违法情形。后甲未经乙同意，将其代持的部分股权，以合理价格转让给丙公司的股东丁。丁对甲只是名义股东的事实不知情。根据公司法律制度的规定，下列表述中正确的有（　　）。

A. 甲、乙之间的股权代持协议无效

B. 甲、乙之间的股权代持协议有效

C. 若乙反对甲、丁之间的股权转让，则丁不能取得甲所转让的股权

D. 即使乙反对甲、丁之间的股权转让，丁亦合法取得甲所转让的股权

2. 甲、乙、丙三人出资成立了一家有限责任公司。经营过程中，丙与丁达成协议，拟将其在该公司拥有的股份全部转让给丁。丙书面通知甲和乙时，甲和乙均表示同意，并愿意购买丙的股份。有关此事的下列表述中，符合《公司法》规定的有（　　）。

A. 同等条件下，由丙决定谁可以优先购买

B. 同等条件下，甲和乙有优先购买权

C. 由甲和乙协商确定各自的购买比例

D. 如果甲和乙协商不成，丁有优先购买权

3. 公司股东仅以个人利益为目的而行使的权利

称为自益权。公司股东的自益权包括（　　）。

A. 股东大会召集请求权

B. 股份质押权

C. 股利分配请求权

D. 剩余财产分配权

4. 下列情形中，对股东会该项决议投反对票的股东可以请求公司按照合理的价格收购其股权的有（　　）。

A. 公司连续 5 年不向股东分配利润

B. 公司转让主要财产

C. 公司章程规定的营业期限届满，股东会会议通过决议修改章程使公司存续

D. 公司与其他公司合并

5. 根据公司法律制度的规定，股东对公司董事、监事、高级管理人员给公司造成损失行为，提起股东代表诉讼的程序有（　　）。

A. 股东通过监事会或者监事提起诉讼

B. 股东通过董事会或者董事提起诉讼

C. 股东通过股东大会提起诉讼

D. 股东直接提起诉讼

6. 根据公司法律制度的规定，股东会或者股东大会、董事会决议存在的下列情形中，当事人主张决议不成立的，人民法院应当予以支持的有（　　）。

A. 会议未对决议事项进行表决

B. 出席会议的人数或者股东所持表决权不符合公司法或者公司章程规定

C. 会议的表决结果未达到公司法或者公司章程规定的通过比例

D. 公司监事投了反对票但决议仍然被通过

7. 设立一般的股份有限公司可以采取发起设立或者募集设立的方式。对于上述两种设立方式，下列表述正确的有（　　）。

A. 发起设立的，由发起人认购公司章程规定的全部股份

B. 发起设立的，注册资本首次出资额不得低于 20%

C. 募集设立的，发起人认购的股份不得少于公司股份总数的 35%

D. 募集设立的，注册资本为在公司登记机关登记的实收股本总额

8. 根据《公司法》的规定，下列选项中，属于股份有限公司创立大会职权的有( )。

A. 通过公司章程

B. 选举董事长

C. 选举监事会成员

D. 对公司的设立费用进行审核

9. 根据公司法律制度的规定，关于公司决议制度，下列说法中符合法律规定的有( )。

A. 公司股东会或者股东大会、董事会的决议内容违反法律、行政法规的无效

B. 股东会或者股东大会、董事会的会议召集程序、表决方式违反法律、行政法规或者公司章程的，股东可以自决议作出之日起60日内，请求人民法院撤销

C. 股东提起撤销董事会决议的诉讼，人民法院可以应公司的请求，要求股东提供相应担保

D. 原告请求确认股东会或者股东大会、董事会决议不成立、无效或者撤销决议的案件，应当列公司为被告

10. 下列事项中，属于上市公司股东大会职权的有( )。

A. 审议批准变更募集资金用途事项

B. 提出独立董事候选人

C. 审议股权激励计划

D. 审议批准对实际控制人提供的担保

11. 根据《公司法》的规定，股份有限公司股东大会可以行使的职权有( )。

A. 对公司增加或者减少注册资本作出决议

B. 对发行公司债券作出决议

C. 选举和更换由股东代表出任的监事

D. 制定公司的基本管理制度

12. 甲公司是一家以募集方式设立的股份有限公司，其注册资本为人民币6 000万元。董事会有7名成员。最大股东李某持有公司12%的股份。下列情形中，甲公司应当在两个月内召开临时股东大会的情形有( )。

A. 有3名董事同时辞职

B. 监事陈某提议召开

C. 最大股东李某请求召开

D. 公司未弥补亏损达人民币1 600万元

13. 某股份有限公司的股份共有100 000万股。公司成立1年后，发起人股东甲发现公司经理滥用职权，给公司造成损失，甲先后分别向董事会和监事会反映，要求召开股东大会，一直没有得到答复。下列说法正确的有( )。

A. 甲持有公司股份15 000万股，甲可以自行召集和主持股东大会

B. 甲原持有公司股份15 000万股，后卖出其中的10 000万股，甲可以自行召集和主持股东大会

C. 甲持有公司股份8 000万股，甲可以自行召集和主持股东大会

D. 甲持有公司股份8 000万股，甲可以联合持有公司股份5 000万股的发起人乙自行召集和主持股东大会

14. 根据《公司法》的规定，股份有限公司股东大会所作的下列决议中，必须经出席会议的股东所持表决权的2/3以上通过的有( )。

A. 公司合并决议

B. 公司分立决议

C. 修改公司章程决议

D. 批准公司年度预算方案决议

15. 根据《公司法》的规定，股份有限公司董事会的职权包括( )。

A. 决定公司的经营方针和投资计划

B. 制订公司增加注册资本的方案

C. 决定公司年度财务预算方案

D. 制订公司利润分配方案

16. 某股份有限公司董事会由9名董事组成，下列情形中，能使董事会决议得以依法通过的有( )。

A. 5名董事出席会议，一致同意

B. 7 名董事出席会议，4 名同意

C. 5 名董事出席会议，4 名同意

D. 9 名董事出席会议，5 名同意

17. 某股份有限公司的董事会由 11 人组成，甲为董事长，乙和丙为副董事长。该董事会某次会议的下列行为中，不符合《公司法》规定的有( )。

A. 因甲不能出席会议，由副董事长乙主持会议

B. 通过了增加公司注册资本的决议

C. 通过了解聘公司现任经理，由丙兼任经理的决定

D. 会议所有决议事项均载入会议记录后，由主持会议的副董事长乙和记录员签名存档

18. 某股份有限公司召开股东大会，选举监事会成员，以下人员中可能成为公司监事的有( )。

A. 股东代表

B. 经理

C. 公司职工代表

D. 本公司的董事

19. 根据规定，上市公司由股东大会以特别决议通过的事项有( )。

A. 增加或减少注册资本

B. 1 年内担保金额超过公司资产总额 30%

C. 重大资产重组

D. 制订公司年度预算方案

20. 根据《公司法》的规定，属于上市公司董事会秘书的职责有( )。

A. 公司股东大会的筹备

B. 文件保管

C. 董事会会议的筹备

D. 办理信息披露事务

21. 甲上市公司拟聘请独立董事。根据公司法律制度的规定，下列候选人中，没有资格担任该公司独立董事的有( )。

A. 王某，因侵占财产被判刑，3 年前刑满释放

B. 张某，甲上市公司投资的某全资子公司的法律顾问

C. 赵某，个人负债 100 万元到期未清偿

D. 李某，甲上市公司某监事的弟弟

22. 上市公司的下列事项中，独立董事应当发表独立意见的有( )。

A. 任免董事

B. 提名监事

C. 解聘高级管理人员

D. 高于 100 万元的资金往来

23. 优先股股东参与公司决策管理的权利受到限制，一般情况下，优先股股东不出席股东大会，所持股份没有表决权，但下列情形例外的有( )。

A. 修改公司章程中与优先股有关的内容

B. 一次或累计减少公司注册资本超过 5%

C. 公司解散或变更公司形式

D. 公司转让主要财产

24. 下列关于股份有限公司股票发行的表述中，不符合《公司法》规定的有( )。

A. 公司历次发行股票的价格都必须相同

B. 公司公开发行新股应当由依法设立的证券公司承销，并由银行代收股款，证券公司应与银行签订代收股款协议

C. 公司发行的股票必须为无记名股票

D. 公司股票的发行价格不得低于票面金额

25. 某股份有限公司发行新股，应当由该公司股东大会作出决议的事项有( )。

A. 新股种类及数额

B. 新股发行价格

C. 新股发行的起止日期

D. 向原有股东发行新股的种类及数额

26. 下列有关股份有限公司股份转让的说法中，不正确的有( )。

A. 上市公司定期报告公告前 60 日内，上市公司的董事、监事、高管不得买卖本公司股票

B. 上市公司董事、监事和高管所持股份不超过 1 000 股的，可以一次全部转让

C. 公司董事所持有的本公司股份，在任

职期间内不得转让

D. 公司高级管理人员在离职后 1 年内，不得转让其持有的本公司股份

27. 根据《公司法》的规定，下列选项中，属于有限责任公司股东会职权的有( )。

A. 决定公司的经营方针和投资计划

B. 审议批准董事会的报告

C. 选举全部董事

D. 检查公司财务

28. 某有限责任公司由甲、乙、丙、丁四人出资设立，其中甲出资 10 万元，乙出资 20 万元，丙出资 60 万元，丁出资 10 万元，公司按照出资比例行使表决权。当股东会对与其他公司合并的议案表决时，下列情形不能通过的有( )。

A. 甲、乙同意，丙、丁反对

B. 甲、乙反对，丙、丁同意

C. 甲、乙、丁同意，丙反对

D. 乙、丙、丁反对，甲同意

29. 根据我国《公司法》的规定，下列各项中，属于有限责任公司董事会行使的职权有( )。

A. 决定公司内部管理机构的设置

B. 聘任或解聘公司经理

C. 制定公司的基本管理制度

D. 制定公司的具体规章

30. 根据我国《公司法》的规定，有限责任公司监事会可行使的职权有( )。

A. 检查公司财务

B. 组织实施公司年度经营计划

C. 检查董事会决议的实施情况

D. 提议召开临时股东会

31. 甲、乙、丙共同出资设立了 A 有限责任公司，后丙与丁达成协议，准备将其在 A 公司的出资全部转让给丁，丙就此事书面通知甲和乙征求意见。下列解决方案中，符合规定的有( )。

A. 如果甲和乙接到书面通知之日起满 30 日未答复，视为不同意转让

B. 由甲和乙共同购买丙的全部出资

C. 如果甲、乙均不同意转让又不愿购买，丙无权将出资转让给丁

D. 如果甲、乙均不同意转让又不愿购买，丙可以将出资转让给丁

32. A 公司于 2017 年 6 月注册成立。2018 年 10 月 A 公司分立为 B 公司和 C 公司，分立前与债权人就债务清偿达成的书面协议约定各承担 50% 债务。2019 年 3 月 C 公司与 D 公司合并为 E 公司。如果 2019 年 5 月 A 公司和 D 公司的债权人要求清偿债务，下列说法正确的有( )。

A. A 公司的债务由 B 公司和 C 公司承担

B. A 公司的债务由 B 公司和 E 公司承担

C. D 公司的债务由 D 公司承担

D. D 公司的债务由 E 公司承担

33. 甲、乙、丙三个股东组建了 A 有限责任公司。后甲因为欠债，自身财产不足清偿其债务，在其债权人的请求下，法院决定强制执行甲在 A 公司的股权。下列说法正确的有( )。

A. 法院首先应该通知 A 公司及全体股东

B. 法院可以直接拍卖甲在 A 公司的股份

C. 乙和丙在同等条件下有优先购买权

D. 如果乙和丙均不愿购买甲在 A 公司的股份，A 公司以外的丁可以购买

34. 根据公司法律制度的规定，有限责任公司单独或者合计持有公司全部股东表决权 10% 以上的股东，以特定事由提出解散公司诉讼，并符合《公司法》有关规定的，人民法院应予以受理。下属表述中，属于该类事由的有( )。

A. 股东知情权、利益分配请求权等权益受到严重损害的

B. 公司董事长期冲突且无法通过股东会解决，公司经营管理发生严重困难的

C. 股东表决时无法达到法定或者公司章程规定的比例，持续两年以上不能作出有效的股东会决议，公司经营管理发生严重困难的

D. 公司持续两年以上无法召开股东会，

公司经营管理发生严重困难的

35. 根据《公司法》的规定，公司解散后，清算组在清算期间行使的职权有（　　）。

    A. 清理公司财产，分别编制资产负债表和财产清单

    B. 通知、公告债权人

    C. 清理债权、债务

    D. 代表公司参与民事诉讼活动

三、案例分析题

1. 甲股份有限公司（下称"甲公司"）于2017年6月在上海证券交易所上市。2018年以来，甲公司发生了下列事项：

    （1）2018年5月，董事赵某将所持公司股份20万股中的2万股卖出；2019年3月，董事钱某将所持公司股份10万股中的25 000股卖出；董事孙某因异国定居，于2018年7月辞去董事职务，并于2019年3月将其所持公司股份5万股全部卖出。

    （2）监事李某于2018年4月9日以均价每股8元价格购买5万股公司股票，并于2018年9月10日以均价每股16元价格卖出1万股。

    （3）甲公司股东大会于2018年5月8日通过决议，由公司收购本公司股票900万股，即公司已发行股份总额的10%，将股份用于转换上市公司发行的可转换为股票的公司债券。计划于2023年5月前全部转换为可转债或注销。

    （4）2019年5月，甲公司决定拟以定向发行的方式引进外国战略投资者。双方签订的意向协议约定：第一，本次定向发行必须由股东大会批准后方可实施；第二，外国战略投资者本次定向认购的股份在2年内不得转让。

    要求：根据本题所述内容，分别回答下列问题。

    （1）赵某、钱某和孙某卖出所持公司股票的行为是否符合法律规定？分别说明理由。

    （2）李某买卖公司股票的行为是否符合法

律规定？说明理由。

    （3）公司收购本公司股票数额是否符合法律规定？说明理由。公司拟在2023年5月前转换或注销的行为是否符合法律规定？说明理由。

    （4）公司与外国战略投资者签订的意向协议约定的内容是否符合法律规定？说明理由。

2. 2016年6月，甲公司、乙公司、丙公司和陈某共同投资设立丁有限责任公司（下称"丁公司"），丁公司章程规定：（1）公司注册资本500万元。（2）甲公司以房屋作价120万元出资；乙公司以机器设备作价100万元出资；陈某以货币100万元出资；丙公司出资180万元，首期以原材料作价100万元出资，余额以知识产权出资，2016年12月前缴足。（3）公司设股东会、1名执行董事和1名监事。（4）股东按照1:1:1:1行使表决权。公司章程对出资及表决事项未作其他特别规定。

    公司设立后，甲公司、乙公司和陈某按照公司章程的规定实际缴纳了出资，并办理了相关手续。丙公司按公司章程规定缴纳首期出资后，于2016年11月以特许经营权作价80万元缴足出资。

    2018年6月，因股东之间经营理念存在诸多冲突且无法达成一致，陈某提议解散丁公司。丁公司召开股东会就该事项进行表决，甲公司、乙公司和陈某赞成，丙公司反对。于是股东会作出了解散丁公司的决议。丁公司进入清算程序。

    清算期间，清算组发现如下情况：

    （1）由于市场行情变化，甲公司出资的房屋贬值10万元；

    （2）乙公司出资时机器设备的实际价额为70万元，明显低于公司章程所定价额100万元。

    清算组要求甲公司补足房屋贬值10万元，甲公司拒绝；要求乙公司和其他股东对乙公司实际出资价额的不足承担相应的民事

责任。

要求：根据上述资料和公司法律制度的规定，回答下列问题。

(1)指出丁公司股东出资方式中的不合法之处。

(2)丁公司设1名执行董事和1名监事是否合法？说明理由。

(3)丁公司股东会作出解散公司的决议是否合法？说明理由。

(4)甲公司拒绝补足房屋贬值10万元是否合法？说明理由。

(5)对乙公司实际出资额的不足，乙公司和其他股东分别应承担什么民事责任？

本章综合练习参考答案及详细解析

一、单项选择题

1. D 【解析】本题考核公司法人财产权。公司为公司股东或者实际控制人提供担保的，必须经股东会或者股东大会决议。接受担保的股东或者受实际控制人支配的股东，不得参加上述规定事项的表决。该项表决由出席会议的其他股东所持表决权的过半数通过。

2. B 【解析】本题考核公司设立阶段的合同责任。发起人以设立中公司名义对外签订合同，公司成立后自动承担合同责任。

3. D 【解析】本题考核股份有限公司的发起人。选项D：发起人"缴足"认购股份之前，不得向他人募集股份。选项D错误。

4. C 【解析】本题考核公司股东的出资责任。根据《公司法》司法解释(三)之规定，出资人以不享有处分权的财产出资，当事人之间对于出资行为效力产生争议的，人民法院可以参照《物权法》善意取得的规定予以认定。

5. B 【解析】本题考核有限责任公司的出资责任。股东在公司设立时未履行或者未全面履行出资义务，发起人与被告股东承担连带责任。但是，公司的发起人承担责任后，可以向被告股东追偿。本题中，甲、乙、丙是发起人，其中丙是被告股东。

6. A 【解析】本题考核名义股东股权的转让。根据规定，名义股东将登记于其名下的股权转让、质押或者以其他方式处分，实际出资人以其对于股权享有实际权利为由，请求认定处分股权行为无效的，人民法院可以参照《物权法》的规定处理。名义股东处分股权造成实际出资人损失，实际出资人请求名义股东承担赔偿责任的，人民法院应予支持。本题中甲是以低价转让于丙的，不符合善意取得中"以合理价格转让"的条件，因此丙不能通过善意取得制度取得股权的所有权。

7. C 【解析】本题考核股份转让的限制。发起人持有的本公司股份，自公司成立之日起1年内不得转让。选项A错误。公司董事应当向公司申报所持有的本公司的股份及其变动情况，没有要求董事会批准。选项B错误。2018年可以卖出4 000×25% = 1 000(股)，剩余3 000股；2019年可以卖出3 000×25% = 750(股)，剩余2 250股；2020年可以卖出2 250×25% = 562(股)，其中，零头舍去，剩余1 688股；2021年可以卖出1 688×25% = 422(股)，剩余1 266股；2022年可以卖出1 266×25% = 316(股)，剩余950股；2023年可以将不足1 000股，其中，剩余股份可一次全部卖出。选项C正确。公司公开发行股份前已发行的股份，自公司股票在证券交易所上市交易之日起1年内不得转让。2020年5月以后可以卖出。选项D错误。

8. B 【解析】本题考核股东权利。共益权包括股东大会参加权、提案权、质询权、在股东大会上的表决权、累积投票权，股东大会召集请求权和自行召集权，了解公司事务、查阅公司账簿和其他文件的查阅权，提起诉讼权等权利。

9. B 【解析】本题考核违反出资义务的责任。有限责任公司的股东未履行或者未全面履行出资义务即转让股权，受让人对此知道或者应当知道，公司请求该股东履行出资义务、受让人对此承担连带责任的，人民法院应予支持。

10. D 【解析】本题考核股东诉讼。(1)甲股东对公司董事、监事、高级管理人员给公司造成损失行为提起诉讼，应当首先通过监事会或董事会。所以选项A错误。(2)乙股东和丙股东持股均不足1%，选项B、C错误。(3)公司高级管理人员给公司造成损失的，股份有限公司连续180日以上单独或者合计持有公司1%以上股份的股东(本题中0.7%+0.5%)，可以书面请求监事会向人民法院提起诉讼，选项D正确。

11. B 【解析】本题考核公司的董事、监事、高级管理人员任职资格。根据《公务员法》的规定，公务员应当遵纪守法，不得有违反有关规定从事或者参与营利性活动，在企业或者其他营利性组织中兼任职务的行为，故选项A国家机关任处长的张某不得担任公司监事。根据《公司法》的规定，因"经济犯罪"被判处刑罚，执行期满未逾5年的，不得担任公司的董事、监事、高级管理人员，选项B李某2013年2月刑满释放，已满5年。担任破产清算的公司、企业的董事或者厂长、经理，对该公司、企业的破产负有个人责任的，自该公司、企业破产清算完结之日起未逾3年的，不得担任公司的董事、监事、高级管理人员，故选项C赵某不得担任公司监事。董事、高级管理人员不得兼任监事，故选项D王某不得担任公司监事。

12. C 【解析】本题考核董事的义务。公司董事未经股东会或股东大会同意，利用职务便利为自己或者他人谋取属于公司的商业机会，其所得的收入应当归公司所有。

13. C 【解析】本题考核股份有限公司的设立。发起人、认股人缴纳股款或者交付抵作股款的出资后，除未按期募足股份、发起人未按期召开创立大会或者创立大会决议不设立公司的情形外，不得抽回其股本。

14. B 【解析】本题考核上市公司对外担保。单笔担保额超过最近一期经审计净资产10%的担保，须经股东大会审议。

15. A 【解析】本题考核上市公司对外担保。上市公司及其控股子公司的对外担保总额，超过最近一期经审计净资产50%以后提供的任何担保，须经股东大会审批。

16. C 【解析】本题考核股份有限公司董事会会议制度。根据《公司法》的规定，股份有限公司董事会作出决议，应由全体董事的过半数通过，而不是出席会议的董事过半数通过。

17. A 【解析】本题考核股份有限公司董事会的会议制度。根据规定，股份有限公司的董事因故不能出席董事会的，可以书面委托(本公司的)其他董事代为出席。

18. D 【解析】本题考核股份有限公司董事会的会议制度。董事戊在该次会议上曾就该项决议表决时表示了异议，并且董事会会议已记录，不应承担责任；庚因故未出席也未书面委托其他董事代为出席，并没有参与该事项的决议，因此也不承担责任。

19. B 【解析】本题考核股份有限公司监事。监事会由股东代表和适当比例的公司职工代表组成，其中职工代表的比例不得低于1/3，具体比例由公司章程规定。董事、高级管理人员不得兼任监事。监事任期3年，连选可以连任。

20. A 【解析】本题考核关联关系董事的表决权排除制度。上市公司董事与董事会会议决议事项所涉及的企业有关联关系的，不得对该项决议行使表决权，但不限制参加会议。

21. A 【解析】本题考核独立董事的特别职权。独立董事是向董事会提议聘用或解聘会计师事务所，而非"独立聘请"。

22. B 【解析】本题考核优先股。上市公司和非上市公众公司可以发行优先股，选项A错误。特殊情况下，优先股股东可以出席股东大会会议并行使表决权，选项C错误。公司可以在公司章程中规定优先股转换为普通股、发行人回购优先股的条件、价格和比例，选项D错误。

23. C 【解析】本题考核优先股。公司合并的决议，除须经出席会议的普通股股东所持表决权的2/3以上通过之外，还需经出席会议的优先股股东所持表决权的2/3以上通过。

24. D 【解析】本题考核股份有限公司股份转让的特殊规定。公司为将股份奖励给本公司职工而收购的本公司股份，不得超过本公司已发行股份总额的10%。25 000×10% = 2 500(万股)。

25. B 【解析】本题考核有限责任公司股东会的职权。选项A是董事会的职权；选项C、D是监事会的职权。

26. C 【解析】本题考核有限责任公司股东会。根据《公司法》的规定，代表1/10以上表决权的股东，1/3以上的董事，监事会或者不设监事会的公司的监事提议召开临时会议的，应当召开临时会议。有限责任公司股东会议作出修改公司章程、增加或者减少注册资本的决议，以及公司合并、分立、解散或者变更公司形式的决议，必须经代表2/3以上表决权的股东通过。

27. C 【解析】本题考核股东会特别决议。股东会会议作出修改公司章程、增加或

者减少注册资本的决议，以及公司合并、分立、解散或者变更公司形式的决议，必须经代表2/3以上表决权的股东通过。

28. C 【解析】本题考核有限责任公司的组织机构。监事会应当包括股东代表和适当比例的公司职工代表，监事会设主席1人，由全体监事过半数选举产生。选项A、D表述正确。两个以上的国有企业或者其他两个以上的国有投资主体投资设立的有限责任公司，其董事会成员中应当有公司职工代表，选项B表述正确。本题中的丙公司是一般有限责任公司，董事长、副董事长的产生办法由公司章程规定，选项C表述错误。

29. B 【解析】本题考核有限公司董事会的职权。选项B属于股东会的职权。

30. D 【解析】本题考核一人有限责任公司的特殊规定。一人有限责任公司应当在每一会计年度终了时编制财务会计报告，并经会计师事务所审计。

31. B 【解析】本题考核国有独资公司。国有独资公司设立董事会，董事会成员中的职工代表由公司职工代表大会选举产生。

32. A 【解析】本题考核国有独资公司。选项B，国有独资公司的合并事项由国有资产监督管理机构决定，重要国有独资公司的合并事项，应当由国有资产监督管理机构审核后，报本级人民政府批准；选项C，国有独资公司的董事会成员中应当有公司职工代表；选项D，国有独资公司的监事会主席由国有资产监督管理机构从监事会成员中指定。

33. A 【解析】本题考核股份有限公司董事会的组成。根据规定，股份有限公司董事会成员中可以包括公司职工代表，选项A错误。

34. D 【解析】本题考核公积金用途。公司可以将公积金的一部分转为资本，但用法定公积金转增资本时，转增后所留存

的该项公积金不得少于转增前公司注册资本的 25%。本题中，（1 800 - 600）÷ 4 800＝25%。任意公积金的转增资本没有法定的限额。

35. A 【解析】本题考核公司分立前债务的承担。公司分立前的债务由分立后的公司承担连带责任。但是，公司在分立前与债权人就债务清偿达成的书面协议另有约定的除外。乙、丙公司之间的约定对乙、丙公司是有效的，但是不能当然地对债权人发生效力，除非债权人知情且同意。

36. A 【解析】本题考核公司解散清算。选项 A 正确，有限责任公司的清算组由股东组成；选项 B 错误，清算组应当自成立之日起 10 日内通知债权人；选项 C 错误，清算组发现公司财产不足清偿债务的，应当依法向人民法院申请宣告破产；选项 D 错误，公司财产在未按规定清偿债务前，不得分配给股东。

二、多项选择题

1. BD 【解析】本题考核名义股东与实际出资人的相关规定。有限责任公司的实际出资人与名义出资人订立合同，约定由实际出资人出资并享有投资权益，以名义出资人为名义股东，实际出资人与名义股东对该合同效力发生争议的，如无《合同法》第 52 条规定的情形，人民法院应当认定该合同有效，选项 B 正确；名义股东将登记于其名下的股权转让、质押或者以其他方式处分，实际出资人以其对于股权享有实际权利为由，请求认定处分股权行为无效的，人民法院可以参照《物权法》第 106 条的规定处理，即只要受让方构成善意取得，交易的股权可以最终为其所有，本题中，价格是合理的，丁是不知情的善意第三人，而且该股权已经转让交付，选项 D 正确。

2. BC 【解析】本题考核有限责任公司股份转让。经股东同意转让的股权，在同等条

件下，其他股东有优先购买权。两个以上股东主张行使优先购买权的，协商确定各自的购买比例；协商不成的，按照转让时各自的出资比例行使优先购买权。

3. BCD 【解析】本题考核股东权利。自益权包括股利分配请求权、剩余财产分配权、新股认购优先权、股份质押权和股份转让权等。股东大会召集请求权属于共益权。

4. BCD 【解析】本题考核股东退出公司的法定条件。选项 A，公司连续 5 年不向股东分配利润，而公司该 5 年连续盈利，并且符合公司法规定的分配利润条件。

5. ABD 【解析】本题考核股东诉讼。股东代表诉讼不包括股东通过股东大会提起诉讼。

6. ABC 【解析】本题考核股东会、股东大会和董事会决议制度。根据《公司法》司法解释（四），当事人主张决议不成立的情形不包括选项 D。

7. ACD 【解析】本题考核股份有限公司的设立。《公司法》对一般股份公司注册资本没有出资比例与期限要求，选项 B 错误。

8. ACD 【解析】本题考核股份有限公司创立大会的职权。选举董事长由董事会进行。

9. ABCD 【解析】本题考核股东（大）会和董事会决议制度。

10. ACD 【解析】本题考核上市公司股东大会和独立董事。上市公司董事会、监事会、单独或者合并持有上市公司已发行股份1%以上的股东可以提出独立董事候选人，并经股东大会选举决定。因此股东大会是选举独立董事，并非提出候选人。

11. ABC 【解析】本题考核股份有限公司股东大会的职权。选项 D 是董事会行使的职权。

12. AC 【解析】本题考核股东大会的会议制度。选项 A，由于董事人数不足法律规定

的最低人数"5人"，因此应该召开临时股东大会；选项B，单独一个监事不能提议召开股东大会；选项C，最大股东李某持有股份超过了10%，因此可以单独提议召开临时股东大会；选项D，未弥补亏损未达到实收股本总额1/3(以募集方式设立的股份有限公司，其注册资本即为实收股本)。

13. AD 【解析】本题考核股份有限公司股东大会会议制度。董事会不能履行或者不履行召集股东大会会议职责的，监事会应当及时召集和主持；监事会不召集和主持的，连续90日以上单独或者合计持有公司10%以上股份的股东可以自行召集和主持。

14. ABC 【解析】本题考核股东大会会议制度。对公司合并、分立或者解散和修改公司章程所作的决议属于特别决议，特别决议必须经出席会议的股东所持表决权的2/3以上通过。

15. BD 【解析】本题考核股份有限公司董事会的职权。选项A、C属于股东大会的职权。

16. AD 【解析】本题考核股份有限公司董事会会议制度。董事会决议必须经全体董事(不是出席会议)的过半数通过。本题董事会有9名董事，通过决议至少要有5名董事同意。

17. BD 【解析】本题考核股份有限公司董事会。选项A合法，副董事长协助董事长工作，董事长不能履行职务或者不履行职务的，由副董事长履行职务；选项B错误，对公司增加或者减少注册资本作出决议是属于股东大会的职权；选项C合法，聘任或解聘公司经理是董事会的职权；选项D错误，董事会应当将会议所议事项的决定作成会议记录，出席会议的董事应当在会议记录上签名。

18. AC 【解析】本题考核监事会的组成。董事、高级管理人员不得兼任监事。

19. ABC 【解析】本题考核上市公司组织机构的特别规定。制订公司年度预算方案属于董事会的职权。

20. ABCD 【解析】本题考核上市公司董事会秘书的职责。

21. ABCD 【解析】本题考核董事、独立董事的任职资格。(1)独立董事首先要具备一般董事的任职资格，选项A、C不符合。(2)独立董事还要具备特殊的任职资格，选项B、D不符合。

22. AC 【解析】本题考核独立董事的职责。独立董事应当就上市公司重大事项发表独立意见，这些事项包括：提名、任免董事；公司董事、高级管理人员的薪酬；上市公司的股东、实际控制人及其关联企业对上市公司现有或新发生的总额高于300万元或高于上市公司最近经审计净资产值的5%的借款或其他资金往来，以及公司是否采取有效措施回收欠款等。

23. AC 【解析】本题考核优先股的规定。根据规定，除以下情况外，优先股股东不出席股东大会会议，所持股份没有表决权：(1)修改公司章程中与优先股相关的内容；(2)一次或累计减少公司注册资本超过10%；(3)公司合并、分立、解散或变更公司形式；(4)发行优先股；(5)公司章程规定的其他情形。上述事项的决议，除须经出席会议的普通股股东(含表决权恢复的优先股股东)所持表决权的2/3以上通过之外，还须经出席会议的优先股股东(不含表决权恢复的优先股股东)所持表决权的2/3以上通过，选项A、C正确。

24. ABC 【解析】本题考核股份有限公司股票发行的规定。根据规定，同次发行的同种类股票，每股的发行条件和价格应当相同，选项A错误；公司公开发行新股应当由依法设立的证券公司承销，签订承销协议，公司应同银行签订代收股款协议，选项B错误；公司发行的股票，可以为记名股票，也可以为无记名股票，选项 C 错误。股票发行价格可以按票面金额，也可以超过票面金额，但不得低于票面金额，选项 D 正确。

25. ABCD 【解析】本题考核公司发行新股的规定。

26. ACD 【解析】本题考核股份有限公司股份转让的特殊规定。(1)上市公司的董事、监事、高管在下列期间内不得买卖本公司股票：上市公司定期报告公告前 30 日内；上市公司业绩预告、业绩快报公告前 10 日内；自可能对本公司股票交易价格产生重大影响的重大事项发生之日或在决策过程中，至依法披露后 2 个交易日内。(2)公司董事、监事、高级管理人员在任职期间每年转让的股份不得超过其所持有本公司股份总数的 25%。(3)公司董事、监事、高级管理人员离职后半年内，不得转让其所持有的本公司股份。

27. AB 【解析】本题考核有限责任公司股东会的职权。选项 C 是选举和更换非由职工代表担任的董事；选项 D 是监事会的职权。

28. ACD 【解析】本题考核股东会特别决议。股东会会议作出修改公司章程、增加或者减少注册资本的决议，以及公司合并、分立、解散或者变更公司形式的决议，必须经代表 2/3 以上表决权的股东通过。本题表决的议案属于特别决议，丙与丁合计占 70% 的表决权，大于 2/3，可以通过。

29. ABC 【解析】本题考核有限责任公司董事会的职权。选项 D 是经理的职权。

30. AD 【解析】本题考核有限责任公司监事会的职权。选项 B 是经理的职权；选项 C 是董事长负责。

31. BD 【解析】本题考核有限责任公司股份转让。有限责任公司的股东向股东以外的人转让股权，应当经其他股东过半数

同意。股东应就其股权转让事项书面通知其他股东征求同意，其他股东自接到书面通知之日起满 30 日未答复的，视为同意转让。其他股东半数以上不同意转让的，不同意的股东应当购买该转让的股权；不购买的，视为同意转让。

32. BD 【解析】本题考核公司合并、分立的债务清偿。(1)公司在分立前与债权人就债务清偿达成的书面协议另有约定的，应按约定执行，2019 年 5 月 C 公司已不存在，所以 A 公司的债务由 B 公司和 E 公司承担；(2)公司合并时，合并各方的债权、债务，应当由合并后存续的公司或者新设的公司承继，C 公司与 D 公司合并为 E 公司，所以 E 公司承继了 C 公司与 D 公司原有的债务。

33. ACD 【解析】本题考核有限责任公司股份转让。人民法院依照法律规定的强制执行程序转让股东的股权时，应当通知公司及全体股东，其他股东在同等条件下有优先购买权。

34. BCD 【解析】本题考核强制解散。股东以知情权、利润分配请求权等权益受到损害，或者公司亏损、财产不足以偿还全部债务，以及公司被吊销企业法人营业执照未进行清算等为由，提起解散公司诉讼的，人民法院不予受理。

35. ABCD 【解析】本题考核清算组的职权。

三、案例分析题

1.【答案】

(1)①赵某卖出所持公司股票不符合规定。根据规定，董事、监事、高级管理人员所持本公司股份，自公司股票上市交易之日起 1 年内不得转让。本题中，赵某转让的所持本公司股份，自公司股票上市交易之日起不足 1 年。②钱某卖出所持公司股票的符合规定。根据规定，董事、监事、高级管理人员在任职期间每年转让的股份不得超过其所持有本公司股份总数的 25%。本题中，钱某转让的股份为所持有本公司

股份总数的 25%，未超过 25%。③孙某卖出所持公司股票符合规定。根据规定，董事、监事、高级管理人员离职后 6 个月内，不得转让其所持有的本公司股份。本题中，孙某离职已经超过 6 个月。

（2）李某买卖公司股票的行为不符合规定。根据规定，上市公司董事、监事、高级管理人员、持有上市公司股份 5% 以上的股东，将其持有的该公司的股票在买入后 6 个月内卖出，或者在卖出后 6 个月内又买入，由此所得收益归该公司所有，公司董事会应当收回其所得收益。

（3）①公司收购本公司股票的数额符合规定。根据规定，将股份用于转换上市公司发行的可转换为股票的债券的，公司合计持有的本公司股份数不得超过本公司已发行股份总额的 10%。②拟在 2023 年 5 月前全部转换为可转债或注销不符合规定。根据规定，将股份用于转换上市公司发行的可转换为股票的公司债券的，应当在 3 年内转让或注销。

（4）公司与外国战略投资者签订的意向协议约定的内容不符合规定。①根据规定，非公开发行对象为境外战略投资者的，应当经国务院相关部门事先批准。在本题中，由股东大会批准后实施不符合规定。②根据规定，外国战略投资者取得的上市公司股份自发行结束之日起 36 个月内不得转让。本题中，双方约定仅为 2 年，低于法定要求。

2.【答案】

（1）丙公司以特许经营权出资不符合规定。根据规定，股东不得以劳务、信用、自然人姓名、商誉、特许经营权或者设定担保的财产等作价出资。

（2）丁公司设 1 名执行董事和 1 名监事合法。根据规定，股东人数较少或者规模较小的有限责任公司，可以设 1 名执行董事，不设董事会。股东人数较少或者规模较小的有限责任公司，可以设 1 至 2 名监事，不设监事会。

（3）股东会作出解散公司的决议合法。根据规定，股东会会议作出修改公司章程、增加或者减少注册资本的决议，以及公司合并、分立、解散或者变更公司形式的决议，必须经代表 2/3 以上表决权的股东通过。股东会会议由股东按照出资比例行使表决权。但是，公司章程另有规定的除外。本题中公司章程规定"股东按照 1∶1∶1∶1 行使表决权"，则按照公司章程规定行使表决权，甲、乙、陈某赞成，丙反对，赞成的比例为 75%，满足"代表 2/3 以上表决权的股东通过"的要求，因此决议合法。

（4）甲公司拒绝补足房屋贬值 10 万元合法。根据规定，出资人以符合法定条件的非货币财产出资后，因市场变化或者其他客观因素导致出资财产贬值，公司、其他股东或者公司债权人请求该出资人承担补足出资责任的，人民法院不予支持。但是，当事人另有约定的除外。题目中当事人没有约定，因此甲无须补足贬值部分。

（5）乙应当补足出资 30 万元，其他股东对此承担连带责任。根据规定，有限责任公司成立后，发现作为设立公司出资的非货币财产的实际价额显著低于公司章程所定价额的，应当由交付该出资的股东补足其差额；公司设立时的其他股东承担连带责任。

万科A决议的争议

2016年6月17日下午，万科A召开董事会，审议万科和深圳地铁公司的资产定增重组预案。当日深夜，万科发布公告称，经过无关联关系的10位董事投票，7位董事赞成，3名华润董事表示反对，最终董事会以超过2/3的票数通过此次预案。对此，在华润方看来，参加表决的董事应该是11人，7张赞成票在11名董事中占比不足2/3，所以决议并未通过。

(1)《公司法》没有关于董事会特别决议的规定，万科A自己的公司章程规定董事会的特别决议须经2/3以上董事通过，这是合法的。因为，董事会的议事方式和表决程序，除《公司法》有规定的外，由公司章程规定。对照股东大会，特别决议需要经2/3以上表决权通过就是法定的，不允许公司章程作另外规定。

(2)这个问题的争议点是，参加表决的是10人还是11人？通过前后对照，万科A公告是自相矛盾的：公告前文说独立董事张某有关联关系，特此回避表决，也就是排除了他的表决权，但后文在统计票数时都是说他弃权。排除表决权和弃权，完全是两个概念，造成两种不同的结果。前者10人参加表决，7人赞成，超过2/3，决议通过；后者11人参加表决，7人赞成，不足2/3，决议不能通过。因为，弃权也是参加了表决，而且没有投赞成票。

(3)此事最后不了了之，真要付诸实施，可能还需要股东大会2/3通过。另外根据《公司法》规定，股东会或者股东大会、董事会的会议召集程序、表决方式违反法律、行政法规或者公司章程，或者决议内容违反公司章程的，股东可以自决议作出之日起60日内，请求人民法院撤销。因此，如果华润方面认为此次董事会决议不能通过，可以通过向法院起诉主张撤销此次董事会决议。

当你摸着散发着油墨香气的经典题解时，它会带你进入习题的世界里畅游；累了、倦了想放弃时，它会化作美好的未来召唤着你！！！

中华会计网校
www.chinaacc.com
正保远程教育旗下品牌网站
美国纽交所上市公司(代码:DL)

梦想成真®
系列辅导丛书

2020年 注册会计师全国统一考试

经 济 法

经典题解 下册

■ 游文丽 主编　　■ 中华会计网校 编

感恩20年相伴　助你梦想成真

人民出版社

目　录

下　册

第 7 章　证券法律制度　　　233

考情分析 // 233

核心考点及经典例题详解 // 233

本章综合练习 // 277

本章综合练习参考答案及详细解析 // 286

第 8 章　企业破产法律制度　　　294

考情分析 // 294

核心考点及经典例题详解 // 294

本章综合练习 // 328

本章综合练习参考答案及详细解析 // 337

第 9 章　票据与支付结算法律制度　　　345

考情分析 // 345

核心考点及经典例题详解 // 345

本章综合练习 // 367

本章综合练习参考答案及详细解析 // 377

第 10 章　企业国有资产法律制度　　　386

考情分析 // 386

核心考点及经典例题详解 // 386

本章综合练习 // 395

本章综合练习参考答案及详细解析 // 397

第 11 章　反垄断法律制度　　　　　　　　　　　　398

　　考情分析　// 398

　　核心考点及经典例题详解　// 398

　　本章综合练习　// 413

　　本章综合练习参考答案及详细解析　// 417

第 12 章　涉外经济法律制度　　　　　　　　　　　421

　　考情分析　// 421

　　核心考点及经典例题详解　// 421

　　本章综合练习　// 431

　　本章综合练习参考答案及详细解析　// 433

第三部分　跨章节主观题突破

跨章节主观题　　　　　　　　　　　　　　　　437

跨章节主观题参考答案及解析　　　　　　　　　446

第四部分　机考通关模拟试题演练

机考通关模拟试题　　　　　　　　　　　　　　455

　　模拟试卷（一）　// 455

　　模拟试卷（二）　// 463

机考通关模拟试题参考答案及解析　　　　　　　471

　　模拟试卷（一）参考答案及详细解析　// 471

　　模拟试卷（二）参考答案及详细解析　// 476

第7章 证券法律制度

JINGDIAN TITLE

考情分析

▸▸ **历年考情分析**

本章是出现案例分析题的重点章，也是出现跨章节综合题频率最高的章节，平均分值一般都在 10 分以上。本章难度比较大，大量繁杂的条件都是一些硬性规定，没有什么规律，难以记忆，还有一些难以理解的知识点。学习本章应当把握三条线：一是证券的发行；二是证券的交易；三是上市公司收购与重大资产重组。

▸▸ **本章 2020 年考试主要变化**

本章根据新发布的《证券法》作出比较大的实质性修改。

核心考点及经典例题详解

考点一　证券法律制度概述 ★★

扫我解疑难

📝 **经典例题**

【例题 1·单选题】（2017 年）根据证券法律制度的规定，招股说明书有效期为 6 个月，有效期的起算日是（　　）。

A. 发行人全体董事在招股说明书上签名盖章之日

B. 保荐人及保荐代表人在核查意见上签名盖章之日

C. 中国证监会核准发行申请前招股说明书最后一次签署之日

D. 中国证监会在指定网站第一次全文刊登之日

【答案】 C

【解析】 本题考核信息披露的内容。招股说明书

的有效期为 6 个月，自中国证监会核准发行申请前招股说明书最后一次签署之日起计算。

【例题 2·单选题】（2017 年）甲上市公司上一期经审计的净资产额为 50 亿元人民币。甲公司拟为乙公司提供保证担保，担保金额为 6 亿元，并经董事会会议决议通过。甲公司章程规定，单笔对外担保额超过公司最近一期经审计净资产 10% 的担保须经公司股东大会批准。根据证券法律制度的规定，甲公司披露该笔担保的最早时点应当是（　　）。

A. 甲公司股东大会就该笔担保形成决议时

B. 甲公司董事会就该笔担保形成决议时

C. 甲公司与乙公司的债权人签订保证合同时

D. 证券交易所核准同意甲公司进行担保时

【答案】 B

【解析】 本题考核信息披露的事务管理。上市公司对外提供重大担保，属于重大事件，应当及时提出临时报告。上市公司应当在最先发生的以下任一时点，及时履行重大事件的信息披

露义务：（1）董事会或者监事会就该重大事件形成决议时；（2）有关各方就该重大事件签署意向书或者协议时；（3）董事、监事或者高级管理人员知悉该重大事件发生并报告时。

【例题3·单选题】（2010年）上市公司董事、监事和高级管理人员在信息披露工作中应当履行相应的职责。下列表述中，符合证券法律制度规定的是（　　）。

A. 上市公司董事应对公司年度报告签署书面审核意见

B. 上市公司监事应对公司年度报告签署书面确认意见

C. 上市公司高级管理人员应对公司年度报告签署书面审核意见

D. 上市公司监事会应对公司年度报告签署书面审核意见

【答案】 D

【解析】 本题考核信息披露的事务管理。根据规定，上市公司的董事、高级管理人员应当对公司定期报告签署书面确认意见。上市公司监事会应当对董事会编制的公司定期报告进行审核并提出书面审核意见。

📋**考点精析**

【考点精析1】《证券法》的适用范围

《证券法》中的证券，目前主要可以分为股票、债券、混合型的可转换公司债券以及存托凭证。

【考点精析2】 强制信息披露制度

1. 信息披露的内容

（1）首次信息披露。

①首次信息披露的内容主要包括：招股说明书、债券募集说明书和上市公告书。

②招股说明书中引用的财务报表在其最近一期截止日后6个月内有效，适当延长最多1个月。

③招股说明书的有效期为6个月，自中国证监会核准发行申请前招股说明书最后一次签署之日起算。

【知识点拨】 发行人股票发行前只需在一

种中国证监会指定报刊刊登提示性公告，告知投资者网上刊登的地址。同时将招股说明书全文和摘要刊登于中国证监会指定的网站并将招股说明书全文置于发行人住所、拟上市证券交易所、保荐人、主承销商和其他承销机构的住所，以备公众查阅。

（2）持续信息披露——定期报告。

①年度报告：年度结束之日起4个月内编制完成并披露。

②中期报告：上半年结束之日起2个月内编制完成并披露。

③季度报告：年度第3个月、第9个月结束后的1个月内编制完成并披露。

（3）持续信息披露——临时报告。

临时报告是指在定期报告之外临时发布的报告。凡发生可能对上市公司证券及其衍生品种交易价格产生较大影响的重大事件，投资者尚未得知时，上市公司应当立即提出临时报告，披露事件内容，说明事件的起因、目前的状态和可能产生的影响。

下列情况为重大事件：①公司的经营方针和经营范围的重大变化；②公司的重大投资行为，公司在一年内购买、出售重大资产超过公司资产总额30%，或者公司营业用主要资产的抵押、质押、出售或者报废一次超过该资产的30%；③公司订立重要合同、提供重大担保或者从事关联交易，可能对公司的资产、负债、权益和经营成果产生重要影响；④公司发生重大债务和未能清偿到期重大债务的违约情况，或者发生大额赔偿责任；⑤公司发生重大亏损或者重大损失；⑥公司生产经营的外部条件发生的重大变化；⑦公司的董事、1/3以上监事或者经理发生变动，董事长或者经理无法履行职责；董事长或者经理无法履行职责；⑧持有公司5%以上股份的股东或者实际控制人，其持有股份或者控制公司的情况发生较大变化，公司的实际控制人及其控制的其他企业从事与公司相同，者相似业务的情况发生较大变化；⑨公司分配股利、增资的计划，公司股权结构的重要变化，公司减资、合并、分立、解散及申请破产的决定，或者依法进入破产程序、被责令关闭；⑩涉及公司的重大诉讼、仲裁，股东大会、董事会决议被依法撤销或者宣告无效；⑪公司涉嫌犯罪被依法立案调查，公司的控股股东、实际控制人、董事、监事、高级管理人员涉嫌犯罪被依法采取强制措施；⑫国务院证券监督管理机构规定的其他事项。

2. 信息披露的事务管理

（1）董事、监事、高级管理人员在信息披露工作中的职责。

①上市公司的董事、高级管理人员应当对公司定期报告签署书面确认意见；

②上市公司监事会应当对董事会编制的公司定期报告进行审核并提出书面审核意见。

③上市公司董事、监事、高级管理人员应当保证上市公司所披露的信息真实、准确、完整。

（2）上市公司及其他信息披露义务人在信息披露工作中的职责。

上市公司应当在最先发生的以下任一时点，"及时履行"重大事件的信息披露义务：

①董事会或者监事会就该重大事件形成决议时。

②有关各方就该重大事件签署意向书或者协议时。

③董事、监事或者高级管理人员知悉该重大事件发生并报告时。

【知识点拨】 这里说的"及时"是指自起算日起或者触及披露时点的2个交易日内。

在法定的"及时披露"时点之前出现下列情形之一的，上市公司应当及时披露相关事项的现状、可能影响事件进展的风险因素：

①该重大事件难以保密。

②该重大事件已经泄露或者市场出现传闻。

③公司证券及其衍生品种出现异常交易情况。

考点二　非上市公众公司★★★

扫我解疑难

📝 **经典例题**

【例题1·单选题】（2018年）甲股份有限公司为非上市公众公司，拟向5名战略投资者发行股票，募集资金。根据证券法律制度的规定，甲公司应当向证监会履行的手续是（　）。

A. 申请备案

B. 申请核准

C. 事后知会

D. 申请注册

【答案】B

【解析】 本题考核非上市公众公司的定向发行。非公众公司经核准定向发行股票后，股东人数超过200人的，该公司将被定性为非上市公众公司。已经成为非上市公众公司的发行人向特定对象发行股票，需要经过中国证监会的核准。

【例题2·单选题】（2017年）根据证券法律制度的规定，下列关于非上市公众公司的表述中，正确的是（　）。

A. 非上市公众公司不包括虽然在全国股转系统进行公开转让，但股东人数未超过200人的股份有限公司

B. 非上市公众公司向特定对象发行股票，无须中国证监会核准

C. 非上市公众公司包括股票向特定对象转让导致股东累计超过200人，但其股票未在证券交易所上市交易的股份有限公司

D. 非上市公众公司经中国证监会核准，可以在全国股转系统向不特定对象公开发行

【答案】C

【解析】 本题考核非上市公众公司。非上市公众公司是指有下列情形之一且其股票未在证券交易所上市交易的股份有限公司：股票向特定对象发行或者转让导致股东累计超过200人；股票以公开方式向社会公众公开转让。

无论公开转让后股东人数是否超过200人，都构成非上市公众公司，选项A错误、选项C正确。无论是普通公司通过向特定对象发行股票累计超过200人而成为非上市公众公司，还是已经成为非上市公众公司的发行人向特定对象发行股票，都必须经过中国证监会的核准，选项B错误。非上市公众公司公开转让股票应当在全国股转系统进行。非上市公众公司经中国证监会核准向不特定对象公开发行股票，应当申请在证券交易所上市交易，选项D错误。

【例题3·多选题】(2015年)根据证券法律制度的规定，股份有限公司的下列股份发行或转让活动中，可以豁免向证监会申请核准的有(　　)。

A. 在全国股转系统挂牌的公司拟向特定对象定向发行股份，发行后股东预计达到195人

B. 因向公司核心员工转让股份导致股东累计达到220人，但在1个月内降至195人

C. 股东累计已达195人的公司拟公开转让股份

D. 公司获得定向发行核准后第13个月，拟使用未完成的核准额度继续发行

【答案】ABC

【解析】本题考核非上市公众公司的核准规定。(1)在全国股转系统挂牌公开转让股票的非上市公众公司向特定对象发行股票后股东累计不超过200人的，豁免向中国证监会申请核准，由全国股转系统自律管理，因此选项A的情形可以豁免核准。(2)股票向特定对象转让导致股东累计超过200人的股份有限公司，应当自上述行为发生之日起3个月内，按照中国证监会有关规定申请核准。如果股份公司在3个月内将股东人数降至200人以内，可以不提出申请，因此选项B的情形可以豁免核准。(3)对于股东人数未超过200人的公司申请股票公开转让，中国证监会豁免核准，由全国股转系统进行审查，因此选项C的情形可以豁免核准。(4)公司申请定向发行股

票，可申请一次核准，分期发行。自中国证监会予以核准之日起，公司应当在3个月内首期发行，剩余数量应当在12个月内发行完毕。超过核准文件限定的有效期未发行的，须重新经中国证监会核准后方可发行。选项D中，由于超过了核准文件规定的12个月有效期，因此继续发行的，需要重新申请核准。

考点精析

【考点精析1】股票公开发行注册制

《证券法》规定：公开发行证券，必须符合法律、行政法规规定的条件，并依法报经国务院证券监督管理机构或者国务院授权的部门注册。未经依法注册，任何单位和个人不得公开发行证券。证券发行注册制的具体范围、实施步骤，由国务院规定。

有下列情形之一的，为公开发行：

(1)向不特定对象发行证券的。

(2)向特定对象发行证券累计超过200人的，但依法实施员工持股计划的员工人数不计算在内。

【知识点拨】股份公司的设立条件之一就是"发起人为2人以上200人以下"。

【考点精析2】非上市公众公司

1. 非上市公众公司的概念

非上市公众公司是指有下列情形之一且其股票未在证券交易所上市交易的股份有限公司：

(1)股票向特定对象发行或者转让导致股东累计超过200人。

(2)股票以公开方式转让。

任何股份公司的股东人数超过200人，无论是因为非公开发行的原因还是因为股东向多人转让股份的原因，都需要经过中国证监会的核准。

2. 非上市公众公司核准的相关规定(见表7-1)

表 7-1　非上市公众公司核准的相关规定

原因	内容
因股东非公开转让股票导致股东累计超过 200 人	自上述行为发生之日起 3 个月内，按照中国证监会有关规定制作申请文件，申请文件应当包括但不限于：定向转让说明书、律师事务所出具的法律意见书、会计师事务所出具的审计报告
	在提交申请文件前，股份有限公司应当将相关情况通知所有股东，如果股份公司在 3 个月内将股东人数降至 200 人以内的，可以不提出申请
因股份公司申请其股票向社会公开转让	董事会应当依法就股票公开转让的具体方案作出决议，并提请股东大会批准，股东大会决议必须经出席会议的股东所持表决权的 2/3 以上通过
	中国证监会在受理申请文件后，依法对公司治理和信息披露进行审核，在 20 个工作日内作出核准、中止审核、终止审核、不予核准的决定
	对于股东人数未超过 200 人的公司申请其股票公开转让，中国证监会豁免核准，由全国股转系统进行审查
	对于那些在《非上市公众公司监督管理办法》实施前股东人数已经超过 200 人的股份公司，符合条件的，可以申请在全国股转系统挂牌公开转让股票，也可以申请首次公开发行股票并在证券交易所上市

3. 非上市公众公司的股票定向发行

（1）无论是普通公司通过向特定对象发行股票累计超过 200 人而成为非上市公众公司，还是已经成为非上市公众公司的发行人向特定对象发行股票，都必须经过中国证监会的核准，而且发行对象必须只能是中国证监会规定的特定对象。

（2）特定对象的范围包括下列机构或者自然人：

①公司股东。

②公司的董事、监事、高级管理人员、核心员工。

③符合投资者适当性管理规定的自然人投资者、法人投资者及其他经济组织。

公司确定发行对象时，符合第②项、第③项规定的投资者合计不得超过 35 名。

（3）公司申请定向发行股票，可申请一次核准，分期发行。自中国证监会予以核准之日起，公司应当在 3 个月内首期发行，剩余数量应当在 12 个月内发行完毕。超过核准文件限定的有效期未发行的，须重新经中国证监会核准后方可发行。

（4）首期发行数量应当不少于总发行数量的 50%，剩余各期发行的数量由公司自行确定，每期发行后 5 个工作日内将发行情况报中国证监会备案。

（5）股票公开转让的公众公司向特定对象发行股票后股东累计不超过 200 人的，中国证监会豁免核准，由全国股转系统自律管理。

4. 非上市公众公司向不特定合格投资者的公开发行

公众公司申请公开发行，应当符合以下条件：（1）具备健全且运行良好的组织机构；（2）具有持续盈利能力，财务状况良好，最近 3 年财务会计文件无虚假记载；（3）依法规范经营，最近 3 年内，公司及其控股股东、实际控制人不存在贪污、贿赂、侵占财产、挪用财产或者破坏社会主义市场经济秩序的刑事犯罪，不存在重大违法行为，最近 12 个月内未受到中国证监会行政处罚。

5. 非上市公众公司的监管

（1）非上市公众公司应当履行强制信息披露义务。

（2）中国证监会对公众公司实行差异化信息披露管理。

①股票在全国股转系统挂牌公开转让的非上市公众公司定期报告包括年度报告、中期报告和季度报告。

②精选层挂牌公司应当披露年度报告、中期报告和季度报告。创新层、基础层挂牌

公司应当披露年度报告和中期报告。凡是对投资者作出投资决策有重大影响的信息，均应当在定期报告中披露。

（3）非上市公众公司信息披露的要求。

①发生可能对股票价格产生较大影响的重大事件，投资者尚未得知时，非上市公众公司应当立即将有关该重大事件的情况报送临时报告，并予以公告，说明事件的起因、目前的状态和可能产生的后果。

②公司的董事、监事、高级管理人员应当忠实、勤勉地履行职责，保证公司披露信息的真实、准确、完整、及时。

③公司的董事、高级管理人员应当对定期报告签署书面确认意见；监事会应当对董事会编制的定期报告进行审核并提出书面审核意见。

阶段性测试

1. 【单选题】根据上市公司信息披露制度的有关规定，上市公司必须编制并公告季度报告。报告编制并公告的时间应当是（　　）。

A. 会计年度第 3 个月、6 个月、9 个月结束后的 1 个月内

B. 会计年度第 3 个月、6 个月、9 个月结束后的 2 个月内

C. 会计年度第 3 个月、9 个月结束后的 1 个月内

D. 会计年度第 3 个月、9 个月结束后的 2 个月内

2. 【单选题】某上市公司监事会有 5 名监事，其中监事赵某、张某为职工代表，监事任期届满，该公司职工代表大会一致决议改选陈某、王某为监事会成员。按照《证券法》的规定，该上市公司应通过一定的方式将该信息予以披露，该信息披露的方式是（　　）。

A. 中期报告　　　B. 季度报告

C. 年度报告　　　D. 临时报告

3. 【单选题】关于非上市公众公司，下列说

法不正确的是（　　）。

A. 非上市公众公司向特定对象发行股票，一般经过中国证监会的核准

B. 向特定对象转让股份导致股东累计超过 200 人，但在 3 个月内将股东人数降至 200 人以内，可以不申请成为非上市公众公司

C. 非上市公众公司发行股票的特定对象不能包括公司的董事

D. 非上市公众公司的股票公开转让应当在依法设立的全国股转系统中进行

4. 【多选题】甲上市公司正在与乙公司谈合并事项。下列关于甲公司信息披露的表述中，正确的有（　　）。

A. 一旦甲公司与乙公司开始谈判，甲公司就应当公告披露合并事项

B. 当市场出现甲公司与乙公司合并的传闻，并导致甲公司股价出现异常波动时，甲公司应当公告披露合并事项

C. 当甲公司与乙公司签订合并协议时，甲公司应当公告披露合并事项

D. 当甲公司派人对乙公司进行尽职调查以确定合并价格时，甲公司应当公告披露合并事项

5. 【多选题】根据证券法律制度的规定，凡发生或可能对上市公司证券及其衍生品种交易价格产生较大影响的重大事件，投资者尚未得知时，上市公司应当立即提出临时报告。下列各项中，属于重大事件的有（　　）。

A. 甲上市公司董事会就发行新股方案形成相关决议

B. 乙上市公司的股东王某持有公司 3% 的股份被冻结

C. 丙上市公司因国家产业政策调整致使主要业务陷入停顿

D. 丁上市公司涉嫌违法违规被司法机关调查

6. 【多选题】关于股票发行，下列说法正确的有（　　）。

A. 股票的发行可以区分为公开发行与非公开发行两种方式

B. 非公众公司向特定对象发行股票不需报经证监会的核准

C. 非公众公司向特定对象发行股票，导致发行后股东超过 200 人的，必须经过中国证监会的核准

D. 非公众公司经核准定向发行股票后，股东人数超过 200 人的，该公司将被定性为非上市公众公司

阶段性测试答案精析

1. C 【解析】本题考核上市公司季度报告的披露时间。根据规定，季度报告应在会计年度前 3 个月、9 个月结束后的 1 个月内编制。

2. D 【解析】本题考核重大事件。公司董事、1/3 以上监事或者经理发生变动属于重大事件，应提交临时报告。

3. C 【解析】本题考核非上市公众公司。发行特定对象的范围包括下列机构或者自然人：(1)公司股东。(2)公司的董事、监事、高级管理人员、核心员工。(3)符合投资者适当性管理规定的自然人投资者、法人投资者及其他经济组织。

4. BC 【解析】本题考核信息披露的事务管理。根据规定，上市公司应当在最先发生的以下任一时点，及时履行重大事件的信息披露义务：(1)董事会或者监事会就该重大事件形成决议时；(2)有关各方就该重大事件签署意向书或者协议时；(3)董事、监事或者高级管理人员知悉该重大事件发生并报告时。"及时"是指自起算日起或者触及披露时点的 2 个交易日内。在上述规定的时点之前出现下列情形之一的，上市公司应当及时披露相关事项的现状、可能影响事件进展的风险因素：(1)该重大事件难以保密；(2)该重大事件已经泄露或者市场出现传闻；(3)公司证券及其衍生品种出现异常交易情况。

5. ACD 【解析】本题考核重大事件的临时报告。任一个股东所持公司 5% 以上股份

被质押、冻结、司法拍卖、托管、设定信托或者被依法限制表决权，属于重大事件。

6. ACD 【解析】本题考核股票发行的类型。非公众公司向特定对象发行股票，需根据"发行后股东人数"判断是否需经证监会核准，发行后股东人数不超过 200 人的，不需经证监会核准，选项 B 错误。

考点三　首次公开发行股票并上市 ★★

扫我解疑难

经典例题

【例题 1·单选题】(2019 年)根据证券法律制度的规定，公司申请在创业板公开发行股票并上市的，在不存在未弥补亏损的情况下，其最近一期期末净资产的最低金额应当是(　　)。

A. 1 000 万元　　　　B. 4 000 万元

C. 2 000 万元　　　　D. 3 000 万元

【答案】C

【解析】本题考核创业板上市的公司首次公开发行股票的条件。公司申请在创业板公开发行股票并上市的，最近一期期末净资产不少于 2 000 万元，且不存在未弥补亏损。

【例题 2·单选题】(2019 年)根据证券法律制度的规定，在科创板申请公开发行股票并上市的公司，作出同意或者不同意股票公开发行并上市的审核意见的是(　　)。

A. 保荐人　　　　　　B. 证券业协会

C. 证券交易所　　　　D. 证监会

【答案】C

【解析】本题考核科创板首次公开发行股票的发行条件。首次公开发行股票并在科创板上市，依法经上海证券交易所发行上市审核并报经中国证券监督管理委员会履行发行注册程序。

【例题 3·多选题】(2015 年)甲公司委托乙证券公司以代销方式公开发行股票 6 000 万股。

代销期限届满，投资者认购甲公司股票的数量为4 000万股，下列表述中，正确的有（　）。

A. 甲公司应当以自有资金购入剩余的2 000万股

B. 股票发行失败

C. 甲公司可以更换承销商，继续销售剩余的2 000万股

D. 应当返还已收取的4 000万股发行价款，并加算银行同期存款利息

【答案】BD

【解析】本题考核股票承销的规定。股票发行采用代销方式，代销期限届满，向投资者出售的股票数量未达到拟公开发行股票数量70%的，为发行失败。发行人应当按照发行价并加算银行同期存款利息返还股票认购人。本题中，公开发行股票数量为6 000万股，实际认购数量为4 000万股，少于其发行总量的70%（4 200万股），因此应界定为发行失败，相关的认股款项应返还给认股人，并加算银行同期存款利息。

考点精析

【考点精析1】首次公开发行新股

公司首次公开发行新股，应当符合下列条件：（1）具备健全且运行良好的组织机构；（2）具有持续经营能力；（3）最近3年财务会计报告被出具无保留意见审计报告；（4）发行人及其控股股东、实际控制人最近3年不存在贪污、贿赂、侵占财产、挪用财产或者破坏社会主义市场经济秩序的刑事犯罪；（5）经国务院批准的国务院证券监督管理机构规定的其他条件。

【考点精析2】首次公开发行股票的条件

1. 在主板和中小板上市的公司首次公开发行股票的条件

（1）发行人应当是依法设立且合法存续一定期限的股份有限公司。发行人合法存续的期限条件符合下列情形之一即可：

①该股份有限公司应自成立后，持续经营时间在3年以上；

②有限责任公司按原账面净资产值折股整体变更为股份有限公司的，持续经营时间可以从有限责任公司成立之日起计算，并达3年以上（经国务院批准，有限责任公司在依法变更为股份有限公司时，可以采取募集设立方式公开发行股票）；

③经国务院批准，可以不受上述时间的限制。

（2）发行人已合法并真实取得注册资本项下载明的资产。

（3）发行人的生产经营符合法律、行政法规和公司章程的规定，符合国家产业政策。

（4）发行人最近3年内主营业务和董事、高级管理人员没有发生重大变化，实际控制人没有发生变更。

（5）发行人的股权清晰，控股股东和受控股股东、实际控制人支配的股东持有的发行人股份不存在重大权属纠纷。

（6）发行人具备健全且运行良好的组织机构。

（7）发行人具有持续盈利能力。

（8）发行人的财务状况良好。

①财务管理规范。

②财务指标良好的标准（见表7-2）。

表7-2　财务指标良好的标准

项目	内容
净利润	最近3个会计年度净利润均为正数且累计超过人民币3 000万元，净利润以扣除非经常性损益前后较低者为计算依据
经营	最近3个会计年度经营活动产生的现金流量净额累计超过人民币5 000万元；或者最近3个会计年度营业收入累计超过人民币3亿元
股本	发行前股本总额不少于人民币3 000万元

项目	内容
资产	最近一期期末无形资产（扣除土地使用权、水面养殖权和采矿权等后）占净资产的比例不高于 20%
亏损	最近一期期末不存在未弥补亏损

③依法纳税。

④发行人不存在重大偿债风险，不存在影响持续经营的担保、诉讼以及仲裁等重大或有事项。

⑤财务资料真实完整。

（9）发行人不存在法定的违法行为。

发行人存在下列情形之一的，构成首次发行股票并上市的法定障碍：

①最近 36 个月内未经法定机关核准，擅自公开或者变相公开发行过证券；或者有关违法行为虽然发生在 36 个月前，但目前仍处于持续状态。

②最近 36 个月内违反工商、税收、土地、环保、海关以及其他法律、行政法规，受到行政处罚，且情节严重。

③最近 36 个月内曾向中国证监会提出发行申请，但报送的发行申请文件有虚假记载、误导性陈述或重大遗漏；或者不符合发行条件以欺骗手段骗取发行核准；或者以不正当手段干扰中国证监会及其发行审核委员会审核工作；或者伪造、变造发行人或其董事、监事、高级管理人员的签字、盖章。

④本次报送的发行申请文件有虚假记载、误导性陈述或者重大遗漏。

⑤涉嫌犯罪被司法机关立案侦查，尚未有明确结论意见。

⑥严重损害投资者合法权益和社会公共利益的其他情形。

2. 在创业板上市的公司首次公开发行股票的条件

（1）发行人是依法设立且持续经营 3 年以上的股份有限公司。有限责任公司按原账面净资产值折股整体变更为股份有限公司的，持续经营时间可以从有限责任公司成立之日起计算。

（2）最近 2 年连续盈利，最近 2 年净利润累计不少于 1 000 万元；或者最近 1 年盈利，最近 1 年营业收入不少于 5 000 万元。净利润以扣除非经常性损益前后孰低者为计算依据。

（3）最近一期期末净资产不少于 2 000 万元，且不存在未弥补亏损。

【知识点拨】 中国证监会根据《关于开展创新企业境内发行股票或存托凭证试点的若干意见》等规定认定的试点企业（以下简称试点企业），可不适用前款第（2）项规定和第（3）项"不存在未弥补亏损"的规定。

（5）发行人的注册资本已足额缴纳[与主板第（2）条相同]。

（6）发行人应当主要经营一种业务，其生产经营活动符合法律、行政法规和公司章程的规定，符合国家产业政策及环境保护政策。

（7）发行人最近 2 年内主营业务和董事、高级管理人员均没有发生重大变化，实际控制人没有发生变更[与主板第（4）条类似，主板是 3 年]。

（8）发行人的股权清晰[与主板第（5）条相同]。

（9）发行人具有完善的公司治理结构。

（10）发行人会计基础工作规范，财务报表的编制符合企业会计准则和相关会计制度的规定，在所有重大方面公允地反映了发行人的财务状况、经营成果和现金流量，并由注册会计师出具无保留意见的审计报告。

（11）发行人内部控制制度健全且被有效执行，能够合理保证公司财务报告的可靠性、生产经营的合法性、营运的效率与效果，并由注册会计师出具无保留结论的内部控制鉴证报告。

(12)发行人的董事、监事和高级管理人员具备法律、行政法规和规章规定的资格。

发行人的董事、监事和高级管理人员不存在下列情形：

①被中国证监会采取证券市场禁入措施尚在禁入期的；

②最近3年内受到中国证监会行政处罚，或者最近1年内受到证券交易所公开谴责的；

③因涉嫌犯罪被司法机关立案侦查或者涉嫌违法违规被中国证监会立案调查，尚未有明确结论意见的。

(13)发行人及其控股股东、实际控制人最近3年内不存在损害投资者合法权益和社会公共利益的重大违法行为。发行人及其控股股东、实际控制人最近3年内不存在未经法定机关核准，擅自公开或者变相公开发行证券，或者有关违法行为虽然发生在3年前，但目前仍处于持续状态的情形。

3. 在科创板上市的公司首次公开发行股票的条件

(1)发行人是依法设立且持续经营3年以上的股份有限公司，具备健全且运行良好的组织机构，相关机构和人员能够依法履行职责。有限责任公司按原账面净资产值折股整体变更为股份有限公司的，持续经营时间可以从有限责任公司成立之日起计算。

(2)发行人会计基础工作规范，财务报表的编制和披露符合企业会计准则和相关信息披露规则的规定，在所有重大方面公允地反映了发行人的财务状况、经营成果和现金流量，并由注册会计师出具标准无保留意见的审计报告。发行人内部控制制度健全且被有效执行，能够合理保证公司运行效率、合法合规和财务报告的可靠性，并由注册会计师出具无保留结论的内部控制鉴证报告。

(3)发行人业务完整，具有直接面向市场独立持续经营的能力：①资产完整，业务及人员、财务、机构独立，与控股股东、实际控制人及其控制的其他企业间不存在对发行人构成重大不利影响的同业竞争，不存在严重影响独立性或者显失公平的关联交易。②发行人主营业务、控制权、管理团队和核心技术人员稳定，最近2年内主营业务和董事、高级管理人员及核心技术人员均没有发生重大不利变化；控股股东和受控股股东、实际控制人支配的股东所持发行人的股份权属清晰，最近2年实际控制人没有发生变更，不存在导致控制权可能变更的重大权属纠纷。③发行人不存在主要资产、核心技术、商标等的重大权属纠纷，重大偿债风险，重大担保、诉讼、仲裁等或有事项，经营环境已经或者将要发生重大变化等对持续经营有重大不利影响的事项。④发行人生产经营符合法律、行政法规的规定，符合国家产业政策。最近3年内，发行人及其控股股东、实际控制人不存在贪污、贿赂、侵占财产、挪用财产或者破坏社会主义市场经济秩序的刑事犯罪，不存在欺诈发行、重大信息披露违法或者其他涉及国家安全、公共安全、生态安全、生产安全、公众健康安全等领域的重大违法行为。董事、监事和高级管理人员不存在最近3年内受到中国证监会行政处罚，或者因涉嫌犯罪被司法机关立案侦查或者涉嫌违法违规被中国证监会立案调查，尚未有明确结论意见等情形。

【考点精析3】首次公开发行股票的注册程序和承销

1. 首次公开发行股票的注册程序（以科创板为例）

(1)发行人董事会应当依法就本次股票发行的具体方案、本次募集资金使用的可行性及其他必须明确的事项作出决议，并提请股东大会批准。

(2)发行人股东大会就本次发行股票作出的决议，至少应当包括下列事项：本次公开发行股票的种类和数量；发行对象；定价方式；募集资金用途；发行前滚存利润的分配方案；决议的有效期；对董事会办理本次发行具体事宜的授权；其他必须明确的事项。

(3)发行人申请首次公开发行股票并在科创板上市，应当按照中国证监会有关规定制作注册申请文件，由保荐人保荐并向交易所申报。交易所收到注册申请文件后，5 个工作日内作出是否受理的决定。注册申请文件受理后，未经中国证监会或者交易所同意，不得改动。发生重大事项的，发行人、保荐人、证券服务机构应当及时向交易所报告，并按要求更新注册申请文件和信息披露资料。

(4)交易所应当自受理注册申请文件之日起 3 个月内形成审核意见。

(5)中国证监会在 20 个工作日内对发行人的注册申请作出同意注册或者不予注册的决定。发行人根据要求补充、修改注册申请文件，中国证监会要求交易所进一步问询，以及中国证监会要求保荐人、证券服务机构等对有关事项进行核查的时间不计算在内。

(6)中国证监会同意注册的决定自作出之日起 1 年内有效，发行人应当在注册决定有效期内发行股票，发行时点由发行人自主选择。

(7)中国证监会作出注册决定后、发行人股票上市交易前，发行人应当及时更新信息披露文件内容。中国证监会作出注册决定后、发行人股票上市交易前，发现可能影响本次发行的重大事项的，中国证监会可以要求发行人暂缓或者暂停发行、上市；相关重大事项导致发行人不符合发行条件的，可以撤销注册。中国证监会撤销注册后，股票尚未发行的，发行人应当停止发行；股票已经发行尚未上市的，发行人应当按照发行价并加算银行同期存款利息返还股票持有人。

(8)交易所因不同意发行人股票公开发行并上市，作出终止发行上市审核决定，或者

中国证监会作出不予注册决定的，自决定作出之日起 6 个月后，发行人可以再次提出公开发行股票并上市申请。

2. 强化发行人及控股股东等责任主体的诚信义务

(1)发行人控股股东、持有发行人股份的董事和高级管理人员应在公开募集及上市文件中公开承诺：所持股票在锁定期满后 2 年内减持的，其减持价格不低于发行价；公司上市后 6 个月内如公司股票连续 20 个交易日的收盘价均低于发行价，或者上市后 6 个月期末收盘价低于发行价，持有公司股票的锁定期限自动延长至少 6 个月。

(2)发行人及其控股股东、公司董事及高级管理人员应在公开募集及上市文件中提出上市后 3 年内公司股价低于每股净资产时稳定公司股价的预案，预案应包括启动股价稳定措施的具体条件、可能采取的具体措施等。

(3)发行人及其控股股东应在公开募集及上市文件中公开承诺，发行人招股说明书有虚假记载、误导性陈述或者重大遗漏，对判断发行人是否符合法律规定的发行条件构成重大、实质影响的，将依法回购首次公开发行的全部新股，且发行人控股股东将购回已转让的原限售股份。

(4)发行人公开发行证券上市当年即亏损的，中国证监会自确认之日起暂停保荐机构的保荐机构资格 3 个月，撤销相关人员的保荐代表人资格，尚未盈利的试点企业除外。

(5)发行人应当在公开募集及上市文件中披露公开发行前持股 5%以上股东的持股意向及减持意向。持股 5%以上股东减持时，需提前 3 个交易日予以公告。

3. 股票承销

(1)股票承销的类型有代销和包销。证券公司在代销、包销期内，对所代销、包销的证券应当保证先行出售给认购人，证券公司不得为本公司预留所代销的证券和预先购入

并留存所包销的证券。

（2）承销股票。

（3）承销期限。证券的代销、包销期限最长不得超过 90 日。

（4）股票发行失败。股票发行采用代销方式，代销期限届满，向投资者出售的股票数量未达到拟公开发行股票数量 70% 的，为发行失败。发行人应当按照发行价并加算银行同期存款利息返还股票认购人。

【知识点拨】 这里说的是"代销"方式。如果采取"包销"方式，则不存在该发行失败的情形。

【考点精析 4】 首次公开发行股票时的老股转让

（1）公司首次公开发行时，公司股东公开发售的股份，其已持有时间应当在"36 个月以上"。公司股东公开发售股份后，公司的股权结构不得发生重大变化，实际控制人不得发生变更。

（2）公司股东公开发售的股份，权属应当清晰，不存在法律纠纷或质押、冻结及其他依法不得转让的情况。

（3）公司股东拟公开发售股份的，应当向发行人董事会提出申请；需要相关主管部门批准的，应当事先取得相关部门的批准文件。发行人董事会应当依法就本次股票发行方案作出决议，并提请股东大会批准。

（4）发行人应当在招股说明书扉页载明：公司拟发行新股和公司股东拟公开发售股份的数量，并提示股东公开发售股份所得资金不归公司所有。

（5）公司发行新股的同时，其股东拟公开发售股份的，发行方案应当载明公司预计发行新股数量、公司相关股东预计公开发售股份的数量和上限，并明确新股发行与老股转让数量的调整机制。公司股东公开发售股份数量不得超过自愿设定 12 个月及以上限售期的投资者获得配售股份的数量。

考点四　上市公司增发股票 ★★★

扫我解疑难

📝 经典例题

【例题 1·单选题】（2011 年）甲上市公司拟非公开发行股票，其发行方案的下列内容中，符合证券法律制度规定的是（　　）。

A. 本次非公开发行股票的对象为 20 名机构投资者

B. 本次非公开发行股票的对象中包括乙信托公司管理的一个集合资金信托计划

C. 本次非公开发行股票的发行价格，不得低于定价基准日前 20 个交易日公司股票均价的 90%

D. 投资者在本次非公开发行中认购的股份，自发行结束之日起 3 个月内不得转让

【答案】C

【解析】 本题考核非公开发行股票的有关规定。（1）选项 A 错误，上市公司非公开发行股票的发行对象不超过 10 名。（2）选项 B 错误，信托公司作为发行对象，只能以自有资金认购。（3）选项 D 错误，发行对象属于下列情形之一的，认购的股份自发行结束之日起 36 个月内不得转让：①上市公司的控股股东、实际控制人或其控制的关联人；②通过认购本次发行的股份取得上市公司实际控制权的投资者；③董事会拟引入的境内外战略投资者。除此之外的发行对象认购的股份自发行结束之日起 12 个月内不得转让。

【例题 2·多选题】（2011 年）上市公司发生下列情形时，属于证券法律制度禁止其增发股票的有（　　）。

A. 公司在 3 年前曾经公开发行过可转换公司债券

B. 公司现任监事在最近 36 个月内曾经受到过中国证监会的行政处罚

C. 公司在前年曾经严重亏损

D. 公司现任董事因涉嫌违法已被中国证监会立案调查

【答案】BCD

【解析】本题考核上市公司增发股票的条件。选项 B，上市公司现任董事、监事和高级管理人员在最近 36 个月内应未受到过证监会的行政处罚；选项 C，上市公司最近 3 个会计年度须连续盈利；选项 D，上市公司或其现任董事、高级管理人员因涉嫌犯罪被司法机关立案侦查或涉嫌违法违规被证监会立案调查，构成发行障碍。

📝 考点精析

【考点精析 1】 上市公司发行新股的条件

1. 上市公司发行新股的一般条件

（1）组织机构健全，运行良好。上市公司的公司章程合法有效，现任董事、监事和高级管理人员具备任职资格，能够忠实和勤勉地履行职务，不存在违反《公司法》规定的行为，且最近 36 个月内未受到过证监会的行政处罚，最近 12 个月内未受到过证券交易所的公开谴责；上市公司与控股股东或实际控制人的人员、资产、财务分开，机构、业务独立，能够自主经营管理；最近 12 个月内不存在违规对外提供担保。

（2）盈利能力应具有可持续性。上市公司最近 3 个会计年度连续盈利。最近 24 个月内曾公开发行证券的，不存在发行当年营业利润比上年下降 50% 以上的情形。

（3）财务状况良好。最近 3 年及 1 期财务报表未被注册会计师出具保留意见、否定意见或无法表示意见的审计报告；最近 3 年以现金方式累计分配的利润不少于最近 3 年实现的年均可分配利润的 30%。

（4）财务会计文件无虚假记载。

（5）募集资金的数额和使用符合规定。

（6）上市公司不存在下列行为：

①本次发行申请文件有虚假记载、误导性陈述或重大遗漏。

②擅自改变前次公开发行证券募集资金的用途而未作纠正。

③上市公司最近 12 个月内受到过证券交易所的公开谴责。

④上市公司及其控股股东或实际控制人最近 12 个月内存在未履行向投资者作出的公开承诺的行为。

⑤上市公司或其现任董事、高级管理人员因涉嫌犯罪被司法机关立案侦查或涉嫌违法违规被证监会立案调查。

⑥严重损害投资者的合法权益和社会公共利益的其他情形。

2. 上市公司配股的条件

（1）上市公司配股，应当向股权登记日登记在册的股东配售，且配售比例应当相同。

（2）配股除了应当符合前述一般条件之外，还应当符合以下条件：

①拟配售股份数量不超过本次配售股份前股本总额的 30%。

②控股股东应当在股东大会召开前公开承诺认配股份的数量。

③采用证券法规定的代销方式发行。

控股股东不履行认配股份的承诺，或者代销期限届满，原股东认购股票的数量未达到拟配售数量 70% 的，发行人应当按照发行价并加算银行同期存款利息返还已经认购的股东。

3. 上市公司增发（向不特定对象发行）的条件

增发除了符合前述一般条件之外，还应当符合下列条件：

（1）最近 3 个会计年度加权平均净资产收益率平均不低于 6%。扣除非经常性损益后的净利润与扣除前的净利润相比，以低者作为加权平均净资产收益率的计算依据。

（2）除金融类企业外，最近一期期末不存在持有金额较大的交易性金融资产和可供出售的金融资产、借予他人款项、委托理财等财务性投资的情形。

（3）发行价格应不低于公告招股意向书前 20 个交易日公司股票均价或前一个交易日的均价。

4. 上市公司非公开发行股票的条件

（1）发行对象和认购条件（见表 7-3）。

表7-3 发行对象和认购条件

项目	内容
发行对象	非公开发行股票的特定对象应当符合股东大会决议规定的条件，其发行对象不超过10名。其中： （1）证券投资基金管理公司以其管理的2只以上基金认购的，视为一个发行对象； （2）信托公司作为发行对象，只能以自有资金认购； （3）发行对象为境外战略投资者的，应当经国务院相关部门事先批准
转让限制	发行对象属于下列情形之一的，具体发行对象及其定价原则应当由上市公司董事会的非公开发行股票决议确定，并经股东大会批准，认购的股份自发行结束之日起36个月内不得转让： （1）上市公司的控股股东、实际控制人或其控制的关联人； （2）通过认购本次发行的股份取得上市公司实际控制权的投资者； （3）董事会拟引入的境内外战略投资者
	除以上之外的发行对象，上市公司应当在取得发行核准批文后，按照有关规定以竞价方式确定发行价格和发行对象。发行对象认购的股份自发行结束之日起12个月内不得转让
发行价格	发行对象认购本次非公开发行股票的发行价格不低于定价基准日前20个交易日公司股票均价的90%。这里所称"定价基准日"，是指计算发行底价的基准日。定价基准日可以为关于本次非公开发行股票的董事会决议公告日、股东大会决议公告日，也可以为发行期的首日。上市公司应按不低于该发行底价的价格发行股票。 『提示』依据2017年2月15日修订的《上市公司非公开发行股票实施细则》，定价基准日为本次非公开发行股票发行期的首日

（2）上市公司存在下列情形之一的，不得非公开发行股票：

①本次发行申请文件有虚假记载、误导性陈述或重大遗漏。

②上市公司的权益被控股股东或实际控制人严重损害且尚未消除。

③上市公司及其附属公司违规对外提供担保且尚未解除。

④现任董事、高级管理人员最近36个月内受到过证监会的行政处罚，或者最近12个月内受到过证券交易所公开谴责。

⑤上市公司或其现任董事、高级管理人员因涉嫌犯罪正被司法机关立案侦查或涉嫌违法违规正被证监会立案调查。

⑥最近1年及1期财务报表被注册会计师出具保留意见、否定意见或无法表示意见的审计报告。保留意见、否定意见或无法表示意见所涉及事项的重大影响已经消除或者本次发行涉及重大重组的除外。

⑦严重损害投资者合法权益和社会公共利益的其他情形。

【考点精析2】上市公司发行新股的程序

（1）董事会作出决议。

（2）股东大会批准。股东大会就发行事项作出决议，必须经出席会议的股东所持表决权的2/3以上通过。

（3）由保荐人保荐。

（4）中国证监会依照有关程序审核，并决定核准或不核准增发股票的申请。

（5）发行股票。

（6）承销。发行新股，应当由证券公司承销。

考点五 股票公开发行的方式★★

扫我解疑难

📖 经典例题

【例题1·多选题】（2018年）根据证券法律制度的规定，公开发行优先股的公司必须在公司章程中规定的事项有（ ）。

A. 在有可分配税后利润的情况下必须向优先

股股东分配股息

B. 未向优先股股东足额派发股息的差额部分应当累积到下一个会计年度

C. 采取固定股息率

D. 优先股股东按照约定的股息率分配股息后，不再同普通股股东一起参加剩余利润分配

【答案】ABCD

【解析】本题考核优先股公开发行的特殊要求。公开发行优先股的公司，必须在公司章程中规定以下事项：(1)采取固定股息率(选项C)；(2)在有可分配税后利润的情况下必须向优先股股东分配股息(选项A)；(3)未向优先股股东足额派发股息的差额部分应当累积到一下会计年度(选项B)；(4)优先股股东按照约定股息率分配股息后，不再同普通股股东一起参加剩余利润分配(选项D)。

【例题2·单选题】甲公司2017年1月申请首次公开发行股票并上市，采用网上和网下同时发行的机制，拟发行2亿股，已知发行后股本总额为5亿股。根据《证券发行与承销管理办法》的规定，网下初始发行的股份数额最少为(   )亿股。

A. 1.2   B. 1.4
C. 3   D. 3.5

【答案】B

【解析】本题考核股票公开发行的方式。根据规定，首次公开发行股票后总股本4亿股(含)以下的，网下初始发行比例不低于本次公开发行股票数量的60%；发行后总股本超过4亿股的，网下初始发行比例不低于本次公开发行股票数量的70%。本题中，发行后股本总额为5亿股，超过了4亿股，因此适用比例70%，即网下初始发行数量最少为本次公开发行股票数量的70% = 2×70% = 1.4 (亿股)。

📝 **考点精析**

【考点精析1】网上发行和网下询价发行
网上发行是指利用证券交易所的交易系统，投资者在指定的时间内，按照确定的发行价格，向作为股票唯一卖方的主承销商买入股票而进行申购的发行方式。

网下询价发行，是指发行人及其保荐人在网下按照规定向机构投资者推介和询价，在确定发行价后，向网下机构投资者配售股票的发行方式。

【考点精析2】网上和网下同时发行的机制

1. 发行机制

(1)首次公开发行股票，可以通过向网下投资者询价的方式确定股票发行价格，也可以通过发行人与主承销商自主协商直接定价等其他合法可行的方式确定发行价格。网下投资者参与报价时，应当持有一定金额的非限售股份或存托凭证。

【知识点拨】公开发行股票数量在2 000万股(含)以下且无老股转让计划的，可以通过直接定价的方式确定发行价格。

(2)首次公开发行股票采用直接定价方式的，全部向网上投资者发行，不进行网下询价和配售。

(3)首次公开发行股票的网下发行应和网上发行同时进行，网下和网上投资者在申购时无需缴付申购资金。投资者应当自行选择参与网下或网上发行，不得同时参与。

2. 采用询价方式定价

(1)首次公开发行股票采用询价方式定价的，符合条件的网下机构和个人投资者可以自主决定是否报价。网下投资者报价应当包含每股价格和该价格对应的拟申购股数，且只能有一个报价。非个人投资者应当以机构为单位进行报价。首次公开发行股票价格(或发行价格区间)确定后，提供有效报价的投资者方可参与申购。

(2)首次公开发行股票采用询价方式的，总量中报价最高的部分，剔除部分不得低于所有网下投资者拟申购总量的10%，然后根据剩余报价及拟申购数量协商确定发行价格。剔除部分不得参与网下申购。

（3）有效报价数量。

①首次公开发行股票数量在4亿股（含）以下的，有效报价投资者的数量不少于10家。

②公开发行股票数量在4亿股以上的，有效报价投资者的数量不少于20家。

③剔除最高报价部分后有效报价投资者数量不足的，应当中止发行。

3. 发行的要求

（1）网下初始发行比例。

①首次公开发行股票采用询价方式的，公开发行股票后总股本4亿股（含）以下的，网下初始发行比例不低于本次公开发行股票数量的60%。

②发行后总股本超过4亿股的，网下初始发行比例不低于本次公开发行股票数量的70%。

（2）配售对象。应当安排不低于本次网下发行股票数量的40%优先向通过公开募集方式设立的公募基金、社保基金、养老金配售；安排一定比例的股票向企业年金基金、保险资金配售。

【知识点拨1】公募基金、社保基金、养老金、企业年金基金和保险资金有效申购不足安排数量的，发行人和主承销商可以向其他符合条件的网下投资者配售剩余部分。对网下投资者进行分类配售的，同类投资者获得配售的比例应当相同。公募基金、社保基金、养老金、企业年金基金和保险资金的配售比例应当不低于其他投资者。

【知识点拨2】无论是公募基金还是社保基金，从理论上说都是以中小投资者利益为主的，新股优先配售给他们也显示对中小投资者的利益保护。公募基金等不愿意要的，才配给其他网下投资者。

4. 网上网下回拨

（1）首次公开发行股票网下投资者申购数量低于网下初始发行量的，发行人和主承销商不得将网下发行部分向网上回拨，应当中止发行。

（2）网上投资者申购数量不足网上初始发行量的，可回拨给网下投资者。

（3）网上投资者有效申购倍数超过50倍、低于100倍（含）的，应当从网下向网上回拨，回拨比例为本次公开发行股票数量的20%；

网上投资者有效申购倍数超过100倍的，回拨比例为本次公开发行股票数量的40%；

网上投资者有效申购倍数超过150倍的，回拨后无锁定期网下发行比例不超过本次公开发行股票数量的10%。

【知识点拨】在满足上述情况下，网下发行的比例不再受初始发行比例60%或70%的限制。同时，从网下向网上回拨应满足"首次公开发行股票网下投资者申购数量不低于网下初始发行量"的条件。

5. 发行中的"老股转让"要求

发行人股东拟进行老股转让的，发行人和主承销商应于网下网上申购前协商确定发行价格、发行数量和老股转让数量。

【知识点拨】老股转让的数量不应超过自愿设定12个月及以上限售期的投资者获得配售股份的数量。

6. 向战略投资者配股

（1）首次公开发行股票数量在4亿股以上的，可以向战略投资者配售股票。发行人应当与战略投资者事先签署配售协议。

（2）战略投资者不参与网下询价，且应当承诺获得本次配售的股票持有期限不少于12个月，持有期自本次公开发行的股票上市之日起计算。

7. 缴付认购资金

网下和网上投资者申购新股、可转换公司债券、可交换公司债券获得配售后，应当按时足额缴付认购资金。网上投资者连续12个月内累计出现3次中签后未足额缴款的情形时，6个月内不得参与新股、可转换公司债券、可交换公司债券申购。网下和网上投资者缴款认购的股份数量合计不足本次公开发行数量的70%时，可以中止发行。

【考点精析3】首次公开发行禁止配售的对象和监管

首次公开发行股票网下配售时，发行人和主承销商不得向下列对象配售股票：

(1)发行人及其股东、实际控制人、董事、监事、高级管理人员和其他员工；发行人及其股东、实际控制人、董事、监事、高级管理人员能够直接或间接实施控制、共同控制或施加重大影响的公司，以及该公司控股股东、控股子公司和控股股东控制的其他子公司。

(2)主承销商及其持股比例5%以上的股东，主承销商的董事、监事、高级管理人员和其他员工；主承销商及其持股比例5%以上的股东、董事、监事、高级管理人员能够直接或间接实施控制、共同控制或施加重大影响的公司，以及该公司控股股东、控股子公司和控股股东控制的其他子公司。

(3)承销商及其控股股东、董事、监事、高级管理人员和其他员工。

(4)上述前3项所述人士的关系密切的家庭成员，包括配偶、子女及其配偶、父母及配偶的父母、兄弟姐妹及其配偶、配偶的兄弟姐妹、子女配偶的父母。

(5)过去6个月内与主承销商存在保荐、承销业务关系的公司及其持股5%以上的股东、实际控制人、董事、监事、高级管理人员，或已与主承销商签署保荐、承销业务合同或达成相关意向的公司及其持股5%以上的股东、实际控制人、董事、监事、高级管理人员。

(6)通过配售可能导致不当行为或不正当利益的其他自然人、法人和组织。

上述第(2)、(3)项规定的禁止配售对象管理的公募基金不受上述规定的限制，但应符合中国证监会的有关规定。

【考点精析4】优先股发行与交易

1. 发行人范围

只有上市公司和非上市公众公司可以发行优先股。上市公司可以公开发行优先股，也可以非公开发行优先股；非上市公众公司只能非公开发行优先股。

2. 发行条件

公司已发行的优先股不得超过公司普通股股份总数的50%，且筹资金额不得超过发行前净资产的50%，已回购、转换的优先股不纳入计算。

3. 优先股公开发行时的特殊要求

公司公开发行优先股的，应当在公司章程中规定以下事项：

(1)采取固定股息率。

(2)在有可分配税后利润的情况下必须向优先股股东分配股息。

(3)未向优先股股东足额派发股息的差额部分应当累积到下一会计年度。

(4)优先股股东按照约定的股息率分配股息后，不再同普通股股东一起参加剩余利润分配。

商业银行发行优先股补充资本的，可就第(2)项和第(3)项事项另行规定。

4. 公司收购中的优先股

(1)优先股可以作为并购重组支付手段。

(2)上市公司收购要约适用于被收购公司的所有股东，但可以针对优先股股东和普通股股东提出不同的收购条件。

(3)根据《证券法》计算收购人持有上市公司已发行股份比例时，以及根据《证券法》计算触发要约收购义务时，表决权未恢复的优先股不计入持股数额和股本总额。

5. 与持股数额相关的优先股计算

以下事项计算持股数额时，仅计算普通股和表决权恢复的优先股：

(1)根据《证券法》认定持有公司股份最多的前10名股东的名单和持股数额。

(2)根据《证券法》认定持有公司5%以上股份的股东。

【知识点拨】表决权的恢复：公司累计3个会计年度或者连续2个会计年度未按约定支付优先股股息的，优先股股东有权出席股东大会，每股优先股股份享有公司章程规定的表决权。

阶段性测试

1. 【单选题】某股份有限公司拟申请首次公开发行股票并在主板上市，该公司净资产为 8 000 万元，其中无形资产(扣除土地使用权、水面养殖权和采矿权等后)的数额最多是( )万元。

A. 2 000
B. 1 600
C. 1 000
D. 500

2. 【单选题】甲公司拟发行新股，自愿设定限售期的配售情况如下：6 个月限售期的投资者获得配售股份的数量是 2 000 万份，12 个月限售期的投资者获得配售股份的数量是 3 000 万份，18 个月限售期的投资者获得配售股份的数量是 4 000 万份，甲公司的老股东公开发售股份数量不得超过( )万份。

A. 3 000
B. 5 000
C. 7 000
D. 9 000

3. 【单选题】某非金融类上市公司拟向不特定对象公开募集股份。根据证券法律制度的规定，下列各项中，不符合增发条件的是( )。

A. 最近 3 个会计年度加权平均净资产收益率平均为 8%

B. 发行价格为公告招股意向书前 20 个交易日公司股票均价的 120%

C. 上市公司最近 3 年以现金方式累计分配的利润为最近 3 年实现的年均可分配利润的 35%

D. 上市公司擅自改变前次公开发行证券募集资金的用途而未作纠正

4. 【多选题】下表四家股份有限公司中，2018 年 5 月不能在创业板首次公开发行股票的有( )。

单位：万元

公司	2015 年		2016 年		2017 年	
	营业收入	净利润	营业收入	净利润	营业收入	净利润
甲公司	2 500	200	3 100	300	4 800	600
乙公司	3 000	400	3 900	600	5 200	400
丙公司	2 000	100	2 400	-100	8 500	1 000
丁公司	筹办期间，未开始营业		4 000	400	6 500	800

注：净利润数据均为扣除非经常性损益前后较低者。

A. 甲公司
B. 乙公司
C. 丙公司
D. 丁公司

5. 【多选题】上市公司非公开发行股票，应当符合的规定有( )。

A. 发行价格不低于定价基准日前 20 个交易日公司股票均价的 90%

B. 本次发行的股份自发行结束之日起，36 个月内不得转让

C. 控股股东实际控制人及其控制的企业认购的股份，36 个月内不得转让

D. 募集资金使用符合有关规定

6. 【多选题】甲公司 2019 年 1 月申请首次公开发行股票并上市，发行前股本总额为 9 000万元，本次发行股份 3.2 亿股，采用网上和网下同时发行，关于甲公司发行股票，下列说法正确的有( )。

A. 一般情况下，参与甲公司股份网下报价后的有效报价投资者不少于 10 家

B. 一般情况下，参与甲公司股份网下报价后的有效报价投资者不少于 20 家

C. 甲公司网下初始发行股份的数量不得低于 1.92 亿股

D. 甲公司网下初始发行股份的数量不得低于 2.24 亿股

阶段性测试答案精析

1. B 【解析】本题考核首次公开发行股票的条件。根据规定，最近一期期末无形资产（扣除土地使用权、水面养殖权和采矿权等后）占净资产的比例不高于20%。

2. C 【解析】本题考核老股转让。公司股东公开发售股份数量不得超过自愿设定12个月及以上限售期的投资者获得配售股份的数量。

3. D 【解析】本题考核上市公司增发的条件。选项A，最近3个会计年度加权平均净资产收益率平均不低于6%；选项B，发行价格应不低于公告招股意向书前20个交易日公司股票均价或前一个交易日的均价；选项C，最近3年以现金方式累计分配的利润不少于最近3年实现的年均可分配利润的30%；选项D，擅自改变前次公开发行证券募集资金的用途而未作纠正，属于法定障碍。

4. AD 【解析】本题考核在创业板上市的公司首次公开发行股票的条件。甲公司最近两年净利润不足1 000万元，且不满足"最近1年盈利，最近1年营业收入不少于5 000万元"的规定；丁公司没有能够持续经营三年。

5. ACD 【解析】本题考核上市公司非公开发行股票的条件。上市公司非公开发行股票，本次发行的股份自发行结束之日起，12个月内不得转让；控股股东实际控制人及其控制的企业等特定对象认购的股份，36个月内不得转让。

6. AD 【解析】本题考核新股发行网上和网下同时发行的机制。根据规定，公开发行股票数量在4亿股（含）以下的，有效报价投资者的数量不少于10家。公开发行股票数量在4亿股以上的，有效报价投资者的数量不少于20家。剔除最高报价部分后有效报价投资者数量不足的，应当中止发行。本题中，甲公司发行股份数量为3.2亿股，小于4亿股，因此要求网下询价中有效报价的投资者数量不少于10家。首次公开发行股票后总股本4亿股（含）以下的，网下初始发行比例不低于本次公开发行股票数量的60%；发行后总股本超过4亿股的，网下初始发行比例不低于本次公开发行股票数量的70%。本题中，甲公司首次公开发行股票后总股本为4.1亿股，超过了4亿股，因此网下初始发行比例不低于本次公开发行股票数量的70%（3.2×70%＝2.24亿股）。

考点六 公司债券的发行与交易★★

扫我解疑难

经典例题

【例题1·多选题】（2018年）根据证券法律制度的规定，下列证券交易场所中，可以交易公开发行的公司债券的有( )。

A. 证券公司柜台市场

B. 中国金融期货交易所

C. 证券交易所

D. 全国股转系统

【答案】CD

【解析】本题考核公开发行公司债券。公开发行的公司债券，应当在依法设立的证券交易所上市交易，或在全国股转系统或者国务院批准的其他证券交易场所转让。

【例题2·单选题】（2017年）甲股份有限公司非公开发行债券，乙证券公司担任承销商。下列关于此次非公开发行的表述中，符合证券法律制度规定的是( )。

A. 本次非公开发行的债券在发行后可申请在证券交易所转让

B. 债券发行后进行转让的，持有本次发行债券的合格投资者合计不得超过300人

C. 净资产不低于500万元的企业法人可以作为本次非公开发行债券的合格投资者

D. 乙证券公司应在本次发行完成后5个工作

日内向中国证监会备案

【答案】 A

【解析】 本题考核非公开发行的公司债券。债券发行后进行转让的，持有本次发行债券的合格投资者合计不得超过200人，选项B错误。净资产不低于1 000万元的企事业单位法人、合伙企业可以作为本次非公开发行债券的合格投资者，选项C错误。非公开发行公司债券，承销机构或依法自行销售的发行人应当在每次完成后5个工作日内向"中国证券业协会"备案，选项D错误。

【例题3·多选题】 (2017年)根据证券法律制度的有关规定，下列各项中，属于债券受托管理人应当召集债券持有人会议情形的有(　　)。

A. 拟变更债券募集说明书的约定

B. 发行人拟增加注册资本

C. 担保物发生重大变化

D. 发行人不能按期支付本息

【答案】 ACD

【解析】 本题考核公司债券持有人的权益保护。选项B不属于应当召集债券持有人会议的情形。

【例题4·单选题】 (2013年)下列关于上市公司公司债券投资者权益保护制度的表述中，符合证券法律制度规定的是(　　)。

A. 发行公司债券应委托资产评估机构对债券作出信用评级

B. 债券受托管理人不得由公司聘请

C. 公司不能按期支付债券本息时，应召开债券持有人会议

D. 为公司债券提供保证担保的，应当为一般保证

【答案】 C

【解析】 本题考核公司债券投资者权益保护的规定。公开发行公司债券应当委托具有从事证券服务业务资格的资信评估机构进行信用评级，而非公开发行债券是否进行信用评级由发行人确定，选项A错误；上市公司应当为债券持有人聘请债券受托管理人，并订立债券受托管理协议，选项B错误；以保证方式提供担保的，应当为连带责任保证，选项D错误。

【例题5·多选题】 (2013年)根据证券法律制度的规定，下列关于可转换公司债券的表述中，正确的有(　　)。

A. 上市公司可以公开发行认股权和债券分离交易的可转换公司债券

B. 上市公司发行可转换公司债券不同于公开发行股票，无须报中国证监会核准

C. 在转股期限内，可转换公司债券持有人有权决定是否将债券转换为股票

D. 非上市股份有限公司不得发行可转换公司债券

【答案】 AC

【解析】 本题考核上市公司发行可转换公司债券的规定。上市公司发行股票与发行可转债，均须经证监会核准。上市公司、股票公开转让的非上市公众公司发行的公司债券，可以附认股权、可转换成相关股票等条件。

📝 **考点精析**

【考点精析1】 公司债券的发行方式

1. 公开发行与非公开发行(见表7-4)

表7-4　公司债券公开发行与非公开发行比较

比较项目	公开发行公司债券	非公开发行公司债券
发行对象	①公众投资者；②合格投资者	仅限合格投资者
发行对象数量	①公众投资者：无要求；②合格投资者：>200人	每次不得超过200人 『提示』理财产品或合伙企业在投资某一债券时，需要看理财产品的投资者及合伙企业的合伙人是否符合合格投资者的标准，并计算其人数

比较项目	公开发行公司债券	非公开发行公司债券
交易地点	①证券交易所；②中小企业股份转让系统	①证券交易所；②中小企业股份转让系统；③机构间私募产品报价与服务系统；④证券公司柜台转让
信用评级	应委托具有从事证券服务业务资格的资信评级机构进行信用评级	是否进行信用评级由发行人确定，并在债券募集说明书中披露
转让对象限制	发行环节与交易环节的投资者适当性要求应当保持一致	仅限于合格投资者范围内，转让后，持有同次发行债券的合格投资者合计不得超过 200 人

2. 合格投资者

合格投资者应当具备相应的风险识别和承担能力，知悉并自行承担公司债券的投资风险，并符合下列资质条件：

（1）经有关金融监管部门批准设立的金融机构，包括证券公司、基金管理公司及其子公司、期货公司、商业银行、保险公司和信托公司等，以及经中国证券投资基金业协会（以下简称基金业协会）登记的私募基金管理人。

（2）上述金融机构面向投资者发行的理财产品，包括但不限于证券公司资产管理产品、基金及基金子公司产品、期货公司资产管理产品、银行理财产品、保险产品、信托产品以及经基金业协会备案的私募基金。

（3）净资产不低于人民币 1 000 万元的企事业单位法人、合伙企业。

（4）合格境外机构投资者（QFII）、人民币合格境外机构投资者（RQFII）。

（5）社会保障基金、企业年金等养老基金，慈善基金等社会公益基金。

（6）名下金融资产不低于人民币 300 万元的个人投资者。

上述所称的金融资产包括：银行存款、股票、债券、基金份额、资产管理计划、银行理财产品、信托计划、保险产品、期货权益等。

（7）经中国证监会认可的其他合格投资者。

【知识点拨】发行人的董事、监事、高级管理人员及持股比例超过 5% 的股东，可以参与本公司非公开发行公司债券的认购与转让，不受上述合格投资者资质条件的限制。

【考点精析 2】公司债券发行的一般规定

（1）公司债券可以公开发行，也可以非公开发行。

（2）上市公司、股票公开转让的非上市公众公司发行的公司债券，可以附认股权、可转换成相关股票等条款。

（3）公司债券的期限为 1 年以上，公司债券每张面值 100 元，发行价格由发行人与保荐人通过市场询价确定。

【考点精析 3】公司债券公开发行的条件及不得发行的情形

1. 公开发行的条件

根据《证券法》规定，公开发行公司债券，应当符合下列条件：

（1）具备健全且运行良好的组织机构；

（2）最近 3 年平均可分配利润足以支付公司债券 1 年的利息；

（3）国务院规定的其他条件。

公开发行公司债券筹集的资金，必须按照公司债券募集办法所列资金用途使用；改变资金用途，必须经债券持有人会议作出决议。公开发行公司债券筹集的资金，不得用于弥补亏损和非生产性支出。

2. 不得再次公开发行公司债券

有下列情形之一的，不得再次公开发行公司债券：

（1）对已公开发行的公司债券或者其他债务有违约或者延迟支付本息的事实，仍处于继续状态；

（2）违反规定，改变公开发行公司债券所募资金的用途。

【知识点拨】 资信状况符合以下标准的公司债券可以向公众投资者公开发行，也可以自主选择仅面向合格投资者公开发行：

①无违约：发行人最近三年无债务违约或者迟延支付本息的事实。

②盈利情况：发行人最近三个会计年度实现的年均可分配利润不少于债券一年利息的1.5倍。

③信用评级：债券信用评级达到AAA级。

未达到前款规定标准的公司债券公开发行应当面向合格投资者；仅面向合格投资者公开发行的，中国证监会简化核准程序。

【考点精析4】 公司债券持有人的权益保护

1. 信用评级

（1）公开发行公司债券，应当委托具有从事证券服务业务资格的资信评级机构进行信用评级。

（2）在债券有效存续期间，资信评级机构应当每年至少向市场公布一次定期跟踪评级报告。

2. 公司债券的受托管理

上市公司应当为债券持有人聘请债券受托管理人，并订立债券受托管理协议；在债券存续期限内，由债券受托管理人依照协议的约定维护债券持有人的利益。

【知识点拨】 为本次发行提供担保的机构不得担任本次债券发行的受托管理人。

3. 债券持有人会议

有下列情况的，应当召开债券持有人会议：

（1）拟变更债券募集说明书的约定。

（2）拟修改债券持有人会议规则。

（3）拟变更债券受托管理人或受托管理协议的主要内容。

（4）发行人不能按期支付本息。

（5）发行人减资、合并、分立、解散或者申请破产。

（6）保证人、担保物或者其他偿债保障措施发生重大变化。

（7）发行人、单独或合计持有本期债券总额10%以上的债券持有人书面提议召开。

（8）发行人管理层不能正常履行职责，导致发行人债务清偿能力面临严重不确定性，需要依法采取行动的。

（9）发行人提出债务重组方案的。

（10）发生其他对债券持有人权益有重大影响的事项。

在债券受托管理人应当召集而未召集债券持有人会议时，单独或合计持有本期债券总额10%以上的债券持有人有权自行召集债券持有人会议。

【考点精析5】 可转换公司债券

1. 公开发行可转换债券的条件

（1）上市公司发行可转换债券，除了应当符合增发股票的一般条件之外，还应当符合以下条件：

①最近3个会计年度加权平均净资产收益率平均不低于6%。扣除非经常性损益后的净利润与扣除前的净利润相比，以低者作为加权平均净资产收益率的计算依据。

②最近3个会计年度实现的年均可分配利润不少于公司债券1年的利息。

（2）上市公司可以公开发行认股权和债券分离交易的可转换公司债券（简称"分离交易的可转换公司债券"）。

发行分离交易的可转换公司债券，除符合公开增发股票的一般条件外，还应当符合下列条件：

①公司最近一期期末经审计的净资产不低于人民币15亿元。

②最近3个会计年度实现的年均可分配利润不少于公司债券1年的利息。

③最近3个会计年度经营活动产生的现金流量净额平均不少于公司债券1年的利息。但最近3个会计年度加权平均净资产收

益率平均不低于6%（扣除非经常性损益后的净利润与扣除前的净利润相比，以低者作为加权平均净资产收益率的计算依据）的除外。

（3）上市公司存在下列情形之一的，不得公开发行可转换公司债券：

①本次发行申请文件有虚假记载、误导性陈述或重大遗漏。

②擅自改变前次公开发行证券募集资金的用途而未纠正。

③上市公司最近12个月内受到过证券交易所的公开谴责。

④上市公司及其控股股东或实际控制人最近12个月内存在未履行向投资者作出的公开承诺的行为。

⑤上市公司或者其现任董事、高级管理人员因涉嫌犯罪被司法机关立案侦查或涉嫌违法违规被证监会立案调查。

⑥严重损害投资者的合法利益和社会公共利益的其他情形。

2. 可转换债券的期限、面值和利率

（1）可转换公司债券的期限最短为1年，最长为6年。可转换公司债券每张面值100元。

（2）可转换公司债券的利率由发行公司与主承销商协商确定，但必须符合国家的有关规定。

3. 可转换债券持有人的权利保护

（1）公开发行可转换公司债券，应当提供担保，但最近一期期末经审计的净资产不低于人民币15亿元的公司除外。

【知识点拨】 这里提供担保的要求是针对"一般的"可转换公司债券。对于分离交易的可转换公司债券，发行条件要求净资产不得低于人民币15亿元，不存在担保问题，也就是这里所说的"除外"。

（2）提供担保的，应当为全额担保，担保范围包括债券的本金及利息、违约金、损害赔偿金和实现债权的费用。

（3）以保证方式提供担保的，应当为连带责任担保，且保证人最近一期经审计的净资

产额应不低于其累计对外担保的金额。

（4）证券公司或上市公司不得作为发行可转债的担保人，但上市商业银行除外。

4. 可转换公司债券转为股份

可转换公司债券自发行结束之日起6个月后方可转换为公司股票，转股期限由公司根据可转换公司债券的存续期限及公司财务状况确定。债券持有人对转换股票或者不转换股票有选择权，转换股票的于转股的次日成为发行公司的股东。转股价格应不低于募集说明书公告日前20个交易日该公司股票交易均价和前一交易日的均价。

5. 公开发行可转换公司债券的信息披露

发行可转换公司债券后，因配股、增发、送股、派息、分立及其他原因引起上市公司股份变动的，应当同时调整转股价格。募集说明书约定转股价格向下修正条款的，应当同时约定：

（1）转股价格修正方案须提交公司股东大会表决，且须经出席会议的股东所持表决权的2/3以上同意。股东大会进行表决时，持有公司可转换债券的股东应当回避。

（2）修正后的转股价格不低于前项规定的股东大会召开日前20个交易日该公司股票交易均价和前一交易日的均价。

【考点精析6】 公司债券的交易

1. 公司债券上市和终止交易条件

（1）公司债券上市交易的条件。

根据《证券法》的规定，申请证券上市交易，应当向证券交易所提出申请，由证券交易所依法审核同意，并由双方签订上市协议。公司债券的上市条件由证券交易所予以规定。

（2）公司债券上市程序。

①申请核准。②安排上市。③上市公告。

（3）公司债券的终止上市。

上市交易的证券不再符合上市条件的，或者有上市规则规定的其他情形的，由证券交易所按照业务规则终止其上市交易。证券交易所决定终止证券上市交易的，应当及时公告，并报国务院证券监督管理机

构备案。

2. 分离交易的可转换公司债券的交易

（1）债券交易。

①可转换公司债券应当申请在上市公司股票上市的证券交易所上市交易。

②分离交易的可转换公司债券中的公司债券和认股权分别符合证券交易所上市条件的，应当分别上市交易。

③分离交易的可转换公司债券的期限最短为 1 年。

④分离交易的可转换公司债券募集说明书应当约定，上市公司改变公告的募集资金用途的，赋予债券持有人一次回售的权利。

（2）认股权证交易。

①认股权证的行权价格应不低于公告募集说明书日前 20 个交易日公司股票均价和前一个交易日的均价。

②认股权证的存续期间不超过公司债券的期限，自发行结束之日起不少于 6 个月。募集说明书公告的权证存续期限不得调整。

③认股权证自发行结束至少已满 6 个月起方可行权，行权期间为存续期限届满前的一段期间，或者是存续期限内的特定交易日。

📝 阶段性测试

1.【单选题】2019 年 1 月 5 日，甲公司拟向公众投资者公开发行债券，下列各项中，甲公司的条件不符合规定的是（   ）。

A. 甲公司 2015 年发行的债券有延迟支付利息的情况，但已经在当年年末支付

B. 甲公司最近 3 个会计年度实现的年均可分配利润不少于债券 1 年利息的 2 倍

C. 债券信用评级达到 A 级

D. 本次发行后累计公司债券余额不超过最近一期期末净资产额的 30%

2.【单选题】下列关于公开发行公司债券与非公开发行公司债券的说法中，正确的是（   ）。

A. 公开发行的公司债券只能向公众投资者公开发行，不得向特定投资者发行

B. 非公开发行的公司债券每次发行对象不得超过 200 人

C. 公开发行的公司债券可以转让交易，非公开发行的公司债券不得转让交易

D. 公开发行的公司债券交易的，必须通过沪、深的证券交易所上市交易

3.【单选题】可转换公司债券可以转为股份，转股价格的确定依据是（   ）。

A. 前一交易日该上市公司股票的收盘价

B. 募集说明书公告日前 20 个交易日该公司股票交易均价和前一交易日的均价

C. 该上市公司股东大会的决议

D. 证券交易所的决定

4.【多选题】根据规定，上市公司不得公开发行公司债券的情形有（   ）。

A. 前一次公开发行的公司债券尚未募足

B. 违反规定，改变公开发行公司债券所募资金的用途

C. 最近 36 个月内公司财务会计文件存在虚假记载

D. 本次发行申请文件存在重大遗漏

5.【多选题】2019 年 5 月，甲上市公司拟申请公开发行可转换公司债券，乙证券公司对该公司进行调查了解后，发现的下列事实中，构成发行可转换公司债券障碍的有（   ）。

A. 2018 年 10 月，甲上市公司股票曾经跌破发行价

B. 截至 2019 年 3 月底，甲上市公司净资产为 32 000 万元，在本次申请发行可转换公司债券之前，累计债券余额为 14 400 万元

C. 经注册会计师核验，甲上市公司最近 3 个会计年度加权平均净资产收益率平均为 8%

D. 2017 年 3 月，甲上市公司财务会计文件存在虚假记载

📝 阶段性测试答案精析

1. C 【解析】本题考核公开发行公司债券的

条件。根据规定，资信状况符合以下标准的公司债券可以向公众投资者公开发行：(1)发行人最近 3 年无债务违约或者迟延支付本息的事实。选项 A 不当选。(2)发行人最近 3 个会计年度实现的年均可分配利润不少于债券 1 年利息的 1.5 倍。选项 B 不当选。(3)债券信用评级达到 AAA 级。选项 C 当选。本次发行后累计公司债券余额不超过最近一期期末净资产额的 40%。选项 D 不当选。

2. B 【解析】本题考核公司债券公开发行与非公开发行的区别。公开发行的公司债券可以向公众投资者公开发行，也可以仅面向合格投资者公开发行，因此选项 A 错误；非公开发行的公司债券可以申请在证券交易所、全国股转系统、机构间私募产品报价与服务系统、证券公司柜台转让，转让仅限于合格的投资者范围内，转让后，持有同次发行债券的合格投资者合计不得超过 200 人，因此选项 C 错误；公开发行的公司债券应当在证券交易所上市交易或者中小企业股份转让系统转让，因此选项 D 错误。

3. B 【解析】本题考核可转换公司债券转为股份。可转换公司债券自发行结束之日起 6 个月后方可转换为公司股票，转股价格应不低于募集说明书公告日前 20 个交易日该公司股票交易均价和前一交易日的均价。

4. ABCD 【解析】本题考核公司债券公开发行。

5. BD 【解析】本题考核可转换公司债券的发行。公开发行可转换公司债券前，累计债券余额不超过公司净资产额的 40%，14 400÷32 000＝45%＞40%，所以选项 B 构成发行障碍。最近 36 个月内公司财务会计文件存在虚假记载的，不得公开发行可转换公司债券，所以选项 D 构成发行障碍。

考点七 股票的上市与交易★★

扫我解疑难

经典例题

【例题 1·单选题】(2019 年)根据证券法律制度的规定，拟在创业板挂牌申请上市交易的公司，须经某主体作出审核意见，该主体是( )。

A. 保荐人　　　　B. 证监会
C. 证券交易所　　D. 证券业协会

【答案】C

【解析】本题考核股票上市程序。公司在创业板挂牌，即申请证券上市交易，应当向证券交易所提出申请，由证券交易所审核同意，并由双方签订上市协议。

【例题 2·单选题】(2019 年)根据证券法律制度的规定，上市公司存在涉及生态安全领域的违法行为，情节恶劣，严重损害国家利益、社会公共利益，其股票被终止上市的，在 5 个完整会计年度内，交易所不受理其重新上市申请。该 5 个完整会计年度的起算日是( )。

A. 股票被标记为"ST"之日
B. 股票进入全国股转系统挂牌转让之日
C. 股票被交易所终止上市之日
D. 证监会的相关行政处罚公告之日

【答案】B

【解析】本题考核重大违法行为强制退市制度。上市公司存在涉及国家安全、公共安全、生态安全、生产安全和公众健康安全等领域的违法行为，情节恶劣，严重损害国家利益、社会公共利益，或者严重影响上市地位，其股票被终止上市的，自其股票进入全国股转系统挂牌转让之日起的 5 个完整会计年度内，交易所不受理其重新上市申请。

【例题 3·多选题】(2017 年)根据证券法律制度的规定，下列关于证券大宗交易系统的表述中，正确的有( )。

A. 大宗交易的交易时间为交易日的15：00-15：30

B. 目前只有上海证券交易所建立了大宗交易系统

C. 买方和卖方就大宗交易达成一致后，自行交易，无须交易所确认

D. 买方和卖方可以就大宗交易的价格和数量等要素进行议价协商

【答案】AD

【解析】本题考核交易所市场。(1)我国上海和深圳两个证券交易所从2002年开始建立大宗交易制度，选项B错误；(2)大宗交易的成交申报须经交易所确认，选项C错误。

【例题4·单选题】(2015年)根据证券法律制度的规定，退市整理期的期限为( )日。

A. 10　　　　　　　　B. 30

C. 45　　　　　　　　D. 60

【答案】B

【解析】本题考核股票上市和退市。对于股票已经被证券交易所决定终止上市交易的强制退市公司，证券交易所应当设置退市整理期，在其退市前给予30个交易日的股票交易时间。

【例题5·单选题】(2015年)根据证券法律制度的规定，下列关于证券交易所大宗交易时间的表述中，正确的是( )。

A. 交易日9点25分至30分

B. 交易日9点15分至25分

C. 交易日14点30分至15点

D. 交易日15点至15点30分

【答案】D

【解析】本题考核交易所市场。大宗交易的交易时间为交易日的15点至15点30分。

考点精析

【考点精析1】股票市场的结构

1. 交易所市场

(1)主板市场。

(2)中小企业板块。

(3)创业板。

(4)科创板。

2. 全国股转系统(俗称"新三板")

全国股转系统的主要特征为：一是服务对象主要是中小微企业；二是投资者有资质要求。

3. 区域性股权市场

【考点精析2】股票上市与退市

1. 股票上市条件

申请证券上市交易，应当向证券交易所提出申请，由证券交易所依法审核同意，并由双方签订上市协议。申请股票上市交易，应当符合证券交易所上市规则规定的上市条件。

2. 股票终止上市

(1)主动退市制度。

①上市公司主动申请退市或者转市。上市公司拟决定其股票不再在交易所交易，或者转而申请在其他交易场所交易或者转让的，应当召开股东大会作出决议，须经出席会议的股东所持表决权的2/3以上通过，并须经出席会议的中小股东所持表决权的2/3以上通过。

②通过要约收购实施的退市和通过合并、解散实施的退市。

(2)重大违法行为强制退市制度。

上市公司构成欺诈发行、重大信息披露违法或者其他严重损害证券市场秩序的重大违法行为，且严重影响上市地位，存在以下情形之一的，其股票应当被终止上市：

①上市公司首次公开发行股票申请或者披露文件存在虚假记载、误导性陈述或重大遗漏，被中国证监会依据《证券法》作出行政处罚决定，或者被人民法院依据《刑法》作出有罪生效判决；

②上市公司发行股份购买资产并构成重组上市，申请或者披露文件存在虚假记载、误导性陈述或者重大遗漏，被中国证监会依据《证券法》作出行政处罚决定，或者被人民法院依据《刑法》作出有罪生效判决；

③上市公司披露的年度报告存在虚假记

载、误导性陈述或者重大遗漏，根据中国证监会行政处罚决定认定的事实，导致连续会计年度财务指标实际已触及《股票上市规则》规定的终止上市标准；

④交易所根据上市公司违法行为的事实、性质、情节及社会影响等因素认定的其他严重损害证券市场秩序的情形。

【知识点拨】上市公司因上述第①②种欺诈发行情形而终止上市的，不得在交易所重新上市。

上市公司因上述第③④种重大违法情形而终止上市的，自其股票进入全国股转系统挂牌转让之日起的 5 个完整会计年度内，交易所不受理其重新上市申请。

上市公司存在涉及国家安全、公共安全、生态安全、生产安全和公众健康安全等领域的违法行为，情节恶劣，严重损害国家利益、社会公共利益，或者严重影响上市地位，存在以下情形之一的，其股票应当被终止上市：

①上市公司或其主要子公司被依法吊销营业执照、责令关闭或者被撤销；

②上市公司或其主要子公司被依法吊销主营业务生产经营许可证，或者存在丧失继续生产经营法律资格的其他情形；

③交易所根据上市公司重大违法行为损害国家利益、社会公共利益的严重程度，结合公司承担法律责任类型、对公司生产经营和上市地位的影响程度等情形，认为公司股票应当终止上市的。

【知识点拨】上市公司因上述 3 种重大违法情形而终止上市的，自其股票进入全国股转系统挂牌转让之日起的 5 个完整会计年度内，交易所不受理其重新上市申请。

（3）因不能满足交易标准要求的强制退市指标

对于股票已经被证券交易所决定终止上市交易的强制退市公司，证券交易所应当设置"退市整理期"，在其退市前给予 30 个交易日的股票交易时间。"退市整理期"公司的并购重组行政许可申请将不再受理；已经受理

的，应当终止审核。

【知识点拨】设置"退市整理期"的主要目的是为投资者提供必要的交易机会，充分释放风险。主动终止上市的公司不适用退市整理期。

（4）科创板公司的终止上市

科创公司触及终止上市标准的，股票直接终止上市，不再适用暂停上市、恢复上市、重新上市程序。

①科创公司构成欺诈发行、重大信息披露违法或者其他涉及国家安全、公共安全、生态安全、生产安全和公众健康安全等领域的重大违法行为的，股票应当终止上市。

②科创公司股票交易量、股价、市值、股东人数等交易指标触及终止上市标准的，股票应当终止上市。

③科创公司丧失持续经营能力，财务指标触及终止上市标准的，股票应当终止上市。

④科创公司信息披露或者规范运作方面存在重大缺陷，严重损害投资者合法权益、严重扰乱证券市场秩序的，其股票应当终止上市。

【知识点拨】科创板终止上市的有些具体标准正在制定中。

考点八　上市公司收购与重大资产重组★★★

扫我解疑难

📝 经典例题

【例题 1 · 案例分析题】（2019 年）新银公司为 A 股上市公司，股本总额为 2 亿股。2015 年 5 月 22 日，新银公司召开临时股东大会，审议通过了《非公开发行股票议案》。该议案确定本次非公开发行对象为公司股东物灵公司、宝华公司与元基公司；股票发行数量不超过 5 000 万股；物灵公司认购 4 000 万股，宝华公司和元基公司共认购 1 000 万股，发行价格为 7.5 元/股。

5 月 26 日，新银公司与三股东正式签订非公

开发行股票认购协议。协议签订前，物灵公司持有新银公司的股份比例为28%；宝华公司和元基公司签有一致行动人协议，合计持股比例10%；新银公司董事、监事及高级管理人员及其一致行动人合计持股比例为12%。宝华公司和元基公司承诺在此次非公开发行实施完毕前，不以任何形式增持新银公司股份。

自2015年6月起，宝华公司旗下管理的基金账户通过场内交易增持新银公司股份。截至2015年12月8日，宝华公司和元基公司合计持股比例达到29%。物灵公司认为，宝华公司和元基公司不属于"社会公众股东"，在宝华公司通过场内交易增持后，新银公司如仍按《非公开发行股票议案》增资扩股，将导致新银公司的股份分布违反证券法的规定。董事会决定调整非公开发行方案。2015年12月16日，新银公司发布公告称，证监会已同意公司暂停非公开发行股票的申请。

新银公司董事会经与物灵公司协商，形成如下意见：鉴于宝华公司和元基公司的失信行为，不再将其作为本次非公开发行的认购对象，调整后的股票发行数量为3 000万股，由物灵公司全额认购。物灵公司认购后，所持新银公司的股份比例将超过30%，会触发强制要约收购义务。物灵公司认为，因其已承诺3年内不转让本次非公开发行的股票，所以只要新银公司股东大会的非关联股东豁免要约收购即可，无须向证监会申请豁免。根据以上意见，2016年2月1日，新银公司董事会审议通过《关于调整非公开发行股票发行对象、发行数量及募集资金数额的议案》（以下简称"议案1"）。次日，新银公司发布公告：公司将于2月19日召开临时股东大会审议该议案，物灵公司、宝华公司和元基公司应当对该议案表决予以回避。2016年2月5日，宝华公司和元基公司向新银公司董事会提交《关于调整非公开发行股票方案的议案》（以下简称"议案2"），提议宝华公司和元基公司全额认购拟非公开发行的3 000万股。同时，对上述关于回避表决的要求提出异议。

2016年2月19日，宝华公司和元基公司参加临时股东大会并进行表决，对议案1投了反对票，对议案2投了赞成票。议案2获得出席股东大会的股东所持表决权过半数通过，议案1未获通过。物灵公司未参与此次股东大会表决，但在会后向董事会提出质疑：宝华公司和元基公司无权提出临时提案，更无权参与此次股东大会并对议案1和议案2进行表决。

物灵公司认为，关联股东未回避表决属于股东大会决议撤销之诉的事由，故而于2016年4月29日向法院提起诉讼，请求撤销2月19日新银公司临时股东大会对议案2的决议。

要求：根据上述内容，分别回答下列问题。

（1）物灵公司认为宝华公司和元基公司不属于"社会公众股东"，是否正确？并说明理由。

（2）物灵公司关于"在宝华公司通过场内交易增持后，新银公司如仍按《非公开发行股票议案》增资扩股，将导致新银公司的股份分布违反证券法的规定"的观点是否正确？并说明理由。

（3）物灵公司关于"因其已承诺3年内不转让本次非公开发行的股票，所以只要新银公司股东大会非关联股东豁免要约收购即可，无须向证监会申请豁免"的观点，是否符合证券法律制度的规定？并说明理由。

（4）宝华公司和元基公司参加新银公司临时股东大会并对议案1进行表决，是否符合证券法律制度的规定？并说明理由。

（5）宝华公司和元基公司参加新银公司临时股东大会并对议案2进行表决，是否符合证券法律制度的规定？并说明理由。

（6）物灵公司关于"宝华公司和元基公司无权提出临时提案"的观点，是否符合公司法律制度的规定？并说明理由。

（7）物灵公司提起股东大会决议撤销之诉的日期是否符合公司法律制度的规定？并说明理由。

【答案】

（1）物灵公司认为宝华公司和元基公司不属于

"社会公众股东"的观点正确。根据规定，社会公众股东，是指不包括下列股东的上市公司其他股东：①持有上市公司10%以上股份的股东及其一致行动人；②上市公司的董事、监事、高级管理人员及其关联人。宝华公司和元基公司合计持有29%的股份且是一致行动人，不属于社会公众股东。

（2）物灵公司关于"在宝华公司通过场内交易增持后，新银公司如仍按《非公开发行股票议案》增资扩股，将导致新银公司的股份分布违反证券法的规定"的观点正确。根据规定，上市条件中股权分布比例规定是：公开发行的股份达到公司股份总数的25%以上；公司股本总额超过人民币4亿元的，公开发行股份的比例为10%以上。题目中，新银公司股本总额未超过4亿元，公开发行比例应当达到公司股份总数的25%以上。定向增发后，各方的持股比例为：物灵公司38.4%（2亿股×28%+0.4亿股＝0.96亿股；0.96亿/2.5亿＝38.4%）、宝华公司和元基公司（2亿股×29%+0.1亿股＝0.68亿股；0.68亿/2.5亿＝27.2%）、新银公司董事、监事、高级管理人员及其一致行动人增发前持股比例为12%，增发后持股比例为9.6%（2亿股×12%/2.5亿股＝9.6%）合计持股比例75.2%，即公开发行比例不足25%，导致不符合上市条件。

（3）物灵公司关于"因其已承诺3年内不转让本次非公开发行的股票，所以只要新银公司股东大会非关联股东豁免要约收购即可，无须向证监会申请豁免"的观点符合规定。根据规定，经上市公司股东大会非关联股东批准，投资者取得上市公司向其发行的新股，导致其在该公司拥有权益的股份超过该公司已发行股份的30%，投资者承诺3年内不转让本次向其发行的新股，且公司股东大会同意投资者免于发出要约；则可以免于申请，直接向证券交易所和证券登记结算机构申请办理股份转让和过户登记手续。题目中，物灵公司承诺3年内不转让本次向其发行的新股，所以经股东大会非关联股东审议可以豁免。

（4）宝华公司和元基公司参加新银公司临时股东大会并对议案1进行表决符合规定。股东大会就发行事项作出决议，必须经出席会议的股东所持表决权的2/3以上通过。向本公司特定的股东及其关联人发行的，股东大会就发行方案进行表决时，关联股东应当回避。题目中，议案1是向原股东物灵公司发行，不涉及宝华公司、元基公司，所以宝华公司、元基公司参与表决符合规定。

（5）宝华公司和元基公司参加新银公司临时股东大会并对议案2进行表决不符合规定。股东大会就非公开发行股票作出的决定，涉及关联股东的，应当回避表决。关联股东是指董事会决议已确定为本次发行对象的股东及其关联人。题目中，议案2是向原股东宝华公司、元基公司发行，因此宝华公司、元基公司不能参与表决。

（6）物灵公司关于"宝华公司和元基公司无权提出临时提案"的观点不符合规定。根据规定，单独或者合计持有公司3%以上股份的股东，可以在股东大会召开10日前提出临时提案并书面提交董事会；董事会应当在收到提案后2日内通知其他股东，并将该临时提案提交股东大会审议。题目中，宝华公司、元基公司持股比例29%，2月5日提交议案满足在股东大会召开10日前提出临时提案。

（7）物灵公司提起股东大会决议撤销之诉的日期不符合法定期间的要求。根据规定，股东会或者股东大会、董事会的会议召集程序、表决方式违反法律、行政法规或者公司章程，或者决议内容违反公司章程的，股东可以自决议作出之日起60日内，请求人民法院撤销。题目中，决议作出之日是2月19日，请求撤销之日是4月29日，超过了60日的法定期间要求。

【例题2·案例分析题】（2018年）2017年4月，甲上市公司与乙有限责任公司达成合并意向。甲公司董事会初步拟定的合并及配套融资方案（简称"方案初稿"）包括以下要点：

（1）甲公司吸收合并乙公司，合并完成后，甲公司存续、承接乙公司全部资产和负债，乙公司注销，乙公司原股东获得现金补偿。

（2）根据合并双方审计报告，截至 2016 年年底，乙公司资产总额占甲公司同期经审计资产总额的比例超过 50%。但该年度乙公司营业收入占甲公司同期经审计营业收入的比例低于 50%，故本次合并不构成甲公司重大资产重组。

（3）出席股东大会并对合并方案投反对票的股东，享有异议股东股份回购请求权，有权要求甲公司以合理价格回购其股票。

（4）为筹集实施合并所需资金，甲公司拟向本公司控股股东 A 公司非公开发行股票，发行价不低于定价基准日前 20 个交易日公司股票均价的 80%。具体发行价格由董事会决议确定，并经股东大会批准，A 公司认购的股份自发行结束之日起 12 个月内不得转让。

甲公司董事会根据中介机构的意见修订方案初稿后，予以公告。

2017 年 6 月 1 日，甲公司临时股东大会通过合并决议和非公开发行股票融资决议。同日，乙公司临时股东会也通过了合并决议。6 月 15 日，证监会批准甲公司的合并与配套融资方案。

B 银行对甲公司享有一笔 2018 年 6 月底到期的借款债权。接到甲公司合并通知后，B 银行于 6 月 20 日向甲公司提出偿债请求。甲公司以债务未到期为由，予以拒绝。

2017 年 6 月 22 日，乙公司股东贾某以"股东会召集程序违反公司章程"为由提起诉讼，请求人民法院撤销乙公司股东会 6 月 1 日通过的合并决议。经查，乙公司章程规定，召开股东会应当以电子邮件方式通过股东，但乙公司并未向贾某发送电子邮件，而是以手机短信方式通知。贾某及其他股东均出席了 6 月 1 日的股东会会议并表决。人民法院认为，乙公司股东会召集程序确有不符合公司章程之处，但仍然驳回了贾某的诉讼请求。

甲公司股东周某反对甲、乙公司合并，于 2017 年 5 月底向甲公司董事会邮寄了书面反对意见，但周某并未出席甲公司 6 月 1 日召开的临时股东大会，也未委托他人表决。6 月 6 日，周某向甲公司提出行使异议股东股份回购请求权，遭甲公司拒绝，拒绝理由是：只有出席股东大会并对合并投反对票的股东，才享有异议股东股份回购请求权。

2017 年 10 月 7 日，证监会接到举报称，甲公司董事雷某涉嫌内幕交易。经查，雷某于 2017 年 2 月 1 日、2 月 10 日及 3 月 2 日先后购入甲公司股票 10 万股、20 万股、40 万股，并于 2017 年 8 月 25 日全部卖出，获利 100 余万元。根据以上事实，证监会认定雷某的行为违反《证券法》，构成短线交易。

要求：根据上述内容，分别回答下列问题。

（1）基于方案初稿所述情况，本次合并是否构成甲公司的重大资产重组？并说明理由。

（2）方案初稿中关于非公开发行股票的内容，是否符合证券法律制度的规定？并说明理由。

（3）甲公司拒绝 B 银行偿债请求的理由是否成立？并说明理由。

（4）人民法院认为乙公司股东会召集程序确有不符合章程之处，但仍然驳回贾某的诉讼请求，是否符合公司法律制度的规定？并说明理由。

（5）甲公司拒绝周某异议股东股份回购请求的理由是否成立？并说明理由。

（6）计算雷某因短线交易所获利润时，应当以多少股份数为基础？并说明理由。

（7）雷某短线交易所获利润应当归谁所有？

【答案】

（1）本次合并构成甲公司的重大资产重组。上市公司及其控股或者控制的公司购买、出售资产，达到下列标准"之一"的，构成重大资产重组：①购买、出售的资产总额占上市公司最近一个会计年度经审计的合并财务会计报告期末资产总额的比例达到 50% 以上。②购买、出售的资产在最近一个会计年度所产生的营业收入占上市公司同期经审计的合并财务会计报告营业收入的比例达到 50% 以上。③购买、出售的资产净额占上市公司最近一个会计年度经审计的合并财务会计报告期末净资产额的比例达到50%以上，且超过5 000万元人民币。本题中，乙公司资产总额占甲公司同期经审计资产总额的比例超过50%，构成重大资产重组。

（2）①非公开发行股票的发行定价不符合规定。根据规定，上市公司非公开发行股票的，发行价格不低于定价基准日前20个交易日公司股票均价的90%。

②非公开发行股票中"自发行结束之日起12个月内不得转让"不符合规定。根据规定，发行对象为上市公司的控股股东、实际控制人或者其控制的关联人的，其认购的股份应自发行结束之日起36个月内不得转让。

（3）甲公司拒绝清偿的理由不成立。根据规定，公司合并，应当自作出合并决议之日起10日内通知债权人，并于30日内在报纸上公告。债权人（包括未到期债权人）自接到通知书之日起30日内，未接到通知书的自公告之日起45日内，可以要求公司清偿债务或者提供相应的担保。

（4）人民法院驳回贾某的诉讼请求符合规定。根据规定，股东请求撤销股东会或者股东大会、董事会决议，若会议召集程序或者表决方式仅有轻微瑕疵，且对决议未产生实质影响的，人民法院不予支持。本题中，公司未按照章程的规定发送电子邮件通知而是短信告知，但并未影响贾某及其他股东出席会议，对决议无实质影响。

（5）甲公司拒绝周某异议股东股份回购请求的理由成立。根据规定，股份公司中，股东因对股东大会作出的公司合并、分立决议持异议，要求公司收购其股份。这里应当是股东会参与会议表决并投反对票，才能行使股份回购请求权。

（6）计算雷某因短线交易所获利润应当以40万股为基数。根据规定，短线交易规定中的"买入后6个月内卖出"是指最后一笔买入时点起算6个月内卖出的。即3月2日起算6个月，8月25日卖出，只有3月2日买入的40

万股构成短线交易。

（7）雷某短线交易所获利润应当归甲上市公司所有。根据规定，上市公司董事、监事、高级管理人员、持有上市公司股份5%以上的股东，将其持有的该公司的股票在买入后6个月内卖出，或者在卖出后6个月内又买入，由此所得收益归该公司所有，公司董事会应当收回其所得收益。

【例题3·多选题】（2017年）上市公司发行股份购买资产时，发行股份的价格不得低于市场参考价的90%，市场参考价为本次发行股份购买资产的董事会决议公告日前特定时间段的公司股票交易均价。下列各项中，属于该特定时间段的有（　）。

A. 20个交易日　　　B. 120个交易日
C. 90个交易日　　　D. 60个交易日

【答案】 ABD

【解析】 本题考核上市公司重大资产重组行为要求。上市公司发行股份的价格不得低于市场参考价的90%。市场参考价为本次发行股份购买资产的董事会决议公告日前20个交易日、60个交易日或者120个交易日的公司股票交易均价之一。

【例题4·单选题】（2016年）甲持有某上市公司已发行股份的8%。2016年7月4日，投资者乙与甲签署股份转让协议，约定以6 000万元的价格受让甲持有的该上市公司全部股份。7月6日，乙将股份转让事项通知该上市公司。7月11日，双方办理了股份过户。7月18日，乙通知该上市公司股份过户已办理完毕。根据证券法律制度的规定，乙应当向证监会和证券交易所作出书面报告的日期是（　）。

A. 2016年7月8日　　B. 2016年7月13日
C. 2016年7月6日　　D. 2016年7月20日

【答案】 C

【解析】 本题考核收购中的信息披露。投资者通过协议转让方式，在一个上市公司中拥有权益的股份拟达到或者超过一个上市公司已发行股份5%时，履行权益披露义务。投资者应当在该事实发生之日起(签订股份转让协议时)3日内,向国务院证券监督管理机构、证券交易所作出书面报告。

【例题5·多选题】 甲公司拟收购乙上市公司。根据证券法律制度的规定,下列投资者中,如无相反证据,属于甲公司一致行动人的有( )。

A. 由甲公司的监事担任董事的丙公司

B. 持有乙公司1%股份且为甲公司董事之弟的张某

C. 持有甲公司20%股份且持有乙公司3%股份的王某

D. 在甲公司中担任董事会秘书且持有乙公司2%股份的李某

【答案】 ABD

【解析】 本题考核上市公司收购中一致行动人的界定。根据规定,持有投资者30%以上股份的自然人,与投资者持有同一上市公司股份的,构成一致行动人,因此选项C是不构成一致行动人的。

考点精析

【考点精析1】 上市公司收购概述

1. 上市公司收购人

(1)上市公司收购人是指意图通过取得股份的方式成为一个上市公司的控股股东,或者通过投资关系、协议、其他安排的途径成为一个上市公司的实际控制人的投资者及其一致行动人。收购人包括投资者及与其一致行动的他人。

(2)如无相反证据,投资者有下列情形之一的,为一致行动人,一致行动人应当合并计算其所持有的股份。

①投资者之间有股权控制关系。

②投资者受同一主体控制。

③投资者的董事、监事或者高级管理人员中的主要成员,同时在另一个投资者担任董事、监事或者高级管理人员。

④投资者参股另一投资者,可以对参股公司的重大决策产生重大影响。

⑤银行以外的其他法人、其他组织和自然人为投资者取得相关股份提供融资安排。

⑥投资者之间存在合伙、合作、联营等其他经济利益关系。

⑦持有投资者30%以上股份的自然人,与投资者持有同一上市公司股份。

⑧在投资者任职的董事、监事及高级管理人员,与投资者持有同一上市公司股份。

⑨持有投资者30%以上股份的自然人和在投资者任职的董事、监事及高级管理人员,其父母、配偶、子女及其配偶、配偶的父母、兄弟姐妹及其配偶、配偶的兄弟姐妹及其配偶等亲属,与投资者持有同一上市公司股份。

⑩在上市公司任职的董事、监事、高级管理人员及其前项所述亲属同时持有本公司股份的,或者与其自己或者其前项所述亲属直接或者间接控制的企业同时持有本公司股份。

⑪上市公司董事、监事、高级管理人员和员工与其所控制或者委托的法人或者其他组织持有本公司股份。

⑫投资者之间具有其他关联关系。

(3)有下列情形之一的,不得收购上市公司:

①收购人负有数额较大的债务,到期未清偿,且处于持续状态。

②收购人最近3年有重大违法行为或者涉嫌有重大违法行为。

③收购人最近3年有严重的证券市场失信行为。

④收购人为自然人的,存在《公司法》规定的不得担任董事、监事、高级管理人员的情形。

【知识点拨】 一致行动人视为一个投资者,主要涉及权益披露。

2. 上市公司收购的支付方式

上市公司收购可以采用现金、依法可以转让的证券以及法律、行政法规规定的其他支付方式进行。

【考点精析2】 持股权益披露的相关规定(见表7-5)

表7-5 持股权益披露的相关规定

情形		内容	
达到5%	通过证券交易所的证券交易	3日内报告并公告	3日内不得买卖该上市公司股票
	通过协议转让		报告、公告前不得再行买卖
增减5%	通过证券交易所的证券交易	3日内报告并公告	在报告期限内和作出报告、公告2日内不得再行买卖该上市公司的股票
	通过协议转让		报告、公告前不得再行买卖
5%~20%	不是上市公司的第一大股东或实际控制人	简式权益变动报告书	
	上市公司第一大股东或实际控制人	详式权益变动报告书	
20%~30%	不是上市公司的第一大股东或实际控制人	详式权益变动报告书	
	上市公司第一大股东或实际控制人	详式权益变动报告书	

【考点精析3】 要约收购程序

要约收购是收购人在证券交易所的集中竞价系统之外,直接向股东发出要购买其手中持有股票的一种收购方式,包括自愿要约和强制要约。采用要约方式收购一个上市公司的股份的,其预定收购的股份比例不得低于该上市公司已发行股份的5%。

1. 要约收购报告书

以要约方式收购上市公司股份的,收购人应当编制要约收购报告书,聘请财务顾问,通知被收购公司,同时对要约收购报告书摘要作出提示性公告。

2. 要约有效期和竞争要约

(1)收购要约约定的收购期限不得少于30日,并不得超过60日。但出现竞争要约的除外。

(2)收购人作出要约收购提示性公告后,在公告要约收购报告书之前,拟自行取消收购计划的,应当公告原因;自公告之日起12个月内,该收购人不得再次对同一上市公司进行收购。

(3)在收购要约确定的承诺期内,收购人不得撤销其收购要约。

(4)收购人需要变更收购要约的,必须及时公告,载明具体变更事项,并通知被收购公司。在收购要约期限届满前15日内,收购人不得变更收购要约,但出现竞争要约的除外。

(5)出现竞争要约时,发出初始要约的收购人变更收购要约距初始要约收购期限届满不足15日的,应当延长收购期限,延长后的要约期应当不少于15日,不得超过最后一个竞争要约的期满日,并按规定比例追加履约保证。

(6)发出竞争要约的收购人最迟不得晚于初始要约收购期限届满前15日发出要约收购的提示性公告,并应当根据规定履行公告义务。

3. 要约对象和条件

(1)收购人对同一种类股票的要约价格不得低于要约收购提示性公告日前6个月内收购人取得该种股票所支付的最高价格。

(2)收购要约提出的各项收购条件,应当适用于被收购公司的所有股东。

4. 禁止收购人通过其他方式获得股票

采取要约收购方式的,收购人在收购期限内,不得卖出被收购公司的股票,也不得采取要约规定以外的形式和超出要约的条件买入被收购公司的股票。

5. 被收购公司董事会的义务

在要约收购期间,被收购公司董事不得辞职。

6. 预受要约

(1)预受是指被收购公司股东同意接受要

约的初步意思表示，在要约收购期限内不可撤回之前不构成承诺。

（2）**在要约收购期限届满前3个交易日内，预受股东不得撤回其对要约的接受。** 在要约收购期限内，收购人应当每日在证券交易所网站上公告已预受收购要约的股份数量。

7. 要约期满

（1）收购期限届满，发出部分要约的收购人应当按照收购要约约定的条件购买被收购公司股东预受的股份，预受要约股份的数量超过预定收购数量时，收购人应当按照同等比例收购预受要约的股份。

（2）**收购期限届满后15日内，收购人应当向证券交易所提交关于收购情况的书面报告，并予以公告。**

【考点精析4】强制要约制度

《证券法》规定："通过证券交易所的证券交易，投资者持有或者通过协议、其他安排与他人共同持有一个上市公司**已发行的股份达到30%时**，继续进行收购的，应当依法向该上市公司所有股东发出收购上市公司全部或者部分股份的要约。"

1. 免于以要约收购方式增持股份的事项

有下列情形之一的，收购人可以向中国证监会提出免于以要约方式增持股份的申请：

（1）收购人与出让人能够证明本次股份转让是在同一实际控制人控制的不同主体之间进行的，未导致上市公司的实际控制人发生变化；

（2）上市公司面临严重财务困难，收购人提出的挽救公司的重组方案取得该公司股东大会批准，且收购人承诺3年内不转让其在该公司中所拥有的权益；

（3）中国证监会为适应证券市场发展变化和保护投资者合法权益的需要而认定的其他情形。

2. 适用简易程序免于发出要约收购方式增持股份的事项

有下列情形之一的，当事人可以向中国证监会提出免于发出要约的申请，中国证监

会自收到符合规定的申请文件之日起10个工作日内未提出异议的，相关投资者可以向证券交易所和证券登记结算机构申请办理股份转让和过户登记手续：

（1）经政府或者国有资产管理部门批准进行国有资产无偿划转、变更、合并，导致投资者在一个上市公司中拥有权益的股份占该公司已发行股份的比例超过30%。

（2）因上市公司按照股东大会批准的确定价格向特定股东回购股份而减少股本，导致投资者在该公司中拥有权益的股份超过该公司已发行股份的30%。

（3）中国证监会为适应证券市场发展变化和保护投资者合法权益的需要而认定的其他情形。

3. 免于提出豁免申请直接办理股份转让和过户的事项

有下列情形之一的，相关投资者可以免于按照有关规定提出豁免申请，直接向证券交易所和证券登记结算机构申请办理股份转让和过户登记手续：

（1）经上市公司股东大会非关联股东批准，投资者取得上市公司向其发行的新股，导致其在该公司拥有权益的股份超过该公司已发行股份的30%，投资者承诺3年内不转让本次向其发行的新股，且公司股东大会同意投资者免于发出要约。

（2）在一个上市公司中拥有权益的股份达到或者超过该公司已发行股份的30%的，自上述事实发生之日起一年后，每12个月内增持不超过该公司已发行的2%的股份。

（3）在一个上市公司中拥有权益的股份达到或者超过该公司已发行股份的50%的，继续增加其在该公司拥有的权益不影响该公司的上市地位。

（4）证券公司、银行等金融机构在其经营范围内依法从事承销、贷款等业务导致其持有一个上市公司已发行股份超过30%，没有实际控制该公司的行为或者意图，并且提出在合理期限内向非关联方转让相关股份的解

决方案。

(5)因继承导致在一个上市公司中拥有权益的股份超过该公司已发行股份的30%。

(6)因履行约定购回式证券交易协议购回上市公司股份导致投资者在一个上市公司中拥有权益的股份超过该公司已发行股份的30%，并且能够证明标的股份的表决权在协议期间未发生转移。

(7)因所持优先股表决权依法恢复导致投资者在一个上市公司中拥有权益的股份超过该公司已发行股份的30%。

【考点精析5】特殊类型收购

1. 协议收购

协议收购是由收购人和被收购公司的控股股东之间通过协议转让股权的方式完成控制权转移。

(1)过渡期安排。以协议方式进行上市公司收购的，自签订收购协议起至相关股份完成过户的期间为上市公司收购过渡期。在过渡期内，《收购办法》要求：①收购人不得通过控股股东提议改选上市公司董事会，确有充分理由改选董事会的，来自收购人的董事不得超过董事会成员的1/3；②被收购公司不得为收购人及其关联方提供担保；③被收购公司不得公开发行股份募集资金，不得进行重大购买、出售资产及重大投资行为或者与收购人及其关联方进行其他关联交易，但收购人为挽救陷入危机或者面临严重财务困难的上市公司的情形除外。

(2)股权过户。收购人在收购报告书公告后30日内仍未完成相关股份过户手续的，应当立即作出公告，说明理由；在未完成相关股份过户期间，应当每隔30日公告相关股份过户办理进展情况。

(3)管理层收购。

①上市公司董事、监事、高级管理人员、员工或者其所控制或者委托的法人或者其他组织，拟对本公司进行收购或者通过间接收购的方式取得本公司控制权的，该上市公司应当具备健全且运行良好的组织机构以及有效的内部控制制度，公司董事会成员中独立董事的比例应当达到或者超过1/2。

②公司应当聘请具有证券、期货从业资格的资产评估机构提供公司资产评估报告，本次收购应当经董事会非关联董事作出决议，且取得2/3以上的独立董事同意后，提交公司股东大会审议，经出席股东大会的非关联股东所持表决权过半数通过。独立董事发表意见前，应当聘请独立财务顾问就本次收购出具专业意见，独立董事及独立财务顾问的意见应当一并予以公告。

③上市公司董事、监事、高级管理人员存在《公司法》第148条规定情形，或者最近3年有证券市场不良诚信记录的，不得收购本公司。

2. 间接收购

(1)收购人虽不是上市公司的股东，但通过投资关系、协议、其他安排导致其拥有权益的股份达到或者超过一个上市公司已发行股份的5%，未超过30%的，应当按照规定作权益披露。

(2)收购人拥有权益的股份超过该公司已发行股份的30%的，应当向该公司所有股东发出全面要约；收购人预计无法在事实发生之日起30日内发出全面要约的，应当在前述30日内促使其控制的股东将所持有的上市公司股份减持至30%或者30%以下。

【考点精析6】上市公司重大资产重组

1. 重大资产重组行为的界定

(1)重大资产重组行为，是指上市公司及其控股或者控制的公司在日常经营活动之外购买、出售资产或者通过其他方式进行资产交易达到规定的比例，导致上市公司的主营业务、资产、收入发生重大变化的资产交易行为。上市公司按照经中国证监会核准的发行证券文件披露的募集资金用途，使用募集资金购买资产、对外投资的行为，不适用《上市公司重大资产重组管理办法》(以下简称《重组办法》)。

(2)普通重大资产重组。上市公司及其控

股或者控制的公司购买、出售资产，达到下列标准之一的，构成重大资产重组：

①购买、出售的资产总额占上市公司最近一个会计年度经审计的合并财务会计报告期末资产总额的比例达到50%以上。

②购买、出售的资产在最近一个会计年度所产生的营业收入占上市公司同期经审计的合并财务会计报告营业收入的比例达到50%以上。

③购买、出售的资产净额占上市公司最近一个会计年度经审计的合并财务会计报告期末净资产额的比例达到50%以上，且超过5 000万元人民币。

（3）特殊重大资产重组。上市公司自控制权发生变更之日起36个月内，向收购人及其关联人购买资产，导致上市公司发生以下根本变化情形之一的，构成重大资产重组，应当按照《重组办法》的规定报经中国证监会核准：

①购买的资产总额占上市公司控制权发生变更的前一个会计年度经审计的合并财务会计报告期末资产总额的比例达到100%以上。

②购买的资产在最近一个会计年度所产生的营业收入占上市公司控制权发生变更的前一个会计年度经审计的合并财务会计报告营业收入的比例达到100%以上。

③购买的资产净额占上市公司控制权发生变更的前一个会计年度经审计的合并财务会计报告期末净资产额的比例达到100%以上。

④为购买资产发行的股份占上市公司首次向收购人及其关联人购买资产的董事会决议前一个交易日的股份的比例达到100%以上。

⑤上市公司向收购人及其关联人购买资产虽未达到本款第①至第④项标准，但可能导致上市公司主营业务发生根本变化。

⑥中国证监会认定的可能导致上市公司发生根本变化的其他情形。

【知识点拨】现行规定允许符合国家战略的高新技术产业和战略性新兴产业相关资产在创业板重组上市。

2. 重大资产重组行为的要求

《重组办法》规定，上市公司实施重大资产重组，应当符合下列要求：

（1）符合国家产业政策和有关环境保护、土地管理、反垄断等法律和行政法规的规定。

（2）不会导致上市公司不符合股票上市条件。

（3）重大资产重组所涉及的资产定价公允，不存在损害上市公司和股东合法权益的情形。

（4）重大资产重组所涉及的资产权属清晰，资产过户或者转移不存在法律障碍，相关债权债务处理合法。

（5）有利于上市公司增强持续经营能力，不存在可能导致上市公司重组后主要资产为现金或者无具体经营业务的情形。

（6）有利于上市公司在业务、资产、财务、人员、机构等方面与实际控制人及其关联人保持独立，符合中国证监会关于上市公司独立性的相关规定。

（7）有利于上市公司形成或者保持健全有效的法人治理结构。

【知识点拨】构成借壳上市的，上市公司购买的资产对应的经营实体应当是股份有限公司或者有限责任公司，且符合《首次公开发行股票并上市管理办法》规定的其他发行条件。

3. 发行股份购买资产的规定

（1）《重组办法》规定，上市公司发行股份购买资产，应当符合下列规定：

①充分说明并披露本次交易有利于提高上市公司资产质量、改善财务状况和增强持续盈利能力，有利于上市公司减少关联交易、避免同业竞争、增强独立性。

②上市公司最近一年及一期财务会计报告被注册会计师出具无保留意见审计报告；被出具保留意见、否定意见或者无法表示意

见的审计报告的，须经注册会计师专项核查确认，该保留意见、否定意见或者无法表示意见所涉及事项的重大影响已经消除或者将通过本次交易予以消除。

③上市公司及其现任董事、高级管理人员不存在因涉嫌犯罪正被司法机关立案侦查或涉嫌违法违规正被中国证监会立案调查的情形，但是，涉嫌犯罪或违法违规的行为已经终止满 3 年，交易方案有助于消除该行为可能造成的不良后果，且不影响对相关行为人追究责任的除外。

④充分说明并披露上市公司发行股份所购买的资产为权属清晰的经营性资产，并能在约定期限内办理完毕权属转移手续。

⑤中国证监会规定的其他条件。

（2）特定对象以现金或者资产认购上市公司非公开发行的股份后，上市公司用同一次非公开发行所募集的资金向该特定对象购买资产的，视同上市公司发行股份购买资产。

（3）上市公司发行股份的价格不得低于市场参考价的 90%。市场参考价为本次发行股份购买资产的董事会决议公告日前 20 个交易日、60 个交易日或者 120 个交易日的公司股票交易均价之一。本次发行股份购买资产的董事会决议应当说明市场参考价的选择依据。

（4）特定对象以资产认购而取得的上市公司股份，**自股份发行结束之日起 12 个月内不得转让。属于下列情形之一的，36 个月内不得转让：**

①特定对象为上市公司控股股东、实际控制人或者其控制的关联人。

②特定对象通过认购本次发行的股份取得上市公司的实际控制权。

③特定对象取得本次发行的股份时，对其用于认购股份的资产持续拥有权益的时间不足 12 个月。

4. 信息披露和公司决议

（1）信息披露。重大资产重组涉及上市公司的重大变化，属于重大信息，应当及时披露。在披露之前，资产重组的各参与方都应当严格保密。

（2）公司决议。

①上市公司股东大会就重大资产重组事项作出决议，必须经出席会议的股东所持表决权的 2/3 以上通过。

②上市公司重大资产重组事宜与本公司股东或者其关联人存在关联关系的，股东大会就重大资产重组事项进行表决时，关联股东应当回避表决。

③交易对方已经与上市公司控股股东就受让上市公司股权或者向上市公司推荐董事达成协议或者默契，可能导致上市公司的实际控制权发生变化的，上市公司控股股东及其关联人应当回避表决。

④上市公司就重大资产重组事宜召开股东大会，应当以现场会议形式召开，并应当提供网络投票或者其他合法方式为股东参加股东大会提供便利。

⑤除上市公司的董事、监事、高级管理人员、单独或者合计持有上市公司 5% 以上股份的股东以外，其他股东的投票情况应当单独统计并予以披露。

📝 **阶段性测试**

1. 【单选题】某投资者采取要约收购方式收购上市公司时，下列做法符合法律规定的是（　）。

A. 根据被收购公司股东的持股情况，发出了不同待遇的要约

B. 预定收购比例不得低于已发行股份的 5%

C. 确定了收购期限为 90 天

D. 在收购要约确定的承诺期限内，基于资金短缺撤销了收购要约

2. 【单选题】上市公司的社会公众股东持股比例需要满足一定条件，下列选项中，计入社会公众股股东的持股比例的是（　）。

A. 在上市公司任职的董事张某，持有本公司股份 0.5%

B. 在上市公司任职的普通职工赵某，持有

本公司股份 0.5%

C. 在上市公司任职的财务负责人王某，持有本公司股份 0.1%

D. 甲公司作为法人股东，持有上市公司股份 10.54%

3.【单选题】下列关于上市公司收购要约的撤销与变更的表述中，符合证券法律制度规定的是( )。

A. 收购人在收购要约确定的承诺期限内，可在满足一定条件下撤销其收购要约

B. 收购人在收购要约确定的承诺期限内，除非出现竞争要约，不得变更收购要约

C. 收购人需要变更收购要约的，只需通知被收购公司

D. 收购人在收购要约确定的承诺期限内，不得撤销其收购要约

4.【多选题】下列各项中，可以收购 A 上市公司股份的有( )。

A. 10 个月前刚清偿完数额较大债务的 B 公司

B. 曾任 C 公司董事长的甲，C 公司因不可抗力而被宣告破产不满 3 年

C. 两年前因发布虚假信息而被中国证监会处罚的 D 上市公司

D. 已持有 A 上市公司已发行股份 12%的 E 投资公司

5.【多选题】如果没有相反的证据，下列情形中，投资者甲公司和投资者乙公司属于一致行动人的有( )。

A. 投资者甲公司和投资者乙公司是同属于一个母公司的子公司

B. 投资者甲公司的董事张某在投资者乙公司中担任监事

C. 投资者甲公司是投资者乙公司的控股股东

D. 投资者甲公司的股东同时持有投资者乙公司的股份

6.【多选题】下列情形中，属于借壳上市需要遵守额外的要求有( )。

A. 符合上市公司发行股份购买资产的

规定

B. 上市公司购买的资产对应的经营实体应当是股份有限公司或者有限责任公司，且符合《首次公开发行股票并上市管理办法》规定的其他发行条件

C. 上市公司及其控股股东、实际控制人不存在因涉嫌犯罪正被司法机关立案侦查或涉嫌违法违规正被中国证监会立案调查的情形

D. 上市公司及其控股股东、实际控制人最近 12 个月内未受到证券交易所公开谴责，不存在其他重大失信行为

📝阶段性测试答案精析

1. B 【解析】本题考核要约收购。以要约方式进行上市公司收购的，收购人应当公平对待被收购公司的所有股东。持有同一种类股份的股东应当得到同等对待，选项 A 错误。收购期限不得少于 30 天，并不得超过 60 天，选项 C 错误。在收购要约确定的承诺期限内，收购人不得撤销其收购要约，选项 D 错误。

2. B 【解析】本题考核社会公众股东。根据规定，社会公众股东指不包括下列股东的上市公司其他股东：（1）持有上市公司 10%以上股份的股东及其一致行动人；（2）上市公司的董事、监事、高级管理人员及其关联人。本题中，选项 A、C 均为本上市公司的董事和高级管理人员范围，其持有的本公司股份，不作为社会公众股；甲公司持有上市公司的股份比例达到 10%以上，其股份不属于社会公众股。

3. D 【解析】本题考核要约收购。在收购要约约定的承诺期限内，收购人不得撤销其收购要约。收购人需要变更收购要约的，必须及时公告，载明具体变更事项，并通知被收购公司。

4. ABD 【解析】本题考核不得收购上市公司的情形。选项 C 中，D 上市公司最近 3 年有严重的证券市场失信行为而不得收购上市公司。

5. ABC 【解析】本题考核一致行动人的概念。选项 A 属于受同一主体控制；选项 B 属于投资者的董事、监事或者高级管理人员中的主要成员，同时在另一个投资者担任董事、监事或者高级管理人员；选项 C 属于投资者之间有股权控制关系。

6. ABD 【解析】本题考核借壳上市的要求。选项 C 正确的表述是：上市公司及其最近 3 年内的控股股东、实际控制人不存在因涉嫌犯罪正被司法机关立案侦查或涉嫌违法违规正被中国证监会立案调查的情形。但是，涉嫌犯罪或违法违规的行为已经终止满 3 年，交易方案能够消除该行为可能造成的不良后果，且不影响对相关行为人追究责任的除外。

考点九　证券欺诈的法律责任 ★★★

扫我解疑难

📝 经典例题

【例题 1·案例分析题】(2019 年)福明公司为 A 股上市公司。2018 年 1 月 25 日，福明公司实际控制人、董事长李某根据公司 2017 年度业绩情况，向董事会秘书赵某提出在当期实施股票"高送转"的利润分配动议。赵某起草了《高送转预期利润分配预案》等文件提交董事会审议，但由于董事会对具体实施方案存在较大分歧，未能形成有效决议，该方案未予披露。

孙某为赵某好友，2018 年 1 月底，孙某在一次商业宴会上向赵某打听福明公司 2017 年度业绩和利润分配情况，赵某告知孙某"业绩不错，可能会做'高送转'，但董事会还没通过，具体还不好说"。得此答复后，孙某于 2018 年 2 月 2 日买入福明公司股票。

2018 年 2 月 5 日，赵某根据董事会意见修改了利润分配方案。2018 年 2 月 26 日(星期一)，福明公司召开董事会通过了修改后的利润分配方案。根据该方案，以盈余公积金向

全体股东每 10 股转增 10 股，并派发 2 元红利。3 月 1 日公司公告董事会决议。

赵某将"高送转"信息告知妻子程某。随后，程某又将该信息转告福明公司股东王某。王某通过其控制的越野投资有限公司(简称"越野投资")于 2018 年 2 月中旬多次买入福明公司股票。此前，王某已持有福明公司 2% 的股份，越野投资不持有福明公司股份。

2019 年 3 月起，证监会对福明公司内幕交易案立案调查，孙某在内幕交易调查中抗辩：福明公司的"高送转"方案在 2018 年 1 月底时董事会尚未通过；赵某于 2 月 5 日才修改"高送转"方案；孙某在 2 月 2 日买入股票时内幕信息尚未形成，故其买入行为不构成内幕交易。调查期间，证监会认定王某与越野投资在 2018 年 2 月购入福明公司股票时，构成一致行动人；购入后二者合计持股比例为 5.9%，未按规定履行重大持股信息披露义务。王某在内幕交易调查中未对自己的买入行为给出正当理由，但辩称：其于 2018 年 2 月的股票买入行为，属于相关司法解释中规定的"持有或通过协议、其他安排与他人共同持有上市公司 5% 以上股份的自然人、法人或者其他组织收购该上市公司股份"的情形，不构成内幕交易。

要求：根据上述内容，分别回答下列问题。

(1)本案"高送转"的利润分配方案是否构成内幕信息？并说明理由。

(2)赵某告知孙某"可能会做'高送转'"的行为是否构成内幕交易？并说明理由。

(3)福明公司以盈余公积金转增股本的做法是否符合公司法律制度的规定？并说明理由。

(4)福明公司于 2018 年 3 月 1 日公告董事会决议，是否符合证券法律制度的规定？并说明理由。

(5)孙某关于其"在 2 月 2 日买入股票时内幕信息尚未形成"的抗辩是否成立？并说明理由。

(6)程某告知王某"福明公司可将做'高送转'"的行为是否构成内幕交易？并说明理由。

(7)王某所称"其于2018年2月的股票买入行为属于收购,不构成内幕交易"的抗辩理由,是否成立?并说明理由。

【答案】

(1)本案"高送转"的利润分配方案构成内幕信息。根据规定,公司分配股利或者增资的计划属于内幕信息。

(2)赵某告知孙某"可能会做'高送转'"的行为构成内幕交易。根据规定,在内幕信息敏感期内,内幕信息的知情人和非法获取内幕信息的人,不得买卖该公司的证券,或者泄露该信息,或者建议他人买卖该证券。赵某属于内幕信息知情人,其在内幕信息敏感期内泄露信息的,构成内幕交易行为。

(3)福明公司的做法符合规定。根据规定,公司的公积金用于弥补公司的亏损、扩大公司生产经营或者转为增加公司资本。

(4)福明公司于2018年3月1日公告董事会决议不符合规定。根据规定,董事会就发行新股形成相关决议属于重大事件,上市公司应当在董事会形成决议的2个交易日内履行披露义务。题目中,董事会于2月26日形成决议,至3月1日已经超过2个交易日。

(5)孙某的抗辩不成立。根据规定,影响内幕信息形成的动议、筹划、决策或者执行人员,其动议、筹划、决策或者执行初始时间,应当认定为内幕信息的形成之时。2018年1月25日,董事长李某向董事会秘书赵某提出在当期实施股票"高送转"的利润分配动议,这是动议初始时间,是内幕信息形成之时。

(6)程某的行为构成内幕交易。根据规定,内幕信息知情人员的近亲属,在内幕信息敏感期内,从事或者明示、暗示他人从事与该内幕信息有关的证券、期货交易,相关交易行为明显异常,且无正当理由或者正当信息来源的,属于内幕交易。

(7)王某的抗辩不成立。持有或通过协议、其他安排与他人共同持有上市公司5%以上股份的自然人、法人或者其他组织收购该上市公司股份的,不属于内幕交易行为。但王某在2

月买入股票之前,持股只有2%,不属于"持股5%以上的股东",不符合该要求。王某在内幕信息敏感期内买卖上市公司股票,属于内幕交易。

【例题2·单选题】(2018年)甲为某上市公司董事。2018年1月8日和2018年1月22日,甲通过其配偶的证券账户,以20元/股和21元/股的价格,先后买入本公司股票2万股和4万股,2018年7月9日,甲以22元/股的价格将6万股全部卖出。根据证券法律制度的规定,甲通过上述交易所得收益中,应当归入公司的金额是(　)。

A. 2万元　　　　　　B. 4万元

C. 0元　　　　　　　D. 6万元

【答案】B

【解析】本题考核短线交易。上市公司董事、监事、高级管理人员、持有上市公司股份5%以上的股东,将其持有的该公司的股票在买入后6个月内卖出,或者在卖出后6个月内又买入,由此所得收益归该公司所有,公司董事会应当收回其所得收益。本题中,2018年1月22日买入,7月9日卖出的4万股,构成短线交易行为。收归公司的金额=(22-21)×40 000=40 000(元)。

【例题3·案例分析题】(2018年)林森木业是在深圳证券交易所挂牌的上市公司。林木集团系林森木业控股股东,持股比例为45%。

2016年10月27日,人民法院裁定受理林木集团的破产重整申请。2017年5月,林木集团第一大股东赵某与新民投资开始实质性磋商,由新民投资以向林木集团注资的方式参与重整。2017年9月18日,新民投资与赵某等林木集团股东签署重组框架协议。9月21日,林森木业对该重组框架协议签订事宜予以公告。

2017年12月26日,人民法院裁定批准林木集团的破产重整计划草案。根据该破产重整计划,新民投资向林木集团注资后,将持有重整后的林木集团85%的股权。

2018年2月12日,新民投资公布要约收购报告书，向林森木业除林木集团以外的所有股东发出收购其所持全部无限售流通股的要约。林森木业发布的要约收购报告书摘要的提示性公告显示：此次要约收购有效期为 2018 年 2 月 14 日至 2018 年 4 月 10 日；预定收购股份数量为 6 亿股；收购价格为每股 9.77 元；提示性公告前 6 个月内，新民投资未买入林森木业任何股票。2 月 12 日前 30 个交易日内，林森木业每日加权平均价格的算术平均值为每股 9.76 元。

2018 年 3 月，林森木业独立董事钱某因个人健康原因向董事会提出辞职。

2018 年 4 月 9 日，林森木业董事会发布《致全体股东报告书》，对股东是否接受新民投资的要约提出建议。

持有林森木业股票的孙某于 2018 年 3 月 30 日委托其开户的证券公司办理接受前述收购要约的预受手续。4 月 9 日，孙某反悔前述预受承诺，并委托证券公司撤回预受。

2018 年 5 月，中国证监会因新民投资副董事长李某涉嫌内幕交易对其立案调查。经查，李某于 2017 年 9 月 15 日以每股 7.8 元的价格买入林森木业 10 万股，并于要约收购有效期内接受了要约。李某辩称：其买入林森木业股票时，不仅重组框架协议尚未签署，林木集团重整计划草案能否获得通过也不确定，故新民投资向林木集团注资一事尚未形成内幕信息。李某对其买入行为未给出其他理由。

要求：根据上述内容，分别回答下列问题。

(1)新民投资按照重整计划向林木集团注资，是否构成对林森木业的收购？并说明理由。

(2)新民投资按照重整计划向林木集团注资，是否必须向林森木业其他所有股东发出收购要约？并说明理由。

(3)新民投资对林森木业的要约收购价格是否符合证券法律制度的规定？并说明理由。

(4)钱某能否辞去独立董事职务？并说明理由。

(5)林森木业发布《致全体股东报告书》的时间是否符合证券法律制度的规定？并说明

理由。

(6)孙某能否撤回预受？并说明理由。

(7)李某关于其购买股票时内幕信息尚未形成的主张是否成立？李某的行为是否构成内幕交易？并分别说明理由。

【答案】

(1)新民投资按照重整计划向林木集团注资构成对林森木业的收购。根据规定，收购人通过获得上市公司母公司控制权，从而间接控制上市公司，这属于间接收购。本题中，新民投资向林木集团注资而取得林木集团控制权，林木集团是林森木业的控股股东，因此构成对林森木业的间接收购。

(2)新民投资按照重整计划向林木集团注资，应当向林森木业其他股东发出收购要约。根据规定，收购人虽不是上市公司的股东，但通过投资关系、协议、其他安排导致其拥有权益的股份超过该公司已发行股份的 30% 的，应当向该公司所有股东发出全面要约。

(3)新民投资对林森木业的要约收购价格符合规定。根据规定，收购人按照规定进行要约收购的，对同一种类股票的要约价格，不得低于要约收购提示性公告日前 6 个月内收购人取得该种股票所支付的最高价格。要约价格低于提示性公告日前 30 个交易日该种股票的每日加权平均价格的算术平均值的，收购人聘请的财务顾问应当就该种股票前 6 个月的交易情况进行分析，说明是否存在股价被操纵、要约价格是否合理等情况。本题中，提示性公告日前 6 个月内新民投资未购入林森木业任何股票，而且要约价格 9.77 元/股并不低于提示性公告日前 30 个交易日该种股票的每日加权平均价格的算术平均值 9.76 元/股。

(4)钱某不能辞去独立董事职务。根据规定，在要约收购期间，被收购公司董事不得辞职。

(5)林森木业发布报告书的时间不符合规定。根据规定，被收购公司董事会应当对收购人的主体资格、资信情况及收购意图进行调查，对要约条件进行分析，对股东是否接受要约提出建议,并聘请独立财务顾问提出专业意见。在收购人公告要约收购报告书后20日内,被收购公司董事会应当将被收购公司董事会报告书与独立财务顾问的专业意见报送中国证监会,同时抄报派出机构,抄送证券交易所,并予公告。本题中,新民投资在2018年2月12日公布要约收购报告书,林森木业董事会在2018年4月9日发布报告书,不符合"收购人公告要约收购报告书后20日内"被收购公司董事会报告的时间。

(6)孙某不能撤回预受。根据规定,在要约收购期限届满前3个交易日内,预受股东不得撤回其对要约的接受。本题中,要约收购期限4月10日届满,孙某4月9日反悔,在收购期限届满前3日内,不能撤回预受。

(7)①李某关于内幕信息尚未形成的主张不成立。因为影响内幕信息形成的动议、筹划、决策或者执行人员,其动议、筹划、决策或者执行初始时间,应当认定为内幕信息的形成之时,在本题中,赵某与新民投资于2017年5月已经开始实质性磋商,应当认定内幕信息此时已经形成。

②李某的行为构成内幕交易。证券交易内幕信息的知情人员和非法获取内幕信息的人员,在内幕信息公开前,不得买卖该公司的证券,或者泄露该信息,或者建议他人买卖该证券,否则就构成了内幕交易。

【例题4·单选题】(2015年)汪某为某知名证券投资咨询公司负责人。该公司经常在重要媒体和互联网平台免费公开发布咨询报告,并向公众推荐股票。汪某多次将其本人已经买入的股票在公司咨询报告中予以推荐,并于咨询报告发布后将股票卖出。根据证券法律制度的规定,汪某的行为属于( )。

A. 内幕交易　　　　B. 虚假陈述

C. 操纵市场　　　　D. 欺诈客户

【答案】C

【解析】本题考核操纵市场行为。操纵市场是指单位或个人以获取利益或减少损失为目的,利用其资金、信息等优势或者滥用职权影响证券市场价格,制造证券市场假象,诱导或致使投资者在不了解事实真相的情况下作出买卖证券的决定。

【例题5·单选题】(2014年)根据证券法律制度的规定,下列主体中,对招股说明书中的虚假陈述记载承担无过错责任的是( )。

A. 发行人　　　　B. 承销人

C. 实际控制人　　　　D. 保荐人

【答案】A

【解析】本题考核虚假陈述。发行人、上市公司公告的招股说明书、公司债券募集办法、财务会计报告、上市报告文件、年度报告、中期报告、临时报告以及其他信息披露资料,有虚假记载、误导性陈述或者重大遗漏,致使投资者在证券交易中遭受损失的,发行人、上市公司应当承担赔偿责任;发行人、上市公司的董事、监事、高级管理人员和其他直接责任人员以及保荐人、承销的证券公司,应当与发行人、上市公司承担连带赔偿责任,但是能够证明自己没有过错的除外;发行人、上市公司的控股股东、实际控制人有过错的,应当与发行人、上市公司承担连带赔偿责任。

【例题6·多选题】(2012年)根据证券法律制度的规定,下列各项中,属于证券交易内幕信息知情人的有( )。

A. 负责发行人重大资产重组方案文印工作的秘书甲

B. 中国证监会负责审核发行人重大资产重组方案的官员乙

C. 为发行人重大资产重组进行审计的注册会计师丙

D. 通过公开发行报刊知悉发行人重大资产重组方案的律师丁

【答案】ABC

【解析】本题考核内幕信息。选项D是公开信息。

【例题7·多选题】(2010年)甲公司是一家上市公司。下列股票交易行为中,为证券法律制度所禁止的有( )。

A. 持有甲公司3%股权的股东李某已将其所

持全部股权转让于他人，甲公司董事张某在获悉该消息后，告知其朋友王某，王某在该消息为公众所知悉前将其持有的甲公司股票全部卖出

B. 乙公司经研究认为甲公司去年盈利状况超出市场预期，在甲公司公布年报前购入甲公司4%的股权

C. 甲公司董事张某在董事会审议年度报告时，知悉了甲公司去年盈利超出市场预期的消息，在年报公布前买入了本公司股票10万股

D. 甲公司的收发室工作人员刘某看到了中国证监会寄来的公司因涉嫌证券违法行为被立案调查的通知，在该消息公告前卖出了其持有的本公司股票

【答案】CD

【解析】本题考核内幕交易行为。选项A，持有甲公司3%股权的股东李某转让股份并不是内幕信息，持有上市公司5%以上股份的股东或者实际控制人，其持有股份或者控制公司的情况发生较大变化才属于重大事件，属于内幕信息，故甲公司董事张某告知王某转让股份的行为不属于内幕交易行为；选项B，乙公司是经过研究认为甲公司的盈利状况，不属于知悉内幕信息；选项C，董事张某属于内幕信息知情人员，其行为属于内幕交易，是法律所禁止的行为；选项D，刘某属于由于所任公司职务可以获取公司有关内幕信息的人员，其利用内幕信息进行交易的行为违法。

📝 **考点精析**

【考点精析1】 虚假陈述行为

(1)虚假陈述是指对证券发行、交易及其相关活动的事实、性质、前景、法律等事项作出不实、严重误导或者含有重大遗漏的、任何形式的虚假陈述或者诱导、致使投资者在不了解事实真相的情况下作出证券投资决定的行为以及未按照规定披露信息的行为。

(2)对于证券虚假陈述的民事诉讼中的因果关系采取"推定信赖"的方式，确定因果关系的存在，表现为对两个时间段的认定。

①买入时间段：投资者在虚假陈述实施日及以后，至揭露日或者更正日之前买入该证券。

②损失产生时间段：投资人在虚假陈述揭露日或者更正日及以后，因卖出该证券发生亏损，或者因继续持有该证券而产生亏损。

(3)虚假陈述实施日。在指定信息披露媒体发布虚假陈述文件的日期，即可以确定为虚假陈述实施日。对于隐瞒和不履行信息披露义务的，则应以法定期限的最后一个期日为虚假陈述实施日。

(4)虚假陈述揭露日或更正日。

①监管机关有关立案稽查的消息，可以作为揭露日的标志。

②媒体揭露行为是否可以作为虚假陈述揭示日，可与相关股票是否停牌挂钩，其引起价格急剧波动导致其停牌的，则可以认定其揭露行为的时日为虚假陈述揭露日。

(5)虚假陈述行为人在证券交易市场承担民事赔偿责任的范围，以投资人因虚假陈述而实际发生的损失为限。投资人实际损失包括：

①投资差额损失。

②投资差额损失部分的佣金和印花税。

(6)投资人持股期间基于股东身份取得的收益，包括红利、红股、公积金转增所得的股份以及投资人持股期间出资购买的配股、增发股和转配股，不得冲抵虚假陈述行为人的赔偿金额。

【考点精析2】 内幕交易行为

1. 内幕信息

证券交易活动中，涉及发行人的经营、财务或者对该发行人证券的市场价格有重大影响的尚未公开的信息，为内幕信息。

2. 内幕交易行为的认定

(1)内幕信息知情人员。根据《证券法》的规定，证券交易内幕信息的知情人包括：

①发行人及其董事、监事、高级管理

人员；

②持有公司5%以上股份的股东及其董事、监事、高级管理人员，公司的实际控制人及其董事、监事、高级管理人员；

③发行人控股或者实际控制的公司及其董事、监事、高级管理人员；

④由于所任公司职务或者因与公司业务往来可以获取公司有关内幕信息的人员；

⑤上市公司收购人或者重大资产交易方及其控股股东、实际控制人、董事、监事和高级管理人员；

⑥因职务、工作可以获取内幕信息的证券交易场所、证券公司、证券登记结算机构、证券服务机构的有关人员；

⑦因职责、工作可以获取内幕信息的证券监督管理机构工作人员；

⑧因法定职责对证券的发行、交易或者对上市公司及其收购、重大资产交易进行管理可以获取内幕信息的有关主管部门、监管机构的工作人员；

⑨国务院证券监督管理机构规定的可以获取内幕信息的其他人员。

（2）非法获取证券内幕信息的人员。非法获取证券内幕信息的人员包括：

①利用窃取、骗取、套取、窃听、利诱、刺探或者私下交易等手段获取内幕信息的。

②内幕信息知情人员的近亲属或者其他与内幕信息知情人员关系密切的人员，在内幕信息敏感期内，从事或者明示、暗示他人从事，或者泄露内幕信息导致他人从事与该内幕信息有关的证券、期货交易，相关交易行为明显异常，且无正当理由或者正当信息来源的。

③在内幕信息敏感期内，与内幕信息知情人员联络、接触，从事或者明示、暗示他人从事，或者泄露内幕信息导致他人从事与该内幕信息有关的证券、期货交易，相关交易行为明显异常，且无正当理由或者正当信息来源的。

（3）责任推定。只要监管机构提供的证据

能够证明以下情形之一，就可以确认内幕交易行为成立：

①《证券法》规定的证券交易内幕信息知情人，进行了与该内幕信息有关的证券交易活动。

②《证券法》规定的内幕信息知情人的配偶、父母、子女以及其他有密切关系的人，其证券交易活动与该内幕信息基本吻合。

③因履行工作职责知悉上述内幕信息并进行了与该信息有关的证券交易活动。

④非法获取内幕信息，并进行了与该内幕信息有关的证券交易活动。

⑤内幕信息公开前与内幕信息知情人或知晓该内幕信息的人联络、接触，其证券交易活动与内幕信息高度吻合。

（4）不属于刑法上内幕交易的情况。

①持有或者通过协议、其他安排与他人共同持有上市公司5%以上股份的自然人、法人或者其他组织收购该上市公司股份的。

②按照事先订立的书面合同、指令、计划从事相关证券、期货交易的。

③依据已被他人披露的信息而交易的。

④交易具有其他正当理由或者正当信息来源的。

3. 短线交易

（1）《证券法》规定：上市公司董事、监事、高级管理人员，持有上市公司股份5%以上的股东，将其持有的该公司的股票在买入后6个月内卖出，或者在卖出后6个月内又买入，由此所得收益归该公司所有，公司董事会应当收回其所得收益。但是，证券公司因包销购入售后剩余股票而持有5%以上股份的，卖出该股票不受6个月时间限制。公司董事会不按照前款规定执行的，其他股东有权要求董事会在30日内执行。公司董事会未在上述期限内执行的，股东有权为了公司的利益以自己的名义直接向人民法院提起诉讼。公司董事会不按照第一款的规定执行，负有责任的董事依法承担连带责任。

（2）上述"买入后6个月内卖出"是指最

后一笔买入时点起算 6 个月内卖出的；"卖出后 6 个月内又买入"是指最后一笔卖出时点起算 6 个月内又买入的。例如，上述人员在 2 月 1 日、10 日分别买入了本公司 5 万股和 10 万股股票，在 8 月 2 日全部卖出，则以 2 月 10 日最后一次买入的 10 万股作为起算时点，按照 10 万股来计算短线交易的利润。卖出也一样。

【考点精析 3】操纵市场行为

操纵证券市场的行为主要有以下情形：

(1)单独或者通过合谋，集中资金优势、持股优势或者利用信息优势联合或者连续买卖；

(2)与他人串通，以事先约定的时间、价格和方式相互进行证券交易；

(3)在自己实际控制的账户之间进行证券交易；

(4)不以成交为目的，频繁或者大量申报并撤销申报；

(5)利用虚假或者不确定的重大信息，诱导投资者进行证券交易；

(6)对证券、发行人公开作出评价、预测或者投资建议，并进行反向证券交易；

(7)利用在其他相关市场的活动操纵证券市场；

(8)操纵证券市场的其他手段。

【考点精析 4】编造、传播虚假信息行为

禁止证券交易场所、证券公司、证券登记结算机构、证券服务机构及其从业人员、证券业协会、证券监督管理机构及其工作人员，在证券交易活动中作出虚假陈述或者信息误导。

本章综合练习 限时120分钟

一、单项选择题

1. 根据规定，招股说明书中引用的财务报表有效期限是( )。

   A. 最近一期截止日后 1 个月内

   B. 最近一期截止日后 2 个月内

   C. 最近一期截止日后 3 个月内

   D. 最近一期截止日后 6 个月内

2. 下列选项中，不属于《证券法》规定的重大事件的是( )。

   A. 因前期已披露的信息存在差错，经董事会决定进行更正

   B. 主要资产被查封

   C. 持有公司 1% 股份的股东发生变动的

   D. 董事长无法履行职责

3. 甲公司为发起设立的股份有限公司，现有股东 199 人，尚未公开发行或转让过任何股票。根据证券法律制度的规定，甲公司或其股东的下列行为中，需要向中国证监会申请核准的是( )。

   A. 股东乙向一朋友转让股票

   B. 股东丙将持有的部分股票分别转让给丁和戊，约定 2 个月后全部买回

   C. 甲公司向全国股转系统申请其股票公开转让

   D. 甲公司向两家投资公司定向发行股票各 50 万股

4. 甲公司为在全国股转系统挂牌公开转让股票的非上市公众公司，公司拟向特定对象发行股票，发行后股东累计 200 人。下列关于甲公司此次发行的表述不正确的是( )。

   A. 豁免向中国证监会申请核准，由全国股转系统自律管理

   B. 此次发行应当经甲公司出席会议的股东所持表决权的 2/3 以上通过

   C. 此次发行可以向核心员工发行，核心员工的认定，应由公司董事会提名，并向全体员工公示和征求意见，由股东大会审议批准

   D. 甲公司仅定期披露年度报告

5. 下列选项中，不能在创业板首次公开发行股票的是（　　）。

A. 甲公司最近一年扣除非经常性损益前净利润为 800 万元；扣除非经常性损益后净利润为 600 万元；最近 1 年营业收入 5 500 万元

B. 乙公司最近两年净利润累计为 1 200 万元

C. 丙公司最近一期期末净资产为 1 800 万元，且不存在未弥补亏损

D. 丁公司发行后股本总额为 3 400 万元

6. 首次公开发行股票申请经核准后，发行人应自证监会核准发行之日起一定期限内发行股票，该一定期限指的是（　　）个月。

A. 3　　　　　　　　B. 6

C. 12　　　　　　　D. 24

7. 某股份公司首次公开发行股票后，总股本将达到 3 亿股，向公募基金、社保基金和养老金配售的数额至少应为（　　）。

A. 4 800 万股　　　　B. 7 200 万股

C. 1.2 亿股　　　　　D. 1.8 亿股

8. 甲公司 2018 年 1 月申请首次公开发行股票并上市，采用网上和网下同时发行的机制，本次共发行股份 8 000 万股，每股发行价格 5 元，其中网下发行 5 000 万股，网上发行 3 000 万股。网上投资者有效申购总资金共 91 亿元，根据《证券发行与承销管理办法》的规定，甲公司网上申购的情况，下列说法正确的是（　　）。

A. 应当中止发行，由发行人与承销商共同剔除部分申购后继续发行

B. 应当网上向网下回拨，回拨股份为 1 200 万股

C. 应当网下向网上回拨，回拨股份为 3 200 万股

D. 应当网下向网上回拨，回拨股份为 1 600 万股

9. 下列关于首次公开发行股票询价和申购程序的说法中，错误的是（　　）。

A. 网下投资者参与报价时，应当持有一

定金额的非限售股份

B. 符合条件的网下机构和个人投资者可以自主决定是否报价

C. 公开发行股票数量在 4 亿股（含）以下的，有效报价投资者的数量不少于 10 家

D. 网下投资者报价后，发行人和主承销商应当依法剔除一部分报价最高的部分，剔除部分的投资者可以重新确定报价再次参与网下申购

10. 非公开发行的公司债券应当向合格投资者发行，下列不属于合格投资者范围的是（　　）。

A. 某商业银行发行的投资不同债券组合的理财产品

B. 信托公司发行的信托产品

C. 保险公司发行的保险产品

D. 净资产为 300 万元的合伙企业

11. 关于首次公开发行股票的注册程序，下列说法不正确的是（　　）。

A. 交易所应当自受理注册申请文件之日起 3 个月内形成审核意见

B. 证监会在 10 个工作日内对发行人的注册申请作出同意注册或者不予注册的决定

C. 证监会同意注册的决定自作出之日起 1 年内有效

D. 证监会作出不予注册决定的，自决定作出之日起 6 个月后，发行人可以再次提出公开发行股票并上市申请

12. 根据有关规定，证券公司应当妥善保存客户开户资料，保存期限至少是（　　）年。

A. 5　　　　　　　　B. 10

C. 20　　　　　　　D. 50

13. 甲股份有限公司（以下简称甲公司）拟收购乙上市公司（以下简称乙公司）。下列各项中，与甲公司不构成一致行动人的是（　　）。

A. 甲公司的母公司

B. 由甲公司总经理兼任董事长的丙公司

C. 持有甲公司 35% 的股份，且同时持有

乙公司 5% 股份的丁某

D. 甲公司财务总监的表姐夫，且其表姐夫持有乙公司 5% 的股份

14. 在上市公司收购中，收购人持有的被收购的上市公司的股票，在法定期限内不得转让。这里的"法定期限"是( )。

   A. 收购行为公告后的 12 个月内

   B. 收购行为批准后的 12 个月内

   C. 收购行为开始后的 12 个月内

   D. 收购行为完成后的 12 个月内

15. 在一个上市公司中拥有权益的股份达到或者超过该公司已发行股份的 30% 的，自上述事实发生之日起一年后，每 12 个月内增加其在该公司中拥有权益的股份不超该公司已发行的 2% 的股份，该增持不超过 2% 的股份锁定期为( )。

   A. 增持行为完成之日起 1 个月

   B. 增持行为完成之日起 2 个月

   C. 增持行为完成之日起 3 个月

   D. 增持行为完成之日起 6 个月

16. 通过证券交易所的证券交易，投资者及其一致行动人拥有权益的股份达到一个上市公司已发行股份的 5% 时，应当编制权益变动报告书。完成权益变动报告书的期限是( )。

   A. 该事实发生之日起 3 日内

   B. 该事实发生之日起 5 日内

   C. 该事实发生之日起 7 日内

   D. 该事实发生之日起 10 日内

17. 某投资者发出部分要约，拟收购 A 上市公司 3 000 万股的股份，如果预受要约股份为 4 000 万股，其中 B 股东预受要约股份为 100 万股。收购期限届满，该投资者应收购 B 股东的股份数额是( )万股。

   A. 30   B. 50

   C. 75   D. 100

18. 通过证券交易所的证券交易，收购人持有一个上市公司已发行的股份达到一定比例时，继续增持股份的，应当采取要约方式进行。该比例是( )。

   A. 90%   B. 75%

   C. 50%   D. 30%

19. 在一个上市公司中拥有权益的股份达到或者超过该公司已发行股份一定比例的，如果继续增加其在该公司拥有的权益不影响该公司的上市地位，可以免于提出豁免申请直接办理股份转让和过户。这里所说的一定比例是指( )。

   A. 10%   B. 20%

   C. 30%   D. 50%

20. 根据《上市公司重大资产重组管理办法》的规定，下列关于上市公司发行股份购买资产的说法中，不正确的是( )。

   A. 上市公司为促进行业的整合、转型升级，在其控制权不发生变更的情况下，可以向控股股东、实际控制人或者其控制的关联人之外的特定对象发行股份购买资产

   B. 上市公司控股股东以资产认购而取得的上市公司股份，自股份发行结束之日起 12 个月内不得转让

   C. 上市公司发行股份的价格不得低于市场参考价的 90%

   D. 特定对象以现金或者资产认购上市公司非公开发行的股份后，上市公司用同一次非公开发行所募集的资金向该特定对象购买资产的，视同上市公司发行股份购买资产

21. 以协议方式进行上市公司收购的，自签订收购协议起至相关股份完成过户的期间为上市公司收购过渡期。在过渡期内，相关当事人的下列做法符合规定的是( )。

   A. 收购人不得通过控股股东提议改选上市公司董事会，确有充分理由改选董事会的，来自收购人的董事不得超过董事会成员的 1/3

   B. 被收购公司为收购人及其关联方提供担保

   C. 被收购公司公开发行股份募集资金

   D. 被收购公司与收购人及其关联方进行

其他关联交易

22. 2018 年 1 月 10 日，甲上市公司发布虚假的重大利好消息。2018 年 2 月 20 日，在全国范围发行的乙证券报首次揭露了甲公司的虚假消息，引起价格急剧波动，导致停牌。2018 年 3 月 30 日，甲公司在中国证券监督管理委员会指定披露证券市场信息的媒体上，自行公告更正虚假陈述。下列投资者中，属于因甲公司虚假陈述造成损失的是(　　)。

A. 张某在 2017 年 12 月 15 日买入甲公司的股票，在 2018 年 1 月 5 日卖出，产生亏损

B. 李某在 2018 年 2 月 5 日买入甲公司的股票，在 2018 年 2 月 15 日卖出，产生亏损

C. 王某在 2018 年 2 月 15 日买入，在 2018 年 3 月 5 日卖出甲公司的股票，产生亏损

D. 赵某在 2018 年 4 月 5 日买入甲公司的股票，在 2018 年 4 月 15 日卖出，产生亏损

23. 虚假陈述行为人在证券交易市场承担民事赔偿责任的范围，以投资人因虚假陈述而实际发生的损失为限。对此，下列表述正确的是(　　)。

A. 投资人实际损失包括投资额的佣金和印花税

B. 在基准日及以前卖出证券的，投资人的投资差额损失，以买入证券平均价格与实际卖出证券平均价格之差，乘以投资人所持证券数量计算

C. 投资人持股期间基于股东身份取得的红利，可以冲抵虚假陈述行为人的赔偿金额

D. 已经除权的证券，计算投资差额损失时，证券价格按除权后的价格计算

24. 下列人员中，不属于《证券法》规定的证券交易内幕信息的知情人员的是(　　)。

A. 上市公司的总会计师

B. 持有上市公司 3% 股份的股东

C. 上市公司控股的公司的董事

D. 上市公司的监事

25. 某证券公司利用资金优势，在 3 个交易日内连续对某一上市公司的股票进行买卖，使该股票从每股 10 元上升至 13 元，然后在此价位大量卖出获利。根据《证券法》的规定，下列关于该证券公司行为效力的表述中，正确的是(　　)。

A. 合法，因该行为不违反平等自愿、等价有偿的原则

B. 合法，因该行为不违反交易自由、风险自担的原则

C. 不合法，因该行为属于操纵市场的行为

D. 不合法，因该行为属于欺诈客户的行为

二、多项选择题

1. 上市公司凡是对投资者作出投资决策有重大影响的信息都应当予以披露，信息披露文件主要包括(　　)。

A. 招股说明书　　B. 募集说明书

C. 上市公告书　　D. 定期报告

2. 下列关于证券上市后，信息披露义务人承担的持续披露义务的说法正确的有(　　)。

A. 年度报告应当在每一个会计年度结束之日起 4 个月内编制完成并披露

B. 中期报告应当在每个会计年度的上半年结束之日起 2 个月内编制完成并披露

C. 季度报告应当在每个会计年度第 3 个月、第 9 个月结束后的 1 个月内编制完成并披露

D. 临时报告应当在重大事件发生之日起 3 日内编制完成并披露

3. 根据《证券法》的规定，下列属于公开发行的有(　　)。

A. 向累计超过 100 人的社会公众发行证券

B. 向累计超过 100 人的本公司股东发行证券

C. 向累计超过 200 人的社会公众发行证券

D. 向累计超过 200 人的本公司股东发行证券

4. 关于非上市公众公司，下列说法正确的有(　　)。

A. 非上市公众公司不属于《公司法》规定的公司种类

B. 非上市公众公司是基于《证券法》对于公开发行的界定划分出来的新公司类型

C. 股份公司的股票向特定对象转让导致股东累计超过 200 人，构成非上市公众公司

D. 非上市公众公司的股票不能公开转让

5. 下列关于股份有限公司发行股票的说法中，正确的有(　　)。

A. 非公众公司申请股票以公开方式向社会公众转让的，需要报经中国证监会核准，核准后该公司被定性为上市公司

B. 非公众公司向特定对象发行股票，导致发行后股东超过 200 人的发行为公开发行

C. 上市公司非公开发行新股的不需要经过证监会核准，公开发行新股需要经过核准

D. 非公众公司非公开发行股票的，股东人数累计不超过 200 人，不需要经证监会核准

6. 根据强化发行人及控股股东等责任主体的诚信义务的规定，下列说法正确的有(　　)。

A. 发行人控股股东的董事和高级管理人员应在公开募集及上市文件中公开承诺：所持股票在锁定期满后两年内减持的，其减持价格不低于发行价

B. 发行人及其控股股东、公司董事及高级管理人员应在公开募集及上市文件中提出上市后 3 年内公司股价低于每股净资产时稳定公司股价的预案

C. 保荐机构应当公开承诺：因其为发行人首次公开发行制作、出具的文件有虚假记载，给投资者造成损失的，承担一定比例的赔偿责任

D. 发行人应当在公开募集及上市文件中披露公开发行前持股 5% 以上股东的持股意向及减持意向；持股 5% 以上股东减持时，需提前 3 个交易日予以公告

7. 申请首次公开发行股票并在主板上市的发行人，财务状况应良好。下列财务指标达到要求的有(　　)。

A. 最近 3 个会计年度净利润平均累计人民币 2 000 万元

B. 最近 3 个会计年度营业收入累计超过人民币 3 亿元

C. 发行前股本总额不少于人民币 3 000 万元

D. 最近一期期末无形资产占净资产的比例不高于 20%

8. 下列属于发行人控股股东、持有发行人股份的董事和高级管理人员应在公开募集及上市文件中公开承诺的事项有(　　)。

A. 所持股票在锁定期满后两年内减持的，其减持价格不低于发行价

B. 所持股票在锁定期满后一年内减持的，其减持价格不低于发行价

C. 公司上市后 6 个月内如公司股票连续 20 个交易日的收盘价均低于发行价，持有公司股票的锁定期限自动延长至少 6 个月

D. 公司上市后 6 个月期末收盘价低于发行价，持有公司股票的锁定期限自动延长至少 6 个月

9. 下列选项中，属于《证券发行与承销管理办法》规定的首次公开发行股票时禁止配售的对象有(　　)。

A. 过去 6 个月内与主承销商存在保荐、承销业务关系的公司及其持股 3% 以上的股东

B. 与主承销商达成相关意向的公司及其实际控制人

C. 主承销商的高级管理人员

D. 主承销商监事的配偶

10. 根据《证券法》的规定，下列关于证券承销的说法，正确的有(　　)。

A. 证券承销业务采取代销或者包销方式，二者期限最长不得超过 90 日

B. 作为主承销的证券公司与参与承销的证券公司之间应签订承销团协议

C. 证券公司承销证券，应当同发行人签订代销或者包销协议

D. 承销团应当由发行人和参与承销的证券公司组成

11. 根据规定，在科创板上市的公司首次公开发行股票应当符合的条件有（　　）。

A. 发行人是依法设立且持续经营 3 年以上的股份有限公司

B. 最近 2 年连续盈利，净利润累计不少于 1 000 万元

C. 发行人业务完整，具有直接面向市场独立持续经营的能力

D. 最近 3 年内，发行人不存在破坏社会主义市场经济秩序的刑事犯罪

12. 上市公司增发股票，对现任董事、监事和高级管理人员的要求有（　　）。

A. 最近 36 个月内未受到过中国证监会的行政处罚

B. 最近 12 个月内未受到过中国证监会的行政处罚

C. 最近 36 个月内未受到过证券交易所的公开谴责

D. 最近 12 个月内未受到过证券交易所的公开谴责

13. 根据规定，对上市公司增发股票构成障碍的行为有（　　）。

A. 本次发行申请文件有虚假记载、误导性陈述或重大遗漏

B. 擅自改变前次公开发行证券募集资金的用途而未作纠正

C. 上市公司最近 12 个月内受到过证券交易所的公开谴责

D. 上市公司最近 24 个月内存在未履行向投资者作出的公开承诺的行为

14. 下列情形中，不符合上市公司向原股东配售股份条件的有（　　）。

A. 拟配售股份数量为本次配售前股本总额的 40%

B. 控股股东未承诺认配股份的数量

C. 采用包销方式发行

D. 公司经理涉嫌犯罪被司法机关立案侦查

15. 某上市公司于 2018 年 6 月 1 日公告招股意向书，拟向不特定对象公开募集股份。6 月 1 日前 20 个交易日，该公司股票均价为 15 元，前一个交易日的股票均价为 20 元。下列发行价格符合规定的有（　　）元。

A. 12 　　　　　　　　 B. 16

C. 18 　　　　　　　　 D. 22

16. 根据证券法律制度的规定，下列情形中，属于上市公司不得非公开发行股票的有（　　）。

A. 上市公司及其附属公司曾违规对外提供担保，但已消除

B. 上市公司现任董事最近 36 个月内受到过中国证监会的行政处罚

C. 最近 1 年及 1 期财务报表被注册会计师出具保留意见的审计报告，但保留意见所涉及事项的重大影响已消除

D. 上市公司的权益被控股股东或实际控制人严重损害且尚未消除

17. 某商业银行股票公开发行上市。2019 年准备发行优先股以充实资本，在初步拟定的章程中，下列表述正确的有（　　）。

A. 拟发行的优先股不超过公司普通股股份总数的 50%

B. 将可分配税后利润的 50% 向优先股股东分配股息

C. 所有发行的优先股应当交银保监会集中登记存管

D. 发行后认定持有公司 5% 以上股份的股东时仅计算普通股和表决权恢复的优先股

18. 公开发行优先股的公司，必须在公司章程中规定的事项包括（　　）。

A. 采取固定股息率

B. 在有可分配税后利润的情况下必须向

优先股股东分配股息

C. 未向优先股股东足额派发股息的差额部分应当累积到下一会计年度

D. 优先股股东按照约定股息率分配股息后，可以再同普通股股东一起参加剩余利润分配

19. 公司首次公开发行新股，应当符合的条件有（ ）。

A. 具备健全且运行良好的组织机构

B. 具有持续经营能力

C. 最近一次财务会计报告被出具无保留意见审计报告

D. 发行人及其控股股东、实际控制人最近 3 年不存在刑事犯罪

20. 上市公司发行公司债券，应当与债券受托管理人制定债券持有人会议规则，约定债券持有人通过债券持有人会议行使权利的范围、程序和其他重要事项。有下列情况的，应当召开债券持有人会议（ ）。

A. 拟变更债券募集说明书的约定

B. 拟变更债券受托管理人

C. 公司减资、合并、分立、解散或者申请破产

D. 保证人发生重大变化

21. 上市公司发行分离交易的可转换公司债券，除符合公开增发股票的一般条件外，还应当符合的条件包括（ ）。

A. 公司最近一期期末经审计的净资产不低于人民币 15 亿元

B. 最近 3 个会计年度实现的年均可分配利润不少于公司债券 1 年的利息

C. 最近 3 个会计年度经营活动产生的现金流量净额平均不少于公司债券 1 年的利息

D. 预计所附认股权全部行权后募集的资金总量不超过最近一期期末净资产额的 40%

22. 公开发行可转换公司债券，应当提供担保。对此，下列说法正确的有（ ）。

A. 最近一期期末经审计的净资产不低于人民币 15 亿元的公司可以不提供担保

B. 提供担保的，应当为全额担保

C. 以保证方式提供担保的，可以是一般责任担保或连带责任担保

D. 设定抵押或质押的，抵押或质押财产的估值应不低于担保金额

23. 根据《上海证券交易所股票上市规则》的规定，上市公司出现下列情况的，需要交易所实施退市风险警示的有（ ）。

A. 最近一个会计年度经审计的期末净资产为负值或者被追溯重述后为负值

B. 法院受理公司和解申请

C. 最近一个会计年度的财务会计报告被会计师事务所出具无法表示意见或者否定意见的审计报告

D. 最近一个会计年度经审计的营业收入低于 1 000 万元或者被追溯重述后低于 1 000万元

24. 上市公司因涉及某些重大违法行为致其股票被终止上市，自其股票进入全国股转系统挂牌转让之日起的 5 个完整会计年度内，交易所不受理其重新上市申请。该种重大违法行为有（ ）。

A. 上市公司存在涉及生态安全、生产安全等领域的重大违法行为，被责令关闭

B. 上市公司发行股份购买资产并构成重组上市，申请或者披露文件存在虚假记载、误导性陈述或者重大遗漏，被人民法院依据《刑法》作出有罪生效判决

C. 上市公司首次公开发行股票申请或者披露文件存在虚假记载、误导性陈述或重大遗漏，被中国证监会依法作出行政处罚

D. 上市公司存在涉及国家安全、公共安全等领域的重大违法行为，丧失继续生产经营的法律资格

25. 上市公司发生下列事项时，证券交易所可以决定终止其股票上市的有（ ）。

A. 中小板上市公司连续 20 个交易日（不

含公司股票全天停牌的交易日、不含公司首次公开发行股票之日起的 20 个交易日)股东人数低于 1 000 人

B. 在证交所仅发行 A 股股票的主板上市公司,通过本所交易系统连续 120 个交易日(不含公司股票全天停牌的交易日)股票累计成交量低于 500 万股

C. 中小企业板上市公司最近 36 个月内累计受到证券交易所 3 次公开谴责

D. 上市公司被法院宣告破产

26. 根据规定,获得对一个上市公司实际控制权的情形有( )。

A. 投资者为上市公司持股 50% 以上的控股股东

B. 投资者可以实际支配上市公司股份表决权超过 30%

C. 投资者通过实际支配上市公司股份表决权能够决定公司董事会半数以上成员选任

D. 投资者持有的表决权足以对公司董事会的决议产生重大影响

27. 下列选项中,属于详式权益变动报告书包括的内容有( )。

A. 是否有意在未来 12 个月内继续增加其在上市公司中拥有的权益

B. 取得相关股份的价格、所需资金额、资金来源

C. 未来 12 个月内对上市公司资产、业务、人员、组织结构、公司章程等进行调整的后续计划

D. 前 24 个月内投资者及其一致行动人与上市公司之间的重大交易

28. 下列关于上市公司要约收购的表述中,符合证券法律制度规定的有( )。

A. 收购要约约定的收购期限不得少于 30 天,不超过 60 天

B. 在收购要约确定的承诺期内,收购人不得变更其收购要约

C. 收购要约提出的各项收购条件,应当适用于被收购公司的全体股东

D. 被收购公司股东承诺出售的股份数额

超过预定收购的股份数额的,收购人应当按照承诺的先后顺序收购

29. 根据《上市公司收购管理办法》的有关规定,免于以要约收购方式增持股份的事项有( )。

A. 收购人与出让人能够证明本次转让未导致上市公司的实际控制人发生变化

B. 上市公司面临严重财务困难,收购人提出的挽救公司的重组方案取得该公司股东大会批准,且收购人承诺 3 年内不转让其在该公司中所拥有的权益

C. 经上市公司股东大会批准,收购人承诺 3 年内不转让其拥有权益的股份

D. 收购人承诺 3 年内不转让其拥有权益的股份,且公司董事会同意收购人免于发出要约

30. 下列上市公司收购中关于管理层收购的说法中正确的有( )。

A. 董事王某未经股东大会同意,自营与所任职公司同类的业务,不能成为管理层收购的主体

B. 管理层收购需要经出席股东大会的非关联股东所持表决权的 2/3 以上通过

C. 管理层收购需要取得全体独立董事的 1/2 以上同意

D. 该上市公司董事会成员中独立董事的比例应当达到或者超过 1/2

31. 甲上市公司拟购买乙公司 55% 股权,计算该收购行为是否构成重大资产重组的指标时,下列说法中正确的有( )。

A. 资产总额以乙公司的资产总额乘以 55% 之积和成交金额两者中的较高者为准

B. 营业收入以乙公司的营业收入为准

C. 资产净额以乙公司的净资产额和成交金额两者的较高者为准

D. 营业收入以乙公司的营业收入乘以 55% 之积为准

32. 根据《上市公司重大资产重组管理办法》的规定,下列情形中,构成重大资产重组的有( )。

A. 购买、出售的资产总额占上市公司最近一个会计年度经审计的合并财务会计报告期末资产总额的比例达到50%以上

B. 购买、出售的资产在最近一个会计年度所产生的营业收入占上市公司同期经审计的合并财务会计报告营业收入的比例达到50%以上

C. 购买、出售的资产净额占上市公司最近一个会计年度经审计的合并财务会计报告期末净资产额的比例达到50%以上

D. 购买、出售的资产净额占上市公司最近一个会计年度经审计的合并财务会计报告期末净资产的比例达到50%以上，且超过5 000万元人民币

33. 根据《信息披露违法行为行政责任认定规则》的规定，认定为应当从重处罚的情形有(　　)。

A. 拒绝、阻碍证券监管机构及其工作人员执法

B. 在信息披露违法案件中变造、隐瞒、毁灭证据

C. 两次以上违反信息披露规定并受到行政处罚或者证券交易所纪律处分

D. 在信息披露上有不良诚信记录并记入证券期货诚信档案

34. 下列选项中，属于《证券法》规定的内幕信息的有(　　)。

A. 公司董事长发生变动

B. 公司债务担保的重大变更

C. 公司分配股利计划

D. 公司营业用主要资产报废一次超过该资产的20%

35. 根据《证券法》的规定，某上市公司的下列人员中，不得将其持有的该公司的股票在买入后6个月内卖出，或者在卖出后6个月内又买入的有(　　)。

A. 董事会秘书　　B. 监事会主席

C. 财务负责人　　D. 副总经理

三、案例分析题

1. A公司于2015年6月在上海证券交易所上市。2019年4月，A公司聘请B证券公司作为向不特定对象公开募集股份(以下简称"增发")的保荐人。B证券公司就本次增发编制的发行文件公告有关要点如下：

(1)A公司近3年的有关财务数据如下表所示：

单位：万元

项目	2016 年度	2017 年度	2018 年度
总资产	156 655	176 655	186 655
净资产	78 600	83 088	85 476
净利润	4 288	4 488	5 260

A公司于2016年度、2017年度各以现金分配利润580万元和890万元，2018年度以利润发放股票股利300万元。

(2)A公司于2017年10月为股东C公司违规提供担保而被有关监管部门责令改正；2018年1月，在经过A公司董事会全体董事同意并作出决定后，A公司为信誉良好和业务往来密切的D公司向银行一次借款1亿元提供了担保。

(3)A公司于2016年6月将所属5 000万元委托E证券公司进行理财，直到2018年11月，E证券公司才将该委托理财资金全额返还A公司，A公司亏损财务费80万元。

(4)本次增发的发行价格拟按公告招股意向书前20个交易日公司股票均价的90%确定。

要求：根据上述内容，分别回答下列问题。

(1)A公司的盈利能力和已分配利润的情况是否符合增发的条件？并分别说明理由。

（2）A 公司的净资产收益率是否符合增发的条件？并说明理由。

（3）A 公司为 C 公司违规提供担保的事项是否构成本次增发的障碍？并说明理由。A 公司为 D 公司提供担保的审批程序是否符合规定？并说明理由。

（4）A 公司的委托理财事项是否构成本次增发的障碍？并说明理由。

（5）A 公司本次增发的发行价格的确定方式是否符合有关规定？并说明理由。

2. 甲公司是一家上市公司。截至 2018 年年底，甲公司注册资本为 8 000 万元，经审计的净资产额为 12 000 万元。甲公司董事会由 11 名董事组成，其中董事 A、董事 B 和董事 C 同时为控股股东乙公司董事，董事 D 同时为丙公司董事，董事 E 同时为丁公司董事。

2019 年 1 月 20 日甲公司召开董事会会议，出席本次董事会会议的董事有包括董事 A、董事 B、董事 C 和董事 D 在内的 7 名董事。该次会议的召开情况以及讨论的有关问题如下：

（1）鉴于 2017 年 5 月发行的 3 年期 1 200 万元公司债券即将到期，计划于 2019 年 10 月再次公开发行 5 000 万元可转换公司债券。

（2）鉴于 2018 年 12 月公司总经理张某因犯贪污罪被刑事拘留，董事 A 提议由王某接替总经理职务，并对变更总经理暂时不予公告。在会议就此事表决时，董事 D、董事 E 明确表示异议并记载于会议记录，

但该提议最终仍由出席本次董事会会议的其他 5 名董事表决通过。

（3）董事会审议并一致通过了吸收合并丁公司的决议。决议要点包括：①自作出合并决议之日起 30 日内通知有关债权人，并于 45 日内在报纸上公告；②丁公司原持有的 10% 的甲公司股份应当在 1 年内转让或者注销；③同意董事 E 辞职，但是其个人持有的甲公司股份必须在办理辞职手续后，方可转让。

（4）董事会审批决定了为乙公司向银行贷款 300 万元提供担保的事项。

（5）董事会审议并一致通过了发行优先股的决议。决议要点包括：①本次发行筹资金额为 6 000 万元；②公司应当以现金的形式向优先股股东支付股息，在完全支付约定的股息之前，不得向普通股股东分配利润；③优先股持有人不得参与股东大会任何决议的表决。

要求：根据上述内容，分别回答以下问题。

（1）甲公司发行可转换公司债券的计划是否合法？并说明理由。

（2）甲公司董事会通过的变更公司经理并不公告的决议是否合法？并说明理由。

（3）甲公司董事会通过的吸收合并丁公司的决议是否合法？分别说明理由。

（4）董事会通过的为乙公司提供担保的决议是否合法？并说明理由。

（5）董事会通过发行优先股决议的三个要点中不合法的是哪个？并说明理由。

本章综合练习参考答案及详细解析

一、单项选择题

1. D　【解析】本题考核招股说明书。招股说明书中引用的财务报表在其最近一期截止日后 6 个月内有效。

2. C　【解析】本题考核重大事件的范围。根据规定，持有公司 5% 以上股份的股东或者实际控制人、其持有股份或者控制公司的情况发生较大变化的，属于重大事件。

3. D　【解析】本题考核股票的发行。选项 D 是非公众公司向特定对象发行股票，导致发行后股东超过 200 人，需要经证监会核准。

4. D　【解析】本题考核非上市公众公司。股

票公开转让与定向发行的非上市公众公司应当定期披露半年度报告和年度报告。

5. C 【解析】本题考核首次公开发行股票的条件。在创业板上市的公司首次公开发行股票的条件之一是：最近一期期末净资产不少于2 000万元，且不存在未弥补亏损。

6. B 【解析】本题考核首次公开发行股票的程序。自中国证监会核准发行之日起，发行人应在6个月内发行股票；超过6个月未发行的，核准文件失效，须重新经中国证监会核准后方可发行。

7. B 【解析】本题考核股票的发行机制。发行后总股本3亿股，网下至少60%是1.8亿股，配给公募和社保及养老金的至少1.8亿股的40%，即7 200万股。

8. D 【解析】本题考核网上投资者超额申购的处理。根据规定，网上投资者有效申购倍数超过50倍、低于100倍(含)的，应当从网下向网上回拨，回拨比例为本次公开发行股票数量的20%。本题中，网上投资者有效申购倍数910 000÷(3 000×5) = 60.7倍，超过了50倍，但低于100倍，此时应当从网下向网上回拨，回拨金额为1 600(8 000×20%)万股。

9. D 【解析】本题考核股票公开发行方式。根据规定，网下投资者报价后，发行人和主承销商应当剔除拟申购总量中报价最高的部分，剔除部分不得低于所有网下投资者拟申购总量的10%。剔除部分不得参与网下申购。因此选项D错误。

10. D 【解析】本题考核公司债券的非公开发行。根据规定，合格投资者应当具备相应的风险识别和承担能力，知悉并自行承担公司债券的投资风险，并符合下列资质条件：(1)经有关金融监管部门批准设立的金融机构，包括证券公司、基金管理公司及其子公司、期货公司、商业银行、保险公司和信托公司等，以及经中国证券投资基金业协会(以下简称基金业协会)登记的私募基金管理人；(2)上述金融机构面向

投资者发行的理财产品，包括但不限于证券公司资产管理产品、基金及基金子公司产品、期货公司资产管理产品、银行理财产品、保险产品、信托产品以及经基金业协会备案的私募基金；(3)净资产不低于人民币1 000万元的企事业单位法人、合伙企业；(4)合格境外机构投资者(QFII)、人民币合格境外机构投资者(RQFII)；(5)社会保障基金、企业年金等养老基金，慈善基金等社会公益基金；(6)名下金融资产不低于人民币300万元的个人投资者；(7)经中国证监会认可的其他合格投资者。

11. B 【解析】本题考核首次公开发行股票的注册程序。证监会在20个工作日内对发行人的注册申请作出同意注册或者不予注册的决定。

12. C 【解析】本题考核股票交易的规定。证券公司应当妥善保存客户开户资料、委托记录、交易记录和与内部管理、业务经营有关的各项资料，任何人不得隐匿、伪造、篡改或者毁损。上述资料的保存期限不得少于20年。

13. D 【解析】本题考核一致行动人的概念。根据规定，在投资者中任职的董事、监事及高级管理人员，其特定亲属与投资者持有同一个上市公司股份的，可能为投资者的一致行动人，但这些亲属仅包括其父母、配偶、子女及其配偶、配偶的父母、兄弟姐妹及其配偶、配偶的兄弟姐妹及其配偶等。

14. D 【解析】本题考核上市公司收购后事项的处理。在上市公司收购中，收购人持有的被收购的上市公司的股票，在收购行为完成后的12个月内不得转让。

15. D 【解析】本题考核上市公司收购的锁定义务。

16. A 【解析】本题考核上市公司收购的权益披露。

17. C 【解析】本题考核上市公司要约收购。预受要约股份的数量超过预定收购数量时，

收购人应当按照同等比例收购预受要约的股份。3 000÷4 000×100=75(万股)。

18. D 【解析】本题考核强制要约制度。通过证券交易所的证券交易，收购人持有一个上市公司的股份达到该公司已发行股份的30%时，继续增持股份的，应当采取要约方式进行，发出全面要约或者部分要约。

19. D 【解析】本题考核免于提出豁免申请直接办理股份转让和过户的事项。

20. B 【解析】本题考核重大资产重组。上市公司控股股东以资产认购而取得的上市公司股份，自股份发行结束之日起36个月内不得转让。

21. A 【解析】本题考核协议收购的过渡期安排。被收购公司不得为收购人及其关联方提供担保，选项B错误。被收购公司不得公开发行股份募集资金，选项C错误。被收购公司不得与收购人及其关联方进行其他关联交易，选项D错误。

22. C 【解析】本题考核虚假陈述。选项A买卖均发生在虚假陈述实施日之前，与虚假陈述不存在因果关系。选项B属于在虚假陈述揭露日或者更正日之前已经卖出证券，与虚假陈述不存在因果关系。选项C属于在虚假陈述实施日及以后，至揭露日或者更正日之前买入该证券，并在虚假陈述揭露日或者更正日及以后，因卖出该证券发生亏损，其损失与虚假陈述有因果关系。选项D属于在虚假陈述揭露日或者更正日及以后进行的投资，与虚假陈述不存在因果关系。

23. B 【解析】本题考核虚假陈述行为的损失认定。投资人实际损失包括：投资差额损失；投资差额(不是投资额)损失部分的佣金和印花税，选项A错误。投资人持股期间基于股东身份取得的收益，包括红利等，不得冲抵虚假陈述行为人的赔偿金额，选项C错误。已经除权的证券，计算投资差额损失时，证券价格

和证券数量应当复权计算，选项D错误。

24. B 【解析】本题考核内幕信息知情人员。选项B，持有上市公司5%以上股份的股东属于内幕信息的知情人员。

25. C 【解析】本题考核操纵市场行为。单独或者通过合谋，集中资金优势、持股优势或者利用信息优势联合或者连续买卖，操纵证券交易价格或者证券交易量的行为，属于操纵证券市场的禁止交易行为。

二、多项选择题

1. ABCD 【解析】本题考核上市公司信息披露的内容。

2. ABC 【解析】本题考核上市公司的持续披露义务。选项D，上市公司应当及时履行重大事件的信息披露义务。"及时"是指自起算日起或触及披露时点的2个交易日内。

3. ACD 【解析】本题考核公开发行证券。(1)无论发行对象人数多少，只要是不特定的对象，都属于公开发行。(2)向特定对象发行证券累计超过200人的属于公开发行。

4. ABC 【解析】本题考核非上市公众公司。非上市公众公司是指有下列情形之一且其股票未在证券交易所上市交易的股份有限公司：(1)股票向特定对象发行或者转让导致股东累计超过200人；(2)股票公开转让。

5. BD 【解析】本题考核股票发行的类型。根据规定，非公众公司申请股票以公开方式向社会公众转让的，需要报经中国证监会核准，核准后该公司被定性为"非上市公众公司"，因此选项A错误；上市公司非公开发行新股和公开发行新股均需要经过证监会核准，因此选项C错误。

6. ABD 【解析】本题考核强化发行人及控股股东等责任主体的诚信义务。选项C正确的表述是，保荐机构、会计师事务所等证券服务机构应当在公开募集及上市文件中公开承诺：因其为发行人首次公开发行制作、出具的文件有虚假记载、误导性陈述或者重大遗漏，给投资者造成损失的，将依法赔偿投资者损失。

7. BCD 【解析】本题考核首次公开发行股票并上市的条件。根据规定，发行人发行股票并在主板上市的财务指标应当达到的要求之一是：最近 3 个会计年度净利润均为正数且累计超过人民币 3 000 万元，净利润以扣除非经常性损益前后较低者为计算依据。

8. ACD 【解析】本题考核强化发行人及控股股东等责任主体的诚信义务。根据规定，发行人控股股东、持有发行人股份的董事和高级管理人员应在公开募集及上市文件中公开承诺：所持股票在锁定期满后两年内减持的，其减持价格不低于发行价；公司上市后 6 个月内如公司股票连续 20 个交易日的收盘价均低于发行价，或者上市后 6 个月期末收盘价低于发行价，持有公司股票的锁定期限自动延长至少 6 个月。

9. BCD 【解析】本题考核首次公开发行股票时的禁止配售对象。选项 A 的正确说法应该是：过去 6 个月内与主承销商存在保荐、承销业务关系的公司及其持股 5% 以上的股东。

10. ABC 【解析】本题考核证券的承销。承销团应当由主承销和参与承销的证券公司组成。

11. ACD 【解析】本题考核在科创板上市的公司首次公开发行股票应当符合的条件。科创板上市没有净利润的要求。

12. AD 【解析】本题考核增发股票。上市公司的现任董事、监事和高级管理人员具备任职资格，能够忠实和勤勉地履行职务，不存在违反公司法的行为，且最近 36 个月内未受到过中国证监会的行政处罚，最近 12 个月内未受到过证券交易所的公开谴责。

13. ABC 【解析】本题考核增发股票。选项 D 应为"上市公司及其控股股东或实际控制人最近 12 个月内存在未履行向投资者作出的公开承诺的行为"。

14. ABCD 【解析】本题考核配股的条件。

选项 A、B、C、D 均不符合配股条件。

15. BCD 【解析】本题考核增发股票的价格。本题中，增发股票的价格应不低于两个均价中较低者，即 15 元。

16. BD 【解析】本题考核股票发行。(1)选项 A 不选。上市公司及其附属公司违规对外提供担保"且尚未消除"的，不得非公开发行股票。(2)选项 C 不选。上市公司最近 1 年及 1 期财务报表被注册会计师出具保留意见、否定意见或无法表示意见的审计报告的，不得非公开发行股票。但保留意见、否定意见或无法表示意见所涉及事项的重大影响已经消除或者本次发行涉及重大重组的除外。

17. ABD 【解析】本题考核优先股发行与交易。优先股应当在中国证券登记结算公司集中登记存管，选项 C 错误。

18. ABC 【解析】本题考核优先股发行与交易。优先股股东按照约定股息率分配股息后，不再同普通股股东一起参加剩余利润分配。选项 D 错误。

19. ABD 【解析】本题考核首次公开发行新股。选项 C 应当是：最近 3 年财务会计报告被出具无保留意见审计报告。

20. ABCD 【解析】本题考核公司债券持有人的权益保护。

21. ABC 【解析】本题考核分离交易的可转换公司债券。本次发行后累计公司债券余额不超过最近一期期末净资产额的 40%，预计所附认股权全部行权后募集的资金总量不超过拟发行公司债券金额。

22. ABD 【解析】本题考核可转换公司债券的发行。以保证方式提供担保的，应当为连带责任担保，且保证人最近一期经审计的净资产额应不低于其累计对外担保的金额。

23. ABCD 【解析】本题考核股票退市风险警示的相关规定。

24. AD 【解析】本题考核重大违法行为强制退市。选项 BC 属于上市公司股票被终止上市后，永远不得在交易所重新上市的情形。

25. ABCD 【解析】本题考核股票终止上市。

26. ABC 【解析】本题考核上市公司控制权。选项D正确的表述是"投资者依其可实际支配的上市公司股份表决权足以对公司股东大会的决议产生重大影响"。

27. ABCD 【解析】本题考核权益变动报告书。

28. AC 【解析】本题考核上市公司要约收购的相关规定。根据规定，在收购要约确定的承诺期限内，收购人不得撤销其收购要约，但可以依法变更，因此选项B错误；被收购公司股东承诺出售的股份数量超过预定收购的股份数额的，收购人按比例进行收购，因此选项D错误。

29. AB 【解析】本题考核豁免申请。经上市公司股东大会非关联股东批准，收购人取得上市公司向其发行的新股，导致其在该公司拥有权益的股份超过该公司已发行股份的30%，收购人承诺3年内不转让其拥有权益的股份，且公司股东大会同意收购人免于发出要约，可以向中国证监会申请豁免。选项CD表述不完整，不选。

30. AD 【解析】本题考核管理层收购。管理层收购应当取得2/3以上的独立董事同意后，提交公司股东大会审议，经出席股东大会的非关联股东所持表决权过半数通过，选项B、C错误。

31. BC 【解析】本题考核重大资产重组。购买股权导致上市公司取得被投资企业控股权的，其资产总额以被投资企业的资产总额和成交金额两者中的较高者为准，选项A错误；营业收入以被投资企业的营业收入为准，选项D错误。

32. ABD 【解析】本题考核重大资产重组行为的界定。

33. ABCD 【解析】本题考核虚假陈述的责任承担。下列情形认定为应当从重处罚情形：（1）不配合证券监管机构监管，或者拒绝、阻碍证券监管机构及其工作人员执法，甚至以暴力、威胁及其他手段干扰执法；（2）在信息披露违法案件中变造、隐瞒、毁灭证据，或者提供伪证，妨碍调查；（3）两次以上违反信息披露规定并受到行政处罚或者证券交易所纪律处分；（4）在信息披露上有不良诚信记录并记入证券期货诚信档案；（5）证监会认定的其他情形。

34. ABC 【解析】本题考核内幕信息。选项D正确的表述是"公司营业用主要资产的抵押、出售或者报废一次超过该资产的30%"。

35. ABCD 【解析】本题考核短线交易。根据规定，上市公司董事、监事、高级管理人员，持有上市公司股份5%以上的股东，不得将其持有的该公司的股票买入后6个月内卖出，或者在卖出后6个月内买入，否则由此所得收益归该公司所有。本题中，选项A、C、D均属于高级管理人员。

三、案例分析题

1. 【答案】

（1）①A公司的盈利能力符合增发的条件。根据规定，上市公司增发股票时，最近3个会计年度应连续盈利，扣除非经常性损益后的净利润与扣除前的净利润相比，以低者作为计算依据。在本题中，A公司最近3个会计年度连续盈利。②A公司的已分配利润的情况符合增发的条件。根据规定，上市公司增发股票时，最近3年以现金累计分配的利润不少于最近3年实现的年均可分配利润的30%。在本题中，A公司最近3年累计分配的利润占最近3年实现的年均可分配利润的比例超过了30%。

（2）A公司的净资产收益率不符合增发的条件。根据规定，上市公司增发股票时，最近3个会计年度加权平均净资产收益率平均不低于6%，扣除非经常性损益后的净利润与扣除前的净利润相比，以低者作为加权平均净资产收益率的计算依据。在本题中，A公司最近3个会计年度的净资产收益率分别为5.46%、5.40%和6.15%（净资产收益率＝净利润÷净资产），平均为5.67%，低于6%的法定要求。

（3）①A公司为C公司违规提供担保的事项不构成本次增发的障碍。根据规定，上市公司增发新股时，最近12个月内不存在违规对外提供担保的行为。在本题中，A公司为C公司违规提供担保的事项距本次申请增发的时间已经超过了12个月。②A公司为D公司提供担保的审批程序不符合规定。根据规定，上市公司单笔担保额超过最近一期经审计净资产10%的担保，必须经股东大会作出决议。在本题中，A公司为D公司1亿元的银行贷款提供的担保，超过了其最近一期经审计净资产（83 088万元）的10%，应当由股东大会作出决议，而A公司仅由董事会作出决议不符合规定。

（4）A公司的委托理财事项不构成本次增发的障碍。根据规定，上市公司增发新股时，除金融类企业外，最近一期期末不存在持有金额较大的交易性金融资产和可供出售的金融资产、借予他人款项、委托理财等财务性投资的情形。在本题中，由于E证券公司在2018年11月将委托理财资金全额返还A公司，A公司最近一期期末不存在委托理财等财务性投资的情形。

（5）A公司本次增发的发行价格的确定方式不符合有关规定。根据规定，发行价格应不低于公告招股意向书前20个交易日公司股票均价或前一个交易日的均价。在本题中，A公司本次增发的发行价格拟按公告招股意向书前20个交易日公司股票均价的90%确定不符合规定。

2.【答案】

（1）甲公司发行可转换公司债券的计划不合法。根据规定，本次发行后累计公司债券余额不超过最近一期期末净资产额的40%。本题中应为4 800（12 000×40%）万元，但应减去未到期的债券1 200万元。因此甲公司此次发行可转换公司债券额最多不得超过4 800-1 200=3 600（万元）。

（2）甲公司董事会通过变更总经理并不公告的决议不合法。首先，根据《公司法》的规定，股份有限公司董事会作出决议，必须经全体董事的过半数通过。在本题中，只有5名董事表决通过，低于董事会全体董事（11人）的半数。其次，根据规定，上市公司董事、1/3以上监事或者经理发生变动，属于重大事件，上市公司应当立即将有关情况向国务院证券监督管理机构和证券交易所提交临时报告，并予公告。

（3）甲公司董事会通过的吸收合并丁公司的决议不合法。首先，公司合并应由股东大会作出决议。其次，在董事会通过的决议中的三个要点均不合法：①根据规定，公司合并的，应当自作出合并决议之日起10日内通知债权人，并于30日内在报纸上公告。②根据规定，公司因合并而收购本公司股份后，应当在6个月内转让或者注销。③根据规定，公司董事、监事、高级管理人员离职后半年内，不得转让其所持有的本公司股份。

（4）董事会审批的为乙公司提供担保的决议不合法。首先，无关联关系董事出席人数未达到要求。根据规定，上市公司董事会会议决议事项所涉及的企业有关联关系的，董事会会议应由过半数的无关联关系董事出席。本题中，涉及乙公司事项的无关联关系董事有8名（除董事A、董事B和董事C外），出席本次董事会会议的无关联关系董事有4名，未达到过半数的要求。其次，董事会无权审批为乙公司提供担保的事项。根据规定，上市公司对股东、实际控制人及其关联方提供的担保，须经股东大会审批。

（5）发行优先股决议的第三个要点不合法。根据规定，以下情况优先股股东可以出席股东大会会议并参与表决：①修改公司章程中与优先股相关的内容；②一次或累计减少公司注册资本超过10%；③公司合并、分立、解散或变更公司形式；④发行优先股；⑤公司章程规定的其他情形。

关于"万家文化"收购案

2016 年 12 月 23 日，上市公司"万家文化"披露，第一大股东万家集团与龙薇传媒签署了《股份转让协议》，将其持有的公司 18 500 万股(占公司股份总数的 29.135%)流通股，以总价 30.6 亿元的价格转让给龙薇传媒。转让后，公司的第一大股东将由万家集团变更为龙薇传媒，实际控制人将由孔德永变更为赵薇。此事经过官方关注，群众质疑，热闹一时。

直到 2017 年 4 月 1 日，愚人节那一天，"万家文化"发布公告，宣布此前的一切全部作废。龙薇传媒公司不再向万家集团支付任何股份转让协议款，双方互不追究违约责任。

(1)根据证监会《处罚决定书》，龙薇传媒通过万家文化在 2017 年 1 月 12 日、2017 年 2 月 16 日公告中披露的信息存在虚假记载、误导性陈述及重大遗漏。具体表现为：

①龙薇传媒在自身境内资金准备不足，相关金融机构融资尚待审批，存在极大不确定性的情况下，以空壳公司收购上市公司，且贸然予以公告，对市场和投资者产生严重误导。

②龙薇传媒关于筹资计划和安排的信息披露存在虚假记载、重大遗漏。

③龙薇传媒未及时披露与金融机构未达成融资合作的情况。

④龙薇传媒对无法按期完成融资计划原因的披露存在重大遗漏。

⑤龙薇传媒关于积极促使本次控股权转让交易顺利完成的信息披露存在虚假记载、误导性陈述。

(2)当事人应承担的民事责任

虽然收购双方好像一切都没有发生，但是受到收购影响的"万家文化"的股价变化使得很多投资者损失惨重，纷纷提起索赔诉讼。2017 年 9 月 26 日，"万家文化"更名为"祥源文化"。据"祥源文化"发布的 2018 年度三季报披露：截至报告披露日，公司共计收到 456 起证券虚假陈述责任纠纷案件。

杭州中院一审判决认定"祥源文化"的信息披露问题对投资者和市场预期产生了严重误导，其违法行为构成"虚假陈述"，原告损失与虚假陈述行为存在因果关系，"祥源文化"应承担赔偿责任，赵薇应承担连带赔偿责任。赵薇等被告不服，提起上诉。

2019 年 8 月 30 日，浙江省高级人民法院作出终审判决：驳回上诉，维持原判。虚假陈述的索赔涉及：实施日、揭露日和基准日的确定。在本案中，经法院确认：

①虚假陈述实施日为 2017 年 1 月 12 日，这一日，万家文化公司发布关于收购资金的公告，万家文化公司股票复牌交易，并连续两个交易日涨停。

②揭露日为 2017 年 2 月 28 日，这一日，万家文化公司发布《关于收到中国证券监督管理委员会调查通知书的公告》。

③基准日为 2017 年 3 月 16 日，揭露日或者更正日起，至被虚假陈述影响的证券累计成交量达到其可流通部分 100%之日。

（3）当事人应承担的行政责任

2018年4月11日，因龙薇传媒通过"祥源文化"公告披露的信息存在虚假记载、误导性陈述及重大遗漏，证监会发布《行政处罚决定书》，决定对"祥源文化"、龙薇传媒责令改正，给予警告，并各处60万元罚款；对涉及此次收购的当事人孔德永、黄有龙、赵薇、赵政给予警告，并处30万元罚款；对孔德永、黄有龙、赵薇分别采取5年证券市场禁入措施。

很多人都认为罚款数额不多，但是根据《证券法》还真是"顶格"处罚的。如果罚款数额与案件标的或者造成的损失挂钩，震慑力度可能会大一些。

第8章 企业破产法律制度

考 情 分 析

▸ **历年考情分析**

　　本章近几年考试中各种题型都会出现，所占分数有时很高，而且近几年均有案例题，2019年的 A 卷和 B 卷都有关于破产制度的案例分析题。学习本章应当沿着破产程序这条线进行，从达到破产界限到破产清算，其中有可能出现重整或和解。

▸ **本章 2020 年考试主要变化**

　　本章根据新发布的《破产法解释三》和有关《会议纪要》作出比较多的实质性修改。

核心考点及经典例题详解

考点一　破产法律制度概述★

扫我解疑难

📝 **经典例题**

【例题1·单选题】（2010年）根据企业破产法律制度的规定，下列表述中正确的是（　）。

A. 国有企业破产属政策性破产，不适用《企业破产法》

B. 金融机构实施破产的，由国务院根据《商业银行法》等法律另行制定破产实施办法，不适用《企业破产法》

C. 民办学校的破产清算可以参照适用《企业破产法》规定的程序

D. 依照《企业破产法》开始的破产程序，对债务人在中华人民共和国领域外的财产不发生效力

【答案】C

【解析】　本题考核《企业破产法》的适用范围。在《企业破产法》施行前国务院规定的期限和范围内的国有企业实施破产的特殊事宜，按照国务院有关规定办理；政策性破产已经不再适用，选项 A 错误。金融机构的破产，国务院根据《企业破产法》制定实施办法，选项 B 错误。依照《企业破产法》开始的破产程序，对于债务人在境外的财产发生效力，选项 D 错误。

【例题2·多选题】破产清算与民事执行制度相比，下列表述正确的有（　）。

A. 破产程序中的债务人已无清偿能力；民事执行程序中的债务人通常具有清偿能力

B. 破产清算是为全体债权人的利益而进行；民事执行是为申请执行的个别债权人的利益进行

C. 破产清算完成后，破产人为企业法人的，丧失民事主体资格；民事执行的不涉及民事主体资格消灭问题

D. 破产程序中执行的对象仅为财产；民事执

行的对象既包括对财产的执行，也包括对行为的执行

【答案】ABCD

【解析】本题考核破产的概念与特征。

📝 **考点精析**

（1）破产法的主体适用范围是**所有的企业法人**，其他法律规定企业法人以外的组织的清算，属于破产清算的，参照适用破产法规定的程序。目前，根据其他法律规定，可以参照适用破产法的主体主要是合伙企业、农民专业合作社等。

（2）**资不抵债的民办学校的清算，参照适用《企业破产法》规定的程序进行。**

（3）在个人独资企业不能清偿到期债务，并且资产不足以清偿全部债务或者明显缺乏清偿能力的情况下，可以**参照适用《企业破产法》规定的破产清算程序进行清算。**

考点二　破产申请与受理★★★

扫我解疑难

📝 **经典例题**

【例题 1·案例分析题】（2017 年）A 公司是一家拥有 200 多名职工的中型企业。自 2015 年年底开始，A 公司生产经营停滞，无力偿还银行贷款本息，并持续拖欠职工工资。2017 年 1 月，A 公司 20 名职工联名向人民法院提出对 A 公司的破产申请，人民法院认为该 20 名职工无破产申请权，作出不予受理的裁定。2017 年 2 月，A 公司的债权人 B 银行向人民法院申请 A 公司破产。A 公司提出异议称，A 公司账面资产总额超过负债总额，并未丧失清偿能力。在此情形下，人民法院召集 A 公司和 B 银行代表磋商偿还贷款事宜，但 A 公司坚持要求 B 银行再给其半年还款缓冲期，争取恢复生产，收回货款后再清偿贷款。B 银行则要求 A 公司立即清偿债务，双方谈判破裂。人民法院认为，A 公司

的抗辩异议不成立，于 5 日后作出受理破产申请的裁定，并指定了破产管理人。在管理人接管 A 公司、清理财产和债权债务期间，发生如下事项：

（1）C 公司欠 A 公司的 20 万元货款到期，C 公司经理在得知 A 公司进入破产程序的情况下，因被 A 公司经理收买，直接将货款交付 A 公司财务人员。A 公司财务人员收到货款后，迅速转交给 A 公司的股东。

（2）A 公司未经管理人同意，擅自向债权人 D 公司清偿 10 万元债务，A 公司此前为担保该笔债务以市值 50 万元的机器设备设定抵押，也因此解除。管理人清理债权债务时还发现，A 公司的部分财产已在破产申请受理前发生的多宗民事诉讼案件中被人民法院采取保全措施或者已进入强制执行程序。

要求：根据上述内容，分别回答下列问题。

（1）人民法院认为 A 公司 20 名职工无破产申请权，是否符合企业破产法律制度的规定？并说明理由。

（2）人民法院驳回 A 公司的抗辩异议，是否符合企业破产法律制度的规定？并说明理由。

（3）根据企业破产法律制度的规定，C 公司向 A 公司财务人员交付 20 万元货款的行为是否产生债务清偿效果？并说明理由。

（4）根据企业破产法律制度的规定，A 公司向 D 公司的清偿行为是否应当认定为无效？并说明理由。

（5）根据企业破产法律制度的规定，A 公司破产申请受理前人民法院对其部分财产所采取的保全措施以及强制执行程序，应如何处理？

【答案】

（1）人民法院认为 A 公司 20 名职工无破产申请权符合规定。根据规定，职工提出破产申请应经职工代表大会或者全体职工会议多数决议通过。本题中，A 公司 20 名职工联名向人民法院提出对 A 公司的破产申请，没有经过职工代表大会或者全体职工会议多数决议通过，所以没有破产申请权。

（2）人民法院驳回 A 公司的抗辩异议符合规定。根据规定，债务人以其具有清偿能力或资产超过负债为由提出抗辩异议，但又不能立即清偿债务或与债权人达成和解的，其异议不能成立。本题中，A 公司称其账面资产总额超过负债总额，并未丧失清偿能力，但不能立即清偿 B 银行债务亦不能与 B 银行达成和解，所以异议不成立。

（3）C 公司向 A 公司财务人员交付 20 万元货款的行为不产生债务清偿的效果。根据规定，人民法院受理破产申请后，债务人的债务人或者财产持有人应当向管理人清偿债务或者交付财产，如其故意违反法律规定向债务人清偿债务或者交付财产，使债权人受到损失的，不免除其清偿债务或者交付财产的义务。本题中，C 公司经理在得知 A 公司进入破产程序后直接将货款交付 A 公司财务人员，使其他债权人受到损失，所以此行为不产生债务清偿的效果。

（4）A 公司向 D 公司的清偿行为不应当认定为无效。根据规定，人民法院受理破产申请后，债务人对个别债权人的债务清偿无效；但是，债务人以其财产向债权人提供物权担保的，其在担保物市场价值内向债权人所作的债务清偿，不受上述规定限制。本题中，A 公司未经管理人同意，擅自向债权人 D 公司清偿在担保物市场价值内的 10 万元债务有效。

（5）根据规定，人民法院受理破产申请后，有关债务人财产的保全措施应当解除，执行程序应当中止。

【例题 2·单选题】（2015 年）人民法院受理了甲公司的破产申请，根据企业破产法律制度的规定，下列已经开始、尚未终结的与甲公司有关的民事诉讼中，应当中止的是（　　）。

A. 甲公司以拖欠货款为由，对丙公司提起的诉讼

B. 股东乙以甲公司董事长决策失误导致公司损失为由，对其提起的诉讼

C. 债权人丁公司以甲公司股东戊与甲公司法人人格严重混同为由，主张戊直接承担责任的诉讼

D. 甲公司以总经理庚违反竞业禁止为由，主张其返还不当利益的诉讼

【答案】 C

【解析】 本题考核破产申请的受理。人民法院受理破产申请后，已经开始而尚未终结的有关债务人的民事诉讼或者仲裁应当中止。选项 C 是个别清偿诉讼，应当中止。

【例题 3·多选题】 甲公司被申请破产，法院受理了破产申请后，下列行为符合法律规定的有（　　）。

A. 乙公司向甲公司购买一批货物，货已交但款未付，管理人要求乙公司支付货款

B. 丙公司借用甲公司一辆货车，管理人要求丙公司交还该货车

C. 丁银行直接从甲公司账户上扣划到期贷款 30 万元

D. 戊公司与甲公司协商，以一台设备充抵甲所欠的加工费

【答案】 AB

【解析】 本题考核受理的效力。选项 A 乙公司属于债务人的债务人，应当向管理人清偿债务；选项 B 丙公司属于债务人的财产持有人，应当向管理人交付财产；选项 C 丁银行和选项 D 戊公司的行为属于对个别债权人的债务清偿，不符合法律规定。

【例题 4·多选题】 甲公司和乙公司的债务纠纷案件经过法院终审，作为债务人的甲公司拒不执行法院判决。债权人乙公司向法院申请强制执行，经了解执行过程中，甲公司的资产已经不足以清偿全部债务。下列说法符合法律规定的有（　　）。

A. 乙公司可以向法院申请转为破产案件审理

B. 如果移送破产审查，应当由甲公司住所地法院管辖

C. 执行法院决定移送后，受移送法院裁定受理破产案件之前，对甲公司被查封的机动车应当立即解除查封措施

D. 受移送法院受理裁定时，已完成转账 10

万元的执行款，不再移交

【答案】 ABD

【解析】 本题考核执行案件的移送破产审查。选项C错误。执行法院决定移送后、受移送法院裁定受理破产案件之前，对被执行人的查封、扣押、冻结措施不解除。

📋 考点精析

【考点精析1】破产原因

企业法人破产原因是不能清偿到期债务，并且资产不足以清偿全部债务或者明显缺乏清偿能力。

（1）相关当事人以对债务人的债务负有连带责任的人未丧失清偿能力为由，主张债务人不具备破产原因的，人民法院应不予支持。

（2）下列情形同时存在的，人民法院应当认定债务人不能清偿到期债务：①债权债务关系依法成立；②债务履行期限已经届满；③债务人未完全清偿债务。

（3）对于"资产不足以清偿全部债务"的情形，主要适用于债务人提出破产申请且资不抵债情况通过对相关证据的形式审查即可判断的案件。

"资不抵债"的认定，指债务人的资产负债表，或者审计报告、资产评估报告等显示其全部资产不足以偿付全部负债的，人民法院应当认定债务人资产不足以清偿全部债务，但有相反证据足以证明债务人资产能够偿付全部负债的除外。

（4）对于"明显缺乏清偿能力"的情形，主要适用于债权人提出破产申请和债务人提出破产申请且资不抵债状况通过形式审查不易判断的案件。

债务人账面资产虽大于负债，但存在下列情形之一的，人民法院应当认定其明显缺乏清偿能力：①因资金严重不足或者财产不能变现等原因，无法清偿债务；②法定代表人下落不明且无其他人员负责管理财产，无法清偿债务；③经人民法院强制执行，无法清偿债务（只要有一个债权人经法院强制执行未得到清偿即可）；④长期亏损且经营扭亏困难，无法清偿债务；⑤导致债务人丧失清偿能力的其他情形。

【考点精析2】破产申请的提出

1. 提出破产申请的当事人

（1）债务人发生破产原因，可以向人民法院提出重整、和解或者破产清算申请。

（2）债务人不能清偿到期债务，债权人可以向人民法院提出对债务人进行重整或者破产清算的申请，但不能提出和解申请。

（3）税务机关和社会保险机构享有对债务人的破产清算申请权，但不享有重整申请权。

（4）企业法人已解散但未清算或者未清算完毕，资产不足以清偿债务的，依法负有清算责任的人应当向人民法院申请破产清算。

（5）商业银行、证券公司、保险公司等金融机构有《企业破产法》规定不能清偿到期债务情形的，国务院金融监督管理机构可以向人民法院提出对该金融机构进行重整或者破产清算的申请。

2. 破产案件的管辖

（1）破产案件由债务人住所地人民法院管辖。

（2）金融机构、上市公司破产与重整案件或者具有重大影响、法律关系复杂的破产案件，一般应由中级人民法院管辖。

【考点精析3】破产申请的受理

1. 受理的程序（见表8-1）

表 8-1 受理的程序

项目	内容
是否受理	人民法院收到破产申请时，应当向申请人出具收到申请及所附证据的书面凭证
	债权人提出破产申请的，人民法院应当自收到申请之日起 5 日内通知债务人
	债务人对申请有异议的，应当自收到人民法院的通知之日起 7 日内向人民法院提出。人民法院应当自异议期满之日起 10 日内裁定是否受理
	除债务人对债权人申请提出异议的情形外，人民法院应当自收到破产申请之日起 15 日内裁定是否受理
	有特殊情况需要延长上述裁定受理期限的，经上一级人民法院批准，可以延长 15 日
债务人异议的处理	债务人以其具有清偿能力或资产超过负债为由提出异议，但又不能立即清偿债务或与债权人达成和解的，其异议不能成立
	债务人对债权人申请人是否享有债权提出异议，经人民法院审查确定债权存在，且债务人没有相反证据和合理理由予以反驳的，人民法院对其异议应不予支持
	债务人对债权人申请人享有债权的数额提出异议时，如果存在双方无争议的部分债权数额，且债务人对该数额已经丧失清偿能力，则此项异议同样不能阻止法院受理破产申请
	相关当事人以申请人未预先交纳诉讼费用为由，对破产申请提出异议的，人民法院不予支持
裁定受理	人民法院受理破产申请的，应当自裁定作出之日起 5 日内送达申请人
	债权人提出申请的，人民法院应当自裁定作出之日起 5 日内送达债务人。债务人应当自裁定送达之日起 15 日内，向人民法院提交有关文件。债务人不能提交或者拒不提交有关材料的，不影响人民法院对破产申请的受理和审理
	人民法院裁定受理破产申请的，应当同时指定管理人
不受理	人民法院裁定不受理破产申请的，应当自裁定作出之日起 5 日内送达申请人并说明理由
	申请人对裁定不服的，可以自裁定送达之日起 10 日内向上一级人民法院提起上诉
受理后公告	人民法院应当自裁定受理破产申请之日起 25 日内通知已知债权人，并予以公告
受理后驳回	人民法院受理破产申请后至破产宣告前，经审查发现案件受理时债务人未发生破产原因的，可以裁定驳回申请
	申请人对裁定不服的，可以自裁定送达之日起 10 日内向上一级人民法院提起上诉

【知识点拨】根据《民商事审判会议纪要》，人民法院裁定受理破产申请系对债务人具有破产原因的初步认可，破产申请受理后，申请人请求撤回破产申请的，人民法院不予准许。

2. 破产受理的效力

(1) 自人民法院受理破产申请的裁定送达债务人之日起至破产程序终结之日，债务人的有关人员承担法定的 5 项义务：

①妥善保管其占有和管理的财产、印章和账簿、文书等资料。

②根据人民法院、管理人的要求进行工作，并如实回答询问。

③列席债权人会议并如实回答债权人的询问。

④未经人民法院许可，不得离开住所地。

⑤不得新任其他企业的董事、监事、高级管理人员。

(2) 人民法院受理破产申请后，债务人对个别债权人的债务清偿无效。

【知识点拨】债务人以其财产向债权人提供物权担保的，其在担保物市场价值内向债权人所作的债务清偿，不受上述规定的限制。

（3）人民法院受理破产申请后，债务人的债务人或者财产持有人应当向管理人清偿债务或者交付财产。

（4）人民法院受理破产申请后，管理人对破产申请受理前成立而债务人和对方当事人均未履行完毕的合同有权决定解除或者继续履行，并通知对方当事人。管理人自破产申请受理之日起2个月内未通知对方当事人，或者自收到对方当事人催告之日起30日内未答复的，视为解除合同。管理人决定继续履行合同的，对方当事人应当履行，但有权要求管理人提供担保。管理人不提供担保的，视为解除合同。

【知识点拨】管理人在破产程序中只享有一次性的合同选择履行权。

（5）人民法院受理破产申请后，有关债务人财产的保全措施应当解除，执行程序应当中止。

【知识点拨】解除保全措施，意味着在债务人的财产上施加的查封、扣押、冻结等决定失去法律效力。管理人有权接管该财产并将其纳入债务人财产的范围。

（6）人民法院受理破产申请后，已经开始而尚未终结的有关债务人的民事诉讼或者仲裁应当中止；在管理人接管债务人的财产、掌握诉讼情况后，该诉讼或者仲裁继续进行。

破产申请受理前，债权人就债务人财产提起下列诉讼，破产申请受理时案件尚未审结的，人民法院应当中止审理：①主张次债务人代替债务人直接向其偿还债务的；②主张债务人的出资人、发起人和负有监督股东履行出资义务的董事、高级管理人员，或者协助抽逃出资的其他股东、董事、高级管理人员、实际控制人等直接向其承担出资不实

或者抽逃出资责任的；③以债务人的股东与债务人法人人格严重混同为由，主张债务人的股东直接向其偿还债务人对其所负债务的；④其他就债务人财产提起的个别清偿诉讼。

【知识点拨】债务人破产宣告前，人民法院裁定驳回破产申请或者终结破产程序的，上述中止审理的案件应当依法恢复审理；债务人破产宣告后，人民法院应判决驳回债权人的诉讼请求。破产申请受理后，债权人就债务人财产向人民法院提起上述诉讼的，人民法院不予受理。

（7）破产申请受理后，有关债务人的民事诉讼只能向受理破产申请的人民法院提起，或者依照约定申请仲裁。

【考点精析4】执行案件的移送破产审查

（1）执行案件移送破产审查，应同时符合下列条件：

①被执行人为企业法人。

②被执行人或者有关被执行人的任何一个执行案件的申请执行人书面同意将执行案件移送破产审查。

③被执行人不能清偿到期债务，并且资产不足以清偿全部债务或者明显缺乏清偿能力。

（2）执行案件移送破产审查的管辖。

①执行案件移送破产审查，由被执行人住所地人民法院管辖。

②在级别管辖上实行以中级人民法院管辖为原则、基层人民法院管辖为例外的管辖制度。

③中级人民法院经高级人民法院批准，也可以将案件交由具备审理条件的基层人民法院审理。

（3）执行案件的移送破产审查的程序性规定（见表8-2）。

表 8-2 执行案件的移送破产审查的程序性规定

项目		内容
内部决定程序		①承办人认为执行案件符合移送破产审查条件的，应提出审查意见，经合议庭评议同意后，由执行法院院长签署移送决定； ②基层人民法院拟将执行案件移送异地中级人民法院进行破产审查的，在作出移送决定前，应先报请其所在地中级人民法院执行部门审核同意； ③执行法院作出移送决定后，应当于 5 日内送达申请执行人和被执行人
执行程序中止		①执行法院作出移送决定后，应当书面通知所有已知执行法院，执行法院均应中止对被执行人的执行程序； ②对被执行人的季节性商品、鲜活、易腐烂变质以及其他不宜长期保存的物品，执行法院应当及时变价处置，处置的价款不作分配； ③受移送法院裁定受理破产案件的，执行法院应当在收到裁定书之日起 7 日内，将该价款移交受理破产案件的法院
保全措施		①为确保对被执行人财产的查封、扣押、冻结措施的连续性，执行法院决定移送后、受移送法院裁定受理破产案件之前，对被执行人的查封、扣押、冻结措施不解除； ②查封、扣押、冻结期限在破产审查期间届满的，申请执行人可以向执行法院申请延长期限，由执行法院负责办理
受理	裁定受理期限	受移送法院的破产审判部门应当自收到移送的材料之日起 30 日内作出是否受理的裁定。受移送法院作出裁定后，应当在 5 日内送达申请执行人、被执行人，并送交执行法院
	执行费用处理	受移送法院裁定受理破产案件的，在此前的执行程序中产生的评估费、公告费、保管费等执行费用，可以参照破产费用的规定，从债务人财产中随时清偿
	执行财产处理	①执行法院收到受移送法院受理裁定后，应当于 7 日内将已经扣划到账的银行存款、实际扣押的动产、有价证券等被执行人财产移交给受理破产案件的法院或管理人； ②执行法院收到受移送法院受理裁定时，已通过拍卖程序处置且成交裁定已送达买受人的拍卖财产，通过以物抵偿偿还债务且抵债裁定已送达债权人的抵债财产，已完成转账、汇款、现金交付的执行款，因财产所有权已经发生变动，不属于被执行人的财产，不再移交
	不予受理或驳回申请	①受移送法院做出不予受理或驳回申请裁定的，应当在裁定生效后 7 日内将接收的材料、被执行人的财产退回执行法院，执行法院应当恢复对被执行人的执行； ②受移送法院作出不予受理或驳回申请的裁定后，人民法院不得重复启动执行案件移送破产审查程序； ③申请执行人或被执行人以有新证据足以证明被执行人已经具备了破产原因为由，再次要求将执行案件移送破产审查的，人民法院不予支持。但是，申请执行人或被执行人可以直接向具有管辖权的法院提出破产申请

📝 **阶段性测试**

1.【单选题】下列各项中属于债务人不能清偿到期债务时，人民法院应当认定其具备破产原因的是(　　)。

A. 资产不足以清偿全部债务

B. 债务履行期限已经届满

C. 债务人为逃避债务而隐匿财产

D. 债务人不清偿债务

2.【单选题】2018 年 7 月，甲、乙两公司签订一份买卖合同。按照合同约定，双方已于 2018 年 8 月底前各自履行了合同义务的 50%，并应于 2018 年年底将各自剩余的 50% 的合同义务履行完毕。2018 年 10 月，人民法院受理了债务人甲公司的破产申请。2018 年 10 月 31 日，甲公司管理人收到了乙公司关于是否继续履行该买卖合同的催告，但直至 2018 年 12 月初，管理人尚未对乙公司的催告作出答复。下列关于该买卖合同的表述中，正确的是(　　)。

A. 乙公司应当继续履行合同

B. 乙公司无须继续履行合同

C. 乙公司有权要求管理人就合同履行提供担保

D. 乙公司有权就合同约定的违约金申报债权

3.【单选题】人民法院受理破产申请后，对破产申请受理前成立而未履行完毕的合同，正确的说法是(　　)。

A. 债权人有权决定解除或者继续履行合同

B. 管理人自破产申请受理之日起 3 个月内未通知对方当事人，视为解除合同

C. 管理人自收到对方当事人催告之日起 60 日内未答复的，视为解除合同

D. 管理人决定继续履行合同的，对方当事人有权要求管理人提供担保

4.【多选题】根据企业破产法律制度的规定，申请人向人民法院提出破产申请后，下列表述正确的有(　　)。

A. 人民法院应当自债务人提出异议期满之日起 10 日内裁定是否受理

B. 除债务人对债权人申请提出异议的情形外，人民法院应当自收到破产申请之日起 15 日内裁定是否受理

C. 人民法院裁定受理破产申请的，应当将裁定自作出之日起 7 日内送达申请人

D. 债务人应当自裁定送达之日起 15 日内，向人民法院提交财产状况说明、债务清册、债权清册、有关财务会计报告以及职

工工资的支付和社会保险费用的缴纳情况等有关材料

5.【多选题】人民法院受理了甲公司破产申请，在尚未审结的下列案件中，法院应当中止审理的有(　　)。

A. 债权人 A 公司对甲公司的债务人乙提起的代位权诉讼

B. 债权人 B 公司对甲公司的高管张某提起的协助股东抽逃出资责任的诉讼

C. 债权人 C 公司对甲公司提起的清偿货款的诉讼

D. 债权人 D 公司要求甲公司抽逃出资的股东承担在抽逃出资范围内的清偿责任的诉讼

6.【多选题】根据企业破产法律制度，关于执行案件移送破产审查，下列表述正确的有(　　)。

A. 移送的材料不完备或内容错误，影响受移送法院认定破产原因是否具备的，受移送法院可以要求执行法院在 10 日内补齐、补正，该期间不计入受移送法院破产审查的期间

B. 执行法院移送破产审查的材料，由受移送法院立案部门负责接收，受移送法院可以材料不完备等为由拒绝接收

C. 执行法院收到破产受理裁定后，应当解除对债务人财产的查封、扣押、冻结措施

D. 执行法院收到受移送法院受理裁定后，应当于 7 日内将已经扣划到账的银行存款、实际扣押的动产、有价证券等被执行人财产移交给受理破产案件的法院或管理人

阶段性测试答案精析

1. A 【解析】本题考核破产原因。根据规定，债务人不能清偿到期债务并且具有下列情形之一的，人民法院应当认定其具备破产原因：(1)资产不足以清偿全部债务；(2)明显缺乏清偿能力。

2. B 【解析】本题考核破产申请受理的效力。根据规定，人民法院受理破产申请

后，管理人对破产申请受理前成立而债务人和对方当事人均未履行完毕的合同有权决定解除或者继续履行，并通知对方当事人。管理人自破产申请受理之日起 2 个月内未通知对方当事人，或者自收到对方当事人催告之日起 30 日内未答复的，视为解除合同。所以本题中就视为解除合同，乙公司无须继续履行合同。

3. 【D】【解析】本题考核受理破产的效力。(1)人民法院受理破产申请后，管理人对破产申请受理前成立而债务人和对方当事人均未履行完毕的合同有权决定解除或者继续履行，选项 A 错误。(2)管理人自破产申请受理之日起 2 个月内未通知对方当事人，或者自收到对方当事人催告之日起 30 日内未答复的，视为解除合同，所以选项 B、C 错误。(3)管理人决定继续履行合同的，对方当事人应当履行；但是，对方当事人有权要求管理人提供担保。管理人不提供担保的，视为解除合同，选项 D 正确。

4. 【ABD】【解析】本题考核破产申请的受理。人民法院裁定受理破产申请的，应当将裁定自作出之日起 5 日内送达申请人。选项 C 错误。

5. 【ABCD】【解析】本题考核中止审理的情形。

6. 【ACD】【解析】本题考核执行案件移送破产审查。受移送法院不得以材料不完备等为由拒绝接收，选项 B 错误。

考点三　管理人制度★★

扫我解疑难

经典例题

【例题 1·单选题】(2019 年)根据企业破产法律制度的规定，下列主体中可以担任管理人的是(　　)。

A. 因盗窃行为受过刑事处罚的张某

B. 破产申请受理前根据有关规定成立的行政清算组

C. 因违法行为被吊销执业证书的王某

D. 正在担任债务人财务顾问的李某

【答案】B

【解析】本题考核管理人的资格。有下列情形之一的，不得担任管理人：(1)因故意犯罪受过刑事处罚(选项 A)；(2)曾被吊销相关专业执业证书(选项 C)；(3)与本案有利害关系(选项 D)；(4)人民法院认为不宜担任管理人的其他情形。

【例题 2·多选题】(2014 年)甲会计师事务所被人民法院指定为乙企业破产案件中的管理人，甲向债权人会议报告的有关报酬方案的下列内容中，符合企业破产法律制度规定的有(　　)。

A. 将乙为他人设定抵押权的财产价值计入计酬基数

B. 甲就自己为将乙的抵押财产变现而付出的合理劳动收取适当报酬

C. 对受当地政府有关部门指派参与破产企业清算工作的政府官员不发放报酬

D. 甲聘用外部专家协助履行管理人职责所需费用从其报酬中支付

【答案】BCD

【解析】本题考核管理人报酬。选项 A 错误，担保权人优先受偿的担保物价值，不计入计酬基数。

考点精析

【考点精析 1】管理人的资格与指定

1. 管理人的资格

(1)管理人可以由有关部门、机构的人员组成的清算组或者依法设立的律师事务所、会计师事务所、破产清算事务所等社会中介机构担任。

(2)有下列情形之一的，不得担任管理人：

①因故意犯罪受过刑事处罚。

②曾被吊销相关专业执业证书。

③与本案有利害关系。

④人民法院认为不宜担任管理人的其他情形。

【知识点拨】个人担任管理人的，应当参加执业责任保险。对于事实清楚、债权债务关系简单、债务人财产相对集中的企业破产案件，人民法院可以指定管理人名册中的个人为管理人。

(3)管理人因利害关系应当回避的情形。

①对于社会中介机构、清算组成员，有下列情形属于有利害关系：

第一，与债务人、债权人有未了结的债权债务关系。

第二，在人民法院受理破产申请前3年内，曾为债务人提供相对固定的中介服务。

第三，现在是或者在人民法院受理破产申请前3年内曾经是债务人、债权人的控股股东或者实际控制人。

第四，现在担任或者在人民法院受理破产申请前3年内曾经担任债务人、债权人的财务顾问、法律顾问。

第五，人民法院认为可能影响其忠实履行管理人职责的其他情形。

②对于清算组成员的派出人员、社会中介机构的派出人员、个人管理人，有下列情形的可以认定有利害关系：

第一，具有上述5条的情形。

第二，现在担任或者在人民法院受理破产申请前3年内曾经担任债务人、债权人的董事、监事、高级管理人员。

第三，与债权人或者债务人的控股股东、董事、监事、高级管理人员存在夫妻、直系血亲、三代以内旁系血亲或者近姻亲关系。

第四，人民法院认为可能影响其公正履行管理人职责的其他情形。

2. 管理人的指定

(1)管理人名册制度。由人民法院根据本地破产案件发生数量确定编入管理人名册的人数，并在管理人名册中实际指定管理人。

(2)管理人的指定方式。管理人的指定有随机、竞争、接受推荐三种方式。随机产生是一般破产案件指定管理人的主要方式。

【考点精析2】管理人的报酬

(1)管理人的报酬由人民法院确定。债权人会议对管理人的报酬有异议的，有权向人民法院提出。

(2)管理人获得的报酬不包括其因执行职务、进行破产管理工作中需支付的其他费用，如公告费用、变价财产费用等。

(3)人民法院应根据债务人最终清偿的"财产价值总额"，按一定的比例分段确定管理人报酬。

【知识点拨】担保权人优先受偿的担保物价值，不计入"财产价值总额"。

(4)清算组中有关政府部门派出的工作人员参与工作的，不收取报酬。

(5)管理人执行职务的费用、报酬和聘用工作人员的费用为破产费用。管理人经人民法院许可聘用企业经营管理人员，或者管理人确有必要聘请其他社会中介机构或人员处理重大诉讼、仲裁、执行或审计等专业性较强工作，如所需费用需要列入破产费用的，应当经债权人会议同意。

【考点精析3】管理人的职责与责任

1. 管理人的职责

(1)接管债务人的财产、印章和账簿、文书等资料。

(2)调查债务人财产状况，制作财产状况报告。

(3)决定债务人的内部管理事务。

(4)决定债务人的日常开支和其他必要开支。

(5)在第一次债权人会议召开之前，决定继续或者停止债务人的营业。

(6)管理和处分债务人的财产。

(7)代表债务人参加诉讼、仲裁或者其他法律程序。

(8)提议召开债权人会议。

(9)人民法院认为管理人应当履行的其他职责。

2. 管理人的责任

管理人依法执行职务，向人民法院报告工作，并接受债权人会议和债权人委员会的监督。管理人应当列席债权人会议，向债权人会议报告职务执行情况，并回答询问。人民法院不得代替管理人作出本应由管理人自己作出的决定。管理人不得将自己的职责全部或者部分转让给他人。管理人没有正当理由不得辞去职务。管理人辞去职务应当经人民法院许可。

考点四　债务人财产 ★★★

扫我解疑难

📝 经典例题

【例题 1·案例分析题】（2019 年）2018 年 9 月 3 日，债务人甲公司出现不能清偿到期债务且明显缺乏清偿能力的情况；10 月 15 日，债权人乙公司向人民法院提出针对甲公司破产申请。甲公司对破产申请提出异议，理由是：（1）甲公司的账面资产大于负债，只是难以变现，不构成明显缺乏清偿能力；（2）乙公司未预先缴纳诉讼费用，不应立案。

11 月 1 日，人民法院受理甲公司破产案件，并指定管理人。管理人调查甲公司财产状况时发现：当年 8 月，甲公司向丙公司购买起重机 5 台，总金额 50 万元，约定分两期付款，第二期付款日为 2018 年 12 月 31 日；在甲公司付清价款前，丙公司保留起重机的所有权。至人民法院指定管理人之时，甲公司已经收到 5 台起重机并投入使用，甲公司已经支付价款总计 40 万元。11 月 3 日，管理人决定继续履行起重机买卖合同并通知丙公司，丙公司立即要求管理人支付剩余 10 万元起重机价款。管理人以第二期付款期限尚未届至为由拒绝。丙公司遂要求收回起重机。

此外，当年 8 月，甲公司与丁公司签订购买原材料合同，约定交货时间为 11 月 30 日之前。

10 月 20 日，丁公司发货，甲公司于 11 月 5 日收到货物。11 月 8 日，丁公司向甲公司催收货款时发现，甲公司破产案件已为人民法院受理，遂要求取回该批货物。

要求：根据上述内容，分别回答下列问题。

（1）甲公司关于"其账面资产大于负债，只是难以变现，不构成明显缺乏清偿能力"的异议是否成立？

（2）甲公司关于"乙公司未预先缴纳诉讼费用，人民法院不应立案"的异议是否成立？并说明理由。

（3）管理人是否有权以付款期限尚未届至为由拒绝支付甲公司所欠丙公司剩余 10 万元起重机价款？并说明理由。

（4）在管理人以第二期付款期限尚未届至为由拒绝付款的情况下，丙公司是否有权收回起重机？并说明理由。

（5）丁公司是否有权要求取回已交付的原材料？并说明理由。

【答案】

（1）甲公司关于"其账面资产大于负债，只是难以变现，不构成明显缺乏清偿能力"的异议不成立。根据规定，债务人账面资产虽大于负债，但因资金严重不足或者财产不能变现等原因，无法清偿债务的，人民法院应当认定其明显缺乏清偿能力。

（2）甲公司关于"乙公司未预先缴纳诉讼费用，人民法院不应立案"的异议不成立。根据规定，破产案件的诉讼费用，属于破产费用，从债务人财产中拨付。相关当事人以申请人未预先交纳诉讼费用为由，对破产申请提出异议的，人民法院不予支持。

（3）管理人无权以付款期限尚未届至为由拒绝支付甲公司所欠丙公司剩余 10 万元起重机价款。根据规定，买受人破产，其管理人决定继续履行所有权保留买卖合同的，原买卖合同中约定的买受人支付价款的期限在破产申请受理时视为到期，买受人管理人应当及时向出卖人支付价款。

（4）丙公司无权取回起重机。根据规定，买受人管理人无正当理由未及时支付价款，给出卖人造成损害的，出卖人有权依法主张取回标的物。但是，买受人已支付标的物总价款75%以上或者第三人善意取得标的物所有权或者其他物权的除外。题目中，买受人已经付款75%以上，丙不能取回起重机。

（5）丁公司无权要求取回已交付的原材料。根据规定，出卖人对在运途中标的物未及时行使取回权，在买卖标的物到达管理人后向管理人行使在运途中标的物取回权的，管理人不应准许。

【例题2·案例分析题】（2018年）2017年4月，申请执行人B公司请求甲地级市乙县人民法院执行人A公司（住所地为丙地级市丁县）位于乙县的X房产。乙县人民法院在执行中发现，A公司不能清偿到期债务且资产不足以清偿全部债务。后经A公司书面同意，该执行案件移送破产审查。同年5月，受移送人民法院确定受理A公司破产案件，并指定了破产管理人。

在破产案件审理中，查明下列事实：

（1）A公司在X房产上为其所欠B公司300万元债务设定了抵押担保。抵押时，X房产的市场价值约为350万元，现该房产市场价值约为400万元。除上述抵押外，该房产上没有其他权利负担。

（2）2016年8月，A公司因正常生产经营所需与C公司约定，A公司从当年9月开始每月从C公司采购原材料，货款按季度结算，A公司以其专用存款账户质押担保。之后，A公司依约提供了质押担保。破产案件审理中，其他债权人提出，A公司为C公司提供质押担保的行为发生于破产申请受理前1年内，因此，管理人应请求人民法院予以撤销。

在破产案件审理期间，因国家税收政策调整及不动产市场价格上涨，A公司资产超过负债，A公司认为破产原因消失，希望通过变卖部分不动产清偿债务，遂向人民法院提出终止破产程序的申请。

要求：根据上述内容，分别回答下列问题。

（1）乙县人民法院移送的A公司破产案件，根据级别管辖和地域管辖的规则，应当由哪个人民法院管辖？并说明理由。

（2）乙县人民法院在作出执行案件移送破产审查决定前，应当履行何种审核程序？

（3）X房产应以多少财产价值计入管理人报酬的计酬基数？并说明理由。

（4）A公司为C公司提供质押担保的行为应否撤销？并说明理由。

（5）对于A公司提出的终止破产程序的申请，人民法院应否支持？并说明理由。

【答案】

（1）由被执行人住所地的中级人民法院（即丙市中级人民法院）管辖。根据规定，执行案件移送破产审查，由被执行人住所地人民法院管辖。在级别管辖上，实行以中级人民法院管辖为原则、基层人民法院管辖为例外的管辖制度。

（2）乙县人民法院在作出执行案件移送破产审查决定前，应先报请甲市中级人民法院执行部门审核同意。根据规定，基层人民法院拟将执行案件移送异地中级人民法院进行破产审查的，在作出移送决定前，应先报请其所在地中级人民法院执行部门审核同意。

（3）X房产应以100万元计入管理人报酬的计酬基数。根据规定，担保权人优先受偿的担保物价值，不计入计算管理人报酬的财产价值总额。担保权人债权是300万元，实现抵押权时担保物价值400万元，那么担保权人优先受偿的部分是300万元，剩余担保物价值100万元可以计入管理人报酬的计酬基数。

（4）A公司为C公司提供质押担保的行为不应撤销。根据规定，人民法院受理破产申请前一年内，债务人对没有财产担保的债务提供财产担保的，管理人有权请求人民法院予以撤销。"对没有财产担保的债务提供财产担保"，是指对原来已经成立的债务补充设置物权担保，因其使被提供担保的债权人得到本不享有的优惠清偿利益，所以应当撤销，但对于可撤销期间内在设定债务的同时为债务提供的财产担保不包括在内，因其是有对价的行为。本题中，A公司设定债务的同时为C公司提供质押担保，即使发生在受理前1年内，也不应撤销。

(5)对于A公司提出的终止破产程序的申请，人民法院不予支持。根据规定，由于债务人财产的市场价值发生变化导致其在案件受理后破产原因消失的，不影响破产案件的受理与继续审理，人民法院不得裁定驳回申请。债务人如不愿意进行破产清算，可以通过申请和解、重整等方式清偿债务、结束破产程序。

【例题3·单选题】(2016年)根据企业破产法律制度的规定，下列关于破产案件诉讼费用承担的表述中，正确的是(   )。

A. 由债权人和债务人分担

B. 由破产申请人预先支付

C. 从债务人财产中随时拨付

D. 由全体债权人按比例分担

【答案】C

【解析】本题考核破产费用。破产案件的诉讼费用，属于破产费用，从债务人财产中随时清偿。

【例题4·单选题】(2013年)根据企业破产法律制度的规定，人民法院受理破产申请前6个月内，涉及债务人财产的下列行为中，管理人有权请求人民法院予以撤销的是(   )。

A. 向他人无偿转让企业财产

B. 支付职工劳动报酬

C. 支付人身损害赔偿金

D. 在设定债务的同时，为该债务提供财产担保

【答案】A

【解析】本题考核破产撤销权的行使。根据规定，人民法院受理破产申请前1年内，涉及债务人财产的下列行为，管理人有权请求人民法院予以撤销：(1)无偿转让财产的；(2)以明显不合理的价格进行交易的；(3)对没有财产担保的债务提供财产担保的；(4)对未到期的债务提前清偿的；(5)放弃债权的。

本题中，选项D并非属于"对没有财产担保的债务提供财产担保"，而是在设定债务同时设定财产担保，因此不属于可撤销的情形。

📝 考点精析

【考点精析1】 债务人财产的一般规定

1. 债务人财产的范围

债务人财产包括破产申请受理时属于债务人的全部财产，以及破产申请受理后至破产程序终结前债务人取得的财产。除债务人所有的货币、实物外，债务人依法享有的可以用货币估价并可以依法转让的债权、股权、知识产权、用益物权等财产和财产权益，人民法院均应认定为债务人财产。

(1)债务人已依法设定担保物权的特定财产应当认定为债务人财产。对债务人的特定财产在担保物权消灭或者实现担保物权后的剩余部分，在破产程序中可用以清偿破产费用、共益债务和其他破产债权。

(2)债务人对按份享有所有权的共有财产的相关份额，或者共同享有所有权的共有财产的相应财产权利，以及依法分割共有财产所得部分，属于债务人财产。

(3)下列财产不应认定为债务人财产：

①债务人基于仓储、保管、承揽、代销、借用、寄存、租赁等合同或者其他法律关系占有、使用的他人财产。

②债务人在所有权保留买卖中尚未取得所有权的财产。

③所有权专属于国家且不得转让的财产。

④其他依照法律、行政法规不属于债务人的财产。

2. 债务人财产的收回

(1)出资收回。人民法院受理破产申请后，债务人的出资人尚未完全履行出资义务的，管理人应当要求该出资人缴纳所认缴的出资，而不受出资期限的限制。

(2)"非正常收入"收回。债务人的董事、监事和高级管理人员利用职权从企业获取的非正常收入和侵占的企业财产，管理人应当

追回。债务人发生破产原因时，债务人的董事、监事和高级管理人员利用职权获取的以下收入，应当认定为非正常收入：

①绩效奖金。

②普遍拖欠职工工资情况下获取的工资性收入。

③其他非正常收入。

债务人的董事、监事和高级管理人员因返还第①、③项非正常收入形成的债权，可以作为普通破产债权清偿。因返还第②项非正常收入形成的债权，按照该企业职工平均工资计算的部分作为拖欠职工工资清偿；高出该企业职工平均工资计算的部分，可以作为普通破产债权清偿。

（3）取回质物、留置物。在人民法院受理破产申请后，管理人可以通过清偿债务或者提供为债权人接受的担保，取回质物、留置物。管理人所作的债务清偿或者替代担保，以该质物或者留置物当时的市场价值为限。

【考点精析 2】破产撤销权与无效行为

1. 撤销权

（1）人民法院受理破产申请前 1 年内，涉及债务人财产的下列行为，管理人有权请求人民法院予以撤销：

①无偿转让财产的。

②以明显不合理的价格进行交易的。

③对没有财产担保的债务提供财产担保的。

④对未到期的债务提前清偿的。

【知识点拨】破产申请受理前 1 年内债务人提前清偿的未到期债务，在破产申请受理前已经到期，管理人请求撤销该清偿行为的，人民法院不予支持。但是，该清偿行为发生在破产申请受理前 6 个月内且债务人有破产原因的除外。

⑤放弃债权的。包括放弃债权等权利、不为诉讼时效的中断、撤回诉讼、对诉讼标的舍弃等。

破产申请受理后，管理人未请求撤销债务人上述行为，债权人依据合同法的规定提

起诉讼，请求撤销债务人上述行为并将因此追回的财产归入债务人财产的，人民法院应予受理。相对人以债权人行使撤销权的范围超出债权人的债权抗辩的，人民法院不予支持。

（2）人民法院受理破产申请前 6 个月内，债务人有破产原因，仍对个别债权人进行清偿的，管理人有权请求人民法院予以撤销(6 个月内的个别清偿)。

【知识点拨】不得撤销的个别清偿：①债务人为维系基本生产需要而支付水费、电费等的；②债务人支付劳动报酬、人身损害赔偿金的；③使债务人财产受益的其他个别清偿。

（3）债务人经过行政清理程序转入破产程序的，（1）（2）规定的可撤销行为的起算点，为行政监管机构作出撤销决定之日。债务人经过强制清算程序转入破产程序的，（1）（2）规定的可撤销行为的起算点，为人民法院裁定受理强制清算申请之日。

（4）管理人对涉及（1）（2）的行为提起诉讼，请求撤销涉及债务人财产的相关行为并由相对人返还债务人财产的，人民法院应予支持。管理人因过错未依法行使撤销权导致债务人财产不当减损，债权人提起诉讼主张管理人对其损失承担相应赔偿责任的，人民法院应予支持。

2. 无效行为

涉及债务人财产的下列行为无效：

（1）为逃避债务而隐匿、转移财产的。

（2）虚构债务或者承认不真实的债务的。

【考点精析 3】取回权

1. 一般取回权

（1）人民法院受理破产申请后，债务人占有的不属于债务人的财产，该财产的权利人可以通过管理人取回。但是，在重整程序中行使取回权，应当符合事先约定的条件。

（2）权利人在取回定作物、保管物等财产时，存在相应对待给付义务的，应交付相应的费用。权利人行使取回权时未依法向管理

人支付相关的加工费、保管费、托运费、委托费、代销费等费用，管理人可以拒绝其取回相关财产。

(3)债务人占有的他人财产被违法转让给第三人的处理。

①符合善意取得制度，第三人取得物权，原权利人对债务人形成债权。

②不符合善意取得制度，且第三人已经支付对价，则第三人对债务人形成债权。

①、②的债权转让行为发生在破产申请受理前的，作为普通破产债权清偿；转让行为发生在破产申请受理后的，作为共益债务清偿。

(4)债务人占有的第三人财产毁损、灭失的处理。

①获得的保险金、赔偿金、代偿物尚未交付给债务人，或者代偿物虽已交付给债务人但能与债务人财产予以区分的，权利人可以主张取回获得的保险金、赔偿金、代偿物。

②没有获得相应的保险金、赔偿金、代偿物，或者保险金、赔偿物、代偿物不足以弥补其损失，未弥补的部分形成该第三人对债务人的债权。

③保险金、赔偿金已经交付给债务人，或者代偿物已经交付给债务人且不能与债务人财产予以区分的，该第三人不能主张代偿取回。

②、③的情况应当按照以下规定处理：

第一，财产毁损、灭失发生在破产申请受理前的，权利人因财产损失形成的债权，作为普通破产债权清偿。

第二，财产毁损、灭失发生在破产申请受理后的，因管理人或者相关人员执行职务导致权利人损害产生的债务，作为共益债务清偿。

2. 出卖人取回权

(1)人民法院受理破产申请时，出卖人已将买卖标的物向作为买受人的债务人发运，债务人尚未收到且未付清全部价款的，出卖人可以取回在运输途中的标的物。但是，管理人可以支付全部价款，请求出卖人交付标的物。

(2)出卖人通过通知承运人或者实际占有人中止运输、返还货物、变更到达地，或者将货物交给其他收货人等方式，对在运途中标的物主张了取回权但未能实现，或者在货物未达管理人前已向管理人主张取回在运途中标的物，在买卖标的物到达管理人后，出卖人向管理人主张取回的，管理人应予准许。

(3)出卖人对在运途中标的物未及时行使取回权，在买卖标的物到达管理人后向管理人行使在运途中标的物取回权的，管理人不应准许。

3. 所有权保留买卖合同的处理

(1)所有权保留买卖合同。买卖合同双方当事人在合同中约定标的物所有权保留，在标的物所有权未依法转移给买受人前，一方当事人破产的，该买卖合同属于双方均未履行完毕的合同，管理人有权依法决定解除或者继续履行合同。

【知识点拨1】所有权保留买卖合同中，买受人已经支付标的物总价款的75%以上，出卖人主张取回标的物的，人民法院不予支持。

【知识点拨2】所有权保留买卖合同中，买受人将标的物出卖、出质或者作出其他不当处分，第三人已经"善意取得"标的物所有权或者其他物权，出卖人主张取回标的物的，人民法院不予支持。

(2)出卖人破产。

①继续履行：出卖人破产，其管理人决定继续履行所有权保留买卖合同的，买受人应当按照原买卖合同的约定支付价款或者履行其他义务。

买受人未依约支付价款或者履行完毕其他义务，或者将标的物出卖、出质或者作出其他不当处分，给出卖人造成损害：

A. 出卖人管理人有权主张取回标的物，但买受人已经支付标的物总价款的75%以上或者第三人善意取得标的物所有权或者其物权的除外。

B. 出卖人未能取回标的物的，管理人有权依法主张买受人继续支付价款、履行完毕其他义务，以及承担相应赔偿责任。

②解除合同：出卖人破产，其管理人决定解除所有权保留买卖合同，有权依法要求买受人向其交付买卖标的物。买受人不得以其不存在未依约支付价款或者履行完毕其他义务，或者将标的物出卖、出质或者作出其他不当处分情形进行抗辩。

买受人将买卖标的物交付出卖人管理人后：

A. 在合同履行中"依法履行"义务者，其已支付价款损失形成的债权作为共益债务清偿。

B. 在合同履行中"违反约定"义务的，其上述债权作为普通债权清偿。

（3）买受人破产。

①继续履行：买受人破产，其管理人决定继续履行所有权保留买卖合同的，原买卖合同中约定的买受人支付价款或者履行其他义务的期限在破产申请受理时视为到期，买受人管理人应当及时向出卖人支付价款或者履行其他义务。

买受人管理人无正当理由未及时支付价款或者履行完毕其他义务，或者将标的物出卖、出质或者作出其他不当处分，给出卖人造成损害：

A. 出卖人有权依法主张取回标的物，但买受人已支付标的物总价款75%以上或者第三人善意取得标的物所有权或者其他物权的除外。

B. 出卖人因上述情况未能取回标的物，有权主张买受人继续支付价款、履行完毕其他义务，以及承担相应赔偿责任。

C. 对因买受人未支付价款或者未履行完毕其他义务，以及买受人管理人将标的物出卖、出质或者作出其他不当处分导致出卖人损害产生的债务，作为共益债务清偿。

②解除合同：买受人破产，其管理人决定解除所有权保留买卖合同，出卖人有权主张取回买卖标的物，但应返还已支付的价款。

取回的标的物价值明显减少给出卖人造成损失的，出卖人可从买受人已支付价款中优先予以抵扣，剩余部分返还给买受人；对买受人已支付价款不足以弥补出卖人标的物价值减损损失形成的债权，作为共益债务清偿。

【考点精析4】抵销权

1. 概念

破产法上的抵销权，指债权人在破产申请受理前对债务人负有债务，无论是否已到清偿期限、标的是否相同，均可用该债权抵销其对债务人所负债务的权利。

2. 行使主体（债权人）

破产法上的抵销权只能由债权人向管理人提出行使，管理人（或债务人）不得主动主张债务抵销，但抵销使债务人财产受益的除外。

3. 禁止抵销

有下列情形之一的，不得抵销：

（1）债务人的债务人在破产申请受理后取得他人对债务人的债权的。

（2）债权人已知债务人有不能清偿到期债务或者破产申请的事实，对债务人负担债务的；但是，债权人因为法律规定或者有破产申请一年前所发生的原因而负担债务的除外。

（3）债务人的债务人已知债务人有不能清偿到期债务或者破产申请的事实，对债务人取得债权的。但是，债务人的债务人因为法律规定或者有破产申请一年前所发生的原因而取得债权的除外。

4. 别除权人可抵销

《企业破产法》所列不得抵销情形的债权人，主张以其对债务人特定财产享有优先受偿权的债权，与债务人对其不享有优先受偿权的债权抵销，债务人管理人以抵销存在《企业破产法》禁止抵销的情形提出异议的，人民法院不予支持。但是，用以抵销的债权大于债权人享有优先受偿权财产价值的除外。

5. 抵销无效

破产申请受理前 6 个月内，债务人有《企业破产法》第 2 条第 1 款规定的情形(即发生破产原因)，债务人与个别债权人以抵销方式对个别债权人清偿，其抵销的债权债务属于《企业破产法》禁止抵销情形第(2)、(3)项规定的情形之一，管理人在破产申请受理之日起 3 个月内向人民法院提起诉讼，主张该抵销无效的，人民法院应予支持。

【考点精析 5】 破产费用与共益债务

1. 破产费用

人民法院受理破产申请后发生的下列费用，为破产费用：

(1)破产案件的诉讼费用。

(2)管理、变价和分配债务人财产的费用。

(3)管理人执行职务的费用、报酬和聘用工作人员的费用。

【知识扩展】 破产法司法解释(三)：人民法院裁定受理破产申请的，此前债务人尚未支付的公司强制清算费用、未终结的执行程序中产生的评估费、公告费、保管费等执行费用，可以参照企业破产法关于破产费用的规定，由债务人财产随时清偿。

2. 共益债务

人民法院受理破产申请后发生的下列债务，为共益债务：

(1)因管理人或者债务人请求对方当事人履行双方均未履行完毕的合同所产生的债务。

(2)债务人财产受无因管理所产生的债务。

(3)因债务人不当得利所产生的债务。

(4)为债务人继续营业而应支付的劳动报酬和社会保险费用以及由此产生的其他债务。

(5)管理人或者相关人员执行职务致人损害所产生的债务。

(6)债务人财产致人损害所产生的债务。

【知识扩展】 破产法司法解释(三)：破产申请受理后，经债权人会议决议通过，或者第一次债权人会议召开前经人民法院许可，

管理人或者自行管理的债务人可以为债务人继续营业而借款。提供借款的债权人主张参照企业破产法第四十二条第四项的规定优先于普通破产债权清偿的，人民法院应予支持，但其主张优先于此前已就债务人特定财产享有担保的债权清偿的，人民法院不予支持。

管理人或者自行管理的债务人可以为前述借款设定抵押担保，抵押物在破产申请受理前已为其他债权人设定抵押的，债权人主张按照物权法第一百九十九条规定的顺序清偿的，人民法院应予支持。

3. 破产费用与共益债务的清偿

(1)破产费用和共益债务由债务人财产随时清偿。

(2)债务人财产不足以清偿所有破产费用和共益债务的，先行清偿破产费用。

(3)债务人财产不足以清偿所有破产费用或者共益债务的，按照比例清偿。

(4)债务人财产不足以清偿破产费用的，管理人应当提请人民法院终结破产程序。

📝 阶段性测试

1. **【单选题】** 某公司因不能清偿到期债务，被债权人申请破产并被人民法院受理。经核查，该公司财产价值总额为 120 万元。本案中，管理人的报酬最多不得超过( )万元。

A. 2　　　　　　　　　B. 10

C. 14　　　　　　　　 D. 20

2. **【单选题】** 根据《企业破产法》司法解释(二)的规定，债务人企业在破产受理前 6 个月内的下列个别清偿行为中，管理人请求撤销的，人民法院予以支持的是( )。

A. 债务人对有财产担保的债权人的个别清偿，且该清偿未超过担保财产价值

B. 债务人支付劳动报酬、人身损害赔偿金

C. 债务人为维系基本生产需要而支付水费、电费

D. 该债务属于到期货款(未提供担保)，当时债务人有《企业破产法》规定的破产

原因

3. 【单选题】人民法院受理债务人甲公司破产申请时，乙公司依照其与甲公司之间的买卖合同已向买受人甲公司发运了该合同项下的货物，但甲公司尚未付价款。乙公司得知甲公司破产申请被受理后，立即通过传真向甲公司的管理人要求取回在运途中的货物。管理人收到乙公司传真后不久，即收到了乙公司发运的货物。下列表述中，正确的是( )。

A. 乙公司有权取回该批货物

B. 乙公司无权取回该批货物，但可以就买卖合同价款向管理人申报债权

C. 管理人已取得该批货物的所有权，但乙公司有权要求管理人立即支付全部价款

D. 管理人已取得该批货物的所有权，但乙公司有权要求管理人就价款支付提供担保

4. 【多选题】甲公司因不能清偿到期债务向法院申请破产。下列财产不属于债务人财产的有( )。

A. 甲公司为乙企业代销的一批货物

B. 甲公司替乙企业保管的一台设备

C. 甲公司质押给乙企业的一辆汽车

D. 甲公司租用乙企业的一间门市

5. 【多选题】根据企业破产法律制度的规定，下列关于管理人报酬的表述中，正确的有( )。

A. 管理人执行职务的费用、报酬和聘用工作人员的费用为破产费用

B. 管理人应当在第一次债权人会议上报告管理人报酬方案内容

C. 债权人会议对管理人报酬有异议的，应当向人民法院书面提出具体的请求和理由

D. 担保权人优先受偿的担保物价值应当计入管理人报酬的标的额

6. 【多选题】2018年11月，甲公司将自己的原材料A、B交由乙公司加工。2019年1月，人民法院依法受理了乙公司的破产申请。2019年3月，甲公司向管理人要求取

回自己的原材料A、B。经查，原材料A已于2018年12月转让给丙公司，原材料B由于管理人的疏忽，已于2019年2月转让给丁公司，丙、丁均支付了价款。则下列说法正确的有( )。

A. 若丙公司善意取得原材料A的所有权，关于原材料A的债权，乙公司应以共益债务进行清偿

B. 若丙公司不构成善意取得，甲公司可以要求丙公司返还原材料A

C. 若丁公司是知情人，丁不能取得原材料B的所有权，丁受让时支付的价款，乙公司应作为共益债务进行清偿

D. 若丁公司善意取得原材料B的所有权，关于原材料B的债权，乙公司应作为共益债务进行清偿

阶段性测试答案精析

1. C 【解析】本题考核管理人的报酬。确定报酬的财产价值总额＝120万元。管理人报酬分段计算：不超过100万元的，在12%以下确定；超过100万元至500万元的部分，在10%以下确定。管理人的报酬＝100×12%＋20×10%＝14(万元)。

2. D 【解析】本题考核破产撤销权行使的相关规定。债务人对以自有财产设定担保物权的债权进行的个别清偿，管理人依据《企业破产法》的规定请求撤销的，人民法院不予支持。但是，债务清偿时担保财产的价值低于债权额的除外，因此选项A不予以撤销。债务人对债权人进行的以下个别清偿，管理人依据《企业破产法》规定请求撤销的，人民法院不予支持：(1)债务人为维系基本生产需要而支付水费、电费等的；(2)债务人支付劳动报酬、人身损害赔偿金的；(3)使债务人财产受益的其他个别清偿。因此选项B、C的行为不予以撤销。人民法院受理破产申请前6个月内，债务人发生了破产原因，仍对个别债权人进行清偿的，管理人有权请求人民法

院予以撤销，选项D可以撤销。

3. A 【解析】本题考核出卖人取回权。根据规定，人民法院受理破产申请时，出卖人已将买卖标的物向作为买受人的债务人发运，债务人尚未收到且未付清全部价款的，出卖人可以取回在运途中的标的物。但是，管理人可以支付全部价款，请求出卖人交付标的物。

4. ABD 【解析】本题考核债务人财产。根据规定，债务人基于仓储、保管、承揽、代销、借用、寄存、租赁等合同或者其他法律关系占有、使用的他人财产不应认定为债务人财产。

5. ABC 【解析】本题考核管理人报酬。担保权人优先受偿的担保物价值原则上不计入管理人报酬的标的额。

6. BCD 【解析】本题考核破产取回权。根据规定，债务人占有的他人财产被违法转让给第三人，依据物权法的规定第三人已善意取得财产所有权，原权利人无法取回该财产的，人民法院应当按照以下规定处理：(1)转让行为发生在破产申请受理前的，原权利人因财产损失形成的债权，作为普通破产债权清偿；(2)转让行为发生在破产申请受理后的，因管理人或者相关人员执行职务导致原权利人损害产生的债务，作为共益债务清偿。选项A错误。

考点五 破产债权 ★★★

扫我解疑难

📝 经典例题

【例题1·单选题】(2018年)根据企业破产法律制度的规定，管理人依法编制的债权登记表，应当提交特定主体核查。该特定主体是( )。

A. 债权人委员会

B. 债权人会议主席

C. 人民法院

D. 第一次债权人会议

【答案】D

【解析】本题考核破产债权的确认。管理人收到债权申报材料后，应当登记造册，对申报的债权进行审查，并编制债权登记表。债权登记表应当提交第一次债权人会议核查。

【例题2·案例分析题】(2018年)2017年9月以来，债务人A公司出现不能清偿到期债务且明显缺乏清偿能力的情形。同年10月23日，债权人B公司向人民法院提出对A公司进行破产清算的申请。A公司向人民法院提出异议，认为所欠B公司债务有C公司提供的连带保证担保，且C公司有能力承担保证责任，因此人民法院不应受理破产申请。

2017年11月2日，人民法院裁定受理A公司破产案件，在选择管理人时，D会计师事务所和E律师事务所参与投标，其中D会计师事务所曾于2013年1月至2014年10月担任A公司财务顾问，E律师事务所曾于2014年度担任B公司法律顾问。

清理债务人财产时，管理人发现，A公司自2016年下半年起存在普遍拖欠职工工资的情形。截至2017年年底，A公司董事仍正常领取工资，但未领取2016、2017年度的绩效奖金。

确定破产债权时，管理人对A公司所欠职工工资和医疗、伤残补助、抚恤费用，以及应当列入职工个人账户的基本养老和医疗保险费用等列出清单，进行公示。A公司职工对清单记载的所欠基本养老保险等费用提出异议，要求管理人予以更正。但管理人既未更正，也未作出合理的解释和说明。

破产宣告前，由于A公司的一土地使用权市场价值大幅上升，公司资产价值整体超过负债总数。因此，A公司请求人民法院裁定驳回破产申请。

要求：根据上述内容，分别回答下列问题。

(1)A公司对破产申请提出的异议是否成立? 并说明理由。

(2)D会计师事务所和E律师事务所，谁不得担任本案破产管理人？并说明理由。

（3）对于 A 公司董事领取的 2017 年 9 月以后的工资，管理人应如何处理？并说明理由。

（4）A 公司职工对管理人列出的职工债权清单提出异议并要求更正后，管理人未予更正，对此，有何法律救济途径？

（5）对于 A 公司基于公司资产价值整体超过负债总数这一情况提出的驳回破产申请的请求，人民法院应否支持？并说明理由。

【答案】

（1）A 公司的异议不成立。根据规定，相关当事人以对债务人的债务负有连带责任的人未丧失清偿能力为由，主张债务人不具备破产原因的，人民法院应不予支持。

（2）E 律师事务所不得担任管理人。根据规定，社会中介机构现在担任或者在人民法院受理破产申请前 3 年内曾经担任债务人、债权人的财务顾问、法律顾问；属于有可能影响其忠实履行管理人职责的利害关系，不得担任管理人。本题中，D 会计师事务所卸任 A 公司财务顾问的时间为 2014 年 10 月，距破产受理时间 2017 年 11 月 2 日已经超过 3 年，而 E 律师事务所自 2015 年起卸任 B 公司法律顾问，距破产受理时间不足 3 年。

（3）根据规定，债务人的董事、监事和高级管理人员，在债务人普遍拖欠职工工资情况下获取的工资性收入，管理人应当追回；追回后形成的债权，按照该企业职工平均工资计算的部分作为拖欠职工工资清偿；高出该企业职工平均工资计算的部分，可以作为普通破产债权清偿。

（4）职工对清单记载有异议的，可以要求管理人更正；管理人不予更正的，职工可以向人民法院提起债权确认诉讼。

（5）对于 A 公司基于公司资产价值整体超过负债总数提出的驳回破产申请的请求，人民法院不予支持。根据规定，由于债务人财产的市场价值发生变化导致其在案件受理后资产超过负债乃至破产原因消失的，不影响破产案件的受理与继续审理，人民法院不得裁

定驳回申请。

【例题 3 · 案例分析题】（2017 年）2016 年 6 月 3 日，人民法院裁定受理债务人甲公司的破产申请。同日，人民法院发布受理破产申请的公告，确定债权人申报债权的期限。在此期限内，管理人收到以下债权申报：

（1）A 公司曾为甲公司的 50 万元银行借款提供连带保证。2016 年 3 月，因甲公司无力偿还借款，A 公司承担连带保证责任，向银行支付 50 万元借款本息。A 公司因此向管理人申报 50 万元借款本息的债权。

（2）甲公司欠 B 信用社 60 万元借款未还。C 公司为该笔借款提供连带保证，但尚未承担保证责任。B 信用社向管理人申报 60 万元借款本息的债权后，C 公司也提出相同金额债权的申报。

（3）甲公司的关联企业乙公司也进入破产程序。甲公司和乙公司对 D 公司负有 70 万元的连带债务。D 公司向乙公司管理人申报 70 万元债权后，又向甲公司管理人申报该 70 万元债权。

（4）甲公司长期拖欠 E 公司货款，累计 20 万元。E 公司申报 20 万元本息的债权。

甲公司管理人收到上述申报后，审查了 A、B、C、D、E 五家债权人的相关材料，认为 E 公司主张的债权已经超过诉讼时效期间，故未将 E 公司申报的债权编入债权登记表。

要求：根据上述内容，分别回答下列问题。

（1）根据企业破产法律制度的规定，债权人申报债权的最短期限和最长期限分别是多少？

（2）甲公司管理人对 A 公司申报的 50 万元借款本息债权应否确认？并说明理由。

（3）甲公司管理人对 C 公司申报的 60 万元借款本息债权应否确认？并说明理由。

（4）甲公司管理人对 D 公司申报的 70 万元债权应否确认？并说明理由。

（5）甲公司管理人不将 E 公司债权编入债权登记表的理由是否成立？并说明理由。

【答案】

（1）债权申报期限自人民法院发布受理破产申

请公告之日起计算，最短不得少于 30 日，最长不得超过 3 个月。

（2）管理人对 A 公司申报的 50 万元借款本息债权应当确认。根据规定，债务人的保证人或者其他连带债务人已经代替债务人清偿债务的，以其对债务人的求偿权申报债权。保证人 A 公司代替债务人甲公司向银行清偿 50 万元本息，可以 50 万元本息申报债权。

（3）管理人对 C 公司申报的 60 万元借款本息债权不应当确认。根据规定，债务人的保证人或者其他连带债务人尚未代替债务人清偿债务的，以其对债务人的将来求偿权申报债权。但是，债权人已经向管理人申报全部债权的除外。题目中，债权人信用社已经申报全部债权，则保证人 C 公司不能以将来求偿权申报债权。

（4）管理人对 D 公司申报的 70 万元债权应当确认。根据规定，连带债务人数人被裁定适用破产程序的，其债权人有权就全部债权分别在各破产案件中申报债权。

（5）管理人不将 E 公司债权编入债权登记表的理由不成立。根据规定，管理人收到债权申报材料后，应当登记造册，对申报的债权进行审查，并编制债权登记表。管理人必须将申报的债权全部登记在债权登记表上，不允许以其认为债权超过诉讼时效或债权不能成立为由拒绝编入债权登记表。

📋考点精析

【考点精析 1】破产债权申报的一般规则

《企业破产法》规定，人民法院受理破产申请时对债务人享有的债权称为破产债权。

（1）破产案件受理后，债权人只有在依法申报债权并得到确认后，才能行使破产参与、受偿等权利。

（2）人民法院受理破产申请后，应当确定债权人申报债权的期限。债权申报期限自人民法院发布受理破产申请公告之日起计算，最短不得少于 30 日，最长不得超过 3 个月。债权人应当在人民法院确定的债权申报期限内向管理人申报债权。但债务人所欠职工的工资等职工债权，不必申报。

（3）未到期的债权，在破产申请受理时视为到期。附利息的债权自破产申请受理时起停止计息。附条件、附期限的债权和诉讼、仲裁未决的债权，债权人也可以申报。

（4）债权人申报债权时，应当书面说明债权的数额和有无财产担保，并提交有关证据。申报的债权是连带债权的，应当说明。连带债权人可以由其中一人代表全体连带债权人申报债权，也可以共同申报债权。

（5）在人民法院确定的债权申报期限内，债权人未申报债权的，可以在破产财产最后分配前补充申报。但是，此前已进行的分配，不再对其补充分配。为审查和确认补充申报债权的费用，由补充申报人承担。

【考点精析 2】破产债权申报的特别规定

（1）债务人的保证人或者其他连带债务人已经代替债务人清偿债务的，以其对债务人的求偿权申报债权；尚未代替债务人清偿债务的，以其对债务人的将来求偿权预先申报债权。但是，债权人已向管理人申报全部债权的，保证人或连带债务人不能再申报债权。

（2）连带债务人数人的破产案件均被受理的，其债权人有权就全部债权同时分别在各破产案件中申报债权。

（3）涉及保证人的债权清偿。

①债务人破产（见表 8-3）。

表 8-3　债务人破产

项目	内容
连带保证	①债务人先清偿的，相应减少保证人的保证责任； ②保证人先清偿的，获得已清偿部分对债务人的追偿权（可以在破产程序中申报债权）

项目	内容
一般保证	主债务已到期＝连带保证(丧失先诉抗辩权) 主债务未到期，保证人无提前清偿义务： ①债权人先向债务人申报债权追偿(视为已到期)； ②未受清偿的部分，要求保证人承担责任

②保证人破产(见表8-4)。人民法院受理保证人破产案件的，保证人的保证责任不得因其破产而免除。

【知识点拨】破产法司法解释(三)：保证人被裁定进入破产程序的，债权人有权申报其对保证人的保证债权。

主债务未到期的，保证债权在保证人破产申请受理时视为到期。一般保证的保证人主张行使先诉抗辩权的，人民法院不予支持，但债权人在一般保证人破产程序中的分配额应予提存，待一般保证人应承担的保证责任确定后再按照破产清偿比例予以分配。

保证人被确定应当承担保证责任的，保证人的管理人可以就保证人实际承担的清偿额向主债务人或其他债务人行使求偿权。

表8-4 保证人破产

项目	内容
看债务是否到期	已到期：债权人按合同约定向保证人申报债权追偿
	未到期：视为已到期，在减去未到期的利息后申报债权
一般保证人破产	丧失先诉抗辩权，结果有两个： ①先找债务人清偿，然后在保证人处申报未获清偿部分； ②直接在保证人处申报债权，可以申报全部债权。但该分配份额应先行提存，待债务人清偿后，再确定保证人是否承担保证责任，并按保证人实际应承担补充责任的范围向债权人支付，余款由法院收回，分配给保证人的其他破产债权人

③债务人、保证人均被裁定进入破产程序的，债权人有权向债务人、保证人分别申报债权。

债权人向债务人、保证人均申报全部债权的，从一方破产程序中获得清偿后，其对另一方的债权额不作调整，但债权人的受偿额不得超出其债权总额。保证人履行保证责任后不再享有求偿权。

(4)管理人或者债务人依照破产法规定解除双方均未履行完毕的合同，对方当事人以因合同解除所产生的损害赔偿请求权申报债权。这时可申报的债权以实际损失为限，违约金不得作为破产债权申报。

(5)债务人是委托合同的委托人，其破产案件被人民法院受理，受托人不知该事实，继续处理委托事务的，受托人以由此产生的请求权申报破产债权。

(6)债务人是票据的出票人，其破产案件被人民法院受理，该票据的付款人继续付款或者承兑的，付款人以由此产生的请求权申报债权。

(7)破产申请受理后，债务人欠缴款项产生的滞纳金，包括债务人未履行生效法律文书应当加倍支付的迟延利息和劳动保险金的滞纳金，债权人作为破产债权申报的，人民法院不予确认。

【考点精析3】破产债权的确认

(1)管理人应当依照规定对所申报的债权进行登记造册，详尽记载申报人的姓名、单位、代理人、申报债权额、担保情况、证据、联系方式等事项，形成债权申报登记册，不允许以其认为债权超过诉讼时效或不能成立等为由拒绝编入债权申报登记册。

（2）管理人依法编制的债权登记表，应当提交第一次债权人会议核查。经核查后，管理人、债务人、其他债权人等对债权无异议的，列入债权确认表。

【知识点拨】 破产法司法解释（三）：债务人、债权人对债权表记载的债权有异议的，应当说明理由和法律依据。经管理人解释或调整后，异议人仍然不服的，或者管理人不予解释或调整的，异议人应当在债权人会议核查结束后十五日内向人民法院提起债权确认的诉讼。当事人之间在破产申请受理前订立有仲裁条款或仲裁协议的，应向选定的仲裁机构申请确认债权债务关系。

债务人对债权表记载的债权有异议向人民法院提起诉讼的，应将被异议债权人列为被告。债权人对债权表记载的他人债权有异议的，应将被异议债权人列为被告；债权人对债权表记载的本人债权有异议的，应将债务人列为被告。

对同一笔债权存在多个异议人，其他异议人申请参加诉讼的，应当列为共同原告。

考点六　债权人会议★

扫我解疑难

📝 **经典例题**

【例题 1 · 案例分析题】（2016 年）人民法院于 2015 年 11 月 5 日受理了债权人提出的针对 A 公司的破产申请。法院向 A 公司送达受理裁定，并要求其在 15 日内提交财产状况说明、债务清册、债权清册等有关材料。A 公司以企业管理不善、材料保存不全为由拒绝。

管理人在调查债务人财产状况时发现下述情况：

（1）2015 年 1 月，A 公司向 B 公司出售一台机床。B 公司验货后，将机床暂存于 A 公司库房。双方约定，在 B 公司付清全部价款前，A 公司保留机床所有权。2015 年 10 月，B 公司付清全部价款，但尚未提货。

（2）2015 年 2 月，A 公司向 C 银行借款 20 万元，由 D 公司承担连带责任保证。借款到期后 A 公司未能清偿。C 银行已就 20 万元借款及利息向管理人申报了债权，同时要求 D 公司承担连带保证责任。D 公司遂向管理人预先申报此笔债权，遭到拒绝。

在债权人会议对破产财产的变价方案进行表决时，出席会议并参与表决的债权人共计 30 人（全体债权人人数为 45 人），债权额占全部无财产担保债权总额的 60%。其中赞成的为 28 人，代表债权额占全部无财产担保债权总额的 45%。

在人民法院对本案件作出破产宣告前，当地社会保险机构以债权人名义提出对 A 公司进行重整的申请。

要求：根据上述内容，分别回答下列问题。

(1) A 公司拒不提交相关资料，人民法院可对其采取何种处罚措施？

(2) A 公司销售给 B 公司的机床是否属于债务人财产？并说明理由。

(3) 管理人拒绝 D 公司预先申报债权，是否符合企业破产法律制度的规定？并说明理由。

(4) 债权人会议关于破产财产变价方案的表决结果，是否达到通过表决方案的法定最低比例要求？并说明理由。

(5) 当地社会保险机构是否有权提出重整申请？

【答案】

(1) 债务人拒不提交相关资料的，人民法院可以对债务人的直接责任人员采取罚款等强制措施。

(2) A 公司销售给 B 公司的机床不属于债务人财产。根据 A 公司和 B 公司的销售合同可知，B 公司支付全款后，机床所有权即归 B 公司。现 B 公司已经支付全款，取得机床所有权。

(3) 管理人拒绝 D 公司预先申报债权，符合企业破产法律制度的规定。根据企业破产法律制度的规定，债务人的保证人尚未代替债务人清偿债务的，可以其对债务人的将来求偿权申报债权，但是，债权人已经向管理人申报全部债权的，保证人不能再申报债权。

（4）债权人会议关于破产财产变价方案的表决结果，未达到通过表决方案的法定最低比例要求。根据企业破产法律制度的规定，债权人会议的决议，须由出席会议的有表决权的债权人过半数通过，且其代表的债权额占无财产担保债权总额的1/2以上。本案中的决议虽然由债权人过半数通过，但赞成决议的债权人所代表的债权额仅占全部无财产担保债权总额的45%，未能达到无财产担保债权总额的1/2。

（5）当地社会保险机构无权提出重整申请。

【例题2·单选题】（2012年）根据企业破产法律制度的规定，下列各项中，属于债权人会议职权的是（　　）。

A. 调查债务人的财产状况，制作财产状况报告

B. 决定债务人的日常开支

C. 决定债务人的内部管理事务

D. 通过债务人财产的管理方案

【答案】D

【解析】本题考核债权人会议职权。选项A、B、C是管理人的职权。

【例题3·多选题】根据企业破产法的规定，债权人会议表决的下列事项中，对债务人的特定财产享有担保权且未放弃优先受偿权利的债权人享有表决权的有（　　）。

A. 通过重整计划

B. 通过和解协议

C. 通过破产财产的分配方案

D. 通过破产财产的变价方案

【答案】AD

【解析】本题考核债权人的表决权。根据规定，对债务人的特定财产享有担保权的债权人，未放弃优先受偿权利的，对于通过和解协议草案和通过破产财产的分配方案的决议不享有表决权，因此选项B、C不正确。

考点精析

【考点精析1】债权人会议的组成

（1）凡是申报债权者均有权参加第一次债

权人会议，有权参加对其债权的核查、确认活动，并可依法提出异议。以后的债权人会议，只有债权得到确认者才有权参加并行使表决权。

（2）债权尚未确定的债权人，除人民法院能够为其行使表决权而临时确定债权额者外，不得行使表决权。

（3）对债务人的特定财产享有担保权的债权人，未放弃优先受偿权利的，对于通过和解协议与破产财产分配方案的事项不享有表决权。

（4）债权人可以委托代理人出席债权人会议，行使表决权。债权人会议应当有债务人的职工和工会的代表参加，其在债权人会议上没有表决权。但如存在职工劳动债权不能从破产财产中获得全额优先受偿，或是在重整程序中债权人会议决议通过影响其清偿利益的重整计划草案等情况下，职工债权人应享有表决权。

（5）债权人会议设主席一人，由人民法院在有完全表决权的债权人中指定。债权人会议主席主持债权人会议。

【考点精析2】债权人会议的召集与职权

1. 债权人会议的召集

（1）第一次债权人会议由人民法院召集，自债权申报期限届满之日起15日内召开。以后的债权人会议，在人民法院认为必要时，或者管理人、债权人委员会、占债权总额1/4以上的债权人向债权人会议主席提议时召开。

（2）召开债权人会议，管理人应当提前15日通知已知的债权人。

2. 债权人会议的职权

（1）核查债权。

（2）申请人民法院更换管理人，审查管理人的费用和报酬。

（3）监督管理人。

（4）选任和更换债权人委员会成员。

（5）决定继续或者停止债务人的营业。

（6）通过重整计划。

（7）通过和解协议。

（8）通过债务人财产的管理方案。

（9）通过破产财产的变价方案。

（10）通过破产财产的分配方案。

（11）人民法院认为应当由债权人会议行使的其他职权。

3. 债权人会议的决议

（1）一般事项的表决：由出席会议的有表决权的债权人过半数通过，并且其所代表的债权额占无财产担保债权总额的1/2以上。

（2）和解协议的表决：由出席会议的有表决权的债权人过半数同意，并且其所代表的债权额占无财产担保债权总额的2/3以上。

（3）重整计划的分组表决：由出席会议的同一表决组的债权人过半数同意，并且其所代表的债权额占该组债权总额的2/3以上。

【知识点拨 1】债权人认为债权人会议的决议违反法律规定，损害其利益的，可以自债权人会议作出决议之日起15日内，请求人民法院裁定撤销该决议，责令债权人会议依法重新作出决议。

【知识点拨 2】破产法司法解释（三）：债权人会议的决议具有以下情形之一，损害债权人利益，债权人申请撤销的，人民法院应予支持：

①债权人会议的召开违反法定程序；②债权人会议的表决违反法定程序；③债权人会议的决议内容违法；④债权人会议的决议超出债权人会议的职权范围。

人民法院可以裁定撤销全部或者部分事项决议，责令债权人会议依法重新作出决议。

债权人申请撤销债权人会议决议的，应当提出书面申请。债权人会议采取通信、网络投票等非现场方式进行表决的，债权人申请撤销的期限自债权人收到通知之日起算。

【考点精析 3】债权人委员会

1. 债权人委员会的组成

债权人委员会为破产程序中的选任机关，由债权人会议根据案件具体情况决定是否设置。债权人委员会中应当有一名债务人企业的职工代表或者工会代表。债权人委员会的

成员人数原则上应为奇数，最多不得超过 9 人。出任债权人委员会的成员应当经人民法院书面认可。

2. 债权人委员会的职权

（1）监督债务人财产的管理和处分。

（2）监督破产财产分配。

（3）提议召开债权人会议。

（4）债权人会议委托的其他职权。

📝 **阶段性测试**

1. 【单选题】根据企业破产法律制度的规定，第一次债权人会议由法院召集，以后的债权人会议的召开必须符合法律规定。下列关于召开债权人会议的情形中，不符合法律规定的是（　）。

A. 法院认为必要时可以召开债权人会议

B. 债权人委员会提议时可以召开债权人会议

C. 管理人提议时可以召开债权人会议

D. 占无财产担保债权总额 1/5 以上的债权人提议时可以召开债权人会议

2. 【单选题】甲公司向乙银行贷款 50 万元，贷款于 8 月 5 日到期，丙公司为一般保证人，但是丙公司由于资产不足以清偿全部债务，已于 1 月 20 日破产。根据企业破产法律制度的相关规定，下列选项中说法正确的是（　）。

A. 由于保证人丙公司破产所以不再承担保证责任

B. 丙公司的补充责任应该按照实际分配数额确定

C. 保证债务未到期，丙公司不承担保证责任

D. 如果乙银行先从丙公司处获得清偿，应将款项进行提存

3. 【单选题】债权人会议由依法申报债权的债权人组成。根据《企业破产法》，下列关于债权人会议的说法中，正确的是（　）。

A. 第一次债权人会议由管理人负责召集，自债权申报期限届满之日起 15 日内召开

B. 破产债权人参加债权人会议，对决议事项均享有表决权

C. 债权人会议的决议，应由出席会议的债权人过半数通过

D. 债务人财产管理方案在债权人会议上若不能获得通过，应由人民法院裁定

4.【多选题】根据企业破产法律制度的规定，下列债务中，债权人应在人民法院确定的期限内进行债权申报的有（　　）。

A. 债务人所欠税款

B. 债务人所欠银行未到清偿期的借款

C. 债务人所欠职工工资

D. 债务人所欠职工医疗费

5.【多选题】在债权人会议上，对债务人的特定财产享有担保权的债权人，未放弃优先受偿权利的，可以享有表决权的事项有（　　）。

A. 选任和更换债权人委员会成员

B. 通过重整协议

C. 通过破产财产的分配方案

D. 审查管理人的费用和报酬

📝 阶段性测试答案精析

1. D 【解析】本题考核债权人会议的召开。第一次债权人会议以后的债权人会议，在人民法院认为必要时，或者管理人、债权人委员会、占债权总额1/4以上的债权人向债权人会议主席提议时召开。

2. D 【解析】本题考核破产债权申报的特别规定。选项A：人民法院受理保证人破产案件的，保证人的保证责任不得因其破产而免除；选项B：保证人的补充责任应当按照破产债权数额而不是实际分配额确定，否则会不适当地扩大其责任范围，使保证人的补充责任变成连带责任；选项C：保证债务尚未到期的，将其未到期之保证责任视为已到期。

3. D 【解析】本题考核债权人会议。选项A，第一次债权人会议由人民法院负责召集，自债权申报期限届满之日起15日内召

开。选项B，债权人会议成员分为有表决权的债权人和无表决权的债权人（包括未放弃优先受偿权利的有财产担保的债权人和债权尚未确定的债权人）两类。选项C，债权人会议的决议规则均为复合决议规则。选项D，债权人会议表决不能通过"债务人财产管理方案和破产财产变价方案"的，由人民法院裁定；对"破产财产的分配方案"，债权人会议经二次表决仍不能通过的，由人民法院裁定。

4. AB 【解析】本题考核破产债权的申报。债务人所欠职工的工资和医疗、伤残补助、抚恤费用，所欠的应当划入职工个人账户的基本养老保险、基本医疗保险费用，以及法律、行政法规规定应当支付给职工的补偿金，不必申报，由管理人调查后列出清单并予以公示。除此之外，其他债权如税收债权、社会保障债权以及对债务人特定财产享有担保权的债权均需依法申报。

5. ABD 【解析】本题考核债权人会议的职权。对债务人的特定财产享有担保权的债权人，未放弃优先受偿权利的，对于通过和解协议及通过破产财产的分配方案不享有表决权。

考点七　重整程序★★★

扫我解疑难

📝 经典例题

【例题1·单选题】（2019年）根据企业破产法律制度的规定，破产重整计划的执行主体是（　　）。

A. 债务人

B. 管理人

C. 债权人会议的普通债权组

D. 人民法院

【答案】A

【解析】本题考核重整计划的执行。《企业破

产法》第89条，重整计划由债务人负责执行。

【例题2·案例分析题】（2019年）2018年9月5日，债务人A公司向人民法院申请破产重整并提交破产申请书等相关材料。9月18日，人民法院裁定受理，并指定B会计师事务所担任管理人，负责接管A公司的财产和营业事务，债务人A公司认为破产重整申请是自己提出的，亦应当由自己制定重整计划草案。

重整期间，管理人经查明确认，A公司存在拖欠税款、拖欠职工工资和补偿金、无法支付供应商的货款、无法向预付款客户返还押金和未消费储值金等情况。管理人提议，设立普通债权组、职工债权组、税收债权组，对重整计划草案进行分组表决。但是预付款押金、未消费储值金债权人表示异议，认为应当保护消费者权益，要求在普通债权组下设小额债权组对重整计划草案进行表决。

重整计划草案经多轮调整后提交表决，由于重整计划草案涉及A公司出资人权益调整事项，所以在表决时设立出资人组。该组对重整计划草案表决情况如下：出席表决会议的出资人为28人，占A公司全部出资人人数的70%，出席会议出资人所持出资额占A公司全部出资额的80%，对重整计划草案投赞成票的出资人为15人，持有出资额占A公司全部出资额的60%。

重整计划执行期间，又有数名预付款客户提出，其刚知晓A公司重整，要求继续申报债权，立即退还押金。

要求：根据上述内容，分别回答下列问题。

（1）破产申请书应当载明哪些事项？

（2）A公司关于由自己制定重整计划草案的主张是否成立？说明理由。

（3）预付款押金、未消费储值金的债权人主张设立小额债权组是否成立？是否设立应由谁决定？

（4）根据会议表决情况，A公司重整计划草案涉及出资人权益调整事项的表决是否获得通过？说明理由。

（5）对于数名预付款客户主张"继续申报债权，立即退还押金"的要求，是否符合法律规定？说明理由。

【答案】

（1）破产申请书应当载明下列事项：①申请人、被申请人的基本情况；②申请目的；③申请的事实和理由；④人民法院认为应当载明的其他事项。

（2）A的主张不成立。根据规定，债务人自行管理财产和营业事务的，由债务人制作重整计划草案。管理人负责管理财产和营业事务的，由管理人制作重整计划草案。题目中是管理人负责管理财产和营业事务，应当由管理人制作重整计划草案。

（3）①预付款押金、未消费储值金的债权人的主张成立。根据规定，人民法院在必要时可以决定在普通债权组中设小额债权组对重整计划草案进行表决。

②是否设立小额债权组由人民法院决定。

（4）有关出资人权益事项的表决通过。根据规定，重整计划草案涉及出资人权益调整事项的，应当设出资人组，对该事项进行表决。出资人组的表决，按照出资比例行使表决权，同意者的人数不是表决是否通过的考虑因素。出资人组对重整计划草案中涉及出资人权益调整事项的表决，经参与表决的出资人所持表决权2/3以上通过的，即为该组通过重整计划草案。题目中，出席会议的出资人占公司全部出资额80%，通过重整计划的出资人占公司全部出资额60%，即参与表决的出资人中75%表决权通过，达到2/3以上，符合规定。

（5）对于数名预付款客户主张"继续申报债权，立即退还押金"的要求不符合规定。根据规定，债权人未依照规定申报债权的，在重整计划执行期间不得行使权利；在重整计划执行完毕后，可以按照重整计划规定的同类债权的清偿条件行使权利。

【例题3·多选题】 债权人申请对债务人进行破产清算的，在人民法院受理破产申请后，宣告债务人破产前，可以向人民法院申请重整的有( )。

A. 债务人的债务人

B. 债务人

C. 债务人的保证人

D. 出资额占债务人注册资本 1/10 以上的出资人

【答案】BD

【解析】本题考核重整申请。债权人申请对债务人进行破产清算的，在人民法院受理破产申请后，宣告债务人破产前，债务人或者出资额占债务人注册资本 1/10 以上的出资人，可以向人民法院申请重整。

【例题4·多选题】债务人或者管理人向人民法院和债权人会议提交重整计划草案后，下列做法正确的有( )。

A. 债权人会议应依照债权分类，分组对重整计划草案进行表决

B. 债务人的出资人代表可以列席讨论重整计划草案的债权人会议

C. 部分表决组未通过重整计划草案的，债务人或者管理人可以与其协商再表决一次

D. 重整计划草案自债权人会议一致通过后开始执行

【答案】ABC

【解析】本题考核重整计划的批准。重整计划最终应由人民法院裁定批准，然后才可以执行。

📄 **考点精析**

【考点精析1】重整申请和重整期间

1. 重整申请

(1)债务人或者债权人可以依法直接向人民法院申请对债务人进行重整。

(2)债权人申请对债务人进行破产清算的，在人民法院受理破产申请后、宣告债务人破产前，债务人或者出资额占债务人注册资本 1/10 以上的出资人，可以向人民法院申请重整。

(3)国务院金融监督管理机构可以向人民

法院提出对金融机构进行重整的申请。

(4)对于债权债务关系复杂、债务规模较大，或者涉及上市公司重整的案件，人民法院在审查重整申请时，可以组织申请人、被申请人听证。

2. 重整期间

自人民法院裁定债务人重整之日起至重整程序终止，为重整期间。

(1)在重整期间，经债务人申请，人民法院批准，债务人可以在管理人的监督下自行管理财产和营业事务。

根据《民商事审判会议纪要》：重整期间，债务人同时符合下列条件的，经申请，人民法院可以批准债务人在管理人的监督下自行管理财产和营业事务：①债务人的内部治理机制仍正常运转；②债务人自行管理有利于债务人继续经营；③债务人不存在隐匿、转移财产的行为；④债务人不存在其他严重损害债权人利益的行为。

(2)在重整期间，对债务人的特定财产享有的担保权暂停行使。但是，担保物有损坏或者价值明显减少的可能，足以危害担保权人权利的，担保权人可以向人民法院请求恢复行使担保权。

(3)在重整期间，债务人或者管理人为继续营业而借款的，可以为该借款设定担保。

(4)债务人合法占有的他人财产，该财产的权利人在重整期间要求取回的，应当符合事先约定的条件。

(5)在重整期间，债务人的出资人不得请求投资收益分配。债务人的董事、监事、高级管理人员不得向第三人转让其持有的债务人的股权，但经人民法院同意的除外。

【考点精析2】重整计划的制订与批准

1. 重整计划的制订

(1)债务人自行管理财产和营业事务的，由债务人制作重整计划草案。管理人负责管理财产和营业事务的，由管理人制作重整计划草案。

(2)债务人或者管理人应当自人民法院裁

定债务人重整之日起 6 个月内，同时向人民法院和债权人会议提交重整计划草案。期限届满，经债务人或者管理人请求，有正当理由的，人民法院可以裁定延期 3 个月。

（3）债务人或者管理人未按期提出重整计划草案的，人民法院应当裁定终止重整程序，并宣告债务人破产。

2. 重整计划草案的表决与批准

（1）债权人参加讨论重整计划草案的债权人会议，依照债权分类，分组进行表决。

（2）人民法院应当自收到重整计划草案之日起 30 日内召开债权人会议，对重整计划草案进行表决。出席会议的同一表决组的债权人过半数同意重整计划草案，并且其所代表的债权额占该组债权总额的 2/3 以上的，即为该组通过重整计划草案。

（3）各表决组均通过重整计划草案时，重整计划即为通过。

（4）重整计划草案未获得通过且未依照《企业破产法》的规定获得批准，或者已通过的重整计划未获得批准的，人民法院应当裁定终止重整程序，并宣告债务人破产。

【知识点拨】对重整计划草案进行分组表决时，权益因重整计划草案受到调整或者影响的债权人或者股东，有权参加表决；权益未受到调整或者影响的债权人或者股东，参照企业破产法第八十三条的规定，不参加重整计划草案的表决。

【考点精析3】 重整计划的执行、监督与效力

1. 重整计划的执行

（1）重整计划由债务人负责执行。人民法院裁定批准重整计划后，已接管财产和营业事务的管理人应当向债务人移交财产和营业事务。

（2）债务人应严格执行重整计划，但因出现国家政策调整、法律修改变化等特殊情况，导致原重整计划无法执行的，债务人或管理人可以申请变更重整计划一次。

2. 重整计划的监督

自人民法院裁定批准重整计划之日起，在重整计划规定的监督期内，由管理人监督重整计划的执行，债务人应当向管理人报告重整计划执行情况和债务人财务状况。

3. 重整计划的效力

（1）经人民法院裁定批准的重整计划，对债务人和全体债权人均有约束力，包括对债务人的特定财产享有担保权的债权人。债权人对债务人的保证人和其他连带债务人所享有的权利，不受重整计划的影响，可以依据原合同约定行使权利。

（2）人民法院裁定终止重整计划执行的，债权人在重整计划中作出的债权调整的承诺失去效力，但为重整计划的执行提供的担保继续有效。债权人因执行重整计划所受的清偿仍然有效，债权未受清偿的部分作为破产债权。在重整计划执行中已经接受清偿的债权人，只有在其他同顺位债权人同自己所受的清偿达到同一比例时，才能继续接受破产分配。

（3）按照重整计划减免的债务，自重整计划执行完毕时起，债务人不再承担清偿责任。

考点八　和解制度★★

扫我解疑难

经典例题

【例题 1·单选题】 某企业被债权人申请破产并被受理，经审理查明，债权总额为 2 100 万元，其中无财产担保债权总额为 1 500 万元。此后债务人提出和解，人民法院召集债权人会议对和解协议草案进行表决时，出席会议的债权人所代表的债权额为 1 800 万元，其中有表决权的债权人过半数同意和解，同意和解协议的债权人所代表的债权额最少应当是（　）万元。

A. 1 500　　　　　　B. 1 400

C. 1 200　　　　　　D. 1 000

【答案】 D

【解析】本题考核和解协议的批准。债权人会议通过和解协议的决议必须同时具备两个条件：(1)必须由出席会议的有表决权的债权人过半数同意。(2)同意和解协议的债权人，其所代表的债权额必须占无财产担保债权总额(本题为1 500万元)的2/3以上。

【例题2·多选题】下列关于和解的表述中，符合《企业破产法》规定的有( )。

A. 和解申请只能由债务人一方提出
B. 和解申请只能由债权人一方提出
C. 在和解程序中，对债务人特定财产享有的担保权暂停行使
D. 和解债权人未依照法律规定申报债权的，在和解协议执行完毕后，仍可按和解协议规定的清偿条件行使权利

【答案】AD

【解析】本题考核和解。和解申请只能由债务人一方提出，因此选项A正确，选项B错误。在重整期间，对债务人的特定财产享有的担保权暂停行使，和解程序中没有这个要求，因此选项C错误。和解债权人未依照破产法规定申报债权的，在和解协议执行期间不得行使权利；在和解协议执行完毕后，可以按照和解协议规定的清偿条件行使权利，因此选项D正确。

📝**考点精析**

【考点精析1】和解的一般程序

(1)和解申请只能由债务人一方提出，债务人可以依法直接向人民法院申请和解，也可以在人民法院受理破产申请后、宣告破产前，向人民法院申请和解。债务人申请和解，应当提出和解协议草案。

(2)债权人会议通过和解协议的决议，由出席会议的有表决权的债权人过半数同意，并且其所代表的债权额占无财产担保债权总额的2/3以上。对债务人的特定财产享有担保权的债权人，对此事项无表决权，也不受和解协议的约束。该权利人自人民法院裁定和解之日起可以对担保物行使权利。

(3)债权人会议通过和解协议的，由人民法院裁定认可，终止和解程序，并予以公告。和解协议草案经债权人会议表决未获得通过，或者已经债权人会议通过的和解协议未获得人民法院认可的，人民法院应当裁定终止和解程序，并宣告债务人破产。

【考点精析2】和解协议的效力

(1)和解协议对债务人与和解债权人的效力。

①经人民法院裁定认可的和解协议，对债务人和全体和解债权人均有约束力。

②和解债权人未依照法律规定申报债权的，在和解协议执行期间不得行使权利，在和解协议执行完毕后，可以按照和解协议规定的清偿条件行使权利。

(2)和解债权人对债务人的保证人和其他连带债务人所享有的权利，不受和解协议的影响。

(3)和解协议的终止。

①债务人不能执行或者不执行和解协议的，人民法院经和解债权人请求，应当裁定终止和解协议的执行，并宣告债务人破产。

【知识点拨】和解协议没有强制执行的效力。债务人不履行和解协议时，债权人只能向法院申请终止和解协议，宣告其破产，而不能提起对和解协议的强制执行程序。

②人民法院裁定终止和解协议执行的，和解债权人在和解协议中作出的债权调整的承诺失去效力，但债务人方面为和解协议的执行提供的担保继续有效。和解债权人因执行和解协议所受的清偿仍然有效，不予退回，和解债权未受清偿的部分作为破产债权。上述债权人只有在其他债权人同自己所受的清偿达到同一比例时，才能继续接受破产分配。

📝**阶段性测试**

1.【单选题】甲企业因不能清偿到期债务被申请重整，其中欠乙公司无担保货款50万元。在重整期间，乙公司得到10%的货款即5万元，当人民法院裁定终止重整计划

执行，并宣告债务人破产时，乙公司可以继续得到清偿的情形是（　　）。

A. 全体债权人都得到 5 万元清偿后

B. 全体无财产担保的债权人都得到 5 万元清偿后

C. 全体债权人都得到 10% 的清偿后

D. 全体无财产担保的债权人都得到 10% 的清偿后

2.【单选题】某破产企业的债权人有 9 人，债权总额为 3 000 万元。其中有 2 位债权人的债权 900 万元有破产企业的财产做担保，债权人未声明放弃优先受偿权。在讨论和解协议时，如果全体债权人都出席了会议，下列情形可能通过决议的是（　　）。

A. 有 3 位债权人同意，并且其所代表的债权额为 1 200 万元

B. 有 3 位债权人同意，并且其所代表的债权额为 1 500 万元

C. 有 4 位债权人同意，并且其所代表的债权额为 1 200 万元

D. 有 4 位债权人同意，并且其所代表的债权额为 1 500 万元

3.【单选题】下列有关和解协议效力的表述中，不符合《企业破产法》规定的是（　　）。

A. 经人民法院裁定认可的和解协议，对债务人有约束力

B. 经人民法院裁定认可的和解协议，对全体和解债权人有约束力

C. 和解协议对债务人的保证人和其他连带债务人无效

D. 债务人不履行人民法院裁定认可的和解协议的，债权人可以请求人民法院强制执行

4.【多选题】关于对债务人实施重整，下列说法符合《企业破产法》规定的有（　　）。

A. 债务人和债权人都可以申请重整

B. 重整申请可以是在人民法院受理破产申请后、宣告债务人破产前

C. 债权人申请破产清算的，出资额占债务人注册资本 1/10 以上的出资人可以申请重整

D. 重整申请应向债权人会议提出

5.【多选题】在重整期间，下列情形中，不符合《企业破产法》规定的有（　　）。

A. 继续行使对债务人的特定财产享有的担保权

B. 债务人的出资人请求投资收益分配

C. 债务人为借款而提供抵押担保

D. 未经人民法院同意，债务人的董事向第三人转让其持有的债务人的股权

6.【多选题】下列有关重整制度的表述中，符合《企业破产法》规定的有（　　）。

A. 债务人尚未进入破产程序时，债权人可以直接向人民法院申请对债务人进行重整

B. 债权人申请对债务人进行破产清算的，在人民法院受理破产申请后、宣告债务人破产前，出资额占债务人注册资本 20% 的出资人可以向人民法院申请重整

C. 管理人负责管理财产和营业事务的，重整计划草案可以由债务人制定

D. 按照重整计划减免的债务，自重整计划执行完毕时起，债务人不再承担清偿责任

📝 阶段性测试答案精析

1. D 【解析】本题考核终止重整计划。人民法院裁定终止重整计划执行的，债权人因执行重整计划所受的清偿仍然有效，得到清偿的债权人只有在其他同顺位债权人同自己所受的清偿达到同一比例时，才能继续接受分配。

2. D 【解析】本题考核债权人会议的表决。通过和解协议，首先由出席会议的有表决权的债权人过半数（本题 7 人有表决权）通过，并且其所代表的债权额，必须占无财产担保债权总额的 2/3 以上（本题为 3 000－900＝2 100，2/3 即 1 400 万元）。

3. D 【解析】本题考核和解协议的效力。根据相关规定，和解协议无强制执行的效力，如债务人不履行协议，债权人不能请

求人民法院强制执行，只能请求人民法院
终止和解协议的执行，宣告其破产。

4. ABC 【解析】本题考核申请重整。重整
申请应向人民法院提出，选项 D 错误。

5. ABD 【解析】本题考核终止重整程序。
在重整期间，债务人或者管理人为继续营
业而借款的，可以为该借款设定担保。

6. ABD 【解析】本题考核重整制度。债务
人自行管理财产和营业事务的，由债务人
制作重整计划草案。管理人负责管理财产
和营业事务的，由管理人制作重整计划草
案，因此选项 C 不正确。

考点九 破产清算程序★★

扫我解疑难

【例题 1·单选题】(2014 年)甲商业银行破产
清算时，已支付清算费用、所欠职工工资和
劳动保险费用。根据企业破产法律制度的规
定，其尚未清偿的下列债务中，应当优先偿
还的是( )。

A. 购买办公设备所欠货款

B. 企业账户中存款本金及利息

C. 个人储蓄存款的本金及利息

D. 欠缴监管机构的罚款

【答案】C

【解析】本题考核破产清算。商业银行破产清
算时，在支付清算费用、所欠职工工资和劳
动保险费用后，应当优先支付个人储蓄存款
的本金及利息。

【例题 2·多选题】根据《企业破产法》的规
定，对破产人的特定财产享有担保权的权利
人，对该特定财产享有优先受偿的权利。下
列选项中，构成该项优先受偿权的有( )。

A. 破产人为他人债务提供的保证担保

B. 破产人为自己的债务提供的质押担保

C. 破产人为他人债务提供的抵押担保

D. 第三人为破产人的债务提供的抵押担保

【答案】BC

【解析】本题考核别除权。对破产人的特定财
产享有担保权的权利人，对该特定财产享有
优先受偿的权利。选项 A 是没有特定财产的
保证担保；选项 D 不是破产人提供的担保，
均不能构成优先受偿权。

【考点精析 1】破产宣告

(1)人民法院依法宣告债务人破产，应当
自裁定作出之日起 5 日内送达债务人和管理
人，自裁定作出之日起 10 日内通知已知债权
人，并予以公告。债务人被宣告破产后，不
得再转入重整程序或和解程序。

(2)破产宣告前，有下列情形之一的，人
民法院应当裁定终结破产程序，并予以公告：

①第三人为债务人提供足额担保或者为
债务人清偿全部到期债务的。

②债务人已清偿全部到期债务的。

【考点精析 2】别除权

(1)别除权是指对破产人的特定财产享有
担保权的权利人，对该特定财产享有优先受
偿的权利。在破产清算和破产和解程序中，
别除权人可以随时向管理人主张就该特定财
产变价处置行使优先受偿权，管理人应及时
变价处置，不得以须经债权人会议决议等为
由拒绝。但因单独处置担保财产会降低其他
破产财产的价值而应整体处置的除外。

(2)别除权人就破产人的特定财产享有优
先受偿权利，即该项财产的变价款必须优先
清偿别除权人的担保债权，只有在全部清偿
其担保债权后仍有剩余财产时才能够用于对
其他普通债权人的清偿。

(3)别除权人行使优先受偿权利未能完全
受偿的，其未受偿的债权作为普通债权。别
除权人放弃优先受偿权利的，其债权作为普
通债权。但如破产人仅作为担保人为他人债
务提供物权担保，在担保物价款不足以清偿
担保债额时，余债不得作为破产债权向破产
人要求清偿，只能向原主债务人求偿。

【考点精析3】 破产财产的变价和分配

1. 破产财产的变价

(1)在破产宣告后,管理人应当及时拟订破产财产变价方案,提交债权人会议讨论。

(2)变价出售破产财产应当通过拍卖方式进行,但债权人会议另有决议的除外。采用拍卖方式进行处置的,拍卖所得预计不足以支付评估拍卖费用,或者拍卖不成的,经债权人会议决议,可以采取作价变卖或实物分配方式。变卖或实物分配的方案经债权人会议两次表决仍未通过的,由人民法院裁定处理。

2. 破产财产的分配

(1)破产财产在优先清偿破产费用和共益债务后,依照下列顺序清偿:

①破产人所欠职工的工资和医疗、伤残补助、抚恤费用,所欠的应当划入职工个人账户的基本养老保险、基本医疗保险费用,以及法律、行政法规规定应当支付给职工的补偿金。

②破产人欠缴的除前项规定以外的社会保险费用和破产人所欠税款。

破产案件受理后,欠缴税款的滞纳金应当停止计算,在破产程序中不得作为破产债权清偿。

③普通破产债权。

(2)破产财产不足以清偿同一顺序的清偿要求的,按照比例分配。

(3)破产企业的董事、监事和高级管理人员的工资按照该企业职工的平均工资计算。

(4)商业银行破产清算时,在支付清算费用、所欠职工工资和劳动保险费用后,应当优先支付个人储蓄存款的本金和利息。

(5)农民专业合作社破产适用企业破产法的有关规定。但是,破产财产在清偿破产费用和共益债务后,应当优先清偿破产前与农民成员已发生交易但尚未结清的款项。

(6)无法通知且无法直接交付的债权人未受领的破产财产分配额,管理人应当提存。债权人自最后分配公告之日起满两个月仍不

领取的,视为放弃受领分配的权利,管理人或者人民法院应当将提存的分配额分配给其他债权人。

(7)对附生效条件或者解除条件的债权,管理人应当将其分配额提存。在最后分配公告日,生效条件未成就或者解除条件成就的,提存的分配额应当分配给其他债权人;在最后分配公告日,生效条件成就或者解除条件未成就的,提存的分配额应当交付给债权人。

(8)破产财产分配时,对于诉讼或者仲裁未决的债权,管理人应当将其分配额提存。自破产程序终结之日起满两年仍不能受领分配的,人民法院应当将提存的分配额分配给其他债权人。

(9)对于法律没有明确规定清偿顺序的债权,人民法院可以按照人身损害赔偿债权优先于财产性债权、私法债权优先于公法债权、补偿性债权优先于惩罚性债权的原则合理确定清偿顺序。

【考点精析4】 破产程序的终结

1. 破产终结程序

(1)破产程序终结方式主要有四种:①因和解、重整程序顺利完成而终结;②因债务人以其他方式解决债务清偿问题而终结;③因债务人的破产财产不足以支付破产费用而终结;④因破产财产分配完毕而终结。在破产清算程序中仅涉及后两种情况。

(2)破产人无财产可供分配的,管理人应当请求人民法院裁定终结破产程序。

(3)人民法院应当自收到管理人终结破产程序的请求之日起15日内作出是否终结破产程序的裁定。裁定终结的,应当予以公告。

(4)管理人应当自破产程序终结之日起10日内,持人民法院终结破产程序的裁定,向破产人的原登记机关办理注销登记。

2. 遗留事务的处理

在破产程序因债务人财产不足以支付破产费用而终结,或者因破产人无财产可供分配或破产财产分配完毕而终结时,自终结之日起"两年内",有下列情形之一的,债权人

可以请求人民法院按照破产财产分配方案进行追加分配：

（1）发现在破产案件中有可撤销行为、无效行为或者债务人的董事、监事和高级管理人员利用职权从企业获取非正常收入和侵占企业财产的情况，应当追回财产的。

（2）发现破产人有应当供分配的其他财产的。

有上述情形，但财产数量不足以支付分配费用的，不再进行追加分配，由人民法院将其上交国库。

【知识点拨】如果是在破产清算程序终结"两年后"，债权人发现因无效行为而应追回的财产，或可行使民法、合同法上的撤销权追回的财产时，仍可行使相应权利追回财产，但追回的财产一般不再用于对全体债权人清偿，而是用于对追回财产的债权人个别清偿。

考点十　关联企业合并破产★

扫我解疑难

📝 **经典例题**

【例题·多选题】关联企业在破产程序中的合并有实质合并与程序合并之区别。对此，下列表述中正确的有(　　)。

A. 实质合并是将多个关联企业资产与债务清偿比例等分别确定

B. 实质合并主要以各关联企业资产与负债严重混同导致法人人格混同为适用条件

C. 程序合并是多个破产案件程序的合并审理

D. 在程序合并中，各关联企业仍保持法人人格的独立

【答案】BCD

【解析】本题考核关联企业合并破产。实质合并是对关联企业资产与负债的合并，即将多个关联企业视为一个单一企业。

📝 **考点精析**

【考点精析1】关联企业实质合并破产

（1）人民法院收到实质合并申请后，应当及时通知相关利害关系人并组织听证，听证时间不计入审查时间。人民法院在收到申请之日起 30 日内作出是否实质合并审理的裁定。

（2）相关利害关系人对受理法院作出的实质合并审理裁定不服的，可以自裁定书送达之日起 15 日内向受理法院的上一级人民法院申请复议。

（3）采用实质合并方式审理关联企业破产案件的，应由关联企业中的核心控制企业住所地人民法院管辖。核心控制企业不明确的，由关联企业主要财产所在地人民法院管辖。

多个法院之间对管辖权发生争议的，应当报请共同的上级人民法院指定管辖。

（4）人民法院裁定采用实质合并方式审理破产案的，各关联企业成员之间的债权债务归于消灭，各成员的财产作为合并后统一的破产财产，由各成员的债权人在同一程序中按照法定顺序公平受偿。采用实质合并方式进行重整的，重整计划草案中应当制定统一的债权分类、债权调整和债权受偿方案。

【考点精析2】关联企业程序合并破产

（1）程序合并破产在《破产审判会议纪要》中称为协调审理。根据纪要规定，多个关联企业成员均存在破产原因但不符合实质合并条件的，人民法院可根据相关主体的申请对多个破产程序进行协调审理，并可根据程序协调的需要，综合考虑破产案件审理的效率、破产申请的先后顺序、成员负债规模大小、核心控制企业住所地等因素，由共同的上级法院确定一家法院集中管辖。

（2）协调审理不消灭关联企业成员之间的债权债务关系，不对关联企业成员的财产进行合并，各关联企业成员的债权人仍以该企业成员财产为限依法获得清偿。但是关联企业成员之间不当利用关联控制关系形成的债权，应当劣后于其他普通债权顺序清偿，且该劣后债权人不得就其他关联企业成员提供的特定财产优先受偿，即物权担保无效。

本章综合练习 限时120分钟

一、单项选择题

1. 债权人应当在人民法院确定的债权申报期限内向管理人申报债权，下列选项中可以不申报的是（　　）。
   A. 仲裁未决的加工费
   B. 附期限的借款
   C. 有财产担保的货款
   D. 按规定应当支付给职工的补偿金

2. 根据企业破产法律制度的规定，下列款项中，应当从破产财产中最先拨付的是（　　）。
   A. 破产企业所欠职工工资和劳动保险费用
   B. 破产企业所欠税款
   C. 银行贷款
   D. 破产案件的诉讼费用

3. 申请人不服人民法院裁定不受理破产申请的，有权向上一级人民法院提起上诉，上诉期限为（　　）。
   A. 自裁定送达之日起10日内
   B. 自裁定送达之日起15日内
   C. 自裁定作出之日起10日内
   D. 自裁定作出之日起15日内

4. 根据企业破产法律制度的规定，在破产程序中，有关当事人对人民法院作出的下列裁定，可以上诉的是（　　）。
   A. 驳回破产申请的裁定
   B. 宣告企业破产的裁定
   C. 认可破产财产分配方案的裁定
   D. 终结破产程序的裁定

5. 2019年1月，乙公司向A法院提起诉讼，要求甲公司偿还自己的装修款50万元，同年3月法院判决甲公司清偿乙公司50万元。同年5月，B法院受理了甲公司破产申请，此时甲仍未向乙公司清偿装修款，但乙公司已向法院申请强制执行，执行尚未完毕，则下列说法正确的是（　　）。

   A. 甲应该先清偿乙公司的装修款
   B. 甲可以不再清偿乙公司的装修款
   C. 乙公司应当依法申报50万元的债权
   D. 乙公司应当请求法院继续强制执行程序，以清偿自己的50万元

6. 2017年1月甲公司向乙借款50万元，甲公司以价值100万元的房产提供担保，2019年1月甲向乙清偿了到期的50万元，2019年3月法院受理了甲公司的破产申请。下列说法中正确的是（　　）。
   A. 管理人可以请求法院撤销该清偿行为
   B. 管理人不可以请求法院撤销该清偿行为
   C. 乙应该归还50万元，并依法向管理人申报50万元的债权
   D. 如果管理人不撤销该行为，甲的债权人丙可以提请法院撤销该清偿

7. 根据《企业破产法》的规定，下列主体中，可以担任管理人的是（　　）。
   A. 与债权人有尚未了结债务的人
   B. 曾被吊销注册会计师证书的人
   C. 破产案件受理的4年前曾担任债务人董事的人
   D. 破产案件受理前2年内曾担任债务人法律顾问的人

8. 根据规定，管理人报酬分段确定，其中在8%以下确定的是（　　）。
   A. 超过100万元至500万元的部分
   B. 超过500万元至1 000万元的部分
   C. 超过1 000万元至5 000万元的部分
   D. 超过5 000万元至1亿元的部分

9. 根据《企业破产法》的规定，下列各项中，不属于管理人的职责是（　　）。
   A. 接管债务人的账簿等资料
   B. 决定债务人的日常开支
   C. 代表债务人参加诉讼
   D. 在第一次债权人会议召开后，决定继续债务人的营业

10. 根据《企业破产法》司法解释(二)的规定，下列财产应认定为债务人财产的是( )。

    A. 所有权专属于国家且不得转让的财产

    B. 债务人已依法设定担保物权的特定财产

    C. 债务人基于仓储占有、使用的他人财产

    D. 债务人在所有权保留买卖中尚未取得所有权的财产

11. 甲企业、乙企业与丙企业 2015 年 5 月共同购买一套生产流水线用于各企业的生产经营，依照协议，三方企业约定对该套生产线的所有权为共同共有，并约定不得分割该流水线。2018 年 10 月，人民法院宣告乙企业破产并进行破产清算。关于该事项，下列说法正确的是( )。

    A. 如果该流水线被分割而给甲企业和丙企业造成损失的，乙企业应给予赔偿，该赔偿应由甲企业和丙企业分别以普通债权申报

    B. 宣告乙企业破产清算的事实属于三方共有财产分割的法定事由，破产管理人可以请求分割

    C. 如果该流水线被分割而给甲企业和丙企业造成损失的，乙企业应给予赔偿，该赔偿应作为破产费用清偿

    D. 如果该流水线被分割而给甲企业和丙企业造成损失的，乙企业应给予赔偿，该赔偿由管理人支付

12. 根据我国《企业破产法》的规定，人民法院受理破产申请前 1 年内，涉及债务人财产的某些行为，管理人有权向人民法院申请予以撤销。下列行为不可以撤销的是( )。

    A. 无偿转让财产

    B. 以自有的财产为担保向银行贷款

    C. 对没有财产担保的债务提供财产担保

    D. 对未到期的债务提前清偿

13. 人民法院于 2018 年 6 月 20 日裁定受理对某公司的破产申请，该公司发生的下列行为中，不属于可撤销的是( )。

    A. 2017 年 10 月 18 日无偿转让财产

    B. 2017 年 11 月 20 日以明显不合理的价格对外转让财产

    C. 2017 年 4 月 6 日对未到期债权提前清偿

    D. 2017 年 7 月 2 日主动放弃的债权

14. 甲企业受乙企业委托，为乙企业保管一批原材料。后甲企业未经乙企业同意，私自将该原材料卖给不知情的丙企业，丙善意取得原材料的所有权。甲企业被债权人申请破产并被人民法院受理后，乙企业发现该原材料已被丙企业运走并用于生产。对此，下列说法正确的是( )。

    A. 乙企业只能以原材料的直接损失额为限申报债权

    B. 乙企业可以要求丙企业赔偿损失

    C. 乙企业可以要求管理人将原材料按共益债务清偿

    D. 乙企业可以要求管理人按原材料的价值直接赔偿损失

15. 根据企业破产法律制度的规定，下列关于取回权的说法错误的是( )。

    A. 权利人只能通过管理人行使取回权

    B. 取回权利的行使通常仅限于取回原物

    C. 如果该财产已经毁损灭失且无代偿物的，取回权消灭

    D. 权利人能否行使出卖人取回权，由管理人决定

16. 某公司被人民法院受理破产申请后，该公司发生的下列支出中，属于破产费用的是( )。

    A. 管理人执行职务的费用

    B. 因债务人受无因管理所产生的支出

    C. 因债务人不当得利所产生的支出

    D. 管理人依法解除本公司与 A 公司的合同而应支付给 A 公司的赔偿金

17. 根据《企业破产法》的规定，下列各项中，属于共益债务的是( )。

A. 因债务人不当得利所产生的债务

B. 管理人管理财产所支出的仓储费

C. 管理人聘用工作人员发生的费用

D. 管理人非执行职务时致人损害所产生的债务

18. 人民法院受理了甲公司的破产申请，在审理过程中的某一天，发生破产费用 10 万元；发生应支付乙的共益债务 5 万元；发生应支付丙的共益债务 3 万元；此时债务人的财产为 16 万元，丙可以得到（ ）万元。

A. 1   B. 1.5

C. 2.25   D. 5

19. 根据《企业破产法》的规定，下列有关债权申报的表述中，正确的是（ ）。

A. 债权人对附条件的债权可以申报

B. 连带债权人的债权必须共同申报

C. 债权人在法院确定的债权申报期限内未申报债权的，不得补充申报

D. 债权人对诉讼未决的债权不得申报

20. 人民法院受理破产案件后，债权人在债权申报期限过后申报债权的，其法律后果是（ ）。

A. 此前已进行的分配，不再对其补充分配

B. 无权参加破产程序

C. 无权参加债权人会议

D. 视为放弃债权

21. A 企业向 B 银行贷款 50 万元，C 公司作为 A 企业的连带责任担保人。当贷款尚未到期时，A 企业和 C 公司分别被甲、乙两地人民法院受理破产。下列关于 B 银行申报债权的表述正确的是（ ）。

A. 只能向甲、乙两地先受理破产的人民法院申报 50 万元的债权

B. 只能向甲、乙两地受理破产的人民法院分别申报 25 万元的债权

C. 只能向受理担保人破产的人民法院申报 50 万元的债权

D. 可以向甲、乙两地受理破产的人民法院分别申报 50 万元的债权

22. 关于破产案件的债权申报，下列说法错误的是（ ）。

A. 自人民法院发布受理破产申请公告之日起至破产财产最后分配前，债权人都可以申报债权

B. 因诉讼尚未判决的债权不可以申报

C. 债务人所欠职工的工资不必申报

D. 管理人解除双方均未履行完毕的合同，对方当事人以因合同解除所产生的损害赔偿请求权申报债权

23. 根据《企业破产法》的规定，下列关于债权人会议的表述中，不正确的是（ ）。

A. 未放弃优先受偿权的有财产担保的债权人对通过和解协议的事项无表决权

B. 债权人不得委托代理人出席债权人会议并行使表决权

C. 依法申报债权的债权人为债权人会议成员

D. 有表决权的债权人经人民法院指定可担任债权人会议主席

24. 第一次债权人会议应当在债权申报期限届满后 15 日内召开，会议的召集人是（ ）。

A. 债权人

B. 债务人

C. 债权人会议主席

D. 人民法院

25. 下列选项中，不属于债权人会议行使的职权是（ ）。

A. 核查债权

B. 选举和更换债权人会议主席

C. 通过债务人财产的管理方案

D. 通过破产财产的变价方案

26. 某被申请破产的企业有 9 位债权人，债权总额为 1 100 万元。其中某银行的债权额为 300 万元，由破产企业的房产作抵押。当债权人会议审查管理人的报酬时，下列情形可以通过的是（ ）。

A. 有 6 位债权人同意，其代表的债权额

为 350 万元

B. 有 5 位债权人同意，其代表的债权额为 500 万元

C. 有 4 位债权人同意，其代表的债权额为 600 万元

D. 有 3 位债权人同意，其代表的债权额为 700 万元

27. 债权人认为债权人会议的决议损害其利益的，可以请求人民法院裁定撤销该决议，提出请求的期限是( )。

A. 自债权人会议作出决议之日起 10 日内

B. 自债权人会议作出决议之日起 15 日内

C. 自债权人会议作出决议之日起 20 日内

D. 自债权人会议作出决议之日起 30 日内

28. 某公司因长期不能清偿到期债务，经债权人申请，人民法院裁定债务人重整。在重整期间，下列情形中，不符合法律规定的是( )。

A. 债务人申请在管理人的监督下自行管理财产和营业事务

B. 对债务人的特定财产享有的担保权暂停行使

C. 债务人为继续营业为借款设定担保

D. 债务人的出资人请求投资收益分配

29. 某企业被债权人申请重整并被受理，债权人会议对重整计划草案进行表决时，普通债权组共有 9 位债权人出席，该组通过重整计划草案的条件之一是( )。

A. 至少 3 位债权人同意

B. 至少 4 位债权人同意

C. 至少 5 位债权人同意

D. 至少 6 位债权人同意

30. 根据规定，债权人会议对重整计划草案进行表决的法定期限是( )。

A. 自重整计划草案作出之日起 30 日内

B. 自重整计划草案作出之日起 60 日内

C. 自收到重整计划草案之日起 30 日内

D. 自收到重整计划草案之日起 60 日内

31. 自人民法院裁定批准重整计划之日起，下列做法不符合《企业破产法》规定的

是( )。

A. 在重整计划规定的监督期内，由管理人监督重整计划的执行

B. 重整计划由债务人负责执行

C. 债权人未依照规定申报债权的，在重整计划执行期间不得行使权利

D. 债权人对债务人的保证人所享有的权利，按照重整计划相应调整

32. 关于破产案件受理后、破产宣告前的程序转换，下列表述正确的是( )。

A. 如为债务人申请破产清算的案件，债权人可以申请和解

B. 如为债权人申请债务人破产清算的案件，债务人可以申请重整

C. 如为债权人申请债务人重整的案件，债务人可以申请破产清算

D. 如为债权人申请债务人破产清算的案件，债务人的出资人可以申请和解

33. 在和解期间，债务人甲企业为继续营业而向银行借款 50 万元，乙企业为担保人。当人民法院裁定终止和解协议的执行，并宣告债务人破产时，下列说法正确的是( )。

A. 乙企业的担保归于无效

B. 乙企业的担保责任按执行和解协议期间债权人得到清偿的比例承担

C. 乙企业的担保继续有效

D. 乙企业的担保责任按执行和解协议期间同顺位债权人得到清偿的比例承担

34. 根据《企业破产法》的规定，在优先拨付破产费用和共益债务后，首先应当清偿的是( )。

A. 破产企业所欠税款

B. 破产企业所欠职工工资

C. 破产企业所欠银行贷款

D. 破产企业所欠其他企业的债务

35. 甲公司被依法宣告破产，管理人的清算结果为：甲公司的破产财产共 1 900 万元，发生破产清算费用 110 万元，欠职工工资 140 万元，欠税款 1 500 万元，破产

债权 3 000 万元，其中乙公司拥有破产债权 1 000 万元。根据《企业破产法》的规定，乙公司受偿的金额为（ ）万元。

A. 150
B. 50
C. 35
D. 15

36. 根据《企业破产法》的规定，在清偿职工工资时，破产企业的董事、监事和高级管理人员的工资，其正确的清偿方法是（ ）。

A. 按企业破产前其实际的工资清偿
B. 按企业破产前 3 年其实际工资的平均水平清偿
C. 按照破产前 1 年其实际工资水平清偿
D. 按照破产企业职工的平均工资计算

37. 根据《企业破产法》的规定，破产财产分配时，对于诉讼或者仲裁未决的债权，管理人应当将其分配额提存。自破产程序终结之日起一定期间债权人仍不能受领分配的，人民法院应当将提存的分配额分配给其他债权人，该一定期间为（ ）。

A. 2 年
B. 1 年
C. 6 个月
D. 2 个月

38. 关联企业破产案件中的相关利害关系人对受理法院作出的实质合并审理裁定不服的，可以向受理法院的上一级人民法院申请复议，申请期限是（ ）。

A. 自裁定受理之日起 10 日内
B. 自裁定受理之日起 15 日内
C. 自裁定书送达之日起 10 日内
D. 自裁定书送达之日起 15 日内

二、多项选择题

1. 根据相关法律规定，可以参照适用《企业破产法》的主体有（ ）。

A. 合伙企业
B. 农民专业合作社
C. 民办学校
D. 个人独资企业

2. 某公司长期不能清偿到期债务，发生破产原因，对此下列说法正确的有（ ）。

A. 该公司可以向人民法院提出重整
B. 该公司可以向人民法院提出破产清算申请
C. 该公司的债权人可以向人民法院提出和解
D. 该公司的债权人可以向人民法院提出破产清算申请

3. 下列关于破产案件管辖的表述中，正确的有（ ）。

A. 破产案件由债务人住所地人民法院管辖
B. 基层人民法院一般管辖县、县级市或区的登记部门核准登记企业的破产案件
C. 中级人民法院一般管辖地区、地级市（含本级）以上登记部门核准登记企业的破产案件
D. 纳入国家计划调控的国有企业破产案件，由高级人民法院管辖

4. 甲企业为国有工业企业，因经营管理不善，长期无法清偿到期债务。甲企业的债权人乙公司向法院申请宣告甲企业破产。乙公司提出破产申请时，应提交的材料有（ ）。

A. 甲企业和乙公司的基本情况
B. 债权债务的由来
C. 职工安置预案
D. 债权到期债务人不能清偿的事实

5. 自人民法院受理破产申请的裁定送达债务人之日起至破产程序终结之日，债务人的法定代表人应承担的义务有（ ）。

A. 根据人民法院、管理人的要求进行工作，并如实回答询问
B. 列席债权人会议并如实回答债权人的询问
C. 不得新任其他企业的董事
D. 未经人民法院许可不得离开住所地

6. 人民法院受理破产申请后，作为债务人的债务人，下列做法不正确的有（ ）。

A. 向人民法院清偿债务
B. 向管理人清偿债务

C. 向债务人的债权人清偿债务

D. 向债务人清偿债务

7. 破产申请受理前，债权人就债务人财产提起下列诉讼，破产申请受理时案件尚未审结的，人民法院应当中止审理的有( )。

A. 主张次债务人代替债务人直接向其偿还债务的

B. 主张债务人的出资人直接向其承担出资不实责任的

C. 以债务人的股东与债务人法人人格严重混同为由，主张债务人的股东直接向其偿还债务人对其所负债务的

D. 主张协助抽逃出资的实际控制人直接向其承担抽逃出资责任的

8. 债权人甲于某年3月11日向法院提出申请乙公司破产，法院于3月14日通知乙公司，并于22日裁定受理破产申请。下列说法中，符合破产申请受理效力的有( )。

A. 乙公司于3月25日对丙公司债权的清偿无效

B. 人民法院2月7日对乙公司财产实施的保全措施应予解除

C. 丁公司对乙公司提出的个别诉讼尚未终结，现在应予中止

D. 3月22日之后，有关乙公司的民事诉讼，所有法院不再受理

9. 根据企业破产法律制度的规定，下列表述中正确的有( )。

A. 人民法院根据债务人最终清偿的财产价值总额，分段按照一定比例范围确定管理人报酬，但是担保权人优先受偿的担保物价值不计入该最终清偿的财产价值总额

B. 在和解程序中，管理人报酬方案内容应列入和解协议，报债权人会议审查通过

C. 律师事务所、会计师事务所通过聘用本专业的其他社会中介机构或者人员协助履行管理人职责的，所需费用在管理人报酬之外从破产费用中另行支付

D. 债权人会议对管理人报酬有异议且无法与管理人协商一致的，应当向人民法院

书面提出具体的请求和理由，异议书应当附有相应的债权人会议决议

10. 下列关于破产管理人报酬的说法中，符合法律规定的有( )。

A. 管理人的报酬由人民法院确定

B. 管理人对担保物的维护、变现、交付等管理工作付出合理劳动的，有权向担保权人收取适当的报酬

C. 清算组中有关政府部门派出的工作人员参与工作的，其报酬由管理人支付

D. 采取公开竞争方式指定管理人的，可以根据社会中介机构提出的报价确定管理人报酬方案，但报酬比例不得超出限制范围

11. 债务人有企业破产法规定的破产原因情形时，债务人的董事、监事和高级管理人员利用职权获取的收入，人民法院应当认定为非正常收入的有( )。

A. 出租自有住房取得的收入

B. 绩效奖金

C. 普遍拖欠职工工资情况下获取的工资性收入

D. 高于企业职工平均工资的部分

12. 某公司作为债务人被人民法院受理破产申请后，涉及该公司财产的下列说法正确的有( )。

A. 债务人的出资人尚未完全履行出资义务的，应补缴所认缴的出资，而不受出资期限的限制

B. 债务人因设立质押担保的质物无权取回

C. 债务人占有的不属于债务人的财产，该财产的权利人可以通过管理人取回

D. 债务人的经理利用职权从企业获取的非正常收入，管理人应当追回

13. 根据《企业破产法》的规定，涉及被受理破产的债务人财产的无效行为有( )。

A. 为逃避债务而隐匿财产的

B. 为逃避债务而转移财产的

C. 虚构债务的

D. 承认不真实的债务的

14. 2019 年 3 月，人民法院依法受理了甲公司的破产申请。经查实，2018 年 11 月，甲公司无偿赠送一台机器给关联公司。对于该无偿赠送行为，下列说法正确的有( )。

A. 管理人可以请求撤销该行为

B. 若管理人不撤销该行为，债权人应该先请求债务人的监事会撤销该行为，若监事会不行使撤销权，债权人才能请求人民法院撤销该行为

C. 若管理人不撤销该行为，债权人可以直接请求人民法院撤销该行为

D. 若管理人不撤销该行为，债权人乙公司请求人民法院撤销该行为，甲公司能以"乙公司行使的撤销权范围大于乙公司的债权"为由进行抗辩

15. 根据《企业破产法》的规定，下列情形中，不可以行使抵销权的有( )。

A. 债务标的不相同的

B. 债务人的债务人在破产申请受理后取得他人对债务人的债权的

C. 债权人已知债务人有不能清偿到期债务或者破产申请的事实，对债务人负担债务的

D. 债务人的债务人已知债务人有不能清偿到期债务或者破产申请的事实，对债务人取得债权的

16. 关于破产费用和共益债务的清偿，下列表述中正确的有( )。

A. 破产费用和共益债务由债务人财产随时清偿

B. 债务人财产不足以清偿所有破产费用和共益债务的，先行清偿共益债务

C. 债务人财产不足以清偿所有破产费用或者共益债务的，按照比例清偿

D. 债务人财产不足以清偿破产费用的，管理人应当提请人民法院终结破产程序

17. 人民法院受理破产申请后，债权人应当按照法定的期限申报债权。对此，下列选项符合规定的有( )。

A. 债权申报期限最短不得少于 30 日

B. 债权申报期限最长不得长于 3 个月

C. 对于案件较为复杂的，申报期限可以延长 6 个月

D. 在债权申报期限内，债权人未申报债权的，不得参加破产财产的分配

18. 甲公司被申请破产，法院已经受理。甲公司在此之前欠乙公司的债务共 3 笔：第 1 笔尚未到期；第 2 笔虽然也未到期，但由丙公司承担担保责任；第 3 笔已到期，并已由保证人丁代为偿还。以下债权申报的做法，符合规定的有( )。

A. 第 1 笔债权视为到期债权，由乙申报

B. 第 2 笔债权由丙和乙同时申报

C. 第 2 笔债权如果乙未申报，则由丙申报

D. 第 3 笔债权由保证人丁申报

19. 债权人在法定期限内申报了债权即成为破产债权人，其在破产过程中享有的权利主要有( )。

A. 代表债务人参加诉讼

B. 参加债权人会议，并享有表决权

C. 对重整计划草案进行表决

D. 参加破产财产的分配

20. 关于债权人会议，下列说法正确的有( )。

A. 债权尚未确定的债权人，都可以行使表决权

B. 债权人可以委托代理人出席债权人会议，行使表决权

C. 对债务人的特定财产享有担保权的债权人，未放弃优先受偿权利的，不享有表决权

D. 债权人会议应当有债务人的职工和工会的代表参加

21. 根据《企业破产法》的规定，第一次债权人会议由人民法院召集主持。下列各项中，属于第一次债权人会议后应当召开债权人会议的法定标准有( )。

A. 人民法院认为必要时

B. 管理人提议时

C. 债权人委员会提议时

D. 占无财产担保债权总额 1/4 以上的债权人提议时

22. 关于债权人委员会，下列说法正确的有( )。

A. 债权人会议可以决定设立债权人委员会

B. 债权人委员会全部由债权人组成

C. 债权人委员会成员不得超过 9 人

D. 债权人委员会成员应当经人民法院书面决定认可

23. 下列选项中，属于债权人委员会职权的有( )。

A. 决定债务人的日常开支

B. 监督债务人财产的管理和处分

C. 监督破产财产分配

D. 提议召开债权人会议

24. 管理人实施对债权人利益有重大影响的行为时，应当及时报告债权人委员会，这些行为有( )。

A. 借款

B. 设定财产担保

C. 核查债权

D. 担保物的取回

25. 在重整期间，人民法院应当裁定终止重整程序，并宣告债务人破产的情形有( )。

A. 债务人的经营状况和财产状况继续恶化，缺乏挽救的可能性

B. 债务人有恶意减少债务人财产的行为

C. 债务人为继续营业而借款

D. 由于债务人的行为致使管理人无法执行职务

26. 根据《关于审理上市公司破产重整案件工作座谈会纪要》的有关规定，下列说法正确的有( )。

A. 上市公司进入破产重整程序后，除上市公司自行管理财产和营业事务外，由管理人履行原上市公司董事会、董事和高级管理人员承担的职责和义务

B. 上市公司重整计划草案应当包括详细的经营方案

C. 管理人在上市公司破产重整程序中存在信息披露违法违规行为，由上市公司承担责任

D. 控股股东在上市公司破产重整程序前因违规担保对上市公司造成损害的，制定重整计划草案时应当根据其过错对控股股东的股权作相应调整

27. 根据我国《企业破产法》的规定，下列各项中，对人民法院应当裁定终止重整程序，并宣告债务人破产的情形有( )。

A. 破产企业的重整计划草案未获得通过

B. 破产企业的重整计划草案未获得通过且未获得批准

C. 破产企业的重整计划草案已通过未获得批准的

D. 破产企业的重整计划草案未获得通过但通过批准

28. 某公司因不能清偿到期债务，直接向人民法院申请和解。下列表述中，不符合《企业破产法》规定的有( )。

A. 和解协议必须由全体无财产担保的债权人一致通过

B. 经人民法院裁定认可的和解协议，对全体和解债权人有约束力

C. 和解协议的效力及于债务人的保证人

D. 如果债务人不履行和解协议，人民法院有权强制执行

29. 破产宣告前，下列情形中，人民法院应当裁定终结破产程序的有( )。

A. 第三人为债务人提供足额担保

B. 第三人为债务人清偿全部到期债务

C. 债务人为自己提供足额担保

D. 债务人已清偿全部到期债务

30. 某公司以自有的办公楼作抵押向银行借款，该公司被宣告破产后，下列说法正确的有( )。

A. 银行对该公司的办公楼享有优先受偿的权利

B. 如果该公司的办公楼不足以清偿银行的债务，银行与其他普通债权人的债权一起依破产程序清偿

C. 如果该公司的办公楼清偿银行的债务后有剩余的，剩余部分用来清偿其他债权人的债权

D. 如果银行放弃优先受偿权利，其债权作为普通债权

31. 人民法院宣告债务人破产后，管理人应当及时拟订破产财产分配方案，提交债权人会议讨论。破产财产分配方案应当载明的事项有( )。

A. 实施破产财产分配的方法

B. 参加破产财产分配的债权额

C. 可供分配的破产财产数额

D. 破产财产分配的顺序

32. 关于破产财产的分配，下列说法正确的有( )。

A. 管理人拟订的破产财产分配方案，首先应当提交债权人会议讨论

B. 破产财产分配方案经债权人会议认可后，由管理人执行

C. 对于附生效条件或者解除条件的债权，管理人应当将其分配额提存

D. 债权人未受领的破产财产分配额，视为放弃受领分配的权利

33. 在破产财产分配时，如果出现下列情形，应当采取提存措施的有( )。

A. 债权人未受领的破产财产分配额

B. 附生效条件尚未生效的债权

C. 附期限未到期的债权

D. 诉讼未决的债权

三、案例分析题

1. A公司因长期拖欠到期债务无力偿还，被债权人申请破产。A公司目前的基本情况如下：A公司登记注册地与公司主要办事机构所在地均为甲市，生产基地则在乙市；A公司的债权人之一B建材公司因经济纠纷于2个月以前起诉A公司；A公司欠建设银行贷款1 000万元，其中的800

万元贷款是用A公司的土地使用权作为抵押；A公司曾为C公司向工商银行一笔500万元的贷款作连带责任保证人，现C公司借款已到期，C公司对该笔贷款并未偿还，C公司亦被申请破产。A公司在被债权人申请破产后，向人民法院申请和解，并提出和解协议。该和解协议在债权人会议讨论时，出席会议的有表决权的债权人有2/3表示同意，并且表示同意的债权人所代表的债权额占无财产担保债权总额的2/3以上。但是，人民法院经审理，裁定对该和解协议不予认可，宣告A公司破产。

要求：根据上述内容，分别回答下列问题。

(1) A公司破产的案件应由哪个法院管辖？并说明理由。

(2) A公司与B建材公司之间未审结的经济纠纷应该如何处理？并说明理由。

(3) 建设银行的1 000万元贷款应该如何处理？并说明理由。

(4) 工商银行能否参加破产程序，申报债权？并说明理由。

(5) A公司是否可以在人民法院受理破产后申请和解？并说明理由。

(6) 债权人会议是否通过了和解协议？并说明理由。

(7) 人民法院是否可以裁定宣告A公司破产？并说明理由。

2. 甲股份有限公司因经营管理不善，无力偿还到期债务，该公司的债权人A公司于2018年6月12日向甲公司所在地法院提出破产申请。法院于6月15日通知甲公司，甲公司认为《企业破产法》不适用于股份有限公司，提出异议。法院于6月23日裁定受理该破产申请，同时指定B律师事务所作为管理人。管理人对甲公司的财产和债务情况整理如下：

(1) 甲公司全部资产变现价值5 200万元，其中包括：①用于对工行800万元贷款提

供抵押担保的办公楼价值 740 万元。②用于对所欠 A 公司货款 700 万元抵押担保的厂房价值 550 万元。③一套加工设备价值 90 万元。④丙公司欠付的劳务费 15 万元。

（2）甲公司全部债务共 15 800 万元，其中包括：所欠工商银行贷款 800 万元；欠 A 公司货款 700 万元；欠职工工资和社会保险费用共 470 万元；欠交税款 220 万元；欠丙公司货款 15 万元；管理人于 8 月 3 日解除甲公司与丁公司的合同，给丁公司造成损失 230 万元。

（3）乙公司提出，以上资产中价值 90 万元的设备是乙公司出租给甲公司的，所有权属于乙公司，并提供了租赁合同。

（4）丙公司提出以货款抵销欠付甲公司的劳务费。经管理人查明，此前丙公司欠甲公司 15 万元的劳务费一直没有支付。丙公司知道甲公司有大笔到期债务无力清偿后，于 2018 年 4 月 15 日向甲公司转让 15 万元货物。

（5）除上述债务外，还发生诉讼费 80 万元、管理人员报酬 60 万元、注册会计师清算费用 50 万元、评估费 20 万元、为债务人继续营业而应支付的职工工资 28 万元。法院受理破产申请后，戊公司有充分证据证明甲公司对戊公司不当得利 22 万元，要求返还给戊公司。

（6）除上述情况外，甲公司注册资本为 1 000 万元，但到破产申请受理日，甲公司的某股东尚差 200 万元的出资未缴足，已知该股东有补足股本的能力。

要求：根据上述内容，分别回答下列问题。

（1）甲公司的破产申请人、法院受理时间、甲公司提出异议的理由、管理人的产生是否合法？并分别说明理由。

（2）甲公司破产前租用乙公司的设备，该设备是否属于破产财产？应如何处理？

（3）丙公司提出以货款抵销欠付劳务费的要求是否合法？并说明理由。

（4）甲公司的股东未缴足的出资应如何处理？并说明理由。

（5）哪些属于破产费用？哪些属于共益债务？如何清偿？

（6）如果甲公司被宣告破产，说明本案的清偿顺序。

（7）如果甲公司按法定程序进行破产清算，丁公司可以获得的清偿金额为多少？

（8）如果甲公司的子公司被债权人申请关联企业实质合并破产，并被人民法院裁定受理，甲公司与其子公司的债权债务及各自财产应如何处理？

本章综合练习参考答案及详细解析

一、单项选择题

1. D 【解析】本题考核债权申报。债务人所欠职工的工资和医疗、伤残补助、抚恤费用，所欠的应当划入职工个人账户的基本养老保险、基本医疗保险费用，以及法律、行政法规规定应当支付给职工的补偿金，不必申报。

2. D 【解析】本题考核破产财产的分配。破产案件的诉讼费用属于破产费用，应优先拨付。

3. A 【解析】本题考核受理破产案件的程序。申请人对不受理破产申请的裁定不服的，可以自裁定送达之日起 10 日内向上一级人民法院提起上诉。

4. A 【解析】本题考核破产程序。在破产程序中，人民法院作出的裁定，除不予受理与驳回破产申请的裁定外，一律不准上诉。

5. C 【解析】本题考核执行中止的情形。根据规定，破产申请受理前，债权人就债务人财产向人民法院提起诉讼，人民法院已经作出生效民事判决书或者调解书但尚未执行完毕的，破产申请受理后，相关执行行为应当依据《企业破产法》的规定中止，债权人应当依法向管理人申报相关债权，选项C正确。

6. B 【解析】本题考核个别清偿的例外。根据规定，人民法院受理破产申请前6个月内，债务人发生了破产原因，仍对个别债权人进行清偿的，管理人有权请求人民法院予以撤销，但是，债务人对以自有财产设定担保物权的债权进行的个别清偿（清偿时担保财产的价值高于债权额），管理人请求撤销的，人民法院不予支持，选项B正确。

7. C 【解析】本题考核管理人的资格。根据规定，曾被吊销相关专业执业证书的，不得担任管理人，如选项B。社会中介机构、清算组成员有下列情形之一，可能影响其忠实履行管理人职责的，人民法院可以认定为《企业破产法》规定的利害关系：(1)与债务人、债权人有未了结的债权债务关系，如选项A；(2)现在担任或者在人民法院受理破产申请前3年内曾经担任债务人、债权人的财务顾问、法律顾问，如选项D；(3)现在担任或者在人民法院受理破产申请前3年内曾经担任债务人、债权人的董事、监事、高级管理人员，所以选项C可以担任管理人。

8. B 【解析】本题考核管理人的报酬。超过500万元至1000万元的部分，在8%以下确定。

9. D 【解析】本题考核管理人的职责。根据规定，在第一次债权人会议召开之前，管理人决定继续或者停止债务人的营业。因此选项D不属于管理人的职责。

10. B 【解析】本题考核债务人财产的范围。根据规定，下列财产不应认定为债务人财产：(1)债务人基于仓储、保管、承揽、代销、借用、寄存、租赁等合同或者其他法律关系占有、使用的他人财产；(2)债务人在所有权保留买卖中尚未取得所有权的财产；(3)所有权专属于国家且不得转让的财产；(4)其他。

11. B 【解析】本题考核破产案件中债务人对共有物的处理。根据规定，人民法院宣告债务人破产清算，属于共有财产分割的法定事由。因分割共有财产导致其他共有人损害产生的债务，作为共益债务清偿。

12. B 【解析】本题考核债务人非法处置财产行为的撤销。人民法院受理破产申请前1年内，涉及债务人财产的，对未到期的债务提前清偿等5种行为，管理人有权请求人民法院予以撤销。选项B属于正常经营行为。

13. C 【解析】本题考核债务人非法处置财产行为的撤销。本题选项C的行为不在人民法院受理破产申请前1年内。

14. A 【解析】本题考核债务人将占有他人财产违法转让的处理。债务人占有的他人财产被违法转让给第三人，第三人已善意取得财产所有权，原权利人无法取回该财产的，转让行为发生在破产申请受理前的，原权利人因财产损失形成的债权，作为普通破产债权清偿。

15. D 【解析】本题考核取回权。对出卖人取回权，出卖人（只要）向管理人表示行使取回权，即发生取回法律效力。

16. A 【解析】本题考核破产费用。管理人执行职务的费用、报酬和聘用工作人员的费用为破产费用。

17. A 【解析】本题考核共益债务的范围。根据规定，人民法院受理破产申请后发生的下列债务，为共益债务：因管理人或者债务人请求对方当事人履行双方均未履行完毕的合同所产生的债务；债务人财产受无因管理所产生的债务；因债务人不当得利所产生的债务；为债务人继续营业而应支付的劳动报酬和社会保险费用以及由此产生的其他债务；管理人或者相关人员执行职务致人损害所产生的债务；债务人财产致人损害所产生的债务。

18. C 【解析】本题考核破产费用和共益债务的清偿。债务人的财产 16 万元首先支付破产费用 10 万元，剩余 6 万元由乙和丙按比例分配，丙可以得到的数额为(6÷8)×3＝2.25(万元)。

19. A 【解析】本题考核债权的申报要求。根据规定，附条件、附期限的债权和诉讼、仲裁未决的债权，债权人均可以申报。因此选项 A 正确，选项 D 错误。连带债权人可以由其中一人代表全体连带债权人申报债权，也可以共同申报债权。因此选项 B 错误。在人民法院确定的债权申报期限内，债权人未申报债权的，可以在破产财产最后分配前提出。因此选项 C 错误。

20. A 【解析】本题考核破产案件债权申报。在人民法院确定的债权申报期限内，债权人未申报债权的，可以在破产财产最后分配前补充申报。但是，此前已进行的分配，不再对其补充分配。

21. D 【解析】本题考核破产案件债权申报。连带债务人数人被裁定适用《企业破产法》规定的程序的，其债权人有权就全部债权分别在各破产案件中申报债权。

22. B 【解析】本题考核债权申报。诉讼、仲裁未决的债权，债权人可以申报。

23. B 【解析】本题考核债权人会议。根据规定，债权人可以委托代理人出席债权人会议，行使表决权。

24. D 【解析】本题考核债权人会议的召集。根据规定，第一次债权人会议由人民法院召集。

25. B 【解析】本题考核债权人会议的职权。债权人会议主席由人民法院从有表决权的债权人中指定。

26. B 【解析】本题考核债权人会议的表决。

债权人会议审查管理人的报酬决议属于一般决议，由出席会议的有表决权的债权人过半数通过，并且其所代表的债权额占无财产担保债权总额的 1/2 以上。本题选项 C、D 债权人未过半数，不能通过。本题无财产担保债权总额为 1 100－300＝800(万元)，选项 A 未达到 1/2 以上，不能通过。

27. B 【解析】本题考核债权人会议的决议。债权人认为债权人会议的决议违反法律规定，损害其利益的，可以自债权人会议作出决议之日起 15 日内，请求人民法院裁定撤销该决议，责令债权人会议依法重新作出决议。

28. D 【解析】本题考核终止重整程序。在重整期间，债务人的出资人不得请求投资收益分配。

29. C 【解析】本题考核重整计划的批准。出席会议的同一表决组的债权人过半数同意重整计划草案，并且其所代表的债权额占该组债权总额的 2/3 以上的，即为该组通过重整计划草案。

30. C 【解析】本题考核重整计划的批准。人民法院应当自收到重整计划草案之日起 30 日内召开债权人会议，对重整计划草案进行表决。

31. D 【解析】本题考核重整计划的执行。债权人对债务人的保证人和其他连带债务人所享有的权利，不受重整计划的影响。

32. B 【解析】本题考核破产的程序性规定。只有债务人有权申请和解，债权人在任何情况下都无权申请和解，选项 A 错误。债权人申请对债务人进行破产清算的，在人民法院受理破产申请后、宣告债务人破产前，债务人或者出资额占债务人注册资本 1/10 以上的出资人，可以向人民法院申请重整，选项 B 正确。债务人或者债权人可以直接向人民法院申请对债务人进行重整。据此可知，债权人和债务人都有权直接申请重整，如果债权人先申请了重整，债务人是不能再申请破产清算的，选项 C 错误。如为债权人申请债务人破产清算的案件，债务人的出资人可以申请重整，不能申请和解，只有债务人才能申请和解，选项 D 错误。

33. C 【解析】本题考核终止和解协议。债务人不能执行或者不执行和解协议的，人民法院经和解债权人请求，应当裁定终止和解协议的执行，并宣告债务人破产，为和解协议的执行提供的担保继续有效。

34. B 【解析】本题考核破产财产的分配。根据规定，破产财产在优先拨付破产费用后，应按以下顺序清偿：(1)破产人所欠职工的工资和保险等；(2)破产人欠缴的除前项规定以外的社会保险费用和破产人所欠税款；(3)普通破产债权。

35. B 【解析】本题考核破产财产的分配。乙公司受偿的金额＝破产债权×清偿率＝(1 900－110－140－1 500)÷3 000×1 000＝50(万元)。

36. D 【解析】本题考核破产财产的分配。在清偿职工工资时，破产企业的董事、监事和高级管理人员的工资不能完全按破产人破产前其实际的工资清偿，而是按照该企业职工的平均工资计算。

37. A 【解析】本题考核破产财产分配。根据规定，破产财产分配时，对于诉讼或者仲裁未决的债权，管理人应当将其分配额提存。自"破产程序终结之日"起满2年内仍不能受领分配的，人民法院应当将提存的分配额分配给其他债权人。

38. D 【解析】本题考核关联企业合并破产。

二、多项选择题

1. ABCD 【解析】本题考核破产法的主体适用范围。

2. ABD 【解析】本题考核破产申请的提出。《企业破产法》赋予债务人重整、和解或者破产清算申请权，赋予债权人重整或者破产清算申请权。

3. ABC 【解析】本题考核破产案件的管辖。根据规定，纳入国家计划调控的国有企业破产案件，由中级人民法院管辖，因此选项 D 错误。

4. ABD 【解析】本题考核破产申请的提出。选项 C 属于债务人申请破产应当向人民法院提交的材料。

5. ABCD 【解析】本题考核破产企业有关人员应承担的义务。

6. ACD 【解析】本题考核受理破产的效力。人民法院受理破产申请后，债务人的债务人或者财产持有人应当向管理人清偿债务或者交付财产。

7. ABCD 【解析】本题考核破产申请受理的效力。

8. ABC 【解析】本题考核受理破产的效力。(1)人民法院受理破产申请后，债务人不得对个别债权人的债务进行清偿，否则清偿无效。(2)人民法院受理破产申请后，有关债务人财产的保全措施应当解除，执行程序应当中止。(3)人民法院受理破产申请后，已经开始而尚未终结的有关债务人的民事诉讼或者仲裁应当中止；在管理人接管债务人的财产后，该诉讼或者仲裁继续进行。(4)人民法院受理破产申请后，有关债务人的民事诉讼，只能向受理破产申请的人民法院提起，法律另有规定除外。

9. ABD 【解析】本题考核管理人报酬。根据规定，律师事务所、会计师事务所通过聘请本专业的其他社会中介机构或者人员协助履行管理人职责的，所需费用从其报酬中支付，因此选项 C 错误。

10. ABD 【解析】本题考核管理人的报酬。清算组中有关政府部门派出的工作人员参与工作的不收取报酬，选项 C 错误。

11. BC 【解析】本题考核董事、监事、高级管理人员非正常收入的确认。根据规定，债务人有企业破产法规定的情形时，债务人的董事、监事和高级管理人员利用职权获取的以下收入，人民法院应当认定为企业破产法规定的非正常收入：(1)绩效奖金；(2)普遍拖欠职工工资情况下获取的工资性收入；(3)其他非正常收入。

12. ACD 【解析】本题考核债务人的财产。人民法院受理破产申请后，管理人可以通过清偿债务或者提供为债权人接受的担保，取回质物、留置物。

13. ABCD 【解析】本题考核涉及债务人财产的无效行为。涉及债务人财产的下列行为无效：(1)为逃避债务而隐匿、转移财产的；(2)虚构债务或者承认不真实的债务的。

14. AC 【解析】本题考核破产撤销权。根据规定，破产申请受理后，管理人可以依据《企业破产法》的规定请求撤销债务人无偿转让财产、以明显不合理价格交易、放弃债权行为，选项A正确。若管理人未撤销上述行为，债权人可以依据合同法规定提起诉讼，请求撤销债务人上述行为并将因此追回的财产归入债务人财产的，人民法院应予受理。相对人以债权人行使撤销权的范围超出债权人的债权抗辩的，人民法院不予支持，选项C正确，选项B、D错误。

15. BCD 【解析】本题考核抵销权。债权人在破产申请受理前对债务人即破产人负有债务的，无论是否已到清偿期限、标的是否相同，均可在破产财产最终分配确定前向管理人主张相互抵销的权利。

16. ACD 【解析】本题考核破产费用和共益债务。债务人财产不足以清偿所有破产费用和共益债务的，先行清偿破产费用。

17. AB 【解析】本题考核申报债权的期限。(1)债权申报期限自人民法院发布受理破产申请公告之日起计算，最短不得少于30日，最长不得超过3个月。所以选项A、B正确，选项C错误。(2)在人民法

院确定的债权申报期限内，债权人未申报债权的，可以在破产财产最后分配前补充申报。但是，此前已进行的分配，不再对其补充分配。所以选项D错误。

18. ACD 【解析】本题考核债权申报。债务人的保证人或者其他连带债务人尚未代替债务人清偿债务的，以其对债务人的将来求偿权申报债权。但是，债权人已经向管理人申报全部债权的除外。

19. BCD 【解析】本题考核债权人会议的职权。代表债务人参加诉讼是管理人的职责。

20. BD 【解析】本题考核债权人会议。债权尚未确定的债权人，除人民法院能够为其行使表决权而临时确定债权额外，不得行使表决权，所以选项A错误。对债务人的特定财产享有担保权的债权人，未放弃优先受偿权利的，仅对特殊事项不享有表决权，所以选项C错误。

21. ABC 【解析】本题考核债权人会议的召开。根据规定，第一次债权人会议以后的债权人会议，在人民法院认为必要时，或者管理人、债权人委员会、占债权总额1/4以上的债权人向债权人会议主席提议时召开。

22. ACD 【解析】本题考核债权人委员会。债权人委员会由债权人会议选任的债权人代表和一名债务人的职工代表或者工会代表组成。

23. BCD 【解析】本题考核债权人委员会的职权。决定债务人的日常开支属于管理人的职责。

24. ABD 【解析】本题考核债权人委员会的监督事项。核查债权属于债权人会议的职权范围。

25. ABD 【解析】本题考核终止重整程序。在重整期间，债务人或者管理人为继续营业而借款的，可以为该借款设定担保。

26. ABD 【解析】本题考核上市公司破产重整的有关规定。根据规定，管理人在上

市公司破产重整程序中存在信息披露违法违规行为的，应当依法承担相应的责任。而不是由上市公司承担责任，因此选项 C 不正确。

27. BC 【解析】本题考核重整计划的批准。重整计划草案未获得通过且未依照《企业破产法》的规定获得批准，或者已通过的重整计划未获得批准的，人民法院应当裁定终止重整程序，并宣告债务人破产。

28. ACD 【解析】本题考核和解协议。(1)债权人会议通过和解协议的决议，由出席会议的有表决权的债权人过半数同意，并且其所代表的债权额占无财产担保债权总额的 2/3 以上。所以选项 A 错误。(2)和解债权人对债务人的保证人和其他连带债务人所享有的权利，不受和解协议的影响。所以选项 C 错误。(3)和解协议无强制执行效力，如债务人不履行协议，债权人不能请求人民法院强制执行，只能请求人民法院终止和解协议的执行，宣告其破产。所以选项 D 错误。

29. ABD 【解析】本题考核破产终结。破产宣告前，有下列情形之一的，人民法院应当裁定终结破产程序，并予以公告：(1)第三人为债务人提供足额担保或者为债务人清偿全部到期债务的；(2)债务人已清偿全部到期债务的。

30. ABCD 【解析】本题考核优先受偿权。对破产人的特定财产享有优先受偿权的债权人，行使优先受偿权利未能完全受偿的，其未受偿的债权作为普通债权，与其他债权人的债权一起依破产程序清偿。

31. ABCD 【解析】本题考核破产财产分配。

32. AC 【解析】本题考核破产财产的分配。破产财产分配方案经人民法院裁定认可后，由管理人执行。债权人未受领的破产财产分配额，管理人应当提存。

33. ABD 【解析】本题考核破产财产分配方案的实施。未到期的债权，在破产申请受理时视为到期。

三、案例分析题

1. 【答案】

(1)A 公司破产的案件应由甲市人民法院管辖。根据规定，破产案件由债务人住所地人民法院管辖。法人的住所地是指法人的主要办事机构所在地。本题中，A 公司登记注册地与公司主要办事机构所在地均为甲市，所以 A 公司破产的案件应由甲市人民法院管辖。

(2)A 公司与 B 建材公司之间未审结的经济纠纷应当中止。根据规定，人民法院受理破产申请后，已经开始而尚未终结的有关债务人的民事诉讼或者仲裁应当中止；在管理人接管债务人的财产后，该诉讼或者仲裁继续进行。

(3)根据规定，对破产人的特定财产享有担保权的权利人，对该特定财产享有优先受偿的权利。由此可知，建设银行的 1 000 万元贷款，其中 800 万元从抵押的财产中优先受偿，其余的 200 万元作为普通债权，同其他普通债权人一起按比例受偿。

(4)工商银行可以参加破产程序，申报债权。根据规定，连带债务人数人被裁定适用破产程序的，其债权人有权就全部债权分别在各破产案件中申报债权。本题中因破产案件中债务人 A 公司作为连带责任保证人，属于连带债务人。因此，债权人工商银行可以选择将其债权作为破产债权进行申报。

(5)A 公司可以在人民法院受理破产后申请和解。根据规定，债务人可以直接向人民法院申请和解，也可以在人民法院受理破产申请后、宣告债务人破产前，向人民法院申请和解。

(6)债权人会议通过了和解协议。根据规定，债权人会议通过和解协议的决议，由出席会议的有表决权的债权人过半数同意，并且其所代表的债权额占无财产担保债权总额的 2/3 以上。本题中，和解协议在债权人会议讨论时，出席会议的有表决权的债权人有 2/3 表示同意，并且表示同意的债权人所代表的债权额占无财产担保债权总额的2/3以上。故和解协议可以通过。

（7）人民法院可以裁定宣告A公司破产。根据规定，和解协议草案经债权人会议表决未获得通过，或者债权人会议已经通过的和解协议未获得人民法院认可的，人民法院应当裁定终止和解程序，并宣告债务人破产。

2.【答案】

（1）①甲公司的破产申请人合法。根据规定，债务人不能清偿到期债务时，债权人可以向法院提出对债务人进行重整或破产清算申请。

②法院受理时间合法。根据规定，债权人提出破产申请的，法院自收到申请之日起5日内通知债务人，债务人有异议的，应于7日内提出，法院自异议期满之日起10日内裁定是否受理。

③甲公司提出异议的理由不合法。根据规定，企业法人不能清偿到期债务，并且资产不足以清偿全部债务或者明显缺乏清偿能力的，依照《企业破产法》清理债务。股份有限公司属于企业法人，故应当按照《企业破产法》的规定清理债务。

④管理人的产生合法。根据规定，法院受理破产申请的，应同时指定管理人。管理人可以由会计师事务所、律师事务所等担任。

（2）甲公司破产前租用乙公司的设备不属于破产财产。根据规定，人民法院受理破产申请后，债务人占有的不属于债务人的财产，该财产的权利人可以通过管理人取回。乙公司作为该财产的权利人，可以通过管理人取回。

（3）丙公司的要求不合法。根据规定，债务人的债务人已知债务人有不能清偿到期债务或者破产申请的事实，对债务人取得债权的，不得抵销。本题中丙已知甲不能够清偿债务仍向甲公司转让15万元货物，故丙的债权债务不可以抵销。

（4）甲公司的股东应补足未缴纳的出资。

根据规定，法院受理破产申请后，甲公司的出资人（股东）尚未完全履行出资义务的，管理人应当要求该出资人缴纳所认缴的出资，不受出资期限的限制。补缴的出资作为债务人财产（破产企业的财产）。

（5）①破产费用包括：诉讼费80万元、管理人报酬60万元、注册会计师清算费用50万元、评估费20万元，共计210万元。②共益债务包括：为继续营业应支付的职工工资28万元、债务人不当得利22万元，共计50万元。

以上破产费用和共益债务应当先以甲公司资产的变现财产清偿。甲公司的财产不足以清偿所有破产费用和共益费用的，应当先清偿破产费用。

（6）本案的破产清偿顺序为：①甲公司股东补足的出资作为甲公司的财产，则甲公司破产财产共计5 310（5 200−90+200）万元。②以办公楼变现所得740万元，优先清偿所欠工行贷款；以厂房变现所得550万元，清偿欠A公司贷款。工行贷款未能清偿的60万元和A公司的未能清偿贷款150万元，作为普通破产债权参加分配。③剩余破产财产共4 020（5 310−740−550）万元，先用于支付破产费用210万元和共益债务50万元。④剩余破产财产共3 760（4 020−210−50）万元，按下列顺序清偿：所欠职工工资及社会保险费470万元；所欠税款220万元。⑤剩余破产财产共3 070（3 760−470−220）万元支付其他所欠的普通破产债权。

（7）普通破产债权为：15 800−740−550−470−220=13 820（万元）；丁公司可获得清偿额=（3 070÷13 820）×230=51.09（万元）。

（8）人民法院裁定采用实质合并方式审理破产案的，各关联企业成员之间的债权债务归于消灭，各成员的财产作为合并后统一的破产财产，由各成员的债权人在同一程序中按照法定顺序公平受偿。

关于个人破产

在我国现有的破产制度中，破产主体只限于企业，所以我国的破产法称为《企业破产法》。对于个人欠债不还，包括无力偿还和有钱不还，很多都会变成"老赖"，被加以各种限制。对于确实无力偿还的情形，如果能实行"个人破产制度"对债权债务双方都应该是一种比较好的结果。

2019年6月22日，发改委牵头13部门联合印发《加快完善市场主体退出制度改革方案》中提出：分步推进建立自然人破产制度。研究建立个人破产制度，重点解决企业破产产生的自然人连带责任担保债务问题。明确自然人因担保等原因而承担与生产经营活动相关的负债可依法合理免责。逐步推进建立自然人符合条件的消费负债可依法合理免责，最终建立全面的个人破产制度。

对于"个人破产制度"，中国政法大学破产法与企业重组研究中心主任李曙光介绍："个人破产就是宣告对个人的所有收入来源进行控制，对个人的财产进行控制。比如说，一个月只允许你有3 000块钱基本的生活费，如果工资是5 000块钱的话，2 000块钱就要交给债权人了，3 000块钱留给你自己，因为你欠债不还。如果你家里有好几套房产，那就要卖掉用来还债，你只能保留一套面积较小的房产用来基本生活，要对个人的生活和消费要进行限制。"

破产之后对个人会有什么影响？有一个比较知名的案例。据媒体报道，1996年，中国香港艺人钟镇涛夫妇借款1.5亿港币炒买豪宅，但亚洲金融危机爆发，钟镇涛所购房产大幅度贬值，贷款本息滚至2.5亿港币。2002年10月，法院裁定钟镇涛破产。按照当时香港《破产条例》有关规定，破产期间，钟镇涛赚来的收入都要上交，破产管理署按照其生活所需给予生活辅助后，其余收入全部用于还债。

破产了，是不是就意味着欠的钱不用还了呢？如何防止债务人滥用个人破产制度？个人破产制度能否成为成逃债工具呢？中国人民大学破产法研究中心主任王欣新认为，这种担心完全没有必要。在他看来，从债务人一般性的逃债行为而言，破产法不仅不会成为债务人逃债的渠道，反而会是预防逃债或者纠正逃债最为有利的一种手段。王欣新说："因为在进入破产程序之前，债务人的财产是在债务人控制之下，如果想查转移财产，隐瞒了什么，你很难查清。但是破产案件启动了，债务人的所有财产，包括账册、文件、合同等，都要移交给管理人，在法院的监督之下进行管理、审计和资产评估。如果债务人要有什么违法行为、隐匿财产的行为，往往更容易查清，而且在管理员的控制之下也更容易纠正这种违法行为。所以单纯从逃债的角度讲，破产包括个人破产，不仅不是逃债的渠道，而且恰恰是纠正逃避债务、纠正违法行为最有力的一种法律制度。"

目前，我国公民贾跃亭先生正在美国利用美国的个人破产制度与债权人斗智斗勇，争取在债权人的帮助下东山再起。

第9章 票据与支付结算法律制度

考 情 分 析

▸▸ 历年考情分析

本章的知识点可以以各种题型进行考核，历年考题案例分析题中票据法律制度一直占据一题的席位，分值一般在 10 分左右。值得注意的是可以选择用英文作答的案例分析题一般出自本章。本章的一些基本概念有一定的理解难度，如票据权利、背书转让、票据抗辩等，需要考生结合例子来理解。

▸▸ 本章 2020 年考试主要变化

本章内容无实质性变化。

核心考点及经典例题详解

考点一 银行结算账户★

扫我解疑难

📝 经典例题

【例题1·多选题】（2016 年）根据支付结算法律制度的规定，下列账户种类中，属于单位银行结算账户的有（ ）。

A. 基本存款账户　　B. 一般存款账户

C. 专用存款账户　　D. 临时存款账户

【答案】 ABCD

【解析】 本题考核银行结算账户。单位银行结算账户按用途可分为基本存款账户、一般存款账户、专用存款账户和临时存款账户。

【例题2·单选题】（2011 年）根据支付结算法律制度的规定，下列银行结算账户中，可以办理现金支取的是（ ）。

A. 基本存款账户

B. 一般存款账户

C. 财政预算外资金专用存款账户

D. 期货交易保证金专用存款账户

【答案】 A

【解析】 本题考核银行结算账户的用途。选项A，基本存款账户主要办理存款人日常经营活动的资金收付及其工资、奖金和现金的支取；选项B，一般存款账户可以办理现金缴存但不得办理现金支取；选项C、D，财政预算外资金、证券交易结算资金、期货交易保证金和信托基金专用存款账户，不得支取现金。

📝 考点精析

1. 结算账户的种类

（1）单位银行结算账户。包括基本存款账户、一般存款账户、专用存款账户、临时存款账户。

境内依法设立的企业法人、非法人企

业、个体工商户（以下统称企业）在银行办理基本存款账户、临时存款账户业务（含企业在取消账户许可前已开立基本存款账户、临时存款账户的变更和撤销业务），由核准制改为备案制，人民银行不再核发开户许可证。银行为企业开立、变更、撤销基本存款账户、临时存款账户，要通过人民币银行结算账户管理系统向人民银行当地分支机构备案。机关、事业单位等其他单位办理银行账户业务仍按原银行账户管理制度执行。机关、实行预算管理的事业单位开立基本存款账户、临时存款账户和专用存款账户，应经财政部门批准并经人民银行核准，另有规定的除外。

（2）个人银行结算账户。个人银行结算账户是自然人因投资、消费、结算等而开立的可办理支付结算业务的存款账户。存款人有下列情况的，可以申请开立个人银行结算账户：①使用支票、银行卡、电子支付等信用支付工具的；②办理汇兑、定期借记（如代付水、电、话费）、定期贷记（代发工资）、借记卡等结算业务的。

单位从其银行结算账户支付给个人银行结算账户的款项，**每笔超过 5 万元的，应向其开户银行提供付款依据。**

2. 基本存款账户

基本存款账户是指存款人因办理**日常转账结算和现金收付**需要而开立的银行账户，是其主办账户。

3. 一般存款账户

（1）一般存款账户是在基本存款账户开户行以外的银行营业机构开立的用于办理存款人借款转存、借款归还和其他结算的银行结算账户。该账户可以**办理现金缴存，但不得办理现金支取。**

（2）开立基本存款账户的存款人都可以开立一般存款账户。开立一般存款账户，实行备案制，无须中国人民银行核准。

4. 专用存款账户

专用存款账户是指存款人按照法律、行政法规和规章，为对其特定资金进行专项管理和使用而开立的银行结算账户。

合格境外机构投资者在境内从事证券投资开立的人民币特殊账户和人民币结算资金账户（QFII 专用存款账户）纳入专用存款账户管理。

5. 临时存款账户

临时存款账户的有效期最长不得超过 2 年。

6. 结算账户的撤销

（1）发生下列事由之一的，存款人应向开户银行提出撤销银行结算账户的申请：①被撤并、解散、宣告破产或关闭的；②注销、被吊销营业执照的；③因迁址需要变更开户银行的；④其他原因需要撤销银行结算账户的。

（2）存款人因主体资格终止撤销银行结算账户的，**应先撤销一般存款账户、专用存款账户、临时存款账户，将账户资金转入基本存款账户后，方可办理基本存款账户的撤销。**

考点二　票据法律制度一般规定 ★★★

扫我解疑难

📋 **经典例题**

【例题 1·单选题】（2019 年）甲公司向乙公司签发一张金额为 35 万元的银行承兑汇票，用于支付购买设备的价款。乙公司随即将汇票背书转让给丙公司，用于支付工程款。在丙公司提示付款前，甲、乙公司之间的设备买卖合同因乙公司欺诈而被人民法院撤销。甲公司的下列主张中，符合票据法律制度规定的是（　　）。

A. 请求乙公司返还汇票

B. 请求承兑银行对丙公司拒绝付款

C. 请求乙公司返还 35 万元价款

D. 请求丙公司返还汇票

【答案】C

【解析】本题考核票据关系。选项 ABD：由于票据基础关系的瑕疵并不影响票据行为的效力。不具有真实的交易关系和债权债务关系而为的票据行为，当事人可能因此而应承担行政法律责任甚至刑事责任，而票据行为的效力并不因此而受影响。所以，出票人不得请求返还汇票、不得请求承兑银行拒绝付款。

选项C：一方以欺诈手段，使对方在违背真实意思的情况下实施的民事法律行为，受欺诈方可以撤销合同，要求返还财产。

【例题 2·案例分析题】（2019 年）A 公司为结清欠款，向 B 公司签发一张金额为 50 万元的支票，交付给 B 公司销售经理甲，甲偶然得知 B 公司欲将其辞退，心怀愤懑。甲知悉 B 公司欠 C 公司 50 万元的货款，且与 C 公司负责人乙熟识，遂伪造 B 公司的财务专用章和财务负责人名章，加盖于支票背书人栏内，并将该支票交付给乙，但未在被背书人栏填写 C 公司名称。C 公司因欠 D 公司 50 万元货款，遂直接将 D 公司记载为 B 公司的被背书人，并将支票交付给 D 公司。

D 公司在提示付款日期内按支票记载的付款银行要求付款，银行发现支票上 B 公司的财务专用章和财务负责人名章系伪造，于是拒付。D 公司遂向 A、B、C 三公司追索。三公司均以票据为甲伪造为由拒绝付款。D 公司遂要求甲承担票据责任。

要求：根据上述内容，分别回答下列问题。

（1）A 公司是否应当承担票据责任？说明理由。

（2）B 公司是否应当承担票据责任？说明理由。

（3）C 公司是否应当承担票据责任？说明理由。

（4）甲是否应当承担票据责任？说明理由。

【答案】

（1）A 公司应当承担票据责任。根据规定，票据上有伪造签章的，不影响票据上其他真实签章的效力。支票上实际签章的当事人（A 公司），是票据债务人，应当对持票人承担票据责任。

（2）B 公司不承担票据责任。根据规定，假冒他人名义签章，法律效果类似于无权代理（狭义无权代理），票据行为无效，被伪造人 B 公司不承担票据责任。

（3）C 公司不承担票据责任。根据规定，背书人未记载被背书人名称即将票据交付他人的，持票人在票据被背书人栏内记载自己的名称与背书人记载具有同等法律效力。C 公司直接补记 D 公司为被背书人，C 公司并未在票据上签章，不是票据债务人，不承担票据责任。

（4）甲不承担票据责任。根据规定，伪造人并未以自己名义在票据上签章，不承担票据责任。

【例题 3·单选题】（2018 年）根据票据法律制度的规定，下列票据记载事项中，可以更改的是（　　）。

A. 出票日期　　　　　　B. 付款人名称

C. 票据金额　　　　　　D. 收款人名称

【答案】 B

【解析】 本题考核票据行为的有效要件。票据金额、日期、收款人名称不得更改，更改的票据无效。

【例题 4·案例分析题】（2018 年）A 公司为支付向 B 公司购买的钢材货款，向 B 公司签发了一张以甲银行为承兑人，金额为 100 万元的银行承兑汇票，甲银行作为承兑人在汇票上签章，B 公司收到汇票后背书转让给 C 公司，用于偿还所欠租金，C 公司为履行向 D 中学捐资助学的承诺，将该汇票背书转让给 D 中学，并在汇票上注明"不得转让"字样，D 中学将该汇票背书转让给 F 公司，用于偿付工程款，应 F 公司的要求，D 中学请 E 公司出具了担保函，承诺就 D 中学对 F 公司的票据债务承担保证责任，但未在票据上作任何记载。

A 公司收到钢材后，发现存在重大质量瑕疵，完全不符合买卖合同约定及行业通行标准，无法使用。

F 公司于汇票到期日向甲银行提示付款，甲银行以 A 公司未在该行存入足够资金为由拒付。F 公司遂向 A、B、C、E 公司追索，A 公司称，因钢材存在重大质量瑕疵，B 公司构成根本违约，已向 B 公司主张解除合同，退还货款，故不应承担任何票据责任，C 公司汇票上记载有"不得转让"字样为由拒绝承担票据责任。

要求：根据上述内容，分别回答下列问题。

(1) 甲银行拒绝向 F 公司付款的理由是否成立？并说明理由。

(2) A 公司拒绝向 F 公司承担票据责任的理由是否成立？并说明理由。

(3) C 公司拒绝向 F 公司承担票据责任的理由是否成立？并说明理由。

(4) E 公司应否承担票据保证责任？并说明理由。

【答案】

(1) 甲银行拒绝向 F 公司付款的理由不成立。根据规定，票据债务人原则上不得以自己与出票人之间的抗辩事由，对抗持票人。甲银行作为承兑人，不能以出票人资金关系为由拒绝付款。

(2) A 公司拒绝向 F 公司承担票据责任的理由不成立。根据规定，票据债务人可以对不履行约定义务的与自己有直接债权债务关系的持票人，进行抗辩。持票人 F 与 A 公司不是直接债权债务关系当事人，不能以此为由拒绝付款。

(3) C 公司拒绝向 F 公司承担票据责任的理由成立。根据规定，背书人在汇票上记载"不得转让"字样，其后手再背书转让的，原背书人对后手的被背书人不承担保证责任。

(4) E 公司不承担票据上的保证责任。根据规定，保证人未在票据或者粘单上记载"保证"字样而另行签订保证合同或者保证条款的，不属于票据保证。因此 E 公司不承担票据保证责任。

【例题 5·单选题】 (2017 年) A 公司因急需资金，将其作为收款人的一张已获银行承兑的商业汇票背书转让给 B 公司。汇票票面金额为 50 万元，B 公司向 A 公司支付现金 42 万元作为取得该汇票的对价。根据票据法律制度的规定，下列关于 A 公司背书行为效力及其理由的表述中，正确的是( )。

A. 背书行为有效，因为该汇票已获银行承兑

B. 背书行为有效，因为 A 公司是票据权利人

C. 背书行为无效，因为不具有真实的交易关系

D. 背书行为无效，因为 B 公司支付的对价过低

【答案】B

【解析】本题考核票据原因关系对票据行为效力的影响。票据基础关系的瑕疵并不影响票据行为的效力。不具有真实的交易关系和债权债务关系而为的票据行为，当事人可能因此而应承担行政法律责任甚至刑事责任，但是，票据行为的效力并不因此而受影响。

【例题 6·案例分析题】 (2017 年) 甲公司为支付货款，向乙公司签发一张以 A 银行为承兑人、金额为 100 万元的银行承兑汇票。A 银行作为承兑人在汇票票面上签章，甲公司的股东郑某在汇票上以乙公司为被保证人，进行了票据保证的记载并签章。甲公司将汇票交付给乙公司工作人员孙某。

孙某将该汇票交回乙公司后，利用公司财务管理制度的疏漏，将汇票暗中取出，并伪造乙公司财务专用章和法定代表人签章，将汇票背书转让给与其相互串通的丙公司。丙公司随即将该汇票背书转让给丁公司，用于支付房屋租金，丁公司对于孙某伪造汇票之事不知情。

丁公司于汇票到期日向 A 银行提示付款。A 银行在审核过程中发现汇票上的乙公司签章系伪造，故拒绝付款。丁公司遂向丙公司、乙公司和郑某追索，均遭拒绝。后丁公司知悉孙某伪造汇票之事，遂向其追索，亦遭拒绝。

要求：根据上述内容，分别回答下列问题。

(1) 丁公司能否因丙公司的背书转让行为而取得票据权利？并说明理由。

（2）乙公司是否应当向丁公司承担票据责任？并说明理由。

（3）郑某是否应当向丁公司承担票据责任？并说明理由。

（4）孙某是否应当向丁公司承担票据责任？并说明理由。

【答案】

（1）丁公司能够因丙公司的背书转让行为而取得票据权利。根据规定，以欺诈、偷盗或者胁迫等手段取得票据的，或者明知有前列情形，出于恶意取得票据的，不得享有票据权利。无处分权人处分他人之票据权利，受让人依照票据法所规定的票据转让方式取得票据，并且善意且无重大过失，则可以取得票据权利。因此本题中尽管丙是恶意的不享有票据权利，但是丁是善意第三人可以基于善意取得制度取得票据权利。

（2）乙公司不应向丁公司承担票据责任。根据规定，票据伪造的被伪造人，不承担票据责任。因此本题中被伪造人乙公司不承担票据责任。

（3）郑某应当向丁公司承担票据责任。根据规定，保证人对合法取得汇票的持票人所享有的汇票权利，承担保证责任。但是，被保证人的债务因汇票记载事项欠缺而无效的除外。本题中，虽然汇票上的乙公司签章系伪造，但作为善意第三人的丁公司并未因此丧失票据权利，郑某在汇票上进行了票据保证的记载并签章，故应当对丁公司承担票据责任。

（4）孙某不应当向丁公司承担票据责任。孙某虽然伪造了乙公司的签章，但并未以自己的名义在汇票上签章，故不承担票据责任。

【例题7·单选题】（2016年）根据票据法律制度的规定，下列票据行为人中，其签章不符合票据法规定可导致票据无效的是（　）。

A. 出票人　　　　　B. 保证人

C. 背书人　　　　　D. 承兑人

【答案】 A

【解析】 本题考核票据行为的形式要件。出票人在票据上的签章不符合规定的，票据无效。

背书人、承兑人、保证人在票据上的签章不符合规定的，其签章无效，但是不影响票据上其他签章的效力。

【例题8·单选题】（2015年）甲公司签发的支票上，中文大写记载的金额为"壹万玖仟捌佰元整"，而阿拉伯数字（数码）记载的金额为"19 810元"，下列关于该支票效力的表述中，正确的是（　）。

A. 甲公司将金额更改为一致并签章后，支票有效

B. 支票无效

C. 支票有效，以中文记载为准

D. 支票有效，以阿拉伯数字（数码）记载为准

【答案】 B

【解析】 本题考核票据行为的形式要件。票据金额以中文大写和数码同时记载，二者必须一致，二者不一致的，票据无效。

【例题9·单选题】（2010年）甲公司是一张3个月以后到期的银行承兑汇票所记载的收款人。甲公司和乙公司合并为丙公司，丙公司于上述票据到期时向承兑人提示付款。下列表述中，正确的是（　）。

A. 丙公司不能取得票据权利

B. 丙公司取得票据权利

C. 甲公司背书后，丙公司才能取得票据权利

D. 甲公司和乙公司共同背书后，丙公司才能取得票据权利

【答案】 B

【解析】 本题考核票据权利的取得。当事人可以依法律规定直接取得票据权利。本题中，因为企业合并获得票据，不需要背书。

考点精析

【考点精析1】 票据关系

1. 票据关系与非票据关系的概念

（1）票据关系，是指基于票据行为而发生的、以请求支付票据金额为内容的债权债务关系。

（2）非票据关系，是指与票据有密切联系，但是并非基于票据行为而发生，并且不

以请求支付票据金额为内容的法律关系。

2. 票据权利

票据权利包括了付款请求权和追索权两个方面。

（1）付款请求权一般是指持票人对主债务人的权利。

（2）追索权是指持票人的付款请求权没有获得满足或者有可能无法获得满足的情况下，在符合了法定的条件之后，可以向偿还义务人所主张的票据权利。

3. 票据责任

（1）票据上的主债务人，是指本票出票人、汇票承兑人。

票据上的保证人，应区分其被保证人的身份而定。如果被保证人是主债务人，则保证人属于主债务人；如果被保证人是次债务人，则属于次债务人。

（2）票据上的次债务人，包括：

①汇票上的出票人、背书人、保证人。

②本票上的背书人、保证人。

③支票上的出票人、背书人、保证人。

【考点精析2】 票据权利的取得

1. 票据行为的形式要件（见表9-1）

表9-1　票据行为的形式要件

项目	内容
票据凭证	票据凭证的格式和印制管理办法，由中国人民银行规定。未使用按中国人民银行统一规定印制的票据，票据无效
特定事项的记载方式	票据金额以中文大写和数码同时记载，二者必须一致，**二者不一致的，票据无效** 票据**金额、日期、收款人名称**不得更改，更改的票据无效
签章方式	自然人的签章，为签名、盖章或者签名加盖章
	法人和其他单位的签章，为该法人或者该单位的盖章，加其法定代表人或者其授权的代理人的签章（签名、盖章或者签名加盖章） / （1）银行的签章。银行作为银行汇票的出票人、银行承兑汇票的承兑人签章时，应当盖该银行的汇票专用章。作为银行本票的出票人签章时，应当盖银行本票专用章。不过，加盖银行公章的也有效。 （2）其他法人或者单位的签章。商业汇票上的出票人、支票的出票人的签章，应当盖该单位的财务专用章或者公章
款式	**出票人在票据上的签章不符合规定的，票据无效**；背书人、承兑人、保证人在票据上的签章不符合规定的，其签章无效，但是不影响票据上其他签章的效力
	（1）绝对必要记载事项。如果未记载这类事项，则票据无效 （2）相对必要记载事项。如果未记载这类事项，票据行为仍然有效 （3）任意记载事项（可以记载事项）。如果未记载这类事项，则不发生相应的法律效果。如果进行了记载，则依照记载发生票据法上的效力 票据行为必须在票据（票据正面、背面或者粘单）上进行记载，才可能产生票据法上的效力
交付	票据行为人必须将进行了这种记载的票据交付给相对人，票据行为才成立

2. 票据行为的实质要件

（1）票据行为能力。无民事行为能力人或者限制民事行为能力人在票据上签章的，其签章无效，但是不影响其他签章的效力。

（2）意思表示真实。以欺诈、胁迫手段取得票据的，不能取得票据权利。

（3）如果票据行为由代理人进行，则代理权的欠缺也会影响票据行为的效力。

（4）如果背书转让票据的背书人并不享有处分权，则背书行为无效。但是，如果符合善意取得的要件，则转让背书行为可以有效。

（5）票据基础关系的瑕疵不影响票据行为的效力，但是持票人无偿取得的票据权利不得优于其前手。

【考点精析 3】 票据行为的代理

1. 票据行为代理的概念

票据当事人可以委托其代理人在票据上签章，并应当在票据上表明其代理关系。

2. 票据代理行为的生效要件

（1）须明示本人（被代理人）的名义，并表明代理的意思。

（2）代理人签章。

（3）代理人有代理权。

3. 票据行为的无权代理

没有代理权而以代理人名义在票据上签章的，应当由签章人承担票据责任；代理人超越代理权限的，应当就其超越权限的部分承担票据责任。

4. 票据行为的代行

票据行为的代行，是指行为人在进行票据行为时在票据上记载他人之名，或者盖他人之章，而未签署自己的姓名或者盖自己的章。此种情形，并不构成代理。

【考点精析 4】 票据权利的善意取得

1. 票据权利善意取得的要件

（1）转让人是形式上的票据权利人。

（2）转让人没有处分权。虽然票据记载了特定的人是票据权利人，此人却可能因为各种原因而在实质上并不享有票据权利。

（3）受让人依照《票据法》规定的转让方式取得票据。

（4）受让人善意且无重大过失。

（5）受让人须付出相当对价。

【知识点拨】 因税收、继承、赠与可以依法无偿取得票据的，不受给付对价的限制。但是，所享有的票据权利不得优于其前手的权利。

2. 票据权利善意取得的类推适用

（1）形式合法但实质上无效的出票行为所记载的收款人，将其背书转让给他人。

（2）出票人完成记载后票据遗失或者被盗。

（3）票据质权的善意取得。

【考点精析 5】 票据基础关系对票据行为效力的影响

1. 票据基础关系的概念

票据基础关系是指票据关系据以产生的、由民法规定的法律关系。

2. 票据行为的无因性

出票和转让背书，须以履行基于真实的交易关系而发生的债务为目的。

（1）缺乏真实的交易关系的情形，主要有以下几种情况：

①作为原因关系的合同无效、被撤销。

②票据授受的原因是票据权利买卖。

（2）票据基础关系的瑕疵不影响票据行为的效力。

3. 以赠与或者其他无偿法律关系为原因的出票和背书转让

赠与等原因可以是票据授受的合法原因，只是其取得的票据权利不得优于其前手。

【考点精析 6】 票据伪造

1. 票据伪造的概念

票据伪造，是指假冒或者虚构他人的名义而为的票据行为。

2. 票据伪造的法律后果

（1）票据行为的法律效力。

①如果属于假冒他人名义，其法律效果应类似于无权代理。如果属于狭义无权代理，则票据行为不发生效力。如果其情形可以类推适用表见代理，则票据行为有效。

②如果票据伪造的情形属于虚构他人名义，票据行为应无效。

如果伪造的票据行为无效，其他真实签章的效力不受影响。

（2）对被伪造人的法律后果。在假冒他人名义的情形下，假如属于票据行为无效的情形，被伪造人不承担因为该票据行为所产生的票据责任。

（3）对伪造人的法律后果。伪造人并未以自己名义在票据上签章，不承担票据责任。但是可能要承担刑事责任、行政法律责任或者民法上的赔偿责任。

【考点精析7】票据变造

1. 票据变造的概念

票据变造，是指没有变更权限的人变更票据上签章以外的其他记载事项的行为。

2. 变造与变更权人的变更的区别

(1)除了金额、出票日期、收款人名称之外的事项，原记载人(或者经其授权的人)有权变更，但是应当专门就记载之变更行为进行签章。

(2)对于金额、出票日期、收款人名称这三个事项，任何人均不得变更，包括原记载人自己。

3. 票据变造的法律后果

(1)变造前在票据上签章的票据行为人，依照原记载事项负责。不能辨别是在票据被变造之前或之后签章的，视同在变造之前签章。

(2)变造后在票据上签章的票据行为人，依照变造后的记载事项负责。如果变造人也是票据上的签章人，变造人应解释为在变造后票据行为人。

【考点精析8】票据权利的消灭

1. 票据权利的消灭事由

(1)票据权利的一般消灭原因——付款。

(2)因为没有进行票据权利的保全而导致追索权消灭。

(3)消灭时效期间的经过。

2. 遵期提示

《票据法》规定了汇票到期日的四种记载方式：见票即付；定日付款；出票后定期付款；见票后定期付款。

(1)遵期提示承兑。承兑是汇票的特有制度。见票即付的汇票无须提示承兑。汇票未按照规定期限提示承兑的，持票人丧失对其前手的追索权。汇票的持票人未遵期提示承兑的，并不丧失对出票人的追索权。

(2)遵期提示付款。如果未在规定期限内提示付款，持票人即丧失对出票人、汇票承兑人之外的前手的追索权。

3. 依法取证

(1)持票人提示承兑或者提示付款被拒绝的，承兑人或者付款人必须出具拒绝证明，或者出具退票理由书。如果因为其他原因而导致持票人不能取得拒绝证明，或者汇票承兑人或者付款人破产，或者被责令终止业务活动，持票人可以以其他证明替代拒绝证明。

(2)如果持票人未取得拒绝证明或者具有相同效力的其他证明，或者在行使追索权时不出示该证明，则不能行使对其前手的追索权，但仍享有对出票人、承兑人的追索权。

(3)需要注意的是，假如持票人未能遵期提示，即使取得了上述证明，也丧失了对前手(出票人、承兑人除外)的追索权。

【考点精析9】票据时效(见表9-2)

表9-2 票据时效

项目	内容
付款请求权的消灭时效(票据上的主债务的消灭时效期间)	(1)持票人对汇票承兑人的付款请求权，消灭时效期间为2年，自票据到期日起算； (2)见票即付的汇票、本票，自出票日起算
追索权的消灭时效(票据上的次债务的消灭时效期间)	(1)汇票：持票人对汇票承兑人、出票人的追索权，消灭时效期间为2年。起算方法同上； (2)本票：持票人对本票出票人的追索权，消灭时效期间为2年。起算方法同上； (3)支票：持票人对支票出票人的追索权，消灭时效期间为6个月，自出票日起计算； (4)汇票、本票、支票的持票人对其他前手的追索权，消灭时效期间为6个月，自被拒绝承兑或者被拒绝付款之日起算； (5)汇票、本票、支票的被追索人对前手的再追索权，消灭时效期间为3个月，自清偿日或者被提起诉讼之日起算 『提示』第(4)、(5)点，不适用于对出票人、汇票承兑人的追索权

1. 票据时效的中止、中断

票据时效期间的中止、中断，只对发生时效中断事由的当事人有效，持票人对其他票据债务人的票据时效的计算方法，并不因此而受影响。

2. 利益返还请求权

持票人因超过票据权利时效或者因票据记载事项欠缺而丧失票据权利的，仍享有民事权利，可以请求出票人或者承兑人返还其与未支付的票据金额相当的利益。

【考点精析10】票据抗辩中的"物的抗辩"

票据上的物的抗辩，又称绝对的抗辩，是指票据所记载的债务人可以对任何持票人所主张的抗辩。其具体情形可以包括以下三类：

（1）票据所记载的全部票据权利均不存在。

（2）票据上记载的特定债务人的债务不存在。如签章人是无民事行为能力或者限制民事行为能力人的，票据行为无效，不承担票据责任。

（3）票据权利的行使不符合债的内容。

【考点精析11】票据抗辩中的"人的抗辩"

票据上的人的抗辩，又称相对的抗辩，是指票据债务人仅可以对特定的持票人主张的抗辩事由。

1. 基于持票人方面的原因

（1）持票人不享有票据权利。

（2）持票人不能够证明其权利。

（3）背书人记载了"不得转让"字样的情形下，记载人对于其直接后手的后手不承担票据责任。

2. 基于基础关系上的事由对票据权利人的抗辩

在票据行为的直接当事人之间，票据债务人可以基于基础关系上的事由对票据权利人进行抗辩。

3. 票据债务人以其对持票人的前手之间的抗辩事由对抗持票人的情形

（1）持票人未给付对价而取得票据。

（2）明知出票人对持票人的前手存在抗辩事由而取得票据。

4. 抗辩切断制度

票据债务人原则上不得以自己与出票人或者与持票人的前手之间的抗辩事由，对抗持票人。这一制度被称为票据抗辩的切断。

【考点精析12】挂失止付

1. 挂失止付适用的票据种类

已承兑的商业汇票、支票、填明"现金"字样和代理付款人的银行汇票以及填明"现金"字样的银行本票丧失，可以由失票人通知付款人或者代理付款人挂失止付。未填明"现金"字样和代理付款人的银行汇票以及未填明"现金"字样的银行本票丧失，不得挂失止付。

2. 挂失止付的效力

挂失止付只是一种临时性措施，丧失票据的票据权利人最终需要通过公示催告或诉讼程序来确认票据权利。

【考点精析13】公示催告程序

1. 公示催告程序适用的票据种类

可以背书转让的票据丧失的，持票人可以申请公示催告。填明"现金"字样的银行汇票、银行本票和现金支票不得背书转让。因此这些票据不能申请公示催告。

2. 公示催告申请人的资格

可以申请公示催告的失票人，是指在丧失票据占有以前的最后合法持票人，也就是票据所记载的票据权利人。

3. 公示催告的具体程序

（1）法院在受理后的3日内发出公告，催促利害关系人申报权利。公示催告的期间，由人民法院根据情况决定，但不得少于60日，且公示催告期间届满日不得早于票据付款日后15日。

（2）利害关系人在法院作出除权判决之前申报权利的，法院应通知其向法院出示票据，并通知公示催告申请人查看该票据。如果该票据就是申请人申请公示催告的票据，法院应裁定终结公示催告程序，并通知申请人和付款人。如果该票据并非申请人公示催告的票据，法院应裁定驳回利害关系人的申报。

（3）公示催告期届满，且无应裁定终结公示催告程序的事由，申请人可以在届满次日起1个月内，申请法院作出除权判决。逾期未申请的，法院终结公示催告程序。

4. 除权判决的撤销

利害关系人因为正当理由不能在除权判决之前向法院及时申报权利的，**自知道或者应当知道判决公告之日起1年内，可以向作出除权判决的法院起诉**，请求撤销除权判决。

阶段性测试

1. 【单选题】根据票据法律制度的规定，下列有关票据上签章效力的表述中，不正确的是（　　）。

A. 出票人在票据上签章不符合规定的，其签章无效，但不影响其他符合规定签章的效力

B. 承兑人在票据上签章不符合规定的，其签章无效，但不影响其他符合规定签章的效力

C. 保证人在票据上签章不符合规定的，其签章无效，但不影响其他符合规定签章的效力

D. 背书人在票据上签章不符合规定的，其签章无效，但不影响其他符合规定签章的效力

2. 【单选题】甲公司与乙公司签订一份买卖合同，约定采用见票即付的商业汇票支付货款。后乙公司以自己为付款人签发汇票并交付给甲公司，因甲公司欠丙公司货款，故甲公司将该汇票背书转让给丙公司。丙公司持票向乙公司行使付款请求权时，乙公司以甲公司未供货为由拒付。经查，丙公司对甲公司未供货不知情。下列关于乙公司的拒付主张是否成立的表述中，符合票据法律制度规定的是（　　）。

A. 不成立，因丙公司为善意持票人，乙公司不得以对抗甲公司的抗辩事由对抗丙公司

B. 成立，因甲公司未供货，乙公司当然可拒绝付款

C. 不成立，因甲公司已转让该汇票并已退出票据关系

D. 成立，因丙公司与乙公司并无合同关系

3. 【单选题】根据票据法律制度的规定，下列关于公示催告的表述中，正确的是（　　）。

A. 挂失止付是公示催告程序的必经程序

B. 公告期间内，人民法院收到利害关系人的申报后，应当作出除权判决，宣告票据无效

C. 不能背书转让的票据丧失，持票人可以申请公示催告

D. 利害关系人因为正当理由不能在除权判决之前向法院及时申报权利的，自知道或者应当知道判决公告之日起1年内，可以向作出除权判决的法院起诉，请求撤销除权判决

4. 【多选题】根据人民币银行结算账户管理的有关规定，存款人申请开立的下列人民币银行结算账户中，应当报送中国人民银行当地分支行核准的有（　　）。

A. 预算单位专用存款账户

B. 临时存款账户

C. 个人存款账户

D. 异地一般存款账户

5. 【多选题】根据《票据法》的规定，票据上不得更改的项目有（　　）。

A. 票据金额　　　　B. 出票日期

C. 收款人名称　　　D. 付款人名称

6. 【多选题】丁拾得一张甲为出票人、乙为背书人、丙为被背书人的汇票。票面金额为5万元，见票后3个月内付款。丁拾得票据后，立即伪造丙签章，将汇票转让给自己，然后背书给不知情的戊，戊支付了合理对价。这时丙发现汇票丢失，立即向法院申请公示催告，并向付款人B银行（尚未承兑）提出挂失止付，则下列选项中

正确的有( )。

A. 丁除了承担票据责任之外，还应承担其他法律责任

B. 被伪造人丙可以追究伪造人丁的民事责任，但丙应承担票据责任

C. 付款人 B 银行不承担票据责任

D. 戊因为善意取得而成为真正的票据权利人，甲不得以丁的伪造背书行为而主张戊没有票据权利

阶段性测试答案精析

1. A 【解析】本题考核票据的签章。根据规定，出票人在票据上的签章不符合规定的，票据无效。背书人、承兑人、保证人在票据上签章不符合规定的，其签章无效，但不影响其他符合规定签章的效力。

2. A 【解析】本题考核票据抗辩。票据债务人可以对不履行约定义务的与自己有直接债权债务关系的持票人，进行抗辩。但如果该票据已被不履行约定义务的持票人转让给第三人，而该第三人属于善意、已对价取得票据的持票人，则票据债务人不能对其进行抗辩。

3. D 【解析】本题考核公示催告。挂失止付不是公示催告程序的必经程序，选项 A 错误；人民法院收到利害关系人的申报后，如果该票据就是申请人申请公示催告的票据，法院应当裁定终结公示催告程序，选项 B 错误；可以背书转让的票据丧失的，持票人可以申请公示催告，选项 C 错误。

4. AB 【解析】本题考核银行结算账户的开立。(1)基本存款账户的开立实行核准制；(2)一般存款账户的开立实行备案制；(3)专用存款账户的开立除预算单位专用存款账户与 QFII 专用存款账户外，其他实行备案制；(4)临时存款账户(因注册验资和增资验资开立的除外)的开立实行核准制。(5)个人存款账户的开立实行备案制。

5. ABC 【解析】本题考核票据记载事项。票据的金额、出票日期、收款人名称不得

更改，更改的票据无效。

6. ACD 【解析】本题考核票据伪造。丁虽然伪造了丙的签章，但同时在汇票上作为背书人留下了自己的真实签章，故丁除承担刑事责任和民事责任外，还要承担票据责任；丙的签章被伪造，在票据上没有真实签章，故一般不承担票据责任；付款人 B 银行由于未进行承兑，未成为票据债务人，故不承担票据责任；戊善意取得了票据权利，甲不得以丁的伪造背书行为来对抗戊。

扫我解疑难

考点三 汇票的具体制度 ★★★

经典例题

【例题 1·案例分析题】(2019 年) A 公司向 B 公司购买一批生产设备。为支付货款，A 公司向 B 公司签发一张以甲银行为承兑人、金额为 500 万元的银行承兑汇票。甲银行作为承兑人在票面上签章。B 公司收到汇票后背书转让给 C 公司，用于偿还其所欠 C 公司的专利使用费，但未在被背书人栏内记载 C 公司的名称。C 公司欠 D 公司一笔货款，遂直接将 D 公司记载为 B 公司的被背书人，并将汇票交给 D 公司，D 公司随即将汇票背书转让给 E 公司，用于偿付工程款，并在汇票上注明："工程验收合格则转让生效"。E 公司随即又将汇票背书转让给 F 公司，用于支付办公装修费用。后 D 公司与 E 公司因工程存在严重安全隐患，未能验收合格而发生纠纷。B 公司未在约定期间内向 A 公司发货，经催告后仍未发货。A 公司遂向 B 公司主张解除合同、退还货款。

F 公司于汇票到期日向银行提示付款，甲银行以 A 公司资信状况不佳、账户余额不足为由拒绝。F 公司向前手行使追索权。A 公司辩称，因 B 公司根本违约，其已向 B 公司主张解除合同、退还货款，故不应承担任何票据责任。D 公司辩称，根据其在汇票上注明的

条件，D公司对E公司的背书转让并未生效，故D公司无需向F公司承担票据责任。

要求：根据上述内容，分别回答下列问题。

(1)甲银行拒绝向F公司付款的理由是否成立？并说明理由。

(2)A公司拒绝向F公司承担票据责任的理是否成立？并说明理由。

(3)D公司对E公司的背书转让是否生效？并说明理由。

(4)C公司是否应当承担票据责任？并说明理由。

【答案】

(1)甲银行拒绝付款的理由不成立。根据规定，票据债务人不得以自己与出票人之间的抗辩事由，对抗持票人。即承兑人不得以其与出票人之间的资金关系为由对抗持票人。

(2)A公司的理由不成立。根据规定，票据债务人可以对不履行约定义务的与自己有直接债权债务关系的持票人，进行抗辩。票据债务人不得以自己与持票人的前手之间的抗辩事由对抗持票人，但持票人明知存在抗辩事由而取得票据的除外。B公司根本违约，A可以以此为由对B公司抗辩，但不能以此为由对F公司抗辩。

(3)D公司的背书有效。根据规定，背书不得附有条件。背书时附有条件的，所附条件不具有汇票上的效力，即条件无效、背书有效。

(4)C公司不应承担票据责任。根据规定，C公司未在票据上签章，并非票据债务人，不承担票据责任。

【例题2·案例分析题】（2018年）2018年3月5日，A公司为支付货款，向B公司签发一张200万元的银行承兑汇票，汇票到期日为2018年9月4日。甲银行与B公司签署承兑协议后，作为承兑人在票面上签章。后该承兑协议因重大误解而被人民法院撤销。

B公司收到汇票后，背书转让给C公司，用于支付房屋租金，但未在背书人栏内记载C公司的名称。C公司欠D公司一笔应付账款，遂直接将D公司记载为B公司的被背书人，

并将汇票交给D公司。

6月5日，D公司财务人员李某将其负责保管的该汇票盗出，并伪造D公司相关签章，将该汇票背书转让给与其相互串通的E公司。

7月5日，E公司将该汇票背书转让给F公司，用于支付货款。F公司知道E公司获得该汇票的详情，但仍予接受。F公司随即将该汇票背书转让给G公司，用于支付装修工程款。G公司对李某的行为及E公司、F公司获取该汇票的经过均不知情。

9月4日，G公司持该汇票向甲银行提示付款，甲银行以其与B公司之间的承兑协议已被撤销为由拒付。

要求：根据上述内容，分别回答下列问题。

(1)甲银行拒绝向G公司付款的理由是否成立？并说明理由。

(2)F公司是否取得票据权利？并说明理由。

(3)G公司是否取得票据权利？并说明理由。

(4)G公司是否有权向C公司追索？并说明理由。

【答案】

(1)甲银行拒绝付款的理由不成立。根据规定，票据债务人不得以自己与出票人或者与持票人的前手之间的抗辩事由，对抗持票人。承兑协议虽然被撤销，但甲银行已经作为承兑人签章，应当对持票人承担票据责任。

(2)F公司不能取得票据权利。根据规定，以欺诈、偷盗或者胁迫等手段取得票据的，或者明知有前列情形，出于恶意取得票据的，不得享有票据权利。本题中，F公司知道E公司获得该票据的详情，却仍然受让票据，不能取得票据权利。

(3)G公司可以取得票据权利。根据规定，票据权利的善意取得，是指无处分权人处分他人之票据权利，受让人依照票据法所规定的票据转让方式取得票据，善意且无重大过失，则可以取得票据权利。F公司没有票据权利，G公司对李某的行为及E公司、F公司获取该汇票的经过均不知情，且无过失，其构成票据权利的善意取得，可以取得票据权利。

(4)G公司无权向C公司追索。根据规定，被追索人包括背书人、出票人、保证人、承兑人。其中，承兑人既是付款义务人，也是被追索人。C公司未在票据上签章，其既不是背书人也不是被背书人，更不是出票人、保证人或承兑人。因此不能向其追索。

[例题3·案例分析题]（2017年）2017年2月10日，甲公司向乙公司签发一张金额为50万元的商业汇票，以支付所欠货款。汇票到期日为2017年8月10日。A银行作为承兑人在汇票票面上签章。

3月10日，乙公司将该汇票背书转让给丙公司，用于支付装修工程款，并在汇票上注明："票据转让于工程验收合格后生效。"后丙公司施工的装修工程因存在严重质量问题未能通过验收。

4月10日，丙公司将该汇票背书转让给丁公司，用于支付房屋租金。丁公司随即将汇票背书转让给戊公司，用于购买办公设备，并在汇票背书人栏内记载"不得转让"字样。

5月10日，戊公司将该汇票背书转让给庚公司，用于支付咨询服务费用，但未在汇票被背书人栏内记载庚公司名称。

8月15日，庚公司持该汇票向A银行提示付款。A银行以庚公司名称未记载于汇票被背书人栏内为由拒付。庚公司在汇票被背书人栏内补记本公司名称后，再次向A银行提示付款。A银行以自行补记不具效力为由再次拒付。庚公司向乙、丙、丁、戊公司追索，均遭拒绝。其中，丙公司的拒理由是，丁公司在汇票背书人栏内记载有"不得转让"字样；乙公司的拒绝理由是，丙公司的装修工程未通过验收，不符合乙公司在汇票上注明的转让生效条件。

要求：根据上述内容，分别回答下列问题。

(1)A银行第一次拒付的理由是否成立？并说明理由。

(2)A银行第二次拒付的理由是否成立？并说明理由。

(3)丙公司拒绝庚公司追索的理由是否成立？并说明理由。

(4)乙公司拒绝庚公司追索的理由是否成立？并说明理由。

[答案]

(1)A银行第一次拒付理由成立。根据规定，汇票以背书转让或者以背书将一定的汇票权利授予他人行使时，必须记载被背书人名称。因此未记载被背书人名称的，付款人可以拒绝付款。

(2)A银行第二次拒付理由不成立。根据规定，背书人未记载被背书人名称即将票据交付他人的，持票人在票据被背书人栏内记载自己的名称与背书人记载具有同等法律效力。

(3)丙公司拒绝庚公司追索的理由不成立。根据规定，背书人在汇票上记载"不得转让"字样，其后手再背书转让的，原背书人对后手的被背书人不承担保证责任。本题中，记载"不得转让"字样的是丁公司，丁公司可以对庚公司拒绝付款，而丙公司是不能以此为由拒绝付款的。

(4)乙公司拒绝庚公司追索的理由不成立。根据规定，背书附条件的，所附条件不具有票据法上的效力。乙公司的背书转让仍然是有效的。票据债务人不得以自己与出票人或持票人的前手之间的抗辩事由对抗持票人，乙公司不能以自己与丙公司之间的抗辩事由对抗庚公司。

[例题4·单选题]（2016年）根据票据法律制度的规定，下列关于票据转让背书无效情形的表述中，正确的是（　　）。

A. 背书人未记载被背书人名称的，背书无效

B. 背书时附有条件的，背书无效

C. 背书人将票据金额分别转让给二人以上的，背书无效

D. 背书人在票据上记载"不得转让"字样的，其后手的转让背书无效

[答案] C

[解析] 本题考核票据背书。背书人未记载被背书人名称即将票据交付他人的，持票人在票据被背书人栏内记载自己的名称与背书人

记载具有同等法律效力，选项 A 错误。背书附条件的，条件无效，背书有效，选项 B 错误。背书人在汇票上记载"不得转让"字样，其后手再背书转让的，原背书人对后手的被背书人不承担票据责任，选项 D 错误。

【例题 5 · 多选题】（2016 年）根据票据法律制度的规定，下列各项中，属于汇票上绝对必要记载事项的有（   ）。

A. 出票日期　　　　　　B. 付款日期

C. 收款人名称　　　　　D. 汇票金额

【答案】 ACD

【解析】 本题考核汇票的出票。汇票的绝对必要记载事项，包括：（1）表明"汇票"的字样；（2）无条件支付的委托；（3）确定的金额；（4）付款人名称；（5）收款人名称；（6）出票日期；（7）出票人签章。

【例题 6 · 单选题】（2014 年）票据权利人为将票据权利出质给他人进行背书时，如果未记载"质押""设质"或者"担保"字样，只是签章并记载被背书人名称，则该背书行为的效力是（   ）。

A. 票据转让　　　　　　B. 票据承兑

C. 票据贴现　　　　　　D. 票据质押

【答案】 A

【解析】 本题考核票据质押背书。未记载"质押""设质"或者"担保"字样，只是签章并记载被背书人名称，形式上构成票据背书转让。

【例题 7 · 多选题】（2014 年）汇票持票人可以取得期前追索权的情形有（   ）。

A. 承兑附条件

B. 承兑人被宣告破产

C. 付款人被责令终止业务活动

D. 出票人被宣告破产

【答案】 ABC

【解析】 本题考核追索权。汇票到期日前，有下列情形之一的，持票人也可以行使追索权：（1）汇票被拒绝承兑的；（2）承兑人或者付款人死亡、逃匿的；（3）承兑人或者付款人被依法宣告破产的或者因违法被责令终止业务活动的。

考点精析

【考点精析 1】 汇票的出票

1. 汇票出票的款式

（1）绝对必要记载事项。汇票上必须记载以下 7 个事项，否则汇票无效：表明"汇票"的字样；无条件支付的委托；确定的金额；付款人名称；收款人名称；出票日期；出票人签章。

银行汇票上存在三个金额：出票金额、实际结算金额、多余金额。其中，实际结算金额是票据法意义上的票据金额。

（2）相对必要记载事项。

①未记载付款日期的，为见票即付；如果出票人记载付款日期，其可以选择的形式包括：见票即付；定日付款；出票后定期付款；见票后定期付款。

②未记载付款地的，付款人的营业场所、住所或者经常居住地为付款地。

③未记载出票地的，出票人的营业场所、住所或者经常居住地为出票地。

【知识点拨】 相对必要记载事项的效果是：有记载，按记载；无记载，按法定。

（3）出票人可以记载"不得转让"字样。

（4）记载不生票据法上效力的事项。除了票据法明确规定应当记载或者可以记载的事项之外，出票人还可以记载其他事项，但是这些记载不具有汇票上的效力。如关于利息、违约金的记载。

2. 汇票出票的效力

（1）对出票人的效力。出票人成为票据债务人，承担担保承兑和担保付款的责任。

（2）对付款人的效力。付款人成为票据上的关系人。付款人并未在票据上签章，并非票据义务人。

（3）对收款人的效力。收款人取得票据权利，包括付款请求权、追索权，以及以背书等方式处分其票据权利的权利。

【考点精析 2】 汇票的背书

1. 转让背书的一般问题

原则上，票据权利均可以转让。但是，

在两类情形下，票据权利不得背书转让：

（1）出票人记载"不得转让"的情形。《票据法》规定："出票人在汇票上记载'不得转让'字样的，汇票不得转让。"

（2）法定的转让背书禁止。《支付结算办法》规定，填明"现金"字样的银行汇票不得背书转让。

2. 转让背书的款式

（1）绝对必要记载事项。转让背书的绝对必要记载事项包括：被背书人名称、背书人的签章。

背书人未记载被背书人名称即将票据交付他人的，持票人在票据被背书人栏内记载自己的名称与背书人记载具有同等法律效力。

（2）相对必要记载事项。背书人应当记载背书日期；背书未记载日期的，视为在汇票到期日前背书。

（3）可以记载事项。背书人在汇票上记载"不得转让"字样，其后手再背书转让的，原背书人对后手的被背书人不承担保证责任。

（4）记载不生票据法上效力事项。背书不得附有条件。背书时附有条件的，所附条件不具有汇票上的效力。

（5）记载无效事项。背书人以背书转让汇票后，即承担保证其后手所持汇票承兑和付款的责任。背书人如果作出免除担保承兑、担保付款责任的记载，该记载无效，但是不影响背书行为本身的效力。

（6）记载使背书无效事项。将汇票金额的一部分转让的背书或者将汇票金额分别转让给二人以上的背书无效。

3. 回头背书

持票人为出票人的，对其前手无追索权。持票人为背书人的，对其后手无追索权。

4. 背书连续

以背书转让的汇票，背书应当连续。持票人以背书的连续，证明其汇票权利；非经背书转让，而以其他合法方式取得汇票的，依法举证，证明其汇票权利。

5. 票据贴现

（1）票据贴现是金融机构向持票人融通资金的一种方式。

（2）在我国，只有经批准的金融机构才有资格从事票据贴现。进行了贴现而通过转让背书取得票据权利的金融机构，在符合有关规定的情况下，还可以将未到期的汇票以贴现方式转让给其他金融机构。这种业务称为"转贴现"。贴现人、转贴现人，还可以将其以贴现方式背书转让给中国人民银行。这种业务称为"再贴现"。

未经批准的其他组织和个人从事票据贴现业务，需承担行政法律责任甚至刑事责任，票据贴现行为无效，贴现款和票据应当互相返还。贴现人对该票据进行背书转让的，符合善意取得构成要件的，持票人取得票据权利。

6. 委托收款背书

（1）委托收款背书的款式。与一般背书转让相同，但是必须加上"委托收款"（或者"托收""代理"）字样作为绝对必要记载事项。假如没有记载该事项，则其形式上体现为转让背书。

（2）委托收款背书的效力。委托收款背书的主要效力是：被背书人取得代理权，包括行使付款请求权、追索权以及收取款项的代理权。被背书人的权限不包括处分票据权利的代理权。

7. 质押背书

（1）质押背书的款式。质押背书必须记载"质押"（或者"设质""担保"）字样作为绝对必要记载事项。

以汇票设定质押时，出质人在汇票上只记载了"质押"字样未在票据上签章的，或者出质人未在汇票、粘单上记载"质押"字样而另行签订质押合同、质押条款的，不构成票据质押。

（2）质押背书的效力。经质押背书，被背书人即取得票据质权。但质押背书的被背书人并不享有对票据权利的处分权。被背书人再行转让背书或者质押背书的，背书行为无效。

【考点精析3】汇票的承兑

远期汇票的持票人均应当提示承兑。即期汇票(见票即付的汇票)无须承兑。

1. 提示承兑

定日付款、出票后定期付款的汇票，应当在汇票到期日前向付款人提示承兑；见票后定期付款的汇票，应当自出票日起1个月内向付款人提示承兑。不在上述期限内提示承兑的，丧失对出票人之外的其他前手的追索权。

2. 承兑的款式

(1)绝对必要记载事项。承兑行为的绝对必要记载事项包括承兑文句("承兑"字样)以及签章。

(2)相对必要记载事项。承兑日期是相对必要记载事项。如果承兑人未记载承兑日期，则以收到提示承兑的汇票之日起的第3日为承兑日期。

(3)记载使承兑无效事项。承兑附有条件的，视为拒绝承兑。

3. 承兑的效力

(1)对付款人的效力。承兑使得付款人成为票据债务人，称为承兑人。承兑人是汇票上的主债务人，承担最终的追索责任。持票人即使未按期提示付款或者依法取证，也不丧失对承兑人的追索权。

(2)对持票人的效力。经承兑，持票人即取得对承兑人的付款请求权。

【考点精析4】汇票的保证

1. 票据保证的形式要件

保证人未在票据或者粘单上记载"保证"字样而另行签订保证合同或者保证条款的，不属于票据保证，应当适用《担保法》的有关规定。

2. 票据保证的款式

(1)绝对必要记载事项。票据保证的绝对必要记载事项包括三项：保证文句(表明"保证"的字样)、保证人的名称和住所、保证人

签章。

(2)相对必要记载事项。被保证人名称、保证日期是相对必要记载事项。保证人未记载被保证人的，已承兑的汇票，承兑人为被保证人；未承兑的汇票，出票人为被保证人。保证人未记载保证日期的，出票日期为保证日期。

(3)记载不生票据法上效力事项。保证不得附有条件；附有条件的，不影响对汇票的保证责任。

3. 保证的效力

(1)票据保证人责任的从属性。保证人与被保证人负有同一责任。

(2)保证人对合法取得汇票的持票人所享有的汇票权利，承担保证责任。但是，被保证人的债务因汇票记载事项欠缺而无效的除外。

(3)保证人应当与被保证人对持票人承担连带责任。保证人为2人以上的，保证人之间承担连带责任。

(4)保证人履行保证责任后，保证人成为票据权利人，被保证人的后手的票据责任消灭，但是保证人可以对"被保证人及其前手"行使再追索权。

【考点精析5】汇票的付款

1. 提示付款

提示付款，是指持票人或者其代理人向付款人或者代理付款人现实地出示票据，请求其付款的行为。

(1)提示付款的当事人。有权提示付款的，是持票人，包括持有票据的票据权利人，以及受委托收取票款的代理人。实务中，多数的汇票均由持票人委托自己的开户银行(通过委托收款背书)作为代理人来提示付款。

(2)提示付款的期间。见票即付的汇票，自出票日起1个月内向付款人提示付款；定日付款、出票后定期付款或者见票后定期付款的汇票，自到期日起10日内向承兑人提示付款。

2. 付款

(1)付款人的审查。对于票据权利的真实

性，付款人原则上仅有形式审查的义务。即仅从票据的外观进行审查。特别应当审查转让背书是否连续。对于票据权利的真实性，付款人没有实质审查的义务。

（2）汇票的签收与缴回。付款人付款时，有权要求持票人在汇票上签收并交出汇票。

（3）付款的效力。付款人对票据权利人付款的，汇票上的票据关系全部消灭，全体票据债务人的债务消灭。

【考点精析6】 汇票的追索权

1. 追索权的当事人

（1）追索权人。依法享有追索权的人，包括最初追索权人和再追索权人。最初追索权人，是享有票据权利的最后持票人。

（2）被追索人。追索权人的追索权所针对的义务人，称为被追索人，或者偿还义务人。被追索人包括背书人、出票人、保证人、承兑人。其中，承兑人既是付款义务人，也是被追索人。

2. 追索权（最初追索权）的取得与保全

（1）到期追索权的发生原因。根据《票据法》的规定，汇票到期被拒绝付款的，持票人可以行使追索权。

（2）期前追索权的发生原因。根据《票据法》的规定，持票人取得期前追索权的情形主要有：被拒绝承兑（包括承兑附条件）；承兑人或者付款人死亡、逃匿；承兑人或者付款人被宣告破产或者因违法被责令终止业务活动。

（3）追索权的保全。持票人须遵期提示、依法取证，才能保全其追索权。

3. 追索的金额

（1）最初追索权的追索金额。持票人行使追索权，可以请求被追索人支付的金额包括：被拒绝付款的汇票金额；汇票金额自到期日或者提示付款日起至清偿日止，按照中国人民银行规定的利率计算的利息；取得有关拒绝证明和发出通知书的费用。

（2）再追索权的追索金额。被追索人依照前条规定清偿后，向其他汇票债务人行使再追索权时可以请求支付的金额包括：已清偿的全部金额；前项金额自清偿日起至再追索清偿日止，按照中国人民银行规定的利率计算的利息；发出通知书的费用。

4. 追索权的行使

首先，持票人负有及时通知的义务。持票人应当自收到被拒绝承兑或者拒绝付款的有关证明之日起3日内，将被拒绝的事由书面通知其直接前手，还可以同时通知其他（甚至全部）的追索义务人。如果未按照规定期限通知，虽然仍可以行使追索权，但应当赔偿因为迟延通知而给被追索人造成的损失，赔偿金额以汇票金额为限。持票人的直接前手应当自收到通知之日起3日内书面通知其自己的再前手。

其次，持票人应当确定被追索的对象。汇票的出票人、背书人、承兑人和保证人对持票人承担连带责任。持票人可以不按照汇票债务人的先后顺序，对其中任何一人、数人或者全体行使追索权。持票人对汇票债务人中的一人或者数人已经进行追索的，对其他汇票债务人仍可以行使追索权。

阶段性测试

1. **【单选题】** 根据《票据法》的规定，下列属于汇票的绝对记载事项的是（　　）。
A. 出票地
B. 付款地
C. 无条件支付的承诺
D. 付款人名称

2. **【单选题】** 根据《票据法》的规定，下列关于汇票的表述中，正确的是（　　）。
A. 汇票金额中文大写与数码记载不一致的，以中文大写金额为准
B. 见票即付的汇票，无须提示承兑
C. 汇票承兑后，承兑人如果未受有出票人的资金，则可对抗持票人
D. 汇票保证中，被保证人的名称属于绝对应记载事项

3. **【单选题】** 根据《票据法》的规定，下列各

项中，不导致汇票无效的情形是( )。

  A. 汇票上未记载付款日期

  B. 汇票上未记载出票日期

  C. 汇票上未记载收款人名称

  D. 汇票金额的中文大写和数码记载不一致

4.【多选题】根据票据法律制度的规定，票据质押背书的被背书人所为的下列背书行为中，无效的有( )。

  A. 再质押背书   B. 委托收款背书

  C. 有偿转让背书 D. 无偿转让背书

5.【多选题】根据《票据法》的规定，下列关于汇票提示承兑的表述中，正确的有( )。

  A. 见票后定期付款汇票的持票人应当自出票日起 3 个月内向付款人提示承兑

  B. 汇票上没有记载付款日期的，无须提示承兑

  C. 付款人自收到提示承兑的汇票之日起 3 日内不作出承兑与否表示的，视为承兑

  D. 承兑附有条件的，视为拒绝承兑

6.【多选题】甲公司在与乙公司交易中获得由乙公司签发的面额 50 万元的汇票一张，付款人为丙银行。甲公司将汇票背书转让给丁公司以支付货款，并记载"不得转让"字样。后丁公司又将此汇票背书给戊公司。如戊公司在向丙银行提示承兑时遭拒绝，戊公司可以行使追索权的有( )。

  A. 甲公司   B. 乙公司

  C. 丙银行   D. 丁公司

阶段性测试答案精析

1. D 【解析】本题考核汇票的记载事项。汇票的绝对记载事项包括：(1)表明"汇票"字样；(2)无条件支付委托；(3)确定的金额；(4)付款人名称；(5)收款人名称；(6)出票日期；(7)出票人签章。

2. B 【解析】本题考核汇票的规定。票据金额以中文和数码同时记载，两者必须一致，不一致时，票据无效，选项 A 错误。承兑人不得以其与出票人之间的资金关系来对抗持票人，拒绝支付汇票金额，选项 C 错误。汇票保证中，被保证人的名称属于相对应记载事项，选项 D 错误。

3. A 【解析】本题考核汇票的记载事项。出票日期和收款人名称属于绝对应记载事项，缺一则票据无效。票据金额以中文和数码同时记载，两者必须一致，不一致时，票据无效。付款日期属于相对应记载事项，未记载付款日期的，视为见票即付。

4. ACD 【解析】本题考核票据的背书。质押背书的被背书人并不享有对票据权利的处分权。被背书人再行转让背书或者质押背书的，背书行为无效。但是，被背书人可以再进行委托收款背书。

5. BD 【解析】本题考核汇票承兑的相关规定。根据规定，见票后定期付款的汇票，持票人应当自"出票日起 1 个月"内向付款人提示承兑，因此选项 A 错误；如果付款人在 3 日内不作承兑与否表示的，应视为拒绝承兑，因此选项 C 错误。

6. BD 【解析】本题考核票据追索权。背书人在汇票上记载"不得转让"字样，其后手再背书转让的，原背书人对后手的被背书人不承担保证责任。本题中，甲公司是在背书时记载了"不得转让"字样的背书人，甲公司对其后手丁公司的被背书人戊公司不承担保证责任。因此，戊公司不能向甲公司行使追索权，选项 A 错误。另外，丙银行是付款人，在戊公司提示承兑时丙银行已经拒绝了戊的请求，不是票据债务人，不属于被追索人员的范围。因此，选项 C 错误。

考点四　本票的具体制度 ★

扫我解疑难

经典例题

【例题 1·多选题】(2018 年)下列关于本票的

表述中，符合票据法律制度规定的有( )。

A. 本票为见票即付的票据

B. 本票的收款人名称可以授权补记

C. 我国现行法律规定的本票仅为银行本票

D. 本票未记载付款地的，出票人的营业场所为付款地

【答案】ACD

【解析】本题考核本票。只有支票的收款人名称可以授权补记，本票的收款人名称不能授权补记。

【例题2·单选题】根据《票据法》的规定，下列关于本票的表述中，正确的是( )。

A. 本票的基本当事人为出票人、付款人和收款人

B. 未记载付款地的本票无效

C. 本票包括银行本票和商业本票

D. 本票无须承兑

【答案】D

【解析】本题考核本票。本票的出票人就是付款人，选项A错误。本票上未记载付款地的，出票人的营业场所为付款地，选项B错误。根据《票据法》的规定，本票即银行本票，选项C错误。

📝**考点精析**

1. 本票的出票

(1)本票出票的款式。

①绝对必要记载事项。本票的绝对必要记载事项包括6项：表明"本票"的字样；无条件支付的承诺；确定的金额；收款人名称；出票日期；出票人签章。未记载任一事项均导致出票无效。

②相对必要记载事项。本票上未记载付款地的，出票人的营业场所为付款地。本票上未记载出票地的，出票人的营业场所为出票地。

(2)出票的效力。出票行为生效后，出票人成为第一债务人，收款人成为票据权利人。

2. 本票的付款

(1)被提示人。本票的出票人是最终的票

据责任人，持票人应当向出票人提示付款。

(2)提示付款期限。本票为见票即付。持票人的提示见票并请求付款的期限最长不超过2个月。超过这一期限提示付款的，即丧失对出票人之外的前手的追索权。

考点五　支票的具体制度★★
扫我解疑难

📝**经典例题**

【例题1·多选题】(2019年)根据票据法律制度的规定，支票的下列记载事项中，可以由出票人授权补记的有( )。

A. 收款人名称　　　B. 付款人名称

C. 出票日期　　　　D. 票据金额

【答案】AD

【解析】本题考核支票出票的款式。支票上的金额与收款人名称可以由出票人授权补记。

【例题2·单选题】下列各项中，不属于支票绝对应记载事项的是( )。

A. 无条件支付的委托

B. 付款人名称

C. 出票地

D. 出票日期

【答案】C

【解析】本题考核支票的记载事项。支票绝对应记载事项不包括"出票地"。

【例题3·多选题】根据《票据法》的规定，下列有关汇票与支票区别的表述中，正确的有( )。

A. 汇票可以背书转让，支票不可背书转让

B. 汇票有即期汇票与远期汇票之分，支票则均为见票即付

C. 汇票的票据权利时效为2年，支票的票据权利时效则为6个月

D. 汇票上的收款人可以由出票人授权补记，支票则不能授权补记

【答案】BC

【解析】本题考核汇票与支票区别。汇票与支

票都可以背书转让，选项 A 错误。金额和收款人名称可以由出票人授权补记，是支票具有的特点，选项 D 错误。

📝 考点精析

1. 支票出票的款式

（1）绝对必要记载事项。支票的出票行为有 6 个绝对必要记载事项：表明"支票"的字样；无条件支付的委托；确定的金额；付款人名称；出票日期；出票人签章。支票上未记载任一事项的，支票无效。但是，支票上的金额可以由出票人授权补记，未补记前不得使用。

（2）相对必要记载事项。支票上未记载付款地的，付款人的营业场所为付款地。

支票上未记载出票地的，出票人的营业场所、住所或者经常居住地为出票地。

（3）任意记载事项。

①支票上未记载收款人名称的，经出票人授权，可以补记。

②出票人也可以记载"不得转让"字样。如有该记载，则支票不得转让。

（4）记载无效事项。支票限于见票即付；如果出票人记载了以其他方式计算的到期日，该记载无效。

（5）记载使支票无效事项。由于《票据法》将"无条件支付的委托"规定为绝对必要记载事项，假如出票人记载了付款人支付票据金额的条件，即应认为欠缺该绝对必要记载事项，支票无效。

2. 支票的付款

（1）付款提示期限。支票的持票人应当自出票日起 10 日内提示付款；异地使用的支票，其提示付款的期限由中国人民银行另行规定。超过该期限提示付款的，持票人丧失对出票人之外的前手的追索权。

（2）付款人的责任。如果持票人提示付款时，出票人的存款金额不足以支付支票金额（此时称为"空头支票"），付款人不予付款。

考点六　非票据结算方式 ★★

扫我解疑难

📝 经典例题

【例题 1·多选题】（2017 年改）根据支付结算法律制度的规定，下列关于国内信用证的表述中，正确的有（　）。

A. 信用证具有融资功能

B. 开证行可以单方修改或撤销信用证

C. 信用证可以人民币计价，也可以美元、日元、欧元等外币计价

D. 信用证与作为其依据的买卖合同相互独立

【答案】AD

【解析】本题考核国内信用证的规定。我国的信用证是以人民币计价、不可撤销的跟单信用证。选项 BC 错误。

【例题 2·多选题】（2015 年）下列关于国内信用证的表述中，符合票据法律制度规定的有（　）。

A. 不可转让　　　　　B. 不可撤销

C. 不可取现　　　　　D. 不可跟单

【答案】BC

【解析】本题考核国内信用证的规定。我国的信用证为不可撤销的跟单信用证。信用证只能用于转账结算，不能支取现金。

📝 考点精析

【考点精析 1】汇兑

1. 汇兑概述

汇兑是指汇款人委托银行将其款项支付给收款人的结算方式。

2. 汇兑的撤销和退汇

（1）撤销。汇款人对汇出银行尚未汇出的款项可以申请撤销。汇出银行查明确未汇出款项的，收回原信、电汇回单，方可办理撤销。

（2）退汇。汇款人对汇出银行已经汇出的款项可以申请退汇。

汇入银行对于收款人拒绝接受的汇款，应立即办理退汇。汇入银行对于向收款人发出取款通知，经过2个月无法交付的汇款，应主动办理退汇。

【考点精析2】托收承付

1. 托收承付概述

托收承付，是指根据买卖合同由收款人发货后委托银行向异地付款人收取款项，由付款人向银行承认付款的结算方式。

2. 托收承付的基本流程

（1）托收。托收是指收款人根据买卖合同发货后，委托银行向付款人收取款项。

（2）承付。承付是指由付款人向银行承认付款的行为。

①验单付款的承付期为3天，从付款人开户银行发出承付通知的次日算起（承付期内遇法定休假日顺延）。付款人在承付期内，未向银行表示拒绝付款，银行即视为承付。

②验货付款的承付期为10天，从运输部门向付款人发出提货通知的次日算起，收付双方在合同中明确规定，并在托收凭证上注明验货付款期限的，银行从其规定。

3. 拒绝付款的处理

付款人在承付期内，对于如下情况，可向银行提出全部或部分拒绝付款：

（1）没有签订买卖合同或合同未订明托收承付结算方式买卖合同款项。

（2）未经双方事先达成协议，收款人提前交货或因逾期交货，付款人不需要该项货物的款项。

（3）未按合同规定的到货地址发货的款项。

（4）代销、寄销、赊销商品的款项。

（5）验单付款，发现所列货物的品种、规格、数量、价格与合同规定不符，或货物已到，经查验货物与合同规定或发货清单不符的款项。

（6）验货付款，经查验货物与合同规定或发货清单不符的款项。

（7）货款已经支付或计算有错误的款项。

【考点精析3】委托收款

1. 委托收款概述

委托收款是收款人委托银行向付款人收取款项的结算方式。委托收款同城异地都可办理。

2. 委托收款的基本流程

（1）委托。

①收款人办理委托收款，应当向银行提交所填写的委托收款凭证和有关债务证明。

②委托收款以银行以外的单位为付款人的，委托收款凭证必须记载付款人开户银行名称；以银行以外的单位或在银行开立存款账户的个人为收款人的，委托收款凭证必须记载收款人开户银行名称；以未在银行开立存款账户的个人为收款人的，委托收款凭证必须记载被委托银行名称。欠缺上述记载的，银行不予受理。

（2）付款。银行在接到寄来的委托收款凭证及债务证明，并经审查无误之后应向收款人办理付款。

【考点精析4】国内信用证

1. 国内信用证概述

国内信用证（以下简称信用证）是指银行（包括政策性银行、商业银行、农村合作银行、村镇银行和农村信用社）依照申请人的申请开立的、对相符交单予以付款的承诺。

（1）我国的信用证是以人民币计价、不可撤销的跟单信用证。

（2）信用证的开立和转让，应当具有真实的贸易背景。银行只对单据进行表面审核。

（3）信用证只能用于转账结算，不得支取现金。

2. 信用证的具体流程

（1）开证

①申请。开证申请人申请开立信用证，须提交其与受益人签订的贸易合同。

②受理。银行与申请人在开证前应签订明确双方权利义务的协议。开证行可要求申请人交存一定数额的保证金，并可根据申请人资信情况要求其提供抵押、质押、保证等

合法有效的担保。

（2）保兑

保兑是指保兑行根据开证行的授权或要求，在开证行承诺之外做出的对相符交单付款、确认到期付款或议付的确定承诺。

（3）修改

开证申请人需对已开立的信用证内容修改的，应向开证行提出修改申请，明确修改的内容。增额修改的，开证行可要求申请人追加增额担保；付款期限修改的，不得超过法律规定的最长期限。

（4）通知

①通知行的确定。通知行可由开证申请人指定，如申请人未指定，开证行有权指定。

②通知行的责任。通知行收到信用证或信用证修改书，应认真审查内容表面是否完整、清楚，核验开证行签字、印章、所用密押是否正确等表面真实性，或另以电讯方式证实。

（5）转让

转让是指由转让行应第一受益人的要求，将可转让信用证的部分或者全部转为可由第二受益人兑用。可转让信用证指特别标注"可转让"字样的信用证。

对于可转让信用证，开证行必须指定转让行，转让行可为开证行。可转让信用证只能转让一次。

（6）议付

议付指可议付信用证项下单证相符或在开证行或保兑行已确认到期付款的情况下，议付行在收到开证行或保兑行付款前购买单据、取得信用证项下索款权利，向受益人预付或同意预付资金的行为。

除信用证另有约定外，索偿金额不得超过单据金额。

（7）寄单索款

受益人委托交单行交单，应在信用证交单期和有效期内填制信用证交单委托书，并提交单据和信用证正本及信用证通知书、信用证修改书正本及信用证修改通知书（如有）。交单行应在收单次日起5个营业日内对其审

核相符的单据寄单。

（8）付款

开证行或保兑行在收到交单行寄交的单据及交单面函（寄单通知书）或受益人直接递交的单据的次日起5个营业日内，及时核对是否为相符交单。

开证行或保兑行审核单据发现不符并决定拒付的，应在收到单据的次日起5个营业日内一次性将全部不符点以电子方式或其他快捷方式通知交单行或受益人。

开证行或保兑行拒付时，应提供书面拒付通知。

（9）注销

信用证注销是指开证行对信用证未支用的金额解除付款责任的行为。开证行、保兑行、议付行未在信用证有效期内收到单据的，开证行可在信用证逾有效期1个月后予以注销。

【考点精析5】银行卡

1. 单位卡与个人卡

（1）在单位卡的使用过程中，其账户的资金一律从其基本存款账户转账存入，不得存取现金，不得将销货收入的款项存入其账户。

（2）个人卡。个人人民币卡账户的资金以其持有的现金存入或以其工资性款项、属于个人的合法的劳务报酬、投资回报等收入转账存入。

2. 银行卡的计息和收费

（1）发卡银行对准贷记卡及借记卡（不含储值卡）账户内的存款，按照中国人民银行规定的同期同档次存款利率及计息办法计付利息。

（2）贷记卡持卡人非现金交易可享受免息还款期待遇、最低还款额待遇等优惠条件。信用卡持卡人透支消费享受免息还款期和最低还款额待遇的条件和标准等，由发卡机构自主确定。对信用卡透支利率实行上限和下限管理，透支利率上限为日利率万分之五，透支利率下限为日利率万分之五的0.7倍。信用卡透支的计结息方式，以及对信用卡溢

缴款是否计付利息及其利率标准，由发卡机构自主确定。取消信用卡滞纳金，对于持卡人违约逾期未还款的行为，发卡机构应与持卡人通过协议约定是否收取违约金，以及相关收取方式和标准。发卡机构向持卡人提供超过授信额度用卡服务的，不得收取超限费。发卡机构对向持卡人收取的违约金和年费、取现手续费、货币兑换费等服务费用不得计收利息。

【考点精析 6】 预付卡

（1）预付卡是指发卡机构以特定载体和形式发行的、可在发卡机构之外购买商品或服务的预付价值，但不包括：①仅限于发放社会保障金的预付卡；②仅限于乘坐公共交通工具的预付卡；③仅限于缴纳电话费等通信费用的预付卡；④发行机构与特约商户为同一法人的预付卡。

（2）预付卡分为记名预付卡与不记名预付卡。记名预付卡可挂失、可赎回，不得设置有效期。不记名预付卡一般不挂失、不赎回，有效期不得低于 3 年。预付卡不得具有透支功能。

本章综合练习 限时135分钟

一、单项选择题

1. 根据支付结算法律制度的规定，办理存款人日常经营活动的转账结算和现金收付的账户是（　）。
   A. 基本存款账户　　B. 一般存款账户
   C. 专用存款账户　　D. 临时存款账户

2. 甲、乙签订买卖合同后，甲向乙背书转让 3 万元的汇票作为价款。后乙又将该汇票背书转让给丙。如果在乙履行合同前，甲、乙的合同被确认无效。甲的下列行为中，符合票据法律制度规定的是（　）。
   A. 请求乙返还汇票
   B. 请求乙返还 3 万元价款
   C. 请求丙返还汇票
   D. 请求付款人停止支付汇票上的款项

3. 无民事行为能力人或者限制民事行为能力人在票据上背书签章的，其法律效力是（　）。
   A. 票据无效
   B. 签章无效
   C. 造成背书不连续
   D. 出票人应重新出票

4. 当事人在票据上签章时，必须按照规定进行，下列签章不符合规定的是（　）。
   A. 单位在票据上使用该单位的财务专用章加其授权的代理人的盖章
   B. 个人在票据上使用该个人的签名
   C. 银行本票的出票人在票据上仅使用经中国人民银行批准使用的该银行本票专用章
   D. 银行承兑汇票的承兑人在票据上使用其汇票专用章加其法定代表人的签名

5. 关于票据行为的代理，下列说法不正确的是（　）。
   A. 票据当事人可以委托其代理人在票据上签章
   B. 代理人应在票据上表明代理关系
   C. 没有代理权而以代理人名义在票据上签章的，应当由签章人承担票据责任
   D. 代理人超越代理权限的，应当由代理人承担全部票据责任

6. 下列关于票据伪造及责任承担的表述中，符合票据法律制度规定的是（　）。
   A. 票据被伪造人应向持票人承担票据责任
   B. 持票人行使追索权时，在票据上的真实签章人可以票据伪造为由进行抗辩
   C. 出票人假冒他人名义签发票据的行为属于票据伪造
   D. 票据伪造人应向持票人承担票据责任

7. 一张汇票的出票人是甲，乙、丙、丁依次

是背书人，戊是持票人。戊在行使票据权利时发现该汇票的金额被变造。经查，乙是在变造之前签章，丁是在变造之后签章，但不能确定丙是在变造之前或之后签章。根据《票据法》的规定，下列关于甲、乙、丙、丁对汇票金额承担责任的表述中，正确的是(   )。

A. 甲、乙、丙、丁均只就变造前的汇票金额对戊负责

B. 甲、乙、丙、丁均须就变造后的汇票金额对戊负责

C. 甲、乙就变造前的汇票金额对戊负责，丙、丁就变造后的汇票金额对戊负责

D. 甲、乙、丙就变造前的汇票金额对戊负责；丁就变造后的汇票金额对戊负责

8. 持票人对支票的出票人的票据权利在法定期限内不行使，其权利归于消灭。该法定期限是(   )。

A. 自出票日起 1 个月内

B. 自出票日起 2 个月内

C. 自出票日起 3 个月内

D. 自出票日起 6 个月内

9. 根据规定，商业汇票的失票人可以向其申请公示催告的法院是(   )。

A. 出票人所在地的基层人民法院

B. 出票人开户银行所在地的基层人民法院

C. 承兑人所在地的基层人民法院

D. 代理付款银行所在地的基层人民法院

10. 根据《票据法》的规定，下列有关汇票的表述中，正确的是(   )。

A. 汇票未记载收款人名称的，可由出票人授权补记

B. 汇票未记载付款日期的，为出票后 10 日内付款

C. 汇票未记载出票日期的，汇票无效

D. 汇票未记载付款地的，以出票人的营业场所、住所或经常居住地为付款地

11. 根据《票据法》的规定，汇票上可以记载非法定事项。下列各项中，属于非法定记载事项的是(   )。

A. 出票人签章

B. 出票地

C. 付款地

D. 签发票据的用途

12. 甲公司签发一张经乙银行承兑的汇票交付给丙公司，并注明"不得转让"，丙公司将该汇票背书转让给丁公司。丁公司在汇票不获付款时，下列表述正确的是(   )。

A. 甲公司应对持票人承担票据责任

B. 乙银行应对持票人承担票据责任

C. 甲公司和乙银行均对持票人不承担票据责任

D. 甲公司、乙银行和丙公司均应承担票据责任

13. 甲将一汇票背书转让给乙，但该汇票上未记载乙的名称。其后，乙在该汇票被背书人栏内记载了自己的名称。根据《票据法》的规定，下列有关该汇票背书与记载效力的表述中，正确的是(   )。

A. 甲的背书无效，因为甲未记载被背书人乙的名称

B. 甲的背书无效，且将导致该票据无效

C. 乙的记载无效，应由背书人甲补记

D. 乙的记载有效，其记载与背书人甲记载具有同等法律效力

14. 甲将一张汇票背书转让给乙，并在汇票上记载有"不得转让"字样，下列表述中正确的是(   )。

A. 若乙将此票据再行背书转让，该背书行为无效

B. 乙不可以将此票据再行背书转让

C. 若乙再行背书转让，甲对乙不承担保证责任

D. 若乙再行背书转让，甲对乙的后手不承担保证责任

15. 甲公司欠乙公司 70 万元货款，欠丙公司 30 万元劳务费。经乙公司和丙公司同意，甲公司向将一张 100 万元汇票分别背书转让给乙公司和丙公司。下列有关该背书

效力的表述中，正确的是( )。

A. 背书有效

B. 背书无效

C. 乙和丙中数额较大的有效

D. 乙和丙中签章在前的有效

16. 以下票据背书的示意图中，背书不正确的是( )。

A.

被背书人： 乙公司	被背书人： 丙公司	被背书人： 丁公司	被背书人： 丁公司开户银行
甲公司签章	乙公司签章	丙公司签章	丁公司签章 委托收款

B.

被背书人： 乙公司	被背书人： 丙公司	被背书人： 戊公司	被背书人： 戊公司开户银行
甲公司签章	乙公司签章	丁公司签章	戊公司签章 委托收款

C.

被背书人： 乙公司	被背书人： 丙公司	被背书人： P 银行	被背书人： P 银行
甲公司签章	乙公司签章	丙公司签章 （贴现）	P 银行签章 委托收款

D.

被背书人： 乙公司	被背书人： P 银行	被背书人： 丙公司	被背书人： 丙公司开户银行
甲公司签章	乙公司签章 质押	乙公司签章	丙公司签章 委托收款

17. 下列情形中，属于背书形式不连续的是( )。

A. 甲将一张汇票转让给乙，注明背书日期为 2019 年 3 月 10 日，乙将该汇票背书转让给丙注明背书日期为 2019 年 3 月 2 日

B. 甲将一张汇票转让给乙，丙偷得该汇票并盗盖乙的签章背书转让给丁

C. 甲将一张汇票转让给中国农业银行北京市分行，注明被背书人为"农行北京分行"

D. 甲将一张汇票转让给乙，乙被丙吸收合并，丙将该汇票背书转让给丁

18. 根据《票据法》的规定，下列各项中，属于无须提示承兑的汇票是( )。

A. 见票后定期付款的汇票

B. 见票即付的汇票

C. 定日付款的汇票

D. 出票后定期付款的汇票

19. 根据我国《票据法》的规定，汇票持票人未按照规定期限提示承兑的，产生的后果是( )。

A. 持票人丧失对出票人之外的其前手的追索权

B. 持票人丧失票据权利

C. 持票人丧失对出票人的追索权

D. 持票人必须要求出票人重新出票

20. 汇票的保证不得附有条件，如果附有条件，其后果是( )。

369

A. 该保证无效

B. 视为未保证

C. 不影响对汇票的保证责任

D. 保证人对所附条件承担责任

21. 甲公司开出一张见票即付的汇票,该汇票的提示付款要求是( )。

A. 到期日起 10 天内向承兑人提示付款

B. 出票之日起 1 个月内向付款人提示付款

C. 出票之日起 10 天内向承兑人提示付款

D. 到期之日起 1 个月内向付款人提示付款

22. 持票人行使追索权,不能请求被追索人支付的金额和费用是( )。

A. 被拒绝付款的汇票金额

B. 汇票金额相当于活期储蓄的利息

C. 取得有关拒绝证明的费用

D. 发出通知书的费用

23. 甲公司获得乙公司背书转让的汇票一张。该汇票出票人为丙公司;承兑人为丁公司;保证人为戊公司。下列情形中,甲公司可以在汇票到期日前行使追索权的是( )。

A. 乙公司被冻结银行账号

B. 丙公司被裁定重整

C. 丁公司被宣告破产

D. 戊公司被责令停业整顿

24. 根据我国《票据法》的规定,持票人应当自收到被拒绝承兑或者被拒绝付款的有关证明后,将被拒绝事由书面通知其前手的期限是( )日内。

A. 3   B. 5

C. 7   D. 10

25. 根据我国《票据法》的规定,下列选项中,不属于本票绝对必要记载事项的是( )。

A. 收款人名称   B. 付款人名称

C. 出票日期   D. 确定的金额

26. 本票自出票之日起,付款提示最长不得超过的期限是( )个月。

A. 1   B. 2

C. 3   D. 6

27. 如果本票的持票人未按规定期限提示付款的,持票人可以行使追索权的是( )。

A. 保证人   B. 背书人

C. 付款人   D. 出票人

28. 根据我国《票据法》的规定,下列付款方式中,适用于支票的付款方式是( )。

A. 见票即付

B. 见票后定期付款

C. 定日付款

D. 出票后定期付款

29. 根据票据法律制度的规定,下列关于签发支票的表述中,正确的是( )。

A. 支票的出票人可以在支票上记载具体的到期日

B. 支票的金额和付款人名称,可以根据法律规定授权补记

C. 支票的提示付款期间为 20 日,自支票出票之日起计算

D. 持票人超过规定期限提示付款的,并不丧失对出票人的追索权

30. 根据《票据法》的规定,下列有关支票的表述中,正确的是( )。

A. 单位可使用支票,自然人不能使用支票

B. 特殊情况下允许签发空头支票

C. 确定的金额是支票必须记载的事项之一

D. 超过提示付款期限的支票,付款人仍应当予以付款

31. 根据《支付结算办法》的规定,下列各项中,属于收款人根据购销合同发货后委托银行向异地付款人收取款项,付款人向银行承认付款的结算方式是( )。

A. 汇兑结算方式

B. 信用证结算方式

C. 托收承付结算方式

D. 委托收款结算方式

32. 托收承付结算方式每笔的金额起点为( )元。

A. 1 000 B. 2 000
C. 10 000 D. 20 000

33. 甲向乙购买一批货物，约定采用托收承付验货付款结算方式。2018 年 7 月 1 日，乙办理完发货手续，发出货物；7 月 2 日，乙到开户行办理托收手续；7 月 10 日，铁路部门向甲发出提货通知；7 月 14 日，甲向开户行表示承付，通知银行付款。则承付期的起算时间是( )。

A. 7 月 2 日 B. 7 月 3 日
C. 7 月 11 日 D. 7 月 15 日

34. 委托收款是收款人委托银行向付款人收取款项的结算方式，该结算方式符合规定的是( )。

A. 只适于同城使用
B. 只适于异地使用
C. 同城或异地都能使用
D. 只能使用邮寄划回方式

35. 根据支付结算法律制度的规定，下列关于预付卡使用的表述中，不正确的是( )。

A. 记名预付卡可挂失，可赎回
B. 预付卡不得具有透支功能
C. 记名预付卡不得设置有效期
D. 不记名预付卡有效期可设置为 2 年

二、多项选择题

1. 根据《人民币银行结算账户管理办法》的规定，银行结算账户的特点有( )。

A. 只办理人民币业务
B. 对个人可以同时办理外汇业务
C. 办理资金收付结算业务
D. 是活期存款账户

2. 根据规定，下列存款人可以申请开立基本存款账户的有( )。

A. 单位附属独立核算的食堂
B. 外国驻华机构
C. 个人独资企业
D. 自然人

3. 根据个人银行结算账户管理的有关规定，下列款项中，正确的有( )。

A. 个人银行结算账户用于办理个人转账收付和现金存取
B. 通过该账户，可以支付水、电、气等基本日常费用
C. 通过该账户代发工资
D. 通过个人银行结算账户使用支票、信用卡等信用支付工具

4. 根据《人民币银行结算账户管理办法》的规定，存款人应向开户银行提出撤销银行结算账户申请的情形有( )。

A. 存款人被宣告破产
B. 存款人被吊销营业执照
C. 存款人变更法定代表人
D. 存款人因迁址需要变更开户银行

5. 关于票据关系，下列表述正确的有( )。

A. 票据关系只是票据法所规范的法律关系中的一部分
B. 非票据关系不是票据法的规范对象
C. 票据法上的非票据关系是指依据票据法上的规定而发生的非票据关系
D. 民法上的非票据关系又被称为票据基础关系

6. 甲签发一张银行承兑汇票给乙，乙将该汇票背书转让给丙。下列有关票据关系当事人的表述中，正确的有( )。

A. 甲是出票人
B. 乙是收款人，也是背书人
C. 丙是被背书人
D. 银行是承兑人，也是付款人

7. 票据上的次债务人，是指票据关系上除了主债务人之外的其他债务人。下列属于票据上的次债务人的有( )。

A. 汇票上的出票人
B. 汇票上的承兑人
C. 本票上的背书人
D. 支票上的保证人

8. 根据《票据法》的规定，下列有关票据背书的表述中，正确的有( )。

A. 背书人在背书时记载"不得转让"字样的，被背书人再背书转让无效
B. 背书附条件的，背书无效

C. 部分转让票据权利的，背书无效

D. 分别转让票据权利的，背书无效

9. 下列关于票据签章的表述中，符合票据法规定的有( )。

A. 出票人在票据上签章不符合规定的，票据无效

B. 保证人在票据上的签章不符合规定的，其签章无效

C. 背书人在票据上签章不符合规定的，票据无效

D. 无民事行为能力人在票据上签章的，其签章无效

10. 根据规定，下列各项中，属于无效票据的有( )。

A. 更改签发日期的票据

B. 更改收款人名称的票据

C. 更改金额的票据

D. 更改用途的票据

11. 下列有关票据行为有效要件的表述中，符合票据法规定的有( )。

A. 持票人因继承取得票据的，不受给付对价的限制，其所享有的票据权利不得优于前手

B. 持票人明知转让的是盗窃的票据，仍受让票据的，不得享有票据权利

C. 未以真实交易关系作为原因关系的出票行为无效

D. 银行汇票未加盖规定的专用章，而加盖该银行的公章，则签章人应承担责任

12. 甲受乙胁迫开出一张以甲为付款人、以乙为收款人的汇票，之后乙通过背书将该汇票赠与丙，丙又将该汇票背书转让与丁，以支付货款。丙、丁对乙胁迫甲取得票据一事毫不知情。下列说法中，正确的有( )。

A. 甲有权请求丁返还汇票

B. 乙不享有该汇票的票据权利

C. 丙不享有该汇票的票据权利

D. 丁不享有该汇票的票据权利

13. 甲私刻乙公司的财务专用章，假冒乙公

司名义签发一张转账支票交给收款人丙，丙将该支票背书转让给丁，丁又背书转让给戊。当戊主张票据权利时，下列表述中不正确的有( )。

A. 甲不承担票据责任

B. 乙公司承担票据责任

C. 丙不承担票据责任

D. 丁不承担票据责任

14. A公司以B公司为收款人而签发汇票，B公司受C公司的欺诈而背书转让，C公司又背书转让给不知情的D公司。对此下列表述正确的有( )。

A. C公司可以取得票据权利

B. D公司可以取得票据权利

C. A公司、C公司对D公司承担票据责任

D. B公司对D公司不承担票据责任

15. 根据规定，下列选项中，追索权消灭时效期间为2年的有( )。

A. 汇票持票人对汇票承兑人的追索权

B. 本票持票人对本票出票人的追索权

C. 支票持票人对支票出票人的追索权

D. 汇票、本票、支票的持票人对其他前手的追索权

16. 甲向乙开具一张商业承兑汇票，乙将该票据背书转让给丙，并注明"不得转让"字样，后丙又将该票据背书转让给丁，丁在向承兑人提示付款时被拒绝付款。关于丁行使追索权的说法中，正确的有( )。

A. 丁可以向丙追索，且行使追索权的期限为到期日起2年

B. 丙清偿票据债务后取得票据权利，可以向乙追索，且行使再追索权的期限为3个月

C. 乙对丙承担票据责任，但对丁不承担票据责任

D. 丁可以向甲追索，且行使追索权的期限为6个月

17. 根据《票据法》的有关规定，下列选项中，

票据债务人可以拒绝履行义务，行使票据抗辩权的有（ ）。

A. 更改出票日期

B. 签章人无民事行为能力

C. 票据金额的中文大写与数码记载的内容不一致

D. 付款人已经付款

18. 根据有关规定，下列各项中，汇票债务人可以对持票人行使抗辩权的事由有（ ）。

A. 汇票债务人与出票人之间存在合同纠纷

B. 票据债务人无行为能力

C. 背书不连续，持票人不能证明背书中断是基于其他合法原因

D. 持票人不享有票据权利

19. 汇票是在指定到期日付款的票据。指定到期日的形式有（ ）。

A. 见票即付

B. 定日付款

C. 出票后定期付款

D. 见票后定期付款

20. 甲、乙签订买卖合同，甲签发一张汇票给乙作为预付款，下列情形可以使该汇票无效的有（ ）。

A. 金额栏填写的数额为"不超过 10 万元"

B. 票据金额的中文和数码记载不一致

C. 未记载付款日期

D. 记载了签发票据的用途是预付款

21. 甲公司为了支付货款，签发了一张以本市的乙银行为付款人、以丙公司为收款人的转账支票。丙公司在出票日之后的第 14 天向乙银行提示付款。根据票据法律制度的规定，下列表述中正确的有（ ）。

A. 如果甲公司在乙银行的存款足以支付支票金额，乙银行应当足额付款

B. 乙银行可以拒绝付款

C. 乙银行应当无条件付款

D. 如果乙银行拒绝付款，甲公司仍应承

担票据责任

22. 根据《票据法》的规定，甲按照合同约定向乙签发商业汇票时记载的下列事项中，不发生票据法上效力的有（ ）。

A. "合同编号×××"

B. "票据用于×××"

C. "不得转让"

D. "出票后 1 个月付款"

23. 出票人依照票据法的规定完成出票行为之后，即产生票据上的效力。对此，下列说法正确的有（ ）。

A. 出票是以创设票据权利为目的的票据行为

B. 收款人取得出票人发出的汇票后，即取得票据权利

C. 出票行为完成后，付款人即承担付款义务

D. 如果付款人不予付款，出票人就应该承担票据责任

24. 根据我国《票据法》的规定，背书的绝对必要记载事项包括（ ）。

A. 背书日期

B. 背书人的签章

C. 被背书人的名称

D. 无条件支付的委托

25. 根据票据法律制度的规定，下列各项中，属于禁止背书的情形有（ ）。

A. 现金支票

B. 现金银行汇票

C. 汇票背书的次数过多以致在汇票上无法记载

D. 出票人记载"不得转让"字样

26. 根据《票据法》的规定，下列关于汇票的表述中，错误的有（ ）。

A. 汇票金额中文大写与数码记载不一致的，原记载人可进行更改，签章后发生效力

B. 填明"现金"字样的银行汇票不得背书转让

C. 银行承兑汇票，承兑附条件的，为拒

绝承兑

  D. 汇票承兑后，承兑人可以因出票人的资金不足而对抗持票人

27. 关于汇票的承兑，下列说法正确的有( )。

  A. 经承兑，持票人取得对承兑人的付款请求权

  B. 见票后定期付款的汇票，持票人应当自出票日起 1 个月内向付款人提示承兑

  C. 见票即付的汇票，应当自出票日起 3 个月内向付款人提示承兑

  D. 如果付款人在 3 日内不作承兑与否表示的，则应视为拒绝承兑

28. 关于票据保证，下列说法符合《票据法》规定的有( )。

  A. 保证的当事人为保证人和被保证人

  B. 被保证的汇票，如果没有注明，保证人承担一般保证责任

  C. 保证人为 2 人以上的，保证人之间承担连带责任

  D. 保证人清偿汇票债务后，可以行使持票人对被保证人及其前手的追索权

29. 根据票据法律制度的规定，下列关于附条件票据行为的说法，正确的有( )。

  A. 票据背书不得附有条件，若附有条件，则该条件不具有票据上的效力

  B. 承兑人承兑汇票不得附有条件，若附有条件的，视为拒绝承兑

  C. 保证不得附有条件，若附有条件，则该保证无效

  D. 保证不得附有条件，若附有条件，则不影响票据保证责任

30. 根据《票据法》的有关规定，持票人行使追索权，可以请求被追索人就某些费用予以清偿，该费用包括( )。

  A. 被拒绝付款后，给持票人造成的经济损失

  B. 被拒绝付款的汇票金额

  C. 汇票金额自到期日或者提示付款日起至清偿日止的利息

  D. 取得有关拒绝证明的费用

31. 甲签发一张汇票给乙，汇票上记载有收款人乙、保证人丙等事项。乙依法承兑后将该汇票背书转让给丁，丁又将汇票背书转让给戊。戊在法定期限内向承兑人请求付款，不获付款。根据《票据法》的规定，下列各项中，应承担该汇票债务责任的有( )。

  A. 甲   B. 乙

  C. 丙   D. 丁

32. 甲公司向乙公司购买货物，约定以票据结算。甲公司下列做法不违反法律规定的有( )。

  A. 签发一张商业承兑汇票，没有记载付款人名称

  B. 签发一张银行承兑汇票，没有记载出票地

  C. 签发一张银行本票，没有记载付款地

  D. 签发一张支票，没有记载金额

33. 根据《票据法》的规定，下列各项中，属于支票上可以由出票人授权补记的事项有( )。

  A. 金额   B. 收款人名称

  C. 付款人名称 D. 出票日期

34. 根据票据法律制度的规定，票据持票人应在法定期限内向付款人提示付款。关于票据提示付款期限的下列表述中，正确的有( )。

  A. 商业汇票自到期日起 1 个月内提示付款

  B. 银行汇票自出票日起 2 个月内提示付款

  C. 银行本票自出票日起 2 个月内提示付款

  D. 支票自出票日起 10 日内提示付款

35. 甲银行出具一张本票给乙，乙将该本票背书转让给丙，丁作为乙的保证人在票据上签章。丙又将该本票背书转让给戊，戊作为持票人未按规定期限向出票人提示付款，根据《票据法》的规定，下列选项中，戊不得行使追索权的有( )。

A. 甲　　　　　　B. 乙

C. 丙　　　　　　D. 丁

36. 下列企业中，可以在银行办理托收承付结算方式的有（　　）。

A. 股份有限公司

B. 国有独资企业

C. 有限责任公司

D. 供销合作社

37. 关于托收承付的托收与承付，下列说法正确的有（　　）。

A. 收款人办理托收，应填制托收凭证，盖章后并附发运证件或其他符合托收承付结算的有关证明和交易单证

B. 收款人的开户银行对托收凭证没有审查义务

C. 验单付款的承付期为 3 天，验货付款的承付期为 10 天

D. 不论验单付款还是验货付款，付款人都可以在承付期内提前向银行表示承付，并通知银行提前付款，银行应立即办理划款

38. 在托收承付结算方式下，付款人在承付期内，可向银行提出拒绝付款的理由有（　　）。

A. 经查验货物与合同规定不符的款项

B. 收款人在未经协商的情况下提前交货的款项

C. 未按合同规定的到货地址发货的款项

D. 赊销商品的款项

39. 甲企业购买乙企业一批货物，货款 5 000 元。双方在买卖合同中约定的下列结算方式中，符合法律规定的有（　　）。

A. 采用汇兑结算方式，甲企业委托银行将其款项支付给乙企业，且汇款汇出后不得撤销

B. 采用托收承付结算方式，乙企业按合同发货后委托银行向甲企业收取货款

C. 采用委托收款结算方式，由乙企业向银行提交委托收款凭证和有关债务证明并办理委托收款手续

D. 采用银行卡结算方式，由甲企业直接将货款存入乙企业的单位卡账户

40. 以单位为付款人的付款人如果对收款人委托收取的款项拒绝付款，正确的做法有（　　）。

A. 应在接到通知日的次日起 3 日内出具拒绝证明

B. 应在接到通知日的次日起 5 日内出具拒绝证明

C. 持有债务证明的，应将其送交开户银行

D. 持有债务证明的，应将其寄送收款人

41. 下列关于国内信用证特征的表述中，符合法律规定的有（　　）。

A. 国内信用证可以以人民币计价，也可以外币计价

B. 我国信用证为跟单信用证

C. 信用证业务中，银行处理的只是单据，而不是单据涉及的货物或服务

D. 开证行在决定受理该项业务时，可以向申请人收取保证金

42. 关于非票据结算方式，下列说法正确的有（　　）。

A. 汇兑分为信汇和电汇两种

B. 无论验单付款还是验货付款，付款人的承付期是相同的

C. 委托收款是收款人委托银行向付款人收取款项的结算方式

D. 电子支付只能通过电子终端实现货币支付，不得发生资金转移

三、案例分析题

1. 甲上市公司根据合同于 2018 年 3 月 19 日开出面值 600 万元、5 个月到期的商业汇票，交付给乙公司支付材料款，A 保证人为甲公司提供保证，并在票据正面注明保证字样和保证人签章。乙收到票据后按期向承兑人提示承兑，并于 2018 年 6 月 9 日将该票据背书转让给丙公司，丙公司又背书转让给丁公司。丁公司于 2018 年 8 月 22 日向承兑人提示付款，由此牵涉出以下

问题：

（1）甲公司认为票据未记载付款地和出票地，记载事项不完整，拒绝付款；承兑人认为持票人未按规定期限提示付款，拒绝付款。

（2）丁公司向丙公司索要票据款项，丙公司认为票据背书时未注明背书日期，背书行为无效，拒绝承担责任。

（3）丁要求乙付款，乙认为按照债务人的顺序，应先由丙付款，丁不能对其直接要求付款，因此拒绝付款。

（4）丁要求 A 担保人代为付款，A 同意付款。

要求：根据上述内容，分析回答下列问题。

（1）影响汇票有效性的记载事项有哪些？甲的理由是否成立？

（2）承兑人拒绝付款的理由是否成立？并说明理由。

（3）简述承兑的效力。

（4）丁要求丙、乙、A 代为付款，属于行使何种权利？

（5）丙公司拒绝付款的理由是否成立？

（6）乙公司拒绝付款的理由是否成立？并说明理由。

（7）A 保证人向丁承担保证责任后，是否享有追索权？并说明理由。

2. A 企业和 B 企业于 2017 年 4 月 1 日签订买卖合同，合同标的额为 50 万元。根据合同约定，B 企业于 4 月 10 日交付全部货物。A 企业验收合格后，于 2017 年 4 月 20 日，签发一张出票后 1 个月付款的银行承兑汇票给 B 企业，汇票金额为 50 万元，出票日为 4 月 20 日，承兑人、付款人为甲银行。5 月 10 日 B 企业在与 C 企业的买卖合同中将该汇票背书转让给 C 企业，B 企业在背书时在汇票上记载了"不得转让"字样，C 企业已支付对价。5 月 20 日，C 企业在与 D 企业的买卖合同中将该汇票背书转让给 D 企业，D 企业已支付对价。D 企业要求

C 企业提供票据保证，在 C 企业的请求下，乙企业作为 C 企业的保证人在汇票的背面记载"保证"字样并签章，但未记载保证日期。

2017 年 5 月 28 日，持票人 D 企业向甲银行提示付款，但甲银行拒绝付款。D 企业于同日取得拒绝证明后向 B 企业发出追索通知，B 企业以自己在背书时曾记载"不得转让"表示拒绝。5 月 30 日 D 企业向保证人乙企业发出追索通知，要求乙企业支付汇票金额、相关利息和费用共计 55 万元，乙企业以 D 企业尚未向 C 企业进行追索为由表示拒绝。6 月 10 日，D 企业向 C 企业发出追索通知，C 企业以 D 企业未在取得拒绝证明的 3 日内发出追索通知已丧失对 C 企业的追索权为由表示拒绝。

2019 年 5 月 31 日，D 企业向 A 企业请求行使票据权利，A 企业以 D 企业已丧失票据权利为由表示拒绝。

要求：根据上述内容，分别回答下列问题。

（1）持票人 D 企业可以向哪些票据当事人行使追索权？

（2）B 企业拒绝持票人 D 企业的理由是否成立？说明理由。

（3）保证人乙企业拒绝持票人 D 企业的理由是否成立？说明理由。

（4）C 企业拒绝持票人 D 企业的理由是否成立？说明理由。

（5）A 企业以票据权利消灭为由拒绝持票人 D 企业的理由是否成立？说明理由。

（6）D 企业的民事权利是否消灭？说明理由。

3. 2018 年 5 月 5 日，甲公司因中标一项桥梁工程向乙公司订制一批特种水泥预制构件。双方在合同中约定：图纸和钢筋由甲公司提供；水泥由乙公司提供；加工费为 150 万元，甲公司预付 50 万元；交货日期为 2018 年 9 月 1 日；交付地点为甲公司的工地。合同签订后，甲公司签发了一张金

额为50万元、到期日为2018年9月1日、经A银行承兑的汇票交给乙公司。

2018年5月15日，乙公司持有甲公司签发的汇票不慎丢失，后被乙公司已经离职的业务员张某在厂区内捡到，张某伪造了乙公司的签章代表乙公司持该汇票到B银行申请贴现，善意的B银行经过法定审查后批准贴现，张某将伪造乙公司的签章盖在该汇票"背书人栏"中，同时在"被背书人栏"中记载了B银行名称，B银行取得汇票后又在到期前将该汇票向C银行贴现。

2018年6月11日，乙公司为了购买水泥，欲将持有甲公司签发的汇票背书转让，但发现该汇票已经丢失，于是当天立即向A银行申请挂失止付，银行当天收到乙公司的止付通知书。乙公司于6月13日向A银行所在地人民法院提出公示催告申请。人民法院当天受理后向A银行通知停止支付款项，人民法院6月14日依法发出公告，确定该汇票的公示催告期间为6月14日至8月31日。

2018年9月5日，C银行向A银行提示付款时遭到A银行拒绝，A银行出具的退票理由书中注明"该汇票已于6月13日被人民法院通知停止支付"。

要求：根据上述内容，分别回答下列问题。

(1)C银行向A银行提示付款的期限是否符合法律规定？说明理由。

(2)B银行是否可以取得票据权利？并说明理由。

(3)乙公司和张某是否承担票据责任？并说明理由。

(4)B银行是否可以将票据再次贴现给C银行？并说明理由。

(5)人民法院确定的公示催告时间是否符合规定？并说明理由。

(6)假设人民法院没有作出除权判决，C银行可以依票据法向谁行使追索权？并说明理由。

(7)假设人民法院已经作出除权判决，而C银行有正当理由不能在除权判决之前向法院及时申报权利的，可以行使何种权利？

本章综合练习参考答案及详细解析

一、单项选择题

1. A 【解析】本题考核基本存款账户。基本存款账户是存款人的主办账户。该账户主要办理存款人日常经营活动的转账结算和现金收付。

2. B 【解析】本题考核票据法律关系。票据的签发、取得和转让，应当遵循诚实信用的原则，具有真实的交易关系和债权债务关系。但实务中，法院更注重票据行为的无因性。票据基础关系的瑕疵并不影响票据行为的效力。本题中，票据行为有效，丙享有票据权利。甲不能要求丙或乙返还票据。

3. B 【解析】本题考核票据行为成立的有效条件。在票据上签章的自然人必须是具有完全民事行为能力的人，否则，该签章不具有任何效力，签章者并不因此而成为票据上的债务人，其他票据当事人也不得据此签章向无行为能力人或限制民事行为能力人主张任何票据债权。

4. C 【解析】本题考核票据的签章。银行本票的出票人的签章，为该银行的本票专用章加其法定代表人或者授权的代理人的签名或者盖章。

5. D 【解析】本题考核票据代理。代理人超越代理权限的，应当就其超越权限的部分承担票据责任。

6. C 【解析】本题考核票据伪造。票据伪造中，伪造人与被伪造人均不承担票据责任，票据上的真实签章人应当对持票人承担票据责任。

7. D 【解析】本题考核票据变造后责任的承担。根据规定，如果当事人签章在变造之前，应按原记载的内容负责；如果当事人签章在变造之后，则应按变造后的记载内容负责；如果无法辨别是在票据被变造之前或之后签章的，视同在变造之前签章。本题中，甲、乙都是在变造之前签章，丙无法辨别变造前还是变造后，视同变造前签章，因此甲、乙、丙对变造之前的金额承担责任，丁是在变造后签章，对变造后的金额承担责任。

8. D 【解析】本题考核票据时效。持票人对支票出票人的权利时效，自出票日起6个月。

9. C 【解析】本题考核票据权利的补救。失票人可以向票据支付地的基层人民法院提出公示催告的申请。

10. C 【解析】本题考核汇票的应记载事项。出票日期属于汇票的绝对必要记载事项，汇票未记载绝对必要记载事项该汇票无效。

11. D 【解析】本题考核汇票的记载事项。汇票上可以记载《票据法》规定事项以外的其他出票事项，但是该记载事项不具有汇票上的效力。如签发票据的原因或用途。出票人签章属于绝对必要记载事项；出票地和付款地属于相对必要记载事项。

12. C 【解析】本题考核汇票的背书。如果收款人或持票人将出票人作禁止背书的汇票转让的，该转让不发生票据法上的效力，出票人和承兑人对受让人不承担票据责任。

13. D 【解析】本题考核汇票背书的相关规定。根据规定，如果背书人未记载被背

书人名称而将票据交付他人的，持票人在票据被背书人栏内记载自己的名称与背书人记载具有同等法律效力。

14. D 【解析】本题考核汇票背书的效力。根据规定，背书人在汇票上记载"不得转让"字样，其后手再背书转让的，原背书人对后手的被背书人不承担保证责任。

15. B 【解析】本题考核背书不得记载的内容。根据规定，将汇票金额的一部分转让的背书或者将汇票金额分别转让给二人以上的背书无效。

16. B 【解析】本题考核背书连续。选项B：丙丁之间没有转让背书，转让背书的签章无法依次前后衔接。

17. A 【解析】本题考核背书连续。选项A背书日期前后不能衔接；选项B不影响背书形式的连续；选项C可以根据实际情况确定当事人；选项D属于以其他合法方式取得汇票。

18. B 【解析】本题考核汇票的提示承兑。见票即付的汇票无须承兑。

19. A 【解析】本题考核汇票的提示承兑。根据我国目前使用的银行承兑汇票和商业承兑汇票来看，都必须提示承兑。持票人超过提示承兑期限即丧失对其前手的追索权。

20. C 【解析】本题考核票据保证不得记载的内容。《票据法》规定："保证不得附有条件；附有条件的，不影响对汇票的保证责任。"

21. B 【解析】本题考核票据的付款。见票即付的汇票，自出票日起1个月内向付款人提示付款。

22. B 【解析】本题考核票据追索请求清偿金额。可以请求被追索人支付的金额和费用包括：(1)被拒绝付款的汇票金额；(2)汇票金额自到期日或者提示付款日起至清偿日止，按照中国人民银行规定的同档次流动资金贷款利率计算的利息；(3)取得有关拒绝证明和发出通知书的

费用。

23. C 【解析】本题考核追索权。根据规定，追索权发生的实质要件包括：（1）汇票到期被拒绝付款；（2）汇票在到期日前被拒绝承兑；（3）在汇票到期日前，承兑人或付款人死亡、逃匿的；（4）在汇票到期日前，承兑人或付款人被依法宣告破产或因违法被责令终止业务活动。

24. A 【解析】本题考核票据追索权。根据规定，持票人应当自收到被拒绝承兑或者被拒绝付款的有关证明之日起3日内，将被拒绝事由书面通知其前手。

25. B 【解析】本题考核本票应记载事项。由于本票是出票人自己签发的，承诺自己在见票时无条件支付确定的金额给收款人或者持票人的票据，因此本票无须记载付款人名称。

26. B 【解析】本题考核本票的付款。按照规定，本票自出票之日起，付款期限最长不得超过2个月。

27. D 【解析】本题考核本票的付款。本票的持票人未按期提示付款的，则丧失对出票人以外的前手的追索权。

28. A 【解析】本题考核支票的特点。支票限于见票即付，不得另行记载付款日期。

29. D 【解析】本题考核支票的付款。根据规定，支票是见票即付，另行记载付款日期的，该记载无效，选项A错误；支票的金额和收款人名称可以根据法律规定授权补记，选项B错误；支票的提示付款期间为10日，自支票出票之日起计算，选项C错误。

30. C 【解析】本题考核支票的相关规定。根据规定，单位与个人均可使用支票，因此选项A错误；我国《票据法》不允许签发空头支票，因此选项B错误；持票人超过提示付款期限付款的，付款人可拒绝付款，因此选项D错误。

31. C 【解析】本题考核托收承付的概念。托收承付，亦称异地托收承付，是指根据购销合同由收款人发货后委托银行向异地付款人收取款项，由付款人向银行承认付款的结算方式。

32. C 【解析】本题考核托收承付的基本规定。托收承付结算每笔的金额起点为1万元。

33. C 【解析】本题考核办理托收承付的程序。在托收承付中，验货付款的承付期为10天，从运输部门向付款人发出提货通知的次日算起。

34. C 【解析】本题考核委托收款的概念。委托收款是票据结算方式之外的结算方式之一，同城或异地都能使用，同城内多适用于公用事业费用的收取。委托收款可以使用邮寄和电报划回两种方式。

35. D 【解析】本题考核预付卡。选项D，不记名预付卡有效期不得低于3年。

二、多项选择题

1. ACD 【解析】本题考核银行结算账户的特点。人民币银行结算账户不能办理外汇业务。

2. ABC 【解析】本题考核开立基本存款账户的资格。凡是具有民事权利能力和民事行为能力，并依法独立享有民事权利和承担民事义务的法人和其他组织，均可以开立基本存款账户。

3. ABCD 【解析】本题考核个人银行结算账户。

4. ABD 【解析】本题考核银行结算账户撤销的事由。发生下列事由之一的，存款人应向开户银行提出撤销银行结算账户的申请：（1）被撤并、解散、宣告破产或关闭的；（2）注销、被吊销营业执照的；（3）因迁址需要变更开户银行的；（4）其他原因需要撤销银行结算账户的。

5. ACD 【解析】本题考核票据关系的概念。非票据关系也是票据法的规范对象，所以选项B错误。

6. ABCD 【解析】本题考核商业汇票的当事人。

7. ACD 【解析】本题考核票据责任。汇票承兑人是票据上的主债务人。

8. CD 【解析】本题考核票据背书。背书人在背书时记载"不得转让"字样的，其后手再背书转让的，原背书人对后手的被背书人不承担保证责任，选项A错误。背书不得附条件，否则所附条件不具有汇票上的效力，选项B错误。将汇票金额的一部分转让或者将汇票金额分别转让给2人以上的背书无效，选项C、D正确。

9. ABD 【解析】本题考核票据的签章。根据规定，背书人在票据上的签章不符合规定的，其签章无效，但不影响其他符合规定签章的效力。

10. ABC 【解析】本题考核票据记载事项。票据的金额、出票或签发日期、收款人名称不得更改，更改的票据无效。

11. ABD 【解析】本题考核票据行为。选项C，票据基础关系不影响票据行为的效力。

12. BC 【解析】本题考核票据权利的取得。根据规定，以欺诈、偷盗或者胁迫等手段取得票据的，或者明知有前列情形，出于恶意取得票据的，不得享有票据权利，因此选项B的说法是正确的；凡是无对价或无相当对价取得票据的，如果属于善意取得，仍然享有票据权利，但票据持有人必须承受其前手的权利瑕疵。如果前手的权利因违法或有瑕疵而受影响或丧失，该持票人的权利也因此而受影响或丧失。本题中，丙是接受赠与取得的票据，此时受前手乙的权利瑕疵影响，不享有票据权利。

13. BCD 【解析】本题考核票据伪造的法律责任。票据伪造行为中，对伪造人（甲）而言，由于票据上没有以自己名义所作的签章，因此不承担票据责任（可能承担民事责任或刑事责任）。本题中，乙公司作为被伪造人由于没有以自己的真实意思在票据上签章，也不承担票据责任；

丙公司和丁公司的签章是合法有效的，因此应该承担票据责任。

14. BC 【解析】本题考核票据善意取得。D公司因为善意取得而享有票据权利，选项B正确；真实签章人A、B、C三个公司都应对D公司承担票据责任，选项C正确。

15. AB 【解析】本题考核票据时效。选项C、D的追索权消灭时效期间为6个月。

16. BC 【解析】本题考核票据权利时效。丁向丙行使初次追索权的期限为被拒绝付款之日起6个月，因此选项A错误；甲是出票人，因此丁向甲行使追索权的期限为2年，不是6个月，因此选项D错误。

17. ABCD 【解析】本题考核票据抗辩。

18. BCD 【解析】本题考核票据抗辩。选项A错误。根据规定，票据债务人原则上不得以自己与出票人或者与持票人的前手之间的抗辩事由，对抗持票人。这一制度被称为票据抗辩的切断。

19. ABCD 【解析】本题考核汇票的概念。指定到期日是指见票即付、定日付款、出票后定期付款、见票后定期付款四种形式。

20. AB 【解析】本题考核汇票的记载事项。选项A因未记载确定的金额造成票据无效。选项B因中文和数码记载不一致造成票据无效。选项C未记载付款日期不影响票据的效力，因为未记载付款日期的，视为见票即付。选项D为非法定事项的记载，该记载事项不具有汇票上的效力。

21. BD 【解析】本题考核支票的相关规定。根据规定，支票的持票人应当自出票日起10日内提示付款。超过提示付款期限的，付款人可以不予付款；付款人不予付款的，出票人仍应当对持票人承担票据责任。

22. AB 【解析】本题考核汇票的记载事项。

汇票上可以记载本法规定事项以外的其他出票事项，但是该记载事项不具有汇票上的效力。法律规定以外的事项主要是指与汇票的基础关系有关的事项，如签发票据的原因或用途、该票据项下交易的合同号码等。

23. ABD 【解析】本题考核出票。出票行为是单方行为，付款人并不因此而有付款义务，只有付款之权限。

24. BC 【解析】本题考核背书的记载事项。背书的绝对应记载事项包括：(1)背书人的签章；(2)被背书人的名称。背书日期为相对应记载事项，背书日期如未记载，则视为在汇票到期日前背书。

25. ABD 【解析】本题考核禁止背书。选项C的情形中可以附加粘单，并不是禁止背书。

26. AD 【解析】本题考核汇票的规定。票据金额、日期、收款人名称不得更改，更改的票据无效，选项A错误。承兑人不得以其与出票人之间的资金关系来对抗持票人，拒绝支付汇票金额，选项D错误。

27. ABD 【解析】本题考核汇票的承兑。见票即付的汇票无须提示承兑。

28. ACD 【解析】本题考核票据保证。被保证的汇票，保证人应当与被保证人对持票人承担连带责任。

29. ABD 【解析】本题考核附条件的票据行为。根据规定，附条件的保证，所附条件无效，保证有效。

30. BCD 【解析】本题考核行使追索权请求清偿金额。选项A不属于可以请求被追索人支付的金额和费用。

31. ABCD 【解析】本题考核票据追索权。持票人戊在票据到期不获付款时，可向其前手请求偿还票据金额、利息及其他法定款项，偿还义务人包括出票人、背书人、承兑人、保证人。

32. BD 【解析】本题考核票据出票。付款人

名称是汇票绝对必要记载事项，如不记载汇票无效，选项A错误。出票地是汇票相对必要记载事项，如不记载，出票人的营业场所、住所或者经常居住地为出票地，选项B不违反法律规定。银行本票由银行签发，选项C错误。支票的金额可以通过授权补记的方式记载，选项D不违反法律规定。

33. AB 【解析】本题考核支票的授权补记。根据规定，支票金额与收款人名称，可以由出票人授权补记。

34. CD 【解析】本题考核票据的提示付款。商业汇票的提示付款期限，为自汇票到期日起10日内。银行汇票的提示付款期限为自出票日起1个月。

35. BCD 【解析】本题考核本票的付款。如果本票的持票人未按照规定期限提示付款的，则丧失对出票人以外的前手的追索权。这里所指的出票人以外的前手是指背书人及其保证人。

36. BD 【解析】本题考核托收承付的适用范围。使用托收承付结算方式的收款单位和付款单位，必须是国有企业、供销合作社以及经营管理较好，并经开户银行审查同意的城乡集体所有制工业企业。

37. ACD 【解析】本题考核托收与承付。收款人开户银行接到托收凭证及其附件后，应当按照托收范围、条件和托收凭证填写的要求认真进行审查。

38. ABCD 【解析】本题考核托收承付的拒绝付款。

39. AC 【解析】本题考核托收承付的概念。托收承付结算每笔的金额起点为1万元，选项B错误。在单位卡的使用过程中，不得将销货收入的款项存入其账户，选项D错误。

40. AC 【解析】本题考核付款人拒绝付款。以单位为付款人的拒绝付款，应在付款人接到通知日的次日起3日内出具拒绝证明，持有债务证明的，应将其送交开户银行。银行

将拒绝证明，债务证明和有关凭证一并寄给被委托银行，转交收款人。

41. BCD 【解析】本题考核国内信用证。我国的信用证是以人民币计价、不可撤销的跟单信用证。

42. AC 【解析】本题考核结算方式。托收承付的付款人的承付期依验单付款还是验货付款而不相同。电子支付是指单位、个人直接或授权他人通过电子终端发出支付指令，实现货币支付与资金转移的行为。

三、案例分析题

1.【答案】

(1)影响票据效力的记载事项是绝对必要记载事项。汇票的绝对必要记载事项包括：表明"汇票"的字样；无条件支付的委托；确定的金额；付款人名称；收款人名称；出票日期；出票人签章。上述绝对必要记载事项缺一则该汇票无效。出票地和付款地属于相对必要记载事项，记载与否不影响票据的效力，因此，甲拒绝付款的理由不成立。

(2)承兑人拒绝付款理由不成立。因为该票据属于出票后定期付款的汇票，持票人应在该票据到期日起10日内提示付款，丁提示付款的时间符合规定。

(3)承兑的效力在于确定汇票付款人的付款责任。承兑人于汇票到期日必须向持票人无条件支付汇票上的金额。

(4)丁要求丙、乙、A代为付款，属于行使票据追索权。

(5)丙的拒绝付款理由不成立。丙属于丁的前手，且背书日属于相对必要记载事项，记载与否，不影响背书行为的效力。

(6)乙的理由不成立。根据规定，持票人可以不按照汇票债务人的先后顺序，对其中任何一人、数人或者全体行使追索权。因此，乙所说的按照债务人的顺序，应先由丙付款的理由是不成立的。

(7)A保证人向丁承担保证责任后，享有追索权。根据规定，保证人向持票人清偿债务

后，取得票据而成为持票人，享有票据的权利，有权对被保证人及其前手行使追索权。因此，A保证人履行了票据保证责任后，可以向出票人甲公司行使追索权。

2.【答案】

(1)持票人D企业可以向背书人C企业、保证人乙企业和出票人A企业、承兑行发出追索。

(2)B企业拒绝持票人D企业的理由成立。根据规定，背书人在汇票上记载"不得转让"字样，其后手再背书转让的，原背书人对后手的被背书人不承担保证责任。在本题中，B企业在向C企业的背书转让时记载"不得转让"字样，因此B企业对其后手C企业的被背书人D企业不承担保证责任。

(3)保证人乙企业拒绝持票人D企业的理由不成立。根据规定，被保证的汇票，保证人应与被保证人对持票人承担连带责任。持票人可以不按照汇票债务人的先后顺序，对出票人、背书人、承兑人和保证人其中任何一人、数人或者全体行使追索权。

(4)C企业拒绝持票人D企业的理由不成立。根据规定，如果持票人未在规定期限发出追索通知，持票人仍可以行使追索权，因延期通知给其前手或者出票人造成损失的，由持票人承担该损失的赔偿责任，但赔偿的金额以汇票金额为限。

(5)A企业以票据权利消灭为由拒绝持票人D企业的理由成立。根据规定，持票人对出票后定期付款的出票人的票据权利，自票据到期日起2年不行使而消灭。在本题中，汇票到期日为2017年5月20日。因此，持票人D企业的票据权利因其未在2017年5月21日至2019年5月20日期间行使而消灭。

(6)D企业的民事权利并未消灭。根据规定，持票人因超过票据权利时效而丧失票据权利的，仍享有民事权利，持票人可以请求出票人或者承兑人返还其与支付的票据金额相当的利益。在本题中，持票人D

企业由于超过了票据权利时效而丧失了对出票人 A 企业的票据权利，但 D 企业仍对出票人 A 企业享有民事权利，D 企业可以要求 A 企业返还与汇票金额（50 万元）相当的利益。

3.【答案】

（1）C 银行向 A 银行提示付款的期限符合法律规定。根据规定，定日付款、出票后定期付款或者见票后定期付款的汇票，自到期日起 10 日内向承兑人提示付款。

（2）B 银行可以取得票据权利。B 银行虽然取得的是张某转让的无处分权的票据，但 B 银行属于善意且无重大过失取得票据的当事人，适用票据权利的善意取得，因此 B 银行可以获得票据权利。

（3）乙公司和张某不承担票据责任。由于 B 银行善意取得该票据，张某是伪造人，并不承担票据责任，同时，原权利人乙公司并未在票据上以真实意思签章，因此不承担票据责任。

（4）B 银行可以将票据再次贴现给 C 银行。进行了贴现而通过转让背书取得票据权利的金融机构，在符合有关规定的情况下，还可以将未到期的汇票以贴现方式转让给其他金融机构。这种业务称为"转贴现"。

（5）人民法院确定的公示催告时间不符合规定。根据规定，公示催告的期间由人民法院根据情况决定，但不得少于 60 日，且公示催告期间届满日不得早于票据付款日后 15 日。

（6）C 银行可以向 B 银行、A 银行（承兑人）和甲公司（出票人）行使追索权。汇票的出票人、背书人、承兑人和保证人对持票人承担连带责任。持票人可以不按照汇票债务人的先后顺序，对其中任何一人、数人或者全体行使追索权。

（7）C 银行可以自知道或者应当知道判决公告之日起 1 年内，向作出除权判决的法院起诉，请求撤销除权判决。

汇票票样

（1）银行汇票

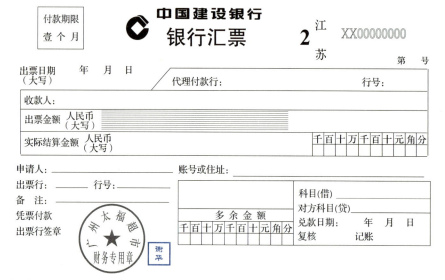

对于银行汇票，记载有实际结算金额的，以实际结算金额为汇票金额。如果银行汇票记载汇票金额而未记载实际结算金额，并不影响该汇票的效力，而以汇票金额为实际结算金额。实际结算金额只能小于或等于汇票金额，如果实际结算金额大于汇票金额的，实际结算金额无效，以汇票金额为付款金额。以上规定与承兑汇票无关，只有银行汇票有"实际结算金额"栏目。

例如签订合同的时候，没有办法确认最终交易完成金额的多少，所以会出现开出汇票的时候按预估数字开具，实际结算的时候数字少于预估数字的情况，在这种情况下，实际结算小于出票金额，多余部分退还出票人。

（2）承兑汇票

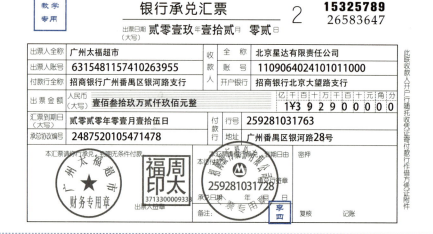

商业承兑汇票 2   00100062
23823020

出票日期（大写） 年 月 日

付款人	全称		收款人	全称	
	账号			账号	
	开户银行			开户银行	

出票金额 人民币（大写）　　　　　　　亿 千 百 十 万 千 百 十 元 角 分

汇票到期日（大写）　　　　　付款人开户行 行号／地址

交易合同号码

本汇票请你行承兑，到期无条件付款。　　出票人签章　承兑日期　年　月　日

本汇票请你行承兑，到期日由本行付款。　　承兑行签章

此联收款人开户行随托收凭证寄付款行作借方凭证附件

　　承兑汇票包括银行承兑汇票和商业承兑汇票，实践中一般选择银行承兑汇票，因为银行的信誉显然高于企业。如果银行不愿意承兑，不得不使用商业承兑汇票，可以利用票据保证增加信用。实践中票据保证人一般不常出现，因为票据保证本来是增强票据债务人的信用的一种制度，票据上有了保证了反而暴露了票据债务人的信用不高（因而才需要他人为之保证），所以常用其他办法代替，最常有代替保证的办法是背书。例如，甲签发一张汇票给乙支付货款，乙对甲的资信有怀疑，不愿接受，于是甲请资信程度较高的丙为收款人，丙接受汇票后再背书转让与乙，这张汇票实际上与以丙为保证人的情形相似。这种行为是隐存的票据保证，是无保证之名而有保证之实的办法。

第10章 企业国有资产法律制度

考情分析

▶ 历年考情分析

本章内容多为列举性规定，学习本章以记忆有关要点为主。历年考题一般为客观题，所占分数比较少，考题出现较多的考点主要有：关系企业国有资产出资人权益的重大事项，国有资产评估管理制度和企业国有资产交易管理制度。

▶ 本章 2020 年考试主要变化

本章变化比较大，主要修改是删除和简化了部分内容。

核心考点及经典例题详解

考点一 企业国有资产法律制度概述 ★★★

扫我解疑难

经典例题

【例题1·单选题】（2019年）根据企业国有资产法律制度的规定，代表国家行使企业国有资产所有权的是（ ）。

A. 国务院

B. 中国人民银行

C. 国有资产监督管理委员会

D. 财政部

【答案】A

【解析】本题考核企业国有资产的监督管理体制。企业国有资产属于国家所有，国务院代表国家行使企业国有资产所有权。

【例题2·多选题】（2019年）根据企业国有资产法律制度的规定，下列关于我国企业国有资产监督管理体制的表述中，正确的有（ ）。

A. 企业国有资产属于国家所有，国务院代表国家对国家出资企业履行出资人职责

B. 履行出资人职责应当坚持政企分开、社会公共管理职能与企业国有资产出资人职能分开、不干预企业依法自主经营原则

C. 地方人民政府无权代表国家对国家出资企业履行出资人职责

D. 国有资本投资、运营公司可对授权范围内的国有资本履行出资人职责

【答案】BD

【解析】本题考核企业国有资产的监督管理体制。企业国有资产属于国家所有，国务院代表国家行使企业国有资产所有权；国务院和地方各级人民政府分别代表国家对国家出资企业履行出资人职责；选项 AC 错误。

【例题3·单选题】（2018年）根据企业国有资产法律制度的规定，下列国有独资公司的人员中，应当由履行出资人职责的机构任免的是（ ）。

A. 副董事长 B. 副总经理
C. 总经理 D. 财务负责人

【答案】A

【解析】本题考核国家出资企业管理者的选择。履行出资人职责的机构依照法律、行政法规以及企业章程的规定，任免或者建议任免国家出资企业的下列人员：(1)任免国有独资企业的经理、副经理、财务负责人和其他高级管理人员；(2)任免国有独资公司的董事长、副董事长、董事、监事会主席和监事；(3)向国有资本控股公司、国有资本参股公司的股东会、股东大会提出董事、监事人选。

【例题4·单选题】(2018年)根据企业国有资产法律制度的规定，下列关于企业国有资产的表述中，正确的是( )。

A. 企业国有资产是指国家对企业各种形式的出资所形成的权益

B. 国家作为出资人对所出资企业的法人财产享有所有权

C. 企业国有资产即国家出资企业的法人财产

D. 国家对企业出资所形成的厂房、机器设备等固定资产的所有权属于国家

【答案】A

【解析】本题考核企业国有资产。企业国有资产与企业法人财产不同。企业国有资产是指国家作为出资人对所出资企业所享有的权益，而不是指国家出资企业的各项具体财产；选项A正确。出资人将出资投入企业，所形成的企业的厂房、机器设备等企业的各项具体财产，属于企业的法人财产权；选项C错误。企业法人的动产和不动产，由企业享有占有、使用、收益和处分的权利；选项D错误。出资人对企业法人财产不具有直接的所有权；选项B错误。

【例题5·单选题】(2017年)根据企业国有资产法律制度的规定，在选择国有资本控股公司的企业管理者时，履行出资人职责的机构享有的职权是( )。

A. 任免企业经理、副经理

B. 任免企业董事长、副董事长、董事和监事

C. 任免企业的财务负责人和其他高级管理人员

D. 向企业的股东会或股东大会提出董事、监事人选

【答案】D

【解析】本题考核国家出资企业管理者的选择。履行出资人职责的机构依照法律、行政法规以及企业章程的规定，任免或者建议任免国家出资企业的下列人员：(1)任免国有独资企业的经理、副经理、财务负责人和其他高级管理人员；(2)任免国有独资公司的董事长、副董事长、董事、监事会主席和监事；(3)向国有资本控股公司、国有资本参股公司的股东会、股东大会提出董事、监事人选。

【例题6·单选题】(2016年)根据企业国有资产法律制度的规定，代表国家行使企业国有资产所有权的是( )。

A. 全国人民代表大会

B. 国有资产监督管理委员会

C. 国家主席

D. 国务院

【答案】D

【解析】本题考核企业国有资产的监督管理体制。国务院代表国家行使企业国有资产所有权。

【例题7·多选题】(2016年)根据企业国有资产管理法律制度的规定，下列各项中，属于国家出资企业的有( )。

A. 国有独资公司

B. 国有资本控股公司

C. 国有资本参股公司

D. 国有独资企业

【答案】ABCD

【解析】本题考核国家出资企业。国家出资企业包括国有独资企业、国有独资公司、国有资本控股公司、国有资本参股公司。

📝 考点精析

【考点精析1】企业国有资产的概念和监督管理体制

1. 企业国有资产的概念

国有资产是指属于国家所有的一切财产

的总称。企业国有资产，仅指国有资产中的经营性国有资产。

2. 企业国有资产的监督管理体制

(1)企业国有资产属于国家所有即全民所有。**国务院代表国家行使企业国有资产所有权。**

(2)国务院和地方人民政府依照法律、行政法规的规定，分别代表国家对国家出资企业履行出资人职责，享有出资人权益。

(3)国务院和地方人民政府应当按照政企分开、社会公共管理职能与企业国有资产出资人职能分开、不干预企业依法自主经营的原则，依法履行出资人职责。

【考点精析2】履行出资人职责的机构与国家出资企业

(1)履行出资人职责的机构包括：国务院国有资产监督管理机构；地方人民政府按照国务院的规定设立的国有资产监督管理机构；国务院和地方人民政府根据需要授权的其他部门、机构。

(2)**国家出资企业，是指国家出资的国有独资企业、国有独资公司，以及国有资本控股公司、国有资本参股公司。**

【考点精析3】国家出资企业管理者的选择

(1)国家出资企业管理者的任免范围。

①任免**国有独资企业**的**经理、副经理、财务负责人和其他高级管理人员**；

②任免**国有独资公司**的**董事长、副董事长、董事、监事会主席和监事**；

③向国有资本控股公司、国有资本参股公司的股东会、股东大会提出董事、监事人选。

(2)国家出资企业中应当由职工代表出任的董事、监事，依照有关法律、行政法规的规定**由职工民主选举产生**。

(3)国家出资企业管理者的兼职限制。

①**未经履行出资人职责的机构同意，国有独资企业、国有独资公司的董事、高级管理人员不得在其他企业兼职。**

②**未经股东会、股东大会同意，国有资本控股公司、国有资本参股公司的董事、高级管理人员不得在经营同类业务的其他企业兼职。**

③**未经履行出资人职责的机构同意，国有独资公司的董事长不得兼任经理。**

④**未经股东会、股东大会同意，国有资本控股公司的董事长不得兼任经理。董事、高级管理人员不得兼任监事。**

【考点精析4】企业改制

(1)企业改制的类型。

①国有独资企业改为国有独资公司；

②国有独资企业、国有独资公司改为国有资本控股公司或者非国有资本控股公司；

③国有资本控股公司改为非国有资本控股公司。

(2)企业改制应当依照法定程序，由履行出资人职责的机构决定或者由公司股东会、股东大会决定。重要的国有独资企业、国有独资公司、国有资本控股公司的改制，履行出资人职责的机构在作出决定或者向其委派参加国有资本控股公司股东会会议、股东大会会议的股东代表作出指示前，应当将改制方案报请本级人民政府批准。

(3)企业改制涉及重新安置企业职工的，还应当制定职工安置方案，并经职工代表大会或者职工大会审议通过。

(4)国有企业实施改制前，原企业应当与投资者就职工安置费用、劳动关系接续等问题明确相关责任，并制订职工安置方案。

(5)**职工安置方案必须经职工代表大会或职工大会审议通过，企业方可实施改制。**

(6)对企业改制时解除劳动合同且不再继续留用的职工，要支付经济补偿金。对经确认的拖欠职工的工资、集资款、医疗费和挪用的职工住房公积金以及企业欠缴社会保险费，原则上要一次性付清。

考点二 企业国有资产产权登记制度 ★

扫我解疑难

经典例题

【例题1·单选题】（2011年）根据企业国有资产法律制度的规定，企业国有资产产权登记机关是（　）。

A. 各级财政部门

B. 各级国有资产监督管理机构

C. 市场监督管理部门

D. 各级商务主管部门

【答案】 B

【解析】 本题考核国有资产产权登记。企业国有资产产权登记机关是各级国有资产监督管理机构。

【例题2·多选题】（2000年）根据企业国有资产产权登记管理的规定，下列选项中，应当依照规定申请办理国有资产产权登记的有（　）。

A. 国有独资公司

B. 占有、使用国有资产的集体企业

C. 国有企业投资设立的有限责任公司

D. 国家授权投资的机构

【答案】 ABCD

【解析】 本题考核国有资产产权登记的主体范围。凡是依法占有国有资产的单位，无论单位是何种性质，都应办理国有资产产权登记。本题所列四种情形，都占有国有资产，所以均应依照规定申请办理国有资产产权登记。

考点精析

（1）国有企业、国有独资公司、设置国有股权的有限责任公司和股份有限公司、国有企业和国有独资公司投资设立的企业以及其他形式占有国有资产的企业，都应当依照规定申请办理国有资产产权登记。

（2）国家出资企业、国家出资企业（不含国有资本参股公司）拥有实际控制权的境内外各级企业及其投资参股企业，应当纳入产权登记范围。国家出资企业所属事业单位视为其子企业进行产权登记。

但上述企业为交易目的持有的下列股权不进行产权登记：①赚取差价从二级市场购入的上市公司股权；②近期内（一年以内）出售而持有的其他股权。

（3）国有资产产权登记机关是各级履行出资人职责的机构。

考点三 国有资产评估制度 ★★

扫我解疑难

经典例题

【例题1·单选题】（2019年）根据企业国有资产法律制度的规定，国家出资企业及其各级子企业发生特定行为时，应当对相关资产进行评估。下列各项中，属于此类特定行为的是（　）。

A. 经各级人民政府或其国有资产监督管理机构批准，对企业整体实施无偿划转

B. 国有独资企业与其下属独资企业之间的资产置换

C. 国家出资企业整体或部分改制为有限责任公司或股份有限公司

D. 经各级人民政府或其国有资产监督管理机构批准，对企业部分实施无偿划转

【答案】 C

【解析】 本题考核企业国有资产评估的范围。企业有下列行为之一的，可以不对相关国有资产进行评估：（1）经各级人民政府或其国有资产监督管理机构批准，对企业整体或者部分资产实施无偿划转；（2）国有独资企业与其下属独资企业（事业单位）之间或者其下属的独资企业（事业单位）之间的合并、资产（产权）置换和无偿划转。选项C属于"整体或者部分改建为有限责任公司或者股份有限公司"，应当进行评估。

【例题2·多选题】（2018年）根据企业国有资

产法律制度的规定，国家出资企业及其各级子企业发生特定行为时，应当对相关资产进行评估。下列各项中，属于此种行为的有( )。

A. 合并、分立、破产、解散

B. 产权转让

C. 以货币资产对外投资

D. 资产转让、置换

【答案】ABD

【解析】本题考核企业国有资产评估的范围。根据规定，国家出资企业及其各级子企业有下列行为之一的，应当对相关资产进行评估：(1)整体或者部分改建为有限责任公司或者股份有限公司；(2)以非货币资产对外投资；(3)合并、分立、破产、解散(选项A)；(4)非上市公司国有股东股权比例变动；(5)产权转让(选项B)；(6)资产转让、置换(选项D)；(7)整体资产或者部分资产租赁给非国有单位；(8)以非货币资产偿还债务；(9)资产涉讼；(10)收购非国有单位的资产；(11)接受非国有单位以非货币资产出资；(12)接受非国有单位以非货币资产抵债；(13)法律、行政法规规定的其他需要进行资产评估的事项。

📝**考点精析**

【考点精析1】企业国有资产评估的范围

1. 企业国有资产评估的范围

国家出资企业及其各级子企业有下列行为之一的，应当对相关资产进行评估：

(1)整体或者部分改建为有限责任公司或者股份有限公司；

(2)以非货币资产对外投资；

(3)合并、分立、破产、解散；

(4)非上市公司国有股东股权比例变动；

(5)产权转让；

(6)资产转让、置换；

(7)整体资产或者部分资产租赁给非国有单位；

(8)以非货币资产偿还债务；

(9)资产涉讼；

(10)收购非国有单位的资产；

(11)接受非国有单位以非货币资产出资；

(12)接受非国有单位以非货币资产抵债；

(13)法律、行政法规规定的其他需要进行资产评估的事项。

2. 可以不进行国有资产评估的行为

企业有下列行为之一的，可以不对相关国有资产进行评估：

(1)经各级人民政府或其国有资产监督管理机构批准，对企业整体或者部分资产实施无偿划转；

(2)国有独资企业与其下属独资企业(事业单位)之间或其下属独资企业(事业单位)之间的合并、资产(产权)置换和无偿划转。

【考点精析2】国有资产评估项目核准制和备案制

1. 核准制

(1)经各级人民政府批准经济行为的事项涉及的资产评估项目，分别由其国有资产监督管理机构负责核准。

(2)国有资产监督管理机构收到核准申请后，对符合核准要求的，及时组织有关专家审核，在20个工作日内完成对评估报告的核准。

2. 备案制

(1)经国务院国有资产监督管理机构批准经济行为的事项涉及的资产评估项目，由国务院国有资产监督管理机构负责备案；经国务院国有资产监督管理机构所出资企业及其各级子企业批准经济行为的事项涉及的资产评估项目，由中央企业负责备案。

(2)经国务院国有资产监督管理机构批准进行主辅分离辅业改制项目中，按限额专项委托中央企业办理相关资产评估项目备案。属于国家授权投资机构的中央企业负责办理资产总额账面值5 000万元(不含)以下资产评估项目的备案，5 000万元以上的资产评估项目由国务院国有资产监督管理机构办理备案；其他中央企业负责办理资产总额账面值

2 000万元(不含)以下资产评估项目的备案，2 000万元以上的资产评估项目由国务院国有资产监督管理机构办理备案。

【考点精析3】 企业国有资产评估程序

(1)企业国有资产评估业务委托人应当依法选择资产评估机构，应当与评估机构订立委托合同，约定双方的权利和义务。

(2)资产评估机构受理企业国有资产评估业务后，应当指定至少两名相应专业类别的评估师承办。

(3)资产评估报告应当由至少两名承办该项业务的评估师签名并加盖资产评估机构印章。

(4)资产评估档案的保存期限不少于30年。

(5)委托人或者资产评估报告使用人应当按照法律规定和资产评估报告载明的使用范围使用评估报告。委托人或者资产评估报告使用人违反规定使用评估报告的，评估机构和评估师不承担责任。

阶段性测试

1.【单选题】履行出资人职责的机构对国有独资公司的管理者，有权任免的是(   )。
   A. 副董事长
   B. 总经理
   C. 总会计师
   D. 总工程师

2.【单选题】《企业国有资产法》对关系企业国有资产出资人权益的重大事项作出了具体的规定，对此，下列说法正确的是(   )。
   A. 国有独资企业增加或者减少注册资本，由董事会决定
   B. 国家出资企业发行企业债券应当符合《企业债券管理条例》的规定，报国家发展和改革委员会核准
   C. 重要的国有独资企业，由省级政府部门确定
   D. 国家出资企业申请破产，应当经企业工会通过

3.【单选题】重要的国有独资企业的某些行为，履行出资人职责的机构在作出决定或者向其委派参加国有资本控股公司股东会会议、股东大会会议的股东代表作出指示前，应当报本级人民政府批准。前述行为不包括的是(   )。
   A. 分立   B. 合并
   C. 增减资本   D. 申请破产

4.【多选题】根据国有资产管理法律制度的规定，国有企业实施改制时应当明确企业与职工的相关责任。下列有关国有企业改制时企业与职工关系问题的表述中，正确的有(   )。
   A. 企业改制应当制定职工安置方案，职工安置方案须经职工代表大会或职工大会审议通过
   B. 企业实施改制时，必须向职工公布企业主要财务指标的财务审计、资产评估结果
   C. 对企业改制时解除劳动合同且不再继续留用的职工，应当支付经济补偿金
   D. 企业改制时，对确认的拖欠职工工资、医疗费等，原则上应当一次付清

5.【多选题】甲企业是国有独资企业。根据《企业国有资产法》的规定，下列各项中，属于甲企业关联方的有(   )。
   A. 甲企业的副经理林某
   B. 甲企业经理的同学陈某
   C. 甲企业的职工李某
   D. 甲企业财务负责人的配偶王某

6.【多选题】根据国有资产评估管理的有关规定，国有资产占有单位发生的下列行为中，应当进行资产评估的有(   )。
   A. 以无形资产对外投资
   B. 收购非国有单位的资产
   C. 以非货币资产偿还债务
   D. 将部分资产抵押

阶段性测试答案精析

1. A 【解析】本题考核国家出资企业管理者的选择。履行出资人职责的机构依照法

律、行政法规以及企业章程的规定，任免国有独资公司的董事长、副董事长、董事、监事会主席和监事。

2. B 【解析】本题考核关系企业国有资产出资人权益的重大事项。(1)国有独资企业、国有独资公司合并、分立、增加或者减少注册资本，发行债券，分配利润，以及解散、申请破产，由履行出资人职责的机构决定，所以选项 A 错误。(2)重要的国有独资企业、国有独资公司和国有资本控股公司，按照国务院的规定确定，所以选项 C 错误。(3)国家出资企业的合并、分立、改制、解散、申请破产等重大事项，应当听取企业工会的意见，所以选项 D 错误。

3. C 【解析】本题考核关系企业国有资产出资人权益的重大事项。重要的国有独资企业、国有独资公司、国有资本控股公司的合并、分立、解散、申请破产以及法律、行政法规和本级人民政府规定应当由履行出资人职责的机构报经本级人民政府批准的重大事项，履行出资人职责的机构在作出决定或者向其委派参加国有资本控股公司股东会会议、股东大会会议的股东代表作出指示前，应当报请本级人民政府批准。

4. ABCD 【解析】本题考核企业国有资产中的企业改制。选项 C：对解除劳动合同且不再继续留用的职工，要支付经济补偿金，对继续留用的职工不得支付经济补偿金。

5. AD 【解析】本题考核关联方的范围。关联方是指本企业的董事、监事、高级管理人员及其近亲属，以及这些人员所有或者实际控制的企业。选项 A 属于本企业高级管理人员；选项 D 属于本企业高级管理人员的近亲属。

6. ABC 【解析】本题考核国有资产评估的范围。资产抵押不是进行评估的情形。

考点四　企业国有资产交易管理制度 ★★★

扫我解疑难

📝 经典例题

【例题 1·单选题】(2019 年)根据企业国有资产法律制度的规定，国有参股股东拟于一个会计年度内通过证券交易系统累计净转让的上市公司股份达到该上市公司总股本特定比例及以上的，应当报国有资产监督管理机构的审核批准。该特定比例是(　)。

A. 5%　　　　　　　　B. 8%

C. 10%　　　　　　　 D. 15%

【答案】A

【解析】本题考核国有股东所持上市公司股份通过证券交易系统转让。国有股东通过证券交易系统转让所持上市公司股份时，国有参股股东拟于一个会计年度内累计净转让股份比例达到上市公司总股本 5% 及以上的，应当报国有资产监督管理机构审核批准。

【例题 2·单选题】(2017 年)国有资产监督管理机构负责审核国家出资企业的增资行为。其中，因增资致使国家不再拥有所出资企业控股权的，须由国有资本监督管理机构报特定主体批准。该特定主体是(　)。

A. 上级人民政府

B. 本级人民政府

C. 国家出资企业所在地省级人民政府

D. 上级国有资产监督管理机构

【答案】B

【解析】本题考核国家出资企业增资的审核批准。国有资产监督管理机构负责审核国家出资企业的增资行为。其中，因增资致使国家不再拥有所出资企业控股权的，须由国有资产监督管理机构报本级人民政府批准。

📝 考点精析

【考点精析 1】企业产权转让

(1)国有资产监督管理机构负责审核国

家出资企业的产权转让事项。其中，因产权转让致使国家不再拥有所出资企业控股权的，须由国有资产监督管理机构报本级人民政府批准。

（2）产权转让原则上通过产权市场公开进行。

（3）交易价款原则上应当自合同生效之日起5个工作日内一次付清。金额较大、一次付清确有困难的，可以采取分期付款方式。采用分期付款方式的，首期付款不得低于总价款的30%，并在合同生效之日起5个工作日内支付；其余款项应当提供转让方认可的合法有效担保，并按同期银行贷款利率支付延期付款期间的利息，付款期限不得超过1年。

（4）非公开协议转让。

①涉及主业处于关系国家安全、国民经济命脉的重要行业和关键领域企业的重组整合，对受让方有特殊要求，企业产权需要在国有及国有控股企业之间转让的，经国有资产监督管理机构批准，可以采取非公开协议转让方式；②同一国家出资企业及其各级控股企业或实际控制企业之间因实施内部重组整合进行产权转让的，经该国家出资企业审议决策，可以采取非公开协议转让方式。

（5）采取非公开协议转让方式转让企业产权，转让价格不得低于经核准或备案的评估结果。

【考点精析2】 企业增资

（1）国有资产监督管理机构负责审核国家出资企业的增资行为。其中，因增资致使国家不再拥有所出资企业控股权的，须由国有资产监督管理机构报本级人民政府批准。

（2）企业增资在完成决策批准程序后，应当由增资企业委托具有相应资质的中介机构开展审计和资产评估。

（3）企业增资通过产权交易机构网站对外披露信息公开征集投资方，时间不得少于40个工作日。

（4）非公开协议方式增资。以下情形**经同级国有资产监督管理机构批准**，可以采取非公开协议方式进行增资：①因国有资本布局结构调整需要，由特定的国有及国有控股企业或国有实际控制企业参与增资；②因国家出资企业与特定投资方建立战略合作伙伴或利益共同体需要，由该投资方参与国家出资企业或其子企业增资。

以下情形**经国家出资企业审议决策**，可以采取非公开协议方式进行增资：①国家出资企业直接或指定其控股、实际控制的其他子企业参与增资；②企业债权转为股权；③企业原股东增资。

【考点精析3】 企业资产转让

（1）转让方应当根据转让标的情况合理确定转让底价和转让信息公告期：①转让底价高于100万元、低于1000万元的资产转让项目，信息公告期应不少于10个工作日；②转让底价高于1000万元的资产转让项目，信息公告期应不少于20个工作日。

（2）资产转让价款原则上一次性付清。

【考点精析4】 企业国有产权无偿划转

企业国有产权无偿划转，是指企业国有产权在政府机构、事业单位、国有独资企业、国有独资公司之间的无偿转移行为。

有下列情况之一的，不得实施无偿划转：

（1）被划转企业主业不符合划入方主业及发展规划的；

（2）中介机构对被划转企业划转基准日的财务报告出具否定意见、无法表示意见或保留意见的审计报告的；

（3）无偿划转涉及的职工分流安置事项未经被划转企业的职工代表大会审议通过的；

（4）被划转企业或有负债未有妥善解决方案的；

（5）划出方债务未有妥善处置方案的。

【考点精析5】 上市公司国有股权变动管理

1. 国有股东所持上市公司股份通过证券交易系统转让

有下列情形之一的，应报国有资产监督管理机构审核批准：

（1）国有控股股东转让上市公司股份可能导致持股比例低于合理持股比例的；

（2）总股本不超过 10 亿股的上市公司，国有控股股东拟于一个会计年度内累计净转让（累计转让股份扣除累计增持股份后的余额，下同）达到总股本 5% 及以上的；总股本超过 10 亿股的上市公司，国有控股股东拟于一个会计年度内累计净转让数量达到 5 000 万股及以上的；

（3）国有参股股东拟于一个会计年度内累计净转让达到上市公司总股本 5% 及以上的。

2. 国有股东所持上市公司股份公开征集转让

（1）公开征集转让股份信息披露。国有股东拟公开征集转让上市公司股份的，在履行内部决策程序后，应书面告知上市公司，由上市公司依法披露，进行提示性公告。国有控股股东公开征集转让上市公司股份可能导致上市公司控股权转移的，应当一并通知上市公司申请停牌。

（2）确定转让股份价格。国有股东公开征集转让上市公司股份的价格不得低于下列两者之中的较高者：

①提示性公告日前 30 个交易日的每日加权平均价格的算术平均值；

②最近一个会计年度上市公司经审计的每股净资产值。

（3）收取转让股份价款。国有股东应在股份转让协议签订后 5 个工作日内收取不低于转让价款 30% 的保证金，其余价款应在股份过户前全部结清。在全部转让价款支付完毕或交由转让双方共同认可的第三方妥善保管前，不得办理股份过户登记手续。

3. 国有股东所持上市公司股份非公开协议转让

（1）确定股份转让价格。国有股东非公开协议转让上市公司股份的价格不得低于下列两者之中的较高者：

①提示性公告日前 30 个交易日的每日加权平均价格的算术平均值；②最近一个会计年度上市公司经审计的每股净资产值。

（2）收取股份转让价款。以现金支付股份转让价款的，国有股东应在股份转让协议签订后 5 个工作日内收取不低于转让价款 30% 的保证金，其余价款应在股份过户前全部结清；以非货币资产支付股份转让价款的，应当符合国家相关规定。

4. 国有股东所持上市公司股份无偿划转

政府部门、机构、事业单位、国有独资或全资企业之间可以依法无偿划转所持上市公司股份。

5. 国有股东所持上市公司股份间接转让

6. 国有股东发行可交换公司债券

国有股东发行的可交换公司债券交换为上市公司每股股份的价格，应不低于债券募集说明书公告日前 1 个交易日、前 20 个交易日、前 30 个交易日该上市公司股票均价中的最高者。

7. 国有股东受让上市公司股份

国有股东受让上市公司股份行为主要包括国有股东通过证券交易系统增持、协议受让、间接受让、要约收购上市公司股份和认购上市公司发行股票等。

8. 国有股东所控股上市公司吸收合并

国有股东所控股上市公司吸收合并，是指国有控股上市公司之间或国有控股上市公司与非国有控股上市公司之间的吸收合并。

9. 国有股东所控股上市公司发行证券

国有股东所控股上市公司发行证券包括上市公司采用公开方式向原股东配售股份、向不特定对象公开募集股份、采用非公开方式向特定对象发行股份以及发行可转换公司债券等行为。

10. 国有股东与上市公司进行资产重组

国有股东与上市公司进行资产重组是指国有股东向上市公司注入、购买或置换资产并涉及国有股东所持上市公司股份发生变化的情形。

本章综合练习 限时20分钟

一、单项选择题

1. 下列选项中，属于履行出资人职责的机构是（　　）。
   A. 税务部门
   B. 国家经济贸易委员会
   C. 国有资产监督管理机构
   D. 国家市场监督管理总局

2. 某国有独资公司拟改制为国有资本控股公司，涉及重新安置企业职工。对此，下列说法错误的是（　　）。
   A. 职工安置方案由原企业与投资者制订
   B. 改制后企业与留用的职工重新签订劳动合同
   C. 留用的职工在改制前企业的工作年限应合并计算为在改制后企业的工作年限
   D. 原企业不用向继续留用的职工支付经济补偿金

3. 下列选项中，符合企业国有资产转让规定的是（　　）。
   A. 企业国有资产转让由董事会决定
   B. 所有的企业国有资产转让应当在依法设立的产权交易场所公开进行
   C. 征集产生的受让方为两个以上的，由履行出资人职责的机构决定
   D. 所有受让参与者应当平等竞买

4. 对于国有独资公司投资设立企业，负责其国有资产产权登记管理工作的是（　　）。
   A. 国务院国有资产监督管理机构
   B. 省、自治区、直辖市及计划单列市国有资产监督管理机构
   C. 地区国有资产监督管理机构
   D. 县级国有资产监督管理机构

5. 下列关于企业国有资产评估的表述中，不符合规定的是（　　）。
   A. 企业国有资产的评估档案的保存期限不少于30年
   B. 国家出资企业以非货币资产对外投资，应当对相关资产进行评估
   C. 资产评估机构的组织形式为合伙制或公司制
   D. 经核准或备案的资产评估结果使用有效期为自评估基准日起2年

6. 根据《企业国有资产交易监督管理办法》的规定，下列情形中，经同级国有资产监管机构批准才可以采取非公开方式增资的是（　　）。
   A. 企业原股东增资
   B. 国家出资企业直接控制的子企业参与增资
   C. 因国有资本布局结构调整需要，由特定的国有及国有控股企业或国有实际控制企业参与增资
   D. 企业债权转为股权

7. 甲国有企业拟转让所持有的乙上市公司股份。2019年3月1日，甲公司在获得国有资产监督管理机构对拟协议转让上市公司股份事项的意见后，上市公司依法公开披露了有关转让信息。乙上市公司股份的价格在2019年3月1日前30个交易日的每日加权平均价格算术平均值为每股15元，乙上市公司最近一个会计年度经审计的每股净资产值为14元。甲公司协议转让乙上市公司股份的价格最低是（　　）元。
   A. 14.5　　　　　　　　B. 14
   C. 13.5　　　　　　　　D. 15

8. 国有股东可以采用法定的方式转让所持上市公司股份，对此，下列说法正确的是（　　）。
   A. 国有股东通过证券交易系统转让所持上市公司股份，必须事先报批
   B. 国有股东与拟受让方签订股份转让协议后，应及时履行信息披露等相关义务
   C. 国有股东所持上市公司股份一律不得对外无偿划转
   D. 国有股东所持上市公司股份实施间接转让的，应当聘请在境内或境外注册的专

业机构担任财务顾问

二、多项选择题

1. 根据《企业国有资产法》的规定，履行出资人职责机构的主要职责有(   )。

   A. 制定或者参与制定国家出资企业的章程

   B. 向所出资的企业派出监事

   C. 审批所出资企业的工资调整方案

   D. 对所出资的企业负责人进行任免

2. 根据《企业国有资产法》的规定，国家出资企业管理者的兼职有一定的限制，对此，下列说法正确的有(   )。

   A. 未经履行出资人职责的机构同意，国有独资企业、国有独资公司的董事、高级管理人员不得在其他企业兼职

   B. 未经股东会、股东大会同意，国有资本控股公司、国有资本参股公司的董事、高级管理人员不得在经营同类业务的其他企业兼职

   C. 未经履行出资人职责的机构同意，国有独资公司的董事长不得兼任经理

   D. 未经股东会、股东大会同意，董事、高级管理人员不得兼任监事

3. 下列情形中，属于履行出资人职责的机构和履行出资人职责的企业应当办理占有产权登记的情形的有(   )。

   A. 因投资而新设企业的

   B. 因分立而新设企业的

   C. 因收购而首次取得企业股权的

   D. 因投资入股而首次取得企业股权的

4. 根据国有资产评估管理的有关规定，国有资产占有单位发生的下列行为中，应当进行资产评估的有(   )。

   A. 以50%的资产改建为有限责任公司

   B. 以商标权对外投资

   C. 以一栋厂房抵押向银行借款

   D. 将一间门面房租赁给个体工商户使用

5. 国有独资企业之间的下列情形中，可以不进行资产评估的有(   )。

   A. 合并　　　　B. 资产无偿划转

   C. 置换　　　　D. 转让

6. 根据《企业国有资产交易监督管理办法》，关于企业产权转让程序，下列表述符合规定的有(   )。

   A. 产权转让原则上通过产权市场公开进行

   B. 转让方可以采取信息预披露和正式披露相结合的方式，通过产权交易机构网站分阶段对外披露产权转让信息，公开征集受让方

   C. 正式披露信息时间不得少于20个工作日

   D. 因产权转让导致转让标的企业的实际控制权发生转移的，转让方应当在转让行为获批后10个工作日内，通过产权交易机构进行信息预披露，时间不得少于30个工作日

7. 国有资产监督管理机构批准采取非公开协议方式增资时，应当审核的文件有(   )。

   A. 增资的有关决议文件

   B. 增资方案

   C. 增资方案可行性研究报告

   D. 采取非公开协议方式增资的必要性以及投资方情况

8. 关于企业国有产权无偿划转，划转双方协商一致后，应当签订企业国有产权无偿划转协议。划转协议应当包括的主要内容有(   )。

   A. 划入划出双方的名称

   B. 被划转企业涉及的职工分流安置方案

   C. 双方主要负责人

   D. 协议生效条件

9. 下列关于国有股东所持上市公司股份公开征集转让中信息披露表述正确的有(   )。

   A. 国有股东拟公开征集转让上市公司股份的，在履行内部决策程序后，应书面告知上市公司，并进行提示性公告

   B. 国有控股股东公开征集转让上市公司股份可能导致上市公司控股权转移的，应当一并通知上市公司申请停牌

   C. 国有股东在获得国有资产监督管理机构同意意见后书面通知上市公司发布公开征集信息

   D. 公开征集信息对受让方的资格条件不得设定指向性或违反公平竞争要求的条款

本章综合练习参考答案及详细解析

一、单项选择题

1. C 【解析】本题考核履行出资人职责的机构。履行出资人职责的机构在中央一般是国务院国有资产监督管理委员会，在地方是指各级国有资产监督管理机构。

2. B 【解析】本题考核企业改制。改制为国有控股企业的，改制后企业继续履行改制前企业与留用的职工签订的劳动合同。

3. D 【解析】本题考核企业国有资产转让。企业国有资产转让由履行出资人职责的机构决定，所以选项 A 错误。企业国有资产转让允许按照国家规定直接协议转让，所以选项 B 错误。征集产生的受让方为两个以上的，转让应当采用公开竞价的交易方式，所以选项 C 错误。

4. A 【解析】本题考核企业国有资产产权登记的管理。根据规定，国务院国有资产监督管理机构负责中央国有企业、国有独资公司投资设立企业的国有资产产权登记管理工作。

5. D 【解析】本题考核企业国有资产评估程序。经核准或备案的资产评估结果使用有效期为自评估基准日起 1 年。

6. C 【解析】本题考核企业增资。其他选项经国家出资企业审议决策即可以采取非公开协议方式进行增资。

7. D 【解析】本题考核国有股东所持上市公司股份公开征集转让。国有股东公开征集转让上市公司股份的价格不得低于下列两者之中的较高者：(1)提示性公告日前 30 个交易日的每日加权平均价格的算术平均值；(2)最近一个会计年度上市公司经审计的每股净资产值。

8. B 【解析】本题考核国有股东转让所持上市公司股份。国有股东通过证券交易系统转让所持上市公司股份，可以采用事后报备和事先报批两种情况处理，所以选项 A 错误。国有股东所持上市公司股份可以依法无偿划转给政府机构、事业单位、国有独资企业以及国有独资公司持有，所以选项 C 错误。实施间接转让的，应当聘请在境内注册的专业机构担任财务顾问，所以选项 D 错误。

二、多项选择题

1. ABD 【解析】本题考核国有资产监督管理机构的职责。国有资产的监督管理部门的职责不包括审批所出资企业的工资调整方案。

2. ABC 【解析】本题考核国家出资企业管理者的兼职限制。董事、高级管理人员不得兼任监事是法定的。

3. ABCD 【解析】本题考核应当办理占有产权登记的情形。

4. ABD 【解析】本题考核国有资产评估的范围。资产抵押不是进行评估的情形。

5. ABC 【解析】本题考核国有资产评估的范围。企业有下列行为之一的，可以不对相关国有资产进行评估：(1)经各级人民政府或其国有资产监督管理机构批准，对企业整体或者部分资产实施无偿划转；(2)国有独资企业与其下属独资企业(事业单位)之间或者其下属的独资企业(事业单位)之间的合并、资产(产权)置换和无偿划转。

6. ABC 【解析】本题考核产权转让。因产权转让导致转让标的企业的实际控制权发生转移的，转让方应当在转让行为获批后 10 个工作日内，通过产权交易机构进行信息预披露，时间不得少于 20 个工作日。

7. ABD 【解析】本题考核非公开协议方式增资。

8. ABD 【解析】本题考核企业国有产权无偿划转协议。双方主要负责人不是协议要求的内容。

9. ABCD 【解析】本题考核国有股东所持上市公司股份公开征集转让。

第 10 章 企业国有资产法律制度

第11章 反垄断法律制度

JINGDIAN TIJIE

考情分析

▶ 历年考情分析

本章考试题型一般以客观题为主，近几年从未涉及案例分析题，平均分值为4分。

▶ 本章2020年考试主要变化

本章的变化主要是文字性修改，涉及实质性内容的不多。

核心考点及经典例题详解

考点一　反垄断法律制度概述★★

扫我解疑难

📝 经典例题

【例题1·单选题】（2019年）下列关于相关市场界定的表述中，符合反垄断法律制度规定的是（　　）。

A. 只有滥用市场支配地位案件，才需要界定相关市场

B. 界定相关市场的基本标准是商品间"较为紧密的相互替代性"

C. 任何反垄断案件的分析中，相关市场均应从商品、地域和时间三个维度界定

D. 供给替代是界定相关市场的主要分析视角

【答案】B

【解析】本题考核相关市场。在垄断协议及滥用市场支配地位的禁止，以及经营者集中的反垄断审查案件中，均可能涉及相关市场的界定问题；选项A错误。界定相关市场涉及

的维度包括时间、商品和地域等三个维度；但是，并非任何市场界定都涉及全部三个维度；选项C错误。需求替代是界定相关市场的主要分析视角；选项D错误。

【例题2·单选题】（2019年）下列关于反垄断民事诉讼制度的表述中，说法正确的是（　　）。

A. 作为间接购买该公司产品的消费者，不能作为反垄断民事诉讼的原告

B. 在反垄断民事诉讼中，具有相应专门知识的人员出庭就案件专门性问题所作说明，属于《民事诉讼法》上的证人证言

C. 原告起诉时，被诉垄断行为已持续超过两年，被告以诉讼时效抗辩的，损害赔偿应当自原告向人民法院起诉之日起向前推算2年计算

D. 原告提起反垄断民事诉讼，须以反垄断执法机构认定相关垄断行为违法为前提

【答案】C

【解析】本题考核反垄断民事诉讼。因垄断行为受到损失以及因合同内容、行业协会的章程等违反《反垄断法》而发生争议的自然人、

法人或者其他组织，可以向人民法院提起反垄断民事诉讼；选项 A 错误。当事人可以向人民法院申请"专家"出庭，就案件的专门性问题进行说明，"专家证人"在法庭上提供的意见并非法定证据形式，而是作为法官判案的参考依据；选项 B 错误。人民法院受理垄断民事纠纷案件，是不以执法机构已对相关垄断行为进行了查处为前提条件的；选项 D 错误。

【例题 3·多选题】（2019 年）根据反垄断法律制度的规定，下列各项中，属于反垄断执法机构在调查涉嫌垄断行为时可以采取的措施的有（ ）。

A. 进入被调查经营者的营业场所进行检查

B. 查询、冻结经营者账户

C. 复制被调查经营者的有关电子数据

D. 查封、扣押相关证据

【答案】 ACD

【解析】 本题考核反垄断调查措施。选项 ACD：反垄断执法机构调查涉嫌垄断行为，可以采取下列措施：（1）进入被调查的经营者的营业场所或者其他有关场所进行检查；（2）询问被调查的经营者、利害关系人或者其他有关单位或者个人，要求其说明有关情况；（3）查阅、复制被调查的经营者、利害关系人或者其他有关单位或者个人的有关单证、协议、会计账簿、业务函电、电子数据等文件和资料；（4）查封、扣押相关证据；（5）查询经营者的银行账户。选项 B：反垄断执法机构调查措施不包括"冻结账户"。

【例题 4·多选题】（2017 年）下列关于《反垄断法》适用范围的表述中，正确的有（ ）。

A. 只要垄断行为发生在境内，无论该行为是否对境内市场竞争产生排除、限制影响，均应适用《反垄断法》

B. 只要行为人是我国公民或境内企业，无论该行为是否发生在境内，均应适用《反垄断法》

C. 只要行为人是我国公民或境内企业，无论该行为是否发生在境内，均应适用《反垄断法》

D. 只要垄断行为对境内市场竞争产生排除、限制影响，无论该行为是否发生在境内，均应适用《反垄断法》

【答案】 AD

【解析】 本题考核反垄断法适用的地域范围。中华人民共和国境内经济活动中的垄断行为，适用《反垄断法》，选项 A 正确、选项 B 错误；中华人民共和国境外的垄断行为，对境内市场竞争产生排除、限制影响的，适用《反垄断法》，选项 C 错误、选项 D 正确。

【例题 5·单选题】（2017 年）根据我国反垄断执法机构的职责分工，负责不涉及价格的滥用行政权力排除、限制竞争行为的执法工作的机构是（ ）。

A. 国家市场监督管理总局

B. 商务部

C. 国务院反垄断委员会

D. 国家发展改革委

【答案】 A

【解析】 本题考核反垄断执法机构。

【例题 6·单选题】（2015 年）下列垄断行为中，行为人可能承担刑事责任的是（ ）。

A. 经营者滥用市场支配地位，搭售商品

B. 经营者与交易相对人达成固定转售价格协议

C. 经营者未经执法机构批准，擅自实施集中

D. 经营者之间串通投标

【答案】 D

【解析】 本题考核反垄断法律责任。我国《反垄断法》未对垄断行为规定刑事责任，选项 A、B、C 不选。我国《招标投标法》和《刑法》均对情节严重的串通招投标行为规定了刑事责任。

📝 考点精析

【考点精析 1】反垄断法的适用范围

1. 反垄断法适用的地域范围

（1）中华人民共和国境内经济活动中的垄

断行为，适用《反垄断法》。

（2）中华人民共和国境外的垄断行为，对境内市场竞争产生排除、限制影响的，适用《反垄断法》。

【知识点拨】这里所称"境内"，不含我国港、澳、台地区。

2. 反垄断法适用的主体和行为类型（见表11-1）

表11-1　反垄断法适用的主体和行为类型

主体	行为类型
经营者	（1）经营者达成垄断协议； （2）经营者滥用市场支配地位； （3）具有或者可能具有排除、限制竞争效果的经营者集中
行业协会	参与组织实施诸如价格联盟类的垄断行为
行政主体	滥用行政权力排除、限制竞争行为

3. 反垄断法的适用除外

（1）知识产权的正当行使。经营者依照有关知识产权的法律、行政法规规定行使知识产权的行为，不适用反垄断法。但是，经营者滥用知识产权，排除、限制竞争的行为，不可排除反垄断法的适用。

（2）农业生产中的联合或者协同行为。反垄断法对农业生产者及农村经济组织在农产品生产、加工、销售、运输、储存等经营活动中实施的联合或者协同行为排除适用。

【知识点拨】对于铁路、石油、电信、电网、烟草等重点行业，国家通过立法赋予其垄断性经营权。但是，如果这些国有垄断企业从事垄断协议、滥用市场支配地位行为，或者从事可能排除、限制竞争的经营者集中行为，同样应受《反垄断法》的规制。

【考点精析2】相关市场界定

1. 相关市场的概念

相关市场，是经营者在一定时期内就特定商品或者服务（统称商品）进行竞争的商品范围和地域范围。

2. 相关商品市场

相关商品市场，是指具有紧密替代关系的商品范围。所有具有紧密的相互替代关系的商品构成同一个市场。这里的"商品"是个广义概念，不仅包括传统意义上的货物，而且包括服务。

3. 相关地域市场

相关地域市场，是指相同或具有替代关系的商品相互竞争的地理区域。

4. 相关时间市场

相关时间市场是指相同或近似的商品在同一区域内相互竞争的时间范围。

【考点精析3】反垄断法实施机制

1. 反垄断法律责任

（1）行政责任。我国《反垄断法》规定的行政责任主要包括责令停止违法行为、没收违法所得、罚款、限期恢复原状等形式。

（2）民事责任。非法垄断行为给他人造成损失的，行为人应当承担民事责任。有关反垄断法的民事责任，主要包括停止侵害、赔偿损失等。其中，损害赔偿责任是最主要的民事责任。

（3）刑事责任。我国《反垄断法》未对垄断行为规定刑事责任。《招标投标法》及《刑法》均对情节严重的串通招投标行为规定了刑事责任。由于串通招投标行为可能同时构成《反垄断法》上的垄断协议或滥用市场支配地位行为，因此这两种垄断行为的行为人是有可能依法承担刑事责任的。

2. 反垄断行政执法(见表11-2)

表11-2 反垄断行政执法

反垄断行政执法机构	内容
反垄断执法机构	国家市场监督管理总局 【拓展内容】根据国务院机构改革，将原国家工商行政管理总局的职责、国家质量监督检验检疫总局的职责、国家食品药品监督管理总局的职责、国家发展和改革委员会的价格监督检查与反垄断执法职责、商务部的经营者集中反垄断执法以及国务院反垄断委员会办公室等职责整合，组建国家市场监督管理总局，作为国务院直属机构
反垄断委员会	不是执法机构，是关于反垄断工作的议事协调机构

3. 反垄断调查措施

(1)进入被调查的经营者的营业场所或者其他有关场所进行检查；

(2)询问被调查的经营者、利害关系人或者其他有关单位或者个人，要求其说明有关情况；

(3)查阅、复制被调查的经营者、利害关系人或者其他有关单位或者个人的有关单证、协议、会计账簿、业务函电、电子数据等文件和资料；

(4)查封、扣押相关证据；

(5)查询经营者的银行账户。

4. 反垄断民事诉讼

(1)因垄断行为受到损失以及因合同内容、行业协会的章程等违反反垄断法而发生争议的自然人、法人或者其他组织。

(2)在反垄断民事诉讼中，当事人可以向人民法院申请1~2名具有相应专门知识的人员出庭，就案件的专门性问题进行说明。专家在法庭上提供的意见并不属于民事诉讼法上的证据形式，而是作为法官判案的参考依据。

考点二 垄断协议规制制度 ★★★

扫我解疑难

📝 经典例题

【例题1·多选题】(2018年)根据反垄断法律制度的规定，下列具有竞争关系的经营者之间的约定中，属于横向垄断协议的有( )。

A. 联合拒绝销售特定经营者的商品

B. 划分销售商品的种类

C. 采用据以计算价格的标准公式

D. 拒绝采用新的技术标准

【答案】ABCD

【解析】本题考核横向垄断协议。《反垄断法》禁止的具有竞争关系的经营者达成的垄断协议主要包括：(1)固定或者变更商品价格(选项C)；(2)限制商品的生产数量或者销售数量；(3)分割销售市场或者原材料采购市场(选项B)；(4)限制购买新技术、新设备或限制开发新技术、新产品(选项D)；(5)联合抵制交易(选项A)。

【例题2·多选题】(2016年)根据反垄断法律制度的规定，执法机构认定非价格性"其他协同行为"时，应考虑的因素有( )。

A. 经营者之间是否进行过意思联络或者信息交流

B. 经营者能否对一致行为作出合理的解释

C. 相关市场的结构情况、竞争状况、市场变化情况、行业情况

D. 经营者的市场行为是否具有一致性

【答案】ABCD

【解析】本题考核其他协同行为的认定。非价格性其他协同行为的认定，应当考虑下列因素：(1)经营者的市场行为是否具有一致性；(2)经营者之间是否进行过意思联络或者信息交流；(3)经营者能否对一致行为作出合理的解释。此外，认定其他协同行为，还应当考虑相关市场的结构情况、竞争状况、市场变

化情况、行业情况等。

【例题3·单选题】（2014年）下列行为中，涉嫌违反我国《反垄断法》的是（　）。

A. 中国移动、中国联通等少数几家国有电信企业共同占据我国电信基础运营业务市场的全部份额

B. 经国家有关部门批准，中石油、中石化等石油企业联合上调成品油价格

C. 某行业协会召集本行业经营者，共同制定本行业产品的定价公式

D. 某生产企业通过协议，限制分销商转售商品的最高价格

【答案】C

【解析】本题考核反垄断法的适用范围。选项C属于固定或变更商品价格的横向垄断协议。

【例题4·单选题】（2011年）某行业协会的全体会员企业在相关市场的市场份额合计达到85%。由于近期原材料涨价影响了行业利润，该协会遂组织召开了由会员企业领导人参加的行业峰会，与会代表达成了提高产品价格的共识。会议结束后，该协会向全体会员企业印发了关于提高本行业产品价格的通知，明确要求会员企业统一将产品价格提高15%。接到通知后，会员企业按要求实施了涨价。根据反垄断法律制度的规定，下列说法中正确的是（　）。

A. 行业协会实施了滥用市场支配地位行为

B. 行业协会实施了经营者集中行为

C. 行业协会实施了行政性限制竞争行为

D. 行业协会实施了组织本行业经营者达成垄断协议行为

【答案】D

【解析】本题考核对行业协会组织实施垄断协议的规制。法律禁止的行业协会组织本行业经营者从事垄断协议的行为具体包括：（1）制定、发布含有排除、限制竞争内容的行业协会章程、规则、决定、通知、标准等；（2）召集、组织或者推动本行业的经营者达成含有排除、限制竞争内容的协议、决议、纪要、备忘录等。

📝 **考点精析**

【考点精析1】横向垄断协议规制制度

1. 固定或者变更商品价格的协议

根据《禁止垄断协议暂行规定》，限制性规定主要包括：

①固定或者变更价格水平、价格变动幅度、利润水平或者折扣、手续费等其他费用；

②约定采用据以计算价格的标准公式；

③限制参与协议的经营者的自主定价权等。

2. 限制商品的生产数量或者销售数量的协议

具有竞争关系的经营者不得就限制商品的生产数量或者销售数量达成下列垄断协议：

（1）以限制产量、固定产量、停止生产等方式限制商品的生产数量或者限制特定商品品种、型号的生产数量；

（2）以拒绝供货、限制商品投放量等方式限制商品的销售数量或者限制商品特定品种、型号商品的销售数量。

3. 分割销售市场或者原材料采购市场的协议

禁止具有竞争关系的经营者就分割销售市场或者原材料采购市场达成下列垄断协议：

（1）划分商品销售地域、市场份额、销售对象、销售收入、销售利润或者销售商品的种类、数量、时间；

（2）划分原料、半成品、零部件、相关设备等原材料的采购区域、种类、数量；

（3）划分原料、半成品、零部件、相关设备等原材料的供应商。

4. 限制购买新技术、新设备或者限制开发新技术、新产品的协议

禁止具有竞争关系的经营者就限制购买新技术、新设备或者限制开发新技术、新产品达成如下垄断协议：

（1）限制购买、使用新技术、新工艺；

（2）限制购买、租赁、使用新设备；

（3）限制投资、研发新技术、新工艺、新产品；

（4）拒绝使用新技术、新工艺、新设备；

（5）拒绝采用新的技术标准。

5. 联合抵制交易

禁止具有竞争关系的经营者就联合抵制交易达成以下垄断协议：

（1）联合拒绝向特定经营者供货或者销售商品；

（2）联合拒绝采购或者销售特定经营者的商品；

（3）联合限定特定经营者不得与其具有竞争关系的经营者进行交易。

【考点精析2】 纵向垄断协议规制制度

我国《反垄断法》列举了两种受到禁止的纵向垄断协议形式：

（1）固定向第三人转售商品的价格；

（2）限定向第三人转售商品的<u>最低价格</u>。

【考点精析3】 垄断协议的豁免

1. 豁免的概念及其与适用除外的区别

反垄断法上的适用除外是指将特定领域排除在反垄断法的适用范围，根本不予适用；豁免则是在适用反垄断法过程中，发现某些违反反垄断法的行为符合法定条件而不予禁止。

2. 可被《反垄断法》豁免的垄断协议类型

（1）为改进技术、研究开发新产品的；

（2）为提高产品质量、降低成本、增进效率，统一产品规格、标准或者实行专业化分工的；

（3）为提高中小经营者经营效率，增强中小经营者竞争力的；

（4）为实现节约能源、保护环境、救灾救助等社会公共利益的；

（5）因经济不景气，为缓解销售量严重下降或者生产明显过剩的；

（6）为保障对外贸易和对外经济合作中的正当利益的。

对于上述第（1）至第（5）项垄断协议的豁免，《反垄断法》要求经营者应当证明所达成的协议不会严重限制相关市场的竞争，并且能够使消费者分享由此产生的利益。

【考点精析4】 "其他协同行为"的认定

认定其他协同行为，应当考虑下列因素：

（1）经营者的市场行为是否具有一致性；

（2）经营者之间是否进行过意思联络或者信息交流；

（3）经营者能否对行为的一致性作出合理解释；

（4）相关市场的结构情况、竞争状况、市场变化等情况。

【考点精析5】 对行业协会组织达成和实施垄断协议的规制

法律禁止的行业协会组织本行业经营者从事垄断协议的行为具体包括：

（1）制定、发布含有排除、限制竞争内容的行业协会章程、规则、决定、通知、标准等；

（2）召集、组织或者推动本行业的经营者达成含有排除、限制竞争内容的协议、决议、纪要、备忘录等。

【考点精析6】 宽恕制度

宽恕制度，是指参与垄断协议的经营者主动向反垄断执法机构报告达成垄断协议的有关情况并提供重要证据的，反垄断执法机构可以对其宽大处理，酌情减轻或者免除其处罚。

对于第一个申请者，反垄断执法机构可以免除处罚或者按照不低于80%的幅度减轻罚款；对于第二个申请者，可以按照30%~50%的幅度减轻罚款；对于第三个申请者，可以按照20%~30%的幅度减轻罚款。

【知识点拨】 对垄断协议的组织者，不适用宽恕的规定。

考点三　滥用市场支配地位规制制度 ★★

扫我解疑难

📝 经典例题

【例题1·多选题】（2019年）根据反垄断法律制度的规定，下列关于经营者市场支配地位的理解中，正确的有（　　）。

A. 具有市场支配地位的经营者能够阻碍、影响其他经营者进入相关市场

B. 经营者具有市场支配地位这一状态本身并不违法

C. 具有市场支配地位的经营者未必是"独占"者

D. 市场支配地位可能由多个经营者共同具有

【答案】ABCD

【解析】本题考核市场支配地位。市场配地位是指经营者在相关市场内具有能够控制商品价格、数量或者其他交易条件，或者能够阻碍、影响其他经营者进入相关市场能力的市场地位；选项A正确。市场支配地位是一种市场结构状态，对市场支配地位这种结构状态并无否定性评价，选项B正确。具有市场支配地位的经营者未必是"独占"者，选项C正确。具有市场支配地位的经营者可以是一个，也可以是多个经营者共同具有市场支配地位，选项D正确。

【例题2·多选题】（2018年）根据反垄断法律制度的规定，认定具有市场支配地位的经营者以不公平的高价销售商品，应当主要考虑的因素有（　　）。

A. 商品的销售价格是否明显高于其他经营者销售同种商品的价格

B. 在成本基本稳定的情况下，是否超过正常幅度提高商品的销售价格

C. 商品的销售价格是否明显高于成本

D. 商品销售价格的提价幅度是否明显高于成本增长幅度

【答案】ABD

【解析】本题考核滥用市场支配地位行为。根据《反价格垄断规定》，认定"不公平的高价"和"不公平的低价"，应当主要考虑下列因素：（1）销售价格或者购买价格是否明显高于或者低于其他经营者销售或者购买同种商品的价格（选项A）；（2）在成本基本稳定的情况下，是否超过正常幅度提高销售价格或者降低购买价格（选项B）；（3）销售商品的提价幅度是否明显高于成本增长幅度，或者购买商品的降价幅度是否明显高于交易相对人成本降低幅度（选项D）。

【例题3·多选题】（2018年）根据反垄断法律制度的规定，市场支配地位是指经营者在相关市场内具有能够控制商品价格、数量或者其他交易条件，或者能够阻碍、影响其他经营者进入相关市场能力的市场地位。下列各项中，属于"其他交易条件"的有（　　）。

A. 付款条件

B. 交付方式

C. 商品品质

D. 售后服务

【答案】ABCD

【解析】本题考核市场支配地位的概念。根据《工商行政管理机关禁止滥用市场支配地位行为的规定》，这里所称"其他交易条件"，是指除商品价格、数量之外能够对市场交易产生实质影响的其他因素，包括商品品质（选项C）、付款条件（选项A）、交付方式（选项B）、售后服务（选项D）等。

【例题4·单选题】根据《反垄断法》的规定，依据其在相关市场的市场份额，不可以推定具有市场支配地位的是（　　）。

A. 合计份额达到3/4的三个经营者

B. 合计份额达到2/3的两个经营者

C. 合计份额达到2/3的两个经营者，其中一个经营者份额不足1/10

D. 份额达到1/2的一个经营者

【答案】C

【解析】本题考核经营者市场支配地位的推定标准。对于多个经营者被推定为共同占有市

场支配地位时，其中有的经营者市场份额不足1/10的，不应当推定该经营者具有市场支配地位。

考点精析

【考点精析1】市场支配地位的认定

1. 认定经营者具有市场支配地位时应当依据的因素

（1）经营者在相关市场的市场份额，以及相关市场的竞争状况；

（2）经营者控制销售市场或者原材料采购市场的能力；

（3）经营者的财力和技术条件；

（4）其他经营者对该经营者在交易上的依赖程度；

（5）其他经营者进入相关市场的难易程度。

（6）认定互联网等新经济业态经营者具有市场支配地位考虑的特殊因素。

（7）认定共同市场支配地位考虑的特殊因素。

2. 经营者市场支配地位的推定标准

（1）《反垄断法》规定了以市场份额为基础的经营者市场支配地位推定标准。

①一个经营者在相关市场的市场份额达到1/2的，即可推定为具有市场支配地位；

②对于多个经营者可能共同拥有市场支配地位的情况，两个经营者在相关市场的市场份额合计达到2/3的，或三个经营者在相关市场的市场份额合计达到3/4的，这些经营者被推定为共同占有市场支配地位；

③对于多个经营者被推定为共同占有市场支配地位时，其中有的经营者市场份额不足1/10的，不应当推定该经营者具有市场支配地位。

（2）市场份额不是认定市场支配地位的唯一的和绝对的标准，因此，被推定具有市场支配地位的经营者，如有证据证明不具有市场支配地位的，不应当认定其具有市场支配地位。

【考点精析2】反垄断法禁止的滥用市场支配地位行为（见表11-3）

表11-3 反垄断法禁止的滥用市场支配地位行为

项目	内容
以不公平的高价销售商品或者以不公平的低价购买商品	认定"不公平的高价"和"不公平的低价"： (1)销售价格或者购买价格是否明显高于或低于其他经营者销售或者购买同种商品的价格； (2)在成本基本稳定的情况下，是否超过正常幅度提高销售价格或降低购买价格； (3)销售商品的提价幅度是否明显高于成本增长幅度，或购买商品的降价幅度是否明显高于交易相对人成本降低幅度
没有正当理由，以低于成本的价格销售商品	**因下列情形而进行的低于成本价格销售均为正当**： (1)降价处理鲜活商品、季节性商品、有效期限即将到期的商品和积压商品的； (2)因清偿债务、转产、歇业降价销售商品的； (3)在合理期限内为推广新产品进行促销的； (4)能够证明行为具有正当性的其他理由
没有正当理由，拒绝与交易相对人进行交易	正当理由： (1)因不可抗力等客观原因无法进行交易； (2)交易相对人有不良信用记录或者出现经营状况恶化等情况，影响交易安全； (3)与交易相对人进行交易将使经营者利益发生不当减损的； (4)能够证明行为具有正当性的其他理由

项目	内容
没有正当理由，限定交易相对人只能与其进行交易或者只能与其指定的经营者进行交易	强制交易的"正当理由"包括： （1）为满足产品安全要求所必须； （2）为保护知识产权所必须； （3）为保护针对交易进行的特定投资所必须； （4）能够证明行为具有正当性的其他理由
没有正当理由搭售商品，或者在交易时附加其他不合理的交易条件	具体表现包括： （1）违背交易惯例、消费习惯或者无视商品的功能，将不同商品捆绑销售或者组合销售； （2）对合同期限、支付方式、商品的运输及交付方式或者服务的提供方式等附加不合理的限制； （3）对商品的销售地域、销售对象、售后服务等附加不合理的限制； （4）交易时在价格之外附加不合理费用； （5）附加与交易标的无关的交易条件
没有正当理由，对条件相同的交易相对人在交易价格等交易条件上实行差别待遇	正当理由： （1）根据交易相对人实际需求且符合正当的交易习惯和行业惯例，实行不同交易条件； （2）针对新用户的首次交易在合理期限内开展的优惠活动； （3）能够证明行为具有正当性的其他理由

【知识点拨】有市场支配地位不违法，但不能滥用。注意：①实施以上行为的经营者如果根本不具有市场支配地位，不属于禁止范围；②对于第一项，不考虑是否有理由；③对于其他以"没有正当理由"为前提的行为，如果经营者有正当理由，不属于禁止范围。

【考点精析3】与知识产权行使有关的滥用市场支配地位行为

1. 拒绝许可

具有市场支配地位的经营者没有正当理由，不得在其知识产权构成生产经营活动必需设施的情况下，拒绝许可其他经营者以合理条件使用该知识产权，排除、限制竞争。

2. 附加不合理限制条件

具有市场支配地位的经营者没有正当理由，在行使知识产权的过程中，不得实施下列附加不合理限制条件的行为，排除、限制竞争：

（1）要求交易相对人将其改进的技术进行独占性的回授；

（2）禁止交易相对人对其知识产权的有效性提出质疑；

（3）限制交易相对人在许可协议期限届满后，在不侵犯知识产权的情况下利用竞争性的商品或者技术；

（4）对保护期已经届满或者被认定无效的知识产权继续行使权利。

3. 专利联营中的滥用行为

具有市场支配地位的专利联营管理组织没有正当理由，不得利用专利联营实施下列滥用市场支配地位的行为，排除、限制竞争：

（1）限制联营成员在联营之外作为独立许可人许可专利；

（2）限制联营成员或者被许可人独立或者与第三方联合研发与联营专利相竞争的技术；

（3）强迫被许可人将其改进或者研发的技术独占性地回授给专利联营管理组织或者联营成员；

（4）禁止被许可人质疑联营专利的有效性；

（5）对条件相同的联营成员或者同一相关市场的被许可人在交易条件上实行差别待遇。

4. 标准必要专利滥用行为

具有市场支配地位的经营者没有正当理由，不得在标准的制定和实施过程中实施下列排除、限制竞争行为：

（1）在参与标准制定的过程中，故意不向标准制定组织披露其权利信息，或者明确放弃其权利，但是在某项标准涉及该专利后却对该标准的实施者主张其专利权；

（2）在其专利成为标准必要专利后，违背公平、合理和无歧视原则，实施拒绝许可、搭售商品或者在交易时附加其他的不合理交易条件等排除、限制竞争的行为。

【考点精析4】法律责任

1. 民事责任

经营者因实施滥用市场支配地位行为给他人造成损失的，依法承担民事责任。

2. 行政责任

经营者违反《反垄断法》规定，滥用市场支配地位的，由反垄断执法机构责令停止违法行为，没收违法所得，并处上一年度销售额1%以上10%以下的罚款。

阶段性测试

1.【单选题】在"唐山人人诉百度滥用市场支配地位案"中，人民法院将该案市场界定为"中国搜索引擎服务市场"，根据反垄断法律制度的规定，搜索引擎服务属于（　　）。

A. 相关商品市场　　B. 相关创新市场

C. 相关时间市场　　D. 相关技术市场

2.【单选题】甲供应商与乙销售商的下列约定中，不属于垄断协议的是（　　）。

A. 销售商最终销售价格不得低于某一价格水平

B. 销售商不得超过划定的销售区域

C. 销售商只从供应商购买用于转售的一类商品

D. 销售商在货物全部销售后再支付货款

3.【多选题】下列各项中，构成经营者集中的有（　　）。

A. 甲合并乙

B. 甲以经营性资产取得乙52%的股权

C. 甲公司和乙上市公司的某股东签订合同，甲代其行使乙上市公司36%的股份表决权

D. 甲公司的高级管理人员同时在乙公司担任高级管理人员

4.【多选题】下列属于《反垄断法》禁止的垄断协议有（　　）。

A. 甲、乙两家钢材公司为应对经济不景气、缓解销售量严重下降达成的限定钢材生产数量的协议

B. 甲药厂和乙药店约定乙药店销售甲药厂的某种专利药品时，只能按某一固定价格出售

C. 某日化企业为促销一种新开发的护肤品，与所有经销商约定，销售产品时每瓶售价不得超过120元

D. 生产同类产品的甲、乙公司约定，甲公司的产品在长江以北市场销售，乙公司的产品在长江以南市场销售

5.【多选题】下列低于成本价格销售商品的情形中，不违反法律规定的有（　　）。

A. 降价处理鲜活商品

B. 降价处理季节性商品

C. 因转产降价销售商品

D. 在合理期限内为推广新产品进行降价促销

阶段性测试答案精析

1. A　【解析】本题考核相关市场。界定相关市场涉及的维度包括时间、商品和地域三个维度。但是，并非任何的市场界定都涉及全部三个维度。大部分反垄断分析中，相关市场只需从商品和地域两个维度进行界定；只有在时间因素可以

影响商品之间的竞争关系的特定情形下，才会用到时间维度。在"唐山人人诉百度滥用市场支配地位案"中，法院将相关市场界定为"中国搜索引擎服务市场"，其中商品维度就是"搜索引擎服务"，地域维度是"中国"。

2. D 【解析】本题考核纵向垄断协议。选项D不属于垄断协议。

3. ABC 【解析】本题考核经营者集中的情形。经营者集中包括三种情形：(1)合并，选项A构成经营者集中；(2)通过取得股权或者资产的方式取得对其他经营者的控制权，选项B构成经营者集中；(3)通过合同等方式取得对其他经营者的控制权或者能够对其他经营者施加决定性影响，选项C的甲公司拥有上市公司36%的表决权，可以对上市公司实施控制，选项C构成经营者集中。

4. BD 【解析】本题考核垄断协议。选项A属于豁免的垄断协议行为。限定转售的最低价格才属于禁止的纵向垄断行为，选项C限定最高价格不属于。

5. ABCD 【解析】本题考核以低于成本的价格销售商品。

考点四 经营者集中反垄断审查制度★★★

扫我解疑难

📝**经典例题**

【例题1·多选题】(2019年)下列关于我国经营者集中申报制度的表述中，符合反垄断法律制度规定的有( )。

A. 我国对经营者集中实行强制的事前申报制

B. 参与集中的每个经营者30%以上有表决权的股份或者资产被同一未参与集中的经营者拥有的，可以免于申报

C. 参与集中的所有经营者上一会计年度在全球范围内的营业额合计达到100亿元，并且其中至少两个经营者上一会计年度在中国境内的营业额均达到4亿元的经营者集中，应当申报

D. 经营者在国务院反垄断执法机构规定的期限内未补交应当补交的申报材料的，视为未申报

【答案】AD

【解析】本题考核经营者集中申报制度。参与集中的每个经营者50%以上有表决权的股份或者资产被同一个未参与集中的经营者拥有的，可以免于向商务部申报；选项B错误。参与集中的所有经营者上一会计年度在全球范围内的营业额合计超过100亿元人民币，并且其中至少两个经营者上一会计年度在中国境内的营业额均超过4亿元人民币的经营者集中，应当事先向商务部申报，未申报的不得实施集中；选项C中说"达到"，不符合规定。

【例题2·多选题】(2019年)下列各项中，可以用来衡量相关市场集中度的有( )。

A. 需求替代分析   B. 假定垄断者测试

C. CRn指数   D. HHI指数

【答案】CD

【解析】本题考核对经营者集中竞争影响的评估。市场集中度是对相关市场的结构所作的一种描述，体现相关市场内经营者的集中程度，通常可用赫芬达尔—赫希曼指数(HHI指数，简称赫氏指数)和行业前N家企业联合市场份额(CRn指数，简称行业集中度指数)来衡量。

【例题3·多选题】(2017年)为消除经营者集中对竞争造成的不利影响，反垄断执法机构可以在批准集中时附加业务剥离的条件。下列关于业务剥离的表述中，符合反垄断法律制度规定的有( )。

A. 剥离受托人的报酬由剥离义务人支付，监督受托人的报酬由反垄断执法机构支付

B. 剥离受托人可以是法人和其他组织，也可以是自然人

C. 监督受托人不得披露其在履职过程中向国家市场监督管理总局提交的各种报告及相关

信息

D. 在受托剥离中，剥离受托人有权以无底价方式出售剥离业务

【答案】BCD

【解析】本题考核经营者集中附加限制性条件制度。选项A错误，剥离义务人负责支付监督受托人和剥离受托人报酬。

【例题4·多选题】（2015年）根据反垄断法律制度的规定，在经营者集中附加限制性条件批准制度中，监督受托人应当符合的要求有（　）。

A. 具有履行受托人职责的专业团队

B. 独立于剥离义务人和剥离业务的买方

C. 提出可行的工作方案

D. 提出可行的履职经费保障方案

【答案】ABC

【解析】本题考核经营者集中附加限制性条件。监督受托人和剥离受托人应当符合下列要求：（1）独立于剥离义务人和剥离业务的买方；（2）具有履行受托人职责的专业团队，团队成员应当具有对限制性条件进行监督所需的专业知识、技能及相关经验；（3）提出可行的工作方案；（4）对买方人选确定过程的监督；（5）商务部提出的其他要求。

【例题5·多选题】（2015年）根据反垄断法律制度的规定，在经营者集中附加限制性条件批准制度中，剥离业务的买方应当符合的要求有（　）。

A. 独立于参与集中的经营者

B. 拥有必要的资源、能力并有意愿使用剥离业务参与市场竞争

C. 取得其他监管机构的批准

D. 优先向参与集中的经营者融资购买剥离业务

【答案】ABC

【解析】本题考核经营者集中附加限制性条件。剥离业务的买方应当符合如下要求：（1）独立于参与集中的经营者；（2）拥有必要的资源、能力并有意愿使用剥离业务参与竞争；（3）取得其他监管机构的批准；（4）不得

向参与集中的经营者融资购买剥离业务；（5）国家市场监督管理总局根据具体案件情况提出的其他要求。

【例题6·单选题】（2013年）根据反垄断法律制度的规定，我国经营者集中反垄断审查程序的最长审查时限为（　）日。

A. 60　　　　　　　B. 90

C. 180　　　　　　D. 210

【答案】C

【解析】本题考核反垄断审查程序的时限。根据规定，执法机构对经营者集中实施两阶段审查制。第一阶段为初步审查，时限为30日内；第二阶段审查期限为90日内；如果出现特殊情况延长审查期限的，最长不得超过60日。因此，反垄断审查程序的最长审查时限是180日。

📝 考点精析

【考点精析1】 经营者集中的申报

1. 经营者集中申报标准

经营者集中达到下列标准之一的，经营者应当事先向国务院商务主管部门申报，未申报的不得实施集中：

（1）参与集中的所有经营者上一会计年度在全球范围内的营业额合计超过100亿元人民币，并且其中至少两个经营者上一会计年度在中国境内的营业额均超过4亿元人民币；

（2）参与集中的所有经营者上一会计年度在中国境内的营业额合计超过20亿元人民币，并且其中至少两个经营者上一会计年度在中国境内的营业额均超过4亿元人民币。

2. 申报豁免

经营者集中有下列情形之一的，可以不向国务院反垄断执法机构申报：

（1）参与集中的一个经营者拥有其他每个经营者50%以上有表决权的股份或者资产的；

（2）参与集中的每个经营者50%以上有表决权的股份或者资产被同一个未参与集中的经营者拥有的。

【考点精析2】 经营者集中审查程序

1. 两阶段审查(见表11-4)

表11-4 两阶段审查

项目	内容
第一阶段 初步审查	反垄断执法机构应当自收到经营者提交的符合规定的文件、资料之日起30日内,对申报的经营者集中进行初步审查,作出是否实施进一步审查的决定,并书面通知经营者
	作出决定前,经营者不得实施集中
	反垄断执法机构作出不实施进一步审查的决定或者逾期未作出决定的,经营者可以实施集中
第二阶段审查	反垄断执法机构决定实施进一步审查的,应当自决定之日起90日内审查完毕,作出是否禁止经营者集中的决定,并书面通知经营者
	审查期间,经营者不得实施集中
	有下列情形之一的,国务院反垄断执法机构经书面通知经营者,**可以延长前款规定的审查期限,但最长不得超过60日**: (1)经营者同意延长审查期限的; (2)经营者提交的文件、资料不准确,需要进一步核实的; (3)经营者申报后有关情况发生重大变化的。 国务院反垄断执法机构逾期未作出决定的,经营者可以实施集中

2. 简易程序

符合下列情形的经营者集中案件,为简易案件:

(1)在同一相关市场,所有参与集中的经营者所占的市场份额之和小于15%;

(2)存在上下游关系的参与集中的经营者,在上下游市场所占的份额均小于25%;

(3)不在同一相关市场,也不存在上下游关系的参与集中的经营者,在与交易有关的每个市场所占的份额均小于25%;

(4)参与集中的经营者在中国境外设立合营企业,合营企业不在中国境内从事经济活动;

(5)参与集中的经营者收购境外企业股权或资产的,该境外企业不在中国境内从事经济活动;

(6)由两个以上经营者共同控制的合营企业,通过集中被其中一个或一个以上经营者控制。

虽符合上述条件,但存在下列情形的经营者集中案件,不视为简易案件:

(1)由两个以上经营者共同控制的合营企业,通过集中被其中的一个经营者控制,该经营者与合营企业属于同一相关市场的竞争者;

(2)经营者集中涉及的相关市场难以界定;

(3)经营者集中对市场进入、技术进步可能产生不利影响;

(4)经营者集中对消费者和其他有关经营者可能产生不利影响;

(5)经营者集中对国民经济发展可能产生不利影响;

(6)国家市场监督管理总局认为可能对市场竞争产生不利影响的其他情形。

3. 审查决定

(1)禁止集中决定。

(2)不予禁止决定。

(3)附条件的不予禁止决定。对不予禁止的经营者集中,国务院反垄断执法机构可以决定附加减少集中对竞争产生不利影响的限制性条件。

【考点精析3】 经营者集中审查的实体标准

1. 一般标准

我国反垄断法将"具有或者可能具有排

除、限制竞争效果"作为经营者集中审查的一般标准。

2. 对经营者集中竞争影响的评估

审查经营者集中，根据个案具体情况和特点，综合考虑下列因素：

（1）参与集中的经营者在相关市场的市场份额及其对市场的控制力；

（2）相关市场的市场集中度；

（3）经营者集中对市场进入、技术进步的影响；

（4）经营者集中对消费者和其他有关经营者的影响；

（5）经营者集中对国民经济发展的影响；

（6）国务院反垄断执法机构认为应当考虑的影响市场竞争的其他因素。

【考点精析4】经营者集中附加限制性条件批准制度

（1）限制性条件包括如下几类：①业务剥离，剥离有形资产、知识产权等无形资产或相关权益等结构性条件；②开放网络或平台等基础设施、许可关键技术（包括专利、专有技术或其他知识产权）、终止排他性协议等行为性条件；③结构性条件和行为性条件相结合的综合性条件。

（2）业务剥离的实施（见表11-5）。

表11-5　业务剥离的实施

剥离方式	自行剥离、受托剥离
买方资格	（1）独立于参与集中的经营者； （2）拥有必要的资源、能力并有意愿使用剥离业务参与竞争； （3）取得其他监管机构的批准； （4）不得向参与集中的经营者融资购买剥离业务； （5）国家市场监督管理总局根据具体案件情况提出的其他要求
剥离受托人、监督受托人	（1）独立性：独立于剥离义务人和剥离业务的买方； （2）受托剥离阶段，剥离受托人负责寻找买方并达成出售协议；剥离受托人有权以无底价方式出售剥离业务
剥离完成前，剥离义务人的特定义务	（1）保持剥离业务与其保留的业务相互独立，并采取一切必要措施以最符合剥离业务发展的方式进行管理； （2）不得实施任何可能对剥离业务有不利影响的行为，包括聘用被剥离业务的关键员工，获得剥离业务的商业秘密等； （3）指定专门的管理人，负责管理剥离业务，该管理人的任命和更换应得到监督受托人的同意； （4）确保潜在买方能够以公平合理的方式获得有关剥离业务的充分信息，评估剥离业务的商业价值和发展潜力； （5）根据买方的要求向其提供必要的支持和便利，确保剥离业务的顺利交接和稳定经营； （6）向买方及时移交剥离业务并履行相关法律程序

【考点精析5】经营者集中未依法申报的调查处理

（1）经营者违反规定实施集中的，由国务院反垄断执法机构责令停止实施集中、限期处分股份或者资产、限期转让营业以及采取其他必要措施恢复到集中前的状态，可以处50万元以下的罚款。

（2）国家市场监督管理总局作出处理时，应当考虑未依法申报行为的性质、程度、持续的时间，以及关于该行为是否具有或者可能具有排除、限制竞争效果的评估结果等因素。

考点五　滥用行政权力排除、限制竞争规制制度★

扫我解疑难

📋 经典例题

【例题1·单选题】（2012年）甲市市政府办公厅下发红头文件，要求本市各级政府机构在公务接待中必须使用本市乙酒厂生产的"醉八仙"系列白酒，并根据有关政府机构的公务接待预算分别下达了一定数量的用酒任务。根据反垄断法律制度的规定，下列表述中正确的是（　　）。

A. 甲市市政府的行为不违法，乙酒厂实施了滥用行政权力排除、限制竞争行为

B. 甲市市政府的行为不违法，乙酒厂实施了滥用市场支配地位行为

C. 甲市市政府实施了滥用行政权力排除、限制竞争行为，乙酒厂不违法

D. 甲市市政府实施了滥用行政权力排除、限制竞争行为，乙酒厂实施了滥用市场支配地位行为

【答案】 C

【解析】 本题考核滥用行政权力排除、限制竞争行为。行政机关不得滥用行政权力，制定含有排除、限制竞争内容的规定。

【例题2·多选题】（2010年）下列行为中，属于《反垄断法》所禁止的垄断行为的有（　　）。

A. 某药品生产企业因拥有一项治疗心血管疾病的药品专利，占据了相关市场95%的份额

B. 年销售额在1亿元以上的药品零售企业之间达成联盟协议，共同要求药品生产企业按统一的优惠价格向联盟内的企业供应药品，联盟内的企业按统一的零售价向消费者销售药品

C. 某市政府在与某国有医药企业签订的战略合作协议中承诺，该国有医药企业在本市医疗机构药品招标中享有优先中标机会

D. 某省政府招标办公室发布文件称：凡不在本省纳税的企业，一律不得参与本省的招投标活动

【答案】 BCD

【解析】 本题考核滥用行政权力排除、限制竞争行为。选项A属于知识产权的正当行使。选项B属于反垄断法禁止的固定商品价格的横向垄断协议；选项C、D属于政府部门滥用行政权力排除、限制竞争的行为。

📋 考点精析

【考点精析1】 反垄断法禁止的滥用行政权力排除、限制竞争行为

反垄断法禁止的滥用行政权力排除、限制竞争行为包括：强制交易；地区封锁；排斥或限制外地经营者参加本地招标投标；排斥或者限制外地经营者在本地投资或者设立分支机构或者妨碍外地经营者在本地的正常经营活动；强制经营者从事垄断行为；抽象行政性垄断行为。

【考点精析2】 公平竞争审查制度

1. 审查对象

公平竞争审查的对象包括三类：一是行政机关和法律、法规授权的具有管理公共事务职能的组织（以下统称政策制定机关）制定市场准入、产业发展、招商引资、招标投标、政府采购、经营行为规范、资质标准等涉及市场主体经济活动的规章、规范性文件和其他政策措施；二是行政法规和国务院制定的其他政策措施；三是地方立法机关制定的地方性法规。

2. 审查方式

公平竞争审查采取事前自我审查的方式。

【考点精析3】 法律责任

行政机关和法律、法规授权的具有管理公共事务职能的组织滥用行政权力，实施排除、限制竞争行为的，由上级机关责令改正；对直接负责的主管人员和其他直接责任人员依法给予处分。反垄断执法机构可以向有关上级机关提出依法处理的建议。

本章综合练习 <small>限时40分钟</small>

一、单项选择题

1. 下列关于我国《反垄断法》的适用范围表述正确的是（　　）。

   A. 仅适用于境内的垄断行为

   B. 仅适用于境内中资企业的垄断行为

   C. 可以适用于境外发生的垄断行为对境内市场竞争产生影响的情形

   D. 对于中资企业在境外发生的垄断行为，即便对境内市场没有影响也同样适用

2. 甲、乙两饮料公司达成合并意向，涉嫌经营者集中的垄断行为，经举报，被反垄断执法机构立案调查。下列说法错误的是（　　）。

   A. 在调查期间，甲、乙公司承诺在反垄断执法机构认可的期限内采取具体措施消除该行为后果的，反垄断执法机构可以决定中止调查

   B. 在调查期间，甲、乙公司承诺在反垄断执法机构认可的期限内采取具体措施消除该行为后果的，反垄断执法机构可以决定终止调查

   C. 甲、乙公司不履行承诺的，应当恢复调查

   D. 反垄断执法机构对该事实调查核实后，认为构成垄断行为的，应当依法作出处理决定，并可以向社会公布

3. 根据《反垄断法》的规定，负责组织、协调、指导反垄断工作的机构是（　　）。

   A. 各级人民法院

   B. 反垄断委员会

   C. 国务院反垄断执法机构

   D. 各级人民政府

4. 垄断协议也称限制竞争协议、联合限制竞争行为，是指两个或两个以上经营者排除、限制竞争的协议、决定或者其他协同行为。对此，下列说法中正确的是（　　）。

   A. 法人的分支机构可以成为垄断协议的主体

   B. 垄断协议仅指书面协议

   C. 经营者达成垄断协议的前提是具有竞争关系

   D. 横向垄断协议与纵向垄断协议都产生限制竞争的效果

5. 甲公司、乙公司、丙公司都是从事奶粉生产的厂家，其主要市场均在某市，三家公司在某日的行业会议中签订了关于维持现有价格的协议，不允许相互之间采用降低价格的方式进行竞争。根据《反垄断法》的规定，关于该协议的说法正确的是（　　）。

   A. 该协议属于反垄断法禁止的纵向垄断协议

   B. 该协议属于行业间的合法协议，受法律保护

   C. 该协议属于固定商品价格的协议，是反垄断法禁止的横向垄断协议

   D. 该协议属于联合抵制交易的横向垄断协议

6. 下列选项中，不属于可被《反垄断法》豁免的垄断协议是（　　）。

   A. 企业间就新产品开发达成的合作协议

   B. 中小企业之间在研发领域达成的合作协议

   C. 经营者之间分工合作以提高生产效率的协议

   D. 农业生产者在农产品储存经营活动中的联合协议

7. 《反垄断法》特别规定了垄断协议的宽恕制度，第二个主动报告达成价格垄断协议的有关情况并提供重要证据的，可以减轻处罚的幅度是（　　）。

   A. 不低于20%～30%

   B. 不低于30%～50%

   C. 不低于50%

   D. 不低于80%

8. 具有市场支配地位的经营者从事的下列行

为中，属于《反垄断法》绝对禁止的是（　　）。

A. 以不公平的价格销售产品

B. 以低于成本价销售商品

C. 搭售商品，或者在交易时附加其他不合理的交易条件

D. 拒绝与交易相对人进行交易

9. 根据《反垄断法》的规定，下列属于经营者集中的情形是（　　）。

A. 经营者互相持有对方的股份

B. 经营者之间签订大额买卖合同

C. 经营者取得对其他经营者的控制权

D. 经营者联合抵制与他人交易

10. 对于银行、保险、证券、期货等行业或领域，其经营者集中申报营业额的计算公式有所不同。下列选项中，不适用"营业额=（营业额要素累加－税金及附加）×10%"的是（　　）。

A. 银行　　　　B. 保险

C. 证券　　　　D. 期货

11. 根据规定，下列情形的经营者集中案件，不适用简易审查程序的是（　　）。

A. 在同一相关市场，所有参与集中的经营者所占的市场份额之和小于15%

B. 存在上下游关系的参与集中的经营者，在上下游市场所占的份额均小于25%

C. 不在同一相关市场，也不存在上下游关系的参与集中经营者，在与交易有关的每个市场所占的份额均小于25%

D. 由两个以上经营者共同控制的合营企业，通过集中被其中的一个经营者控制，该经营者与合营企业属于同一相关市场的竞争者

12. 在经营者集中具有排除、限制竞争效果的前提下，国务院反垄断执法机构可以作出对经营者集中不予禁止决定的情形是（　　）。

A. 经营者证明该集中对竞争能产生有利影响

B. 该集中对竞争产生的有利影响小于不利影响

C. 经营者能证明该集中符合社会公共利益

D. 该集中对竞争产生了巨大的不利影响，违背社会公共利益

13. 经营者集中如果附加业务剥离的限制性条件，且采取受托剥离的方式，则剥离义务人应在国家市场监督管理总局作出审查决定之日起一定期限内向国家市场监督管理总局提交监督受托人人选，在进入受托剥离阶段一定期限前向国家市场监督管理总局提交剥离受托人人选。这两个期限分别是（　　）。

A. 5日　15日　　　B. 15日　30日

C. 15日　25日　　　D. 30日　60日

14. 地区封锁，即通常所谓"地方保护主义"。下列选项中，不属于地区封锁的是（　　）。

A. 对外地商品设定歧视性收费项目

B. 对外地商品采取检验和认证措施

C. 采取专门针对外地商品的行政许可，限制外地商品进入本地市场

D. 设置关卡或者采取其他手段，阻碍外地商品进入或者本地商品运出

15. 根据反垄断法律制度的规定，行政机关滥用行政权力，实施限制竞争行为的，除法律、行政法规另有规定的，反垄断执法机构可以采取的处理措施是（　　）。

A. 责令行为人改正违法行为

B. 对直接负责的主管人员和其他直接责任人员给予处分

C. 对行为人处以罚款

D. 向有关上级机关提出依法处理的建议

二、多项选择题

1. 反垄断执法机构调查涉嫌垄断行为时，可采取必要的调查措施，这类措施包括（　　）。

A. 进入被调查经营者的营业场所进行检查

B. 查阅、复制被调查者的有关单证、协议、会计账簿等文件和资料

C. 查封、扣押相关证据

D. 冻结被调查经营者的银行账户

2. 我国反垄断法律制度禁止具有市场支配地位的经营者，无正当理由以低于成本的价格销售商品。下列各项中，属于法定正当理由的有( )。

A. 处理鲜活商品

B. 清偿债务

C. 在合理期限内为推广新产品进行促销

D. 处理积压商品

3. 假设反垄断审查关注的甲公司是以利润最大化为经营目标的垄断者，在其他商品的销售条件保持不变的情况下，下列说法正确的有( )。

A. 如果甲公司的 A 产品持久而小幅提高销售价格，仍然有利可图，则 A 产品可以单独构成一个相关市场

B. 如果甲公司的 A 产品持久而小幅提高销售价格，导致需求者转向购买与 A 产品具有紧密替代关系的 B 产品，最终无利可图，则 A 产品不能单独构成一个相关市场

C. 如果甲公司的 A 产品持久而小幅提高销售价格，导致需求者转向购买与 A 产品具有紧密替代关系的 B 产品，最终无利可图，则 B 产品可以单独构成一个相关市场

D. 如果甲公司的 A 产品持久而小幅提高销售价格，导致需求者转向购买与 A 产品具有紧密替代关系的 B 产品，最终无利可图，则 A 产品与 B 产品共同构成一个相关商品市场

4. 垄断协议是指两个或两个以上经营者排除、限制竞争的协议、决定或者其他协同行为。对此，下列说法中正确的有( )。

A. 根据参与垄断协议的经营者之间是否具有竞争关系，将垄断协议分为横向垄断协议和纵向垄断协议

B. 垄断协议既包括书面协议，也包括口头协议

C. 认定达成垄断协议的协同行为，应当考虑的因素之一是：经营者的市场行为是否具有一致性

D. 非价格垄断协议由国家市场监督管理局依法查处

5. 经营者与具有竞争关系的经营者达成的下列协议中，属于反垄断法禁止的有( )。

A. 经营者之间通过协议统一确定、维持商品的价格

B. 经营者人为将市场进行划分，约定各自固守一部分市场，互不进入对方的"领地"进行竞争

C. 因经济不景气，为缓解销售量严重下降或者生产明显过剩的

D. 具有竞争关系的经营者联合起来，共同拒绝与其他的特定经营者进行交易

6. 我国《反垄断法》列举的受到禁止的纵向垄断协议形式包括( )。

A. 固定向第三人转售商品的价格

B. 限定向第三人转售商品的最低价格

C. 固定向第三人转售商品的数量

D. 限定向第三人转售商品的最低数量

7. 下列选项中，属于可被《反垄断法》豁免的垄断协议有( )。

A. 为改进技术的

B. 为提高产品质量的

C. 为提高中小经营者经营效率的

D. 为保障对外贸易和对外经济合作中的正当利益的

8. 经营者违反《反垄断法》规定，达成并实施垄断协议的，可以采取的处罚有( )。

A. 责令停止违法行为

B. 没收非法所得

C. 处上一年度销售额 1%以上 10%以下罚款

D. 吊销营业执照

9. 下列选项中，可以推定经营者具有市场支配地位的情形有( )。

A. 一个经营者在相关市场的市场份额达到 1/2

B. 两个经营者在相关市场的市场份额达到 2/3，经营者市场份额均超过 1/10

C. 三个经营者在相关市场的市场份额达到 3/4，经营者市场份额均超过 1/10

D. 四个经营者在相关市场的市场份额达

到 4/5，经营者市场份额均超过 1/10

10. 某生产大型机器设备的甲企业产品市场占有率达到 80%，甲企业的下属企业乙企业主要生产小型家电，销路一直不好。甲企业规定凡购买甲企业设备，均须同时购买乙企业生产的小型家电一台。下列说法正确的有( )。

    A. 甲企业的行为构成滥用市场支配地位行为

    B. 甲企业的行为构成限制竞争行为

    C. 甲企业的行为构成垄断行为

    D. 甲企业的行为构成经营者集中行为

11. 下列属于禁止具有市场支配地位的经营者从事滥用支配地位的行为的有( )。

    A. 以不公平的高价销售产品或者以不公平的低价购买商品

    B. 没有正当理由以低于成本价销售商品

    C. 没有正当理由搭售商品，或者在交易时附加其他不合理的交易条件

    D. 没有正当理由拒绝与交易相对人进行交易

12. 经营者集中达到法定标准的，经营者应当事先向国务院商务主管部门申报，该法定标准包括( )。

    A. 参与集中的所有经营者上一会计年度在全球范围内的营业额合计超过 20 亿元人民币

    B. 参与集中的所有经营者上一会计年度在中国境内的营业额合计超过 20 亿元人民币

    C. 参与集中的所有经营者上一会计年度在全球范围内的营业额合计超过 100 亿元人民币

    D. 参与集中的所有经营者上一会计年度在中国境内的营业额合计超过 100 亿元人民币

13. 下列企业合并后，市场份额达到国务院规定的申报标准，但可以豁免的有( )。

    A. 甲公司和乙公司合并，合并前，甲公司拥有乙公司 50% 以上有表决权的股份

    B. 甲公司和乙公司合并，合并前，丙公司拥有甲公司 50% 以上有表决权的股份

    C. 甲公司和乙公司合并，合并前，丙公司分别拥有甲公司和乙公司 50% 以上有表决权的股份

    D. 甲公司、乙公司和丙公司合并，合并前，丁公司分别拥有甲公司和乙公司 50% 以上有表决权的股份

14. 对不予禁止的经营者集中，国务院反垄断执法机构可以决定附加减少集中对竞争产生不利影响的限制性条件。其中，限制性条件包括( )。

    A. 剥离参与集中的经营者的有形资产

    B. 剥离参与集中的经营者的知识产权等无形资产

    C. 参与集中的经营者开放其许可关键技术

    D. 参与集中的经营者开放其财务管理制度

15. 下列行为中，应受到反垄断法律制度规制的有( )。

    A. 甲市政府发文要求本市各单位以政府采购方式购买小轿车时，必须购买本市某汽车制造商生产的小轿车，否则不予安排财政资金

    B. 乙市质量技术监督检疫局对外地某商品进入本市专门设置了检验标准，未达标准不允许在本市经销

    C. 丙市的某轴承生产企业与其所有经销商签订合同，限定经销商对外销售轴承的最低价格

    D. 丁市某行业协会组织会员统一进口原材料的价格，以避免恶性竞争

16. 下列某行政机关的行为中，属于《反垄断法》禁止的有( )。

    A. 限制外地经营者在本地设立分支机构

    B. 要求外地的货物必须通过指定物流公司进入本地市场

    C. 禁止没有资质的经营者参加本地建筑项目招标投标

    D. 强制下属单位每年消费一定数额的烟酒

17. 下列政策措施，如果具有排除和限制竞

争的效果，在符合规定的情况下仍可以实施的有( )。

A. 维护国家经济安全

B. 维护国家文化安全或者涉及国防建设

C. 为实现扶贫开发、救灾救助等社会保障目的

D. 为实现节约能源资源、保护生态环境等社会公共利益

本章综合练习参考答案及详细解析

一、单项选择题

1. C 【解析】本题考核《反垄断法》的适用范围。《反垄断法》不仅适用于境内，也适用于境外发生的垄断行为对境内市场竞争产生影响的情形。

2. B 【解析】本题考核反垄断行政执法程序中经营者承诺。根据规定，涉嫌垄断行为而被反垄断执法机构立案调查的，在调查期间，甲、乙公司承诺在反垄断执法机构认可的期限内采取具体措施消除该行为后果的，反垄断执法机构可以决定中止调查；中止调查后，若经营者未履行承诺的，应当恢复调查，选项 A、C 正确。反垄断执法机构对该事实调查核实后，认为构成垄断行为的，应当依法作出处理决定，并可以向社会公布，选项 D 正确。

3. B 【解析】本题考核反垄断行政执法。根据规定，我国的反垄断机构采取双层制模式：国务院反垄断执法机构负责反垄断法的行政执法；在其之上还设反垄断委员会，负责组织、协调、指导反垄断工作。

4. D 【解析】本题考核垄断协议。达成垄断协议的主体应为具有独立责任能力的市场主体。法人的分支机构、内部职能部门等不能构成垄断协议的主体。选项 A 错误。垄断协议泛指当事人之间通过意思联络并取得一致后而形成的协议、决定和其他协同行为。选项 B 错误。纵向垄断协议不是具有竞争关系的经营者的行为。选项 C 错误。

5. C 【解析】本题考核横向垄断协议。本题所述情况属于固定商品价格的协议，是反垄断法禁止的横向垄断协议。

6. D 【解析】本题考核反垄断法豁免的垄断协议。农业生产者及农村经济组织在农产品生产、加工、销售、运输、储存等经营活动中实施的联合或者协同行为属于《反垄断法》适用除外。

7. B 【解析】本题考核反垄断减免处罚的具体规则。

8. A 【解析】本题考核反垄断法禁止的滥用市场支配地位行为。根据规定，以不公平的高价销售商品或者以不公平的低价购买商品，属于反垄断法禁止的滥用市场支配地位行为，无须考虑行为是否有正当理由。

9. C 【解析】本题考核经营者集中的情形。经营者集中包括通过取得股权或者资产的方式取得对其他经营者的控制权。

10. B 【解析】本题考核金融业经营者集中申报营业额计算的特殊规则。保险公司集中申报营业额的计算公式为：营业额＝(保费收入－税金及附加)×10%。

11. D 【解析】本题考核经营者集中的审查。选项 D 的情形不视为简易案件。

12. C 【解析】本题考核经营者集中的审查。国务院反垄断执法机构虽认为经营者集中具有或者可能具有排除、限制竞争效果，但是经营者能够证明该集中对竞争产生的有利影响明显大于不利影响或者符合社会公共利益的，国务院反垄断执法机构可以作出对经营者集中不予禁止的决定。

13. B 【解析】本题考核经营者集中附加限制性条件制度。剥离义务人应在国家市场监督管理总局作出审查决定之日起 15

日内向国家市场监督管理总局提交监督受托人人选，在进入受托剥离阶段 30 日前向国家市场监督管理总局提交剥离受托人人选。

14. B 【解析】本题考核地区封锁的表现形式。对外地商品采取重复检验、重复认证等歧视性技术措施，限制外地商品进入本地市场，属于地区封锁。

15. D 【解析】本题考核垄断行为的法律责任。根据规定，行政机关和法律、法规授权的具有管理公共事务职能的组织滥用行政权力，实施排除、限制竞争行为的，由上级机关责令改正；对直接负责的主管人员和其他直接责任人员依法给予处分。反垄断执法机构可以向有关上级机关提出依法处理的建议。

二、多项选择题

1. ABC 【解析】本题考核反垄断调查措施。根据规定，反垄断执法机构调查涉嫌垄断行为，可以采取下列措施：(1) 进入被调查的经营者的营业场所或者其他有关场所进行检查；(2) 询问被调查的经营者、利害关系人或者其他有关单位或者个人，要求其说明有关情况；(3) 查阅、复制被调查的经营者、利害关系人或者其他有关单位或者个人的有关单证、协议、会计账簿、业务函电、电子数据等文件和资料；(4) 查封、扣押相关证据；(5) 查询经营者的银行账户。

2. ABCD 【解析】本题考核滥用市场支配地位的规定。

3. AB 【解析】本题考核假定垄断者测试。本题中，对 B 产品测试前，不能得出是否构成相关商品市场的结论，选项 C、D 错误。

4. ABCD 【解析】本题考核垄断协议。

5. ABD 【解析】本题考核垄断协议。选项 C 属于反垄断法豁免的垄断协议。

6. AB 【解析】本题考核纵向垄断协议。我国《反垄断法》列举了受到禁止的纵向垄断

协议形式：(1) 固定向第三人转售商品的价格；(2) 限定向第三人转售商品的最低价格；(3) 国务院反垄断执法机构认定的其他垄断协议。

7. ABCD 【解析】本题考核反垄断法豁免的垄断协议。

8. ABC 【解析】本题考核法律责任。经营者违反反垄断法规定，达成并实施垄断协议的，由反垄断执法机构责令停止违法行为，没收违法所得，并处上一年度销售额 1% 以上 10% 以下的罚款。

9. ABC 【解析】本题考核经营者市场支配地位的推定标准。选项 D 不属于《反垄断法》列举的经营者市场支配地位推定标准。

10. ABC 【解析】本题考核滥用市场支配地位和限制竞争行为的规定。根据规定，甲企业的行为构成垄断行为中的滥用市场支配地位的行为，因此选项 A、C 正确；甲企业的行为构成限制竞争行为，因此选项 B 正确。

11. ABCD 【解析】本题考核反垄断法禁止的滥用市场支配地位行为。

12. BC 【解析】本题考核经营者集中申报标准。

13. AC 【解析】本题考核经营者集中。选项 A 属于可以不向国务院反垄断执法机构申报的第一种情形(参与集中的一个经营者拥有其他每个经营者 50% 以上有表决权的股份或者资产的)；选项 C 属于可以不向国务院反垄断执法机构申报的第二种情形(参与集中的每个经营者 50% 以上有表决权的股份或者资产被同一个未参与集中的经营者拥有的)。

14. ABC 【解析】本题考核经营者集中附加限制性条件。选项 D 不属于经营者集中附加限制性条件。

15. ABC 【解析】本题考核垄断行为。选项 A，行政机关和法律、法规授权的具有管理公共事务职能的组织不得滥用行政权力，限定或者变相限定单位或者个人经

营、购买、使用其指定的经营者提供的商品。选项 B，行政机关和法律、法规授权的具有管理公共事务职能的组织不得滥用行政权力，对外地商品规定与本地同类商品不同的技术要求、检验标准，或者对外地商品采取重复检验、重复认证等歧视性技术措施，限制外地商品进入本地市场。选项 C，禁止经营者与交易相对人限定向第三人转售商品的最低价格。选项 D，为保障对外贸易和对外经济合作中的正当利益而达成的固定价格的协议，属于豁免情形，不被禁止。

16. AB 【解析】本题考核反垄断法禁止的滥用行政权力排除、限制竞争行为。选项 C 的规定合法；选项 D 不属于《反垄断法》禁止的范围，适用其他法律法规。

17. ABCD 【解析】本题考核公平竞争审查制度。

可口可乐收购汇源

2008 年 9 月，可口可乐以 24 亿美元收购汇源全部业务的并购消息引起了全国上下乃至世界的普遍关注，此案最终于 2009 年 3 月 18 日未通过商务部反垄断调查而告终止。商务部具体阐述了未通过审查的三个原因：第一，如果收购成功，可口可乐有能力把其在碳酸饮料业的支配地位传导到果汁业。第二，如果收购成功，可口可乐对果汁市场的控制力会明显增强，使其他企业没能力进入这个市场。第三，收购成功，会挤压国内中小企业的生存空间，抑制企业参与市场竞争。

在可口可乐收购失败之后，汇源果汁便开始走向了下坡路，之后，负债也是逐渐积累增多。2018 年 4 月 3 日，汇源果汁宣告停牌。按港交所相关规定，如果汇源果汁在 2020 年 1 月 31 日前不能满足复牌条件，公司股票很可能被强制退市。

（1）收购实施前应该为被禁止做准备。汇源走到今天虽然不能说完全是收购失败造成的，但是可以说还是受到一些影响。例如当时为了完成收购计划，汇源不惜自废武功，砍掉了其历经 16 年辛苦建立起来的销售体系，收购失败留下的阵痛一直影响到汇源果汁后来的发展。

（2）反垄断机构可以尽量多考虑附条件的不予禁止决定。例如同是 2008 年，商务部发布了 2008 年第 95 号公告，决定附条件批准比利时英博公司收购美国 AB 公司的交易，要求英博公司履行如下义务：①不得增加 AB 公司在青岛啤酒股份有限公司现有 27% 的持股比例；②如果英博公司的控股股东或控股股东的股东发生变化，必须及时通报商务部；③不得增加英博公司在珠江啤酒股份有限公司现有 28.56% 的持股比例；④不得寻求持有华润雪花啤酒（中国）有限公司和北京燕京啤酒有限公司的股份。

第12章 涉外经济法律制度

考情分析

▶ **历年考情分析**

本章主要由一些涉外经济法律制度组成。除外资并购境内企业外，基本没有难度，属于识记型考点。本章内容近几年考试均为客观题，最近3年考试平均分值为6分。

▶ **本章2020年考试主要变化**

本章根据新发布的《外商投资法》重新编写了原第一节的内容。

核心考点及经典例题详解

考点一 涉外投资法律制度★★

扫我解疑难

📝 **经典例题**

【例题1·单选题】(2019年)根据涉外投资法律制度的规定，下列关于准入前国民待遇加负面清单管理模式的表述中，正确的是( )。

A. 准入前国民待遇是指在企业设立阶段给予外资国民待遇，不包括企业设立后的经营阶段

B. 负面清单由商务部发布或批准发布

C. 准入前国民待遇加负面清单管理模式目前在我国仅适用于自由贸易试验区

D. 负面清单是指国家规定的准入特别管理措施

【答案】D

【解析】本题考核外商直接投资的准入管理。准入前国民待遇，是指在企业设立、取得、

扩大等阶段给予外国投资者及其投资不低于本国投资者及其投资的待遇，选项A错误。负面清单由国务院发布或批准发布，选项B错误。"准入前国民待遇+负面清单"模式已经推广到全国范围，选项C错误。

【例题2·多选题】(2019年)根据涉外投资法律制度的规定，下列各项中，属于自由贸易试验区外商投资国家安全审查范围的有( )。

A. 外商投资对国防安全的影响

B. 外商投资对相关市场的集中度的影响

C. 外商投资对国家文化安全的影响

D. 外商投资对社会基本生活秩序的影响

【答案】ACD

【解析】本题考核自贸区外商投资国家安全审查。自由贸易试验区外商投资国家安全审查的内容：(1)外商投资对国防安全的影响(选项A)。(2)外商投资对国家经济稳定运行的影响。(3)外商投资对社会基本生活秩序的影响(选项D)。(4)外商投资对国家文化安全、公共道德的影响(选项C)。(5)外商投资对国家网络安全的影响。(6)外商投资对涉及国家

安全关键技术研发能力的影响。

【例题3·多选题】（2019年）根据涉外投资法律制度的规定，中国境内投资者对外直接投资时需要遵守的法律规则包括( )。

A. 中国法律

B. 中国与投资所在国签订的双边投资保护协定

C. 中国与投资所在国共同缔结或参加的多边条约

D. 投资所在国法律

【答案】 ABCD

【解析】 本题考核对外直接投资需要遵循的法律规则。中国境内投资者对外直接投资，需要遵守投资所在国即东道国的法律和政策，以及中国与有关东道国签订的双边投资保护协定和双方共同缔结或参加的多边条约中的相关规定。与此同时，作为投资者的母国，中国国内法中的相关规定当然也要予以适用。

【例题4·多选题】（2015年）根据涉外经济法律制度的规定，投资者对外直接投资实行的制度有( )。

A. 核准制　　　　B. 备案制

C. 注册制　　　　D. 特许制

【答案】 AB

【解析】 本题考核对外投资管理。国家发改委和省级政府投资主管部门根据不同情况，对境外投资项目分别实行核准和备案管理。

📝 **考点精析**

【考点精析1】 外商投资法律制度

1. 外商投资的界定

所谓外商投资，是指外国的自然人、企业或者其他组织(以下称外国投资者)直接或者间接在中国境内进行的投资活动，包括下列情形：

(1)外国投资者单独或者与其他投资者共同在中国境内设立外商投资企业；

(2)外国投资者取得中国境内企业的股份、股权、财产份额或者其他类似权益；

(3)外国投资者单独或者与其他投资者共

同在中国境内投资新建项目；

(4)法律、行政法规或者国务院规定的其他方式的投资。

2. 外商投资促进

(1)与外商投资有关的规范性文件应当依法及时公布，未经公布的不得作为行政管理依据。

(2)外商投资企业依法和内资企业平等参与国家标准、行业标准、地方标准和团体标准的制定、修订工作。外商投资企业可以根据需要自行制定或者与其他企业联合制定企业标准。

(3)政府采购的采购人、采购代理机构不得在政府采购信息发布、供应商条件确定和资格审查、评标标准等方面，对外商投资企业实行差别待遇或者歧视待遇，不得以所有制形式、组织形式、股权结构、投资者国别、产品或者服务品牌以及其他不合理的条件对供应商予以限定，不得对外商投资企业在中国境内生产的产品、提供的服务和内资企业区别对待。

(4)外商投资企业可以依法通过公开发行股票、公司债券等证券和其他方式进行融资。

3. 外商投资保护

(1)在特殊情况下，国家为了公共利益的需要依照法律规定对外国投资者的投资实行征收的，应当依照法定程序、以非歧视性的方式进行，并按照被征收投资的市场价值及时给予补偿。

(2)外国投资者在中国境内的出资、利润、资本收益、资产处置所得、取得的知识产权许可使用费、依法获得的补偿或者赔偿、清算所得等，可以依法以人民币或者外汇自由汇入、汇出，任何单位和个人不得违法对币种、数额以及汇入、汇出的频次等进行限制。外商投资企业的外籍职工和香港、澳门、台湾职工的工资收入和其他合法收入，可以依法自由汇出。

(3)地方各级人民政府及其有关部门应当履行向外国投资者、外商投资企业依法作出的政策承诺以及依法订立的各类合同，不得以行政区划调整、政府换届、机构或者职能调整以及相关责任人更替等为由违约毁约。

（4）国务院商务主管部门会同国务院有关部门建立外商投资企业投诉工作部际联席会议制度，协调、推动中央层面的外商投资企业投诉工作，对地方的外商投资企业投诉工作进行指导和监督。县级以上地方人民政府应当指定部门或者机构负责受理本地区外商投资企业或者其投资者的投诉。

4. 外商投资管理

（1）国家对外商投资实行准入前国民待遇加负面清单管理制度。负面清单规定禁止投资的领域，外国投资者不得投资。

（2）国家建立外商投资安全审查制度，对影响或者可能影响国家安全的外商投资进行安全审查。具体的安全审查范围为：外国投资者在自贸试验区内投资军工、军工配套和其他关系国防安全的领域，以及重点、敏感军事设施周边地域；外国投资者在自贸试验区内投资关系国家安全的重要农产品、重要能源和资源；重要基础设施、重要运输服务、重要文化、重要信息技术产品和服务；关键技术、重大装备制造等领域，并取得所投资企业的实际控制权。

所谓"取得所投资企业的实际控制权"，包括下列情形：

①外国投资者及其关联投资者持有企业股份总额在50%以上；

②数个外国投资者持有企业股份总额合计在50%以上；

③外国投资者及其关联投资者、数个外国投资者持有企业股份总额不超过50%，但所享有的表决权已足以对股东会或者股东大会、董事会的决议产生重大影响；

④其他导致外国投资者对企业的经营决策、人事、财务、技术等产生重大影响的情形。

（3）外商投资合同效力的认定

①对于外商投资准入负面清单之外的领域形成的投资合同。当事人以合同未经有关行政主管部门批准、登记为由，主张合同无效或者未生效的，人民法院不予支持。

②外国投资者投资外商投资准入负面清单规定禁止投资的领域，当事人主张投资合同无效的，人民法院应予支持。

③外国投资者投资外商投资准入负面清单规定限制投资的领域，当事人以违反限制性准入特别管理措施为由，主张投资合同无效的，人民法院应予支持。但是，在人民法院作出生效裁判前，当事人采取必要措施，满足准入特别管理措施的要求，并据此主张所涉投资合同有效的，人民法院应予支持。

【考点精析2】对外直接投资法律制度

1. 商务部门的核准和备案

（1）商务部和省级商务主管部门按照企业境外投资的不同情形，分别实行备案和核准管理。①企业境外投资涉及敏感国家和地区、敏感行业的，实行核准管理。②企业其他情形的境外投资，实行备案管理。

（2）企业境外投资不得有以下情形：①危害我国国家主权、安全和社会公共利益，或违反我国法律法规；②损害我国与有关国家（地区）关系；③违反我国缔结或者参加的国际条约、协定；④出口我国禁止出口的产品和技术。

（3）对属于备案情形的境外投资，中央企业报商务部备案；地方企业报所在地省级商务主管部门备案。对属于核准情形的境外投资，中央企业向商务部提出申请，地方企业通过所在地省级商务主管部门向商务部提出申请。

2. 发展改革部门的核准和备案

国家发展改革委和省级政府投资主管部门根据不同情况，对境外投资项目分别实行核准和备案管理。

（1）涉及敏感国家和地区、敏感行业的境外投资项目，由国家发展改革委核准。

（2）其他境外投资项目实行备案管理。其中，中央管理企业实施的境外投资项目、地方企业实施的中方投资额 3 亿美元及以上境外投资项目,由国家发展改革委备案。

考点二　对外贸易法律制度★

扫我解疑难

📝 经典例题

【例题 1·单选题】(2019 年)《中华人民共和国对外贸易法》第 7 条规定:"任何国家或地区在贸易方面对中华人民共和国采取歧视性的禁止、限制或者其他类似措施的,中华人民共和国可以根据实际情况对该国或者该地区采取相应的措施。"该条款体现的原则是( )。

A. 统一管理原则

B. 平等互利原则

C. 公平自由原则

D. 互惠对等原则

【答案】D

【解析】本题考核《对外贸易法》的原则。

【例题 2·单选题】(2019 年)下列关于我国国营贸易制度的表述中,符合对外贸易法律制度规定的是( )。

A. 国家可以对全部货物的进出口实行国营贸易管理

B. 判断一个企业是否为国营贸易企业,关键是看该企业的所有制形式

C. 实行国营贸易管理的货物进出口业务只能由经授权的企业专属经营,一律不得由其他企业经营

D. 实行国营贸易管理的货物和经授权经营企业的目录,由商务部会同国务院其他有关部门确定、调整并公布

【答案】D

【解析】本题考核国营贸易。国营贸易是世界贸易组织明文允许的贸易制度,国家可以对部分货物的进出口实行国营贸易管理;选项 A 错误。判断一个企业是不是国营贸易企业,关键是看该企业是否在国际贸易中享有专营

权或特许权,与该企业的所有制形式并无必然联系;选项 B 错误。实行国营贸易管理货物的进出口业务只能由经授权的企业经营;但是,国家允许部分数量的国营贸易管理货物的进出口业务由非授权企业经营的除外;选项 C 错误。

【例题 3·单选题】(2019 年)根据对外贸易法律制度的规定,反倾销调查应当自立案调查决定公告之日起一定期限内结束。该期限最长可以是( )。

A. 6 个月　　　　　　B. 24 个月

C. 12 个月　　　　　　D. 18 个月

【答案】D

【解析】本题考核反倾销调查。反倾销调查应当自立案调查决定公告之日起 12 个月内结束;特殊情况下可以延长,但延长期不得超过 6 个月。

【例题 4·单选题】(2018 年)《中华人民共和国政府和加拿大政府关于促进和相互保护投资的协定》规定:"任一缔约方给予另一缔约方投资者在设立、购买、扩大、管理、经营、运营和销售或其他处置其领土内投资方面的待遇,不得低于在类似情形下给予非缔约方投资者的待遇。"该规定体现的是( )。

A. 国民待遇　　　　　B. 公平公正待遇

C. 最惠国待遇　　　　D. 最低限度待遇

【答案】C

【解析】本题考核《对外贸易法》的原则。最惠国待遇是指一国(给惠国)给予另一国(受惠国)的个人、企业、商品等的待遇不低于给惠国给予任何第三国(最惠国)的相应待遇。

【例题 5·单选题】(2017 年)根据对外贸易法律制度的规定,决定征收反倾销税的机构是( )。

A. 商务部　　B. 国务院关税税则委员会

C. 财政部　　D. 国家税务总局

【答案】B

【解析】本题考核反倾销税。征收反倾销税,由商务部提出建议,国务院关税税则委员会根据商务部的建议作出决定,由商务部予以公告。

【例题6·单选题】（2015年）根据对外贸易法律制度的规定，针对公平贸易条件下的特殊情形，可以采取特定的贸易救济措施。下列各项中，属于该措施的是（　）。

A. 反补贴税　　　B. 反倾销税

C. 价格承诺　　　D. 保障措施

【答案】D

【解析】本题考核保障措施。反倾销与反补贴措施针对的是倾销和补贴这样的不公平贸易行为；保障措施针对的则是公平贸易条件下的特殊情形。

【例题7·单选题】（2013年改）下列关于对外贸易经营者及其管理的表述中，符合对外贸易法律制度规定的是（　）。

A. 对外贸易经营者包括法人和其他组织，但不包括个人

B. 对外贸易经营实行特许制，经营者需经审批并获得外贸经营资格

C. 国家可以允许部分数量的国营贸易管理货物的进出口业务由非授权企业经营

D. 从事货物进出口或者技术进出口的对外贸易经营者，应当向国家市场监督管理总局或其委托的机构办理备案登记

【答案】C

【解析】本题考核对外贸易经营者及其管理的相关规定。根据规定，对外贸易经营者包括法人、其他组织和个人，选项A错误。根据规定依法办理工商登记或其他执业手续的单位和个人均可从事外贸经营，选项B错误。从事货物进出口或者技术进出口的对外贸易经营者，应当向商务部或者其委托的机构办理备案登记。但是，法律、行政法规和商务部规定不需要备案登记的除外，选项D错误。

考点精析

【考点精析1】对外贸易经营者

1. 对外贸易经营者的概念

（1）对外贸易经营者包括法人、其他组织和个人。

（2）对外贸易经营无须专门许可。

2. 对外贸易经营者的管理

（1）货物贸易和技术贸易经营者的备案登记。从事货物进出口或者技术进出口的对外贸易经营者，应当向商务部或者其委托的机构办理备案登记。但是，法律、行政法规和商务部规定不需要备案登记的除外。对外贸易经营者未按照规定办理备案登记的，海关不予办理进出口货物的报关验放手续。

（2）国营贸易的特别规定。我国可以对部分货物的进出口实行国营贸易管理。

【考点精析2】货物进出口与技术进出口

1. 货物和技术进出口的一般原则

国家准许货物与技术的自由进出口，但法律、行政法规另有规定的除外。

2. 货物和技术自由进出口的例外情形

（1）国家基于一定的原因，可以限制或者禁止有关货物、技术的进出口。

（2）安全例外。

①国家对与裂变、聚变物质或者衍生此类物质的物质有关的货物、技术进出口，以及与武器、弹药或者其他军用物资有关的进出口，可以采取任何必要措施，维护国家安全；

②在战时或者为维护国际和平与安全，国家在货物、技术进出口方面可以采取任何必要措施。

3. 货物和技术进出口的管理制度

（1）货物进出口自动许可制度。

（2）技术进出口备案登记制度。进出口属于自由进出口的技术，应当向商务部或其委托的机构办理合同备案登记。据此，我国对自由进出口技术的进出口实行合同登记制度。但此种合同登记仅具有备案意义，合同自依法成立时生效，不以登记作为合同生效的条件。

（3）配额和许可证制度。

①货物进出口配额和许可证制度。国家规定有数量限制的限制进出口货物，实行配额管理；其他限制进出口货物，实行许可证管理。

②技术进出口许可证制度。我国对属于限制进出口的技术实行许可证管理，未经许可不得进出口。

【考点精析3】对外贸易救济

1. 反倾销措施

（1）概念。其他国家或者地区的产品以低于正常价值的倾销方式进入我国市场，对已建立的国内产业造成实质损害或者产生实质损害威胁，或者对建立国内产业造成实质阻碍的，国家可以采取反倾销措施。

（2）反倾销调查机关。

①对倾销的调查和确定，由商务部负责。

②对损害的调查和确定，由商务部负责。其中，涉及农产品的反倾销国内产业损害调查，由商务部会同农业部进行。

（3）反倾销调查程序。

①国内产业或者代表国内产业的自然人、法人或者有关组织（统称"申请人"），可以依照《反倾销条例》的规定向商务部提出反倾销调查的书面申请。商务部应当自收到申请书及有关证据之日起60日内，对申请是否由国内产业或者代表国内产业提出、申请书内容及所附具的证据等进行审查，并决定立案调查或者不立案调查。在决定立案调查前，应当通知有关出口国（地区）政府。

②在表示支持申请或者反对申请的国内产业中，支持者的产量占支持者和反对者的总产量的50%以上的，应当认定申请是由国内产业或者代表国内产业提出，可以启动反倾销调查。但是，表示支持申请的国内生产者的产量不足国内同类产品总产量的25%的，不得启动反倾销调查。

③在特殊情形下，商务部虽未收到反倾销调查的书面申请，但有充分证据认为存在倾销和损害以及二者之间有因果关系的，可以自行决定立案调查。

④商务部根据调查结果，就倾销、损害和二者之间的因果关系是否成立作出初裁决定，并予以公告。反倾销调查应当自立案调查决定公告之日起12个月内结束；特殊情况下可以延长，但延长期不得超过6个月。

（4）反倾销调查应当终止的情形。有下列情形之一的，反倾销调查应当终止，并由商务部予以公告：①申请人撤销申请的；②没有足够证据证明存在倾销、损害或者二者之间有因果关系的；③倾销幅度低于2%的；④倾销进口产品实际或者潜在的进口量或者损害属于可忽略不计的；⑤商务部认为不适宜继续进行反倾销调查的。

（5）反倾销措施（见表12-1）。

表12-1　反倾销措施

项目	内容
临时反倾销措施	初裁决定确定倾销成立，并由此对国内产业造成损害的，可以采取下列临时反倾销措施：①征收临时反倾销税；②要求提供保证金、保函或者其他形式的担保
	临时反倾销措施实施的期限，自临时反倾销措施决定公告规定实施之日起，不超过4个月；在特殊情形下，可以延长至9个月。自反倾销立案调查决定公告之日起60日内，不得采取临时反倾销措施
价格承诺	倾销进口产品的出口经营者在反倾销调查期间，可以向商务部作出改变价格或者停止以倾销价格出口的价格承诺
	出口经营者违反其价格承诺的，商务部可以立即决定恢复反倾销调查；根据可获得的最佳信息，可以决定采取临时反倾销措施，并可以对实施临时反倾销措施前90日内进口的产品追溯征收反倾销税，但违反价格承诺前进口的产品除外
反倾销税	终裁决定确定倾销成立，并由此对国内产业造成损害的，可以征收反倾销税
	反倾销税的征收期限不超过5年，但经商务部复审确定终止征收反倾销税有可能导致倾销和损害的继续或者再度发生的，反倾销税的征收期限可以适当延长

2. 反补贴措施

（1）概念。进口产品存在补贴，并对已建立的国内产业造成实质损害或者产生实质损害威胁，或者对建立国内产业造成实质阻碍的，国家可以采取反补贴措施，消除或者减轻这种损害、损害的威胁或者阻碍。

（2）反补贴调查与反补贴措施。

①反补贴调查在申请、启动、实施、终止等方面的条件和程序与反倾销调查基本相同。略有差异的是，《反补贴条例》规定的终止情形之一是"补贴金额为微量补贴"，而不是"幅度低于2%"。还有一种终止情形是"通过与有关国家（地区）政府磋商达成协议，不需要继续进行反补贴调查"，该终止情形是反倾销调查所没有的。

②反补贴措施包括临时反补贴措施，取消、限制补贴或者其他有关措施的承诺，以及反补贴税，其具体内容和实施程序与反倾销措施基本相同。略有差异的是，临时反补贴措施实施的期限，自临时反补贴措施决定公告规定实施之日起不超过4个月，不得延长。

3. 保障措施

（1）与国内产业有关的自然人、法人或者其他组织，可以依照《保障措施条例》的规定，向商务部提出采取保障措施的书面申请；商务部应当及时对申请进行审查，决定立案调查或者不立案调查。

（2）商务部根据调查结果，可以作出初裁决定，也可以直接作出终裁决定，并予以公告。有明确证据表明进口产品数量增加，不采取临时保障措施将对国内产业造成难以补救的损害时，商务部可以作出初裁决定，并采取临时保障措施。临时保障措施采取提高关税的形式。临时保障措施的实施期限，自临时保障措施决定公告规定实施之日起，不超过200天。

（3）终裁决定确定进口产品数量增加，并由此对国内产业造成损害的，可以采取保障措施。保障措施可以采取提高关税、数量限

制等形式。海关自公告规定实施之日起执行。

（4）采取数量限制措施的，限制后的进口量不得低于最近3个有代表性年度的平均进口量，但有正当理由表明为防止或者补救严重损害而有必要采取不同水平数量限制措施的除外。

（5）保障措施的实施期限不超过4年。符合法律规定的条件的可以适当延长，但在任何情况下，一项保障措施的实施期限及其延长期限不得超过10年。

考点三　外汇管理法律制度★★

扫我解疑难

📋 经典例题

【例题1·单选题】（2019年）我国《外汇管理条例》在适用范围上采取属人主义和属地主义相结合的原则，对于特定主体，仅对其发生在中国境内的外汇收支和外汇经营活动适用该条例。下列各项中，属于此类主体的是（　）。

A. 在广州旅游1个月的美国公民甲

B. 已经在我国连续居住3年的法国公民丙

C. 持中华人民共和国居民身份证的中国公民丁

D. 在北京设立的外商投资企业乙

【答案】A

【解析】本题考核《外汇管理条例》的适用范围。境内机构、境内个人的外汇收支或者外汇经营活动，以及境外机构、境外个人在境内的外汇收支或者外汇经营活动，适用《外汇管理条例》。题目让选择"仅对其在我国境内的外汇收支和外汇经营，适用我国管理制度的"，这是指"境外机构、境外个人"，BCD都属于境内机构或境内个人。

【例题2·多选题】（2019年）根据外汇管理法律制度的规定，外汇市场可以划分为外汇零售市场和外汇批发市场。下列市场参与者之间进行的外汇买卖中，形成外汇批发市场的有（　）。

A. 银行与企业之间进行的柜台式外汇买卖

B. 银行与其他金融机构之间进行的外汇买卖

C. 银行与个人客户之间进行的外汇买卖

D. 银行与银行之间进行的外汇买卖

【答案】BD

【解析】本题考核外汇市场。外汇批发市场是指以银行业金融机构为主；以非银行金融机构和非金融企业为辅的机构间外汇买卖市场，也称银行间外汇市场。

【例题3·多选题】(2018年)根据外汇管理法律制度的规定，下列货币中，属于特别提款权货币篮组成货币的有( )。

A. 日元　　　　　　B. 人民币

C. 美元　　　　　　D. 加拿大元

【答案】ABC

【解析】本题考核特别提款权货币篮。属于特别提款权货币篮组成货币的有：美元、欧元、日元、人民币、英镑。

【例题4·多选题】(2018年)根据外汇管理法律制度的规定，下列关于当前人民币汇率制度的表述中，正确的有( )。

A. 参考"一篮子"货币进行调节

B. 有管理的浮动汇率

C. 以市场供求为基础

D. 官方汇率与调剂市场汇率并存

【答案】ABC

【解析】本题考核人民币汇率制度。我国实行以市场供求为基础(选项C)，参考"一篮子"货币进行调节(选项A)、有管理的浮动汇率制度(选项B)。我国自1994年1月1日起，将"官方汇率"和"调剂市场汇率"两种汇率并轨。故选项D错误。

【例题5·多选题】(2017年)下列货币中，属于特别提款权"货币篮"组成货币的有( )。

A. 英镑　　　　　　B. 美元

C. 人民币　　　　　D. 加拿大元

【答案】ABC

【解析】本题考核特别提款权"货币篮"。特别提款权"货币篮"组成有人民币、美元、欧元、日元、英镑。

【例题6·单选题】(2016年)根据涉外经济法律制度的规定，下列关于人民币汇率制度的表述中，正确的是( )。

A. 双重汇率制

B. 固定汇率制

C. 自由浮动汇率制

D. 有管理的浮动汇率制

【答案】D

【解析】本题考核人民币汇率制度。我国实行的外汇管理制度是：以市场供求为基础，参考"一篮子"货币进行调节、有管理的浮动汇率制度。

【例题7·多选题】(2016年)根据涉外经济法律制度的规定，下列关于特别提款权的表述中，正确的有( )。

A. 特别提款权本身具有价值

B. 特别提款权的"货币篮"由5种货币组成

C. 特别提款权是一种货币

D. 加入特别提款权"货币篮"标志着人民币完全实现了可自由兑换

【答案】AB

【解析】本题考核特别提款权"货币篮"。特别提款权本身不是货币，选项C错误。人民币尚未完全实现可自由兑换，资本项目下还存在限制，选项D错误。

【例题8·多选题】(2015年)根据外汇法律制度的规定，下列各项中，属于外汇经常项目的有( )。

A. 贸易收支　　　　B. 对外借款

C. 投资收益　　　　D. 单方转移

【答案】ACD

【解析】本题考核经常项目外汇管理制度。经常项目包括贸易收支、服务收支、收益(包括职工报酬和股息、红利等投资收益)和经常转移(单方面转移)。选项B，对外借款属于资本项目。

📓考点精析

1. 外汇的概念

外汇包括外币现钞、外币支付凭证或者

支付工具、外币有价证券、特别提款权及其他外汇资产。

2.《外汇管理条例》的适用范围

（1）境内机构和境内个人的外汇收支或者外汇经营活动，不论其发生在境内或境外，均适用该条例。对于境外机构和境外个人而言，仅在中国境内的外汇收支和外汇经营活动适用该条例。

（2）境内机构，是指中华人民共和国境内的国家机关、企业、事业单位、社会团体、部队等，外国驻华外交领事机构和国际组织驻华代表机构除外。

境内个人，是指中国公民和在中华人民共和国境内连续居住满1年的外国人，外国驻华外交人员和国际组织驻华代表除外。

3.经常项目外汇管理制度

（1）概念。经常项目，指一个国家或地区对外交往中经常发生的交易项目，包括贸易收支、服务收支、收益和经常转移，其中，贸易及服务收支是最主要内容。在经常项目下发生的外汇收支，即经常项目外汇。

（2）经常项目外汇收支管理的一般规定。

①经常项目外汇收入实行意愿结汇制。经常项目外汇收入，可以按照国家有关规定保留或者卖给经营结汇、售汇业务的金融机构。

②经常项目外汇支出凭有效单证，无须审批。经常项目外汇支出，应当按照国务院外汇管理部门关于付汇与购汇的管理规定，凭有效单证以自有外汇支付或者向经营结汇、售汇业务的金融机构购汇支付。

③经常项目外汇收支需有真实、合法的交易基础。

（3）个人外汇管理制度。

①对于个人结汇和境内个人购汇实行年度总额管理，年度总额为每人每年等值5万美元，国家外汇管理局根据国际收支状况对年度总额进行调整。

②对于个人开展对外贸易产生的经营性外汇收支，视同机构按照货物贸易的有关原则进行管理。

③境内个人是指持有中华人民共和国居民身份证、军人身份证件、武装警察身份证件的中国公民。境外个人是指持外国护照、港澳居民来往内地通行证、台湾居民来往大陆通行证的外国公民（包括无国籍人）以及港、澳、台同胞。

4.资本项目外汇管理制度

（1）概念。资本项目，指国际收支中引起对外资产和负债水平发生变化的交易项目，包括资本转移、非生产及非金融资产的收买或放弃、直接投资、证券投资、衍生产品投资及贷款等。在资本项目下发生的外汇收支，即资本项目外汇。

（2）直接投资项下的外汇管理。

①外商直接投资。对外商境内直接投资的外汇实行登记管理制度。无论是直接投资的汇入还是汇出，外国投资者应先在外汇局办理登记。

②境外直接投资。境内机构、境内个人向境外直接投资，应当按照国务院外汇管理部门的规定办理登记。国家规定需要事先经有关主管部门批准或者备案的，应当在外汇登记前办理批准或者备案手续。

境内机构可以使用自有外汇资金、符合规定的国内外汇贷款、人民币购汇或实物、无形资产及经外汇局核准的其他外汇资产来源等进行境外直接投资。

境内机构境外直接投资所得利润也可留存境外用于其境外直接投资。其中，自有外汇资金包括经常项目外汇账户、外商投资企业资本金账户等账户内的外汇资金。

境内机构将其所得的境外直接投资利润汇回境内的，可以保存在其经常项目外汇账户或办理结汇。

（3）间接投资项下的外汇管理（见表12-2）。

表 12-2　间接投资项下的外汇管理

项目	内容
合格境外机构投资者（QFII）制度	允许符合条件的境外机构投资者经批准汇入一定额度的外汇资金，并转换为当地货币，通过严格监管的专用账户投资当地证券市场，其本金、资本利得、股息等经批准后可购汇汇出的一种资本市场开放模式
	根据我国现行的 QFII 制度框架，持股比例限制等；国家外汇管理局负责 QFII 的外汇相关管理。2019 年 10 月，国家外汇管理局取消了 QFII 的境内投资额度限制
合格境内机构投资者（QDII）制度	是 QFII 的反向制度，指允许符合条件的境内机构，经监管部门批准，在一定额度内，通过专用账户投资境外证券市场的一种开放模式
	银保监会、证监会分别负责银行、保险和证券等境外投资业务的市场准入，包括资格审批、投资品种确定以及相关风险管理；国家外汇管理局负责 QDII 机构境外投资额度、账户及资金汇兑管理等
境外上市外资股（H股）制度	在中国境内注册的股份有限公司向境外投资人发行，并在境外证券交易所上市流通的股票
	境内公司应在境外上市首次发股结束后的 15 个工作日内，到其注册所在地外汇局办理境外上市登记；境内公司境外上市后，其境内股东拟根据有关规定增持或减持境外股份的，也应到境内股东所在地外汇局办理境外持股登记。境内公司的境内股东应当凭上述登记证明，分别在所在地银行开立境内专用账户，用以办理与该项业务对应的资金汇兑与划转
境内上市外资股（B股）制度	也称人民币特种股票，指在中国境内注册的股份有限公司向境外投资者发行，以人民币标价、以外币认购和交易，并在中国境内证券交易所上市的股票

（4）外债管理。

①外债包括境外借款、发行债券、国际融资租赁等。

②国家外汇管理局及其分支局负责外债的登记、账户、使用、偿还以及结售汇等管理、监督和检查，并对外债进行统计和监测。国家外汇管理局负责全口径外债的统计监测，并定期公布外债情况。

③外商投资企业借用的外债资金可以结汇使用。除另有规定外，境内金融机构和中资企业借用的外债资金不得结汇使用。

④债务人借款合同中约定的外债资金用途应当符合外汇管理规定。短期外债原则上只能用于流动资金，不得用于固定资产投资等中长期用途。

⑤外保内贷（见表 12-3）。

表 12-3　外保内贷

项目	内容
概念	债务人向境内金融机构借款时，可以接受境外机构或个人提供的担保
登记	发生境外担保履约的，债务人应到所在地外汇局办理外债登记

⑥境内债务人因外保内贷项下担保履约形成的对外负债，其未偿本金余额不得超过其上年度末经审计的净资产数额。超出上述限额的，须占用其自身的外债额度；外债额度仍然不够的，按未经批准擅自对外借款进行处理。在境内债务人偿清其对境外担保人的债务之前，未经外汇局批准，境内债务人应暂停签订新的外保内贷合同；已经签订外保内贷合同但尚未提款或尚未全部提款的，未经所在地外汇局批准，境内债务人应暂停办理新的提款。

5. 人民币汇率制度

我国实行以市场供求为基础，参考"一篮子"货币进行调节、有管理的浮动汇率制度。

6. 外汇市场

《外汇管理条例》规定，经营结汇、售汇业务的金融机构和符合国务院外汇管理部门规定条件的其他机构，可以按照国务院外汇管理部门的规定在银行间外汇市场进行外汇交易。

7. 人民币加入特别提款权"货币篮"及其影响

2015年12月，国际货币基金组织执行董事会正式批准人民币加入特别提款权"货币篮"。人民币成为与美元、欧元、日元、英镑并列的第5种可自由使用货币。

本章综合练习 限时25分钟

一、单项选择题

1. 下列关于外资投资保护的说法，错误的是( )。

   A. 外商投资企业的外籍职工和香港、澳门、台湾职工的工资收入和其他合法收入，可以依法自由汇出

   B. 县级以上地方人民政府应当指定部门或者机构负责受理本地区外商投资企业或者其投资者的投诉

   C. 任何单位和个人不得违法对币种、数额以及汇入、汇出的频次等进行限制，特殊情况下除外

   D. 在特殊情况下，国家为了公共利益的需要依照法律规定对外国投资者的投资实行征收的，应当依照法定程序、以非歧视性的方式进行，并按照被征收投资的市场价值及时给予补偿

2. 地方企业实施的中方投资额一定数额的境外投资项目，由各省、自治区、直辖市及计划单列市和新疆生产建设兵团等省级政府投资主管部门备案。该数额是( )。

   A. 3亿美元以上　　　B. 3亿美元以下
   C. 1亿美元以上　　　D. 1亿美元以下

3. 下列选项中，适用我国《对外贸易法》的是( )。

   A. 香港特别行政区　　B. 台湾地区
   C. 澳门特别行政区　　D. 黑河经济开发区

4. 下列各项中，属于世界贸易组织所称"单独关税区"的是( )。

   A. 中国(上海)自由贸易试验区

   B. 中国香港特别行政区

   C. 京津冀一体化都市圈

   D. 海南经济特区

5. 对外贸易经营者是我国对外贸易活动的经营主体。对此，下列说法错误的是( )。

   A. 对外贸易经营者包括法人、其他组织和个人

   B. 对外贸易经营者必须首先依据法律法规的规定，完成设立登记

   C. 国家只对部分货物实行国营贸易管理

   D. 国营贸易企业均为国有企业

6. 根据对外贸易法律制度的规定，我国对限制进出口的技术实行的管理措施是( )。

   A. 配额管理

   B. 许可证管理

   C. 关税配额及许可证管理

   D. 非关税配额及许可证管理

7. 根据对外贸易救济的相关规定，代表国内产业的法人可以依照《反倾销条例》的规定向商务部提出反倾销调查的书面申请。对此，下列说法不正确的是( )。

   A. 商务部应当自收到申请书及有关证据之日起60日内决定是否立案调查

   B. 在决定立案调查前，应当通知有关出口国(地区)政府

   C. 在表示支持申请或者反对申请的国内产业中，支持者的产量占支持者和反对者的总产量的50%以上的，可以启动反倾销调查

   D. 商务部没有收到反倾销调查的书面申

请，不可以自行决定立案调查

8. 关于临时反倾销措施，下列说法错误的是( )。

A. 临时反倾销措施由海关自公告之日起1个月内开始执行

B. 临时反倾销措施实施的期限，自临时反倾销措施决定公告规定实施之日起，不超过4个月

C. 临时反倾销措施实施的期限，最长可以延长至9个月

D. 自反倾销立案调查决定公告之日起60日内，不得采取临时反倾销措施

9. 在对外贸易救济中，保障措施的实施年限最长为( )年。

A. 4　　　　　　　　B. 8

C. 10　　　　　　　 D. 14

10. 根据外汇管理法律制度的规定，外汇包括外币现钞、外币支付凭证或者支付工具、外币有价证券、特别提款权及其他外汇资产。其中，不属于外币支付凭证或者支付工具的是( )。

A. 票据　　　　　　B. 银行存款凭证

C. 银行卡　　　　　D. 债券

11. 根据外汇法律制度的规定，下列外汇收支活动中，应当适用《外汇管理条例》的是( )。

A. 美国驻华大使洪某在华任职期间的薪酬

B. 最近2年一直居住在上海的美国公民汤姆，出租其在美国的住房获得的租金

C. 美国花旗银行伦敦分行在香港的营业所得

D. 正在中国短期旅行的美国人彼得，得知其在美国购买的彩票中了300万美元的大奖

12. 国家对个人的外汇管理按照交易主体的不同，分为对境内个人的外汇管理和对境外个人的外汇管理。下列选项中，属于境内个人的是( )。

A. 中国公民

B. 在中华人民共和国境内连续居住的外国人

C. 外国驻华外交人员

D. 国际组织驻华代表

二、多项选择题

1. 根据《对外贸易法》的规定，基于一定原因，国家可以限制或禁止有关货物、技术的进出口，这些原因有( )。

A. 为实施与黄金或者白银进出口有关的措施的需要

B. 为有效保护可能用竭的自然资源的需要

C. 为保护动物、植物的生命或者健康的需要

D. 国内供应短缺的需要

2. 某企业准备就某项专利使用权向境外转让合同办理登记手续，下列说法正确的有( )。

A. 该登记具有备案意义

B. 只有登记了合同才生效

C. 合同自成立时生效

D. 办理登记不作为合同生效的条件

3. 终裁决定确定倾销成立，并由此对国内产业造成损害的，可以征收反倾销税。关于反倾销税，下列说法正确的有( )。

A. 征收反倾销税，由商务部予以公告

B. 反倾销税原则上仅适用于终裁决定公告之日以后进口的产品

C. 特殊情况下，反倾销税税额可以超过终裁决定确定的倾销幅度

D. 反倾销税的征收期限不超过5年，且可以适当延长

4. 境内机构和境内个人的外汇收支或者外汇经营活动，不论其发生在境内或境外，均适用《外汇管理条例》的适用范围。下列选项属于境内机构的有( )。

A. 我国境内的国家机关

B. 我国境内的部队

C. 外国驻华外交领事机构

D. 国际组织驻华代表机构

5. 国家对个人的外汇管理按照交易主体的不

同，分为对境内个人的外汇管理和对境外个人的外汇管理。下列选项中，属于境内个人的有（　　）。

A. 持有中华人民共和国居民身份证的中国公民

B. 持有中华人民共和国军人身份证件的中国公民

C. 持有中华人民共和国武装警察身份证件的中国公民

D. 持港澳居民来往内地通行证的港澳同胞

6. 下列各项中，属于资本项目下外汇收支的有（　　）。

A. 境内居民吴某投资 B 股所得股息

B. 中国投资有限责任公司收购美国摩根士丹利公司股权的价款

C. 日本政府向我国地震灾区提供的经济援助

D. 世界银行向中国政府提供的农业项目贷款

7. 关于资本项目外汇收支管理，下列选项符合法律规定的有（　　）。

A. 资本项目外汇收入可以保留或者卖给经营结汇、售汇业务的金融机构，无须批准

B. 资本项目外汇支出，应当凭有效单证以自有外汇支付或者向经营结汇、售汇业务的金融机构购汇支付

C. 依法终止的外商投资企业，按照国家有关规定进行清算、纳税后，属于外方投资者所有的人民币，可以向经营结汇、售汇业务的金融机构购汇汇出

D. 资本项目外汇及结汇资金，应当按照有关主管部门及外汇管理机关批准的用途使用

8. 境内机构进行境外直接投资可以使用的外汇资产有（　　）。

A. 自有外汇资金

B. 符合规定的国内外汇贷款

C. 人民币购汇

D. 无形资产

9. 我国关于有价证券或者衍生产品发行、交易项下的外汇管理主要涉及合格境外机构投资者（QFII）、合格境内机构投资者（QDII）、境外上市外资股（H 股）、境内上市外资股（B 股）等制度。下列内容中，由外汇管理局负责的有（　　）。

A. 合格境外机构投资者（QFII）资格的审定

B. 合格境内机构投资者（QDII）境外投资额度

C. 境外上市外资股（H 股）资金结汇

D. QDII 机构境外资金汇兑管理

本章综合练习参考答案及详细解析

一、单项选择题

1. C 【解析】本题考核外商投资保护。外国投资者在中国境内的出资、利润、资本收益、资产处置所得、取得的知识产权许可使用费、依法获得的补偿或者赔偿、清算所得等，可以依法以人民币或者外汇自由汇入、汇出，任何单位和个人不得违法对币种、数额以及汇入、汇出的频次等进行限制。

2. B 【解析】本题考核对外直接投资核准制度。地方企业实施的中方投资额 3 亿美元以下境外投资项目，由各省、自治区、直辖市及计划单列市和新疆生产建设兵团等省级政府投资主管部门备案。

3. D 【解析】本题考核对外贸易法的适用范围。我国《对外贸易法》仅适用于中国内地，不适用于香港特别行政区、澳门特别行政区和台湾地区。

4. B 【解析】本题考核《对外贸易法》的适用范围。

5. D 【解析】本题考核对外贸易经营者。国营贸易企业，指在国际贸易中基于国内法律规定或者事实上享有专营权或特许权的政府企业和非政府企业。

6. B 【解析】本题考核限制进出口的技术实施的管理措施规定。我国对限制进口或者出口的技术，实行许可证管理。

7. D 【解析】本题考核反倾销调查。在特殊情形下，商务部虽未收到反倾销调查的书面申请，但有充分证据认为存在倾销和损害以及二者之间有因果关系的，可以自行决定立案调查。

8. A 【解析】本题考核临时反倾销措施。临时反倾销措施由商务部予以公告，海关自公告规定实施之日起执行。

9. C 【解析】本题考核保障措施。保障措施的实施年限不超过4年，但在任何情况下，一项保障措施的实施期限及其延长期限不得超过10年。

10. D 【解析】本题考核外汇的概念。外币支付凭证或者支付工具包括票据、银行存款凭证、银行卡等。外币有价证券，包括债券、股票等。

11. B 【解析】本题考核《外汇管理条例》的适用范围。境内机构和境内个人的外汇收支或者外汇经营活动，不论其发生在境内或境外，均适用该条例。对于境外机构和境外个人而言，仅在中国境内的外汇收支和外汇经营活动适用该条例。境内个人，是指中国公民和在中华人民共和国境内连续居住满1年的外国人，外国驻华外交人员（选项A不选）和国际组织驻华代表除外。选项C，境外机构在境外的外汇收支，不选。选项D，境外个人在境外收支，不选。

12. A 【解析】本题考核境内个人的范围。境内个人，指中国公民和在中华人民共和国境内连续居住满1年的外国人，外国驻华外交人员和国际组织驻华代表除外。

二、多项选择题

1. ABCD 【解析】本题考核货物和技术自由进出口的例外情形。

2. ACD 【解析】本题考核技术进出口备案登记制度。合同自依法成立时生效，不以登记作为合同生效的条件，且该种登记仅具有备案意义。

3. ABD 【解析】本题考核反倾销税。在任何情形下，反倾销税税额不超过终裁决定确定的倾销幅度。

4. AB 【解析】本题考核《外汇管理条例》的适用范围。境内机构，指中华人民共和国境内的国家机关、企业、事业单位、社会团体、部队等，外国驻华外交领事机构和国际组织驻华代表机构除外。

5. ABC 【解析】本题考核境内个人的范围。持港澳居民来往内地通行证的港、澳、台同胞属于境外个人。

6. BD 【解析】本题考核经常项目与资本项目。选项A，股息投资收益，属于经常项目；选项C是单方面转移，属于经常项目。

7. BCD 【解析】本题考核资本项目外汇收支管理的一般规定。资本项目外汇收入保留或者卖给经营结汇、售汇业务的金融机构，应当经外汇管理机关批准，但国家规定无须批准的除外。

8. ABCD 【解析】本题考核境外直接投资。境内机构可以使用自有外汇资金、符合规定的国内外汇贷款、人民币购汇或实物、无形资产及经外汇局核准的其他外汇资产来源等进行境外直接投资。

9. BCD 【解析】本题考核间接投资项下的外汇管理。选项A由中国证监会负责。

第三部分

跨章节主观题突破

JINGDIAN TIJIE

没有加倍的勤奋，就既没有才能，也没有天才。

——门捷列夫

跨章节主观题

扫我做试题

1. **本题考核知识点：合同的解除与违约责任、仲裁协议效力、定金的相关规定。**

甲公司拟购买一台大型生产设备，于2020年6月1日与乙公司签订一份价值为80万元的生产设备买卖合同。合同约定：

（1）设备直接由乙公司的特约生产服务商丙机械厂于9月1日交付给甲公司；

（2）甲公司于6月10日向乙公司交付定金16万元；

（3）甲公司于设备交付之日起10日内付清货款；

（4）合同履行过程中，如发生合同纠纷，向某市仲裁委员会申请仲裁。

合同签订后，丙机械厂同意履行该合同为其约定的交货义务。

6月10日，甲公司向乙公司交付定金16万元。

9月1日，丙机械厂未向甲公司交付设备。甲公司催告丙机械厂，限其在9月20日之前交付设备，并将履约情况告知乙公司。至9月20日，丙机械厂仍未能交付设备。因生产任务紧急，甲公司于9月30日另行购买了功能相同的替代设备，并于当天通知乙公司解除合同，要求乙公司双倍返还定金32万元，同时赔偿其他损失。乙公司以丙机械厂未能按期交付设备，致使合同不能履行，应由丙机械厂承担违约责任为由，拒绝了甲公司的要求。

要求：根据上述内容，分别回答下列问题。

（1）甲公司是否有权解除合同？并说明理由。

（2）乙公司主张违约责任应由丙机械厂承担是否符合法律规定？并说明理由。

（3）甲公司与乙公司之间的买卖合同解除后，合同中的仲裁协议是否仍然有效？并说明理由。

（4）甲公司与乙公司约定的定金条款是否符合法律规定？并说明理由。

（5）甲公司主张乙公司双倍返还定金并赔偿其他损失是否符合法律规定？并说明理由。

2. **本题考核知识点：民间借贷法律关系的认定、公司的债务承担、连带责任保证、质权、买卖合同效力、不动产物权变动、孳息归属、标的物风险的负担。**

2019年1月10日，自然人甲为创业需要，与自然人乙订立借款合同，约定甲向乙借款100万元，借款期限1年，借款当日交付。2019年1月12日，双方就甲自有的M商品房又订立了一份商品房买卖合同，其中约定：如甲按期偿还对乙的100万元借款，则本合同不履行；如甲到期未能偿还对乙的借款，则该借款变成购房款，甲应向乙转移该房屋所有权；合同订立后，该房屋仍由甲占有使用。

2019年1月15日，甲用该笔借款设立了S一人有限公司。为扩大经营规模，S公司向丙借款200万元，借款期限1年，丁为此提供保证担保，未约定保证方式；戊以一辆高级轿车为质押并交付，但后经戊要求，丙让戊取回使用，戊又私自将该车以市价卖给不知情的己，并办理了过户登记。

2019年2月10日，甲因资金需求，瞒着乙将M商品房出卖给了庚，并告知庚其已与乙订立房屋买卖合同一事。2019年3月10日，庚支付了全部房款并办理完变更登记，但因庚自3月12日出国访学，为期4个月，双方约定庚回国后交付房屋。

2019年3月15日，甲未经庚同意将M房屋出租给知悉其卖房给庚一事的辛，租期2个月，月租金5000元。2019年5月16日，甲从辛处收回房屋的当日，因雷电引发火灾，房屋严重毁损。2019年7月13日，庚回国，甲将房屋交付给了庚。

2020年1月16日，甲未能按期偿还对乙的100万元借款，S公司也未能按期偿还对丙的200万元借款，现乙和丙均向甲催要。

要求：根据上述内容，分别回答下列问题。

(1)甲未能按期偿还对乙的100万元借款，乙未起诉甲履行借款合同，而是起诉甲履行买卖合同，应如何处理？并说明理由。

(2)S公司未能按期偿还对丙的200万元借款，甲、丁、戊各应承担何种责任？并说明理由。

(3)甲、庚的房屋买卖合同是否有效？庚是否已取得房屋所有权？并说明理由。

(4)甲是否有权收取M房屋2个月的租金？并说明理由。

(5)甲是否应当承担M房屋火灾损失？并说明理由。

3. 本题考核知识点：合同的订立、有限合伙企业特殊规定。

A企业是一家有限合伙企业，由张某、李某和赵某设立。其中张某为普通合伙人，李某和赵某为有限合伙人。

2020年2月，A企业接到B公司发出的一封电子邮件称：现有一批电器，包括某型号电视机80台，每台售价3400元；某型号电冰箱100台，每台售价2800元。如有意购买，请告知。A企业回复称：只欲购买B公司50台电视机，每台电视机付款3200元；60台电冰箱，每台电冰箱付款2500元。B公司表示同意。

由于张某家中有事，李某自行前往B公司签订买卖合同。签订合同时，李某发现B公司还有一批微波炉物美价廉，即在合同中增加购买微波炉30台。双方约定交货地为A企业，货到付款。

2020年5月，B公司将电视机和电冰箱运至A企业，并告诉A企业，微波炉已改为由C公司供货，价格不变，A企业当即表示不同意。C公司依然将微波炉送至A企业，A企业发现C公司提供的微波炉质量不合格，拒绝接受，双方发生纠纷。

由于购买微波炉给A企业造成了一定损失，张某不愿承担无限责任。张某向李某和赵某提出要求：如果A企业继续经营，自己也转变为有限合伙人，并且对企业设立以来的债务承担有限责任。对此，李某和赵某均不同意。

2020年6月，A企业向当地人民法院提起诉讼。A企业主张：B公司将微波炉改为由C公司供货未经本企业同意，要求B公司赔偿损失。

要求：根据上述内容，分别回答下列问题。

(1)B公司向A企业发出的电子邮件是要约还是要约邀请？A企业的回复是承诺还

是新的要约？并分别说明理由。

（2）如果 A 企业不同意购买微波炉，给 A 企业造成的损失，应由谁承担责任？并说明理由。

（3）张某提出转变为有限合伙人的要求是否正确？并说明理由。

（4）A 企业要求 B 公司赔偿损失的主张是否正确？并说明理由。

4. 本题考核知识点：抵押权、股东诉讼相关规定。

甲公司和乙公司签订买卖合同，甲公司向乙公司购入价值 100 万元的货物用于试制新产品，承诺 3 个月后付款。甲公司应乙公司的要求，请 A 公司和 B 公司作担保人。其中，A 公司以自有的一套加工设备提供抵押担保，B 公司提供保证担保。

乙公司向甲公司按期供货后，甲公司为筹集资金，将购入的该批货物作为抵押物，向银行贷款 50 万元，并办理了抵押登记手续。几天后，甲公司又将已经用于抵押的一部分货物以 30 万元的价款转让给丙公司。该转让合同签订时甲公司没有通知银行，也未将转让的货物已用于抵押的情况告诉丙公司。

由于试制新产品失败，甲公司在承诺的付款期满后，未能向乙公司支付所欠的货款。乙公司要求 A 公司、B 公司两位担保人代为偿还。B 公司认为合同中未注明保证的方式，属于一般保证。在乙公司就甲公司财产依法强制执行用于清偿债务前，B 公司享有先诉抗辩权，拒绝承担保证责任。且 B 公司认为自己提供的是保证担保，乙公司应当先就 A 公司提供的物的担保实现债权。

乙公司还调查了解到甲公司的以下情况：

（1）甲公司是由 C、D、E 三位股东共同出资设立的有限责任公司，三位股东各持有 1/3 的股份。该公司没有设立董事会，由 C 股东担任执行董事兼监事，D 股东担任总经理兼公司法定代表人。

（2）对甲公司将其用于抵押的设备在抵押期内又转让的做法，E 股东认为不合法。E 股东曾提议召开临时股东会讨论解聘 C 的职务，但由于 C 股东和 D 股东拒绝未能召开。

（3）D 股东曾私自将公司的部分资产为其亲友贷款作抵押，给甲公司造成损失 10 万元。E 股东请求监事会提起诉讼，但是监事会不予理睬，于是 E 拟对 D 股东向法院提起诉讼。

要求：根据上述内容，分别回答下列问题。

（1）甲公司将购入后尚未付款的货物用于抵押担保是否合法？并说明理由。

（2）甲公司将抵押物转让给丙公司的行为是否合法？并说明理由。

（3）B 公司的两个理由是否成立？并分别说明理由。

（4）甲公司设立时，哪些方面不符合《公司法》规定？并说明理由。

（5）E 股东提议召开临时股东会是否合法？并说明理由。

（6）D 股东给公司造成的损失应如何处理？并说明理由。

（7）E 股东可否对 D 股东直接向法院提起诉讼？并说明理由。

5. 本题考核知识点：合同的订立、银行承兑汇票。

2020 年 3 月 10 日，A 公司通过互联网发布广告称其有一批优质木材出售，价格为每立方米 3 500 元，并附有图片和规格。B 公司见到后，即向 A 公司发出电子邮件，称如果价格能降低至每立方米 2 500 元，愿意至少购买 100 立方米。A 公司以电子邮件回复，可以商量，希望面谈。

2020 年 3 月 15 日，B 公司派人前往 A 公司洽谈，双方签订了买卖合同。合同约定：①B 公司向 A 公司购买木材 150 立方米，每立方米 3 000 元；②交货日期为 2018 年 3 月 20 日，交货地点为 A 公司仓库；③B公司于提货当日以汇票付款；④本合同自双方签字或者盖章时成立。A公司当即在该合同上盖章，B公司答应将合同带回公司盖章。

2020年3月20日，B公司按合同约定来到A公司提货，验货无误后，交给A公司一张D银行为付款人的汇票，但未经D银行承兑。B公司对此的解释是资金暂时周转不开，但是已经请C公司为该汇票提供保证。该汇票有C公司符合规定的签章，并注明"如果双方的合同出现纠纷，本公司不承担责任"。A公司了解C公司的实力，经与C公司联系情况属实，接受了该汇票。

2020年3月30日，A公司持B公司给付的汇票向D银行提示承兑被拒绝，理由是B公司的存款不足以支付票款。A公司找到B公司，要求支付票款被拒绝，B公司的理由是，A公司卖出的木材有一部分与合同约定的规格不符且A公司拒绝调换。A公司又要求C公司承担保证责任，C公司表示，本公司提供保证的条件是双方的合同不出现纠纷，所以拒绝承担保证责任。

2020年4月10日，A公司因急需支付一笔货款，将B公司给付的汇票背书转让给了E公司。

要求：根据上述内容，分别回答下列问题。

（1）A公司发布的广告和B公司发出的电子邮件，哪一个属于要约？并说明理由。

（2）A公司和B公司的买卖合同何时成立？并说明理由。

（3）D银行作为付款人是否可以拒绝承兑该汇票？并说明理由。

（4）B公司拒绝支付票款的理由是否合法？并说明理由。

（5）C公司拒绝承担保证责任的理由是否合法？并说明理由。

（6）A公司将汇票转让给E公司是否合法？

并说明理由。

6. 本题考核知识点：合同的终止履行、票据丧失及补救措施、票据的追索权。

2020年3月1日，甲公司与乙公司签订了100万元的设备买卖合同。该合同约定：乙公司于3月10日向甲公司签发一张金额为人民币20万元的银行承兑汇票作为定金；甲公司于4月1日交付全部设备；乙公司于甲公司交付设备之日起10日内付清货款。

3月10日，乙公司向自己的开户银行A银行申请开具银行承兑汇票，经A银行审核无误后，乙公司签发了以自己为出票人、甲公司为收款人、A银行为承兑人、金额为20万元的见票后3个月付款的银行承兑汇票。银行在该汇票上作为承兑人签章，承兑日期为2020年4月1日。

3月18日，甲公司与运输公司订立货物运输合同，双方约定由运输公司将设备运至乙公司。3月20日，甲公司掌握了乙公司转移财产、逃避债务的确切证据，随即通知运输公司暂停运输设备，并通知乙公司中止交货，要求乙公司提供担保；乙公司及时提供了担保。4月1日，甲公司通知运输公司将设备运至乙公司，运输公司车辆在运输途中发生交通事故，设备全部毁损灭失，致使甲公司不能按时交货。4月5日，乙公司要求甲公司承担违约责任。甲公司以设备毁损是由于运输公司的过错为由表示拒绝。

3月25日，甲公司收到票据后，因向丙公司支付原材料价款，遂将票据背书转让给丙公司，且在汇票背面记载"不得转让"字样。

4月10日，丙公司将汇票背书转让给丁公司，同时，丙公司在汇票粘单上记载"只有丁公司交货后，该汇票才发生背书转让的效力"。但是，丁公司一直未向丙公司交付货物。

4月19日，丁公司取得的上述汇票不慎丢

失，丁公司于次日到银行办理挂失止付手续，但之后未申请公示催告或提起诉讼。汇票被赵某拾得。赵某随即伪造了丁公司的签章，4月20日，赵某以丁公司的名义将该汇票背书转让给不知情的戊公司。

7月5日，戊公司向A银行提示付款。A银行以汇票已被挂失止付为由拒绝付款，并于当日出具拒付证明。

7月10日，戊公司向乙公司、甲公司、丙公司、丁公司和赵某同时发出追索通知。

其中，丙公司以丁公司未向自己交货且戊公司未在规定期限内发出追索通知为由表示拒绝。

甲公司以自己已经记载"不得转让"为由拒绝承担票据责任。

乙公司以设备买卖合同已经解除为由拒绝承担票据责任。

丁公司因不慎丢失票据，进行了挂失止付，主张自己为票据的权利人，拒绝了戊公司的追索。

要求：根据上述内容，分别回答下列问题。

（1）3月20日甲公司中止履行合同的做法是否符合法律规定？并说明理由。

（2）甲公司拒绝承担违约责任的理由是否成立？并说明理由。

（3）A银行以汇票已被挂失止付为由拒绝付款是否符合法律规定？并说明理由。

（4）丙公司以丁公司未向自己交货且戊公司未在规定期限内发出追索通知为由拒绝付款是否符合法律规定？并分别说明理由。

（5）甲公司以记载"不得转让"为由拒绝付款是否符合法律规定？并说明理由。

（6）乙公司以设备买卖合同已经解除为由拒绝付款是否符合法律规定？并说明理由。

7. 本题考核知识点：公司会议决议与召集程序、要约收购、内幕交易。

某机构投资者对已在上海证券交易所上市的A公司进行调研时，发现A公司如下信息：

（1）甲为A公司的实际控制人，通过B公司持有A公司34%的股份。甲担任A公司的董事长、法定代表人。2019年8月7日，经董事会决议（甲回避表决），A公司为B公司向C银行借款4 000万元提供连带责任保证，并发布公告予以披露。

2020年3月1日，C银行通知A公司，B公司的借款到期未还，要求A公司承担保证责任。A公司为此向C银行支付了借款本息。

（2）乙在2019年12月至2020年2月底期间连续买入A公司股票，持有A公司股份总额达到3%。A公司为B公司承担保证责任后，乙于2020年3月5日直接向人民法院提起股东代表诉讼，要求甲赔偿A公司因承担保证责任造成的损失。甲则辩称：乙在起诉前未向公司监事会提出书面请求，故请求人民法院驳回乙的起诉。

（3）2020年3月10日，A公司公告拟于4月1日召开年度股东大会。董事会推荐了3名独立董事候选人，其中，候选人丙为B公司财务主管，候选人丁持有A公司股份总额1%的股份。

（4）2020年3月24日，乙向A公司董事会书面提出年度股东大会临时提案，要求罢免甲的董事职务。A公司董事会当即拒绝将该临时提案列为年度股东大会审议事项。3月25日，乙联合持有A公司股份总额8%的股东张某，共同公告拟于4月1日在同一地点召开A公司临时股东大会。4月1日，A公司的两个"股东大会"在同一酒店同时召开。出席"年度股东大会"的股东所持A公司股份总额为35%；出席"临时股东大会"的股东所持A公司股份总额为40%。后者通过了对甲的董事罢免案。

（5）2020年4月21日，B公司与乙达成股权转让协议。4月23日，A公司、B公司和乙联合公布了该协议内容：B公司将所持 A 公司 27% 的股份转让给乙，转让后 B 公司仍持有 A 公司 7% 的股份。同时，乙向 A 公司全体股东发出要约，拟另行收购 A 公司已发行股份的 4%。随后，甲辞职，乙被股东大会选举为董事。

(6) 2020 年 6 月 3 日，A 公司董事会通过决议，决定购买乙控制的 C 公司 100% 的股权，该交易金额达到 A 公司资产总额的 25%。12 月 6 日，A 公司董事会又通过决议，决定购买乙所持 D 公司的全部股权，该交易金额达到 A 公司资产总额的 20%。上述两项交易完成后，A 公司的主营业务转换为汽车零配件生产。

(7) 在上述两项股权交易公告前，A 公司的股价均出现了异常波动。经调查发现：乙借用他人账户，于 2020 年 6 月 1 日至 12 月 3 日期间大量买入 A 公司的股票；董事戊于 12 月 6 日董事会开会期间，电话委托买入 A 公司股票 1 万股；A 公司秘书庚在电梯中听到公司高管议论公司重组事宜后，于 12 月 3 日买入公司股票 2 000 股。因受市场环境影响，上述人员买入 A 公司股票后均未获利，其中，乙账面亏损达 3 亿元；戊账面亏损 2 万元；庚已卖出股票，亏损 2 000 元。

要求：根据上述内容，分别回答下列问题。

(1) A 公司董事会为 B 公司提供担保的决议是否有效？并说明理由。

(2) 乙是否具备对甲提起股东代表诉讼的资格？甲请求人民法院驳回乙起诉的理由是否成立？并分别说明理由。

(3) 丙、丁是否符合 A 公司独立董事的任职资格？并分别说明理由。

(4) 2020 年 3 月 24 日，乙提出的临时提案是否应被列为 A 公司年度股东大会审议事项？4 月 1 日，乙与股东张某共同召集 A 公司临时股东大会的程序是否合法？并分别说明理由。

(5) 乙在受让 B 公司转让的 A 公司 27% 的股份时，向 A 公司全体股东发出要约收购 4% 的股份是否符合法律规定？并说明理由。

(6) 2020 年 12 月 6 日，A 公司董事会通过的购买乙所持 D 公司股权的决议是否有效？并说明理由。

(7) 乙、戊、庚是否存在内幕交易行为？并分别说明理由。

8. 本题考核知识点：股东会召集程序与表决、破产撤销权、抵销权。

A 公司是一家有限责任公司，共有 15 位股东，其中股东甲持有 20% 有表决权的股份；股东乙持有 15% 有表决权的股份；股东丙持有 10% 有表决权的股份。A 公司由于经营不善，连年亏损，净资产已经降至人民币 300 万元，包括董事长在内的几位董事陆续提出辞职。股东甲提议召开临时股东会，重新选举董事会成员，但董事会和监事会成员对甲的提议均未予理睬，股东甲即自行召集和主持临时股东会。

临时股东会首先重新选举董事会成员，股东乙和股东丙联合提议采取累积投票制方式，但未被股东会采纳。最后由股东按照出资比例行使表决权，选举了新的董事会和监事会成员。

为解决资金短缺问题，新的董事会提出如下三个方案交股东会审议：方案一，公开发行 500 万元公司债券；方案二，增加注册资本 500 万元，由外国 B 公司认购；方案三，增加注册资本 500 万元，由全体股东按照原出资比例认购。全体股东均出席股东会，尽管股东乙和股东丙表示反对，但是股东会仍然决议通过了董事会提出的三个方案。

在董事会实施上述三个方案时，方案一未能通过国家有关部门核准；方案二未能与 B 公司达成一致；只有方案三得以实现，并办理了变更手续。

董事会决定投资 1 000 万元开发网络游戏，为此，以公司名下的办公用房作抵押，向

C 银行贷款 500 万元，并办理了登记手续。由于种种原因，网络游戏一直未能形成利润，所欠贷款无力偿还，C 银行向人民法院申请 A 公司破产并被受理。

在破产案件审理过程中，管理人陆续收到债权人如下请求：

①C 银行提出，如果 A 公司被宣告破产，请求就其办公用房拍卖或变卖所得优先清偿所欠的贷款；

②D 公司提出，在人民法院受理破产申请前 3 个月时，A 公司将一批计算机等设备无偿赠与某网吧，请求撤销该赠与；

③E 企业提出，对 A 公司的破产申请受理之前，自己欠 A 公司 20 万元劳务费，A 公司欠自己 20 万元货款，请求两者相互抵销；

④F 律师事务所提出，A 公司被申请破产前，由自己代理的诉讼案件发生的 5 万元律师费尚未支付，请求按破产费用优先支付。

要求：根据上述内容，分别回答下列问题。

(1)股东甲是否有权提议召开临时股东会？并说明理由。

(2)股东甲是否有权自行召集和主持临时股东会？并说明理由。

(3)股东乙和股东丙要求采取累积投票制方式是否符合法律规定？并说明理由。

(4)董事会提出的三个方案哪些不符合法律规定？并说明理由。

(5)股东会通过增资方案是否合法？并说明理由。

(6)逐项说明管理人收到的债权人请求是否合法？分别说明理由。

9. 本题考核知识点：重大资产重组信息披露、破产重整的相关规定。

甲船舶股份有限公司(以下简称"甲公司")主营业务为各类船艇的设计、研发、生产、销售和服务，股本总额为 58 400 万元，其股票在上海证券交易所上市交易。

甲公司控股股东为 J 旅游开发公司(以下简称"J 公司")，其持股比例为 50%。

2019 年以来，由于国内外经济环境的变化，甲公司经营每况愈下，公司内部管理混乱导致无力偿还各项到期债务，该公司的债权人 A 公司于 2020 年 3 月 12 日向甲公司所在地中级人民法院(以下简称"人民法院")提出破产重整申请并依法提交了相关的资料。人民法院于 3 月 15 日通知甲公司，甲公司在 3 月 20 日对破产重整申请提出异议，一是认为 A 公司在提出破产重整申请后没有通知本公司，不符合上市公司重整程序要求；二是认为截至 2019 年 12 月 31 日的甲公司资产负债表显示的资产超过了负债，只不过因为流动资金严重不足暂时无法清偿，因债权人的原因也无法达成和解。人民法院依法通知申请人和被申请人，并组织召开了听证会，召开之前，甲公司其他相关债权人、甲公司的实际控制人也要求参加听证会。会后，人民法院认为甲公司符合重整条件，经过逐级上报最高人民法院审核，人民法院最终于 2020 年 4 月 1 日依法裁定受理该破产重整申请，同时指定 B 会计师事务所作为管理人，由债务人甲公司自行管理财产和营业事务。

据悉，在 2020 年 3 月 13 日，A 公司向人民法院申请对甲公司重整的事件已经在市场上出现了传闻，由于 A 公司没有及时通知上市公司，上市公司直至人民法院裁定破产重整时才向证监会报告并对破产重整可行性报告和其他文件进行了公告。

此后相关当事人开始依法制定重整计划草案，甲公司依照内部程序，结合聘请的法定财务顾问机构、律师事务所和会计师事务所的意见，通过的重整计划草案部分内容如下：

(1)由于甲公司现有经营性资产周转率下降，存货积压严重，因此在经营方案中涉及对现有经营性资产的重组，以提高盈利能力和存货周转速度，具体方案是由境内乙公司收购甲公司的部分股份和现有经营性资产，支付的对价为乙公司所拥有的目前世界较为先进的商务艇和特种艇生产研发设备。截至 12 月 31 日，甲公司经审计的合并财务会计报告期末资产总额为 113 250.85 万元，负债总额为 105 032.63 万元，甲公司向乙公司出售经营性资产总额共计 79 841.25 万元，同时购买乙公司各类经营性资产共计 108 153.55 万元。

(2)为了使得甲公司恢复生机和持续发展，减少债权人和出资人的损失，本着利益共享、风险共担的原则，甲公司需要对公司出资人权益进行调整，在不变更公司控制权的前提下，甲公司全体股东按照一定比例让渡其持有的甲公司股票。控股股东 J 公司让渡其所持股票的 35%（10 220 万股），其他股东分别让渡其所持股票的 26%（7 592 万股）。按照以上调整方案，全体股东共计让渡股票 17 812 万股，全部作为支付乙公司出售资产的对价，乙公司承诺持有甲公司的股份在 3 年内不转让。

(3)资产重组完成后，甲公司普通债权清偿比例为 85.57%。其中，普通债权 100 万元以下的部分 3 个月内全部清偿，普通债权超过 100 万元的部分，1 年内清偿 30%，剩余款项在 5 年内分期清偿完毕。职工债权、税务债权、抵押担保债权自重组计划生效之日起，分不同期限 100%清偿。

2020 年 6 月 1 日，债务人向人民法院和债权人会议提交重整计划草案，人民法院组织召开债权人会议，对重整计划草案进行表决，分组表决结果如下：

表决组	债权总额	出席人数	通过人数	代表的该组债权额
物权担保债权人组	8 532.58 万元	15 人	8 人	6 688.39 万元
普通债权人组	55 322.01 万元	325 人	185 人	46 881.34 万元
税务债权组	21 158.41 万元	25 人	15 人	15 205.67 万元
职工债权组	15 020 万元	3 250 人	3 210 人	13 766 万元

此外，甲公司单独设置的出资人组采用了网络表决的方式。经统计，参与表决的出资人及其代理人共有 2 359 人，其所代表的表决权共计 46 350.52 万元，通过重整计划的出资人及其代理人共 1 172 人，所持表决权共计 32 900.52 万元。

要求：根据上述内容，分别回答下列问题。

(1)甲公司在 3 月 20 日对破产重整申请提出异议的时间是否符合规定？并说明理由。

(2)甲公司的两个异议理由是否符合法律规定？并说明理由。

(3)甲公司其他相关债权人、甲公司的实际控制人要求参加听证会的请求是否合法？并说明理由。

(4)甲公司该重整申请的事项是否属于重大事件？本案中应当在何时披露？分别说明理由。

(5)人民法院裁定甲公司的破产重整后，上海证券交易所依照上市规则会对甲公司的股票采取何种措施？

(6)甲公司拟订的重整计划草案中涉及与收购人乙公司达成的资产交易事项，是否构成上市公司重大资产重组？并说明理由。

(7)甲公司的重整计划草案债权人会议表决是否应设立出资人组？根据题目资料，重整计划是否能够通过？分别说明理由。

10. **本题考核知识点：持续信息披露、内幕交易、虚假陈述及其行政责任、临时董事会会议制度、股东代表诉讼。**

风顺科技是一家在深圳证券交易所上市的网络技术服务公司。2020 年 7 月初，风顺科技拟与 A 公司签订一项技术服务合同，合同金额约 3.5 亿元。经过谈判，双方于 7 月 15 日就合同主要条款达成一致并签署合作意向书。

7 月 8 日，市场出现关于风顺科技即将签署重大交易合同的传闻。7 月 9 日，风顺科技股票开盘即涨停，之后又一个交易日涨停。7 月 10 日，证券交易所就股价异动向风顺科技提出问询，要求其发布澄清公告。7 月 10 日晚间，风顺科技发布公告称，公司无应披露之信息。7 月 16 日，风顺科技发布临时公告，披露公司已与 A 公司签订重大技术服务合同合作意向书。

2020 年 10 月底，监管机构根据举报，对风顺科技股票交易异常情况立案调查，并查明如下事实：

(1) 孙某系风顺科技董事长王某的表弟。2020 年 7 月 8 日市场开始出现传闻后，孙某于当日向王某之妻了解情况，王妻向孙某确认风顺科技正与 A 公司商谈合作事宜，且签约可能性较大，孙某遂于 7 月 9 日买入风顺科技股票，并于 7 月 15 日卖出，获利 30 万元。

(2) 投资者张某于 2019 年 2 月高价买入风顺科技股票，并一直持有。市场出现传闻后，张某担心有人以虚假信息操控股价，遂于 2020 年 7 月 10 日卖出所持有的全部风顺科技股票，亏损 10 万元。张某主张，其亏损系风顺科技虚假陈述所致。

在监管机构调查过程中，负责公司信息披露事务的董事会秘书郑某辩称，公司未正确披露重大技术服务合同的相关信息，是公司实际控制人授意而为，自己仅是遵照指令行事，不应受到处罚。

投资者刘某持有风顺科技 11% 的股份。刘某认为风顺科技董事长王某对这场股市风波负有直接责任，提议召开董事会会议罢免王某的董事长职务。

投资者钱某自 2019 年 3 月起一直持有风顺科技股票，持股比例为 0.1%。钱某认为，董事长王某对公司信息披露不及时负主要责任，同时造成信息泄露，违反忠实和勤勉义务，损害了公司利益。2020 年 10 月 7 日，钱某书面请求公司监事会起诉王某，遭到拒绝。次日，钱某以个人名义直接向法院提起诉讼，要求王某赔偿公司损失。

要求：根据上述内容，分别回答下列问题。

(1) 风顺科技于 7 月 10 日发布公告称无应披露之信息，是否符合证券法律制度的规定？并说明理由。

(2) 孙某买卖风顺科技股票的行为是否构成内幕交易？并说明理由。

(3) 投资者张某关于其亏损系风顺科技虚假陈述所致的主张是否成立？并说明理由。

(4) 公司董事会秘书郑某主张其本人不应受处罚的抗辩是否成立？并说明理由。

(5) 刘某是否具有提议召开董事会临时会议的资格？并说明理由。

(6) 人民法院应否受理钱某提起的诉讼？并说明理由。

跨章节主观题参考答案及解析

1.【答案】

(1) 甲公司有权解除合同。根据规定，当事人一方迟延履行主要债务，经催告后在合理期限内仍未履行的，另外一方当事人可以解除合同。本题中，甲公司催告后在合理期限内，丙机械厂仍未履行，此时甲公司可以解除合同。

(2) 乙公司主张违约责任应由丙机械厂承担不符合法律规定。根据规定，由第三人履行的合同，以债权人、债务人为合同双方当事人，第三人不是合同的当事人。第三人只负担向债权人履行，不承担合同责任。本题中，甲公司和乙公司是买卖双方的基本当事人，而丙机械厂为第三人，因此是不承担买卖合同中的违约责任的。

(3) 甲公司与乙公司之间的买卖合同解除后，合同中的仲裁协议仍然有效。根据规定，合同的权利义务终止，不影响合同中结算条款、清理条款以及解决争议方法条款的效力。本题中，甲公司与乙公司的买卖合同虽然解除，但不影响其中的仲裁协议的效力。

(4) 甲公司与乙公司约定的定金条款符合法律规定。根据规定，定金的数额由当事人约定，但不得超过主合同标的额的20%。本题中，主合同标的额为80万元，其20%为16万元，约定的定金未超过该标准，因此是符合规定的。

(5) 甲公司的主张符合法律规定。收受定金一方不履行约定的债务的，应当双倍返还定金。买卖合同约定的定金不足以弥补一方违约造成的损失的，当事人主张请求赔偿超过定金部分的损失的，人民法院可以并处，但定金和损失赔偿的数额总和不

应高于因违约造成的损失。

2.【答案】

(1) 本案应按照民间借贷法律关系作出认定和处理。根据《民间借贷司法解释》规定，当事人以签订买卖合同作为民间借贷合同的担保，借款到期后借款人不能还款，出借人请求履行买卖合同的，人民法院应当按照民间借贷法律关系审理，并向当事人释明变更诉讼请求；当事人拒绝变更的，人民法院裁定驳回起诉。《民间借贷司法解释》第24条第2款规定，按照民间借贷法律关系审理作出的判决生效后，借款人不履行生效判决确定的金钱债务，出借人可以申请拍卖买卖合同标的物，以偿还债务；就拍卖所得的价款与应偿还借款本息之间的差额，借款人或者出借人有权主张返还或补偿。

【思路点拨】甲、乙二人名为签订商品房买卖合同，实为为债务人按期还款提供担保。关于这种行为处理方法有两种：一是按照《民间借贷司法解释》的规定，认定甲、乙二人的合同仍为民间借贷，甲、乙二人之间的纠纷仍按照民间借贷纠纷处理。二是按照《民法总则》的规定，将以虚假意思表示订立的商品房买卖合同认定为无效，让隐藏的担保行为"浮出水面"，按照抵押合同处理二人之间的纠纷。或答：应当按照抵押合同处理。根据《民法总则》第146条第1款"行为人与相对人以虚假的意思表示实施的民事法律行为无效"，认定买卖合同无效；进而，又根据《民法总则》第146条第2款"以虚假的意思表示隐藏的民事法律行为的效力，依照有关法律规定处理"，认定隐藏的行为为抵押合同，

应当按照抵押合同处理。

（2）甲以其认缴的出资额为限对公司承担责任。根据规定，公司是企业法人，有独立的法人财产，享有法人财产权。公司以其全部财产对公司的债务承担责任。公司股东滥用公司法人独立地位和股东有限责任，逃避债务，严重损害公司债权人利益的，应当对公司债务承担连带责任。本题中，甲没有"滥用公司法人独立地位和股东有限责任，逃避债务等情形"，故甲以其认缴的出资额为限对公司承担责任。

丁应承担连带保证责任；根据规定，未约定保证责任形式的按照连带责任保证承担责任。本题中，丁为S公司提供保证，却未约定保证方式，则应当承担连带保证责任。

戊不承担责任，其质权因丧失占有而消灭。质权须转移质物的占有，质权人以占有标的物为成立要件。本题中，出质人戊取回质押物，并且出卖给不知情的己，完成了过户登记，质权人丙丧失了对质押物的占有。因此戊不再承担担保责任。

（3）甲、庚的房屋买卖合同有效，庚知情并不影响合同效力。庚已取得所有权，甲系有权处分，庚因登记取得所有权。甲对M房屋享有所有权，因此其有权进行处分。且甲、庚之间的房屋买卖合同没有违反相关法律、法规的规定，是有效的。根据《物权法》的规定，不动产物权的设立、变更、转让和消灭，经依法登记，发生效力；未经登记，不发生效力，但法律另有规定的除外。本题中，庚于2019年3月10日办理了房屋变更登记，取得了M房屋的所有权。

（4）甲有权收取M房屋2个月的租金。甲为有权占有，租赁合同有效，甲可收取房屋法定孳息。根据《合同法》规定，标的物在交付之前产生的孳息，归出卖人所有，交付之后产生的孳息，归买受人所有。本题中，因庚出国，房屋尚未交付，所以出

租房屋而产生的租金应当归出卖人甲所有。

（5）甲应当承担M房屋火灾损失。根据《合同法》的规定，除非当事人另有约定，标的物风险自交付时起转移。标的物毁损、灭失的风险，在标的物交付之前由出卖人承担，交付之后由买受人承担，但法律另有规定或者当事人另有约定的除外。本题中，甲、庚二人关于房屋风险负担没有特殊约定，因此应按照交付这一标准来界定风险由谁负担。因庚出国，房屋尚未交付，所以房屋火灾损失应由出卖人甲承担。

3. 【答案】

（1）①B公司向A企业发出的电子邮件是要约。B公司向A企业发出的电子邮件内容具体确定，表达出订立合同的意思，并包括一经承诺合同即足以成立的各项基本条款，表明经受要约人承诺，要约人即受该意思表示约束。

②A企业的回复是新的要约。根据规定，受要约人对要约的内容作出实质性变更的，为新要约。本题中，A企业对原要约的关键条款（数量、价款）作出了修改，属于实质性的变更。

（2）如果A企业不同意购买微波炉，给A企业造成的损失，应由李某承担责任。根据规定，有限合伙人未经授权以有限合伙企业名义与他人进行交易，给有限合伙企业或者其他合伙人造成损失的，该有限合伙人应当承担赔偿责任。

（3）张某提出的要求不正确。首先，根据规定，有限合伙企业至少应当有1个普通合伙人。如果张某转变为有限合伙人，A企业应当解散。其次，根据规定，普通合伙人转变为有限合伙人的，对其作为普通合伙人期间合伙企业发生的债务承担无限连带责任。

（4）A企业的主张正确。根据规定，债务人将合同的义务全部或者部分转移给第三

447

人，应当经债权人同意；否则债务人转移合同义务的行为对债权人不发生效力，债权人有权拒绝第三人向其履行，同时有权要求债务人履行义务并承担不履行或迟延履行合同的法律责任。

4.【答案】

（1）抵押担保合法。根据规定，标的物的所有权自标的物交付时起转移，但法律另有规定或者当事人另有约定的除外。所以，甲公司拥有该批货物的所有权，该抵押有效。

（2）转让行为不合法。根据规定，抵押期间，抵押人未经抵押权人同意，不得转让抵押财产，但受让人代为清偿债务消灭抵押权的除外。本题中，该转让未经银行同意，不合法。

（3）①第一个理由不成立。根据规定，当事人在保证合同中对保证方式没有约定或约定不明确的，保证人应承担连带责任保证，故 B 公司应承担连带责任保证，不享有先诉抗辩权。

②第二个理由不成立。根据规定，被担保的债权既有物的担保又有人的担保的，债务人不履行到期债务，债权人应当按照约定实现债权；没有约定或者约定不明确，债务人自己提供物的担保的，债权人应当先就该物的担保实现债权；第三人提供物的担保的，债权人可以就物的担保实现债权，也可以要求保证人承担保证责任。本题是第三人提供的物保，所以不优先执行物保。

（4）甲公司设立时，由 C 股东担任执行董事同时兼任监事不合法。根据规定，公司的董事、高级管理人员不得兼任公司监事。

（5）E 股东提议召开临时股东会合法。根据规定，有限责任公司中，经持有公司 1/10 以上表决权的股东、1/3 以上的董事、监事会或者不设监事会的公司监事提议可以召开临时股东会。本题中 E 股东持有公

司 1/3 的股份，除公司章程另有规定，则享有 1/3 的表决权，有权提议召开临时股东会。

（6）损失应由 D 股东赔偿。根据规定，公司董事、高级管理人员不得违反公司章程的规定，未经股东会、股东大会或者董事会同意，将公司资金借贷给他人或者以公司财产为他人提供担保。董事、高级管理人员违反前款规定所得的收入应当归公司所有。本题中 D 股东的行为违反了该规定，由此给公司造成损失，应对公司承担赔偿责任。

（7）E 股东可以直接提起诉讼。根据规定，公司董事、高级管理人员执行公司职务时违反法律、行政法规或者公司章程的规定，给公司造成损失的，有限责任公司的股东可以通过监事会或不设监事会的监事提起诉讼；监事会或监事不履行职责的，股东可以直接提起诉讼。

5.【答案】

（1）A 公司发布的广告和 B 公司发出的电子邮件都不属于要约。根据规定，要约应具备的条件有：①内容具体确定；②表明经受要约人承诺，要约人即受该意思表示约束。本题中，A 公司和 B 公司的行为都不具备要约应具备的条件。

（2）A 公司和 B 公司的买卖合同于 2020 年 3 月 20 日成立。根据规定，当事人采用合同书形式订立合同的，自双方当事人签字或者盖章时合同成立，在签字或者盖章之前，当事人一方已经履行主要义务并且对方接受的，该合同成立。本题中，2020 年 3 月 20 日双方已经实际履行合同。

（3）D 银行可以拒绝承兑该汇票。根据规定，出票行为是单方行为，付款人并不因此而有付款义务。持票人向付款人提示承兑后，付款人应决定是否承兑。本题中，B 公司签发的汇票 D 银行可以拒绝承兑。

（4）B 公司拒绝支付票款的理由合法。根据规定，票据债务人可以对不履行约定义

务的与自己有直接债权债务关系的持票人，进行抗辩。本题中，B公司与A公司有直接债权债务关系。A公司没有按照约定履行义务，则B公司可以此进行抗辩。

（5）C公司拒绝承担保证责任的理由不合法。根据规定，保证不得附有条件；附有条件的，不影响对汇票的保证责任。本题中，C公司在汇票上附加的"如果双方的合同出现纠纷，本公司不承担责任"条件不影响其对汇票的保证责任。

（6）A公司将汇票转让给E公司不合法。根据规定，汇票被拒绝承兑的，不得背书转让；背书转让的，背书人应当承担汇票责任。本题中，A公司将D银行拒绝承兑的汇票转让不合法。

6. 【答案】

（1）甲公司中止履行合同符合规定。根据规定，应当先履行债务的当事人，有确切证据证明对方有转移财产、逃避债务的情形，可以行使不安抗辩权，中止履行。

（2）甲公司拒绝承担违约责任的理由不成立。根据规定，当事人一方因第三人的原因造成违约的，应当向对方承担违约责任。

（3）A银行主张不成立。根据规定，失票人应当在通知挂失止付后3日内，依法向人民法院申请公示催告或者提起诉讼，如果付款人自收到挂失止付通知书之日起12日内没有收到人民法院止付通知书的，自第13日起，挂失止付通知书失效。本题中，4月20日丁公司办理了挂失止付手续，但没有在3日内依法向人民法院申请公示催告或者提起诉讼，挂失止付失效。戊公司7月5日向A银行提示付款时，挂失止付失效。A银行不得拒绝。

（4）丙公司拒付理由不成立。根据规定，背书不得附条件，附条件的条件无效，背书有效，丙不得以"丁公司交货后，该汇票才发生背书转让的效力，但丁公司一直

未向丙公司交付货物"为由拒付。根据规定，持票人未在规定期限发出追索通知的，仍可以行使追索权。

（5）甲公司拒绝付款理由成立。根据规定，背书人在汇票上记载"不得转让"字样，其后手再背书转让的，原背书人对其后手的被背书人不承担保证责任。

（6）乙公司拒绝付款理由不成立。根据规定，票据债务人可以对不履行约定义务的与自己有直接债权债务关系的持票人，进行抗辩。本题中，乙公司与戊公司之间没有直接债权债务关系，乙公司不得以买卖合同已经解除为由拒绝承担票据责任。

7. 【答案】

（1）A公司董事会为B公司提供担保的决议无效。根据规定，公司为公司股东或者实际控制人提供担保的，必须经股东大会决议。

（2）①乙不具备对甲提起股东代表诉讼的资格。根据规定，股份有限公司连续180日以上单独或者合计持有公司1%以上股份的股东可以书面依法提起股东代表诉讼。在本题中，乙持有股份的时间不足180日。

②甲请求人民法院驳回乙起诉的理由成立。根据规定，公司董事、高级管理人员执行公司职务时违反法律、行政法规或者公司章程的规定，给公司造成损失的，股份有限公司连续180日以上单独或者合计持有公司1%以上股份的股东可以书面请求监事会向人民法院提起诉讼；监事会收到股东的书面请求后拒绝提起诉讼或者自收到请求之日起30日内未提起诉讼，或者情况紧急、不立即提起诉讼将会使公司利益受到难以弥补的损害的，股份有限公司连续180日以上单独或者合计持有公司1%以上股份的股东方可以自己的名义直接向人民法院提起诉讼。

（3）①丙不符合独立董事任职资格。根据规定，在直接或间接持有上市公司已发行

股份 5% 以上的股东单位任职的人员不得担任该上市公司的独立董事。

②丁不符合独立董事任职资格。根据规定，直接或间接持有上市公司已发行股份 1% 以上的自然人股东不得担任该上市公司的独立董事。

（4）①乙提出的临时提案不应当被列为股东大会的审议事项。根据规定，单独或者合计持有公司 3% 以上股份的股东，可以在股东大会召开 10 日前提出临时提案并书面提交董事会。本题中，乙提出临时提案的时间距股东大会召开时间不足 10 日。

②乙与股东张某共同召集 A 公司临时股东大会的程序不合法。根据规定，临时股东大会应当于会议召开 15 日前通知各股东，而乙发出通知的时间距临时股东大会召开不足 15 日。

（5）乙发出要约收购 4% 的股份不符合规定。根据规定，以要约方式收购一个上市公司股份的，其预定收购的股份比例不得低于该上市公司已发行股份的 5%。

（6）A 公司董事会通过的购买乙所持 D 公司股权的决议无效。根据规定，上市公司在一年内购买、出售重大资产或者担保金额超过公司资产总额 30% 的，应当由股东大会作出决议，并经出席会议的股东所持表决权的 2/3 以上通过。

（7）乙、戊、庚均存在内幕交易行为。

乙存在内幕交易行为。乙作为公司董事和相关资产出售方，属于内幕信息知情人员，知悉内幕信息，在该信息公开前买入本公司股票，构成内幕交易。

戊存在内幕交易行为。戊作为公司董事，属于内幕信息知情人员，知悉内幕信息，在该信息公开前买入本公司股票，构成内幕交易。

庚存在内幕交易行为。庚作为上市公司的工作人员，利用工作机会知悉了内幕信息，属于内幕信息知情人员，在该信息公开前买入本公司的股票，构成内幕交易。

8.【答案】

（1）股东甲有权提议召开临时股东会。根据规定，代表 1/10 以上表决权的股东、1/3 以上的董事、监事会或者不设监事会的公司的监事提议召开临时会议的，应当召开临时会议。

（2）股东甲有权自行召集和主持临时股东会。根据规定，公司设立董事会的，股东会由董事长主持；董事长不能履行职务或者不履行职务的，由副董事长主持；副董事长不能履行职务或者不履行职务的，由半数以上董事共同推举一名董事主持。董事会不能履行或者不履行召集股东会会议职责的，由监事会召集和主持；监事会不召集和主持的，代表 1/10 以上表决权的股东可以自行召集和主持。

（3）股东乙和股东丙要求采取累积投票制方式不符合法律规定。根据规定，股东大会选举董事、监事，可以依照公司章程的规定或者股东大会的决议，实行累积投票制。累积投票制不适用于有限责任公司。

（4）董事会提出的方案一不合法。根据规定，公开发行公司债券，有限责任公司的净资产不低于人民币 6 000 万元。

（5）股东会通过增资方案合法。根据规定，股东会会议作出修改公司章程、增加或者减少注册资本的决议，以及公司合并、分立、解散或者变更公司形式的决议，必须经代表 2/3 以上表决权的股东通过。

（6）①C 银行的请求合法。根据规定，有财产担保的债权对特定的财产享有优先受偿权。

②D 公司的请求合法。根据规定，人民法院受理破产申请前 1 年内，债务人无偿转让财产的，管理人有权请求人民法院予以撤销。

③E 企业的请求合法。根据规定，债权人在破产申请受理前对债务人负有债务的，可以向管理人主张抵销。

④F 律师事务所的请求不合法。根据规定，

破产费用是指人民法院受理破产申请后，为破产程序的顺利进行及对债务人财产的管理、变价、分配过程中，必须支付的且用债务人财产优先支付的费用。

9.【答案】

(1)甲公司在3月20日对破产重整申请提出异议的时间符合规定。根据规定，债权人对债务人提出的破产申请有异议的，应当自收到人民法院的通知之日起7日内向人民法院提出，并提交相关的证明材料。本题中，人民法院于3月15日通知甲公司，因此甲公司在3月20日时提出异议，时间是符合规定的。

(2)①甲公司第一个异议理由符合规定。根据规定，上市公司的债权人提出破产重整申请的，人民法院应当要求债权人提供其已就此告知上市公司的有关证据。本题中，A公司没有告知上市公司，不符合程序性的要求。

②甲公司第二个异议理由不符合规定。根据规定，债务人以其具有清偿能力或资产超过负债为由提出抗辩异议，但又不能立即清偿债务或与债权人达成和解的，依据《企业破产法》司法解释(一)的相关规定，其异议不能成立。

(3)甲公司其他相关债权人、甲公司的实际控制人要求参加听证会的请求合法。根据规定，公司债权人、出资人、实际控制人等利害关系人申请参加听证的，人民法院应当予以准许。

(4)①甲公司该重整申请的事项属于重大事件，符合临时报告披露的重大事件中的"公司减资、合并、分立、解散及申请破产的决定，或者依法进入破产程序、被责令关闭"的情形。

②甲公司应当在2020年3月13日的2个交易日内及时履行重大事件的信息披露义务。根据规定，重大事件已经泄露或者市场出现传闻的，上市公司应当在触及披露时点的2个交易日内及时披露相关事项的

现状、可能影响事件进展的风险因素。

(5)上海证券交易所依照上市规则会对甲公司的股票采取退市风险警示的特别处理。在公司股票简称前冠以"＊ST"字样，其股票报价的日涨跌幅限制为5%。

(6)构成上市公司重大资产重组。根据规定，上市公司购买、出售的资产总额占上市公司最近一个会计年度经审计的合并财务会计报告期末资产总额的比例达到50%以上的，界定为重大资产重组。本题中，甲公司的截至12月31日经审计的合并财务会计报告期末资产总额为113 250.85万元，其与乙公司达成的资产出售和购买的资产总额均达到了50%以上，属于重大资产重组。

(7)①债权人会议表决中应设立出资人组。根据规定，重整计划草案涉及出资人权益调整事项的，应当设出资人组，对该事项进行表决。本题中，由于重整计划草案中对公司股东的股份进行了让渡调整，涉及出资人的权益，因此应设立出资人组进行表决。

②重整计划草案可以通过。根据规定，出席会议的同一表决组的债权人过半数同意重整计划草案，并且其所代表的债权额占该组债权总额的2/3以上的，即为该组通过重整计划草案。此外，出资人组对重整计划草案中涉及出资人权益调整事项的表决，经参与表决的出资人所持表决权2/3以上通过的，即为该组通过重整计划草案。各表决组均通过重整计划草案时，重整计划即为通过。本题中，各组通过人数和代表的债权总额或表决权比例均达到了法律规定的标准，因此各表决组均通过重整计划草案，重整计划经债权人会议表决最终通过。

10.【答案】

(1)风顺科技于7月10日发布公告称无应披露之信息，不符合证券法律制度的规定。根据规定，公司订立重要合同，

可能对公司的资产、负债、权益和经营成果产生重要影响，属于重大事件，应当进行披露。而出现下列情形之一的，上市公司应当及时披露相关事项的现状、可能影响事件进展的风险因素：该重大事件难以保密；该重大事件已经泄露或者市场出现传闻；公司证券及其衍生品种出现异常交易情况。本题中7月8日市场出现关于风顺科技即将签署重大交易合同的传闻，上市公司应当及时披露签署重大交易合同的信息。

(2)孙某买卖风顺科技股票的行为构成内幕交易。根据规定，证券交易内幕信息的知情人和非法获取内幕信息的人，在内幕信息公开前，不得买卖该公司的证券，或者泄露该信息，或者建议他人买卖该证券。在内幕信息敏感期内，与内幕信息知情人员联络、接触，或者泄露内幕信息导致他人从事与该内幕信息有关的证券、期货交易，相关交易行为明显异常，且无正当理由或者正当信息来源的，属于非法获取证券内幕信息的人员，其又在内幕信息敏感期买卖证券的，可推定其从事了内幕交易行为。

(3)张某关于其亏损系风顺科技虚假陈述所致的主张不成立。根据规定，认定虚假陈述与损害结果之间存在因果关系，需要看买入时间与卖出时间。法律规定要求：投资人在虚假陈述实施日及以后，至揭露日或者更正日之前买入该证券；投资人在虚假陈述揭露日或者更正日及以后，因卖出该证券发生亏损，或者因持续持有该证券而产生的亏损。本题中，张某买入风顺科技股份的期限为2019年2月，这是在虚假陈述实施日之前已经买入股票，不符合规定，因此张某的损失与风顺科技的虚假陈述无因果关系。

(4)公司董事会秘书郑某主张其本人不应受处罚的抗辩不成立。根据规定，"受到股东、实际控制人控制或者其他外部干预"，不得单独作为不予处罚情形的认定。

(5)刘某具有提议召开董事会临时会议的资格。根据规定，代表10%以上表决权的股东、1/3以上的董事或者监事会，可以提议召开董事会临时会议。本题中，刘某持有风顺科技11%股份，有权提议召开临时董事会。

(6)人民法院不应受理钱某提起的诉讼。根据规定，"董事、高级管理人员"侵犯公司利益，股份有限公司连续180日以上单独或者合计持有公司1%以上股份的股东，可以书面请求监事会向人民法院提起诉讼。如果监事会收到股东书面请求后拒绝提起诉讼，或者自收到请求之日起30日内未提起诉讼，或者情况紧急、不立即提起诉讼将会使公司利益受到难以弥补的损害的，股东有权以自己的名义直接向人民法院提起诉讼。本题中，钱某仅持有风顺科技0.1%的股份，不符合法定的持股比例要求。

第四部分

机考通关模拟
试题演练

JINGDIAN TIJIE

智慧启航

没有人事先了解自己到底有多大的力量，直到他试过以后才知道。

——歌德

机考通关模拟试题

模拟试卷（一）

扫我做试题

一、单项选择题(本题型共24小题，每小题1分，共24分。每小题只有一个正确答案，请从每小题的备选答案中选出一个你认为正确的答案，并用鼠标点击相应的选项)

1. 我国《合伙企业法》关于"国有独资公司、国有企业、上市公司以及公益性事业单位、社会团体不得成为普通合伙人"的规定属于( )。

   A. 命令性规范　　　B. 禁止性规范

   C. 委任性规范　　　D. 准用性规范

2. 甲公司授予乙公司代理权，委托乙公司向丙公司采购货物。乙公司和丙公司串通，致乙公司以甲公司名义购进的货物质次价高，使甲公司遭受严重的经济损失。关于甲公司损失承担的下列表述中，正确的是( )。

   A. 甲公司的损失应当由甲公司和乙公司分担

   B. 甲公司的损失应当由乙公司和丙公司承担连带赔偿责任

   C. 甲公司的损失应当由乙公司承担全部赔偿责任

   D. 甲公司的损失应当由乙公司和丙公司承担按份赔偿责任

3. 甲与乙签订协议约定：由乙以自己名义代甲购房，甲全权使用房屋并获取收益。乙与开发商和银行分别签订了房屋买卖合同和贷款合同。甲把首付款和月供款给乙，乙再给开发商和银行，房屋登记在乙名下。后甲要求乙过户，乙主张是自己借款购房。根据物权法律制度的规定，下列表述正确的是( )。

   A. 甲有权提出更正登记

   B. 房屋登记在乙名下，甲不得请求乙过户

   C. 协议名为代购房关系，实为借款购房关系

   D. 如乙将房屋过户给不知情的丙，丙支付合理房款后则构成善意取得

4. 甲企业向乙银行贷款，甲企业以自己现有的以及将有的生产设备、原材料、半成品、产品设立浮动抵押，且办理了登记手续。对此，下列说法正确的是( )。

   A. 抵押期间，甲企业可以追加厂房作为浮动抵押财产，以获得更多的贷款

   B. 抵押期间，甲企业生产的所有产品均属于抵押财产

   C. 抵押期间，如果甲企业被申请破产，人民法院受理时抵押财产确定

   D. 抵押期间，如果出现约定的实现抵押权的情形，乙银行有权追回正常经营活动中已经售出的产品

5. 张某和某服装厂签订了一份服装买卖合同，约定：张某为买方，预先支付全部货款；服装厂为卖方，收到货款后10天内发货。合同订立后，张某支付了全部货款。付款后第二日，张某因与李某存在债务纠纷逃到外地避债，下落不明，致使服装厂无法向其按时交货。按照法律规定，服装厂可以采取的消灭债务关系的措施是( )。

   A. 行使留置权

   B. 将服装向有关机关提存

   C. 行使不安抗辩权

   D. 行使代位权

6. 甲与乙签订了一份买卖合同，由甲卖给乙一批原料。甲收取乙的货款后，把交货的义务转让给了丙。该转让应当( )。

   A. 经乙方同意 B. 通知丙方

   C. 通知乙方 D. 公告

7. 某普通合伙企业举行合伙人会议表决对外投资事项，但合伙协议对该事项的表决办法未作约定。根据合伙企业法律制度的规定，下列关于表决办法的表述中，正确的是( )。

   A. 须持有过半数财产份额的合伙人同意

   B. 须经全体合伙人一致同意

   C. 须过半数合伙人同意

   D. 须2/3以上合伙人同意

8. 甲、乙、丙、丁拟共同投资设立一个有限合伙企业，甲、乙为普通合伙人，丙、丁为有限合伙人。各合伙人经协商后草拟了一份合伙协议。该合伙协议的下列约定中，符合合伙企业法律制度规定的是( )。

   A. 甲以房屋作价15万元出资，乙以专利技术作价12万元出资，丙以劳务作价10万元出资，丁以现金20万元出资

   B. 经3个以上合伙人同意，甲、乙可以向合伙人以外的第三人转让其在合伙企业中的全部或者部分财产份额

   C. 合伙事务由甲、丁共同执行，乙、丙不参与合伙事务的执行

   D. 甲、乙以自己的财产份额出质的，须经其他合伙人过半数同意

9. 某公司章程记名的股东(名义股东)与真正投资人(实际出资人)不是同一个人，下列说法正确的是( )。

   A. 不论名义股东与实际出资人如何约定，均应由实际出资人享有投资权益

   B. 实际出资人可以随时将自己变更为该公司的股东

   C. 名义股东将登记于其名下的股权对外转让，只要符合善意取得的规定，转让有效

   D. 名义股东对公司债务不能清偿的部分不承担任何责任

10. A有限公司共有股东4人，股东刘某为公司执行董事。在公司章程无特别规定的情形下，下列刘某可以行使的职权是( )。

    A. 决定公司的投资计划

    B. 否决其他股东对外转让股权行为的效力

    C. 决定聘任公司经理

    D. 决定公司的利润分配方案

11. 根据证券法律制度的规定，下列各项中，属于上市公司持续信息披露的文件是( )。

    A. 招股说明书

    B. 上市公告书

    C. 中期报告

    D. 债券募集说明书

12. 某股份公司首次公开发行股票并在创业板上市，下列选项中构成发行障碍的是( )。

    A. 最近一期期末净资产为3 000万元，且不存在未弥补亏损

    B. 发行后股本总额为3 000万元

    C. 最近2年连续盈利，最近2年净利润累计为1 500万元

    D. 发行人最近3年内主营业务没有发生重大变化，去年经股东大会决议改选了董事长

13. 根据证券法律制度的规定，下列有关上市公司收购的表述中，错误的是( )。

    A. 上市公司收购要约适用于被收购公司的所有股东，但针对优先股可以设定不同的收购条件

    B. 收购要约确定的收购期限不得少于30日，并不得超过60日，但出现竞争要约的除外

    C. 预受要约的股东在要约期限届满前3日内，不可撤回对要约的预受

    D. 收购人持有的被收购的上市公司的股票，收购行为完成后的12个月内一律不

得转让

14. 根据证券法律制度的规定，下列关于非上市公众公司向不特定合格投资者的公开发行条件的表述，不正确的是( )。

A. 具有持续盈利能力，最近 2 年财务会计文件无虚假记载

B. 最近 3 年内，公司及其控股股东、实际控制人不存在贪污、贿赂、侵占财产的刑事犯罪

C. 具备健全且运行良好的组织机构

D. 最近 1 年内未受到中国证监会的行政处罚

15. 甲公司被其债权人申请破产，人民法院受理该破产案件后发生的下列行为中，不符合法律规定的是( )。

A. 甲公司的法定代表人张某到乙企业担任董事

B. 管理人对破产申请受理前成立而甲公司和对方当事人均未履行完毕的合同，决定继续履行

C. 人民法院中止了破产申请受理前有关甲公司一宗民事诉讼案件的审理

D. 银行解除了破产申请受理前甲公司被冻结的账户

16. 甲公司严重资不抵债，因不能清偿到期债务向人民法院申请破产。下列财产属于债务人财产的是( )。

A. 甲公司购买的一批在途货物，但尚未支付货款

B. 甲公司从乙公司租用的一台设备

C. 甲公司抵押给银行的一处厂房

D. 甲公司受乙公司委托有偿保管的一辆汽车

17. 甲公司的职工张某私刻公司印章签发汇票，记载甲公司为付款人，收款人为乙，乙将汇票背书转让给丙。下列表述正确的是( )。

A. 张某应承担票据责任

B. 张某和甲公司都没有在票据上签章，汇票因欠缺出票人而无效

C. 甲公司为被伪造人，为保护持票人利益，甲公司应向丙承担票据责任

D. 甲公司为被伪造人，不承担票据责任，但乙的签章真实，乙应向丙承担票据责任

18. 下列选项中，属于汇票的绝对必要记载事项的是( )。

A. 背书日期　　　B. 付款日期

C. 保证日期　　　D. 出票日期

19. 根据外汇管理法律制度的规定，下列关于人民币加入特别提款权货币篮的表述中，错误的是( )。

A. 2015 年 12 月，国际货币基金组织执行董事会正式批准人民币加入特别提款权货币篮

B. 人民币成为与美元、欧元、日元、澳元并列的第五种可自由使用货币

C. 特别提款权本身不是货币

D. 特别提款权本身有价值

20. 根据反垄断法律制度的规定，对于经营者从事的下列滥用市场支配地位的行为，反垄断执法机构进行违法性认定时，无须考虑其行为是否有正当理由的是( )。

A. 以不公平的高价销售商品

B. 拒绝与交易相对人进行交易

C. 限定交易相对人只能与其进行交易

D. 搭售商品

21. 关于我国《反垄断法》的适用范围，以下说法中正确的是( )。

A.《反垄断法》适用于我国境内，无域外效力

B. 对于农业生产者在农产品的生产、加工、销售等领域实施的联合或者协同行为，不适用《反垄断法》

C. 对于知识产权领域，即使经营者滥用知识产权实施排除、限制竞争的行为，也不适用《反垄断法》，而适用知识产权方面的法律、法规

D.《反垄断法》只调整境内的经济垄断行为，不针对滥用行政权力排除、限制竞

争的行为

22. 根据外商投资企业法律制度的规定，外国投资者并购境内企业的安全审查中不包括的是( )。

A. 并购交易对国防安全的影响

B. 并购交易对国家经济稳定运营的影响

C. 并购交易对市场竞争条件的影响

D. 并购交易对涉及国家安全关键技术研发能力的影响

23. 根据企业国有资产法律制度的规定，非上市国有及国有控股金融企业转让一级子公司产权的，应当报特定部门审批，该部门是( )。

A. 国有资产监督管理部门

B. 财政部门

C. 控股(集团)公司

D. 商务部

24. 外债是指境内机构对非居民承担的以外币表示的债务，下列选项中，允许结汇使用的外债是( )。

A. 某中资企业的境外借款

B. 某中资企业境外发行债券所得外汇

C. 某外商投资企业境外借款

D. 某境内金融机构的境外借款

二、多项选择题(本题型共 14 小题，每小题 1.5 分，共 21 分。每小题均有多个正确答案，请从每小题的备选答案中选出你认为正确的所有答案，用鼠标点击相应的选项。每小题所有答案选择正确的得分，不答、错答、漏答均不得分)

1. 根据《民法总则》的规定，下列人员中，属于完全民事行为能力人的有( )。

A. 张某，20 周岁，待业人员，不能完全辨认自己的行为

B. 刘某，16 周岁，网店店主，以自己的劳动收入为全部生活来源

C. 李某，18 周岁，大学生，学费和生活费由父母负担

D. 王某，7 周岁，小学生，已参与拍摄电视剧两部，获酬 3 000 元

2. 下列事项中，与提起诉讼具有同等诉讼时效中断效力的有( )。

A. 申请对债务人的支付令

B. 申请债务人破产

C. 申请撤销债务人处分财产

D. 申请追加债务人的母公司参加诉讼

3. 下列情形中，当事人可以申请不动产预告登记的有( )。

A. 预购商品房

B. 以预购商品房设定抵押

C. 房屋所有权转让

D. 权利人放弃房屋所有权

4. 下列关于质权设立的表述中，符合《物权法》规定的有( )。

A. 以机器设备出质的，质权自双方签字盖章之日起设立

B. 以仓单出质的，质权自仓单交付之日起设立

C. 以非上市公司的股份出质的，质权自市场监管部门办理出质登记时设立

D. 以依法可转让的专利权出质的，质权自其管理部门办理出质登记之日起设立

5. 下列有关商品房买卖合同的说法，符合法律规定的有( )。

A. 有关商品房的销售广告和宣传资料为要约邀请，但是出卖人就商品房开发规划范围内的房屋及相关设施所作的说明和允诺具体确定，并对商品房买卖合同的订立以及房屋价格的确定有重大影响的，应当视为要约

B. 出卖人未取得预售许可而与买受人订立预售合同的，该合同效力待定

C. 房屋套内建筑面积或者建筑面积与合同约定的面积误差比绝对值超过 3% 的，可以解除合同

D. 出卖人故意隐瞒所售房屋已经抵押的事实，买受人在解除合同并赔偿损失的前提下，还可以要求出卖人承担不超过已付房款一倍的惩罚性赔偿金

6. 甲是某普通合伙企业合伙人，因病身亡，

458

其继承人只有乙。关于乙继承甲的合伙财产份额的下列表述中，符合《合伙企业法》规定的有（　　）。

A. 乙可以要求退还甲在合伙企业的财产份额

B. 乙只能要求退还甲在合伙企业的财产份额

C. 乙因继承而当然成为合伙企业的合伙人

D. 经其他合伙人同意，乙因继承而成为合伙企业的合伙人

7. 国有企业甲、合伙企业乙、自然人丙拟共同投资设立一家有限合伙企业。三方关于该合伙企业的下列约定中，符合法律规定的有（　　）。

A. 合伙企业名称为"×××有限发展中心"

B. 由乙派代表人执行合伙企业事务

C. 丙可以不以货币出资

D. 三方可以自行决定是作为有限合伙人还是作为普通合伙人

8. 根据《公司法》的规定，下列关于股份公司股份转让的限制的表述正确的有（　　）。

A. 发起人持有的本公司股份，自公司成立之日起3年内不得转让

B. 公司公开发行股份前已发行的股份，自公司股票在证券交易所上市交易之日起1年内不得转让

C. 公司董事、监事、高级管理人员在任职期间每年转让的股份不得超过其所持有本公司股份总数的25%

D. 公司董事、监事、高级管理人员所持本公司股份自公司股票上市交易之日起1年内不得转让

9. 关于非上市公众公司，下列说法正确的有（　　）。

A. 非上市公众公司属于《公司法》规定的公司种类

B. 非上市公众公司是基于《证券法》对于公开发行的界定划分出来的新公司类型

C. 向特定对象转让股票导致股东累计超过200人的非上市股份有限公司应申请为非上市公众公司

D. 非上市公众公司的股票不能公开转让

10. 甲企业于2019年12月1日向乙企业购买一批货物，约定货到付款。乙企业于2019年12月5日发货，在运输途中，乙企业得知甲企业被受理了破产申请，但是乙企业没有及时表示取回货物。在货物到达甲企业后，甲无力支付货款。则下列说法正确的有（　　）。

A. 乙企业可以通过管理人行使取回权

B. 乙企业不可以行使取回权

C. 管理人收到货物，只是处于保管人地位

D. 乙企业只能向管理人申报普通债权

11. 票据权利应在法定期限内行使。下列选项中，将造成票据权利消灭的有（　　）。

A. 持票人对票据的出票人和承兑人，自票据到期日起1年未行使票据权利

B. 持票人对支票出票人，自出票日起6个月未行使票据权利

C. 持票人对前手的追索权，在被拒绝承兑或者被拒绝付款之日起3个月未行使

D. 持票人对前手的再追索权，自清偿日或者被提起诉讼之日起3个月未行使

12. 根据票据法律制度的规定，下列情形中，导致汇票无效的情形有（　　）。

A. 李某出票时未记载付款人名称

B. 郑某出票时未记载付款日期

C. 陈某在汇票上记载"收货后付款"

D. 王某将中文大写"伍万元整"的汇票数额记载为"5 000"

13. 国家根据对外贸易调查结果，可以采取适当的对外贸易救济措施，这些措施包括（　　）。

A. 反倾销措施　　B. 反补贴措施
C. 反垄断措施　　D. 保障措施

14. 根据涉外投资法律制度的规定，国家服务贸易中关于法律服务与会计服务逐步开放贸易市场的说法，表述正确的有（　　）。

A. 中国注册会计师执业资格许可证可以颁发给外国人

B. 外国会计师事务所在境内设立常驻代表机构的，应当经财政部批准

C. 外国会计师事务所需要在中国境内临时办理有关业务的，应当经财政部批准

D. 外国律师事务所在境内设立办事处的，须经司法部批准、国家市场监督管理总局登记注册

三、案例分析题(本题型共 4 小题 55 分。其中第一道小题可以选用中文或英文解答，请仔细阅读答题要求。如使用英文解答，须全部使用英文，答题正确的，增加 5 分。本题型最高得分为 60 分)

1. 甲公司为支付货款，向乙公司签发了一张以 A 银行为承兑人、金额为 20 万元的银行承兑汇票。A 银行在票据承兑栏中进行了签章。乙公司为向丙公司支付租金，将该票据交付丙公司，但未在票据上背书和签章。丙公司因需向丁公司支付工程款，欲将该票据转让给丁公司。丁公司发现票据上无转让背书，遂提出异议。丙公司便私刻了乙公司法定代表人刘某的人名章和乙公司公章，加盖于背书栏，并直接记载丁公司为被背书人。丁公司不知有假，接受了票据。之后，丁公司为偿付欠款将该票据背书转让给了戊公司。

甲公司收到乙公司货物后，发现货物存在严重质量问题，遂要求乙公司退还货款并承担违约责任。票据到期时，戊公司向 A 银行提示付款，A 银行以甲公司存入本行的资金不足为由拒绝付款。

要求：根据上述内容，分别回答下列问题。

(1)A 银行拒绝向戊公司付款的理由是否成立？并说明理由。

(2)A 银行拒绝付款后，戊公司可以向哪些当事人进行追索？

(3)若戊公司在 A 银行拒绝付款后向甲公司进行追索，甲公司可否以与乙公司之间

的买卖合同纠纷尚未解决为由拒绝向戊公司承担票据责任？并说明理由。

(4)丙公司将私刻的人名章和公章加盖于背书栏，并直接记载丁公司为被背书人的行为属于票据法上的什么行为？应当承担何种法律责任？

2. 2017 年 4 月 1 日，甲公司向乙公司借款 3 000 万元，双方签订借款合同约定：借款期限 1 年，借款年利率 10%，逾期年利率 15%，借款方违约，须以借款本金为基数承担日 0.2‰的违约金(按 365 天计，折算成年违约金为 7.3%)。

为担保借款，甲公司将其一闲置厂房抵押给乙公司，办理了抵押登记。甲公司另以其生产设备、原材料、半成品、产品为乙公司设定浮动抵押，办理了抵押登记。此外，甲公司的董事长陈某为该笔借款提供保证担保，与乙公司签订保证合同，保证合同未约定保证方式。甲公司、陈某与乙公司未约定担保权利行使的顺序。

2017 年 6 月 1 日，甲公司将抵押厂房出租给丙公司，租期 3 年。出租前，甲公司书面告知丙公司该厂房已为他人设定抵押。

借款期满，甲公司无力清偿到期债务。乙公司调查发现，甲公司用以设定浮动抵押的两台生产设备，抵押之后，一台被丁修理厂依法留置，另一台被戊公司支付合理价款购买取得。

2018 年 8 月 1 日，因债权实现纠纷，乙公司以甲公司、陈某、丁修理厂、戊公司为被告向人民法院起诉，主张如下：甲公司承担返还借款本息及违约金责任；就甲公司设定抵押的厂房、生产设备等抵押物行使抵押权，包括被丁修理厂留置及被戊公司购买的生产设备；陈某承担连带保证责任。甲公司抗辩：乙公司不得同时主张逾期利息与违约金。

陈某抗辩如下：(1)乙公司应先行使抵押权；(2)自己只承担一般保证责任，享有先诉抗辩权，乙公司在就债务人甲公司财

产依法强制执行仍不能实现债权之前，不能要求保证人承担保证责任。

丁修理厂主张，其留置权行使应优先于乙公司抵押权的行使。

戊公司主张：乙公司无权在其购买的生产设备上行使抵押权。

2019年4月，乙公司依法拍卖了抵押厂房，丙公司被迫搬离，丙公司遂要求甲公司赔偿因此产生的损失。

要求：根据上述资料和合同、担保法律制度的规定，不考虑其他因素，回答下列问题。

(1)乙公司能否同时主张逾期利息和违约金？说明理由。

(2)陈某的抗辩(1)是否成立？说明理由。

(3)陈某是否享有先诉抗辩权？说明理由。

(4)丁修理厂的主张是否成立？说明理由。

(5)乙公司能否在戊公司购买的生产设备上行使抵押权？说明理由。

(6)丙公司能否要求甲公司赔偿损失？说明理由。

3. 赵某担任甲上市公司总经理，并持有该公司股票10万股。钱某为甲公司董事长兼法定代表人。

2018年7月1日，钱某召集甲公司董事会，9名董事中有4人出席，另有1名董事孙某因故未能出席，书面委托钱某代为出席投票；赵某列席会议。会上，经钱某提议，出席董事会的全体董事通过决议，从即日起免除赵某总经理职务。赵某向董事会抗议称：公司无正当理由不应当解除其职务，且董事实际出席人数未过半数，董事会决议无效。公司于次日公布了董事会关于免除赵某职务的决定。12月20日，赵某卖出所持的2万股甲公司股票。

2018年12月23日，赵某向中国证监会书面举报称：(1)甲公司的子公司乙公司曾向甲公司全体董事提供低息借款，用于个人购房；(2)2018年4月1日，公司召开的董事会通过决议为母公司丙公司向银行借款提供担保，但甲公司并未公开披露该担保事项。

2019年1月16日，中国证监会宣布对甲公司涉嫌虚假陈述行为立案调查。3月1日，中国证监会宣布：经调查，甲公司存在对外提供担保未披露情形，构成虚假陈述行为；决定对甲公司给予警告，并处罚款50万元；认定钱某为直接责任人员，并处罚款10万元；认定独立董事李某等人为其他直接责任人员，并处罚款3万元。钱某辩称，公司未披露担保事项是公司实际控制人的要求，自己只是遵照指令行事，不应受处罚；李某则辩称，自己是独立董事，并不直接参与公司经营管理活动，因此不应对公司的虚假陈述行为承担任何责任。中国证监会未采纳钱某和李某的抗辩理由。

中国证监会对甲公司的行政处罚生效后，有投资者拟对甲公司提起民事赔偿诉讼。其中，周某在甲公司公开发行时即购入股票1万股，一直持有至今，损失10万元；吴某于2018年6月20日买入甲公司股票1万股，于2019年1月5日卖出，损失1万元；郑某于2018年4月5日买入甲公司股票1万股，2019年2月5日卖出，损失1万元。

要求：根据上述内容，分别回答下列问题。

(1)2018年7月1日甲公司董事会的出席人数是否符合规定？并说明理由。

(2)甲公司董事会能否在无正当理由的情况下解除赵某的总经理职务？并说明理由。

(3)2018年12月20日赵某卖出所持甲公司2万股股票的行为是否合法？并说明理由。

(4)乙公司向甲公司的所有董事提供低息借款购房的行为是否合法？并说明理由。

(5)2018年4月1日甲公司董事会通过的为丙公司提供担保的决议是否合法？并说

明理由。

(6)钱某和李某各自对中国证监会行政处罚的抗辩能否成立？并分别说明理由。

(7)投资者周某、吴某和郑某能否获得证券民事损害赔偿？并分别说明理由。

4. 2018年1月8日，A以甲公司不能清偿到期债务且资不抵债为由向人民法院提出破产申请。1月21日，人民法院裁定受理破产申请，指定了管理人，并发出公告，要求甲公司的所有债权人在5月21日之前申报债权。在申报债权到期日前，A申报到期债权1 000万元，其中，欠债800万元，违约利息200万元；B申报到期债权1 000万元，该债权附有乙公司提供的连带责任保证；C申报债权50万元，该债权在一年后到期；D申报债权1 200万元，该债权附有在甲公司一栋楼房上设定的抵押权。在6月1日召开的第一次债权人会议上，管理人和其他债权人认为：A的债权应当只计本金800万元，不计违约罚息200万元；B的债权不应当申报，而应当由连带保证人承担；C的债权未到期，不能确认；D的债权有抵押担保，无须申报确认。

6月10日，甲公司的控股股东E向人民法院提出申请，请求对甲公司进行破产重整。人民法院审查后认为，该重整申请符合法律规定，裁定甲公司重整。随后，D要求拍卖抵押楼房以清偿自己的债权，被甲公司拒绝。重整期间，经甲公司申请，人民法院批准，甲公司在管理人监督下自行管理公司财产和营业事务。6月30日，甲公司为维持营业正常进行，以其所有的另一栋楼房设定抵押向银行借贷1 000万元。

10月10日，甲公司向人民法院和债权人会议提交了重整计划草案。该草案的主要内容包括：（1）一般债权人的债权偿还60%，并且分两年支付；（2）公司股东将其拥有的50%的股份按照债权比例分配给一般债权人作为补偿；（3）抵押担保债权人的债权在两年后可以得到本金的全额支付；（4）自破产申请受理开始，所有债权停止计算利息。债权人会议对上述重整计划草案进行了分组表决。除担保债权人组外，各类债权人组和出资人组都通过了重整计划草案。甲公司在与担保债权人协商不成的情况下，申请人民法院批准了重整计划草案。

2019年5月，甲公司按照重整计划规定的30%的支付比例清偿第一笔债务之后，发现公司现金流严重不足，重整计划无法继续执行。经管理人申请，人民法院裁定终止重整计划的执行，宣告债务人破产。甲公司请求一般债权人返还已经支付的30%的清偿款。

要求：根据上述内容，分别回答下列问题。

(1)人民法院确定的债权人申报债权的期限是否合法？并说明理由。

(2)在第一次债权人会议上，管理人和其他债权人对A、B、C和D申报债权的异议是否成立？并分别说明理由。

(3)甲公司能否拒绝D为清偿自己的债权而拍卖抵押楼房的要求？并说明理由。

(4)在重整期间，甲公司为向银行借款而以其所有的另外一栋楼房提供担保的做法是否合法？并说明理由。

(5)人民法院在担保债权人对重整计划拒绝通过后，直接批准重整计划的做法是否符合规定？并说明理由。

(6)在终止执行重整计划后，甲公司能否请求一般债权人返还已清偿的款项？并说明理由。

模拟试卷（二）

扫我做试题

一、单项选择题（本题型共24小题，每小题1分，共24分。每小题只有一个正确答案，请从每小题的备选答案中选出一个你认为正确的答案，并用鼠标点击相应的选项）

1. 下列各项中，属于行政法规的是（　）。

A. 财政部修订的《社会保险基金会计制度》

B. 国务院制定的《中华人民共和国外汇管理条例》

C. 全国人民代表大会常务委员会制定的《中华人民共和国矿产资源法》

D. 河南省人民代表大会常务委员会制定的《河南省消费者权益保护条例》

2. 关于可撤销民事法律行为，下列表述不正确的是（　）。

A. 在该行为被撤销前，其效力已经发生的，视为未发生

B. 该行为的撤销应由享有撤销权的当事人行使

C. 撤销权人对权利的行使拥有选择权

D. 该行为一经撤销，其效力溯及行为的开始

3. 根据民事法律制度的规定，下列关于诉讼时效期间届满法律效力的表述中，不正确的是（　）。

A. 诉讼时效期间届满后，实体权利本身归于消灭

B. 诉讼时效期间届满后，权利人丧失胜诉权

C. 诉讼时效期间届满后，权利人起诉的，人民法院应当受理

D. 诉讼时效期间届满后，当事人自愿履行义务的，不受诉讼时效限制

4. 甲、乙、丙共有一套房屋，各自所占的份额均为1/3。为提高房屋的价值，丙主张将此房内部进行豪华装修，甲表示赞同，但乙反对。经查，甲、乙、丙之前对此情形并没有约定。下列说法中正确的是（　）。

A. 因没有经过全体共有人的同意，丙和甲不得进行装修

B. 因甲和丙的所占份额部分已经达到了2/3以上，因此甲和丙可以进行装修

C. 甲和丙只能在自己的应有部分上进行装修

D. 若甲、丙坚持装修，则要先分割共有房屋

5. ABC公司以一套价值100万元的设备作为抵押，向甲借款10万元，未办理抵押登记手续。ABC公司又向乙借款80万元，以该套设备作为抵押，并办理了抵押登记手续。ABC公司欠丙货款20万元，将该套设备出质给丙。丙不小心损坏了该套设备送丁修理，因欠丁5万元修理费，该套设备被丁留置。关于甲、乙、丙、丁对该套设备享有的担保物权的清偿顺序，下列排列正确的是（　）。

A. 甲、乙、丙、丁

B. 乙、丙、丁、甲

C. 丙、丁、甲、乙

D. 丁、乙、丙、甲

6. 甲公司将自有的设备租赁给乙公司使用。租赁期间，甲公司拟将该设备卖给丙公司。根据合同法律制度的规定，下列表述正确的是（　）。

A. 甲公司在租赁期间不能出卖出租设备

B. 买卖合同有效，原租赁合同继续有效

C. 乙听闻甲将设备出卖给丙，主张甲侵犯自己的优先购买权

D. 若乙公司所在地突发泥石流导致设备毁损灭失，乙应继续支付租金，甲应对丙承担违约责任

7. 甲公司委托乙研究所研制一项工业技术，双方签订了一份技术开发合同，合同约定由双方共同合作开发此项技术。该技术研

制成功后，乙研究所向国家专利行政管理部门申请专利，甲公司对此提出异议，经专利行政管理部门查明，双方在合同中未约定申请专利权的归属问题。则该专利申请权属于（　　）。

A. 甲公司与乙研究所共有

B. 乙研究所

C. 甲公司

D. 乙研究所，但甲公司可以免费使用

8. 下列选项中，不属于设立普通合伙企业的法定条件的是（　　）。

A. 有 2~50 个合伙人

B. 有书面合伙协议

C. 有合伙人认缴或者实际缴付的出资

D. 有合伙企业的名称

9. 某会计师事务所为特殊普通合伙企业，其中合伙人甲和乙承接一项审计业务后，因与客户串通作假账被处以罚款。对此罚款的承担，下列说法正确的是（　　）。

A. 由合伙企业承担无限责任

B. 由甲和乙承担无限连带责任，其他合伙人不承担责任

C. 由甲和乙承担无限连带责任，其他合伙人承担有限责任

D. 由甲和乙承担有限责任

10. 根据合伙企业法律制度的规定，下列关于有限合伙企业的表述中，正确的是（　　）。

A. 国有企业可以成为有限合伙企业的普通合伙人

B. 有限合伙人可以土地使用权、机器设备和劳务出资

C. 自然人作为有限合伙人，可以执行合伙事务，对外代表有限合伙企业

D. 若合伙协议无相反约定，有限合伙人可以经营与本有限合伙企业相竞争的业务

11. 下列拟设立的股份有限公司均为发起设立，其中不符合《公司法》规定的是（　　）。

A. 甲公司注册资本拟为人民币 300 万元

B. 乙公司发起人约定，由董事会依法向公司登记机关申请设立登记

C. 丙公司有 5 名发起人，其中 3 名外国人在中国境内没有住所

D. 丁公司在公司章程中规定，发起人自公司成立之日起 2 年内缴足出资

12. 国有独资公司是指国家单独出资、由国务院或者地方人民政府授权本级人民政府国有资产监督管理机构履行出资人职责的有限责任公司。下列关于国有独资公司的表述中，符合《公司法》规定的是（　　）。

A. 公司发行公司债券，应由公司董事会决定

B. 公司增加注册资本，应由国有资产监督管理机构决定

C. 公司董事会中必须有职工代表，且职工代表的比例不得低于 2/3

D. 公司董事会成员一律不得兼任经理

13. 根据证券法律制度的规定，下列情形中 2020 年可以收购非上市公众公司的是（　　）。

A. 张某欠银行借款 100 万元，在 2020 年 1 月 1 日到期至今未清偿

B. 甲公司在 2019 年有严重的证券市场失信行为

C. 现年 15 周岁的李某

D. 刘某因贪污被判处刑罚 3 年，执行期满已 6 年

14. 根据证券法律制度的规定，下列关于分离交易可转债中认股权证上市交易的表述正确的是（　　）。

A. 认股权证的行权价应不低于公告募集说明书日前 20 个交易日或前 1 个交易日公司股票均价的 90%

B. 认股权证的存续期间不少于公司债券的期限

C. 认股权证的存续期间不超过 6 个月

D. 募集说明书公告的权证存续期限不得调整

15. 某上市公司准备以发行股份的方式购买资产，除了发行价格之外其他情况符合相关的发行条件，已知该公司董事会作出决议公告日前 20 个交易日的股票交易总额和交易总量分别为 2 550 万元、170 万股，市场参考价为本次发行股份购买资产的董事会决议公告日前 20 个交易日的公司股票交易均价。按照《上市公司重大资产重组管理办法》的规定，下列选项中，该公司本次发行股份的最低价格是（　　）元。

A. 10.5　　　　　　B. 15

C. 20　　　　　　　D. 13.5

16. 根据《企业破产法》的规定，下列人员中，可以担任管理人的是（　　）。

A. 甲，曾因行贿被判处有期徒刑 1 年

B. 乙，曾被吊销律师资格证书

C. 丙，是债务人的无担保债权人

D. 丁，与债务人在同一写字楼内办公的注册会计师

17. 甲企业从银行贷款 100 万元，由 A 企业对该笔贷款提供一般保证，后人民法院受理了 A 企业的破产案件，但甲企业与银行之间的贷款尚未到期，此时银行向 A 企业申报了债权，在破产分配程序中，经管理人计算的普通债权清偿率为 35%，在破产分配后，甲企业欠银行的贷款到期，甲企业也被人民法院宣告破产，此时在破产分配程序中向银行清偿了 80 万元的债务。关于上述案例，下列说法正确的是（　　）。

A. 由于 A 企业承担的是一般保证责任，因此可以行使先诉抗辩权

B. 银行向 A 企业申报债权的金额可以为 100 万元，取得的 35 万元清偿应先予以提存

C. 银行获得甲企业清偿后，应获得提存额中 20 万元的支付，余款分给 A 企业的其他破产债权人

D. 银行获得甲企业清偿后，应获得提存额中 7 万元的支付，余款上缴国库

18. 国家出资企业发生的下列情形中，可以不进行资产评估的是（　　）。

A. 以非货币资产对外投资

B. 合并、分立、清算

C. 以部分资产抵押贷款

D. 整体资产或者部分资产租赁给非国有单位

19. 存款人 ABC 公司注册地是甲地，因生产经营需要在乙地申请办理异地借款、结算业务，在乙地申请开立一般存款账户。根据银行结算账户管理办法，该账户属于（　　）。

A. 专用存款账户

B. 临时存款账户

C. 异地存款账户

D. 法定代表人个人存款账户

20. 关于可转让国内信用证的表述中，正确的是（　　）。

A. 转让行有办理信用证转让的义务

B. 转让行办理转让并且无条件承担信用证项下付款责任

C. 可转让信用证能多次转让

D. 可转让信用证只能由第一受益人转让给第二受益人

21. 根据反垄断法律制度的规定，下列各项中，属于从供给角度界定相关商品市场时所应考虑的因素的是（　　）。

A. 商品的功能及用途

B. 商品间的价格差异

C. 消费者的消费偏好

D. 其他经营者的转产成本

22. 下列关于反倾销和反补贴说法错误的是（　　）。

A. 反倾销和反补贴是针对不公平贸易条件下的交易行为采取的措施

B. 反倾销的主要手段是征收反倾销税，临时反倾销税征收的时间一般不超过 4 个月，特殊情况下可以延长至 9 个月

C. 反补贴的主要手段是征收反补贴税，

采用临时反补贴措施的时间一般不超过 4 个月，特殊情况下可以延长至 9 个月

D. 对最终认定为倾销的行为，可以征收反倾销税，征收的期限一般不超过 5 年

23. 根据反垄断法律制度的规定，下列关于宽恕制度表述错误的是( )。

A. 参与垄断协议的经营者主动报告达成垄断协议有关情况并提供重要证据的，可以申请依法减轻或者免除处罚

B. 对于第一个申请者，反垄断执法机构可以对申请者免于处罚

C. 对于第二个申请者，可以按照不低于80%的幅度减轻罚款

D. 对于第三个申请者，可以按照 20%～30% 的幅度减轻罚款

24. 下列关于各项促进外商投资的措施的说法，错误的是( )。

A. 与外商投资有关的规范性文件应当依法及时公布，该规范性文件作为行政管理依据

B. 外商投资企业可以依法通过公开发行股票、公司债券等证券和其他方式进行融资

C. 政府及其有关部门制定的支持企业发展的政策应当依法公开

D. 国家根据需要，设立特殊经济区域，或者在部分地区实行外商投资试验性政策措施，促进外商投资

二、多项选择题(本题型共 14 小题，每小题 1.5 分，共 21 分。每小题均有多个正确答案，请从每小题的备选答案中选出你认为正确的所有答案，用鼠标点击相应的选项。每小题所有答案选择正确的得分，不答、错答、漏答均不得分)

1. 甲、乙均为完全民事行为能力人，甲、乙之间的下列约定中，能够产生法律上的权利义务的有( )。

A. 甲送给乙一部手机

B. 甲乙二人共同进入注会考场

C. 甲将房屋出租给乙

D. 甲乙相约此生不离不弃

2. 根据物权法律制度的规定，下列建设用地使用权，属于由县级以上人民政府依法批准划拨的有( )。

A. 国家机关用地和军事用地

B. 城市基础设施用地

C. 国家重点扶持的能源、交通、水利等项目用地

D. 大型商业开发用地

3. 债权人甲认为债务人乙怠于行使其债权给自己造成损害，欲提起代位诉讼。下列各项债权中，不得提起代位诉讼的有( )。

A. 安置费给付请求权

B. 劳动报酬请求权

C. 人身伤害赔偿请求权

D. 因继承关系产生的给付请求权

4. 下列关于建设工程施工合同上的竣工与验收的表述中，符合合同法律制度规定的有( )。

A. 建设工程未经竣工验收合格，不得交付使用

B. 建设工程经竣工验收合格的，以建设工程转移占有之日为竣工日期

C. 建设工程未经竣工验收，发包人即擅自使用的，以发包人开始使用之日为竣工日期

D. 承包人已提交竣工验收报告，发包人拖延验收的，以提交验收报告之日为竣工日期

5. 甲、乙、丙共同出资设立一特殊普通合伙制的律师事务所。2020 年 5 月，乙从事务所退出，丁加入事务所成为新合伙人。2020 年 8 月，法院认定甲在 2019 年的某项律师业务中存在重大过失，判决事务所向客户赔偿损失。根据合伙企业法律制度的规定，下列关于赔偿责任承担的表述中正确的有( )。

A. 甲应以其全部个人财产承担无限责任

B. 乙应以其退出时在事务所中的实际财产份额为限承担赔偿责任

C. 丙应以其在事务所中的财产份额为限承担赔偿责任

D. 丁无须承担赔偿责任

6. 张三、李四、王五成立 ABC 有限公司，张三、李四各以现金 50 万元出资，王五以价值 20 万元的办公设备出资。张三任公司董事长，李四任公司总经理。公司成立后，股东的下列行为构成股东抽逃出资的有( )。

A. 张三与自己所代表的公司签订一份虚假购货合同，以支付货款的名义，由 ABC 公司支付给自己 50 万元

B. 李四以公司总经理身份，与自己所控制的另一公司签订设备购置合同，将 15 万元的设备款虚报成 65 万元，并已由 ABC 公司实际转账支付

C. 王五擅自将 ABC 公司若干贵重设备拿回家使用

D. 3 人决议制作虚假财务会计报表虚增利润，并进行分配

7. 根据《科创板首次公开发行股票注册管理办法(试行)》的规定，发行人股东大会就发行股票作出的决议，应当包括的事项有( )。

A. 本次公开发行股票的种类和数量

B. 发行对象

C. 定价方式

D. 募集资金用途

8. 根据公司法律制度的规定，下列关于国有独资公司组织机构的表述中，正确的有( )。

A. 国有独资公司不设立股东会，由国有资产监督管理机构行使股东会职权

B. 国有独资公司监事会成员不得少于 3 人

C. 国有独资公司的董事每届任期不得超过 3 年

D. 国有独资公司董事会成员中应当有公司职工代表

9. 非公开发行的公司债券应当向合格投资者发行，下列各项中，属于合格投资者的

有( )。

A. 经有关金融监管部门批准设立的金融机构

B. 净资产不低于人民币 1 000 万元的企事业单位法人、合伙企业

C. 合格境外机构投资者

D. 名下金融资产不低于人民币 100 万元的个人投资者

10. 关于破产案件的债权申报，下列说法正确的有( )。

A. 申报的债权是连带债权的，应当说明

B. 连带债权人应当共同申报债权

C. 附利息的债权自破产申请受理时起停止计息

D. 附条件的债权，债权人可以申报

11. 根据票据法律制度的规定，下列选项中，构成票据质押的有( )。

A. 出质人在汇票上记载了"质押"字样而未在汇票上签章的

B. 出质人在汇票粘单上记载了"质押"字样并在汇票上签章的

C. 出质人在汇票上记载了"质押"字样并在汇票上签章的，但是未记载背书日期的

D. 出质人在汇票上记载了"为担保"字样并在汇票上签章的

12. 关于国家出资企业的董事会、监事会成员中的职工代表，符合法律规定的有( )。

A. 职工代表可以由职工代表大会选举产生，也可以由履行出资人职责的机构委派

B. 国有独资公司的董事会成员中应当有职工代表

C. 两个以上的国有企业或者两个以上的其他国有投资主体投资设立的有限责任公司，其董事会成员中应当有职工代表

D. 股份有限公司监事会中职工代表的比例不得低于监事会成员的 1/3

13. 关于外商投资保护的说法，正确的有(

）。

A. 外国投资者在中国境内的出资、利润、资本收益、资产处置所得、知识产权许可使用费、依法获得的补偿或者赔偿、清算所得等，可以依法以人民币或者外汇自由汇入、汇出

B. 国家保护外国投资者和外商投资企业的知识产权，保护知识产权权利人和相关权利人的合法权益

C. 外商投资企业或者其投资者认为行政机关及其工作人员的行政行为侵犯其合法权益的，只能通过外商投资企业投诉工作机制申请协调解决

D. 商会、协会依照法律法规和章程的规定，开展相关活动，维护会员的合法权益

14. 经常项目通常是指一个国家或地区对外交往中经常发生的交易项目。下列选项中，属于经常项目的有（　　）。

A. 贸易收支　　　B. 服务收支

C. 非金融资产　　D. 收益

三、案例分析题(本题型共 4 小题 55 分。其中第三小题可以选用中文或英文解答，请仔细阅读答题要求。如使用英文解答，须全部使用英文，答题正确的，增加 5 分。本题型最高得分为 60 分)

1. 甲、乙、丙和丁有限责任公司（以下简称"丁公司"）共同决定投资设立一普通合伙企业，在商讨合伙协议时，甲、乙、丙和丁公司分别提出自己的观点。

甲提出：以自有的房屋使用权出资，但不办理过户手续。

乙提出：以自有的机器设备出资，作价金额由全体合伙人确定，无须评估机构评估。

丙提出：以劳务作价出资。

丁公司提出：以货币出资，对企业债务的清偿责任不超过其出资额。

全体合伙人经协商后，签订了合伙协议。

合伙协议还约定：①由甲执行合伙企业事务，对外代表合伙企业。②对外签订 2 万元以上的合同应经其他合伙人同意。③合伙人向合伙人以外的人转让其在合伙企业中的财产份额时，如果是全部转让，须经过其他合伙人一致同意；如果是部分转让，须经 2/3 以上合伙人同意。

合伙企业成立后，在其存续期间发生下列事实：

（1）甲擅自以合伙企业的名义与善意第三人 A 公司签订了标的额为 5 万元的代销合同。乙认为该合同损害了合伙企业的利益，经与丙、丁公司商议后，乙向 A 公司表示对该合同不予承认，因为甲无权与第三人签订 2 万元以上的合同。

（2）执行合伙事务的合伙人甲为了改善企业经营管理，独自决定聘任合伙人以外的张某担任该合伙企业的经营管理人员。

（3）合伙人乙在其个人与 B 公司的买卖合同中，无法清偿 B 公司的到期债务 8 万元，B 公司要求代位行使乙在合伙企业中的权利用于清偿债务，但其他合伙人表示反对。

要求：根据上述内容，分别回答下列问题。

（1）丁公司是否可以成为普通合伙企业的出资人？并说明理由。

（2）甲、乙、丙和丁公司各自提出的观点是否合法？并分别说明理由。

（3）合伙协议关于财产份额的转让约定是否合法？并说明理由。

（4）甲以合伙企业名义与 A 公司签订的代销合同是否有效？并说明理由。

（5）甲聘任张某担任合伙企业的经营管理人员的行为是否合法？并说明理由。

（6）B 公司要求代位行使乙在合伙企业中的权利是否符合法律规定？并说明理由。

2. 自 2019 年年初以来，A 公司出现不能清偿到期债务，且资产不足清偿全部债务的情况。2019 年 12 月 17 日，人民法院经审查裁定受理了 A 公司的破产申请，并指定了

管理人。在该破产案件中，存在下述情况：

(1)2018年10月8日，B公司向C银行借款1 000万元，期限1年。A公司以所属机器设备为B公司该笔借款提供了抵押担保，并办理了抵押登记。B公司到期未偿还C银行的借款。C银行将上述抵押物拍卖得款900万元，将不足清偿的150万元借款本息向管理人申报了债权。

(2)2019年7月，A公司向D公司租用机床一台，租期1年，租金已一次性付清。2019年11月，A公司以30万元的市场价格将机床售与E公司，双方已交货、付款，E公司对A公司无处分权的事实并不知情。D公司获悉机床已被A公司卖给E公司后，要求E公司返还机床，遭E公司拒绝。

(3)2016年1月，A公司与F公司签订房屋租赁合同，将所属300平方米门面房出租给F公司用作超市经营，租期5年，每年1月底前支付当年租金。F公司一直正常缴纳租金。2020年2月，管理人通知F公司解除该房屋租赁合同，但F公司表示反对。

(4)2018年10月，A公司欠刘某专利转让费29万元到期未付；2019年12月20日，刘某将该债权以15万元的价格转让给G公司。G公司现提出：以该债权与其所欠A公司的30万元货款在相同金额范围内抵销。

(5)2019年8月17日，供电局向A公司发出欠缴电费催收通知书，要求A公司一周内补缴拖欠电费20万元，否则将对其生产区停止供电。A公司于8月22日向供电局补缴了全部拖欠电费。2020年2月，管理人主张撤销A公司向供电局补缴电费的行为。

要求：根据上述内容，分别回答下列问题。

(1)C银行以抵押物拍卖款不足清偿的150万元借款本息向管理人申报债权的行为，是否符合企业破产法律制度的规定？并说明理由。

(2)E公司是否有权拒绝D公司返还机床的请求？并说明理由。如果E公司有权拒绝D公司返还机床的请求，D公司能否向管理人申报债权？并说明理由。

(3)管理人是否有权解除A公司与F公司之间的房屋租赁合同？并说明理由。

(4)G公司关于债务抵销的主张是否成立？并说明理由。

(5)管理人是否有权撤销A公司向供电局补缴电费的行为？并说明理由。

3. 2019年2月1日，为支付货款，A公司向B公司签发一张以X银行为承兑人、金额为80万元、到期日为2019年8月1日的银行承兑汇票，A公司在票据正面写明"本公司不承担保证该汇票承兑的责任"。后X银行依法在汇票票面上签章。

3月1日，B公司因急需现金，将该汇票背书转让给C公司，C公司向B公司支付现金75万元。

4月1日，C公司将该汇票背书转让给D公司，以支付房屋租金，D公司对B公司与C公司之间的票据买卖事实不知情。D公司将该票据背书转让给E公司，以支付装修工程款，并在汇票上注明："本票据转让于工程验收合格后生效。"后E公司施工的装修工程因存在严重的质量问题未能通过验收。

5月，E公司被F公司吸收合并，E公司办理了工商注销登记。6月1日，F公司为支付材料款将该汇票背书转让给G公司。8月3日，G公司向X银行提示付款，X银行以背书不连续为由拒绝支付。

要求：根据上述内容，分别回答下列问题。

(1)A公司记载"不承担保证该汇票承兑的责任"是否会导致出票行为无效？并说明理由。

(2)C公司能否因B公司的背书转让行为

而取得票据权利？并说明理由。

（3）D 公司能否因 C 公司的背书转让行为而取得票据权利？并说明理由。

（4）在装修工程未验收合格的情况下，D 公司对 E 公司的背书转让行为是否生效？并说明理由。

（5）若 C 公司将汇票背书给 D 公司时注明"不得转让"，会产生何种法律效力？

（6）在 X 银行拒绝付款时，G 公司应如何证明其是票据权利人？

4. A 股份有限公司（以下简称"A 公司"）注册资本为 8 000 万元。甲系 A 公司控股股东，持股比例为 35%。乙持有 A 公司股份 192 万股。2018 年 8 月 20 日，乙听到 A 公司欲进行产业转型的传闻，遂通过电话向 A 公司提出查阅董事会近一年来历次会议决议的要求。次日，A 公司以乙未提出书面请求为由予以拒绝。

同年 9 月 30 日，A 公司召开临时股东大会，通过如下决议：

（1）公司变更主营业务，出售下属工厂；

（2）授权董事会适时增持 B 上市公司（简称 B 公司）的股份，使 A 公司持有的 B 公司股份从 3% 增至 30%。此时，C 有限责任公司（简称 C 公司）持有 B 公司 5% 的股份，而甲则持有 C 公司 51% 的股权。在股东大会上，乙对两项决议均投反对票。10 月 11 日，乙要求 A 公司回购其股份，遭拒绝。

丙持有 B 公司 51% 的股份。2018 年 10 月 12 日，A 公司与丙商谈收购丙所持 B 公司股份事宜。自 10 月 15 日起，B 公司股价连续两日涨停。B 公司遂披露公司控股股东正在商谈股份转让事宜，但未有实质性进展。10 月 25 日，A 公司宣布将依据与丙签订的协议从丙处收购 B 公司 22% 的股份，另再通过要约收购方式增持 B 公司 5% 的股份。10 月 26 日，A 公司发布《要约收购报告书摘要》，宣布拟向 B 公司所有股东要约收购 5% 的股份，支付方式为 A

公司持有的另一家上市公司的股份。乙就此向中国证监会举报，认为 A 公司应向 B 公司所有股东发出收购其所持有的全部股份的要约。中国证监会接到举报后未采取行动。11 月 20 日，A 公司正式发布要约。要约期满，预受要约的股份达到 B 公司股份总额的 8%。收购顺利完成。

2019 年 6 月 10 日，因流动资金紧张，A 公司向 C 公司卖出所持的 B 公司部分股份，获利 800 万元。此举引发 B 公司股价下挫。6 月 13 日，乙向中国证监会举报，认为收购人收购的股份在收购完成后 12 个月内不得转让。中国证监会亦未采取行动。7 月 2 日，乙向 B 公司董事会书面提出，A 公司转让 B 公司股份所得 800 万元利润，应归 B 公司所有。

要求：根据上述内容，分别回答下列问题。

（1）A 公司拒绝乙查询董事会会议决议之请求的理由是否成立？并说明理由。

（2）A 公司是否有权拒绝回购乙所持有的本公司股份？并说明理由。

（3）B 公司在本公司股价连续两日涨停的情况下，是否有义务披露尚在进行中的收购谈判事项？并说明理由。

（4）A 公司能否通过协议收购方式，一次性向丙收购其所持有的 B 公司 27% 的股份？并说明理由。

（5）乙关于 A 公司应向 B 公司全体股东发出收购其所持全部股份的要约的主张是否成立？并说明理由。

（6）A 公司拟要约收购 B 公司股份总额的 5%，而实际预受要约的股份达到了总额的 8%，A 公司应如何处理？

（7）乙认为 A 公司向 C 公司卖出所持 B 公司部分股份违反相关规定的理由是否成立？并说明理由。

（8）乙关于 A 公司向 C 公司卖出 B 公司部分股份所得利润应归 B 公司所有的观点是否成立？并说明理由。

机考通关模拟试题参考答案及解析

模拟试卷(一)
参考答案及详细解析

一、单项选择题

1. B 【解析】本题考核法律规范的分类。禁止性规范即禁止人们作出一定行为的规范,立法语言通常表现为"不得……""禁止……"等。

2. B 【解析】本题考核代理权滥用。代理人和相对人恶意串通,损害被代理人合法权益的,代理人和相对人应当承担连带责任。

3. A 【解析】本题考核更正登记。根据规定,权利人、利害关系人认为不动产登记簿记载的事项错误的,可以申请更正登记。本题中,甲、乙签订的协议中明确约定"乙代甲购房",且购房的首付款和月供都是甲出的。因此,甲才是该房屋的实际产权人,甲有权提出更正登记,选项A正确。甲是房屋的实际产权人,其有权请求乙过户,选项B错误。甲、乙签订的协议为代购关系,而非借款购房关系,选项C错误。乙将房屋过户给丙时,丙属于善意取得,无须等丙实际支付合理房款后才构成善意取得,选项D错误。

4. B 【解析】本题考核浮动抵押。浮动抵押的客体不包括不动产,选项A错误。抵押财产在抵押人被宣告破产时(不是申请时)确定,选项C错误。在动产浮动抵押确定之前,即使浮动抵押办理了登记,该抵押权也不得对抗正常经营活动中已支付合理价款并取得抵押财产的买受人,选项D错误。

5. B 【解析】本题考核提存。债权人下落不明,难以履行债务的,债务人可以将标的物提存。

6. A 【解析】本题考核合同义务的转移。债务人将合同的义务全部或者部分转移给第三人的,应当经债权人同意。

7. C 【解析】本题考核合伙企业的事务执行。合伙人对合伙企业有关事项作出决议,按照合伙协议约定的表决办法办理。合伙协议未约定或者约定不明确的,实行合伙人一人一票并经全体合伙人过半数通过的表决办法。

8. B 【解析】本题考核有限合伙企业的特殊规定。选项A:有限合伙人丙不得以劳务出资;选项B:普通合伙人对外转让财产份额时,先看合伙协议的约定;选项C:有限合伙人丁不得执行合伙事务;选项D:普通合伙人以其在合伙企业中的财产份额出质的,必须经其他合伙人一致同意。

9. C 【解析】本题考核名义股东与实际出资人。选项A:实际出资人与名义出资人订立合同,约定由实际出资人出资并享有投资权益,如无《合同法》第52条规定的情形,人民法院应当认定该合同有效。选项B:实际出资人未经公司其他股东半数以上同意,请求公司变更股东的,人民法院不予支持。选项D:公司债权人以登记于公司登记机关的股东未履行出资义务为由,请求其对公司债务不能清偿的部分在未出资本息范围内承担补充赔偿责任,股东以其仅为名义股东而非实际出资人为由进行抗辩的,人民法院不予支持。

10. C 【解析】本题考核执行董事的职权。决定公司的经营方针和投资计划属于股东会职权，而非执行董事的职权，选项 A 错误。股东向股东以外的人转让股权，应当经其他股东过半数同意。执行董事对此没有一票否决权，选项 B 错误。董事会(执行董事)负责决定聘任或者解聘公司经理及其报酬事项，并根据经理的提名决定聘任或者解聘公司副经理、财务负责人及其报酬事项，选项 C 正确。董事会(执行董事)负责制订公司的利润分配方案。股东会负责审议批准公司的利润分配方案。故对于公司的利润分配方案，执行董事有制订权，但是没有最终决定权，选项 D 错误。

11. C 【解析】本题考核上市公司持续信息披露。持续信息披露的文件包括定期报告和临时报告。选项 A 属于定期报告。其他选项属于首次信息披露，主要有招股说明书(选项 A)、债券募集说明书(选项 D)和上市公告书(选项 B)等。

12. D 【解析】本题考核创业板上市首次公开发行股票的条件。发行人最近两年内主营业务和董事、高级管理人员均没有发生重大变化，实际控制人没有发生变更，选项 D 构成发行障碍。

13. D 【解析】本题考核上市公司收购中当事人的义务。收购人持有的被收购的上市公司的股票，收购行为完成后的 12 个月内不得转让，但是特殊情况除外。比如在同一实际控制人控制的两个投资者之间转让是可以的，因此选项 D 错误。

14. A 【解析】本题考核非上市公众公司向不特定合格投资者的公开发行。选项 A：公众公司申请公开发行，应具有持续盈利能力，财务状况良好，最近 3 年财务会计文件无虚假记载。

15. A 【解析】本题考核破产受理的效力。自人民法院受理破产申请的裁定送达债务人之日起至破产程序终结之日，债务人的有关人员不得新任其他企业的董事、监事、高级管理人员。

16. C 【解析】本题考核债务人财产。债务人财产包括破产申请受理时属于债务人的全部财产，以及破产申请受理后至破产程序终结前债务人取得的财产。债务人已经设定担保的财产属于债务人的财产，选项 C 正确。

17. D 【解析】本题考核票据伪造。票据上有伪造、变造的签章的，不影响票据上其他真实签章的效力，因此票据有效，选项 B 错误，选项 D 正确；张某是伪造人，在票据上没有自己的签章，不承担票据责任，选项 A 错误；甲公司为被伪造人，在票据上没有自己真实意思的签章，不承担票据责任，选项 C 错误。

18. D 【解析】本题考核汇票的记载事项。出票日期属于绝对必要记载事项，而且不得更改，更改的票据无效。其他三项均属于相对必要记载事项，选项 A 背书日期未记载的，视为汇票到期日前背书；选项 B 付款日期未记载的，视为见票即付；选项 C 保证日期未记载的，出票日期为保证日期。

19. B 【解析】本题考核特别提款权。根据规定，人民币成为与美元、欧元、日元、英镑并列的第五种可自由使用货币。

20. A 【解析】本题考核反垄断法禁止的滥用市场支配地位的行为。

21. B 【解析】本题考核反垄断法的范围。《反垄断法》规定："中华人民共和国境外的垄断行为，对境内市场竞争产生排除、限制影响的，适用本法"，选项 A 错误。经营者滥用知识产权，排除、限制竞争的行为，不可排除反垄断法的适用，选项 C 错误。《反垄断法》规定"滥用行政权力排除、限制竞争行为"禁止制度，滥用行政权力排除、限制竞争的行为虽不是传统意义上的垄断行为，但同样具有排除、限制竞争的效果，因此，也是我国《反垄断法》的规制对象，选项 D 错误。

22. C 【解析】本题考核并购安全审查。选项 C，并购交易对市场竞争条件的影响，属于反垄断审查的内容，不属于安全审查的内容。

23. B　【解析】本题考核非上市企业国有产权转让。国有及国有控股金融企业转让一级子公司产权，应当报财政部门审批。

24. C　【解析】本题考核外债管理。外债指境内机构对非居民承担的以外币表示的债务，包括境外借款、发行债券、国际融资租赁等。外商投资企业是可以用借用的外债资金结汇，但是境内的金融机构和中资企业这两个主体借用的外债资金一般不能用于结汇，选项 C 正确。

二、多项选择题

1. BC　【解析】本题考核自然人的民事行为能力。选项 A：不能完全辨认自己行为的成年人为限制民事行为能力人。选项 B：16 周岁以上的未成年人，以自己的劳动收入为主要生活来源的，视为完全民事行为能力人。选项 C：18 周岁以上的成年人为完全民事行为能力人。选项 D：不满 8 周岁的未成年人为无民事行为能力人。

2. ABD　【解析】本题考核诉讼时效中断的法定事由。下列事项均与提起诉讼具有同等诉讼时效中断的效力：(1) 申请仲裁；(2) 申请支付令；(3) 申请破产、申报破产债权；(4) 为主张权利而申请宣告义务人失踪或死亡；(5) 申请诉前财产保全、诉前临时禁令等诉前措施；(6) 申请强制执行；(7) 申请追加当事人或者被通知参加诉讼；(8) 在诉讼中主张抵销。

3. ABC　【解析】本题考核不动产预告登记。选项 D：权利人放弃不动产权利应当办理注销登记。

4. BCD　【解析】本题考核质权的设立。以动产出质的，质权自动产移交质权人占有之日起设立。

5. ACD　【解析】本题考核商品房买卖合同。出卖人未取得预售许可而与买受人订立预售合同的，合同无效，但是在起诉前取得

预售许可的，合同有效。

6. AD　【解析】本题考核合伙企业退伙的效果。合伙人死亡或者被依法宣告死亡的，该合伙人的继承人，依照合伙协议的约定或者经全体合伙人同意，取得该合伙企业的合伙人资格。合法继承人不愿意成为该合伙企业的合伙人的，合伙企业应退还其依法继承的财产份额。

7. BC　【解析】本题考核有限合伙企业的有关规定。有限合伙企业名称中应当标明"有限合伙"字样，选项 A 错误。国有企业不能成为普通合伙人，选项 D 错误。

8. BCD　【解析】本题考核股份转让的限制。发起人持有的本公司股份，自公司成立之日起 1 年内不得转让。

9. BC　【解析】本题考核非上市公众公司。非上市公众公司是指有下列情形之一且其股票未在证券交易所上市交易的股份有限公司：(1) 股票向特定对象发行或者转让导致股东累计超过 200 人。(2) 股票以公开方式向社会公众公开转让。

10. BD　【解析】本题考核出卖人取回权。只有在途标的物可以行使取回权，本题出卖人乙企业没有在运输途中行使取回权，则在标的物到达甲企业时，就丧失了取回权。

11. BD　【解析】本题考核票据时效。票据权利因在一定期限内不行使而消灭的情形有四种：(1) 持票人对票据的出票人和承兑人的权利，自票据到期日起 2 年；(2) 持票人对支票出票人的权利，自出票日起 6 个月；(3) 持票人对前手的追索权，在被拒绝承兑或者被拒绝付款之日起 6 个月；(4) 持票人对前手的再追索权，自清偿日或者被提起诉讼之日起 3 个月。

12. AD　【解析】本题考核汇票的出票。选项 A：汇票出票时未记载付款人名称的，汇票无效。选项 B：汇票上未记载付款日期的，为见票即付，并不必然导致票据的

无效。选项 C：根据规定，出票人必须记载"无条件支付的委托"，如果票据上记载"收货后付款"，应理解为没有记载"无条件支付的委托"，故出票行为无效；根据规定，背书不得附有条件。背书时附有条件的，所附条件不具有汇票上的效力。但本题中，选项 C 并未明确指出陈某记载"收货后付款"所属何种票据行为，故不当选。选项 D：票据金额以中文大写和数码同时记载，两者必须一致，两者不一致的，票据无效。

13. ABD 【解析】本题考核对外贸易救济措施。对外贸易救济措施包括反倾销措施、反补贴措施和保障措施。

14. ABD 【解析】本题考核国际服务贸易。外国会计师事务所在中国境内设立常驻代表机构，须经财政部批准；需要在中国境内临时办理有关业务的，须经省级人民政府财政部门批准。选项 C 错误。

三、案例分析题

1.【答案】

(1)A 银行拒绝向戊公司付款的理由不成立。根据规定，票据债务人一般不得以自己与出票人之间的抗辩事由，对抗持票人。所以题目中"A 银行以甲公司存入本行的资金不足为由拒绝付款"，这一理由不成立。

(2)戊可以向甲公司、A 银行、丁公司追索。

(3)甲公司不能以与乙公司之间的买卖合同纠纷尚未解决为由拒绝向戊公司承担票据责任。首先，票据债务人可以对不履行约定义务的与自己有直接债权债务关系的持票人，进行抗辩。其次，根据规定，票据债务人不得以自己与持票人的前手之间的抗辩事由对抗持票人。即使票据债务人甲行使对人抗辩权，也只能针对直接债权债务关系当事人，而不能针对背书转让后的持票人戊公司。

(4)丙公司的行为属于伪造票据签章。伪

造人并未以自己名义在票据上签章，不承担票据责任。但可能承担刑事责任、行政责任或者民法上的赔偿责任。

【英文答案】

(1) The reason why bank A refused to pay company E is not tenable. According to the regulations, the debtor of a negotiable instrument shall not fight against the holder based on the defense between himself and the drawer. Therefore, " bank A refused to pay due to insufficient funds deposited in the bank by company A" is not valid.

(2) Company E may claim from company A, bank A and company D.

(3) Company A shall not refuse to bear the bill liability to company E because the dispute over the sales contract between company A and company B has not been settled. First of all, the debtor of the bill may defend against the holder who has a direct debtor−creditor relationship with himself for not fulfilling the agreed obligations. Secondly, according to the regulations, the debtor of the bill shall not oppose the holder on the ground of the defense between himself and the prior holder. Even if the debtor A exercises the right of defense against the person, it can only be used against the party directly in the debtor−creditor relationship, but not against the holder company E after endorsement transfer.

(4) The act of company C is to forge the signature of the bill. The forger does not sign the bill in his own name and shall not be liable for the bill. However, it may bear criminal liability, administrative liability or civil liability.

2.【答案】

(1)乙公司可以同时要求逾期利率和违约金。根据规定，出借人与借款人既约定了逾期利率，又约定了违约金或者其他费用，出借人可以选择主张逾期利息、违约金或者其他费用，也可以一并主张，但总计超过年利率24%的部分，人民法院不予支持。题目中，逾期年利率15%，违约金折合年利率7.3%，合计未超过24%，可以一并主张。

（2）陈某抗辩（1）主张成立。根据规定，被担保的债权既有物的担保又有人的担保的，债务人不履行到期债务或者发生当事人约定的实现担保物权的情形，债权人应当按照约定实现债权；没有约定或者约定不明确，债务人自己提供物的担保的，债权人应当先就该物的担保实现债权。题目中是债务人（甲公司）提供厂房抵押，因此应当先就抵押物优先受偿，不足清偿的，再找保证人（陈某）承担责任。

（3）陈某不享有先诉抗辩权。根据规定，当事人对保证方式没有约定或者约定不明确的，按照连带责任保证承担保证责任。一般保证的保证人享有先诉抗辩权，连带责任保证的保证人不享有先诉抗辩权。

（4）丁修理厂的主张成立。根据规定，同一动产上已设立抵押权或者质权，该动产又被留置的，留置权人优先受偿。

（5）乙公司不能在戊公司购买的生产设备上行使抵押权。根据规定，动产浮动抵押无论是否办理抵押登记，均不得对抗正常经营活动中已支付合理价款并取得抵押财产的买受人。

（6）丙公司不能要求甲公司赔偿损失。根据规定，抵押人将已抵押的财产出租时，如果抵押人未书面告知承租人该财产已抵押的，抵押人对出租抵押物造成承租人的损失承担赔偿责任；如果抵押人已书面告知承租人该财产已抵押的，抵押权实现造成承租人的损失，由承租人自己承担。题目中出租前，甲公司书面告知丙公司该厂房已为他人设定抵押。因此抵押权实现造成承租人的损失，由承租人（丙公司）承担。

3.【答案】

（1）2018年7月1日甲公司董事会的出席人数符合规定。根据公司法律制度的规定，董事会会议应有过半数董事出席方可举行，但董事因故不能出席的，可以书面委托其他董事代为出席。甲公司有9名董事，4名实际出席，1名委托他人出席，符合过半数要求。

（2）董事会可在无正当理由的情况下解除赵某的总经理职务。根据公司法律制度的规定，董事会有权解聘公司总经理，并不需要理由。

（3）2018年12月20日赵某卖出甲公司2万股股票的行为不合法。根据公司法律制度的规定，公司高级管理人员在离职后半年内，不得转让其所持有的本公司股份。

（4）乙公司向甲公司所有董事提供低息购房借款的行为不合法。根据公司法律制度的规定，公司不得直接或者通过子公司向董事、监事、高级管理人员提供借款。

（5）2018年4月1日甲公司董事会通过的为丙公司提供担保的决议不合法。根据公司法律制度的规定，公司为公司股东提供担保的，必须经股东会或者股东大会决议。

（6）①钱某的抗辩理由不能成立。根据证券法律制度的规定，上市公司董事负有保证信息披露真实、准确、完整、及时和公平的义务。公司董事受到实际控制人控制这一情形不得单独作为不予处罚的理由。②李某的抗辩理由不能成立。根据证券法律制度的规定，上市公司董事负有保证信息披露真实、准确、完整、及时和公平的义务。不直接从事经营管理不得单独作为不予处罚的情形认定。

（7）①周某不能获得证券民事赔偿。根据证券法律制度的规定，周某是在虚假陈述实施日之前买入股票，因此不能推定其损失与虚假陈述行为之间存在因果关系。②吴某不能获得证券民事赔偿。根据证券法律制度的规定，吴某在虚假陈述揭露日之前已经卖出了股票，因此不能推定其损失与虚假陈述之间存在因果关系。③郑某能够获得证券民事赔偿。根据证券法律制度的规定，郑某是在虚假陈述实施日之后买入甲公司股票，并在虚假陈述揭露日之后卖出该股票而发生亏损，可以推定其损失与虚假陈述之间存在因果关系。

4.【答案】

(1)人民法院确定的债权申报期限不符合规定。根据规定，债权申报期限自人民法院发布受理破产申请公告之日起计算，最短不得少于30日，最长不得超过3个月。本题中，债权申报期限为1月21日至5月21日，超过了最长期限3个月，所以不符合规定。

(2)①对于A的异议不成立。对于管理人解除双方均未履行完毕的合同给对方造成的损失，其中的违约金(包括违约罚息)不能申报债权。但是本题是破产申请受理前已经存在的到期债权，此时违约金(违约利息)可以申报债权。

②对B的异议不成立。根据规定，债务人的保证人或者其他连带债务人尚未代替债务人清偿债务的，以其对债务人的将来求偿权申报债权。但是，债权人已经向管理人申报全部债权的除外。所以，债权人可以直接向管理人申报全部债权，也可以要求连带责任保证人清偿。题目中说"应当由连带保证人承担"不符合规定。

③对C的异议不成立。根据规定，未到期的债权，在破产申请受理时视为到期。即可以申报债权。题目中说"未到期的债权不能确认"，不符合规定。

④对D的异议不成立。根据规定，债权人申报债权时，应当书面说明债权的数额和有无财产担保，并提交有关证据。所以，有担保债权，也要向管理人申报。

(3)甲公司可以拒绝D为清偿其债权而拍卖抵押楼房的要求。根据规定，在重整期间，对债务人的特定财产享有的担保权暂停行使。所以甲公司可以拒绝D的要求。

(4)重整期间，甲公司为借款而以另一楼房提供担保的做法符合规定。根据规定，在重整期间，债务人或者管理人为继续营业而借款的，可以为该借款设定担保。所以甲公司的做法符合规定。

(5)人民法院直接批准重整计划的做法不符合规定。根据规定，未通过重整计划草案的表决组拒绝再次表决，但按照重整计划草案，有财产担保的债权人就该特定财产将获得全额清偿，其因延期清偿所受的损失将得到公平补偿，并且其担保权未受到实质性损害，或者该表决组已经通过重整计划草案的情况下，债务人或者管理人才可以申请人民法院批准重整计划草案。本题中，重整计划草案中约定抵押担保债权人的债权在2年后才可以得到清偿，实际上并未解决延期清偿所受损失的清偿问题，其担保权是受到了实质性损害的(不让其行使)，因此人民法院在这种情况下不能直接批准重整计划。

(6)甲公司不能要求一般债权人返还已清偿的款项。根据规定，人民法院裁定终止重整计划执行的，债权人因执行重整计划所受的清偿仍然有效，债权未受清偿的部分作为破产债权。

模拟试卷(二)
参考答案及详细解析

一、单项选择题

1. B 【解析】本题考核法律渊源。行政法规的制定机关是我国最高行政机关国务院。选项A属于部门规章；选项C属于法律；选项D属于地方性法规。

2. A 【解析】本题考核可撤销民事法律行为。可撤销民事法律行为被撤销前，其效力已经发生，未经撤销，其效力不消灭。

即其效力的消灭以撤销为条件。

3. A 【解析】本题考核诉讼时效的概念。选项A：诉讼时效期间届满，并不丧失实体权利。

4. B 【解析】本题考核按份共有的内部关系。根据规定，按份共有人对共有的不动产或者动产作重大修缮的，应当经占份额2/3以上的按份共有人同意，但共有人之间另有约定的除外。甲、乙、丙三人的关系是按份共有，并且同意的份额已经达到了2/3以上，因此选项B正确。

5. D 【解析】本题考核抵押权、质权与留置权的效力等级。同一动产上已设立抵押权或者质权，该动产又被留置的，留置权人优先受偿。据此可知，本题中丁享有的留置权最先得到受偿。同一财产法定登记的抵押权与质权并存时，抵押权人优先于质权人受偿。据此可知，本题中乙享有的已登记的抵押权优先于丙享有的质权受偿，丙享有的质权优先于甲享有的未登记的抵押权受偿。

6. B 【解析】本题考核租赁合同的解除。租赁物在租赁期间发生所有权变动的，不影响租赁合同的效力，即"买卖不破租赁"的原则。所以原租赁合同继续有效，选项A错误，选项B正确。只有房屋租赁规定了优先购买权，其他标的物租赁不适用优先购买权，选项C错误。因不可归责于承租人的事由，致使租赁物毁损灭失的，承租人可以要求减少或不支付租金，选项D错误。

7. A 【解析】本题考核技术开发合同技术成果的权利归属。合作开发完成的发明创造，除当事人另有约定的以外，申请专利的权利属于合作开发的当事人共有。

8. A 【解析】本题考核合伙企业的设立条件。普通合伙企业人数没有上限，选项A错误。

9. C 【解析】本题考核特殊的普通合伙企业。特殊的普通合伙企业中一个合伙人或者数个合伙人在执业活动中因故意或者重大过失造成合伙企业债务的，应当承担无限责任或者无限连带责任，其他合伙人以其在合伙企业中的财产份额为限承担责任。

10. D 【解析】本题考核有限合伙企业合伙人和事务执行。国有独资公司、国有企业、上市公司以及公益性的事业单位、社会团体不得成为普通合伙人，但可以成为有限合伙人，选项A错误。有限合伙人不得以劳务出资，选项B错误。有限合伙人不执行合伙事务，不得对外代表有限合伙企业，选项C错误。

11. C 【解析】本题考核股份有限公司的设立。根据《公司法》的规定，发起人为2人以上200人以下，其中须有半数以上的发起人在中国境内有住所。

12. B 【解析】本题考核国有独资公司的规定。国有独资公司不设股东会，由国有资产监督管理机构行使股东会职权。国有资产监督管理机构可以授权公司董事会行使股东会的部分职权，决定公司的重大事项，但公司的合并、分立、解散、增加或者减少注册资本和发行公司债券等，必须由国有资产监督管理机构决定，所以选项A错误、选项B正确。国有独资公司设董事会，董事会成员中应当有公司职工代表，其中人数是没有规定的，所以选项C错误。经国有资产监督管理机构同意，董事会成员可以兼任经理，因此选项D错误。

13. D 【解析】本题考核非上市公司的收购。有下列情形之一的，不得收购公众公司：(1)收购人负有数额较大债务，到期未清偿，且处于持续状态；(2)收购人最近2年有重大违法行为或者涉嫌有重大违法行为；(3)收购人最近2年有严重的证券市场失信行为；(4)收购人为自然人的，存在《公司法》第146条规定的情形；(5)法律、行政法规规定以及中国证监会认定的不得收购公众公司的其他情形。

14. D 【解析】本题考核分离交易可转债的交易。认股权证的行权价格应不低于公告募集说明书日前 20 个交易日公司股票均价和前一个交易日的均价，选项 A 错误；认股权证的存续期间不超过公司债券的期限，自发行结束之日起不少于 6 个月，选项 B、C 错误。

15. D 【解析】本题考核发行股份购买资产的规定。根据规定，上市公司发行股份的价格不得低于市场参考价的 90%。市场参考价为本次发行股份购买资产的董事会决议公告日前 20 个交易日、60 个交易日或者 120 个交易日的公司股票交易均价之一。本次发行股份购买资产的董事会决议应当说明市场参考价的选择依据。本题中，董事会决议公告日前 20 个交易日公司股票交易均价为 2 550÷170 = 15（元/股）。其 90% 为最低价格，即 13.5 元。

16. D 【解析】本题考核担任管理人的资格。根据规定，有下列情形之一的，不得担任管理人：（1）因故意犯罪受过刑事处罚；（2）曾被吊销相关专业执业证书；（3）与本案有利害关系；（4）人民法院认为不宜担任管理人的其他情形。本题中，甲因受到刑事处罚而不得担任；乙曾被吊销相关专业资格证书而不得担任；丙与本案有利害关系而不得担任。

17. B 【解析】本题考核破产债权申报。根据规定，一般保证人破产的，其先诉抗辩权不得行使，选项 A 错误；保证人的补充责任应按破产债权数额而不是实际分配数额确定，本题中，保证人承担的责任范围是 20 万元，按照此计算清偿额为 20×35% ＝7（万元），因此选项 C、D 错误，余款分配给 A 企业的其他破产债权人。

18. C 【解析】本题考核企业国有资产评估的范围。抵押不是应当进行资产评估的

情形。

19. C 【解析】本题考核异地存款账户。存款人因办理异地借款和其他结算需要开立一般存款账户的，可以在异地申请开立异地存款账户。

20. D 【解析】本题考核国内信用证。对于可转让信用证，转让行无办理信用证转让的义务，除非其明确同意。转让行仅办理转让，并不承担信用证项下的付款责任，但转让行是保兑行或开证行的除外。可转让信用证只能转让一次，即只能由第一受益人转让给第二受益人。

21. D 【解析】本题考核相关商品市场。从供给角度界定相关商品市场，一般考虑的因素包括：经营者的生产流程和工艺，转产的难易程度，转产需要的时间，转产的额外费用和风险，转产后所提供商品的市场竞争力，营销渠道等。

22. C 【解析】本题考核反补贴调查与反补贴措施。临时反补贴措施实施期限是不超过 4 个月，不得延长，选项 C 错误。

23. C 【解析】本题考核宽恕制度。对于第一个申请者，反垄断执法机构可以免除处罚或者按照不低于 80% 的幅度减轻罚款；对于第二个申请者，可以按照 30%～50% 的幅度减轻罚款；对于第三个申请者，可以按照 20%～50% 的幅度减轻罚款。

24. A 【解析】本题考核外商投资促进。与外商投资有关的规范性文件应当依法及时公布，未经公布的不得作为行政管理依据。

二、多项选择题

1. AC 【解析】本题考核民事法律行为的效力。选项 A 是赠与合同，选项 C 是租赁合同；选项 B、D 不发生法律后果。

2. ABC 【解析】本题考核无偿划拨方式取得建设用地使用权。选项 D，用于商业开发的建设用地，不得以划拨方式取得建设用地使用权。

3. ABCD 【解析】本题考核代位权行使的限制。根据规定，专属于债务人的债权，不得行使代位权。本题各选项均是专属于债务人自身的债权。

4. AD 【解析】本题考核建设工程的竣工。根据规定，建设工程经竣工验收合格的，以竣工验收合格之日为竣工日期，因此选项B错误；建设工程未经竣工验收，发包人擅自使用的，以转移占有建设工程之日为竣工日期，因此选项C错误。

5. ABC 【解析】本题考核特殊的普通合伙企业。一个合伙人或者数个合伙人在执业活动中因故意或者重大过失造成合伙企业债务的，应当承担无限责任或者无限连带责任，其他合伙人以其在合伙企业中的财产份额为限承担责任。本题中，由于甲在执业活动中存在重大过失，因此应由甲承担无限连带责任，其他合伙人以其出资为限承担有限责任，丁作为入伙人也应承担责任，选项D错误。

6. ABD 【解析】本题考核股东抽逃出资的规定。在公司成立后，存在下列情形且损害公司权益的，可以被认定为该股东抽逃出资：(1)通过虚构债权债务关系将其出资转出；(2)制作虚假财务会计报表虚增利润进行分配；(3)利用关联交易将出资转出；(4)其他未经法定程序将出资抽回的行为。

7. ABCD 【解析】本题考核科创板首次公开发行股票。

8. ACD 【解析】本题考核国有独资公司。《公司法》规定，国有独资公司监事会成员不得少于5人，其中职工代表的比例不得低于1/3，具体比例由公司章程规定。

9. ABC 【解析】本题考核合格投资者。名下金融资产不低于人民币300万元的个人投资者才属于合格投资者。

10. ACD 【解析】本题考核破产案件债权申报。连带债权人可以由其中一人代表全体连带债权人申报债权，也可以共同申报债权。

11. BCD 【解析】本题考核票据的质押背书。以汇票设定质押时，出质人在汇票上只记载了"质押"字样而未在票据上签章的，或者出质人未在汇票、粘单上记载"质押"字样而另行签订质押合同、质押条款的，不构成票据质押。

12. BCD 【解析】本题考核国家出资企业管理者的选择。职工代表均由职工代表大会、职工大会或者其他形式民主选举产生。

13. ABD 【解析】本题考核外商投资保护。外商投资企业或者其投资者认为行政机关及其工作人员的行政行为侵犯其合法权益的，可以通过外商投资企业投诉工作机制申请协调解决，还可以依法申请行政复议、提起行政诉讼。

14. ABD 【解析】本题考核经常项目。经常项目包括贸易收支、服务收支、收益和经常转移，其中贸易及服务是最主要的内容。选项C属于资本项目。

三、案例分析题

1.【答案】

(1)丁公司可以成为普通合伙企业的出资人。根据《合伙企业法》的规定，国有独资公司、国有企业、上市公司以及公益性的事业单位、社会团体不得成为普通合伙人。对有限责任公司没有限制。本题中，丁公司为一般有限责任公司，可以成为普通合伙人。

(2)①甲的观点不合法。根据《合伙企业法》的规定，以非货币财产出资的，依照法律、行政法规的规定，需要办理财产权转移手续的，应当依法办理。②乙的观点合法。根据《合伙企业法》的规定，合伙人以实物出资需要评估作价的，可以由全体合伙人协商确定，也可以由全体合伙人委托法定评估机构评估。③丙的观点合法。根据《合伙企业法》的规定，普通合伙企业的合伙人可以用劳务出资。④丁公司的观点不合法。根据《合伙企业法》的规定，普通合伙企业的合伙人对合伙企业债务承担无限连带责任。

（3）合伙协议关于财产份额的转让约定合法。根据《合伙企业法》的规定，除合伙协议另有约定外，合伙人向合伙人以外的人转让其在合伙企业中的全部或者部分财产份额时，须经其他合伙人一致同意。本题中，即属于合伙协议另有约定。

（4）甲以合伙企业名义与A公司所签的代销合同有效。根据《合伙企业法》的规定，合伙企业对合伙人执行合伙事务以及对外代表合伙企业权利的限制，不得对抗善意第三人。本题中，尽管合伙人甲超越了合伙企业的内部限制，但A公司为善意第三人，因此甲以合伙企业名义与A公司所签的代销合同有效。

（5）甲聘任张某担任合伙企业的经营管理人员的行为不合法。根据《合伙企业法》的规定，聘任合伙人以外的人担任合伙企业的经营管理人员，必须经全体合伙人一致同意，除非合伙协议另有约定。

（6）B公司的要求不符合法律规定。根据《合伙企业法》的规定，合伙人发生与合伙企业无关的债务，相关债权人不得以其债权抵销其对合伙企业的债务，也不得代位行使合伙人在合伙企业中的权利。本题中，B公司可以用乙从合伙企业中分取的收益用于清偿，也可以依法请求人民法院强制执行乙在合伙企业中的财产份额用于清偿。

2.【答案】

（1）C银行以抵押物拍卖款不足清偿的150万元借款本息向管理人申报债权的行为，不符合规定。由于A公司是为B公司所欠C银行借款提供的抵押担保，A公司并非主债务人，故在抵押物价款不足以清偿担保债额时，余债不能作为破产债权向A公司要求清偿。

（2）E公司有权拒绝向D公司返还机床。A公司系以市场价格向E公司转让机床并已交付，且E公司对A公司对该机床无处分权的事实并不知情，因此，E公司已善意取得机床所有权，D公司的机床取回权消灭。D公司可以向管理人申报债权。取回权消灭后，D公司只能以机床的物价即损失额作为破产债权要求清偿。

（3）管理人无权解除A公司与F公司之间的房屋租赁合同。对于破产申请受理前成立而债务人和对方当事人均未履行完毕的合同，管理人应以保障债权人权益最大化为原则，决定解除还是继续履行，但是，对于债务人对外出租不动产的合同，除存在严重影响破产财产的变价与价值、且无法分别处分等特殊情况外，管理人不得任意解除。

（4）G公司关于债务抵销的主张不成立。根据企业破产法律制度的规定，债务人的债务人在破产申请受理后取得他人对债务人的债权的，不得抵销。

（5）管理人无权撤销A公司向供电局补缴电费的行为。根据规定，债务人为维系基本生产需要而支付水费、电费等，管理人请求撤销的，人民法院不予支持。

3.【答案】

（1）不会导致出票行为无效。A公司记载的该事项属于记载无效事项。根据规定，出票人签发汇票后，即承担保证该汇票承兑和付款的责任。基于此规定，如果出票人在票据上表明不承担汇票承兑或付款的责任，出票行为仍然有效，但是该记载无效。

（2）C公司不能取得票据权利。根据规定，票据的转让应当具有真实的交易关系。在本题中，B公司将该汇票卖给了C公司，背书行为无效，C公司不能取得票据权利。

（3）D公司可以取得票据权利。根据规定，虽然未以真实交易关系作为原因关系的背书行为无效，被背书人不能取得票据权利，但是由于其形式上是票据权利人，在其向他人背书转让票据权利时，受让人可能基于善意取得制度而取得票据权利。在本题中，不知情的 D 公司基于善意取得制度而取得票据权利。

(4)D 公司对 E 公司的背书转让行为有效。根据规定，背书时附有条件的，所附条件不具有汇票上的效力，即不影响背书行为本身的效力。在本题中，D 公司背书时记载的"本票据转让于工程验收合格后生效"属于附条件背书，所附条件不具有汇票上的效力，背书有效。

(5)若 C 公司将汇票背书给 D 公司时注明"不得转让"，C 公司对后手 D 公司以后的被背书人(E 公司)不承担票据责任。

(6)根据规定，以背书转让的汇票，背书应当连续。持票人以背书的连续，证明其票据权利；非经背书转让，而以其他合法方式取得汇票的，应依法举证，证明其汇票权利。在本题中，G 公司应当证明：E 公司与 F 公司发生了吸收合并，E 公司被注销登记，E 公司的所有权利、义务均由 F 公司承受。那么尽管票据不连续，但相关证据证明了 E 公司与 F 公司之间权利转移的事实，G 公司就可以主张票据权利了。

【英文答案】

(1) It will not result in voiding. The item recorded by company A is an invalid item. According to the regulations, the drawer shall undertake the responsibility of guaranteeing the acceptance and payment of the bill after it is signed and issued. Under this provision, if the drawer indicates on the bill that he is not liable for the acceptance or payment of the bill, the act of issue is still valid, but the record is invalid.

(2) Company C shall not be entitled to the bill. According to the regulations, the transfer of the bill should have a real transaction relationship. In this case, company B sold the bill to company C, the act of endorsement is inva-lid, and company C cannot obtain the rights to the bill.

(3) Company D may acquire the rights to the instrument. According to the regulation, although the act of endorsement without the real transaction relationship as the reason relationship is invalid, the endorsee cannot obtain the rights of the bill, but because it is the holder of the bill in form, when it endorses and transfers the rights of the bill to others, the transferee may obtain the rights of the bill based on the system of acquisition in good faith. In this case, the unwitting company D acquires the rights to the bill based on the system of acquisition in good faith.

(4) The endorsement and transfer of company D to company E is valid. According to the regulations, if there are conditions attached to the endorsement, the conditions attached do not have the effect on the bill, that is, they do not affect the effect of the act of endorsement itself. In this case, "the transfer of the bill shall come into effect after the acceptance of the project" recorded in the endorsement of company D is a conditional endorsement. The conditions attached do not have the effect on the bill, and the endorsement is valid.

(5) If company C endorses the bill to company D as "non-transferable", Company C is not liable for the bill to the subsequent endorsee (company E) of company D.

(6) According to the regulations, for a bill to be endorsed over, the endorsement shall be continuous. The holder certifies his rights to the bill by the continuity of the endorsements; when the bill is obtained by other legal means other than by endorsement, the proof of the right of the bill shall be provided in accordance with the law. In this case, company G shall prove that company E and

company F have been merged by absorption, and company E has been deregistered. All rights and obligations of company E are assumed by company F. Then, despite the discontinuity of the bill, the relevant evidence proves the fact that the right transfers between company E and company F, and company G can claim the rights of the bill.

4.【答案】

（1）A公司拒绝乙查询董事会会议决议的理由不成立。根据公司法律制度的规定，股份有限公司股东有权查询董事会会议决议，但并未要求必须采用书面形式。

（2）A公司有权拒绝回购乙持有的本公司股份。根据规定，股份有限公司异议股东股份回购请求权只限于对股东大会作出的"公司合并、分立"决议持异议的情形，不包括转让主要资产。

（3）B公司在本公司股价连续两日涨停的情况下，有义务披露尚在进行中的谈判。根据证券法律制度的规定，在上市公司证券品种出现异常交易情况时，公司必须及时披露相关事项的现状、可能影响事件进展的风险因素等信息。

（4）A公司不能通过协议收购方式，一次性向丙收购其持有的B公司27%的股份。A公司和C公司同受甲控制，又都投资于B公司，在上市公司收购中属于一致行动人，其所持有的B公司股份应合并计算，即8%。根据证券法律制度的规定，在此情况下A公司最多只能向丙协议收购B公司22%的股份，其余部分必须以要约收购的方式进行，除非获得证监会对要约收购义务的豁免。

（5）乙关于A公司应向B公司全体股东发出收购其所持全部股份的要约的主张不成立。根据证券法律制度的规定，在持股比例达到30%并继续增持股份时，投资者可以选择向被收购公司所有股东发出收购其所持有的全部或者部分股份的要约。

（6）A公司应当按照同等比例收购预受要约的股份。根据证券法律制度的规定，收购期限届满，预受要约股份的数量超过预定收购数量时，收购人A公司应当按照同等比例收购预受要约的股份。

（7）乙主张A公司向C公司卖出B公司部分股份之举违法的理由不成立。根据证券法律制度的规定，收购人在被收购公司中拥有权益的股份在同一实际控制人控制的不同主体之间进行转让不受12个月的限制。

（8）乙关于A公司向C公司卖出B公司部分股份所得利润应归B公司所有的主张成立。根据证券法律制度的规定，持有上市公司股份5%以上的股东，将其持有的该公司股份在买入6个月内卖出，由此获得的收益归该公司所有。本题中，由于要约收购的期限不得少于30日，故要约期满、A公司收购完成的时点不会早于2018年12月20日。2019年6月10日距该时点不足6个月。

致亲爱的读者

  "梦想成真"系列辅导丛书自出版以来，以严谨细致的专业内容和清晰简洁的编撰风格受到了广大读者的一致好评，但因水平和时间有限，书中难免会存在一些疏漏和错误。读者如有发现本书不足，可扫描"扫我来纠错"二维码上传纠错信息，审核后每处错误奖励10元购课代金券。（多人反馈同一错误，只奖励首位反馈者。请关注"中华会计网校"微信公众号接收奖励通知。）

  在此，诚恳地希望各位学员不吝批评指正，帮助我们不断提高完善。

邮箱：mxcc@cdeledu.com

微博：@ 正保文化

扫我来纠错

中华会计网校
微信公众号